日本情报中的
近代中国报刊史料汇编

第四册

秦绍德　主　编
许金生　副主编

复旦大学出版社

(秘)1934年版

外国的报纸(上卷)

("满洲国"及中华民国部分　附大连、香港)

外务省情报部

凡 例

1. 本调查录根据驻外各公馆的调查报告编纂而成。
2. 调查时间大致以1933年末为标准。不过,其后至付梓为止发现的变化,则尽量继续作了增删或订正。
3. 各地名后面的人口是1933年12月末的统计数据。

1934年8月

外国的报纸（上卷）
目　次

"满洲国" …… 1296	头道沟 …… 1316
新京 …… 1296	图们 …… 1316
奉天 …… 1298	百草沟 …… 1316
公主岭 …… 1301	珲春 …… 1316
四平街 …… 1301	锦州 …… 1316
铁岭 …… 1301	赤峰 …… 1317
开原 …… 1301	**附录** …… 1317
掏鹿 …… 1302	大连 …… 1317
本溪湖 …… 1302	
抚顺 …… 1302	**中华民国** …… 1319
鞍山 …… 1303	**北部** …… 1319
新民府 …… 1303	北平 …… 1319
海龙 …… 1303	天津 …… 1325
通化 …… 1303	张家口 …… 1330
辽阳 …… 1303	绥远 …… 1331
营口 …… 1304	太原 …… 1331
安东 …… 1304	济南 …… 1331
郑家屯 …… 1305	博山 …… 1333
通辽 …… 1306	青岛 …… 1333
洮南 …… 1306	芝罘 …… 1336
农安 …… 1306	威海卫 …… 1337
吉林 …… 1306	
哈尔滨 …… 1307	**中部** …… 1337
齐齐哈尔 …… 1313	上海 …… 1337
黑河 …… 1314	南京 …… 1348
北安镇 …… 1314	苏州 …… 1352
海拉尔 …… 1314	杭州 …… 1353
满洲里 …… 1315	芜湖 …… 1355
间岛 …… 1315	安庆 …… 1355
局子街 …… 1315	蚌埠 …… 1356

巢县	1356	宜昌	1366
宣城	1356	重庆	1367
合肥	1356	成都	1368
当涂	1356		
屯溪镇	1356	**南部**	1370
九江	1357	广东	1370
南昌	1357	汕头	1374
汉口	1358	福州	1376
郑州	1362	厦门	1377
长沙	1362	云南	1378
沙市	1365	**附**	1379
襄阳	1366	香港	1379

"满 洲 国"

新京

人口：日本人31 898人（含朝鲜人3 933人），"满洲"人155 208人，外国人553人。

概况

直到数年前，长春不过是作为"满洲"南北部的交通中继站，或是作为日、中、俄三国折冲的要地，其存在勉强得到认可。1932年3月，"满洲国"奠都长春，改称新京，长春一跃成为政治、经济、交通的中心。伴随着"国都"建设事业的进展，各方面均取得了长足的发展，近两三年来，其存在在世界范围内得到认可。与此同时，言论机关也面目大变，发展相当惊人，仅此业相关记者就有约两百名，呈现出一片盛况。

中文报纸中，直到前一年度，《大同报》的发行量仅仅只有一千五百份上下，到了1933年度一跃增至两万份。此外，1933年3月起还出现了《盛京时报新京号外》。

直到前一年度，日文报纸共四社，1933年增加两社（《大连新闻北满号外》及《满洲日报新京号外》）达到六社，而且各社呈现新兴气象，生机勃勃。但是内容均以"满洲"问题的各种相关消息及社会报道为主，评论等不值得一看。各社竞争甚为激烈，因此经营状态似乎均不理想。

除上述报纸之外，1933年8月朝鲜文报纸《满蒙日报》作为在东北的朝鲜人的机关报创刊，致力于启发在东北的朝鲜人。作为"满洲"唯一的朝鲜文报纸，其将来值得瞩目。

中文杂志及其他定期刊行物中，除了"满洲国"政府公报》《"民政部"旬刊》等政府方面发行的官报之外，无值得一看之物。日文杂志中，除了学校、"在乡军人会"等的机关杂志之外，另有四本杂志，但尚未有出色之物。

一、中文报纸及杂志

（1）报纸

名 称	主义系统	持有人	编辑干部	备 考
大同报	"满洲国"机关报（协和会系统）	社长　王希哲 副社长　都甲文雄	主笔　刘锡庚 记者　程芝香、山崎内藏之助、山口源二	1915年5月9日创刊①，起初名为《大东日报》，1928年8月13日改称《大东报》②，1931年9月"满洲事变"后，改名《大东晚报》，更于1932年6月7日改为现名。在《大东报》时期作为张学良的机关报大肆鼓吹排日思想。事变后，更换干部，作为"满洲国"、协和会等的机关报，每月获得七千圆补助，致力于宣传大同主义。日报，八页，发行量两万份，是目前当地唯一的日刊中文报纸，受到社会各方面欢迎。社址位于新京东六马路
盛京时报新京号外		支社长　汤畑正一　东亚同文书院出身，曾奉职于外务省	主笔　同前 记者　黑田一男	1933年3月27日创刊，不定时发行，一页，创刊目的在于向新京的《盛京时报》读者速报重要事件。发行量为在新京的主刊读者数量，即一千八百份左右。社址位于新京祝町二丁目二〇

（2）杂志

名 称	主义系统	持有人	编辑干部	备 考
"满洲国"政府公报	官报	"国务院"	总务厅	1932年4月1日发刊
"民政部"旬刊	官报	"民政部"	总务司文书科	1932年7月10日发刊
司法公报	官报	"司法部"	总务司	1932年7月15日发刊

---

① 1932年报告为"1914年3月"，一说1915年7月创刊。
② 曾名《大东新报》。

二、日文报纸及杂志

（1）报纸

名　称	主义系统	持有人	编辑干部	备　考
新京日报（日文）		社长　箱田琢磨　是当地实力人士，曾历任民会①、长春地方委员、议长等职	主笔　箱田宗雄　社长的儿子 记者　原幸之	1909年1月1日创刊，日报，早、晚报各四页，发行量两千八百份。起初名为《长春日报》，1920年4月20日改称《北满日报》②，又于1932年9月18日改为现名。据说以广告费的名义每年接受满铁总社三千圆至五千圆的补助。社址位于新京中央通一九号
新京日日新闻（日文）		社长　十河荣忠	主笔　松本勇　曾任《东京夕刊新闻》《日本新闻》《京城日报》《朝鲜日日新闻》等报的记者 记者　德永定吉	1920年4月20日创刊③，日报，早、晚报各四页，发行量八千份。起初名为《长春实业新闻》，1932年12月9日改为现名。据说以广告费的名义每年接受满铁总社三千至五千圆的补助。是当地日文报纸中第一流的报纸，受到社会各方面欢迎。资本金三万五千圆，社址位于新京永乐町四丁目一
大满蒙（日文）		社长　大石常松　1913年开始记者生涯，曾任国民新闻社、日本新闻社的记者，1932年9月任现职	主笔　松浦朗　早稻田大学英法科出身 记者　斋藤清	1932年9月18日④在关东军的后援下于奉天创刊，同年末迁至新京，1933年1月4日⑤起于新京续刊，日报，早、晚报各四页，发行量约八千份，在"满洲"各地特别是在军方读者众多。1933年7月社内发生纠纷，社运也不如昔日。资本金十五万圆，社址位于新京三笠町二丁目二之二
满洲日报新京号外（日文）	《满洲日报》系统	支社长　南里顺生　1921年8月进入大连新闻社，1923年12月"辽东""满日"合并时进入本社，1931年4月任新京支社长	主笔　同前 记者　吉田凯　1932年4月进入《盛京时报》新京支社，1933年11月进入本社	1932年3月15日创刊⑥，不定时发行，一页，发行量与该地《满洲日报》的发行量相同，约四千五百份，以向四平街以北的读者速报重大事件为目的。社址位于新京蓬莱町一丁目二一
大连新闻北满号外（日文）	大连新闻社系统	支社长　高桥胜藏　1917年进入北满日报社，1930年12月任本社新京支社长	主笔　同前 记者　根本武雄	1933年3月27日创刊⑦，不定时发行，一页，发行量与该地《大连新闻》的发行量相同，约六千份，以向新京的读者速报重大事件为目的。社址位于新京老松町二丁目六
满洲商工日报（日文）		社长　古谷一　曾任《大阪每日新闻》记者	主笔　重福规久男 记者　宫崎义友	1930年8月5日创刊，日报（早报），四页，发行量一千三百份。当初名为《长春商况日报》，1932年7月25日改称《长春商业日报》，又于1933年9月6日改为现名，资本金一千圆。在经济新闻方面投入主要精力，但内容杂乱，特别是文字误排多，一般评价不良。社址位于新京西七马路九号

---

① 当地日侨组织。
② 一说初名《长春日报》，1909年1月创刊，1917年易名《北满日报》。
③ 一说1920年12月15日创刊。
④ 一说1932年9月19日创刊。
⑤ 1933年报告为"1933年1月1日"。
⑥ 一说1933年1月创刊。
⑦ 一说1932年3月创刊。

(2) 杂志

名 称	主义系统	持有人	编辑干部	备 考
满洲改造（日文）		社长　高木翔之助　早稻田大学出身	主笔　同前　记者　松本直义　中央大学出身	1932年6月6日创刊,月刊,约八十页,发行量约三千份,关于"满蒙"问题以启发世人为使命。资本金一千圆,社址位于新京千鸟町一丁目七
新京（日文）		社长　渡边义一　1922年7月创立奉天电报通信社,1932年10月发行本杂志	主笔　同前	1932年10月15日创刊,月刊,约一百页,发行量一千五百份,资本金两千圆,以介绍"满蒙"情况为使命。社址位于新京日本桥通八号
高粱（日文）		社长　奥一　1930年3月毕业于冈山教员养成所,同年3月毕业于日本力行会海外学校	主笔　同前	1932年7月27日创刊,月刊,六十页至一百页,发行量六百份,资本金约一千圆。起初与新井宗之共同创办本杂志,但1933年2月奥与新井分开独立。社址位于新京日本桥通八七号
新京商工会议所调查汇报（日文）	商工会议所机关报	新京商工会议所	大垣鹤藏　新京商工会议所书记长　内海重夫　新京商工会议所书记	1932年9月7日创刊,月刊,二十页至三十页,发行量五百份,商工会议所机关报,专门登载金融、经济情况,社址位于新京吉重町三丁目七

三、朝鲜文报纸

名 称	主义系统	持有人	编辑干部	备 考
满蒙日报	在"满洲"朝鲜人机关报	理事长　李庚在　曾任外务省警部、朝鲜总督府警部,现任龙井村朝鲜人会长	主笔　金东昊　日本明治大学出身　记者　金东晚　现新京朝鲜人民会长	1933年8月25日创刊,日报,四页,发行量一万零七百份,资本金三十万圆。致力于日、"满"融合,特别是对在"满"朝鲜人的启发,是"满洲"唯一的朝鲜文报纸,在"满"朝鲜人中爱读者众多。社址位于新京北大街五五号

奉天

人口: 日本人54 188人(含朝鲜人9 664人),"满洲"人415 390人,外国人1 546人。

概况

1933年的奉天报纸中,前年度刊行的日文报纸《大满蒙》迁至新京,中文报纸《东三省公报》改称《大亚公报》,《东北日报》改称《东亚日报》。除此之外毫无值得特笔的变化。不过,随着治安的恢复,与前一年相比,各中文报纸的购阅人数理所当然均有逐渐增加的倾向;日文报纸方面,随着以奉天为中心各地日本侨民的激增,《奉天新闻》《奉天每日新闻》《奉天日日新闻》等报的发行量均增加,特别是《奉天新闻》比前一年度完全增加了一倍。

一、中文报纸、公报及杂志
(1) 报纸

名 称	主义系统	持有人	编辑干部	备 考
盛京时报	广泛报道内外情况,以此善导大众,以资"满蒙"开发	染谷保藏	菊池贞二	1906年10月创刊[①],日报,八页,发行量约两万份,股份制,在当地中文报纸中拥有最为悠久的历史,其信誉和地位是其他报纸无法追随的

---

① 一说1906年9月1日创刊,一说1906年10月18日创刊。

(续表)

名　　称	主义系统	持有人	编辑干部	备　　考
民报		魏长信	王冷佛、魏长信	1922年10月创刊①，日报，八页。原名《东三省民报》，1932年9月1日改名为《民报》，直至今日，发行量约五千五百份
大亚公报		王希哲	王希哲、王石隐	1913年2月创刊，原名《东三省公报》②，曾经是旧东北派的御用报纸，后改称《东三省报》③，又改为现名。目前接受民政部的补助，经营状态良好。日报，八页，现在发行量约三千五百份
醒时报	回教系统	张兆麟	张兆麟、张宪英	1909年2月创刊④，日报，四页，旧东北军阀统治时期，在中国人经营的中文报纸中拥有最老的历史。现在仍然以回教教徒为中心，在下层民间占有地盘，发行量约三千份
东亚日报		丁袖东	丁袖东	1926年5月创刊，由《东北日报》改名而来。日报，四页，发行量约三千份
奉天公报		若月太郎	张润山、杜振远	1931年9月创刊，在日本人若月太郎的领导下，雇了多名有经验的日本人，不断谋求版面的更新，因此报社状况比较好。日报，八页，发行量约三千份
奉天日报		耿世贤	同前	1932年4月创刊，日本军方出于统制舆论的目的，在"满洲事变"后立刻支援其发刊。由日本人菊地秋四郎操纵，日报，四页，发行量四千份
沈阳卍字新闻	以人类爱、善为宗旨	王奉丰	李天真	1930年10月创刊⑤，由《世界红卍字新报》改名而来，是沈阳卍字联合会的机关报。日报，两页，发行量约三百七十份
正义时报	正义团之机关报	酒井荣藏	冯克政	1933年10月创刊，月刊，"满洲国"正义团的机关报，用于普及该团的旨趣和联络会员，发行量九千份

(2) 公报

名　　称	主义系统	持有人	编辑干部	备　　考
奉天省公署公报	奉天省官报			1931年11月创刊，日报，当初由地方维持委员会发刊，1932年1月以来移交奉天省政府管理，发行量五百份
奉天市政公报	奉天市机关报			1932年6月创刊，月刊，登载市政相关报道，发行量两千份

---

① 1927年报告为"1921年"；一说1908年创刊，从前社长赵锄非的个人经历看，此报创办应晚于1908年。待查。
② 1933年报告为《东三省日报》。
③ 据《辽宁省志·报业志》记载，1905年12月奉天学务处创办《东三省公报》，主办人是谢荫昌；1912年2月创办的《东三省公报》，由奉天省议会主办。
④ 一说1908年创刊。
⑤ 一说1929年12月创刊。

(3) 杂志

名　称	主义系统	持有人	编辑干部	备　考
满洲新文化月刊	提倡文化普及、启发	王春凤	同前	1933年5月创刊，月刊，通俗杂志，发行量三千份
法学新报	发表法学研究	高葆善	魏长信	1927年创刊，是赵欣伯领导下的法学研究会的机关杂志，事变后停刊，1933年10月复刊，发行量九千份
大同文化		满洲文化协会奉天事务所	佐藤四郎	1922年3月28日①创刊，每月发行两次，发行量约四千份

二、日文报纸及杂志

(1) 报纸

名　称	主义系统	持有人	编辑干部	备　考
奉天每日新闻（日文）	王道主义	松宫こと	尾本捨次郎	1907年7月创刊②，日报，早报、晚报均为十二页，发行量一万一千七百份
奉天新闻（日文）	指导"满蒙"开发	石田武亥	饭渊弘	1914年8月创刊③，日报，早报、晚报均为八页，发行量一万六千八百份
奉天日日新闻（日文）	同上	庵谷忱	田原丰	1908年12月创刊④的《奉天日日新闻》于1932年3月1日改名为《奉天满洲报》，又于1934年6月1日改回原名。与大连《满洲日报》为姐妹关系，日报，六页，发行量约六千八百份

(2) 杂志

名　称	主义系统	持有人	编辑干部	备　考
日满公论（日文）		宫川隆	土桥希地	1929年8月以《日华》为名创刊，1932年11月改为现名，月刊，发行量六百份
奉天商工月报（日文）	报道经济资料	奉天商工会议所	嘉多龙太郎	1917年7月创刊，月刊，发行量约一千三百份。登载贸易、金融、经济相关报道，以资会员参考
会报（日文）		全满朝鲜人民会联合会	樋口畎吉、朴准秉	1933年3月创刊，月刊，全满朝鲜人民会联合会的机关杂志，发行量五百份

除上述报纸、杂志之外，还有《满洲国通信》《奉天电报通信》《商业通信》发刊，大阪朝日、大阪每日两报社支局不时发行《满洲号外》，另有铁路总局发行《总局报》。

---

① 1933年报告为"1922年3月29日"，且归为日文杂志。
② 1920年收购内外通信社，同月改名为《奉天每日新闻》；一说1918年改名。
③ 1924年报告为"1920年9月"，1929年报告为"1917年9月"，1931年报告为"1917年8月"。
④ 一说1909年6月创刊。

公主岭

人口:日本人 2 500 人(含朝鲜人 348 人),"满洲"人 7 627 人。

日文报纸

名　　称	主义系统	持有人	主笔及记者	备　　考
公主岭商报（日文）		三村正二	主笔　同前	1920 年 4 月 6 日创刊,日报(早报),两页,发行量四十份,资本金五百圆,主要报道公主岭交易所的交易状况,也登载一般时事。据闻每月接受交易所及正隆银行支店合计二十圆的补助,但经营状态极为不振。社址位于公主岭东云町一丁目

四平街

人口:日本人 5 731 人(含朝鲜人 877 人),"满洲"人 11 258 人,外国人 13 人。

日文报纸

名　　称	主义系统	持有人	编辑干部	备　　考
四洮新闻（日文）		社长　樱井教辅 历任大阪商业新闻社、神户新闻社、大阪每日新闻社等记者,1916 年来到四平街任《大陆日日新闻》支局长,1920 年进入本社	主笔　同前 记者　中塚武夫	1920 年 10 月 1 日创刊①,日报(早报),四页,发行量四百五十份。最初名为《四洮时事新闻》,1921 年 10 月 1 日②改为现名。社址位于四平街仁寿街一丁目二

铁岭

人口:日本人 5 270 人(含朝鲜人 2 080 人),"满洲"人 46 185 人,外国人 8 人。

日文报纸

名　　称	主义系统	持有人	编辑干部	备　　考
铁岭时报（日文）	皇室中心主义	西尾信	本多正、阿部万吉	1911 年 7 月创刊③,中型,日报,四页,发行量四百五十份

此外,当地原本无中文报纸发行,《铁岭时报》记者本多正计划发刊中文报纸《铁岭公报》,得到许可,目前正在准备发刊。

开原

人口:日本人 4 640 人(含朝鲜人 2 550 人),"满洲"人 35 510 人,外国人 4 人。

---

① 1932 年报告为"1920 年 11 月"。
② 1933 年报告为"1921 年 9 月"。
③ 一说 1910 年创刊,一说 1911 年 8 月创刊。

日文报纸

名　　称	主义系统	持有人	编辑干部	备　　考
开原新报（日文）	报道时事	龟高寿雄	八木茂	1919年2月创刊，发行量七百份
开原实业时报①（日文）	报道经济及时事	篠田仙十郎	田下改正	1924年11月创刊②，日报，两页，发行量一百二十份
商业通信（日文）	报道商事	西條德重	高桥良夫	1924年11月创刊，发行量五十份，总社在京城，日本商业通信社的支社发行，致力于快速报道经济、商况

掏鹿

人口：日本人288人（含朝鲜人174人），"满洲"人31 000人，外国人3人。

当地无报纸、杂志等发刊，只有各地报纸的代理销售店，主要购阅《盛京时报》《大亚公报》《满洲报》等报。

本溪湖

人口：日本人2 857人（含朝鲜人266人），"满洲"人约18 500人。

日文报纸

名　　称	主义系统	持有人	编辑干部	备　　考
安奉每日新闻（日文）		伊藤唯熊	大黑谷百三	1913年4月创刊，日报，四页，发行量四百五十份
东亚之光（日文）		神仙英	宫崎义友	1933年8月创刊，发行量约三百份。以信仰之心善导社会人心，并依托日、"满"两国宗坛的联络以资两国国民和谐

抚顺

人口：日本人18 305人（含朝鲜人3 051人），"满洲"人21 255人，外国人37人。

一、日文报纸及杂志

名　　称	主义系统	持有人	编辑干部	备　　考
抚顺新报（日文）		窪田利平	月野一雩	1922年4月3日创刊③，日报，四页，地方性时事报纸，现在发行量约两千份
炭の光（日文）	抚顺煤矿机关报	抚顺煤矿庶务课	大野义雄	1928年7月14日创刊，日报，四页，发行量三千五百份，煤矿部员工有义务购阅
月刊满洲（日文）		城岛德寿	城岛德寿	由1928年7月14日创刊的《月刊抚顺》改为现名而成，发行量四千五百份。1931年以来发行《コドモ满洲》作为附属事业，发行量约七千六百份

---

① 1931年报告为《开原实业新报》。
② 1933年报告为"1923年1月1日"。
③ 1930年报告为"1921年4月"，一说1921年2月创刊。

二、中文报纸

名　称	主义系统	持有人	编辑干部	备　考
抚顺民报		窪田利平	胡云峰	1932年2月11日创刊,日报,发行量约三千份,日文报纸《抚顺新报》的姐妹报

鞍山

人口：日本人8 833人(含朝鲜人623人),"满洲"人10 543人,外国人7人。

日文报纸

名　称	主义系统	持有人	编辑干部	备　考
鞍山日日新闻（日文）	报道时事	野尻弥一	藤沼禧一郎	1932年7月1日创刊①,日刊,小型,八页,发行量约一千份

除上述报纸外,有作为昭和制钢所社报及该所职员沟通意见、研究等的机关刊物而发行的《铁魂》(发行量一千五百份)、《鞍山制钢会杂志》(发行量三百五十份),以及宗教团体刊发的《鞍山高野山寺报》《圣火》等。

新民府

人口：日本人231人(含朝鲜人38人),"满洲"人33 099人,外国人4人。

当地尚未有报纸、杂志等发行,只有日文报纸《奉天每日新闻》《大满蒙》等,以及中文报纸《民报》《盛京时报》《奉天公报》《大同报》《泰东日报》《满洲报》等各社的支社或代销店,在销售之余就当地情况发布通讯。除上述报纸外,当地还主要购阅日文报纸《大阪每日新闻》《满洲日报》《奉天新闻》《满洲商工日报》,中文报纸《大亚公报》等报。

海龙

人口：日本人4 912人(含朝鲜人4 567人),"满洲"人115 167人,外国人2人。

当地无报纸、杂志等发刊,各地有打着分、支局名义者,但其实质不过是代销店,名副其实称得上是支局的只有日文报纸奉天每日新闻社在山城镇的支局。最近各报刊种类及销售量等显著增加。现在主要购阅的有中文报纸《泰东日报》《满洲报》《盛京时报》《民报》《醒时报》《大同报》《奉天公报》,朝鲜文报纸《东亚日报》《满蒙日报》,日文报纸《奉天每日新闻》《满洲日报》《大阪每日新闻》等报,其中购阅最多的是《大同报》《盛京时报》。

通化

人口：日本人1 532人(含朝鲜人1 362人),"满洲"人42 860人,外国人2人。

当地无报纸、杂志等发刊,只有《盛京时报》《满洲报》《泰东日报》《奉天民报》等报的分、支局,在销售之余从事通讯工作。

辽阳

人口：日本人3 962人(含朝鲜人302人),"满洲"人65 403人,外国人10人。

一、中文报纸

名　称	主义系统	持有人	编辑干部	备　考
辽海公报		贾明源		1931年11月创刊②,日报,四页,发行量四千份,原辽阳县公署的机关报《辽阳公报》于1932年10月变为民间报纸,改为现名

---

① 一说1932年6月16日创刊。
② 1933年报告为"1931年11月26日"。

二、日文报纸

名　称	主义系统	持有人	编辑干部	备　考
辽鞍每日新闻（日文）	报道时事	社长　渡边德重	同前	1908年12月创刊①，1919年10月30日改为现名②，日报，小型，四页，发行量九百六十三份。社长渡边个人经营，资本金约一万圆

营口

人口：日本人4 601人（含朝鲜人762人），"满洲"人130 593人，外国人97人。

概况

当地发行的中文报纸只有总商会机关报《营商日报》。该报创刊于1907年，拥有相当悠久的历史，但其登载的内容主要为当地经济及各种杂讯，很少论及时事问题，看上去完全是总商会会员的广告报纸。

日文报纸有《满洲新报》及《经济日报》两报，但《经济日报》自1925年春以来停刊至今，现在发刊中的仅有《满洲新报》。该报自创刊以来已有三十年的历史，但随着大连、奉天等地的发展，这些地方报纸的影响力积极进入当地，因此经营逐渐感到困难，社运逐年不振。其登载的内容除当地杂讯外，所谓摘录占据了其大部分。

上述中文、日文两报均无政治关系，因此其影响力也不大。

一、中文报纸

名　称	主义系统	持有人	编辑干部	备　考
营商日报	总商会机关报	营口总商会	主笔　陈锡箴	1907年10月创刊③，日报（周日休刊），六页，发行量约六百份。创立当初陷入经营困难，1925年前后起趋向顺利。1926年声称为了整顿工厂、翻新内容而暂时休刊，1927年2月再刊。社址位于营口西大街

二、日文报纸

名　称	主义系统	持有人	编辑干部	备　考
满洲新报（日文）	开发"满蒙"	社长　小川义和曾任关东厅警官，1908年入社，1911年任主笔，1925年前社长冈部次郎死亡后任社长	主笔　同前 记者　觉明久一	1907年12月创刊④，日报（周日、假日的翌日休刊），四页，发行量两千两百份。社长小川来此多年，因此其所说并非无可参考之处。经营困难。社址位于营口新市街南本街

安东

人口：日本人25 488人（含朝鲜人12 739人），"满洲"人136 105人，外国人31人。

概况

现在安东发行的报纸，有中文报纸《东边日报》《新满公报》，以及日文报纸《安东新报》《国境每日新闻》共四

---

① 一说1908年3月创刊。
② 曾名《辽阳每日新闻》《辽阳新报》。
③ 1919年报告为"1909年"，1922年报告为"1907年10月1日"，一说为1908年创刊。
④ 1927年报告为"1908年2月"，一说1908年3月创刊。

报。中文报纸《东边日报》原名为《东边商工日报》，1933年7月1日改名，事变以来，由日本人向后新太郎任社长，锐意谋求改善，因此发行量增加，社运趋向隆盛。此外，原本作为安东县公安署机关报发行的中文报纸《安东市报》由日本人杉山宗作任主笔，1933年11月1日起由小型改为普通大型，谋求充实其内容，但在手续上有不备之处，十一月下旬由民政部责令暂时停止发行，此后处于停刊状态，今年2月获准发行，以三月一日的即位大典为期，改名《新满公报》创刊。《东边日报》以安东市为目标，与此相对，《新满公报》以地方为目标。日文两报均未脱离地方报纸的范畴，《安东新报》主要以所在地安东市为目标，与此相反，《国境每日新闻》于1933年11月变更社长，同时有打入对岸朝鲜各地的倾向。两报均以奉天及京城为中继接收"国通"及"帝通"的各种电讯，报道比较敏捷。

一、中文报纸

名　称	主义系统	持有人	编辑干部	备　考
东边日报①	营利本位	社长　向后新太郎	主编　马东先	1929年9月创刊，日报，六页，发行量约一千八百份。事变前大肆登载排日报道，现社长就任后谋求改善，社运趋向隆盛，报道一般时事及经济、市况
新满公报		发行人　承履达	主编　王大鲁	1929年8月，县公署在市政筹备处时期创刊了《安东市报》②（日报，小型，四页）作为机关报，该报停刊期间靠日本人杉山宗作奔走，于1934年3月■③日改善续刊，日报，大型，四页，发行量约一千五百份，主要以地方为目标

二、日文报纸

名　称	主义系统	持有人	编辑干部	备　考
安东新报（日文）	营利本位	社长　川俣笃	主笔　户田弘毅	1906年创刊，日报，四页，发行量约一千八百份。是安东最早的报纸，报道一般时事
国境每日新闻（日文）	营利本位	社长　多田荣吉 新义州的实业家	主笔　大槙义次	1928年1月创刊，日报，四页，发行量约两千两百份。当初名为《安东时事新报》，1931年5月改名，报道一般时事。现社长于1933年11月代替前社长吉永就任

除上述报纸以外，日文刊行物还有《安东经济时报》（日刊）、《满洲特产安东通过日报》（日刊）、《安东取引所月报》（月刊）、《安东取引所日报》（日刊）、《满蒙时报》（月刊）等。

郑家屯

人口：日本人698人（含朝鲜人283人），"满洲"人4 500人，外国人8人。

当地尚无报纸、杂志等发行，处于毫无言论机关状态，只是驻有中文报纸《满洲报》《盛京时报》《奉天公报》《东亚日报》《泰东日报》等主要为奉天系统报纸的通讯员，在代理销售之余偶尔发布地方通讯。日文报纸只是《满洲日报》《奉天每日新闻》及日本本土的主要报纸在日本人中有购阅。

---

① 1933年报告为《东边商工日报》。
② 1933年报告为"1929年8月"，一说1929年9月1日创刊。
③ 原文此处空白。

通辽

人口:日本人764人(含朝鲜人497人),"满洲"人21 000人。

1932年1月当地有日本人发刊中文报纸《蒙边时报》,但经营不如意,仅数月便停刊,直至今日。目前驻有《满洲报》《盛京时报》《奉天公报》《东亚日报》《泰东日报》等报的通讯员,只是在代理销售之余从事通讯工作。

洮南

人口:日本人1 107人(含朝鲜人341人),"满洲"人199 075人。

中文报纸

名 称	主义系统	持有人	编辑干部	备 考
大同日报	报道时事	横峰勇吉	主笔　同前 编辑　于景周	1932年8月创刊①,日报,四页,发行量一千四百份,主要为《满洲通信》的译报

除上述报纸以外,驻有《满洲报》《盛京时报》及其他报纸的通讯员,在代理销售之余从事通讯工作。

农安

人口:日本人37人(含朝鲜人12人),"满洲"人199 075人。

当地唯一的周刊报纸《农安县政公报》于1930年9月创刊,由于缺乏资本,于6月10日②停刊,现在依然没有报纸、杂志等刊行,只是有人从事通讯兼代理销售《盛京时报》《满洲报》《大北新报》《泰东日报》等其他地方的报纸。

吉林

人口:日本人6 090(含朝鲜人2 898人),"满洲"人136 952人,外国人116人。

一、中文报纸

名 称	主义系统	持有人	编辑干部	备 考
吉林日报	吉林省公署机关报	赵隆福	于詹、梅文昭	1931年12月10日创刊,日报,八页,发行量一千五百份。由《吉长日报》改组而来,实际上是荣教育厅长个人的机关报。社址位于吉林省城二道码头
东省日报	日"满"亲善	三桥政明	刘云峰	1922年9月20日创刊③,日报,六页,发行量一千份。唯一由日本人经营的中文报纸,原本就接受满铁的补助,最近也接受省公署的补助。社址位于吉林省城商埠地

二、日文报纸

名 称	主义系统	持有人	编辑干部	备 考
松江新闻(日文)	无党派关系	三桥政明	同前	1923年9月创刊④,日报,四页,发行量两千份。与《东省日报》属于同一经营者,是唯一的日文报纸,社址位于吉林省城商埠地

除上述报纸之外,还有日刊《吉林省公署公报》(中文)。

---

① 1933年报告为"1932年12月",一说1932年8月16日创刊。
② 1933年报告为"1931年10月",即昭和"六年十月","六月十日"疑为误植。
③ 1932年报告为"1922年7月",一说1922年7月18日创刊。
④ 一说1923年8月27日创刊。

哈尔滨

人口：日本人 29 863 人（含朝鲜人 12 675 人），"满洲"人 596 906 人，外国人 114 044 人。

概况

（一）报纸

目前哈尔滨的报纸有中文报纸八种、俄文报纸七种、英文报纸一种、日文报纸两种，合计十八种。

(1) 中文报纸

以 1933 年 6 月初为调查时点，有报纸《国际协报》《哈尔滨公报》《滨江时报》《滨江午报》《大北新闻》①《商报》《哈尔滨五日画报》七种报纸，加上同年 8 月创刊的《消闲录》②一报，目前有八种报纸。《大北新报》最近发行量激增，除此以外，各报与去年均无太大差异。各报的编辑方法千篇一律，看上去几乎像同一份报纸。最近各报稍显特色，但仍不显著。这些报纸均以"满洲国"通讯或当地官方发布的事项为主要内容，登载评论的仍只有《大北新报》一报。从报道的处理方法来看，作为一般倾向，与其说是关心日本，不如说对中国展现了明显的关心。

(2) 俄文报纸

俄文报纸有 Заря、Рупор、Русское слово、Харбинское время、Наш путь、Гун-Бао、Новости Востока 七种报纸。除了 Новости Востока 报属于赤系外，其余属于白系。上述报纸中，Заря 报的历史最为悠久，本报的经营者不仅经营 Рупор 及 Русское слово 报，在上海、天津亦有姐妹报。该报在当地自不必说，在"满洲"、中国的白系俄国人等中间拥有根深蒂固的势力，其发行量凌驾于其他报纸之上。后来，日本人发行了 Харбинское время 报，其影响力似乎受到了相当大的侵蚀。1931 年 Харбинское время 报创刊时，其他俄文报纸受到原中国官方的严格检查和压迫，因此无法发表公正的言论和报道，相比之下该报发表公正、毫无忌惮的言论和报道，结果影响力逐渐加大，发行量一度凌驾于其他报纸之上，但是现在似乎不如 Заря 报。俄国法西斯系统的 Наш путь 原为当地发行的 Наша газета，被俄国法西斯党方面的人盘下后改为现名。Гун-Бао 的经营者及编辑干部以往屡次更迭，时而显示亲苏论调，时而有浓厚的拥护中国国民党的色彩等，其态度不固定，"满洲事变"后一度停刊，前年刊行以来其报道论调亲日、"满"。Новости Востока 是苏联系统的报纸，但目前似乎正控制过激的反日、"满"报道。

(3) 英文报纸

现存的英文报纸为英国人福利特经营的 Harbin Observer 一报。

（二）杂志

当地发行的杂志有中文两种、俄文六种、日文一种、英文一种，共十种。其中俄文杂志 Вестник Маньчжурии、中文杂志《北满经济月刊》、日文杂志《露满蒙时报》、英文杂志 Manchurian Economic Review 是研究"满蒙"经济的好资料。

一、中文报纸及杂志

(1) 报纸

名　　称	主义系统	持有人	编辑干部	备　考
国际协报	前东省特别区长官张景惠的机关报，曾为排日报纸，"满洲国"成立后，改造了内部组织，致力于与新国家的方针合拍	社长　张复生　曾任《盛京时报》《泰东日报》《大东日报》的记者	主笔　同前　编辑主任　王研石　记者　申仲铭、盖茹蔡	1919 年 7 月 1 日创刊③，日报，八页，发行量一千余份，资本金两万圆。当初于新京发行，后接受南洋烟草叶元宰的援助迁至当地。1921 年张就任社长后，接受奉天及哈尔滨各机关的补助，极端鼓吹排日，社运隆盛，1929 年前后发行量达到了四千份。"满洲事变"后一度关停，此后于 1932 年 3 月作为张景惠的机关报复刊，直至今日

---

① 下文均为《大北新报》，疑为误植。
② 同年报告的"名称"栏为《消闲报》。
③ 1925 年报告为"1918 年 8 月"，1932 年报告为"1919 年 1 月 10 日"；一说该报 1918 年 7 月 1 日在吉林省长春市创刊，1919 年 10 月迁到哈尔滨。

(续表)

名 称	主义系统	持有人	编辑干部	备 考
哈尔滨公报	"北满"特别区长官公署机关报,曾经舞弄排日毒笔,但现在致力于拥护官方	关鸿翼 东省特别区法学院出身,任哈尔滨市会议员等职	主笔 吴士元(字如瑗) 记者 张德济	1926年12月创刊,日报,十页,发行量三千八百份,资本金十万圆。本报最初由关氏①从特别区各机关筹措资金两万元,作为长官公署机关报而创刊。1927年末变为关氏个人经营,但依然接受官方相当数额的补助,极度挥舞排日毒笔,"皇军"进入哈尔滨后一度被责令查封。1932年5月成为特区长官公署御用报纸,获得许可再发行。此外,本报与俄文报纸 Гун-Бао 为姐妹报
滨江时报	王道主义	范德纯 北平朝阳大学法科出身	文中、田春光	1920年4月创刊②,日报,八页,发行量两千五百份,资本金一万元。原为中东铁路机关报《远东报》,停刊后继承其地盘创刊
滨江午报③		赵郁卿 毕业于机务专门学校,曾就职于《北平公言报》	主笔 严一明 记者 朱宣甫、刘天牟	1921年6月创刊④,日报,四页,发行量一千五百份。本报最初由油业公司以一万元创刊,但陷入经营困难,盘给赵氏
大北新报⑤		山本久治	堀江义一、侯小飞、张意忱⑥、乔再天、郭若愚	1922年10月创刊,日报,八页,发行量四千八百份。当初作为奉天《盛京时报》的"北满"版发行,1933年6月1日起独立,归山本经营,同时版面也由四页增加至八页
商报晚刊⑦	曾为"北铁"督办公署及行政长官公署的御用报纸,现在已独立,提倡王道主义	王宿辰 毕业于北平商业专门学校,前《哈尔滨辰报》⑧编辑	冯承荣	1921年12月创刊,日报(晚报),四页,发行量一千份。本报原名《东三省商报》⑨,叶元宰脱离《国际协报》后从南洋烟草公司获得资金一万元创刊。1930年陷入经营困难,转为与子诠共同经营。"满洲事变"后归现持有人之手,改名为《商报晚刊》⑩,是唯一的中文晚报
哈尔滨五日画报	启发社会	王仑山 毕业于北平朝阳大学,曾任《哈尔滨公报》《国际协报》记者	郑梦飞	1932年9月创刊,发行量两千份,每五日发行,小型,四页画报,以启发中下层民众为目的
消闲报	《滨江时报》系统	范介卿 毕业于北洋高等警务学堂,供职于方正县警务局等	范德铭	1933年8月25日创刊,日报,四页,发行量三千份,资本金一万元

① 1932年报告为"冈氏",下同。
② 1925年报告为"1921年";一说1921年3月创刊。
③ 1928年报告为《午报》。
④ 1932年报告为"1920年5月1日"。
⑤ 1925年报告为《大北日报》。
⑥ 1933年报告为"张感忱"。
⑦⑩ 1933年报告为《商报》。
⑧ 似应为《滨江辰报》。
⑨ 1932年报告为"1922年12月"创刊。

（2）杂志

名　　称	主义系统	持有人	编辑干部	备　考
市公报	哈尔滨特别市公署机关报	哈尔滨特别市公署	同前	1926年2月以《市政公报》为名创刊，1933年8月改为现名，发行量三百份
北满经济月刊	"北铁"机关报	"北铁"	北满经济月刊、半月刊编辑部	1925年3月创刊，月刊，发行量两千五百份。当初名为《东省铁路经济月刊》，1929年3月改为《中东经济月刊》，又于最近改为现名，另发行副刊半月刊，是研究"北满"经济情况的好资料

二、俄文报纸及杂志

（1）报纸

名　　称	主义系统	持有人	编辑干部	备　考
Харбинское время	严正中立，宣传国策	大泽隼	主编　同前 编辑主任 名义上　田中总一郎 事实上　贝·佩·谢洛夫（早报）、尤·艾弗·吉贝鲁格（晚报） 记者　尼奇夫欧罗夫、伽卢琴、伽卢伊琴、利亚森茨维夫、沃洛奇琴、拉林	本报为1931年春社长大泽从满铁辞职后，遗憾于以往当地俄文报纸遭到中国官方的极端压迫，无法公正报道，同年7月10日得到日本总领事馆允许，准备创办期间适逢"满洲事变"爆发，9月26日以号外的形式创刊，随后选定11月3日"明治节"发行早报第一号，后于1932年4月开始发行晚报，直至今日。资本金约六千圆，日报，早报八页至十四页，晚报四页至八页，发行量早报约三千份，晚报约九百份。创立当时相当有销路，发行量一度凌驾于其他俄文报纸之上，达到约一万四千份，但其后逐渐减少。购阅者主要为右翼白系俄国人及意欲关注日本动向的苏联人等
Заря	白系，中立	莱姆毕齐遗孀、耶·艾斯·卡夫曼、克·艾斯·希普科夫共有	主编　克·艾斯·希普科夫 副主编　艾努·佩·科布茨奥夫 记者　萨特夫斯基、卢杰夫斯基（评论）、阿斯塔霍夫、伊万诺夫、马修蔻夫、康纳贝鲁格、科瓦连科、泽兰、博拉索夫、阿波罗诺夫	1920年4月创刊，日报，八页至十二页，发行量四千五百份，资本金约三万圆。创刊当时的管理者为已故莱姆毕齐、现主编希普科夫及记者米哈伊洛夫三名，1925年变为莱姆毕齐的单独经营。此人在天津和上海创刊了姐妹报，同时出资 Pynop 及 Pyccĸoe cлoвo 两报以及杂志 Рубеж、Ласточка，擅长经营，因此本报在当地言论界形成一大影响力。其后 Харбинское время 出现，一度侵蚀其影响力，但现在仍然在当地白系俄国人等之间拥有根深蒂固的影响力。购阅者主要为当地及"北铁"沿线的白系俄国人及苏联富裕阶级，还向俄国人集中的巴黎及其他欧美各地发送相当数量的报纸，对日"满"感情良好。1932年11月莱姆毕齐死后，本报在其全权债权人美国系信济银行（Thriftcorbank）的监督下，移交莱姆毕齐遗孀、卡夫曼及希普科夫之手。据说最近在苏联出现了莱姆毕齐的继承人，所以内部产生了纷争

(续表)

名　称	主义系统	持有人	编辑干部	备　考
Русское слово	帝制主义	莱姆毕齐遗孀、卡夫曼、希普科夫共有	主编　亚·佩·维勒季耶夫 记者　萨特夫斯基、卢杰夫斯基、维森洛夫斯基、乌尤里斯基、库克谢洛夫	1920年以 Русский голос 为名发刊，后于1926年改为现名。日报，早报，六页至八页，发行量约一千份。本报的起源是，霍尔瓦特将军的旧友、原国会议员武维·瓦斯特罗琴在中东铁路机关报 Харбинский вестник 被查封后，与从西伯利亚撤退的高尔察克政府的野战印刷局共同接管该报财产，发行了 Русский голос 报，当初取得了较好业绩，成为白系俄国人知识阶层的最大权威。不过，由于苏联方面进入中东铁路，来自该铁路的补助断绝，该报遭遇财政危机。1926年斯巴斯基取代瓦斯特罗琴任主笔兼代表，改为现名。依靠西欧白系俄国人各团体的援助，一度再现兴盛，但又一次陷入财政困难，转于克罗波夫之手后，又由莱姆毕齐盘下。1932年莱姆毕齐去世后，归其遗孀、卡夫曼、希普科夫三者所有。最近再次陷入财政困难，据说该报所有者之间就是否关停产生争议，但现在仍继续发行。创刊以来直至今日，论调为复兴帝制主义，反苏，亲日"满"。资本金约两千圆，于 Заря 社印刷
Гун-Бао	亲日"满"	关鸿翼　此外还经营中文报纸《哈尔滨公报》	主编　格洛瓦乔夫 记者　沙维茨奇、拉扎维夫斯基、罗谢诺夫、马特科夫斯基、克兹洛哈、乌夫托姆斯基	1926年12月创刊，日报，六页至十页，发行量约一千三百份。1924年中国方面有发行俄文机关报的计划，曾经在中东铁路的梅利克·瓦卢堂扬茨知晓后，提议关鸿翼在苏联方面秘密援助下实现此事，1926年12月时，在当时的特别区行政长官张焕相补助下创刊本报。起初以广告费的形式接受中东铁路莫大的补助，社业大为发展，但其后与苏联方面的合作暴露出来，长官公署罢免了关鸿翼和梅利克，让权世恩、萨特夫斯基、卢杰夫斯基负责经营。但上述改组令苏联方面反感，中东铁路取消了补助。报社因此聘请该报原主笔贝斯取代萨特夫斯基，但这又不能获得中国方面的谅解，事态陷入困境。其后现在的行政长官张景惠再次尝试改组本报，以原社长关鸿翼为社长，著名的文艺家孚赛奥罗德·伊万诺夫为主编。中国方面机关报之名在上述改组前一年已取消，但1929年发生苏中纷争时，该报一味拥护中国方面的行为，发挥御用报纸的作用，另一方面似乎与莱姆毕齐系各报纸一同构成了反苏共同战线。后来受到中国当局对苏联政策软化的牵制，为了筹措资金而标榜中立，再次起用在苏联方面说得上话的梅利克·瓦卢堂扬茨任主编，继续发行。"满洲事变"爆发后，该报经营变得极其困难，另一方面，因当时难以判断事变的结果，依然不抛弃排日倾向，行政长官张景惠在1931年12月1日让于镜涛强制接管，该报因此停刊。其后，1932年3月再次发刊，与以往一样，关鸿翼作为发行人依旧留任。亦因为其原本是"满洲"旗人，幡然对"满洲国"显示忠诚的态度，其报道、论调亦有亲日"满"的倾向

(续表)

名　称	主义系统	持有人	编辑干部	备　考
Рупор	民主主义	卡夫曼、莱姆毕齐遗孀、希普科夫共有 卡夫曼为犹太人，曾在海兰泡及海参崴当报纸记者，俄国革命后来到哈尔滨经营本社，作为社会事业家，有名望	主编　亚·阿·洛奇 记者　内斯梅洛夫、沃夫切科夫、格里尼鲁、艾弗伊莫夫、萨特夫斯基、卢杰夫斯基	1921年9月创刊，晚报，四页至八页，发行量约三千五百份。本报的创立者是从 Заря 报独立出来组织排字工会的阿鲁伊莫夫和阿鲁诺里多夫，其后由于财政困难将上述报纸的经营转让给格泽里，后又转给格泽里的朋友米鲁莱卢与卡夫曼。转于上述两人之手后，依旧财政困难，因此米鲁莱卢最终将其持有的股份转让于莱姆毕齐。莱姆毕齐去世后，由其遗孀、卡夫曼、希普科夫共同经营。资本金一万五千元。报道面向大众，发行面向妇女和儿童的副刊，因此在各阶级中拥有读者。Харбинское время 晚报发行时，一度受到打击，但现在依旧相当有影响力。论调为反苏亲日"满"
Новости Востока	苏联系统	艾鲁·耶·克鲁巴库奇　曾于 Рупор 社工作，有办报经验，但受到非议，没有主义、节操	主编　克鲁巴库奇 副主编　欧卢克夫 记者　布伊金、曼可夫斯基	1932年创刊，日报，六页至八页，发行量约三千两百份，资本金两千五百圆。本报处于苏联方面的指导之下，接受财政援助，读者主要为苏联人。总是致力于介绍苏联国内外的情况
Наш путь	白系法西斯系	卡·维·罗德泽夫斯基	主编　同前 记者　卡卢努哈、库鲁特谢维奇	1933年10月3日创刊，日报，早报四页至六页，发行量约一千二三百份，当地白系法西斯团体早已计划发行机关报，但由于当局有不批准新报发行的方针，采取捷径收购阿托金斯经营的中立报纸 Наша газета 报，改名而来，论调反苏，且相当激烈

（2）杂志

名　称	主义系统	持有人	编辑干部	备　考
Рубеж	兴趣本位，白系俄国人的文艺杂志	卡夫曼、希普科夫、莱姆毕齐遗孀共有	主编　罗柯托夫（卡夫曼的义弟） 记者　内斯梅洛夫、迪奇、艾弗雷娃、雷兹尼克娃	1928年创刊①，周刊。与当地俄国人作家会有密切关系，但没有政治色彩。内容除了俄国作家的小说外，还有欧美发行的文艺、科学、电影杂志等的译载及照片的转载等。在各阶级中均拥有读者。每次的发行量约三千份，资本金一千五百圆
Ласточка		莱姆毕齐遗孀、卡夫曼、希普科夫共有	编辑　罗柯托夫 记者　迪奇、雷兹尼克娃、尤露卡	1929年创刊，每两周发行一次，发行量约七百份，资本金约四百圆，最初由布伊洛娃创刊，其后将权利转让于莱姆毕齐及卡夫曼，是面向儿童的通俗杂志
Вестник Маньчжурии	"北满"铁路机关经济杂志	"北满"铁路经济调查局	经济调查局人员	1923年创刊②，最初是名为 Маньчжурский Вестник 的周报，但其后变为月刊，同时以副刊形式发行周报，现在上述副刊每月发行两次。满载经济专家与当地学者有关"北铁"在东北北部活动的研究调查，以及关于其他一般经济状况与一般自然状况的权威性调查论文，对于主要论文附有英译文。除上述内容外，还介绍苏联国内的经济情况。接受"北铁"大量补助，主要由官公署、学校、公司等购阅，发行量一千份

---

① 1932年报告为"1927年11月"。
② 1932年报告为"1920年"。

(续表)

名　　称	主义系统	持有人	编辑干部	备　考
Торговый Харбин		拉姆金	阿奇莫夫	1931年创刊,周刊,四页,由诺斯克夫及阿奇莫夫创刊,其后转给拉姆金。但拉姆金不过是名义上的持有人,实际上似乎由萨特夫斯基等掌握其实权。目前财政状况困难,发行量不过约五十份
Финансы, торговля и промышленность	工商经济杂志	撒贝鲁金	主编　奇利科夫	1933年创刊,月刊,发行量约两百份。关于撒贝鲁金的主义、节操,有着各种各样的传闻,本杂志的财政状况也不稳固,向公署、银行、公司等硬性推销
Наша газета	中立	阿托金斯　居住于加拿大时取得加拿大国籍的俄国人,原姓利弗恰特金,在报纸方面没有经验,只是名义上的持有人	主编　维·艾努·伊万诺夫 记者　库鲁特谢维奇、米哈洛维奇、博里索夫	1934年初创刊,菊倍版①,八页至十二页,资本金八千元,发行量约一千三百份,购阅者主要为左翼白系俄国人及苏联人,与苏联、美国方面似乎有密切联系,但总是接近日本方面,致力于掩饰其反日旗帜

三、英文报纸及杂志

（1）报纸

名　　称	主义系统	持有人	编辑干部	备　考
Harbin Observer [哈尔滨观察家] (英文)	英国系统	毕·维奇·福利特个人经营	同前	1925年创刊②,日报(周日休刊),对开版,四页,发行量约三百份。并不登载评论,报道的内容仅为记录当地每天发生的事情,报道量少,且容易过时。经营者福利特本来就是排日、"满"分子,任 Morning Post(伦敦)、Corriere della Sera(意大利米兰),还有 Peking & Tientsin Times(天津)及 North China Daily News(上海)以及美国系统的 United Press 通讯社的通讯员,同时撰写排日"满"报道的通讯,最近态度改善

（2）杂志

名　　称	主义系统	持有人	编辑干部	备　考
Manchurian Economic Review [满洲经济评论] (英文)	英国系统	艾鲁·艾鲁·吉普森(英国人)	同前 记者　艾努·特雷契科夫·比伯德尼科夫	1934年创刊,完全是经济杂志,不参与政治,主要以向世界介绍"满洲国"经济现状为目的,报道公正,发行量约两千份,但半数向在哈尔滨的欧美商社及各国机关分发,剩下半数向欧美各都市分发

---

① 日文表示纸张尺寸的名词,约218×304毫米。下同。
② 据《黑龙江省志·报业志》记载:英国人哈同·弗利特1924年创办《哈尔滨先驱报》,1925年更名为《哈尔滨观察家》。

四、日文报纸及杂志

（1）报纸

名　　称	主义系统	持有人	编辑干部	备　　考
哈尔滨日日新闻（日文）	不偏不倚	社长　大泽隼　俄文报纸 Харбинское время 的社长	主干　大森清腾　记者　山野迈正善①、松田武夫、南部春雄、田村英男、柴野重夫、田中三郎、轰武季	1921年创刊②，1934年6月1日起改为早报、晚报各四页，发行量五千份，资本金二十万圆，是满铁系统的有限股份制公司，与《哈尔滨新闻》是对立关系
哈尔滨新闻（日文）	不偏不倚	社长　大河原厚仁	主笔　同前　记者　野口弘德、管藤孟	1922年1月以《哈尔滨通信》为名创刊，同年后半起改为与四页普通报纸相同的形式，1932年3月③获得作为报纸发行的许可，同时改为现名，1934年6月1日起发行早报、晚报各四页，最近发行量异常增加，达到了约四千份。与《哈尔滨日日新闻》是对立关系

（2）杂志

名　　称	主义系统	持有人	编辑干部	备　　考
露满蒙时报（日文）	介绍俄国、"满蒙"地区的财政、经济情况	哈尔滨商品陈列馆	茂野清治	1919年创刊，日刊，发行量五百份。本杂志创刊以来名为《露亚时报》，1933年1月改为现名。此外商品陈列馆每月一次左右发行关于"满蒙"情况等内容的小册子

齐齐哈尔

人口：日本人3 513人（含朝鲜人892人），"满洲"人71 895人，外国人429人。

概况

当地很少有报纸、杂志等发行，中文报纸只有《黑龙江民报》，此外还有省公署的官报《黑龙江省公报》；日文报纸有《齐齐哈尔日报》及《龙江日报》，后者以当地特务机关为后援，作为中文报纸《黑龙江民报》的姐妹报发行。此后由于两报竞争，毫无任何后援的《齐齐哈尔日报》最终陷入经营困难，依照当地弘报委员会的决议，两报合并，《齐齐哈尔日报》以1933年12月31日为期停刊，《龙江日报》改名为《北满洲日报》。上述中文、日文报纸的版面均委靡不振，在当地言论界的影响力极其微弱。

一、中文报纸及公报

名　　称	主义系统	持有人	编辑干部	备　　考
黑龙江民报	日"满"亲善。黑龙江省公署机关报	黑龙江省公署　副社长　小笠原俊三　兼任《北满洲日报》社长	主笔　小笠原俊三	1929年1月18日创刊，日报，四页，发行量三千五百份，每月接受黑龙江省公署大洋两千五百元的补助，社址位于齐齐哈尔丰恒胡同二号

---

① 1933年报告为"山野边正善"。
② 1929年报告为"1922年1月"，一说1922年11月创刊。
③ 一说1932年2月29日创刊。

(续表)

名称	主义系统	持有人	编辑干部	备考
黑龙江省公署公报	省公署官报	黑龙江省公署	公署总务厅总务科	1914年3月以《黑龙江公报》为名创刊①，1931年秋由于事变停刊，1932年8月改为现名复刊。每月发行三次，约六七十页，发行量六百份，登载法令、公文、布告等内容

二、日文报纸

名称	主义系统	持有人	编辑干部	备考
北满洲日报（日文）	黑龙江省公署及特务机关的机关报	小笠原俊三 毕业于东亚同文书院，曾任《奉天新闻》主编，兼任《黑龙江民报》副社长	同前	1932年4月25日以《龙江日报》为名创刊，1934年1月与日文报纸《齐齐哈尔日报》合并改为现名，日报，四页，发行量八百份，以社长各方面开支为名义接受公署五百元的补助，社址位于齐齐哈尔丰恒胡同二号

黑河

人口：日本335人（含朝鲜人83人），"满洲"人11 845人。

中文报纸

名称	主义系统	持有人	主笔及记者	备考
黑河民报	特务机关宣传机关报	兰锡侯	同前	1933年7月创刊，日报，发行量两百六十份，资本金江洋四百元，接受特务机关及瑷珲县公署的补助，社址位于黑河市大兴町二十四号

北安镇

人口：日本人979人（含朝鲜人113人），"满洲"人不明。

日文报纸

名称	主义系统	持有人	主笔及记者	备考
北安日报（日文）		东正夫	宫清之	1933年6月创刊，日报，油印，发行量约三百份，最近有改为活版印刷的计划，目前正在准备，社址位于北安镇东组内

海拉尔

人口：日本人834人（含朝鲜人157人），"满洲"人9 400人，外国人6 891人。

当地一向无报纸、杂志等刊行，只是驻有日文报纸《大阪每日新闻》《哈尔滨日日新闻》《满洲日报》《报知新闻》《北满洲日报》等报的通讯员。1934年4月设置了北满洲日报社的支局，于齐齐哈尔的总社印刷报纸两页大的《海拉尔版》，随该报分发。

---

① 一说1913年5月创刊。

满洲里

人口:日本人404人(含朝鲜人90人),"满洲"人3 081人,外国人2 604人。

当地无报纸、杂志等刊行,只有《大阪每日新闻》《大阪朝日新闻》《满洲日报》《大连新闻》《哈尔滨日日新闻》等各报社委托日本人撰写通讯,不过他们是在本职工作之余撰写通讯。

间岛

人口:日本人55 199(含朝鲜人53 620),"满洲"人8 660人,外国人47人。

概况

当地的报纸有中文报纸《延边晨报》、朝鲜文报纸《间岛日报》及日文报纸《间岛新报》三报。最近由于当地治安改善,设置了各地日、"满"、朝鲜报纸的支局,在代理销售报纸之余从事通讯者增加很多,但以介绍地方上情况为主的当地报纸的特别存在,似乎未产生什么影响,这些报纸基本上经营困难,接受官厅及其他机构的补助发行。

一、中文报纸

名　称	主义系统	持有人	编辑干部	备　考
延边晨报		方泳芝　原《民政报》①经理 社长代理　张君实 龙井村商埠局长	编辑主任　张抱一	1932年8月21日创刊②,日报,大型,四页,发行量八百五十份。1933年5月起发行,由于资金筹措渠道断绝而暂时休刊,目前接受"满洲国"民政部的补助

二、朝鲜文报纸

名　称	主义系统	持有人	编辑干部	备　考
间岛日报		社长　鲜于日	主笔　金亨复　另有记者四名	1924年12月从日文报纸《间岛新报》中分离独立而来。日报,四页,发行量一千三百份。1928年1月改为大型,四页

三、日文报纸

名　称	主义系统	持有人	编辑干部	备　考
间岛新报(日文)		社长　饭塚政之	记者　小森重保	1922年7月创刊③,日报,四页,发行量两千零三十份。当初为日文、朝鲜文两版,1924年12月将朝鲜文版分出。1928年1月改为准大版④,1934年改版为普通大型报纸

局子街

人口:日本人9 086人(含朝鲜人8 062人),"满洲"人13 051人,外国人18人。

当地没有报纸、杂志等发行。仅驻有《间岛日报》《间岛新报》《延边晨报》《北鲜日报》《满蒙日报》《吉林日报》等报的通讯员,在代理销售之余从事通讯工作。

---

① 1933年报告为《民声报》;1932年报告载《民声报》创刊于1928年3月,日报。一说1928年2月12日创刊,1930年报告为"1928年3月"。
② 一说1932年8月20日创刊。
③ 1932年报告为"1921年7月",一说1921年7月创刊。
④ "大版"约为285×400毫米。

头道沟

人口：日本人 6 989 人（含朝鲜人 6 769 人），"满洲"人 2 613 人，外国人 1 人。

当地没有报社及杂志社等，仅驻有《间岛新报》《间岛日报》《京城日报》《东亚日报》《满蒙日报》《大阪朝日新闻》《大阪每日新闻》等各社的通讯员。

图们

当地除了 1934 年 6 月有《间岛新报图们版》发刊之外，无报纸、杂志发行，驻有《大阪每日新闻》《大阪朝日新闻》《间岛日报》《延边晨报》《北鲜日报》《朝鲜新闻》《满洲日报》《满蒙日报》等报的通讯员，只不过是在代理销售之余从事通讯工作。

百草沟

人口：日本人 7 917 人（含朝鲜人 7 704 人），"满洲"人 3 357 人，外国人 6 人。

当地无报纸、杂志等发行，只驻有日文报纸《间岛新报》、中文报纸《延边晨报》《大同报》、朝鲜文报纸《间岛日报》《满蒙日报》等报的通讯员，各报拥有的读者仅为极少数。并且，这些通讯员没有任何固定的补贴或费用，因此对于通讯没有热情。

珲春

人口：日本人 4 712 人（含朝鲜人 4 257 人），"满洲"人 12 892 人，外国人 3 人。

当地无报纸、杂志等发行，只是驻有日文报纸《大阪朝日新闻》《北鲜日报》《北鲜日日新闻》《间岛新报》《京城日报》《朝鲜新闻》《大满蒙》《国民新闻》、朝鲜文报纸《间岛日报》《满蒙日报》及中文报纸《延边新报》《东亚日报》等报的通讯员，仅在代理销售之余撰写通讯。

锦州

人口：日本人 2 411 人（含朝鲜人 341 人），"满洲"人 78 898 人，外国人 85 人。

概况

伴随着"满洲事变"后当地日侨的增加，以地方新闻为主的日文报纸《锦州日报》①问世，因发行时日尚浅，内容、外观均极为贫乏，目前发展的希望很小。有《大阪每日新闻》《大阪朝日新闻》的通讯部及《满洲日报》《大连新闻》《奉天每日新闻》《大满蒙》《奉天新闻》《极东周报》等报的支局。事变后也见到有中文报纸《辽西时报》的刊行，但未取得正式许可，因此于 1932 年 4 月停刊，其后无报纸刊行，只有《盛京时报》《泰东日报》《满洲报》《大同报》《民报》等报的支局，现在代理销售约八百份，代销之余从事通讯工作。

一、日文报纸及杂志

名　称	主义系统	持有人	主笔及记者	备　考
锦州新报（日文）		井下万次郎	荒木秀郎	1932 年 2 月创刊②，日报，四切③，四页，发行量六百份，个人经营，以地方报道为主
热（日文）	锦州日本青年团机关报	锦州日本青年团	寺本哲往、名村新三	1933 年 11 月创刊，月刊，发行量两百份，以资团员的精神修养、研究发表

---

① 应该是《锦州新报》之误。
② 一说 1932 年 4 月 8 日创刊。
③ 日文表示纸张尺寸的专用词语，约 382×542 毫米。

二、中文公报

名　　称	主义系统	持有人	主笔及记者	备　　考
锦县公报	县公署官报	锦县公署	县公署总务科	1930年3月创刊,旬刊,约五六十页,发行量两百份,登载法令、公文等,读者主要为官方人员

赤峰

人口:日本人370人(含朝鲜人40人),"满洲"人19 883人,外国人6人。

当地一向没有报社及其他言论机关,最近伴随着市街的发展,1933年8月以后《泰东日报》《满洲报》《奉天公报》三报分别设置了销售支局。

附录
大连

人口:日本人123 364人(含朝鲜人1 753人),"满洲"人304 240人,外国人833人。

一、中文报纸

名　　称	主义系统	持有人	编辑干部	备　　考
泰东日报		合资组织 社长　阿部真言	主笔　柳町精	1908年10月8日创刊①,日报,八页,发行量八千份。华商的合资组织,资本金七千圆。社址位于大连市奥町三五号
满洲报		社长　西片朝三 (个人经营)	主笔　久留宗一	1922年7月3日创刊②,日报,十二页,发行量一万五千份。个人经营,社址位于大连市常盘町
关东报		社长　永田善三郎	主笔　刘召卿	1919年11月24日创刊③,日报,八页,合资组织,资本金五万圆,发行量六百份,社址位于大连市惠比寿町九三号

二、英文报纸

名　　称	主义系统	持有人	编辑干部	备　　考
Manchuria Daily News		股份制 社长　高柳保太郎	主笔　George W. Gorman	1912年8月5日创刊④,日报,八页,发行量一千份,资本金两万五千圆,社址位于大连市淡路町七号

---

① 1929年报告为"1908年11月",一说1908年11月创刊。
② 一说1921年1月创刊。
③ 1930年报告为"1920年9月"。
④ 1924年报告为"1914年8月",1930年报告为"1912年8月",1931年报告为"1920年8月",1933年报告为"1907年"。

三、日文报纸及杂志
（一）报纸

名　　称	主义系统	持有人	编辑干部	备　　考
满洲日报①（日文）	满铁系统	股份制 社长　松山忠二郎	主笔　金崎贤	由1905年10月15日创刊的《辽东新报》②与1907年10月创刊的《满洲日日新闻》③于1927年11月1日合并改名而来。早报八页、晚报四页，发行量三万份。"满洲事变"④前，报社事业持续亏损，事变后经营状态良好。社址位于大连市东公园町三一号
大连新闻（日文）		股份制 社长　宝性确成	主笔　大内四郎	1920年3月11日创刊⑤，早报八页、晚报四页，发行量两万五千份。一度因报社事业不振，于1924年意欲解散，但当时的主笔宝性任专务董事以来，逐渐呈现盛况，近来稍稍顺利，但仍经营困难。社址位于大连市飞弹町六号
周刊极东（日文）	安达系统	吉田亲数	小山令之	1922年12月22日创刊，周刊，发行量两千份
满洲タイムス（日文）	国家中心主义	由井滨权平	同前	1921年8月3日创刊，周刊，发行量约两千份
满洲评论（日文）		小山贞知	橘朴	1931年5月27日创刊，周刊，发行量五千五百五十份

（二）杂志

名　　称	主义系统	持有人	编辑干部	备　　考
大连商工月报（日文）		会员组织	小名本勋	1915年6月6日创刊，月刊，发行量一千一百份
满洲公论（日文）	国家主义	早川巳之利	石谷芳太郎	1922年7月4日创刊，月刊，发行量一千五百份
满蒙（日文）	日满亲善	社团法人	中沟新一	1920年8月18日创刊，月刊，发行量两千五百份
满铁调查月报（日文）		南满洲铁道株式会社	山口辰六郎	1925年7月2日创刊，月刊，发行量一千份
满鲜（日文）		伊藤时雄	同前	1927年10月6日创刊，月刊，发行量一千五百份
新天地（日文）		中村芳法	同前	1921年1月19日创刊，月刊，发行量一千份
劳务时报（日文）		南满洲铁道株式会社	武居乡一	1930年12月27日创刊，月刊，发行量七百份
大连时报（日文）		斋藤光广	斋藤鸾太郎	1922年6月27日创刊，半月刊，发行量一千四百五十份
大陆（日文）		森宣次郎	同前	1913年3月29日创刊，月刊，发行量一千五百份
ソビエート联邦事情（日文）		南满洲铁道株式会社	小山猛男	1930年5月9日创刊，月刊，发行量三百份
满鲜经济（日文）		西川国一	长野溪水	1928年6月1日创刊，月刊，发行量一千份

---

① 1930年报告记载该报1905年10月创刊，一说1907年11月创刊。
② 一说1905年10月创刊，一说1905年11月25日创刊。
③ 一说1907年11月创刊。
④ 即九一八事变。
⑤ 1931年报告为"1920年3月"，1933年报告为"1920年5月5日"。

定期调查报告　　（秘）1934年版　　外国的报纸（上卷）（"满洲国"及中华民国部分　附大连、香港）

中 华 民 国

北　　部

北平

人口：日本人1 954人（其中朝鲜人、台湾人892人），中国人1 515 869人，外国人1 681人。

概况

北平的报纸始于1902年，到现在为止仅有三十多年的历史。其间随着政权的推移，兴亡变迁极大。1915年报纸全盛时期，市内大小报纸合计达一百三十二种之多，但在袁世凯死后，一大半报纸都随之销声匿迹。1929年，阎锡山机关报激增九种，冯玉祥机关报激增三种，但在冯、阎失势后，大部分报纸都停刊了。现存的仅有中文报纸五十七种，英文报纸三种，法文报纸一种，日文报纸两种，总计六十三种。中文报纸中有影响力的有《北平晨报》《益世报》《全民报》《民国日报》《华北日报》《世界日报》《京报》《北京日报》八种报纸。但上述报纸中的《华北日报》由于在1934年5月刊登了中央政治会议的秘密内容，遵照蒋介石的命令，其社长和主笔都被逮捕和拘禁了，同时该报也被勒令停刊，目前尚处于停刊状态。

一、中文报纸

名　称	主义系统	持有人	编辑干部	备　考
北平晨报	原张学良机关报	社长　陈博生（号渊泉）毕业于日本早稻田大学，留学欧美。曾任《晨钟报》及《东三省民报》等主笔。研究会系	主笔　高璋清　留日出身 主编　林仲易	1930年12月16日创刊，日刊，十二页，发行量九千五百份。旧为《东三省民报》，由危道丰、陈博生二人发起并创设。张学良下台之前每月补助该报三千元，刊载北平绥靖公署情报部的各地电报，并将其从本社提供给各报刊刊载。1932年1月，该报由于刊载"不敬"报道曾一度被勒令停刊。社址在宣武门外大街
益世报		主席委员　侯叔明 委员　田紫、翟亚平、白敏之、杜少宣	主笔　王■庵 编辑　温利时、冯亮如	1915年创刊①，日刊，八页，发行量不定，最多时曾达到一万六千份左右，最少时仅二千五百份左右。创刊之初由前社长杜竹轩出资一万元，杜竹轩死后，张翰如任社长。但最近废除了社长制，改行委员制。天津《益世报》的支社，与原英国人基督教会有关，因此现在还设有基督教栏。外国人的广告多于当地报纸，读者多为全国天主教会相关人士。据说私下得到阎锡山的补助，天津《益世报》每月亦补助一千五百元。社址在和平门外南新华街
全民报	晋系宣传机关报的色彩浓厚	社长　韩绍周（号宗孟）张荫梧部下	主笔　林敬亭 编辑　侯克笃、徐维考	1928年6月创刊②，日刊，八页，发行量六千四百份。该报原为晋系张荫梧创刊，此外，梁汝舟及该报创刊时任平津卫戍司令的商震等人也曾为此出资，纯粹是晋系的机关报。1930年晋系没落后依然受到张荫梧领导。据说由河北财政厅每月补助一千五百元。社址在宣武门外大街
民国日报	中央政府机关报	社长　黄伯耀　毕业于日本法政大学，曾任上海《新闻报》记者，前参议院议员，蒋介石的驻北平代表，精通英文，曾经营华侨通讯社 社务代理　陆梅村	主笔　刘竹声 编辑　刘雁声、林醉酶、王冷仙	1928年8月创刊③，日刊，八页，发行量一千四百份。1929年被晋系的市长张荫梧查封，黄伯耀遭警备司令拘禁。1930年12月随着晋系的失败而复刊，黄伯耀也恢复自由。当初中央政府每月补助三千元，现已减少至一千八百元。社址在广安门内大街

---

① 1928年报告为"1916年"，一说1916年2月创刊。
② 一说1928年8月10日创刊。
③ 1928年报告为"1928年6月9日"，1929年报告为"1928年6月10日"，1931年报告为"6月"。民国时期以《民国日报》命名的报纸有多份。据史料记载，北京有一份《民国日报》于1925年3月5日创刊。

(续表)

名　称	主义系统	持有人	编辑干部	备　考
华北日报	国民党的宣传机关报	社长　胡天册 经理　安怀音	总编　宋梅村	1928年创刊①，日刊，十二页，发行量一万三千份。由革命军创刊，1930年春晋系接管，改名为《新民日报》②。同年9月，晋系失败，党部将该报复刊，主要为国民党宣传，大肆刊载排日报道。创立之初中央党部每月提供五千元的补助，后减至三千元，目前每月补助四千五百元。由于该报在全国各党部进行推销，近来发行量骤增。1934年5月31日，该报发表了中央政治秘密会议的内容，6月3日被蒋介石勒令停刊，与此同时，其社长和主笔都遭到逮捕和拘禁。停刊期间，因各地党部发来电报陈情，将社长和总编更迭后，改由中央宣传委员会负责，于7月3日复刊。社址在王府井大街
世界日报	共产主义色彩浓厚	社长　成舍我 代理社长　吴镌荪	主编　吴范寰 记者　张韵宇、王桂宇、张恨水、张慎之、左笑鸿、冯公冶、蒋朴庵	1923年创刊③，日刊，十二页，发行量八千份，另外还发行周刊画报。最初由李石曾党人创刊，后转为由成舍我独立经营。由于共产党人李大钊曾任主笔，因此传承了一些共产党的色彩。雇用女性记者，开创了北平报界之先例。读者以知识阶层和学生居多。在南京、上海、天津、汉口等地设有分馆，以各省的特电为特色。陈友仁、宋庆龄、孙科、汪兆铭、华侨、共产党等每月提供相当多的补助。另发行小型四页晚报《世界晚报》④。社址在宣武门外石驸马大街
京报	左倾性质	社长　汤修慧（已故邵振青的夫人） 代理社长　潘邵昂	主笔　潘邵昂 编辑　黄秋岳　在官界多年，亦作为诗人而知名。曾任上海新闻编译社记者，现进入政界，几乎不在北平。傅芸子、张琴轩	1918年10月创刊，日刊，八页乃至十页，发行量三千六百份。由已故的邵振青创设，是纯粹的冯玉祥机关报，但专门宣传共产主义。因此，1926年张作霖以赤化宣传的罪名枪杀邵，该报停刊。1928年6月邵夫人将该报再刊，接受阎锡山、冯玉祥、汪兆铭等人的补助，宣传"扩大会议"，阎、冯失败后，得到了蒋介石、宋子文、于右任等人的补助。据说目前每月获得汪兆铭六百元、宋庆龄二百元、阎锡山二百元的补助。社址在宣武门外魏染胡同
北京日报	宋哲元的宣传机关报	社长　陆少游	主笔　陆少游 主编　林醉酶	1907年7月创刊⑤，日刊，四页，发行量四百五十份。北平最早的报纸，自发刊以来已有28年的历史⑥，由朱淇创设。1925年许兴凯接手，但一年之后又被朱淇收回。朱淇死后曾暂时停刊，陆少游盘下后续刊，每月得到宋哲元三百元的补助。社址在宣武门外顺德馆夹道
导报⑦	韩复榘的宣传机关报	社长　林鼐士　留日出身，曾任山东牟平县长	主笔　赵书田 编辑　武自强、张醉丐、张绍堂	1929年4月创刊⑧，日刊，八页，发行量二千八百份。最初依靠石友三、宋哲元以五千元创刊，因日常费用无人提供，于十个月之后停刊。1931年1月复刊，韩复榘每月补助二千元。在山东济南有支社，且以山东的报道最有特色。在各地官厅和北平商界中读者众多。1931年11月9日"天津事件"⑨发生之际，因发布谣言被一度查封，但不久就获解除。社址在和平门外梁家园

---

① 1931年报告为"1929年"。

② 1932年报告为《新民报》。

③ 1925年2月10日创刊。

④ 1924年4月16日创刊。

⑤ 1930年报告为"1911年"；一说《北京报》于1904年8月创刊，1905年8月更名为《北京日报》。

⑥ 与1933年报告的表述相同，均为"28年"，应有误。

⑦ 1933年报告为《北平导报》。

⑧ 1931年报告为"1928年"。

⑨ 指日军1931年11月在天津制造的一连串挑衅事件。

(续表)

名　称	主义系统	持有人	编辑干部	备　考
日知报		社长　王薰午	主笔　王鑫吾	1916年秋创刊①，日刊，四页。原为袁世凯的机关报，后变为段祺瑞的机关报。当时经营良好，但现在完全不振，甚至连其存在都得不到认可，经营困难。由徐永昌每月补助二百元。社址在宣武门外土地庙下斜街
北平商报		社长　宋抱一	主笔　吴剑秋	1918年创刊，日刊，四页，发行量三百份。最初是总商会的机关报，每月得到五百元的补助，但1923年补助停止，从而陷入了经营困难的境地。同年4月停刊，1925年由宋竞业复刊。全国商业联合会每月补助一百元。社址在宣武门外北半截胡同
铁道时报		社长　李抱璞	主笔　李海涛　曾任交通部办事员	1914年创刊②，日刊，四页，刊载铁路发车表和广告，发行量少。每月从铁道部得到二百元的补助。社址在和平门外南新华街
商业日报	北平总商会机关报	社长　尹晓隐	主笔　尹厚田	1911年创刊③，日刊，四页，发行量六百份。最初依靠商会创立，每天发行一份小报，后再度停刊。1926年④转移至尹晓隐手中，发展成大型报纸，直至今日。目前每月总商会提供二百元，该行业商会提供一百元，以此维持经营。主要为总商会进行言论宣传，与党派无关。专为北平商界阅读，普通读者极少。北平商会每月补助一百五十元。社址在宣武门外校场口
中和报		社长　雷音元	主笔　侯建威	1933年10月4日创刊，日刊，八页。表面上与政务整理委员会没有任何关系，但似乎每月从该会得到二千元左右的资金。另外，据闻殷同每月提供五百元的补助。社址在西单安福胡同七十六号
卍字新闻	世界红卍字会机关报	世界红卍字会	主笔　万亚伯	1923年创刊，日刊，八页，发行量一千六百份。以江朝宗、钱能训等人为中心，以宣传道教、佛教、红卍字会事业为主。在各慈善团体、道会、庙宇、僧人等中间拥有众多读者，普通人购阅者少。社址西单牌楼舍饭寺胡同世界红卍字会内
群强报	营利本位	社长　陆慎斋　前山西巡抚陆钟琦之子，毕业于北平中国大学，曾任湖北汉阳县长	主笔记者　杨曼青　王丹忱、唐公恕	1913年创刊⑤，日刊，小型，八页，发行量一万六千五百份。出资者为陆慎斋，资本金三千元。纯粹为面向普通民众的社会报纸，将重心放在了与戏剧相关的报道上。梨园公会每月补助二百元。在戏剧爱好者和中流阶层中拥有众多读者，虽然仅仅是小型社会报纸，但其发行量却凌驾于北平各报纸之上。专与演艺界联系，常刊登剧场广告。社址在正阳门外樱桃斜街
实事白话报	营利本位	社长　戴兰生（号梦兰）　曾任《晨报》记者	主笔记者　邬仲华　李仲悌、黄辽隐	1920年5月创刊⑥，日刊，小型，四页，发行量一万八千份。前步兵军统领李长泰创设，是模仿《群强报》的社会报纸，内容以小说、戏剧、各种活动的广告居多，读者亦多。目前出资者为戴兰生，资本金四千元。电车公司每月补助二百元，英美烟草公司每月补助一百元。社址在宣武门外魏染胡同

---

① 一说1913年9月创刊，从袁世凯去世时间看，此报应早于1916年秋创刊。
② 一说1916年5月创刊。
③ 1931年报告为"1916年6月"；一说1912年1月创刊。
④ 1933年报告为"1925年"。
⑤ 1931年报告为"1912年"；一说1912年6月创刊。
⑥ 1931年报告为"1918年"（译者）；一说1918年8月创刊。

(续表)

名　称	主义系统	持有人	编辑干部	备　考
实报		社长　管翼贤　留日出身，兼任平民、燕京两所大学的教授	主笔　苏雨田　曾任《天津泰晤士报》记者 记者　徐剑胆、马家声、钟万民	1928年8月创刊①，日刊，小型，四页，发行量四万七千份。最初创刊时是晋系商震的机关报，1930年后由管翼贤独立经营，顺应时势，从各个有影响力的方面获得若干补助，近来发展显著。作为政治报纸而言虽是小型报纸，发行量却居北平第一。社内还设有时闻通讯社，聘用各地通讯员，因而报道迅速，材料丰富，横跨社会各方面，受到了各阶级的欢迎。社址在宣武门外大街
小小日报		社长　宋信生（号心灯）兼任华北大学教授	主笔　宋致泉　兼任师大附中教授 记者　王霄羽、陆体乾、刘亚贤	1924年8月创刊②，日刊，小型，四页，发行量一万二千份。出资者宋信生，七千元，是社会报纸。最近与各大学有联系，专门刊登教育及体育方面的报道，因此在学界读者众多。社址在宣武门外棉花头条胡同
平报		社长　陆秋岩　北平的实业家	主笔　陈重光　毕业于平民大学 记者　吴剑秋、李铁丐、董荫狐	1921年1月创刊③，日刊，小型，四页，发行量六千五百份。出资者李少年，三千元。纯粹的商业报纸，社址在和平门外西南园
新北平报	何成濬的宣传机关报	社长　凌昌炎　辅仁大学校长，同时还是律师	主笔　汪为忱	1931年10月10日创刊④，日刊，小型，四页，发行量五千份，何成濬每月补助一千元，刘峙补助三百元。社址在宣武门外达智桥
时言报	与戏剧界有关	社长　常振春	主笔　周友莲 记者　张修孔、佟冷仙、李国华	1930年10月创刊⑤，日刊，小型，四页，发行量五千五百份。艺人杨小楼出资，内容以戏剧界消息为主。1931年2月，该报无法继续经营，被现任社长盘下。每月从梨园公会得到一百元的补助。社址在宣武门外铁老鹳庙
实权日报		社长　德仲华　律师，前清公爵	主笔　赵仲卿 记者　耿郁溪、博叔方⑥	1930年1月创刊⑦，日刊，小型，四页，发行量二千五百份。由社长德仲华和前清庄王溥绪共同出资创刊。面向大众的通俗报纸，多为从警察署获得的消息，读者多为旗人。社址在阜成门内学院胡同
北平新报	原冯玉祥机关报，现无关系	社长　萧训　北平市党部人员	陈慎言、魏国华	1916年10月创刊⑧，日刊，小型，四页，发行量四千八百份。原为冯玉祥的机关报，但现无关系。据说汪兆铭每月补助六百元。社址在西单牌楼北大街
北平快报⑨	提倡商业发展	社长　王若水⑩	主笔　吴凤池	1931年1月创刊⑪，日刊，小型，四页，发行量三千份。由数家大商店出资创刊，每月获得商会一百元、银行公会一百元的补助，读者多为商业界人士。社址在和平门外虎坊桥东

① 1931年报告为"1928年10月"，一说1928年10月创刊。
② 1931年报告为"1925年8月"，一说1925年1月创刊。
③ 一说1921年10月创刊。
④ 一说1931年6月16日创刊。
⑤ 有一份《时言报》1919年3月在北京创刊。
⑥ 1933年报告为"溥叔方"。
⑦ 1931年报告为"1930年5月"，一说该报1931年创刊。
⑧ 从西北军进北平推断创刊时间，存疑。有一份《北平新报》1931年4月在北京创刊。
⑨ 1933年报告为《快报》。
⑩ 1933年报告载，王若水号若水，名少逸。
⑪ 1931年报告为"1930年10月"。

定期调查报告　　（秘）1934年版　　外国的报纸(上卷)("满洲国"及中华民国部分　附大连、香港)

(续表)

名　称	主义系统	持有人	编辑干部	备　考
消闲日报		社长　周聆鹃	主笔　关仲莹	1931年10月创刊,日刊,小型,四页,发行量二千五百份。原来的《消闲日报》由于触犯了当局的忌讳而被勒令停刊,此为另外发行的同名报纸。内容为梨园界和社会报道。社址在阡儿路七圣庵庙内
北平晚报	与银行界、总商会接近	社长　季乃时　毕业于北京大学,南京《中央日报》特派员,曾创办、经营《五点晚报》	主笔　叶子贤　记者　赵效沂、李天然、萨空了	1920年12月创刊①,晚报,小型,四页,发行量四千五百份。北平的晚报鼻祖,原名《北京晚报》②。张志谭出资一千五百元,任命刘煌为社长,曾经得到过陆宗舆、曹汝霖等人的援助。后来,随着刘煌成为原财政次长张竞仁的女婿,该报开始与银行界及总商会接近。1930年末,刘煌表面上辞去了社长的职位,让其亲戚季乃时负责经营。金融方面的报道较为可信,以特电为特色。每月获得北平银行团三百元、万国储蓄会一百元的补助。社址在和平门内绒线胡同
北平白话报		社长　任璞生	主笔　吴菊痴　记者　徐凌霄、郝锦川、徐剑胆	1918年创刊③,日刊,小型,四页,发行量四千五百份。起初由任璞生之兄任昆山等数人创设,任昆山死后任璞生继续经营。在下层社会和小学生中读者众多。据说发行该报的主要目的是为自家的卖药事业做宣传广告。社内设有中国通讯社、中华广告部、中和堂售药处。社址在和平门外大安澜营
华言报		社长　汲叙五　奉天人汲金纯之子	主笔　杨菊舫	该报由汲叙五独立出资发刊,无形中为"满洲国"进行宣传
真报		社长　夏铁汉		原由孙殿英每月补助二百元,现已无补助。最近杨虎城、马鸿逵每月各补助二百元
国货日报		社长　白陈群		1934年,该报靠变卖抗日会没收的商品所得钱款创刊,社址在和平门外南新华街前抗日会内
时报		社长　武■臣	主笔　王佩兰	平绥铁路局每月补助二百元
教育日报		社长　余仲衡	主笔　王会隆	孔教会每月补助一百元
东方快报		社长　王■白	主笔　张展	张学良每月补助一千元
清华学报		社长　冯守义	主笔　于善	清华大学教授梅贻琦发起并创刊
孔道报		社长　吴剑丰	主笔　唐秀芝	孔教会出资并创刊
日新报		社长　虞佛光	主笔　孙绶之	律师协会每月补助一百元
北平健报		社长　赵六生	主笔　姜伯乡	商震每月补助二百元
北方日报		社长　余酒度	主笔　刘健群	何应钦每月补助三千元
铎声日报		社长　郭稚云	主笔　李醒非	该报由抗日会出资五千元创刊
平西报		社长　黄宪昭		燕京大学新闻学系发刊
小公报		社长　李德平	主笔　汪梅村	1932年5月6日创刊④,日刊,小型,四页,以社会杂报为主

除上述报纸之外,还有《民朝报》《狐报》《社会时报》《老百姓日报》《北辰报》《中国民报》《现在日报》《时代日报》《觉今日报》《河北民众》《新社会日报》《社会新报》《诚报》《新中日报》《生活日报》等小型中文报纸。

---

① 1931年报告为"1921年"。
② 1931年报告记载,该报创刊于1917年;一说1919年2月创刊。
③ 1931年报告为"1919年"。
④ 《小公报》在北京出现的时间最早是1919年3月,历史上几次停刊与复刊。

二、英文报纸

名　　称	主义系统	持有人	编辑干部	备　考
The Peking Chronicle[北平时事日报](英文)	中央党部宣传机关报	社长　沈衔书	主笔　W. Sheldon Ridge(英国人) 编辑主任　A. Cecil Taylor(英国人)、任玲孙	Leader 报停刊之后，该报盘下其建筑和印刷机等，于1932年6月在原址创设，表面上与旧 Leader① 似乎不存在任何关系。出资者为中国人沈衔书。直辖于南京中央党部宣传部，每月得到二千元的补助。发行量七百三十份，社址在崇文门内米市大街煤渣胡同
The Yenching Gazette[北平燕京报)	燕京大学各科宣传机关报	社长　黄宪昭	主笔　黄宪昭 编辑　李汝祺、周学章	本报由燕京大学学生创刊，1932年3月改为大型，四页，晚报。带有共产主义色彩，目前处于停刊状态中，社址在西直门外燕京大学内
The New World[英俄学报](英文)	亲苏性质	阿·艾斯·戴尼索夫（俄国人）、艾努·艾斯·泽夫伊洛夫（俄国人）、托普洛夫罗德夫（俄国人）、希·伊·考克斯（美国人）共同出资	主编　C. E. Cox（美国人）驻上海美国陆战队下士出身	1934年4月10日创刊，日刊，八页，发行量约三千份，英俄双语报纸，亲苏

三、法文报纸

名　　称	主义系统	持有人	编辑干部	备　考
Le Journal de Pékin	没有一定主义	André Nachbaur 前持有人 Albert Nachbaur 之子	主笔　André Nachbaur	1911年创刊，日刊，八页，发行量三百份。本报当初由一些比利时人、法国人和俄国人经营，后被在欧洲大战中来到北平的法国人 Albert Nachbaur 盘下。1932年1月，趁英文报纸 Leader 废刊之际，该报开始发行六页的英文版。同年6月，又随着 Chronicle 的发刊而停刊。据说由法国公使馆提供补助。社址在甘雨胡同

四、日文报纸

名　　称	主义系统	持有人	编辑干部	备　考
北京新闻（日文）		社长　森川照太	主笔　儿玉幸	燕尘社的报纸，1923年8月作为《京津日日新闻》的北京版发刊。1928年9月，随着《京津日日新闻》社长森川照太被任命为燕尘社理事，该报从 North China Standard 社内迁至现址。以广告费的名义每年从满铁总社得到一千圆的补助。发行量二百二十份。社址在五老胡同燕尘社
新支那（日文）		社长　安藤万吉	主笔　中村彦九郎	1913年9月创刊，日刊，发行量二百份。北平日文报纸中最老的报纸，但一度陷入经营困境。近来经过努力，似乎又终于渡过难关。满铁总社每年补助一百八十元。社址在大甜水井

---

① 1917年创刊（一说1920年创刊）的 Peking Leader（《北京导报》）的后身。

天津

人口：日本人 6 134 人（其中朝鲜人 816 人），中国人 1 384 030 人，外国人 6 347 人。

概况

目前在天津发行的报纸中有中文报纸三十六种、英文报纸六种、俄文报纸两种、德文报纸一种及日文报纸三种。中文报纸中，《大公报》《益世报》《庸报》《天津商报》《民报》等作为大型报纸，占据了相当重要的地位，其他各报都是各机关的宣传报或小型报纸，不值一提。鉴于中日关系的现状，日文报纸在中国人和外国人中都得到相当重视。

一、中文报纸

名　　称	主义系统	持有人	编辑干部	备　　考
益世报	亲美排日	刘俊卿　前天津电报局长	刘豁轩　毕业于南开大学	1916年1月创刊①，日刊，十六页，发行量三万二千份。由天主教关系者出资的股份制组织，据称资本金有三十万元，拥有一台轮转机。曾经得到过美国方面的支持，与北平《益世报》属于同一系统，但不存在财政上的关系。直系掌握当地政权时是该派的机关报。报道丰富，目前在民众团体方面有影响力。在排日问题上经常刊登剧烈的、富有煽动性的报道，没有固定的主义，总是迎合官方。作为副刊发行《益世晚报》，发行量六千份。社址在意租界大马路。
大公报	稳健的新思想主义，被视为中国有识阶级及青年思想的代表，似乎与冯玉祥方面关系密切	胡霖　留日出身，原上海《共和报》主笔，中国报界元老	张炽章　留日出身，原上海《民报》②主笔	1902年创刊，日刊，十六页，发行量五万五千份。曾作为安福系的机关报活跃，与该政派一同经历了盛衰的变迁。1920年变更过组织，1925年末再度停刊。1926年9月，现任社长将其复活，报面焕然一新。1928年购入轮转机后愈见其进步，最近更是添置了德国最新式轮转机，与《益世报》《庸报》一同成为北方地区有影响力的报纸。社长和主笔都为留日出身，因而对日态度较为公正。资本金五万元，社址在法租界三十号路。作为副刊还发行《国闻周报》（周刊），发行量五千份，《四海半月刊》（每月发行两次），发行量三千份。社址在法租界三十号路
庸报	标榜不偏不倚，曾是吴佩孚的机关报，似乎与南方派有联系	董显光　留美出身，原上海 Millard Review 记者	张琴南　毕业于北京大学	1926年创刊③，日刊，十八页，发行量二万五千份。资本金四万元，拥有轮转机，编辑方法采用美国式。1931年与上海《申报》建立协作关系，政局通讯敏捷，报道丰富，声价高涨。社址在法租界二十六号路④

---

① 一说天津《益世报》1915年10月创刊。
② 1933年报告为《上海报》。
③ 1929年报告为"1926年6月"，一说1926年8月创刊。
④ 1932年报告为"二十一号路"。

(续表)

名　称	主义系统	持有人	编辑干部	备　考
天津商报	与银行界有关系，被视为南方人的机关报，又被看作蒋介石的机关报，似乎与市政府和市党部方面有联系	王镂冰	鲁炎庆	1927年创刊，日刊，十四页，发行量八千份，资本金一万元。有乐于刊载排日性报道的倾向。社址在法租界二十四号路
民报	不偏不倚，亲日性质	鲁嗣香　毕业于法政学院	沈信民	1929年6月创刊①，日刊，八页，发行量五千份，资本金声称有一万元。社址在日租界须磨街
大中时报	没有一定主义	徐曜历	刘耀庵　毕业于北京大学	1930年创刊，日刊，发行量八百份，资本金五千元，营利本位，社址在法租界三十三号路
正闻报	市党部机关报	齐子鹤　市党部委员	陈玉佩　市党部委员	1931年8月创刊②，日刊，发行量二千份，资本金二千元，社址在法租界三十三号路
东北日报	市政府及公安局的机关报	吕律　公安局秘书	范石青③　原《华北晚报》记者	1932年10月创刊，发行量四千份，资本金三千元，社址在法租界二十四号路
新天津报	过去为直系机关报，社长是回教徒，所以也被视为回教徒的机关报	刘中儒	薛月楼	1924年9月创刊，日刊，小型，十六页，发行量三千份，资本金二千元。虽是小报，但政治和时事报道多，趣旨有别于其他普通小报。社址在意大利租界大马路。另外还发行副刊《新天津晓报》，发行量五千份。《新天津晚报》，发行量一万份
天津平报	没有一定主义	刘霁岚	李吟梅	1923年创刊，日刊，发行量三千份，资本金一千元。社址在意大利租界大马路
白话晨报 白话午报 白话晚报	没有一定主义，排日	白幼卿	董秋圃	《白话晨报》于1912年创刊④，日刊，小型，四页，发行量一万份。 《白话午报》于1914年创刊⑤，日刊，小型，六页，发行量二万份。 《白话晚报》于1916年创刊⑥，日刊，小型，四页，发行量一万份。 上述报纸的读者都以少年学徒、劳动者等下层阶级为主，内容上则以娱乐性和社会市井报道为主。资本金一万二千元，社址在南市广兴大街
华北晚报	营利本位	周拂尘	徐培源	1927年创刊，日刊，发行量八千份，资本金一万二千元，社址在法租界二十四号路

① 1930年报告为"1929年2月"。
② 一说1932年9月创刊。
③ 1933年报告为"范石生"。
④ 1929年报告为"1914年"，一说1912年11月18日创刊。
⑤ 1924年报告为"1916年9月"，1929年报告为"1916年"。
⑥ 1929年报告为"1912年"，1931年报告为"1911年"。

定期调查报告　　（秘）1934年版　　外国的报纸（上卷）（"满洲国"及中华民国部分　附大连、香港）

(续表)

名　　　称	主义系统	持有人	编辑干部	备　　考
国强报	营利本位	杨少林	沈哀鹏	1918年创刊，日刊，小型，四页，发行量五百份，资本金五百元，社址在南市平安大街
天风报	以文艺为主，不带有政治色彩	沙游天	何香石　毕业于日本法政大学	1930年2月创刊，日刊，小型，四页，发行量三千份，资本金六千元，社址在法租界华中街路
中南报	营利本位	张幼丹	陈志良	1930年12月创刊，日刊，小型，四页，发行量二千五百份，资本金一千元，社址在华街南马路
天津直言报	营利本位	王梦青	朱建业	1932年6月创刊，发行量一千份，资本金一千元，社址在南市营业大街
天津晓报	营利本位	袁无为	杨冷华	1932年11月创刊，发行量一千份，资本金五百元，社址在南市广兴大街
治新日报	营利本位	田农	许剑秋	1931年12月创刊，日刊，发行量一千五百份，资本金三百元，社址在意大利租界大马路
天津晶报	营利本位	陈眉翁	陈眉翁	1927年创刊，三日刊，发行量六百份，资本金二百元，社址在河北昆纬路
中华新闻报	营利本位	管玉贤	张家彦	1932年2月创刊，发行量八百份，资本金四百元，社址在法租界仁和里
河北公报	省政府机关报	瞿宣颖　省政府秘书长	黄起鸿	1928年创刊，发行量二千份，经费由省政府负担，社址在河北狮子林省政府印刷所
汉文天津日报晚刊	日文报纸《天津日报》的中文晚报	真藤弃生	真藤弃生	1929年12月创刊，日刊，四页，发行量二千份，日文报纸《天津日报》的中文晚报。购阅者以中国人为主。1932年5月10日，由于登载"五九纪念"①的排日标语而被勒令停止发行五天。社址在日租界福岛街
津报	营利本位	樋口义麿		1932年5月创刊，日刊，四页，发行量一千份。实际上作为日本驻屯军②的机关报发行，鉴于时局而得到重视。在日租界花园街东和印刷所进行印刷，社址在日租界明石街
民兴报	福建政府的宣传机关报	徐培源　曾任《华北晚报》的编辑	徐培源	1933年12月创刊，日刊，发行量三千份，为福建政府进行宣传，每月得到五百元补助
天津实报	营利本位	杨铃华	杨铃华	1933年11月创刊，日刊，发行量五千份，资本金一千元，社址在南市活动写真馆边
天津星报	市党部机关报	王濯源　现国民党党员	李志山　毕业于汇文大学	1933年4月创刊，日刊，发行量三千份，资本金五百元，社址在南市广兴大街
实事报	营利本位	李燃犀	李燃犀	1933年7月创刊，日刊，发行量五千份，资本金八百元，社址在南市慎益大街

---

① 指"五九国耻纪念日"。
② 指日本根据《辛丑条约》在山海关至北京铁路沿线的驻军，司令部设于天津。下同。

(续表)

名 称	主义系统	持有人	编辑干部	备 考
复兴报	营利本位	张振华	王竹影	1933年12月创刊,日刊,发行量一千五百份,①资本金五百元,社址在特别二区平街至误里②四号
民族报	第五十一军第十三师长李振唐的机关报	展世雄 原《军事月刊》的发行者	闻天裘	1933年10月创刊,日刊,发行量二千份,资本金五百元,社址在估衣街归贾胡同
亢报	营利本位	金必亢	金必亢	1933年9月创刊,日刊,发行量二千份,资本金四百元,社址在南市广兴大街
大报	福建政府的机关报	叶庸报 前上海《申报》编辑	刘云若	1933年10月创刊,日刊,发行量五千份,资本金二千元,每月得到二百元补助,社址在法租界北丰路兴义里
快报	营利本位	赵仲轩 毕业于南京大学	于今生 毕业于河北省立师范学校	1933年1月创刊,日刊,发行量四千份,资本金一千元,社址在特别区
中华新闻画报	孙传英的宣传机关报	管孟仁	刘君宜	1932年4月创刊,月刊,发行量三千份,每月得到五百元补助,资本金三千元,社址在法租界三十二号路仁和里
中华画报	孙传英的机关报	管孟仁	刘君宜	1932年4月创刊,月刊,发行量二千份,每月得到五百元补助,社址在法租界东马路袜子胡同
中美晚报	"满洲国"机关报	三谷亨	三谷亨	1933年4月创刊,小型,四页,晚报,发行量一千五百份,在华一印刷所印刷,致力于宣传"满洲国"的王道主义,每月得到五百元补助。社址在日租界须磨街二十五番地春生里二号
振报	"满洲国"特务机关报	傅龙飞	何泰	1933年5月创刊,日刊,发行量约一千份,每月得到一千圆补助,社址在明石街耕余里二号

二、英文报纸

名 称	主义系统	持有人	编辑干部	备 考
Peking & Tientsin Times[京津日报]③(英文)	英国系	Tientsin Press Co., Ltd.(天津印字馆)除发行报纸之外还经营普通印刷业	W. V. Pennell	1894年作为周刊创刊,1904年改为日刊,早报,十八页,发行量一千五百份。该报是北方地区最有影响力的外文报纸,与上海的 North China Daily News 齐名。其社论被视为代表北方地区英国人的主张,最近对日态度良好。社址在英租界中街一八一号
China Illustrated Review[中华星期画报](英文)	同上	同上	同上	《京津日报》的插画周刊,每周六发行。新闻纸对开型,二十八页,发行量八百份。以时事、政治、经济报道为主,另有照相版的副刊

---

① 此处应有误。
② 此地名疑有误。
③ 亦即《京津泰晤士报》。

(续表)

名　称	主义系统	持有人	编辑干部	备　考
North China Daily Mail［华北日报］（英文）	英国系	T. Y. Fisher①（英国人）	J. H. Eldridge	1914年创刊②，晚报，八页，发行量五百份。面向家庭的报道居多，对日态度极为良好。社址在法租界中街十九号
North China Sunday Times	同上	同上	同上	1918年创刊，《华北日报》的周刊，每周日发行，六页，发行量三百份
Tientsin Japanese Telegraph Service		大原安光	大原安光	1932年3月创刊，日刊，小型，一页，发行量一百五十份，进行反国民党的宣传，驻屯军特务机关的机关报
North China Star［华北明星报］（英文）	美国系	North China Star Co., Inc 社长 C. I. Fox③	主笔 A. B. Hayman	1918年创刊，日刊，十二页，发行量三千五百份。编辑风格显示出美国系报纸的特色，带有煽动性倾向。曾刊登很多排日报道，但最近对日态度良好。由于定价低廉，在英美人以外的外国人和中国人间也拥有众多读者。社址在法租界八号路

三、俄文报纸

名　称	主义系统	持有人	编辑干部	备　考
Наша заря	白系	Lembich的遗孀	I. L. Miller	1928年4月创刊，日刊，六页，发行量一千份。受到白系俄国民族协会的操纵，致力于攻击赤俄。社址在英租界一号路
Азия	反赤俄系	小山行道	小山行道	1932年4月创刊，日刊，小型，四页，发行量三百份。在北方地区白系俄侨中免费发放。反赤俄系报纸，在白系俄国人中受到好评。驻屯军的机关报

四、德文报纸

名　称	主义系统	持有人	编辑干部	备　考
Deutsch Chinesische Nachrichten	德国系统	Bartels	Kray④	1930年10月创刊，日刊，十二页，发行量七百五十份，社址在特别区熙锡路十九号北洋印刷所

五、日文报纸

名　称	主义系统	持有人	编辑干部	备　考
天津日报（日文）	高调宣扬国家主义、国粹主义，属于《大阪每日新闻》系统	真藤弃生、金田一良三、武田守信的合名公司	真藤弃生	1910年创刊，早报四页，晚报四页，发行量一千份。天津最早的日文报纸，由《北清时报》《北支那每日新闻》合并改名而来。内容涉及北方地区的政治、经济、社会、宗教、文艺等各方面，以稳健平易的方式将报道迅速、准确传递给读者，以资思想的进步与生活的提高。资本金七万元，社址在日租界福岛街。总领事馆及民团⑤登载公告的指定报纸

① 1933年报告为"T. G. Fisher"。
② 一说1915年1月创刊。
③ 1933年报告为"C. J. Fox"。
④ 1932年报告为"Krey"。
⑤ 当地的日侨组织。

(续表)

名　称	主义系统	持有人	编辑干部	备　考
京津日日新闻（日文）	对华政策舆论的代表，伸张在华日侨的权益，增进国益	森川照太	黑川重幸	1918年创刊，早报和晚报各四页，发行量一千八百份，资本金五万元。经营上和《天津日报》处于竞争地位，与其保守性质相反，有激进色彩，与《天津日报》作为天津的日文报纸而并称。报道中国政治、经济等诸方面的新闻及评论，总领事馆和民团登载公告的指定报纸。社址在日租界旭街
天津经济（日文）	报道北方地区经济状况	小宫山繁	小宫山繁	1920年创刊，小型，周刊，外观为杂志型，发行量三百份，资本金三千元，社址在日租界明石街

张家口

人口：日本人26人（其中朝鲜人9人），中国人82 178人，外国人98人。

中文报纸及杂志

（1）报纸

名　称	主义系统	持有人	编辑干部	备　考
察哈尔国民新报	省政府机关报	杨镇南	王天锋	1930年12月①1日创刊，日刊，发行量二千份。由前《新民日报》改名而成，每月接受省政府一千元补助。社址位于张家口上堡榆树院
察哈尔民国日报	党部机关报	郭堉恺	刘诚宣	1930年11月创刊，日刊，发行量一千五百份。每月接受党部八百元补助。社址位于张家口
商业日报	商会机关报	刘丽生	贺天民	1933年11月创刊，日刊，发行量一千份。每月接受商会三百元补助。社址位于张家口
延庆民报		王惠堂	赵化钧②	1930年创刊，日刊，发行量七百份。社会、经济、政治、常识宣传。社址位于延庆县
宣化新报		李保荣	同前	1930年7月创刊，日刊，发行量八百五十份。刊登政治、经济、社会、常识等各种报道。社址位于宣化县城内

（2）杂志

名　称	主义系统	持有人	编辑干部	备　考
西北月刊		金文治	李孟权	1933年9月创刊，月刊，发行量八百份。致力于宣传西北的实业、交通、政治。社址位于张家口
察哈尔月报		韩奇逢	费有余	1933年2月创刊，月刊，发行量一千份。以军事、政治报道为主，致力于商业宣传。社址位于张家口

---

① 1933年报告为"11月"。
② 1933年报告中《宣化新报》主笔为"赵化均"，应为同一人。

绥远
中文报纸

名　　称	主义系统	持有人	编辑干部	备　考
绥远日报	省政府机关报	张师曾	徐的洁	1930年8月26日创刊,日刊,发行量一千五百份。每月接受绥远省政府六百元补助。社址位于绥远城内
社会日报	三民主义	陈国桢	马伟功	1930年8月创刊,日刊,发行量一千份。社址位于归化城大东门图书馆,独立经营
包头日报		王锡周	同前	1932年12月1日创刊①,日刊,发行量八百份。政治、经济、常识宣传。社址位于包头

太原
中文报纸

名　　称	主义系统	持有人	编辑干部	备　考
太原日报	省政府机关报	省政府		1932年5月创刊,日刊,大型,四页,发行量一千五百份。官方报道比较详细,不刊登评论,另附二页山西法令公刊。社址位于太原桥头街六十三号
晋阳日报		私人合办		1906年创刊,日刊,大型,六页,发行量二千份。为当地最老的报纸,内容比较充实,不刊登社论。社址位于太原红市街八十号
山西日报		股份制 社长 赵效复 为赵戴文之子,日本明治大学出身		1918年②6月创刊,日刊,大型,六页,发行量约二千份。与《晋阳日报》一起被视为太原报界的双璧,不刊登社论。社址位于太原新民头条一号
中报				1933年4月中旬创刊,日刊,大型,四页。每日刊登社论,详细报道省内消息。社址位于太原南肖墙三十八号

除了上述报纸之外,作为日刊小型报纸还有《并州日报》③《太原晚报》《华开晚报》三报。

济南
日本人1 664人(其中朝鲜人30人),中国人433 408人,外国人375人。

概况
济南的报纸、公报等在张宗昌任督办时期,有督办公署、省长公署等机关报数种,但当时受到重视的仅为日本人经营的中文报纸《济南日报》与中国报纸《平民日报》两报。1929年春,陈调元担任山东省主席,将省政府从泰安迁往当地,在设立各类机关的同时,报纸数量突然增加了。至翌年1930年,由于中央和山西军两度在当地展开争夺战,报纸数量一度减少。而韩复榘任山东省主席后,地方治安得到顺利维持,报纸数量增加,现在好像各报社基础都变得牢固起来。

目前中文报纸多达十一种、日文报纸一种、公报八种。中文报纸中普遍受重视的为省党部机关报《山东民

---

① 一说1931年11月创刊。
② 1933年报告为"1919年",一说1918年6月创刊。
③ 疑为《并州新报》。

国日报》、县党部机关报《国民日报》(旧名《历下新闻》)、与省党部和省政府有密切关系的《山东日报》,以及被认为比较代表民众的《平民日报》四报。日本人经营的《济南日报》介于此中间,并且因普通中国人对日情感的恶化而面临经营上的种种困境。不过,在中日之间不断出现时局纠纷的现状下,仍受到一部分中国人的相当重视。此外,日文报纸仅有《山东新报》,但当地相当多的日侨购阅在青岛发行的《青岛新报》及晚刊《山东每日新闻》等。

一、中文报纸及公报

(1) 报纸

名　　称	主义系统	持有人	编辑干部	备　　考
山东民国日报	省党部及省政府宣传机关	李江秋	黄铭久、王志新	1928年8月创刊①,日刊,发行量三千份。省党部每月补助二千八百元
国民新闻	历城县党部宣传机关报	林悦慕	贺子平	由1931年2月创刊的《历下新闻》改名而成,日刊,发行量二千份
平民日报	旧共和进步党机关报	王伯洲	董子安、韩笑僧	1925年②4月创刊,日刊,发行量六百份,股份制
山东日报	山东省党部部分成员的机关报,亦与省政府有关系	王育民	马元天	1932年6月创刊,日刊,发行量一千五百份。合资组织,省党部补助二千元
通俗日报	营利本位	罗亚民	刘焕于	1930年5月创刊③,日刊,发行量一千八百份,个人经营
济南晚报	营利本位	郭仲泉	韩笑僧	1929年6月创刊④,日刊,发行量一千八百份
华北新报	营利本位	赵自强	王鸣夫	1932年3月创刊,日刊,发行量一千八百份,为私人的合资组织
诚报	营利本位	朱喜堂	王伯山	1931年5月创刊⑤,日刊,发行量八百份
济南日报		社长　平冈小太郎 理事　户塚易	罗腾霄	1916年8月创刊,日刊,发行量二百份。为济南唯一的由日本人持有的中文报纸,日本籍
光华报	天主教机关报	刘遗民	同前	1933年9月创刊,周刊,发行量(其中英文二页)一千八百份
大晚报	营利本位	韩笑鹏	县松山⑥	1933年9月创刊,日刊,小型报纸,发行量六百份

(2) 公报

名　　称	主义系统	持有人	编辑干部	备　　考
山东省政府公报		省政府秘书处	张绍棠	1928年9月创刊,月刊,发行量五百份
民政公报		民政厅	李树椿⑦	1929年5月创刊,月刊,发行量四百份

---

① 1930年报告为"1929年6月"。
② 原文为"大正九四年",显然是排版错误,结合1933年的报告翻译为"1925年"。1930年报告为"1922年"。
③ 一说1932年创刊。
④ 1932年报告为"1929年5月",一说1930年创刊。
⑤ 1932年报告为"1931年6月"。
⑥ 此处人名应有误。
⑦ 1932年报告为"李树春"。

(续表)

名　称	主义系统	持有人	编辑干部	备　考
财政公报		财政厅	王向荣	1929年7月创刊,月刊,发行量三百五十份
市政月刊①		市政府	闻承烈	1929年10月创刊,月刊,发行量三百份
教育月报		教育厅	何思源	1928年9月创刊,月刊,发行量五百份
建设月报		建设厅	张鸿烈	1929年10月创刊,月刊,发行量三百份
公安月报②		公安局秘书处	王恺如	1930年1月创刊,月刊,发行量二百份
农工商周刊		贾资厚	同前	1933年10月创刊,发行量三百份。接受建设厅补助

二、日文报纸

名　称	主义系统	持有人	编辑干部	备　考
山东新报(日文)		社长　小川雄三	主编　同前	1916年10月创刊③,日刊,发行量六百份。该报由过去的《山东新闻》与《胶济时事新报》合并而成。另外在青岛发行晚刊,发行量八百份。但1932年5月上述晚刊作为晚报《山东新报》而独立

博山

人口:日本人187人(其中朝鲜人2人),中国人48 117人。

中文报纸

名　称	主义系统	持有人	编辑干部	备　考
博山周报	县党部机关报	县党部	李振海、石显曾(两人均为党部委员)	1931年8月创刊④,周刊,四页,发行量三百份。为博山县党部机关报,排日色彩浓厚

青岛

人口:日本人12 154人(其中朝鲜人、台湾人867人),中国人181 987人,外国人1 314人。

概况

当地中文报纸的数量有十余种,与现在的人口相比,其数量绝不算少,但在其质量上,除了《青岛民报》《正报》《青岛时报》《大青岛报》四报之外,其他报纸几乎都不值一提,仅仅处于勉强维持经营的程度。党部失去其机关报《青岛民国日报》之后(1932年1月因刊登对我皇室不敬的报道,激起当地我日侨愤慨,其总社遭到袭击破坏,结果陷入无法发行的状态,直至今日),将《青岛民报》当作其准机关报,但影响力不如昔日的《民国日报》。

英文 Tsingtao Times 未脱离乡间报纸之范畴,但几乎在当地全部英国侨民中拥有读者。因为是当地唯一的英文报纸,被视为当地难以忽视的存在。日文报纸中的老大当然是《青岛新报》,而以往的晚刊《山东新报》1932年5月从济南《山东新报》独立出来以来,报名改作《山东每日新闻》,通过新设照相版、增加记者等,摆出新的阵容,试图大发展,对《青岛新报》而言,是正在形成的一大劲敌。

---

① 1932年报告为《济南市政月刊》,1933年报告为《济南市政公报》。
② 1933年报告为《公安月刊》。
③ 一说1917年创刊。
④ 一说1930年创刊。

一、中文报纸

名　　称	主义系统	持有人	编辑干部	备　　考
青岛民报	国民党机关报	杨兴勤	杜宇	1926年5月创刊,日刊,发行量约六百份。总是刊登排日报道
青岛时报	市商会机关报	尹朴斋	于游湘	1924年8月创刊①,日刊,发行量约九百份。中国籍
正报	被视为美国系统	吴炳宸	史鹏远	1927年2月创刊②,日刊,发行量约一千份。中国籍
大青岛报		小谷节夫	久慈宽一	1915年6月创刊③,日刊,发行量约五百份。日本籍
工商新报④	律师公会机关报	酆洗元	孙钏秋	1925年5月创刊,日刊,发行量约六百份。中国籍
光华日报		马起栋	韩致远	1927年10月创刊,日刊,发行量约五百份。原称为《中华报》⑤,1934年12月起改名
青岛平民报	家令会机关报	张乐古	马桐川	1927年10月创刊,日刊,发行量七百份。为凶狠毒辣的排日报纸,由此过去被下令停刊过数次
青岛公报		邹学藩	同前	1930年11月创刊,日刊,发行量约五百份。中国籍
磊报		刘子文	张凡鸟	1931年1月创刊⑥,日刊,发行量约三百份。中国籍
胶济日报⑦	胶济铁路局机关报	周建俊	李一民	1931年5月创刊⑧,日刊,发行量约三百份。刊登铁路局公报。中国籍
新青岛报	国民党系	姚公凯	同前	1931年7月创刊⑨,日刊,发行量约三百份。刊登排日报道。中国籍
青岛快报		张道藩	同前	1931年7月创刊,日刊,发行量约六百份。中国籍
青岛日报		冯善亭	王相普	1931年11月创刊⑩,日刊,发行量约六百份。中国籍

---

① 一说1924年9月创刊。
② 一说1926年创刊。
③ 一说1914年,一说1915年1月创刊。
④ 疑为《青岛工商报》改名。
⑤ 疑为1932年报告中的《中华商报》,一说该报1926年创刊。
⑥⑧ 一说1931年7月创刊。
⑦ 1933年报告为《胶济日刊》。
⑨ 一说1931年8月14日创刊。
⑩ 一说1926年创刊。

(续表)

名 称	主义系统	持有人	编辑干部	备 考
青岛晨报	国民党左派机关报	王景西	杨叔文	1933年10月创刊,日刊,发行量约六百份。中国籍
大中日报		胡博泉	同前	1931年10月创刊,日刊,发行量四百份
胶澳日报		陈冘我	同前	1933年10月创刊,日刊,发行量六百份

二、英文报纸

名 称	主义系统	持有人	编辑干部	备 考
Tsingtao Times		G. F. Stockwell（英国人）	J. Gray①	1922年6月创刊,日刊,发行量约七百五十份(夏季约一千五百份)。英国籍

三、日文报纸及杂志

名 称	主义系统	持有人	编辑干部	备 考
青岛新报(日文)		小谷节夫	难波纹市	1915年1月创刊②,日刊(早、晚发行两次),发行量约三千份。日本籍
山东每日新闻(日文)		吉本周治	主笔 长谷川清 编辑 吉冈鹿造	1926年10月创刊,晚刊,发行量约二千份。旧称为《山东新报》青岛附录,1933年3月2日变成独立经营,改名如上
青岛兴信所报(日文)		上之荣藏	同前	1919年3月创刊,油印,不定期刊行。刊登信用调查事项。日本籍
青岛实业兴信所报(日文)		小川岩男	同前	1921年7月创刊,油印,不定期刊行。刊登信用调查事项。日本籍
青岛公报(日文)		三好真文	同前	1923年4月创刊,旬刊,发行量约一百份。刊登日、中官公署的公告事项及法令等,油印。日本籍
山东兴信所报(日文)		西村秀雄	同前	1933年5月③创刊,油印,日刊。发行量约一百五十份。日本籍
日华(日文)		前田七郎	小岛平八	1929年11月创刊,月刊,发行量约四百份。日本籍
经济时报(日文)	青岛日本商业会议所机关报	岛津忠男	同前	1932年4月创刊,一年发行四次,发行量约四百份。日本籍

---

① 1933年报告为"J.G.Ray"。
② 1924年报告为"1915年1月15日",一说1914年创刊。
③ 1932年报告为"1921年",1933年报告为"1922年10月"。

芝罘

人口：日本人 210 人（其中朝鲜人 25 人），中国人 126 858 人，外国人 397 人。

概况

现在当地中文报纸有四种，英文报纸有一种。这些报纸销售区域均狭小，主要不过是当地中国人和外国人购阅，因而有本地报纸过多之嫌。1932 年底随着刘珍年离鲁，该地又处于韩复榘实权统治之下，其后排日报道等刊登逐渐减少，现在几乎看不到此种报道。还有一点就是没有报纸刊登评论，这应该归因于记者中无出类拔萃者，也可以认为是取决于韩复榘的管控政策。

一、中文报纸

名　称	主义系统	持有人	编辑干部	备　考
芝罘日报		社长　王宗儒	主笔　王倬云	1909 年日本人创立①，当地最早的报纸，1923 年盘给现社长至今日。与其他报纸比较，报道比较迅速，而且丰富。日刊，大型，四页，发行量八百份。社址位于芝罘大马路
胶东卍报	宣扬慈善、博爱	社长　曹承庹	主笔　仲绍文	为 1919 年创刊的《爱国报》破产后红十字会收购该社机器、1932 年 9 月创刊之报刊。报道稳健。日刊，大型，八页，发行量一千份。社址位于芝罘同乐街
东海日报	党部机关报	社长　林鸣九 省党部委员	主笔　安祥亭	1931 年 7 月②作为驻防当地的刘珍年的机关报而创刊，完全致力于宣传刘，1932 年 10 月实权归于韩复榘之后，被公安局长张奎文下令查封。在福山县党部委员林鸣九及总商会委员等约三十人发起下，作为党部机关报而复刊。日刊，大型，八页，发行量一千七百份。社址位于芝罘二道街
钟声报		社长　丁训初　前清秀才，老国民党员	主笔　同前	1923 年创刊③，日刊，大型，八页，发行量五百份。与其他三报相比，内容贫乏。社址位于芝罘清军府街

二、英文报纸

名　称	主义系统	持有人	编辑干部	备　考
Chefoo Daily News ［烟台日报］（英文）		社长　D. F. R. McMullan　英国人，英商仁德洋行代表，兼路透社通讯员	主笔　同前	1917 年创刊，日刊，小型，十页，发行量四百份。该报为山东省内最早的英文报纸，但销售区域狭小，仅侨居于芝罘附近的外国人购阅。"大北电信"负责在当地中转从上海发往天津的电讯，因此有从"大北电信"获得电文之便利。社址位于芝罘大马路

---

① 1924 年报告为"1907 年"，一说 1907 年创刊，1929 年报告为"1908 年"。
② 一说 1930 年 7 月创刊。
③ 1929 年报告为"1913 年"，一说 1912 年 12 月创刊。

威海卫

人口：日本人26人（其中朝鲜人25人），中国人21 283人，外国人40人。

中文报纸

名　　称	主义系统	持有人	编辑干部	备　　考
黄海潮报	党部机关报	社长　米义山　省党部委员	主笔　赵少全	1930年9月创刊①，日刊，大型，六页，发行量四百份。党部机关报，但资本由商人出资。社址位于威海卫潍县路
威海日报		社长　许振江	主笔　同前	1929年1月创刊②，日刊，大型，八页，发行量三百份。社址位于威海卫纪念路

中　部

上海

人口：日本人28 896人（其中台湾、朝鲜人1 968人），中国人3 296 329人，外国人38 923人。

概况

（一）中文报纸及杂志：上海发行的大型中文报纸除了《新闻报》《申报》《时事新报》《晨报》《时报》《中华日报》《民报》《江南正报》《上海商报》《市民报》及《宁波日报》十一种之外，还有作为晚刊的《新闻夜报》（《新闻报》）、《大晚报》（《时事新报》）、《夜报》（《时报》）、《大美晚报》（Evening Post 的中文版）等。上述报纸中《市民报》和《宁波日报》为去年创刊。

上述之中，《新闻报》及《申报》历史最久，内容充实，不啻为上海报界之雄，而且是中国代表性大报，发行量近十万份（因最近财界萧条，内地各地经济凋敝等，据说两报均失去购阅者约二三万人），海外也拥有许多购阅者。《时事新报》较为进步，评论、报道均比其他报纸有精彩之处。《晨报》创刊后只不过一年多，但内容已经初显完整。《时报》倾向于夸大处理低级趣味报道，在读者中逐渐失去信用。《民国日报》之后身的《民报》跟过去一样无生气。而且，各报中，蒋介石系《晨报》及汪精卫派《中华日报》正表现出政治机关报色彩，而其他各报在官方及党部或蓝衣社等的极端言论压制下，评论、报道均遭封杀。还有，以上虽为大报，但在撰写对外关系评论、社论之际，似乎均接受中央党部与宣传部的电话或电报指示。

当地发行的小型报纸即所谓"蚊报"达三十几种，而其中主要的仅限于《晶报》《福尔摩斯》《社会日报》《时代日报》《上海报》等几种。普通中文报纸偏重于政治问题，而官方又对言论、文章严加管制，颇有枯燥无味之嫌，这类小型报纸为了弥补此方面缺陷，以梨园界、烟花巷消息为主，时有揭露政界内幕及社会各态，还喜好舞弄讽刺或滑稽的笔调，并且通过插图使报面轻快，以此赢得各阶级，尤其是广受下层阶级欢迎，其影响力是不容小觑的。而且，由于这些小报社址大多设在租界内，并无印刷工厂，若遭遇官方取缔，很容易将其社址随处迁移，所以中国官方在取缔管理上也很棘手。还有，以往这些小报通常为三日刊，而1932年10月起大部分改为日刊，其理由据说是固定购阅者的增加与街头叫卖数量得到固定，读者欢迎日刊。现在主要的小报，报道内容不像以往那样随便马虎，还刊登大报捕捉不到的有趣材料，其影响力不可小看，可以认为今后尚有发展前途。

当地创刊的中文报纸经淘汰仅存几种，比较发达。与此情况相反，杂志界现在仍然是小杂志颇多，且杂乱无章，尚无名实皆备之刊物，就作为中国出版界中心而言，颇有寂寥之感。在上海，现在每月新出四五种杂志，其中大多不出二三个月就停刊，能继续发行者似乎稀罕。现在杂志数量可达五十种以上，而基础比较巩固、具备杂志外观的只有《东方杂志》《新生命》《申报月刊》《新中华》等数种。

（二）外文报纸及杂志：1933年末的外文报纸中，英文报纸晨刊有 *North China Daily News*、*China Press*、*Shanghai Times* 三种，晚刊有 *Shanghai Evening Post*（1930年8月收购合并晚刊 *Shanghai Mercury*

---

① 一说1931年8月创刊。

② 一说1930年1月创刊。

而改名)。此外,有法文报纸一种,俄文报纸数种。除了英文报纸以外,其他报纸由于读者范围有限,无影响力。上述报纸中,*North China Daily News* 可夸耀为东方第一的英文报,内容、外观均充实,尤其是其社论在"Impartial, Not Neutral"这一编辑标语下发表稳健保守性的评论,作为代表在华英国官民舆论的报刊,常为国内外所瞩目。该报通讯栏随时刊登发自东京、哈尔滨、新京、北平、汉口、广东等各地的通讯,特别是内地通讯,便于了解中国实情。*Shanghai Times* 属于亲日派,而 *China Press* 1930 年 11 月被中国方面收购,在中国方面拥有大量读者,"满洲事变"以来连续大肆刊登猛烈的排日评论、报道。美国系统的 *Evening Post* 虽不及 *Press*,但反日色彩浓厚。

(三)日文报纸及杂志:上海的日文报纸有《上海日报》《上海日日新闻》及《上海每日新闻》三报,而目前阶段,上述三报都经营困难,以当地日侨为对象的竞争已经走进死胡同,似乎无法期待今后进一步发展。

一、中文报纸及杂志

(1)报纸

名 称	主义系统	持有人	编辑干部	备 考
申报	标榜中立,但以往有接近直系及安福系的历史。现在与已故张謇一派的江苏实业派尚有关系,最近多了拥护政府、迎合法西斯的色彩	社长兼总理 史量才(家修)江苏省松江人,已故张謇的手下。杭州蚕业学校毕业,无值得一提的学历,但经营报纸手腕出色,所谓才士气质之人物。除了任该社总理之外,还是五洲大药房、中南银行等大股东,在实业界也具有势力 副经理 马荫良 前副经理张竹平与史量才不和,"上海事变"①后辞职,史量才的外甥马荫良入社	总主笔 张蕴和 接替前总主笔陈彬龢之职,长年任职于该社,深得社主史量才信任。以"默"为名执笔社论,因已年迈,实际上陈彬龢执掌实务 副总主笔 陈彬龢 1932 年夏天发生针对蒋介石的笔祸事件以来,一度返聘为副总主笔,但最近作为反蒋言论分子被蓝衣社方面盯上。表面上完全切断与《申报》的关系,但评论等方面好像依然经常接受史量才咨询。现任中山文化教育馆主任。在日本人中有很多知己,是中国屈指可数的日本研究专家。在当地主持日本研究社月刊主任 凌寄曾留学比利时,有硕士头衔,精通国际关系,号"翰",撰写社论 副主笔兼经济部长 罗又玄 就读过早稻田、中央、帝大等大学,毕业于清华学校及北京大学。以"穗"或"晦"之号执笔社论 副主笔 胡仲持 曾任北京大学教授,担任《申报月刊》编辑	1872 年创刊,日刊,二十页,晚刊。此外,有时附增刊六页(一度发行晚刊,因支不平衡而停刊)。发行量一两年前声称十六万份,因财界萧条和地方凋敝,购阅者显著减少,最近声称九万份,实际数量估计为七万份。作为中国最老的报纸,基础巩固,信誉笃厚。1912 年现社长史量才代替原社长席子佩经营时,一度在德国领事馆注册,1916 年以冈田有民之名义在日本领事馆注册。其后因排日风潮,受到周围压力,取消在我方的注册,在法国领事馆注册。以往在排日风潮甚为激烈之际,也保持冷静态度,论调亦稳健。在官场、实业界及其他有识上层社会中购阅者较多。无论是报道内容还是外观,都未必逊色于日本主要报纸。如同我国《大阪每日新闻》与《大阪朝日新闻》那样,该报与《新闻报》为代表性报纸,一向相互持续激烈竞争,在通讯网完备和报道准确这一点上比《新闻报》更有信誉,但在进行经营新尝试方面,未显示出领先一步的倾向。社址位于汉口路二十四号

---

① 指日军军队 1932 年 1 月 28 日发动的淞沪战事,下同。

(续表)

名　称	主义系统	持有人	编辑干部	备　考
新闻报	最初以不偏不党的实业报纸作为报社信条，但随着国民政府基础巩固，该报的主张也变化显著。或许认识到在国民政府对言论的极端压制下采取中立态度，在经营上反而是不可能的，不得不通过所谓顺应时势的策略，尊奉三民主义，拥护政府政策。最近带有迎合法西斯之倾向	社长　汪伯奇　为原社长汪汉溪之子，安徽人，上海圣约翰大学出身。继承亡父事业坐上总理之位。正在孜孜致力于维持遗业。此人另外还经营慎益钱庄，称有资产百万元 副总理　汪仲韦　汪伯奇之胞弟，与兄伯奇持有的本报股份数量差不多相同，专门负责经营部，在经营上完全首当其冲 董事　吴蕴斋、何联第、钱新之（四行储蓄会经理）、朱子奎	总主笔　李伯虞（浩然）陕西人，留日出身，曾为《时报》及《神州日报》记者，十几年前进入该社，此后担任总主笔至今，为人严谨 副主笔　严独鹤　上海人，兵工学校毕业，与世界书局有关系 经济主任　朱义良	1893年创刊，日刊，二十页至二十八页（晚刊《新闻夜报》四页，主要街头叫卖），发行量也有过声称十六万份之时，因与《申报》同样的原因，发行量减退，最近声称十一万份，实际数量估计七八万份，但依然位居上海中文报纸中的第一位。为亲美系统报纸，据说现在持股是美国人四成、中国人六成。中国方面的持股情况是，现总理汪伯奇持有其大半，事实上握有该社实权。其他股东中实业界有力人士居多。报道丰富、迅速，以及经营上总是吸纳新意，为本报特色，此外，经济栏也值得一看。商业报道优于《申报》。曾为排日急先锋，因报道、评论不严谨，身为大报的价值遭到怀疑。但国民革命军占领上海以来，其地位被国民党机关报所夺，回避有关对外问题的评论，出现欲作为纯实业报纸而立足的倾向。对我方的态度似乎也变得稳健。国民革命军进军长江时，该报被视为资本家机关报，一时受到打压。此后，该报变得大众化，正在对国民党采取若即若离的态度。在普通实业界读者不少，基础亦巩固。因"上海事变"等收入下降，据说目前收支总算平衡。该报原先依据美国法律在美国总领事馆注册，1928年12月大股东美国人Fergusson将其所持股份二千股转让给中国人而隐退，由此在1929年1月的股东大会上取消在美国注册，以资本金一百二十万元正式在国民政府实业部注册。社址位于汉口路十九号
时事新报	起初作为研究系机关报而闻名，1927年4月被《申报》经营者收购，当时蒋介石也有出资。据闻在1930年间按月偿还了。同年11月讥讽王正廷北京之行，受到蒋介石指责。对此曾展开辩论，以报一箭之仇	总经理　张竹平　圣约翰大学出身，报纸经营知识丰富。"上海事变"后辞去《申报》副总理之职，以本报作为基础，正专心致志于China Press及《大晚报》的经营 副经理　熊少豪　曾任北京《汉文泰晤士报》总理，应张竹平之邀，任副经理 常务董事　张公权　任中国银行总经理，对本报有相当支配权。其他董事中有徐新六（浙江兴业银行行长）、程霖生、俞佐廷等巨商	总编辑兼主笔　潘公弼　江苏省嘉定县人，日本法政大学出身。多年来任本报主笔，1927年1月就任经理，掌管本社一切社务 评论记者　（政治）项远村、（同前）褚保衡、（同前）宋云光、（同前）黄汉石、（经济）程延龄 晚刊《大晚报》主笔　曾虚白	1908年创刊，日刊，六页；晚刊《大晚报》，四页（发行量约二万份），发行量约四万份。当初《舆论报》和《时事报》合并时，称《舆论时报》，后来改为现名。革命后归共和党员及进步党员陈敬第和孟森经营。1914年被德国人收购，在德国领事馆注册。1916年转为前社长黄群（进步党员）经营，与德国断绝关系，以日本人波多博之名义在日本领事馆注册，同年秋起成为梁启超一派的机关报。在发生排日风潮之际，取消在我方的注册，作为资本金三十万元的有限股份公司在法国领事馆注册。1923年以来担任经理的林炎天一度接受吴佩孚援助，努力发展社务，但随着吴倒台，经营陷入困难。1927年4月被《申报》副经理张竹平收购以来，基础巩固，挽回颓势。在各报中表现出最为活跃的编辑风格，总是致力于鼓吹新思想，读者层大致为知识阶级。喜好就时局问题发表评论，论旨逻辑基本清晰。似乎乐于刊登反日报道及评论。最近不满于《申报》《新闻报》迎合政府的主义，往往批评中央政策，委婉加以攻击。晚刊《大晚报》是路边报纸，随机性内容居多。社长张竹平以该报为基础，依靠与英文报纸China Press、晚刊《大晚报》的联系，以上海民间金融界为背景，与《申报》的史量才等对立。社址位于山东路二二四号

(续表)

名　称	主义系统	持有人	编辑干部	备　考
晨报	与蒋介石派、上海市商会有密切联系，据说最近与市党部关系密切。潘公展被称为蒋介石法西斯派四天王之一，因而一般被视为蓝衣社机关报	经理　潘公展　上海圣约翰大学出身，市党部执行委员，现为市政府教育局长 董事　王晓籁　市商会主席。程晓湘 副经理　密季方	主笔　何西亚 副主笔　陶百川　市党部委员 评论记者　胡叔异　东南大学出身。许性初　市党部委员	1932年4月7日创刊，晨刊，四页，还发行晚刊《新夜报》，发行量一万五千份。据闻起初为上海市商会王晓籁、王延松等出资创刊，其后蒋介石、何应钦也出资。露骨地表示拥护蒋介石政权，提倡独裁制度，不像以往那样刊登排日报道。购阅者主要在上海市内，还没有打进地方。社址位于上海山东路二八〇号
时报	不认可特别的主义、主张，与政治报道相比，更是夸大处理社会报道，尤其是低级的市井新闻	社主兼总理　黄伯惠　江苏人，游历英美，英语娴熟。在上海拥有地产，据称财产百万，据说将经营报纸作为一种兴趣爱好 副经理　陈景韩	总主笔　蔡行素　在该报工作十余年，深得现社长信任，取代前主笔金剑花任主笔，也担任编辑 营业主任　王李鲁　黄伯惠的亲戚	1904年创刊，日刊，八页，发行量估计二万份。康有为出资，最初由狄楚青（康有为之门人）负责经营。1907年以宗方小太郎之名义在日本总领事馆注册，1919年排日运动之际，仿效《申报》在法国总领事馆注册。现社主黄伯惠1925年从狄楚青那里以八万弗盘下，据说经营相当困难。受风潮左右，大肆刊登反日荒唐报道，随着运动达到高潮而大量登载此种新闻。社址位于福州路九九号
中华日报	汪精卫派	经理　林柏生　广东人，曾任香港《南华日报》主笔	主笔　林柏生 记者　赵慕馆	1932年4月10日创刊①，日刊，四页，发行量三千份。与汪精卫的关系以往为幕后，近来几乎公开。社址位于河南路汉口路角
民报	国民党机关报	经理　叶李平　曾任江苏省民政局科长	主笔　胡朴安　曾任江苏省民政厅长 副主笔　管际安　从《民国日报》那时起就有关系	1932年5月2日创刊②，日刊，四页，发行量三千份左右。作为国民党机关报而具有长期历史的《民国日报》在"上海事变"前因我方抗议被公共租界当局查封停刊，其残党创办了本报。报面等与以往《民国日报》一样，而不及《民国日报》以往的影响力。似乎依然与党部有关
江南正报		山田纯三郎		1932年4月10日创刊，日刊，四页。社址位于老靶子路二一四号
上海商报	特别详细地报道司法方面的内容，商业报道亦丰富	王延松　市商会委员 孙鸣岐　当过上海市商会月刊杂志《商业报》的编辑	同前	1932年9月创刊③。据闻上海市商会现干部王延松、王晓籁等起初将《晨报》作为市商会机关报，对该报出资，其后《晨报》逐渐变成蒋介石的机关报，王等便资助该报
大美晚报	美国系统英文报纸Evening Post的中文版		编辑主任　L. J. Yuen（袁伦仁）	1933年2月创刊④，菊倍版，十六页。社址位于爱文义路一七、二一号
市民报	据说为上海市民联合会出资，又有与胡汉民一派有联系之说	社主　黄复生　留日出身，曾就职于广东国民政府财政厅，四川人 经理　黄慧泉　中央党部成员	主笔　王清泉　四川人，曾任朝阳大学教授	1933年6月创刊，日刊，四页。资本金二万元，发行量二千份内外。据说为上海市民联合会出资，又有与胡汉民一派有联系之说。不过，平时忌惮当局，几乎不显露其色彩，"福建事变"⑤之际曾掀起反蒋气势，支持广东派。社址位于汉口路太平坊七号

① 应为4月11日创刊。
② 应为5月4日创刊。
③ 9月16日创刊。
④ 应为1933年1月16日创刊。
⑤ 指1933年11月，以国民党十九路军为主，在福州发动的抗日反蒋事件。

(续表)

名　称	主义系统	持有人	编辑干部	备　考
宁波日报	由居住于上海的宁波有志人士维持	宁波同乡会 经理　汪北平　在宁波经营过报纸	主笔　张静庐	1933年8月创刊①，日刊，四页。发行量三千份。社址位于西藏南路平乐里
晶报	启发大众，与《新闻报》有特殊关系，有拥蒋色彩	社长　余洵（大雄）留日出身，相当理解日本，为人亦干练	主笔　刘天倪 副主笔　孙东吴	本报原作为《神州日报》副刊发行，1926年末《神州日报》停刊后单独继续发行，将以往三日刊变成日刊，小型（报纸半页大），四页。销路好，发行量约一万份，为小报中有影响的报纸。社址位于山东路
福尔摩斯		姚吉元	吴农花	1929年6月创刊②，小型，日刊，据称发行量六千份。社址位于天津路慈安里
金刚钻		施济群	郑逸梅	1928年11月创刊③，小型，日刊，发行量五六千份。社址位于天津路慈安里
大报		步林屋	徐叔园	1929年5月创刊④，小型报纸，发行量三千份。社址位于云南路育仁里
罗宾汉		朱瘦竹	范大明	1928年11月创刊⑤，小型报纸，发行量四五千份。社址位于北成都路同寿里
社会日报⑥	法西斯派	胡雄飞	陈听潮	小型，日刊，与社会新闻相比，更将重点置于长篇读物上。据说按月订阅者超过八千。发行量五六千份，社址位于宁波路广西路口
上海日报		程咏之	王干一	日刊，小型报纸，发行量四千份内外。社址位于宁波路永安路
时代日报⑦	法西斯派	来岚声	卢溢芳	日刊，小型报纸，发行量约九千份。社址位于梅白克路
上海报		匡仲谋	王雪尘（冯梦、尘生）	日刊，小型报纸，发行量五六千份。社址位于九江路又新里
东方日报⑧		顾尔康	唐大郎	日刊，小型报纸，发行量五六千份。社址位于天津路慈安里
小日报		黄光益	尤半狂	日刊，小型报纸，发行量四五千份。社址位于亨利路亨利坊
大昌报		冯梦云	同前	日刊，小型报纸，发行量四千份内外。社址位于宁波路
明星日报		胡培之	波秋雁	日刊，小型报纸，发行量四千份。社址位于汕头路

---

① 一说8月15日创刊。
② 1926年7月3日创刊。
③ 1923年10月18日创刊。
④ 一说1924年11月27日创刊。
⑤ 1926年12月8日创刊。
⑥ 1929年11月1日创刊。
⑦ 1932年7月1日创刊。
⑧ 一说1931年创刊，一说1933年5月27日创刊。

(续表)

名　称	主义系统	持有人	编辑干部	备　考
铁报①		毛子佩	邵心云	日刊,小型报纸,发行量三千份。社址位于宁波路六五九号
中国日报		黄转陶	俞逸芬	日刊,小型报纸,发行量二千份。社址位于白克路福源里
社会新闻	CC团机关报,反共、反西南派,其曝光新闻受欢迎	代表　田华耕		周刊,据称发行量一万份。社址位于白克路八二号
新生②		代表　杜重远		为周刊《生活》停刊后复刊的刊物,附照片时事画报。周刊,发行量四千份左右。社址位于圆明园路
人言	不满南京政府的文学家发行	代表　郭郭明		周刊,充满讽刺,受欢迎。社址位于平凉路平凉村第一出版社

(2) 杂志

名　称	主义系统	持有人	编辑干部	备　考
东方杂志	国际时事及思想评论	商务印书馆	编辑　李圣五	1903年创刊③,每月发行二次,菊版④,约一百二十页,发行量一时声称四万份。为上海历史最悠久的杂志,是商务印书馆发行的十大杂志中的最佳刊物。因"上海事变"发行所遭兵燹,其后得以恢复,但购阅者不如从前。编辑有关国际问题、社会问题的报道及创作等,但有关国内政治问题的报道较少。全国广为购阅。社址位于河南路
新生命	接近国民政府,特别是与蒋介石派有联系	新生命月刊社	编辑主任　周佛海	1930年1月创刊⑤,月刊,发行量二万份。登载有关法律及政治、经济的报道,是上海杂志中有影响者之一,全国范围内购阅。该杂志往往有中央党部要人执笔,作为杂志的外观亦完备。社址位于霞飞路霞飞坊一九号
外交评论	主张强硬外交	外交评论社	编辑　周鲠生	1932年6月创刊,社址位于上海黎明书局
中华	据说与汪精卫派有关系	中华杂志社　陈露	编辑　胡伯洲	在广东及南洋方面有读者,社址位于新中华图书公司
现代	文艺杂志	现代书局		1930年创刊,月刊,社址位于四马路
民族杂志⑥	高唱民主主义	黎明书局	编辑　严继光	大学教授投稿者居多,社址位于福州路

① 一说1931年创刊。
② 1934年2月创刊。
③ 应为1904年3月11日创刊。
④ 日语表示纸张尺寸的专用名词,约152×218毫米。下同。
⑤ 一说1928年11月创刊。
⑥ 1933年1月1日创刊。

(续表)

名　称	主义系统	持有人	编辑干部	备　考
中华教育界	纯教育杂志	中华书局	编辑　倪文宙	1913年创刊①，月刊，菊版，一百三十页，与商务印书馆的《教育杂志》同为教育与时事月刊中的主要刊物。据称发行量五千份，社址位于棋盘街
现代学生	青年杂志	大东书局	孟寿春	1930年10月创刊，创刊时日尚浅，正借助广告之力发展。据说在上海以外的地方每月订阅者有一万以上。社址位于四马路
科学杂志	学术杂志	大东书局	编辑　方乘	在学生中有众多购阅者，据认为相当有可持续发展性。社址位于福州路
商业月报	实业界机关刊物	上海市商会		发行量三千份，社址位于北苏州路天后宫内
学术	学术研究	学术杂志社	胡稷咸	1927年创刊，中华书局发行，社址位于河南路棋盘街
教育杂志		上海教育杂志社	编辑　周豫同	1908年创刊②，月刊，菊版，一百三十页，商务印书馆刊行。作为教育杂志具有长期历史
银行周报	金融界机关刊物	上海银行公会	编辑　李权时	1926年创刊③，发行量五千份。刊载金融界有识人士意见等，内容充实。社址位于香港路四号
中华月报	拥护汪精卫	中华月报社		社址位于河南中路中华日报社内
前途	据说是中央党部机关刊物	新生命书局		1933年创刊，每期刊登蒋介石等投稿，社址位于河南路棋盘街
中国革命	登载蒋介石的演讲，提倡新生活运动	现代书局		周刊，社址位于四马路
国际译报		国际书局		1927年创刊，每月发行二次，刊登各国报纸、杂志类所载重要报道。社址位于北四川路永安里一○四号
申报月刊	国内及国际时事与评论	史量才		1932年创刊④，社址位于汉口路二四号
工商半月刊	实业部机关刊物	实业部国际贸易局		每月发行二次，社址位于汉口路海关内
矛盾	文艺随笔	矛盾出版社		1932年创刊，社址位于爱麦虞路四五号
文学		生活书局		1933年创刊⑤，社址位于霞飞路五八三号
新中华	国际时事及经济	中华书局		1933年创刊⑥，社址位于静安寺路一四八六号

---

① 1912年1月25日创刊。
② 应为1909年2月15日创刊。
③ 应为1917年5月29日创刊。
④ 1932年7月15日创刊。
⑤ 1933年7月1日创刊。
⑥ 1933年1月创刊。

二、外文报纸及杂志
（1）报纸

名　　称	主义系统	持有人	编辑干部	备　　考
North China Daily News［字林西报］（英文）	拥护英国政策及英国人利益，英国籍	董事兼社长　H. E. Morris 董事　Gordon Morris　Harold Porter　任北京辛迪加董事，原驻汉口英国总领事 秘书兼常务董事　R. W. Davis	主笔　E. Haward　伴随前主笔 A. M. Green 1930年3月辞任回国，作为后任入社，曾作为印度 Times 通讯员而发挥才能 副主笔　R. Peyton Griffin 记者　A. P. Finch①、J. M. D. Hoste 中国主笔记者　陈汉民（澳洲出生，悉尼大学出身，在该报连续工作十几年）	1854年创刊②，东方最老的报纸。晨刊，十六至十八页，发行量近来稍有增加，有八千份。为英国总领事馆及驻华英国高等法院的公布机关，工部局公报也插入本报发送。1929年11月起发行插有照相版的周日版，大型，半页大，十页内外，发行量约六千份。另发行周刊 North China Herald（《字林星期周刊》），发行量三千份。国民政府1929年5月3日以该报及周刊 North China Herald 进行反动宣传为由，发布过禁止邮寄、购阅之训令。不知是否由于此原因，该报近来态度有相当改变。社址位于外滩一七号
Shanghai Times［泰晤士报］（英文）	英国籍。自"满洲事变"和"上海事变"以来连续刊登理解我方的评论及报道	社长　A. E. Nottingham	主笔　Alfred Morley 原香港 Telegraph 总经理，1931年10月入社，前主笔 Sayer 1931年9月离职，任公共租界工部局情报处主任 副主笔　R. I. Hope	1889年创刊③，晨刊，十六页，发行量四千份。归现任社长经营以来，对报面进行改善，年年增加销量。从1921年末起刊的周日号 Shanghai Sunday Times 附有照相版四页，往往达四十页以上，发行量达六千份。对日本有好感。社址位于爱多亚路三一号
China Press［大陆报］（英文）	美国籍。"满洲事变"和"上海事变"以来刊登猛烈的反日评论及报道并习以为常。最近增添了充当以中国银行为主体的民间财阀对外宣传机关的色彩。据说中央党部陈立夫每月补助五千弗	社长　Major C. P. Holcomb（美国律师）　顾维钧及张学良的顾问英国人 W. H. Donald 辞去董事职位，现在只是股东 董事　Dr. E. L. Marsh、Dr. Wm. T. Findlay、董显光（Hollington Tong）、张竹平、徐新六　浙江兴业银行经理、潘子铨怡和洋行买办、杨渭宾　太古轮船买办	主笔　董显光（Hollington Tong） 营业部长　张竹平 主编　J. Durdin（美国人） 经济主任　F. L. Pratta 日本记者池田安藏在"上海事变"发生后离职	1910年创刊④，晨刊，十六至十八页，周日版四十页（附有四页照相版），发行量约三千份。曾由法国保护民犹太人 Sopher Arthur、Sopher Theodore 兄弟掌控，1930年11月盘给主要由顾维钧夫人出资的 China Publishing Company。传说当时与张学良方面有联系，后来由张竹平组织的合资出版公司统一经营《时事新报》《大晚报》与本报，以及提供新闻的机构申时通讯社。在当地外文报纸中拥有最多中国读者。还有，本报跟以往一样在美国特拉华州作为美国报纸注册。社址四川路三六号

---

① 1933年报告为"R. P. Finch"。
② 应为1864年7月1日创刊。
③ 应为1901年创刊。
④ 应为1911年8月24日试刊，8月29日正式出版。

(续表)

名　称	主义系统	持有人	编辑干部	备　考
Shanghai Evening Post & Mercury[大美晚报](英文)	美国系统,就日、中冲突问题发表对我不利的评论。最近听说中国方面进行投资,获得约三分之一股份	American News Paper Co., T. O. Thackrey	总负责人兼主笔 T. O. Thackrey 主编 R. Gould 编辑主任 M. C. Ford 本报特别撰稿人 Woodhead 1933年主持 Oriental Affairs,辞掉本报特邀员之职	晚刊,八页,发行量约四千五百份。该报为1922年11月合并 China Press 的晚刊 Evening Star 及 Shanghai Gazette 两晚报后改名而成,此后作为国民党机关报,经陈友仁之手常发表孙文方面的主张。因经营困难,1925年转至奉系之手,其后再转给 Y. D. Shen。1928年5月转至现持有人经营。1930年8月收购合并 Shanghai Mercury,改成现名。社址位于爱文义路一七至二一号
Journal de Shanghai [上海日报](法文)	法国系统报纸	G. S. Moresthe	主笔　G. S. Moresthe 主编　R. Laurens	1927年12月创刊,日刊,发行量约五百份。因惋惜过去发行了三十年的 L'Echo de China 停刊,由 Havas 通讯员等创刊。据传法国领事馆方面提供后援。社址位于公馆马路二一至二三号
Шанхайская заря[上海柴拉早报](俄文)	支持俄罗斯团体共同会议"索罗"①,有亲苏倾向		L. V. 阿诺利朵夫、佩特卢夫	1925年11月创刊②,资本金五万弗。日刊,四页,发行量约一千份左右(早、晚刊相同)。社址位于法租界霞飞路七七四号
Слово[言论](俄文)	支持俄国流亡委员会,反苏亲日		P. 扎伊柴夫	1925年③创刊,资本金六万弗。日刊,四页,发行量一千五百份左右。社址位于法租界霞飞路二三八号
Копейка[一戈比报](俄文)		维·亚·琪利金　经营"司克夫"④书籍印刷所	N. N. 古考钦	1933年3月创刊,日刊,四页。以人身攻击等曝光新闻为能事

(2) 杂志

名　称	主义系统	持有人	编辑干部	备　考
China Weekly Review[密勒氏评论报](英文)	美国系统,向中国学生献媚,有排日杂志之称	发行人兼编辑 J. B. Powell	主笔　同前 副主笔　G. W. Missemer	1917年5月创刊,周刊,发行量约三千份。以研究远东,尤其是中国的政治、经济、社会问题为主。最初称为 Millard Review,后改称 Weekly Review of the Far East,1923年改为现名。报道内容多从其他报刊、杂志上转载,除了在中国人中有相当多读者之外,据说向美国免费发放约二千份。传说接受中国政府补助。社址位于爱文义路三八号

---

① 原文为"ソロ",此处为音译。
② 一说1925年10月25日创刊。
③ 1933年报告为"1928年12月"。
④ 原文为"スキフ",此处为音译。

(续表)

名　　称	主义系统	持有人	编辑干部	备　　考
China Digest[中国评报](英文)	对日本有好感	Carroll Lunt（兼 Hearst's International News Service 等通讯员）	同前	周刊，1931年创刊，发行量一千五百份。根据中国实际情况，毫无顾忌地发表对华观点。社址位于愚园路宏业花园
Far Eastern Review[远东时报](英文)	刊登东亚财政、工业、矿业报道，特别是登载对日本有善意的评论及报道	发行人　George B. Rea.	主笔　同前 副主笔　C. Laval 前 China Press 主笔，亲日派	月刊，发行量二千份。为东方英文杂志之巨擘，也刊登政论。曾对我方舞弄种种毒笔，但和平会议后其态度一变，不如说是对日本有善意，以至于严厉批评美国对东方及日本的政策，总是致力于介绍我方在朝鲜、台湾、"满洲"之政绩。社址位于外滩二四号正金大楼内
China Critic[中国评论周报](英文)	比较独立的评论较多，时有反对现中国政府之内容	D. K. Lieu（刘大钧）	主笔　Kwei Chung Shu（桂中枢）	周刊，登载有关时事问题的评论及报道。社址位于北京路五○号
Chinese Economic Journal[经济月刊](英文)	介绍国民政府实业部通商情况	国民政府国际贸易局	何炳贤	国民政府工商部工商访问局月报（Bureau of Industrial and Commercial Information）。社址位于汉口路海关大楼内实业部国际贸易局
Chinese Economic Bulletin[中国经济周刊](英文)	同上	同上		周刊，社址与《经济月刊》相同
Oriental Affairs(英文)	有关远东特别是中国问题的论丛	H. G. W. Woodhead 1933年12月辞去特别撰稿的 Shanghai Evening Post 之职务，创办本刊	同前	1933年12月创刊，月刊，社址位于爱文义路二一号
Observer(英文)	远东时事问题评论	Edward Dunn	同前	1933年7月创刊，月刊，社址位于法租界公馆马路
Capital and Trade[商务周报](英文)	不刊登政治评论，英国人持有	David H. Arakie	同前	1925年创刊，周刊，发行量三百份，社址位于仁记路二五号
Finance and Commerce[金融商业报](英文)	政治性评论少，英国人经营	Reuters Ltd.	K. Begdon	1920年创刊，周刊，社址位于九江路六号
China Journal of Science and Art[中国科学美术杂志](英文)	有关中国美术研究、考古学及狩猎之杂志，英国人持有		主笔　Arthur de Sowerby、John C. Ferguson	1924年创刊，月刊。无政治性内容，编辑及投稿人多为相当知名的人士，发行量五百份。社址位于博物院路八号
Inspection & Commerce(英文)		实业部商品检验局	月刊，社址位于博物院路一五号	月刊，社址位于博物院路一五号
People's Tribune(英文)	基于三民主义，鼓吹排日			月刊杂志，社址位于四川路七二号

(续表)

名　　称	主义系统	持有人	编辑干部	备　　考
British Chamber of Commerce Journal（英文）	英国系统	全中国英国人商业会议所		月刊，既是上海英国人商业会议所的机关刊物，亦为 Associated Chamber of Commerce in China and Hongkong 机关刊物。除了工商业报道以外，还巧妙摘录有关中国的新条约、重要公文书等，适合作为记录保存。发行量一千份
Chinese Recorder［教务杂志］（英文）	美国长老教会派机关刊物，美国人持有		Rev. F. Rawlinson	月刊，发行量一千五百份。社址位于圆明园路二三号
Israels Messenger［犹太月报］（英文）	上海犹太复国主义协会机关刊物，拥护远东犹太人及犹太教利益	上海犹太复国主义协会	N. E. B. Ezra	1904年创刊，月刊，发行量四百份。1910年2月停刊，但1918年复刊。感谢我方在巴勒斯坦问题上的态度，不刊登政治评论。发行所位于西摩路六号
China Republic［民国周刊］（英文）	评论政治、经济	Woong Yu Fong	Edward、Bing-Shung Lee	1932年创刊，社址位于九江路一四号
China Health Pictorial［中国健康月报］（英文）	宣传健康和修养	Merian Griffin	同前	1932年创刊，社址位于北河南路二〇号
Shanghai Spectator（英文）	刊登政治及社会方面的消息，尤其是刊登曝光性新闻。亲日		A. W. Beaumont 法国籍比利时人，1934年作为工部局董事会员候选人参选，落选	社址位于博物院路一五号
Re Revue National Chinoise（法文）	以外交评论为主，另外也刊登政治、社会报道。中国人占投稿者的大部分		主笔 Wai Chiao-Chia、G. Em. Lemiere	月刊，社址位于法租界 Route Voyron 一〇八号
Brücke［衡桥］（德文）	德国系统周刊	Schriftleiter	同前	1926年创刊，声称为东方唯一的德文周刊杂志。社址位于环龙路二四八号
China-Dienst［德文协和报］				月刊，社址位于圆明园路二〇九号
Голос（俄文）	社会革命营业	N.①P. 马里诺夫斯基 反赤远东农协上海代表	同前	1930年9月创刊，发行量三百份。社址位于霞飞路七五号
周刊 Голос（俄文）	俄国劳动农民党派		尼古拉·马里诺斯基	1934年1月复刊，发行量五百份左右
Napyc（俄文）	政治文艺杂志		盖司妥夫	发行量五百份，社址位于法租界麦底安路七三号

① 1933年报告为"S."。

三、日文报纸及杂志

(1) 报纸

名　称	主义系统	持有人	编辑干部	备　考
上海日报(日文)	拥护日本人利益	社长　波多博 从原社长井手三郎手中盘下,1929年11月15日起任社长	主编　后藤和夫	1903年创刊,日刊,十页。为上海最老的日文报纸,相当有信誉。1899年创刊的《上海周报》为本报之前身。社址位于白保罗路三号
上海日日新闻(日文)	同上	社主兼社长　宫地贯道　目前在南洋 社长代理　石川源治	同前	1914年创刊,日刊,十页,社址位于乍浦路一二一号
上海每日新闻(日文)	同上	社长　深町作次郎	主持人　同前	1918年11月创刊,日刊,八页。1924年11月由《上海经济日报》改名而来。1929年4月山田社长隐退,前社长深町作次郎再度任社长。社址位于吴淞路汤恩路角七七号

(2) 杂志

名　称	主义系统	持有人	编辑干部	备　考
上海半月刊杂志(日文)	拥护日本人,介绍中国情况	社长　山田仪四郎	同前	1913年创刊,周刊。创刊当初佐原笃介任社长,后来西本省三主办。其死后该杂志编辑三村继承,改名为《上海周报》。现社主继承后再次更名。社址位于海宁路
上海时论(日文)	评论中国时事问题	社长　堀清	同前	月刊,1926年停刊的《上海と日本人》之后身,同年创刊。内容比较充实,发行量五百份。社址位于海宁路一四号
经济月报(日文)	中国通商贸易研究	上海日本商工会议所		1927年1月创刊,月刊,发行量七百份。主要向会员发放,还寄赠官方及相关团体
满铁支那月报(日文)	中国社会经济调查研究	南满铁会社上海事务所		1929年11月创刊,月刊,发行量六百份。主要向我国及在华满铁相关机构等发放

南京

人口：日本人141人(其中台湾人30人),中国人726 131人,外国人480人。

概况

现在南京发行的中文报纸总数达五十三种,创刊时日大多很短,与其他地方大报相比难免逊色。上述报纸中比较有影响的是《中央日报》《新京日报》《民生报》《新民报》《中国日报》《新中华报》《三民导报》《救国日报》《大风日报》《南京早报》《华报》等。此外,作为晚刊有《南京晚报》、《中央夜报》(《中国日报》)、《中国晚报》(《中国日报》)等。1932年创刊的《东亚日报》《正风报》《京闻报》等已经停刊,又有《南京华侨报》《党军日报》《边事日报》《侠牒报》等冠以特殊名称新刊,但都是所谓小报,并不具有价值。仅《华侨救济》《边疆问题》等普遍引起注意,似乎为"时鲜"产物。

还有，随着当地人口近年显著增加，主要报纸的发行量似乎亦有相当增加。尽管当地知识阶级众多，但仍没有称得上大报的报纸，或是因为处于国民政府控制之下，刊登报道严重受限，都具有御用报纸的浓厚色彩，无法满足读者，上海发行的《新闻报》《申报》《时事新报》《晨报》等报道丰富，得到广泛购阅。

上述五十三种报纸中，半数以上为所谓泡沫报纸，登载有关戏剧界、烟花巷等报道，使用讽刺笔调，使报面轻快，由此获得普通人尤其是下层阶级欢迎。

与当地发行的中文报纸比较贫弱相反，杂志界发行的杂志总计达几十种，相当发达。大部分杂志涉及交通、经济、建设、农事等特殊内容，而政府各机关的调查资料则比较丰富，知识阶级尤其是文人集中，使得内容相当丰富。

当地无外文报纸发行，唯一作为周刊"册子"、由澳国人经营的 Nanking Recorder 正在发行，但并不值得关注，仅仅是在一部分外国人中间发放。

一、中文报纸及杂志

(1) 报纸

名 称	主义系统	持有人	编辑干部	备 考
中央日报	国民党机关报	持有人 中央党部 发行人 程沧波	总编辑 金诚夫 北大毕业	1929年2月创刊，日刊，八页，发行量二万份。与中央通讯社一起直接隶属于中央宣传部，由于政府方面的报道多，完全不刊登不利于政府及党的报道，无法抓住事态真相。以前排日色彩浓厚，但政府的态度稍微缓和后，此种评论也减少。最近连一般社论也不太刊登
新京日报	拥护国民政府	社长 石信嘉	陈哲之、段梦晖	1932年9月起发行题为《中央夜报》的晚刊（发行量二万份）。1932年10月起发行《中央周报》（外交、经济、社会研究）杂志。社址位于南京中山路新街口北口。1929年12月创刊①，日刊，八页，发行量八千份。印刷优于其他报纸，报面外观可以，报道比较丰富，有关经济统计内容居多，作为本报特征，普遍受欢迎。排日态度稳健。社址位于南京城内二郎庙
民生报	无党派关系，曾为王宠惠系	社长 成平 在北平经营《世界日报》 发行人 张文华	左啸虹、周邦式	1927年2月创刊②，日刊，半折，十二页，发行量二万份。新闻简洁而丰富，且报道迅速。以刊登政治性独家报道为其特色。总是发表社论鞭挞或攻击政府。排日色彩浓厚，主张对日经济断交。曾经因刊登不敬报道而酿成问题，此后被政府盯上。行销据称第一。社址位于南京新街口中正路
新民报	拥护国民党	社长 陈铭德	张友鸾	1929年9月创刊，日刊，八页，发行量六千份。到1933年10月为日刊六页，由于增加版面，编辑改革，时常刊登政治独家报道，所以最近普遍受到好评。在大量报道对日相关新闻这一点上比前年大为缓和。社址位于南京估衣廊七十三号

---

① 一说1930年创刊。
② 应为1927年10月21日创刊。

(续表)

名 称	主义系统	持有人	编辑干部	备 考
中国日报	拥护国民党,蒋介石(蓝衣社)系、黄埔同学会机关报	社长 唐兆民	张客公、任觉五	1932年1月创刊,日刊,八页,发行量一万五千份。最近突然报面焕然一新,编辑风格改良,报道丰富,成为影响力仅次于《中央日报》的报纸。相当着力于内政及边疆问题,针对政府的施政方针,发表具有相当深度的见解。在报道事实方面比其他报纸详细一些。1932年10月起发行晚刊《中国晚报》(发行量一万五千份)。社址位于南京明瓦廊三十二号
救国日报	抗日救国,北平军事委员会分会系,以前属于张学良系	社长 龚德柏 排日急先锋	龚德柏	1932年8月创刊,日刊,半折,十页,发行量约四千份。《救国晚报》之后身。主笔龚德柏原为内政部参事,总是主张抗日救国。因以讽刺性社论指责、攻击政府要人,施政方针及公布新闻的处理方式,时常与党部方面惹起物议。社址位于南京一枝园
新中华报	拥护国民党,于右任系	社长 于纬文	于振寰	1914年1月创刊①,日刊,八页,发行量约三千五百份。尽管为当地最老的报纸,但未见特别发展,亦无值得阅读的报道。社址位于南京贡院西街七十七号
三民导报	拥护国民党,王兆铭系	社长 胡大刚	张唯一、汪百天	1927年5月创刊,日刊,六页,发行量约四千份。报面外观不大完备,报道也不丰富。社址位于南京中正路二百五十号
大风日报	拥护国民党,党部机关报	委员制 代表 叶开鑫	陈炳午	1932年7月创刊,日刊,四页,发行量四千份。靠中央党部补助金经营,但报道内容不丰富。社址位于南京三条巷
南京早报	拥护国民党	社长 张友鸾	谭丹忱	1933年9月创刊,日刊,半折,四页。本报创刊时日尚浅,内容仍不充实,但因社长张友鸾兼任《新民报》编辑,有望发展。社址位于南京建康路二一五号
华报	拥护国民党	社长 许念慈	陶巽海	1933年10月创刊,日刊,六页。发行后尽管时日尚浅,但编辑风格、报面外观均良好,报道丰富而且详细,一般相当受欢迎。社址位于南京太平路三八八号
南京晚报		社长 张友鹤	张小松	1929年5月创刊,晚刊,半折,四页,发行量约五千份。报道内容十分丰富,比较正确。经营业绩良好。社址位于南京建康路二一五号
朝报	中央党部机关报	潘公展 前上海市政府教育局长	朱虚	1934年3月23日创刊,日刊,半折,十二页。版面外观良好,印刷十分鲜明。资本金三十万元。社址位于南京中山路新街口

① 一说1913年5月10日创刊,一说1912年创刊。

(2) 杂志

名　称	主义系统	持有人	编辑干部	备　考
时事月刊	拥护国民党，提倡三民主义文艺，时事研究	社长　陈立夫　中央执行委员	总编辑　陈立夫 编辑　陈民耿 另有中央大学、金陵大学教授和党部相关者	1929年创刊，月刊，发行量声称二万份，而实际上据说一万份内外。一直接受中央党部补助。内容不管国内、国外均加以刊登，为一般时事重要问题。在知识阶层获得好评，南京杂志界中读者最多。社址位于南京鼓楼
苏俄评论	反共产主义宣传	委员制 理事　十一人 监事　七人	编辑代表　李瑛	1930年2月创刊①，月刊，发行量约一千份。为外交部非正式刊物，接受中央党部及外交部补助。社址位于南京丹凤街石婆婆巷十八号
日本评论	日本及对日问题研究	名誉社长　戴天仇 社长　陈大济 常任理事　刘百闵	编辑兼发行人　日本研究会、日本评论社	最初是留日中国学生在东京发行的杂志《日本》，1931年迁至南京，改称《日本评论》，1932年9月起成为月刊②，发行量三千份。以往委托上海光华书局印刷发行，1933年10月起在南京发行。还有，1933年3月起创刊日本各种问题研究的小型册子，作为日本研究会小丛书，迄今为止出版四十五种。（一周一次）社址位于南京将军巷三十三号
橄榄月刊	文艺杂志	线路社	宋锦章	1930年10月创刊，月刊，发行量二千份。社址位于南京太平路
亚东杂志	研究东亚问题	社长　田湘藩		1932年10月创刊，月刊。该杂志是受"满洲事变"发生后远东形势刺激，为从军事、政治、外交、经济方面研究、发表东亚问题而刊行的。社址位于南京羊皮巷
劳工月刊	研究劳动问题	劳工月刊社		1932年4月创刊，月刊，中国唯一研究劳动问题的刊物。除了研究资料之外，还详细报告国际劳动会议动态及条约等。社址位于南京秣陵路二〇二号
中国与苏俄	介绍苏联，中苏合作共助	苏俄杂志社		1933年1月创刊，月刊。1932年末以中国与苏联恢复邦交为契机发行之刊物。内容基本上是介绍苏联国情和各种计划，并研究该国对外政策。社址位于南京中山路西流湾四〇二号
外交评论	介绍及评论外交和国际政治	社长　吴颂皋　外交部参事		1932年6月创刊，月刊。该杂志创刊以来内容日益充实，因执笔者网罗外交界知名人士，所以十分好销。社址位于南京土街口寿康里
妇女共鸣	扩大女权，提倡妇女就业	社长　谈社英 经理　李峙山	总编辑　王竞英	1929年3月创刊，1932年1月起改为月刊，发行量三千余份。社址位于南京成贤街六十八号
时代公论	启蒙社会，介绍国内外趋势	社长　杨公达　立法委员兼中央大学教授	同前	1932年4月创刊，周刊，发行量四千份。每周五出版。因社长为言论界重要人物，销路不错。社址位于南京中央大学门前

---

① 应为1931年10月创刊。
② 应为1932年7月出版月刊。

(续表)

名　　称	主义系统	持有人	编辑干部	备　　考
政治评论	刷新政治，拥护三民主义	社长　郑亦同	编辑　陈瑞林	1932年5月创刊，周刊，发行量三千份。每周三出版。社址位于南京沈举人巷五台山村三号
交通杂志	介绍交通、经济	交通杂志社 社长　韦以黻　交通部技监 总务　王洸	章勃、洪珊涛、王洸、万琮	1932年11月创刊，月刊，发行量二三千份。介绍国内航行、道路、铁路等有关交通建设的统计及研究，交通、铁道两方面的内容较多，在业内有好评。社址位于南京大石桥新民坊五号
不亡杂志	不忘国耻，提倡救国	不亡杂志社（委员制）		1933年1月创刊，月刊，发行量三千份。该杂志评论对日问题，尤其是"满洲"问题，并批判对外借款、庚款问题，详细论述对中国的影响等，煽动救国热的内容较多。社址位于南京新街口忠林坊四十三号
国民外交杂志	研讨中国外交，研究对日问题，评论经济问题	国民外交协会、国民外交杂志社 社长　刘芙若		1932年末创刊，月刊，发行量二千份。以日本研究为主题，探讨诸列强有关远东的政策，谋求提高国民的外交知识。社址位于南京马府街
新青海	青海研究	新青海社（委员制）		1933年1月创刊，月刊，发行量三千份。该杂志以边疆问题特别是青海研究为主，刊登有关青海的所有材料、记录。社址位于和平门外晓庄
蒙古前途	蒙古研究	蒙古前途月刊社		1933年1月创刊，月刊。继"满洲"问题之后，开始论及蒙古问题，是为介绍该地情况而创刊的。社址位于和平门外
建国月刊	三民主义，建设研究	建国月刊社 社长　邵元冲　立法院副院长		1933年创刊，月刊，发行量五千份。有关中国的经济建设、心理建设和其他建设问题，以及国民党主义、历史的记载居多，就农村复兴和土地问题进行研究。社址位于南京成贤街
中国经济	研究中国及世界经济问题	中国经济研究会		1933年4月创刊，月刊。有关产业、财政、关税、土地问题及农村经济等论文居多，另外，有关此种问题的译述丰富。社址位于南京中正路保泰街口六○四号

二、英文报纸

名　　称	主义系统	持有人	编辑干部	备　　考
Nanking Recorder		持有人　K. M. Steiner	同前	1933年12月5日创刊，周刊，每周一发行，（册子）为二十页左右。内容十分贫乏，仅仅在一部分外国人中分发而已

苏州

人口：日本人72人，外国人123人，中国人291 343人。

概况

1933年间，苏州有《新苏州报》复刊，《苏州商报》停刊，现在中文报纸有十种。这些报纸财力、规模均较小，发行量除《苏州明报》和《吴县日报》有五千份之外,都在一千二百份以下。

中文报纸

名　　称	主义系统	持有人	编辑干部	备　　考
苏州明报	鼓吹地方自治	张叔良	仇昆厂、方慰庐	1924年3月1日创刊①,日刊,六页,发行量五千份。在苏州报纸中与《吴县日报》同为最有影响的报刊,但排日色彩浓厚
吴县日报	鼓吹自治	马锦文	胡觉民、沈伯英	1916年1月14日创刊②,日刊,六页,发行量五千四百份。报道迅速,社论稍出色
大公报	鼓吹自治	费栋材	费瞎子、邬愤公	1928年5月29日创刊③,日刊,小型四页,发行量四百份。内容贫乏,经营亦困难
苏州日报	鼓吹自治	石雨声	方觉非、洪野航	1912年1月25日创刊,日刊,四页,发行量四百份。因资金困难,屡有停刊。即使在1933年也从4月停刊至6月
苏州中报	鼓吹自治	洪笑鸿	洪笑鸿、洪野航	1923年6月12日创刊④,日刊,四页,发行量一千份。除了一般报道以外,还特别将重点置于短篇小说,在学生中有许多喜读者
吴县市乡公报	鼓吹自治	颜忍公	庞独笑、王伟公	1916年1月15日创刊,日刊,四页,发行量七百份。除地方上的报道之外,还特别刊登当地法院的相关诉讼报道
大吴语	鼓吹文艺	郭子亮	刘望实、袁少辕	1929年7月16日创刊,日刊,二页,发行量六百份。学生、商界、少年喜读
大光明	社会改良	姚啸秋	颜益生、洪笑鸿	1929年8月15日创刊,日刊,二页,发行量一千二百份。特别是对土豪劣绅、一般社会的弊端加以评论
吴县民报	县党部机关报	县党部	姚鸿治、陈定九	1931年4月29日创刊,日刊,四页,发行量四百份。鼓吹三民主义
新苏导报	地方政治改革	王兆杰	王兆杰、沈情虎	1931年3月创刊,周刊,四页,发行量六百份。本报在社会批判方面特别尖锐,创刊后不久触犯当地军事机关的忌讳,被勒令停止出刊,同时社长遭拘禁,1933年3月10日总算复刊

杭州

人口:日本人27人(其中台湾人、朝鲜人14人),中国人525 859人,外国人136人。

概况

杭州的中文报纸,1933年1月有《浙江新闻》创刊。这样,与以往的《浙江商报》《浙民日报》《杭州民国日报》《杭州国民新闻》《之江日报》《杭县日报》《杭州报》加在一起共八种。这些报纸大部分创立时日尚浅,规模、资本均较小,仍未脱离地方报纸之范畴。《杭州民国日报》发行量最大,约五千六百份,其他为三千六百份以下,总计

---

① 一说1925年秋,张叔良接办《民报》后改本名。
② 一说1916年10月创刊,名《吴语报》,1928年1月改本名。
③ 一说1927年创刊。
④ 1932年报告为"2月"。

只不过约一万六千四百份左右。而且,其发行量一半在杭州,另一半为省内各县购阅。还有,有关日、中冲突问题,各报均刊登反日或侮日报道,尤其是《民国日报》,最会舞弄毒笔。

再看一下上海发行的中文报纸在当地的购阅数量,《新闻报》四千份,《申报》二千八百份,《时报》三千份,《时事新报》二千八百份,合计达一万二千六百份。在杭州购阅上海报纸的人远多于购阅当地报纸者。

中文报纸

名　称	主义系统	持有人	编辑干部	备　考
浙江商报	开发商业,原杭州总商会机关报	社长　邱不易　原警官	吴咸　字百感①,北京大学出身	1921年10月10日创刊,日刊,十页,发行量一千五百份。社址位于杭州市保佑坊
浙民日报	发扬民治精神,促进地方自治	社长　胡芷香　原省长公署咨议	杨虹邨	1923年12月10日创刊②,日刊,八页,发行量一千四百份。系浙东同乡会经营,在浙东方面有影响力。社址位于杭州市保佑桥
杭南日报③	发扬三民主义,贯彻国民革命,省党部机关报	社长　胡健中　现省党部执行委员	徐世衡	1927年3月12日作为《杭州民国日报》创刊,1934年6月16日改为现名。日刊,十页,发行量五千七百份。屡屡刊登排日报道及评论。社址位于杭州市开元路
杭州国民新闻	发扬三民主义,提倡农工团体组织,黄埔同学会机关报	社长　郑炳庚　黄埔军官学校毕业	陈恤园　原为《浙民日报》记者	1927年3月12日创刊,日刊,十页,发行量一千八百份。本报设立之际蒋介石出资一千弗作为补助费,1927年④以来每月接受一千弗补助。社址位于杭州市青年路
之江日报	启发国民知识	社长　高竹荪　原省党部干事	沈雨苍　原为《浙民日报》记者	1913年创刊,1926年一度停刊,1929年复刊⑤。日刊,八页,发行量八百份。社址位于杭州市杭县路
杭县日报	辅助县政,发展地方自治	社长　钟维石　现杭县政府科长	钱镜西　原为县党部常务委员	1932年5月10日创刊⑥,日刊,四页,发行量一千份。社址杭州市惠兴路
杭州报	发展商业	社长　陈小团	张永泉	1932年10月10日创刊⑦,日刊,六页,发行量六百份。社址杭州市后市街
浙江新闻	发扬民治精神,促进地方自治	钟韵玉　上海复旦大学出身	何治平　浙江医学专科学校出身	1933年1月创刊⑧,日刊,十页,发行量二千六百份。社址位于杭州市官巷口
浙江省政府公报	公布法令规章	浙江省政府	同秘书处	1927年5月11日创刊,日刊,发行量一千九百份。社址位于省政府内

---

① 1933年报告为"百态"。
② 1922年10月10日创刊。
③ 应为《东南日报》。
④ 1933年报告为"1928年"。
⑤ 1913年4月1日创刊。1917年后多次停、复刊,1926年3月14日再次停刊,1929年1月5日复刊。
⑥ 一说6月8日创刊。
⑦ 一说11月19日创刊。
⑧ 原为《申报》《新闻报》杭州副刊,1933年4月1日改为本名创刊。

芜湖

人口：日本人42人，外国人72人，中国人146 037人。

中文报纸

名　称	主义系统	持有人	编辑干部	备　考
芜湖导报	国民党系	经绍周	鲍光复	1932年10月创刊，日刊，八页，发行量约二千份。对日感情差
皖江日报		谭明卿	陈希平	1917年1月创刊①，日刊，八页，发行量约三千份。对日感情一般
工商日报		张九皋	江渭川	1909年11月创刊②，日刊，八页，发行量约二千份。对日感情一般

安庆
中文报纸

名　称	主义系统	持有人	编辑干部	备　考
皖报	国民党系	张德流	冯子民	1928年12月创刊③，日刊，八页，发行量约四千份。对日感情差
皖声报	国民党系	吴裕民	同前	1933年2月创刊，日刊，四页，发行量约一千份。对日感情差
新皖铎	国民党系	杨绍农	同前	1933年创刊④，日刊，四页，发行量一千份。对日感情差
大同报		朱雁秋	胡公	1933年4月创刊，日刊，四页，发行量约一千份
皖江晚报	国民党系	黄冰如	金则民	1933年6月创刊，晚刊，二页，发行量约六百份
安庆晚报		唐少兰⑤	同前	1933年9月创刊⑥，晚刊，二页，发行量约六百份
商报		苏绍贤	同前	1932年12月创刊，日刊，四页，发行量约一千多份
民岩报		吴霭航	同前	1909年创刊⑦，日刊，八页，发行量约二千份
民报		胡啸宇	同前	1933年11月创刊⑧，日刊，四页，发行量约一千份。对日感情差
安徽时报	国民党系	刘德洪	王格民	1934年1月创刊，日刊，四页，发行量约六百份

---

① 一说1910年12月2日创刊，一说1910年12月21日创刊。
② 应为1915年10月20日创刊。
③ 原为《民国日报》，1928年11月创刊。1932年10月改本名。
④ 一说1922年创刊。
⑤ 一说为"唐少澜"。
⑥ 一说1927年创刊。
⑦ 应为1912年6月1日创刊。
⑧ 一说1933年8月创刊。

蚌埠

名　称	主义系统	持有人	编辑干部	备　考
皖北日报	国民党系	潘泽筠	张晏平	1931年创刊①,日刊,四页,发行量约一千份
皖北时报		李光久	同前	1933年创刊②,日刊,四页,发行量约一千份
大淮报		刘寿民	同前	1933年5月创刊③,日刊,二页,发行量约一千份

巢县

名　称	主义系统	持有人	编辑干部	备　考
巢县日报	国民党系	柏巢鉴		1933年3月创刊④,日刊,四页,发行量约六百份

宣城

名　称	主义系统	持有人	编辑干部	备　考
宣城日报	国民党系	黄金舟		1933年5月创刊⑤,日刊,四页,发行量约六百份

合肥

名　称	主义系统	持有人	编辑干部	备　考
合肥民众报	国民党系	陈泰昌	张辛	1933年2月创刊⑥,日刊,四页,发行量约六百份

当涂

名　称	主义系统	持有人	编辑干部	备　考
当涂日报⑦	国民党系	鲍瘦梅	同前	1933年创刊,日刊,二页,发行量约六百份

屯溪镇

名　称	主义系统	持有人	编辑干部	备　考
屯溪日报	国民党系	张我羊	同前	1933年5月创刊,日刊,二页,发行量约一千份

---

① 一说1929年创刊。
② 一说1932年3月创刊。
③ 一说1932年7月创刊。
④ 一说1931年8月创刊。
⑤ 1934年8月11日已出版1296期。约1931年六七月创刊。
⑥ 一说1930年冬创刊。
⑦ 一说为《当涂民报》,1933年8月创刊。

九江

人口：日本人74人（其中朝鲜人9人），中国人84 574人，外国人67人。

中文报纸

名　　称	主义系统	持有人	编辑干部	备　　考
九江日报	国民党系	社长　吴楚藩 副社长　张炳庵	主笔　张寿东 主编　黄柱胄	1927年，由九江警备司令部参谋长谭佑斋、九江县长张育东、烟酒局长吴楚藩等人发起，募集捐款创办，张育东就任总理。张辞职之后，由吴楚藩主持该报。日刊，八页，发行量六百份。社址位于九江庾亮北路二十八号
九江民国日报	省党部机关报	范争波	主笔　李赞华 主编　郑康民	1931年创刊①，最初由九江县党部经营，1932年6月1日改组，省党部委员范争波继承该报，直至今日。日刊，小型，四页，发行量一千份。社址位于九江丁官路慎德里三号
浔阳晚报	宣传三民主义	陈永南	蔡敏公	1930年创刊，晚报，小型，四页，发行量二百份。该报在1930年由李水发创办，1931年转至陈永南手中。社址位于九江环湖路六号
九江新闻日报	提倡商务	刘道钧	王铁魂，冯朗星	1930年张国芳、邹建成、张德咨三人共同出资创刊，日刊，小型，四页，发行量三百份。社址位于九江大中路五八五号
九江晨报	提倡商务	吴履和	罗洪毅	1933年7月创刊，日刊，小型，四页，发行量三百份，社址位于九江濂溪路一五号
九江时事日报	县党部机关报	余省吾　县党部首席	范琼、李宁一	1934年1月1日创刊，日刊，四页，发行量二百份。该报由九江县党部主席余省吾和商会主席萧勉共同出资，社址位于九江圣庙巷八号

南昌

人口：日本人6人，外国人15人，中国人548 959人。

中文报纸

名　　称	主义系统	持有人	编辑干部	备　　考
江西民国日报	省党部机关报	社长　俞百庆 副社长　谭之澜	廖上潘	1926年11月创刊②，日刊，八页，发行量三千份。1932年③9月改为现名。社址位于南昌市毛家园二六号
江西工商报	提倡商务	经理　黎圣伦	张楚翘、余国珍	1920年1月创刊④，日刊，八页，发行量三千份。社址位于南昌市中山路百花洲一一六号
南昌新闻日报	省政府机关报	代表　陈之奇	万祥清、张开慎	1928年9月创刊⑤，日刊，八页，发行量二千份。社址位于南昌市中山路东一一号
江西建设日报	省政府机关报	代表　秦足予	吴光田	1931年3月创刊，日刊，八页，发行量八百份，社址位于南昌市中山路一八二号
南昌商报		代表　万醒尘	主笔　萧清臣	1928年9月创刊，日刊，八页，发行量一千份，社址位于南昌市中山路一〇〇号

---

① 一说1931年元月17日创刊（推算）。
② 原名《南昌民国日报》，1926年11月23日创刊。
③ 1932年报告为"1931年"。
④ 一说1914年12月创刊。
⑤ 一说1928年4月1日创刊。

汉口

人口：日本人1 837人(其中朝鲜人、台湾人94人)，中国人771 132人，外国人2 162人。

概况

(一) 中文报纸：当地发行的中文报纸，大、小型日刊合计有约五十种，三日刊约有五种，周刊约有十种，半月刊共计三种，月刊一种。这些报纸只有经过武汉警备司令部报纸检查处的检查才能发行，而且受到官方的严格管控和军方对言论的统制，看上去几乎完全是国民党势力的御用报纸，如果偶尔出现批判当权者的言论，或是登载似有站在反动势力一方的报道、评论，负责人将立即遭到拘留处罚，该报也会接受停刊的处分。在这种情况下，当地的言论自由之路遭到封堵，党政机关报自不待言，其他报纸也都一样抱着迎合当权者的态度，为其政策宣传尽心竭力。

(二) 外文报纸：英文报纸有 Central China Post 和 Hankow Herald 两家，日文报纸有《汉口日日新闻》。鉴于中文报纸前述的现状，这些报纸在普通中国人中也有信誉，懂得英文或日文的人，比起中文报纸，更加重视外文报纸。

一、中文报纸

名　称	主义系统	持有人	编辑干部	备　考
武汉日报	三民主义，国民党机关报	总经理　王道本 经理　胡伯玄、李冀中　前汉口市党部委员	编辑主任　萧若虚 编辑　周介天、丁守镇	1929年6月创刊①，日刊十页，晚报二页，对外宣称发行量八千五百份，社址位于汉口江汉路四八六号。是国民党中央宣传委员会在长江流域的宣传机关报，是武汉报界的一流报纸。在日中关系上，总是反映出中央党部的见解和态度，总体上倾向于登载排日评论或报道。在国际报道上，比其他报纸迅速、详细。将汉口市政府文书股编辑的市政半月刊作为附录，每月两次，在2号和15号，附在该报上发行。——记录报道汉口市政府的重要工作。另设置现代经济栏，登载与商业、经济相关的各种投稿、论文等。据闻中央党部提供月额八千元左右的补助
新民报	三民主义，准国民党机关报	社长　谢倩茂 经理　唐爱陆、蒋坚忍	编辑主任　谢楚珩 编辑　周均量	1926年9月创刊②，日刊，十二页，对外宣称发行量七千份，社址位于汉口后花楼永兴里三号。是与《武汉日报》匹敌的一流报纸。自谢倩茂(汉口市党部干事)就任社长以来，从市党部领取若干补助金。有关日中关系方面的报道、评论，以及与外国报道相关的问题，与《武汉日报》相同，关于日"满"、日美、日俄间的时事问题，总是转载"路透社电""联合""电通"等的新闻。经理蒋坚忍在1931年夏季前后，由中央党部派遣来到武汉，是以排日出名的人物
汉口中西报	三民主义，国民党派	总经理　喻耕屑	编辑主任　王丽生 编辑　喻可功	1907年10月创刊③，日刊，十页，对外宣称发行量三千五百份，社址位于汉口老联保里。该报是汉口历史最为悠久的报纸，曾一度接受第十军军长徐源泉的补助，但目前该补助已被取消，转而接受省党部小额的不定期补助。是汉口的二流报纸。是唯一一家在当地直接购买"联合""电通"新闻的报纸(除该报外，其他报纸在"满洲事变"后，都是利用空运从上海获取)。华人经营的一德通讯社(位于日本租界)将"联合""电通"的新闻翻译成中文，提供给该报

---

① 6月10日创刊。
② 9月15日创刊。
③ 应为1906年5月创刊。

定期调查报告　　（秘）1934年版　　外国的报纸（上卷）"满洲国"及中华民国部分　附大连、香港

(续表)

名　称	主义系统	持有人	编辑干部	备　考
汉口新闻报	三民主义,营利本位	社长　张云渊	编辑主任　凤竹荪 编辑　叶冷生	1915年1月创刊①,日刊,八页(另有广告栏八页),对外宣称发行量五千份,社址位于汉口特三区鼎安里五号。与工商界各团体保持联络,巧妙地吸引其营业广告,以广告费作为主要收入而经营,属二流报纸
公论日报	三民主义,准国民党	经理　王民仆	编辑主任　胡砚农 编辑　罗云樵	1918年4月创刊②,日刊,八页,对外宣称发行量二千份,社址位于汉口后花楼方正里口。该报1933年11月23日登载了关于福建问题的社评,官宪以其论调脱离正轨为由,将经理王民仆拘留,勒令该报停刊。其后王被释放,但该报仍处于停刊状态中,属二流报纸。
正义报	准国民党	经理　刘道瀛	编辑主任　郭肇堭 编辑　万荫群	1918年创刊③,日刊,八页,对外宣称发行量三千份,社址位于汉口交通路。该报从1926年起相继改名为《武汉民报》《汉口中山日报》等,1931年恢复原名《正义报》。是二流报纸,目前依靠赵典之、贺衡夫等当地经济界重镇的支持,维持经营。据闻赵典之通过特业工会支付月额一千元的津贴
震旦民报	国民党左派	社长　蔡寄鸥	总编辑　蔡寄鸥 编辑　萧则鸣	1931年6月创刊(1912年创刊后不久便停刊直至1931年6月),日刊,十页,对外宣称发行量二千五百份,社址位于汉口民生路一五七号。社长蔡寄鸥是汉口报界元老级的人物,因在军政界交游甚广,每月省政府提供五百元、何成濬提供五百元补助,另还接受第十军军长徐源泉若干补助金。属于二流报纸
大同日报	湖北省党部机关报	社长　艾毓英 湖北省党部执行委员 副社长　杨锦昱 同上	编辑主任　王一鸣 编辑　尹志伊	1931年10月创刊④,日刊,八页,对外宣称发行量三千五百份,社址位于汉口民生路中一〇〇号。是湖北省党部的宣传机关报,主办人为全市党员,经费由省党部支付
新中华日报	汉口市党部机关报	社长　左铎 副社长　杨啸岩	编辑主任　王献芳 编辑　周红石	1932年创刊⑤,日刊,八页,对外宣称发行量一千二百份,社址位于汉口华商街九〇号。经费由湖北省党部每月提供百元,不足部分由汉口市党部支付。杨在春原任湖北省政府秘书长,目前是湖北省党部委员,据说其与该报关系密切
时代日报	三民主义,国民党左派	经理　张衡夫	编辑主任　胡野萍	1931年创刊⑥,日刊,八页,对外宣称发行量一千五百份,社址位于汉口后花楼正街一〇八号。在剿匪军事等的报道上比其他报纸略有特色

---

① 应为1914年5月28日创刊。
② 应为1919年2月6日创刊。
③ 一说1918年4月创刊,一说1919年创刊。
④ 一说1930年10月创刊。
⑤ 1932年6月创刊。
⑥ 1931年12月12日创刊。

(续表)

名　称	主义系统	持有人	编辑干部	备　考
湖北地方日报	三民主义	社长　汪瑞伯	编辑　汪十朋	1933年创刊,日刊,八页,对外宣称发行量一千份,社址位于汉口交通路笃安里九号
武汉时报		发行人　戴恕震		1932年创刊①,日刊,二页,对外宣称发行量五百份,社址位于汉口中山路肇源里四号
汉口导报		社长　何颖扶	编辑主任　姚悟千 编辑　徐苍霖	1930年11月创刊②,三日刊,四页,小型,对外宣称发行量六百份,社址位于汉口清芬二路武昌里五号
武汉时事白话报	改组派	社长　郭少仪（亚金）	编辑　万成龙	1929年12月创刊③,日刊,小型,四页,对外宣称发行量八百份,社址位于汉口中山路佑安里五号。社长郭少仪与党部联系紧密,该报是当地小报中有影响力的报纸
工商日报		社长　萧亚侬	编辑　王兰	1931年1月创刊,日刊,小型,四页,对外宣称发行量七百份,社址位于汉口方正里四十八号
太阳灯		社长　答恕之	编辑　李方	1932年9月创刊④,日刊,小型,四页,对外宣称发行量六百份,社址位于汉口清芬二马路九十三号
新快报		社长　万克哉	编辑　易云泥	1928年10月创刊⑤,日刊,小型,四页,对外宣称发行量五百份,社址位于汉口中山路永康里。该报当初接受过改组派的补助,但从1931年开始被取消,其后又接受清理湖北特税处若干津贴,1932年秋季前后该项津贴亦被终止
舆论报			编辑　石昌珪	1932年创刊⑥,日刊,小型,四页,对外宣称发行量六百份,社址位于汉口汉堭里四号,曾在一段时期作为三日刊发行
庄报⑦		社长　梁梓华	编辑　朱中秀	1933年2月创刊,日刊,小型,四页,对外宣称发行量七百份,社址位于汉口清芬路雅庆里口
汉口国货日报	提倡国货	汉口市国货委员会	编辑　王河清	1933年10月创刊,日刊,中型,四页,对外宣称发行量为五百份,社址位于汉口市党部。该报是汉口市国货委员会的机关报,以登载国货展览会、国货宣传周等相关报道为主要目的。编辑王河清是市党部委员
中西评论		经理　吴中兴	编辑　李德寅	1932年9月创刊⑧,日刊,小型,二页,对外宣称发行量四百份,社址位于汉口老大智路十六号

① 1932年3月1日创刊。
② 一说1930年9月创刊。
③ 应为1929年11月1日创刊。
④ 应为1932年3月创刊。
⑤ 一说1928年6月1日创刊。
⑥ 1932年3月创刊。
⑦ 疑是《壮报》,译名之误。
⑧ 应为1933年5月15日创刊。

名　　称	主义系统	持有人	编辑干部	备　　考
呼声	国民党左派	社长　曹功我	编辑　李潜安	1932年11月创刊①，日刊，小型，四页，对外宣称发行量五百份，社址位于汉口中山路大桥坊第三号
新妇女日报	改组派	社长　郭少仪	编辑　朱紫俊	1929年8月创刊，三日刊，小型，四页，对外宣称发行量六百份，社址位于汉口方正里二号。是女权扩张主义的宣传报。根据其报道以及经费的多少，在日刊、三日刊，或是周刊等形式中变更
镜报		社长　萧蚨晨	编辑　叶启光、黄佑南	1933年创刊，三日刊，小型，四页，对外宣称发行量五百份，社址位于汉口鸿钧里四号
国民晚报	国民党	社长　蔡畸	编辑　陶光任	1933年3月创刊，晚报，小型，四页，对外宣称发行量九百份，社址位于汉口特三区智民里四〇号。武昌公安局局长蔡孟坚提供经费
生力军报	国民党右派	社长　陶俊三	编辑　朱钝根、管雪斋	1933年10月创刊②，三日刊，小型，四页，对外宣称发行量六百份，社址位于汉口会通路二五号

二、英文报纸

名　　称	主义系统	持有人	编辑干部	备　　考
Central China Post［楚报］（英文）	英国系	社长　H. J. Archibald（苏格兰人）	主笔　A. M. G. Grant 记者　Y. Kingson、Wang Henry Y. H.、刘子纯	1911年创刊③，日刊，大型，八页，发行量约八百份，社址位于汉口第三特区。该报道比较迅速，内容和外观均完备，在外国人和中国有识人士中获得好评。正确解读日本的对华政策以及中国的立场，在中日之间的诸多问题上，经常发表善意的评论及报道
Hankow Herald［自由西报］（英文）	国民党系	社长　饶引之	主笔　社长兼任 副主笔　陈少杰	1923年创刊，日刊，大型，12页，发行量约六百份，社址位于汉口法租界。该报的内容、形式均相当完备。原由美国人经营，曾与盖尔(L. E. Gale)、格雷西(S. P. Gracey)等人有关系，1929年归科文(J. L. Cowen)所有加以经营时，因经营困难，将该报转让给了南京政府国民党宣传部，同时当时的主笔舒华兹(B. Schwarty)立即遭到解雇，三个月后其记者林格(Wilfred Ling)也遭到解雇，所有西方人都被解雇后，由邹允中担任主笔。该报成为国民党宣传部直接经营的南京政府机关报，该宣传部每月提供五千弗，用于支付除电讯费以外的所有经费。该报登载的外国电讯，是南京的上述宣传部选定后再配发给该社的。现任主笔饶引之是广东人，曾赴美国留学，毕业于西北大学，1932年10月取代前任邹主笔，成为该报的记者

---

① 一说1933年5月15日创刊。
② 1930年11月创刊，出一期即停刊，1933年10月复刊。
③ 应为1904年创刊。

三、日文报纸

名　　称	主义系统	持有人	编辑干部	备　　考
汉口日日新闻（日文）	营利本位	社长　宇都宫五郎	主笔　社长兼任 编辑主任　内田佐和吉 记者　堤良治、川田正彦	1918年1月创刊,日刊,四页,发行约六百五十份,社址位于汉口日本租界中街一三三号。是汉口唯一的日文报纸,一方面转载"联合"和"电通"的新闻,另一方面登载当地中文报纸的译文以及各种消息。因为是外文报纸,相当受中国人关注,特别是党、军、政各机关均购阅该报

郑州(1930年12月末)

一、中文报纸

名　　称	主义系统	持有人	编辑干部	备　　考
河南民报	省政府机关报	省政府	陈津岭 记者十二人	1927年8月创刊①,日刊,八页,另发行小型四页的副刊。原名《国民日报》,是冯玉祥的机关报,及至刘峙任主席后改名。并没有什么排日的态度,报道没有值得一阅的内容。发行量约四百份
郑州日报	党部机关报	郭民铎	侯介人 记者七人	1930年11月创刊②,日刊,四页,发行量约二百五十份。并没有什么排日的态度,报道没有值得一阅的内容。从党部领取补助

二、中文杂志

名　　称	主义系统	持有人	编辑干部	备　　考
陇海铁路周刊	陇海铁路特别党部机关杂志	陇海铁路特别党部		周刊,二十到三十页,发行量约二千五百份。纯粹是陇海铁路特别党部的机关报,仅限在该党部人员中分发

长沙

人口:日本人85人(其中台湾人3人),中国人386 571人,外国人136人。

概况

长沙发行的报纸均为中文报纸,还未见外文报纸的发行。1933年末,中文报纸大小总计有三十五种,其中《国民日报》信誉最为深厚,在军、政、学、商、工各界拥有读者,发行量也是最多的,约有九千份。《大公报》《民国日报》《全民日报》和《市民日报》次之,最近无节制大量出现的另外三十种中文报纸,都是发行量不过百的通俗报纸,没有影响力。湖南省历来军阀斗争频繁,战乱不断,特别是近年不断受到"共匪"的威胁,为了加以肃清,几乎毫无宁日。因此,行政自然被军宪垄断,例如在报纸的管制上,表面上强调言论自由,实际上十分严苛,各报社事事受到军警的掣肘,若没有军阀的支援,则根本无法生存。在这种实情之下,各报社均积极与军阀保持联络,进而成为其机关报。报纸应该立场公正,报道正确,代表严正的舆论,却因此完全丧失应有的功能,作为报纸失去了阅读价值,普通省民对于报纸的信赖程度极低,而且以现状来看,在报界难以找到杰出的记者,因此报纸的外观不完整,特别是罕有登载权威性的社论。

---

① 一说1927年7月1日创刊。
② 有一份《郑州日报》1916年创刊。

各报的政治及社会报道的来源主要是军宪的宣传性新闻,除此之外还有市内通讯社提供的新闻和各地报纸的摘录,还未听说过当地各报社向其他重要城市派遣特派员的,因此报道难免空洞且有延迟。最近随着无线电讯的发展,有关海外和省外新闻的报道逐渐迅速起来,报道的内容也稍有改善的痕迹。

中文报纸

名　称	主义系统	持有人	编辑干部	备　考
湖南国民日报	省政府及省党部的机关报,纯国民党系	经理　凌璋　第四路总指挥部秘书长	主笔　罗心冰　记者　宋曼君、沈蔓如	1928年3月5日创刊,日刊,十页,发行量约九千份。1920年在野政客湖南省议会议员创刊的《湖南民报》,于1928年被湖南省政府收购改名,直至今日。该政府每月补助六千元经费作为日常费用。在当地的中国报纸中信誉最高,军、政、教育、商民、劳动者等各个阶级均有购阅。对日态度不佳。社址位于长沙皇仓街
大公报	标榜不偏不党、拥护言论、代表民意	社长　龙兼公　是前清的秀才	主笔　李抱一　记者　易策勋、唐乾王	1916年2月创刊①,日刊,十页,发行量约六千份。是1908年创刊的《湖南公报》的后身,因直言不讳,曾多次遭到停刊。1927年3月28日被共产党关停,1929年5月21日再刊。直至最近省政府每月都提供一千六百元补助,但目前减少为五百元。受到商民阶级的欢迎,对日态度不佳。社址位于长沙仓后街湘清里
全民日报	省政府建设厅的机关报,国民党政学系	社长　文任武	主笔　李纬文　记者　田慧如	1927年9月1日创刊,日刊,八页,发行量约三千份。每月接受省政府一千六百元的补助,但目前减少到五百元。对日态度不佳。社址位于长沙顺星桥
民国日报	湖南省党部机关报,国民党系,急进派色彩浓厚	社长　陈介石	主笔　刘中砥　记者　缪昆山、袁惠瞻	1933年7月18日创刊,日刊,十页,发行量五千份。是1929年5月21日长沙市党部创刊的《湖南中山日报》的后身,每月接受省党部一千六百元的经费补助。致力于党义的宣扬,在各级党部、学校方面有读者。对日态度不佳。社址位于长沙高升巷
长沙市民日报	长沙市商会的机关报,标榜提倡国货	社长　左益斋　长沙市商务总会长	主笔　蒋寿世　记者　丁子欣、柳厚民	1930年10月1日创刊②,日刊,八页,发行量二千份。是1920年创刊的《湖南商报》的后身。目前每月接受省政府五百元的补助。在商、民间有读者。社址位于长沙仓后街
湖南通俗日报	湖南省教育厅通俗教育馆的机关报	社长　朱肇干　湖南省政府机要秘书	主笔　刘岚荪　记者　黎升岫	1924年创刊,日刊,小型,八页,发行量二千份。是1912年3月创刊的《教育日刊》的后身,教育厅提供全额经费。在下层民众和劳动者中有读者。社址位于长沙理问街
南岳日报	衡阳、衡山两县的机关报	社长　欧阳长松	主笔　康秀南　记者　李灼华	1933年5月创刊,日刊,小型,四页,发行量一千份。1920年由赵恒惕方面的人员创刊,是日刊十二页的大报,但在唐生智代理湖南省长期间关停了该报,其后复刊,目前衡山、衡阳县政府每月提供二百元的补助。社址位于长沙流水沟

---

① 1915年9月1日创刊。
② 一说创刊于1930年8月。

(续表)

名称	主义系统	持有人	编辑干部	备考
妇女日报	湖南全省妇女联合会的机关报,以普及教育,提升女权为宗旨	社长 周天璞	主笔 徐舒 记者 吴剑	1933年3月创刊,日刊,小型,四页,发行量一千份。省政府每月提供三百元的补助。社址位于长沙新安巷
湖南晚报		社长 陈德基	主笔 马震湘 记者 陈国瑞	1929年6月创刊,三日刊,小型,四页,发行量五百份,通俗报纸。社址位于长沙长治路
晚晚报		社长 魏振邦	主笔 康德 记者 左景贤	1931年1月创刊,三日刊,小型,四页,发行量五百份,通俗报纸。社址位于长沙仓后街
湘江晚报		社长 毛凤祥	主笔 唐余园 记者 郑际且	1930年1月创刊,三日刊,小型,四页,发行量四百份,社址位于长沙犁头后街
霹雳报		社长 宾敏该	主笔 吴更生 记者 黄嗣启	1930年7月发行①,日刊,小型,四页,发行量六百份,社址位于长沙王家巷
敢报		社长 陈华	主笔 田三立 记者 伍民生	1930年创刊,日刊,小型,四页,发行量五百份,社址位于长沙史家巷
长沙小报		社长 管秋实	主笔 李仰贤 记者 彭应环	1933年1月创刊,日刊,小型,四页,发行量四百份,社址位于长沙织机巷
楚声报		社长 黎琴	主笔 朱德龄 记者 熊伯鹏	1933年1月创刊,三日刊,小型,四页,发行量四百份,社址位于长沙药王街
成报		社长 廖建屏	主笔 谭天言 记者 吴田	1932年10月创刊,三日刊,小型,四页,发行量四百份,社址位于长沙大东茅巷
湘声晚报		社长 李醒安	主笔 张平子 记者 李天明	1933年1月创刊,三日刊,小型,四页,发行量四百份,社址位于长沙湘清里
长沙市晚报		社长 贝彦士	主笔 杨庆繁 记者 贝文士	1933年4月创刊,三日刊,小型,四页,发行量四百份,社址位于北正中街
卡麦斯报		社长 朱德龄	主笔 唐敢 记者 何少枚	1933年7月创刊,三日刊,小型,四页,发行量五百份,商业报纸。社址位于长沙德福里
大晚报		社长 唐耀章	记者 柳厚民	1933年12月创刊②,三日刊,小型,四页,发行量四百份,社址位于长沙理问街
晨光报		社长 王光宇	记者 廖崐	1932年2月创刊③,三日刊,小型,四页,发行量三百份,社址位于长沙金线街
前锋报		社长 缪昆山	记者 潘光隆	1933年9月创刊,三日刊,小型,四页,发行量三百份,社址位于长沙学宫街
长沙正报		社长 熊雄	记者 熊雄	1933年9月创刊,三日刊,小型,四页,发行量三百份,社址位于长沙皇仓街
长沙夜报		社长 柳煜	记者 黄光明	1933年3月创刊,三日刊,小型,四页,发行量三百份,社址位于长沙北正中街

① 一说1932年创刊。
② 一说1934年创刊。
③ 一说1933年创刊。

(续表)

名　称	主义系统	持有人	编辑干部	备　　考
新闻夜报		社长　柳德诚	记者　萧石民	1933年8月创刊,三日刊,小型,四页,发行量四百份,社址位于长沙顺星桥
小小报		社长　陈士荼	记者　陈士荼	1933年10月创刊,三日刊,小型,四页,发行量四百份,社址位于长沙仓后街
消防报	长沙市消防联合会机关报	社长　萧石明	记者　丑枚邮	1933年6月创刊,半月刊,小型,四页,发行量五百份。以消防宣传和训练方面的报道为主。社址位于长沙坡子街
大众报		社长　章锦尊	记者　丁乐天	1933年9月创刊,小型,四页,发行量三百份,社址位于长沙织机巷
星期报		社长　黄沅	记者　黄仲父	1933年6月创刊,周刊,小型,四页,发行量三百份,社址位于长沙灯隆街
国华报		社长　张功诘	记者　张兼三	1933年7月创刊,三日刊,小型,四页,发行量三百份,社址位于长沙三兴街
湖南工报	湖南全省工人联合会机关报	社长　蒋寿世	记者　王厉棠	1933年12月创刊,三日刊,小型,四页,发行量四百份,社址位于长沙吕祖巷
指南报		社长　夏益年	记者　刘申岳	1933年10月创刊,三日刊,小型,四页,发行量三百份,社址位于长沙稻谷仓
长沙周报		社长　盛先茂	记者　陈俊藻	1932年8月创刊,周刊,小型,四页,发行量三百份,社址位于长沙长治路
戏报	戏剧业公会机关报	社长　崔伯鸿	记者　李空星	1933年4月创刊[1],三日刊,小型,四页,发行量五百份,社址位于长沙德福里
乐群周报	提倡党义以及中国文学	社长　曹云溪	记者　曹云溪	周刊,小型,四页,发行量三百份,社址位于长沙府正街

沙市

人口:日本人8人,外国人31人,中国人约130 000人。

概况

至1930年3月为止,当地的中文报纸仅有《长江商务报》一种。北伐成功后,进入国民党的专制时期,增加了以宣传党为目的而创刊的报纸。除了1930年4月《中山警报》、同年8月《荆报》、1931年6月《荆沙国民公报》等发刊外,还有日刊、隔日刊、周刊等小型报纸陆续出现,但这些报纸均以党部为靠山,依靠宣传机关的缺德行为谋取生存,经营不安定。目前能作为报纸看待的有《新沙市日报》《长江商务报》《荆报》《荆沙日报》四报,上述报纸中以《新沙市日报》报道最为迅速丰富,作为地方性报纸稍具形态,当地军、政、商、法等各界公私机关共同组织的市政整理委员会提供补助,因此经营稳固。其他三报均经营困难,几乎都将党作为靠山,以资个人的生计,甚至连《长江商务报》也不如从前独占经营时期那样稳固了。

另外,各报的报道来源于南京等地广播局的无线电广播新闻,以及第十军、第四十八师、特别党部等的无线电讯,因此几乎能对内外重要新闻进行速报,但各报均完全避开对南京政府以及国民党的不利报道,从"满洲事变""上海事变"以来,不间断地登载排日报道及评论,以国民党以及中央和省政府的宣传报道充实纸面,最近攻击国际联盟以及有关日、苏关系紧迫的报道居多。

---

[1]　一说1932年创刊。

中文报纸

名　　称	主义系统	持有人	编辑干部	备　考
新沙市日报	市政整理委员会机关报	同上述委员会	前述委员以及党部干部共同编辑	1933年6月创刊①，早报，四页，发行量一千二百份。在当地中文报纸中报道最为迅速，内容丰富。社址位于沙市觉楼街
长江商务报	营利本位	侯仲涛　担任过山西河东盐运公署宜昌关监督公署职员、陆军部军法司粮饷局职员。另外曾与亡兄伯章共同经营过《北京民新日报》《汉口强国日报》《大公报》等	同前	1918年7月创刊②。早报，四页，发行量一千份。附录商品、汇率表。因创办比较早，在当地有信誉，但与《新沙市日报》相比，报道内容相形见绌。得到当地大商店的后援。社址位于沙市中正街杜工部巷口
荆报	党部系统，但色彩不鲜明	李铁农　武昌文科大学出身	同前	1930年8月创刊，早报，四页，发行量三百份。去年贾绍谊经营之时是纯党部系统，但目前无特色。社址位于沙市中山马路
荆沙日报	党部系统	郑纯五　武汉大学出身	同前	1933年11月创刊，早报，小型，四页，发行量五百份。湖北省党部委员汪世流等提供后援。社址位于沙市崇文街洪家巷口

襄阳

名　　称	主义系统	持有人	编辑干部	备　考
鄂北日报	湖北省第八区行政监察专员公署机关报	同上述公署	上述公署以及党部相关者等共同编辑	1933年10月创刊，早报，四页，发行量五百份。

宜昌

人口：日本人51人（其中朝鲜人12人），中国人约110 000人，外国人51人。

概况

宜昌的中文报纸目前有六种，均因经营困难，难以长期存在，而且规模小，没有特色，社论和报道等也是迎合地方官宪，毫无生气。上海、汉口等的通讯报道转载始终贯彻于报面。各报曾一度对我方事事表现出中伤性态度，最近我方一有机会便发出警告，官宪也进行了相当的管控，加上一般气氛得到缓和，排日报道大幅度减少了。

中文报纸

名　　称	主义系统	持有人	编辑干部	备　考
宜昌商工日报	总商会机关报	刘锄雄	同前	1933年1月创刊，日刊，四页，发行量一千二百份，从商会领取补助
宜昌国民日报	县政府系	穆子斌	同前	1933年1月创刊，日刊，四页，发行量一千六百份，从县政府领取月额三百弗的补助

---

① 一说1933年5月1日创刊。
② 一说1920年创刊。

(续表)

名　称	主义系统	持有人	编辑干部	备　考
彝陵报	第十军系	何子桢	同前	1933年6月创刊,日刊,小型,四页,发行量五百份,从军方领取若干补助
民声报	蒋介石系	方霖	同前	1933年6月创刊,日刊,小型,四页,发行量八百份。社长方霖是蓝衣社成员,从中央领取月额八百弗的补助
平报		刘佐	同前	1933年8月创刊,日刊,小型,四页,发行量三百份
新光晚报		曾啸轩	同前	1933年1月创刊,日刊,小型,四页,发行量六百份

重庆

人口:日本人10人(其中朝鲜人2人),中国人约600 000人。

概况

重庆作为四川省的贸易之地,相当富饶,因此当地发行的报纸也比较多,其数量达到十八种。四川自古是许多军阀以及政客割据之地,各方都经营报纸,作为扶植其势力的宣传机关,因而,其中许多报纸是由在军界以及政界有势力的人持有的。

以上均为中文报纸,其中目前发行量最多的是《商务日报》《新蜀报》《新民报》三报,其他报纸的发行量不过数百或一千以内而已。

中文报纸

名　称	主义系统	持有人	编辑干部	备　考
商务日报	商界机关报	温少鹤、张禹九	彭宅禅、刘仲一	1912年创刊①,日刊,发行量六千余份。在商界以及其他各界中最具影响力
新蜀报	军界的机关报	王方舟、袁丞武	王白书、黄云光	1913年创刊②,日刊,发行量五千余份。作为军界的机关报,在该界有影响力,论调大致稳健
新民报	政界的机关报	冯钧逸、吴毅干	吴秋引、陈敬华	1914年创刊③,日刊,发行量四千余份,在政界最具影响力
巴蜀日报	政界系统	卢作孚、袁缓	黄缓④、江民九	1923年创刊,日刊,发行量三千余份
四川晨报	军界系统	周开庆、曾萍若	周白村、王章	1928年创刊⑤,日刊,发行量三千余份
大声日报	军界系统	范绍增、李维章	李维章、刘强	1929年创刊⑥,日刊,发行量三千余份,在军界比较有影响力,论调也不稳健
济川公报	军界系统	刘湘、郭昌明	俞正衡、李维章	日刊,1928年创刊⑦,持有人刘湘。经营者郭昌明现任国民革命军第二十一军长以及同军参谋长,身居要职,是四川军的重要人物,因此在军、政界势力强大。论调大致稳健

---

① 应为1914年4月25日创刊。
② 应为1921年2月1日创刊。
③ 一说1927年5月创刊,一说1927年9月1日创刊。
④ 疑为"黄绶",待考。
⑤ 一说1929年1月10日创刊,一说1931年1月22日创刊。
⑥ 一说1930年9月17日创刊,一说9月7日创刊。
⑦ 应为1931年1月11日创刊。

(续表)

名称	主义系统	持有人	编辑干部	备考
民强日报	政界系统	毛畅熙、同人	杨大伦、宋礼门	1930年创刊①,日刊,发行量二千余份,影响力不大,有论调过激之嫌
新中华报	军界系统	何乃仁、曾萍若	曾萍若、叶楚材	1931年创刊,日刊,发行量二千余份,没有多大的影响力
大江日报	军界系统	潘文华、李星枢	聂佛鸿、陈俊	1930年创刊②,日刊,发行量二千余份。持有人潘文华现任重庆市长,身居要职,同时又任教导师团的团长,担任军职,是成都以及重庆两地的要人,相当具有影响力。论调大致稳健
权舆日报	军界系统	李根固、宋钺萍	宋毓萍、陈筱珊	1931年创刊③,日刊,发行量二千余份。持有人李根固目前任重庆警备司令之要职。但在各界影响力仍不大
重庆晚报	政界系统	赖建君	刘玉如	1929年创刊④,晚报,小型,发行量九百余份,基本没有影响力
西蜀晚报	政界系统	周白村	何子衡、朱炜	1929年创刊⑤,小型,晚报,发行量八百余份,无影响力
新中华晚报	军界系统	何乃仁、周开庆	曾萍若、陈敬华	1931年创刊⑥,发行量八百余份,无影响力
四川晚报	政界系统	何北衡、叶楚材	叶楚材、仕德轩⑦	1930年创刊⑧,发行量八百余份,无影响力
渝江晚报	政界系统	杨季蓬	李炜章	1931年创刊⑨,发行量七百余份,无影响力
巴报	军界系统	李根固、李乔一	李乔一、游洪如	1931年创刊⑩,发行量七百余份。持有人李根固如上述《权舆日报》一栏所载,任重庆警备司令之要职。可以认为将来会获得相当大的势力

成都

人口:中国人约730 000人,外国人42人。

中文报纸

名称	主义系统	持有人	编辑干部	备考
国民公报		社长 李澄波	主笔 李镇青	1912年12月17日创刊⑪,日刊,中型,十二页,发行量五千份。是当地最老的报纸,在各方面有信誉。最近因为其他报纸的发展,发行量骤减,各军首领提供补助。社址位于成都提督东街

① 应为1932年6月1日创刊。
② 应为1932年12月21日创刊。
③ 一说1933年11月创刊。
④ 应为1928年10月20日创刊。
⑤ 1929年5月创刊。
⑥ 1931年1月19日创刊。
⑦ 疑为"任德轩"。
⑧ 一说1930年11月创刊,一说1931年1月18日创刊。
⑨ 一说1930年11月创刊,一说1932年2月创刊。
⑩ 一说1932年9月创刊,一说1933年9月创刊。
⑪ 应为1912年4月22日创刊。

(续表)

名 称	主义系统	持有人	编辑干部	备 考
川报		社长 魏延鹤 四川党务整理委员	易秋潭	创刊当时是四川第二十四军刘文辉的机关报,去年被现任社长盘下①。日刊,八页,发行量五千份,社址位于成都锦华馆
成都快报	邓锡侯机关报	经营 方正华 第二十八军秘书	裴子驹	1925年创刊②,日刊,六页,发行量二千五百份。最近改组,设立董事会,取消社长制,设经理、编辑两部,接受董事会监督,使责任分担。第二十八军每月提供一千元的补助。社址位于成都春熙路东段
明是日报	李家钰机关报	社长 胡翰之	傅双无	1928年创刊③,日刊,四页,发行量五千份。原名《民视日报》,曾一度关停,改为现名。杨森、李家钰曾每月提供补助,但最近仅有李出资。社址位于悦来商场
新新新报	马毓智机关报	社长 马秀峰	刘启明	1928年创刊④,日刊,八页,发行量六千份。最近销路增加,经营良好,社址位于成都春熙路东段
国民日报	田颂尧机关报	社长 马瑶生	闵则邹	1928年创刊⑤,日刊,八页,发行量四千份
社会日报		社长 刘静修	欧辑光	1932年创刊⑥,日刊,四页,发行量六千份,有时从军方获取补助
四川统一日报		社长 萧季衡	陈豁夫	1933年创刊⑦,日刊,发行量一千份。创刊三个月后曾一度停刊,经营困难。社址位于成都悦来商场
成都新闻		社长 鲁笑俗	同前	1933年创刊⑧,日刊,发行量五千份,社址位于成都东御街
建设日报	督办公署机关报	社长 李子谦	同前	1933年创刊⑨,日刊,中型,八页,每月接受督办公署补助。还发行晚报
华西日报⑩		社长 舒君实	同前	日刊,中型,十二页,社长舒君实是督办公署编纂委员会主任
大同晚报		社长 周重生	周蜀先	1928年创刊⑪,晚报,发行量二千八百份。每月接受田颂尧、邓锡侯的补助。社址位于成都悦来商场

---

① 1931年10月10日创刊,由《新四川日报》《新川报》《四川日报》《成都晚报》合并而来。
② 1925年7月10日创刊。
③ 一说约1929年7月30日创刊,一说1929年8月创刊。
④ 应为1931年10月创刊。
⑤ 1928年4月10日创刊。
⑥ 一说1933年1月12日创刊。
⑦ 1933年10月12日创刊。
⑧ 1933年4月13日创刊。
⑨ 应为1929年4月15日创刊于重庆,1934年1月20日迁成都。
⑩ 1934年3月15日创刊。
⑪ 应为1927年2月创刊,初名《大同日报》,1928年9月30日起改名《大同晚报》。

(续表)

名　　称	主义系统	持有人	编辑干部	备　　考
西方夜报		社长　曾仲英	同前	1933年创刊①，晚报，发行量二千份。每月从督办公署领取三百元的补助
锦官夜报		社长　秦武雄	孙同甫	1933年创刊②，晚报，发行量三千份，社址位于成都春熙路东

南　部

广东

人口：日本人405人（其中台湾、朝鲜人90人），中国人1 046 810人，外国人1 360人。

概况

当地的报业在鼎盛时期的1919年、1920年时最多有三十家，其后，随着国民政府成立、国民党压迫反对派言论等，报业逐渐衰微。1925年受到抵制英货运动的影响，报纸数量一度跌入不足十家的惨境，此后随着事态缓和，报业经营热潮兴起，逐渐恢复昔日状态，1929年、1930年起每年虽有少量增减，但大致稳定在二十家左右，发展状态扎实、稳固。1933年内创刊的是《公道报》《大华晚报》及《诚报》，而《愚公报》《世界日报》《广东晨报》《时代日报》《大报》《中华日报》及《民视日报》等停刊。现在发行的报纸有中文报纸十七种、英文报纸两种、日文报纸一种，共二十种报纸。

中文报纸中有实力的是党部及政府的机关报《广州市民日报》《广州日报》《广州民国日报》，以及标榜发展商业与中立的《现象报》《国华报》《越华报》《共和报》《公评报》等。前者的电报栏，以及党、政、军方面的报道迅速、丰富，此点其他报纸难以企及，后者依靠社会、经济报道，巧妙地迎合民间读者的需求，在卖点上远远超过前三家机关报。当地不允许其他有当地政治背景的机关报存在，尤其是西南出版物审查会（1932年11月由西南执行部建立）及各党、军、政机关等都严格管制具有反动性质言论以及不利于现政权的报道，因此各报的风格几乎都千篇一律，无法使关心内政的人士感到满足。《工商日报》《循环日报》《华字日报》《中兴报》（汪兆铭系《南华日报》、蒋介石《天南日报》等政治色彩浓厚的报纸被禁止进入）等香港的中文报纸被大量购阅，也可证实本地的这种情况。报纸对刊登有关外国的报道以及社论都比较慎重，对日态度最近稍有缓和之感。

英文报纸 The Canton Gazette 及 The Canton Daily Sun 两家报纸内容贫乏，在国际新闻方面远不如中文报纸，当地外国侨民人数不多，香港影响力大的英文报纸也容易购买，因此经营困难。当地唯一的日文报纸《广东新闻》在1933年12月以来获得"新闻联合"的援助，革新版面，直接接收本国提供的重要新闻，此外，还刊登无线电广播新闻、有关当地侨民的报道，但因侨居当地的日本人很少，发行量不过一百份。

一、中文报纸

名　　称	主义系统	持有人	编辑干部	备　　考
广州民国日报	广东省党部机关报	社长　程辟金　广东省党部委员兼宣传部部长	主笔　温仲琦 记者　陈元勋、孙醉青、张白山、潘顾西、刘槎先 评论记者　李怀霜、邓长虹、钟介民	1923年创刊③，日报，十六页，发行量八千份。孙文没收陈炯明所创办的《群报》后改名而成，陈孚木、甘乃光及陈树人等所谓国民党左派要人担任过本报社长。报道迅速、丰富，印刷鲜明，是当地名副其实的第一流报纸，在党、政、军各界都有许多读者。现社长程辟金与财政厅长区芳甫、民政厅长林翼中、总政训处主任秘书李怀霜等均为陈济棠之心腹，特别深受信任。资本金一万五千元，每月接受省党部及省政府三千元的补助作为经费。社址位于光复中路七十九号

---

① 一说1933年3月1日创刊，一说7月2日创刊。
② 1933年9月1日创刊。
③ 1923年6月创刊。

(续表)

名称	主义系统	持有人	编辑干部	备考
广州日报	广州市党部机关报	社长 区声白 市党部委员	主笔 区声白 记者 卢灼然、苏仲义①、陆保庠、何人棠、李昂、陈贯一 评论记者 刘重明、陈友琴	1930年创刊②，日报，十二页，发行量六千份。本报原本作为古应芬的御用报纸由市党部宣传部长陆幼刚创设，创立后经营良好，版面外观自不必说，消息灵通，报道精心挑选、丰富，是公认的一流报纸。西南执行部下属各级党部的公告基本都使用本报。现社长为区声白，但实权依然掌握在陆幼刚手中。资本金三千元，市党部及市政府每月约补助三千元。社址位于长寿东路
广州市民日报	广州市政府机关报	社长 黄于谷	主笔 李燮坤 记者 吴永康、叫天一、范真公、林生	1927年创刊③，日报，十二页，发行量八千份。《市政报》《广州日日新闻》《广州市政日报》之后身，1932年改名为《广州市民日报》。本报在林云陔任市长时创设，现在表面上为市政府机关报，但社长黄于谷是林云陔的手下，据说如今仍听从林的指示。本报除刊登市政府的公告事项外，军、政方面的报道、电报栏与《民国日报》《广州日报》等同样具有好评，在一般民众中广为购阅。资本金五千元。社址位于光复中路二十七号
七十二行商报	发展商业	社长 罗啸璈 前清秀才出身，当地报界之元老	主笔 罗子政 记者 罗子端、李凤廷、陈海波④	1906年7月创刊⑤，日报，十页，发行量两千份。粤汉铁路商办热潮时，由商人黄诏平发起，作为商、民一方的机关报创刊。远离政党政派的稳健报道与其有特色的经济栏相辅相成，在实业界方面有相当多的读者，但因经营方式稍显陈腐，无新意，读者有逐渐减少的倾向。资本金两万元，每月接受商会补助若干。社址位于光复中路七十四号
国华报	发展商业	社长 刘劫余	主笔 周琦 记者 容春勉、许澄天、刘兆奇、戴肃、王少秋	1913年创刊⑥，日报，八页，发行量两万两千份。本报的前身《国报》由王泽民、康有为、王宠惠等出资三万元，作为进步党机关报发刊，标榜反对国民党，1918年改名《国华报》。1928年王泽民死后，刘以两万元盘下本报，此后成为广州市商会联合会之机关报，但1931年随着市商会成立，商会联合会解散。无党派关系。资本金两万元，社址位于光复中路七十六号

---

① 1933年报告为"苏仲仪"。
② 应为1926年11月26日创刊。
③ 1932年2月20日创刊。
④ 1933年报告为"陈海秋"。
⑤ 应为1906年9月15日创刊。
⑥ 应为1915年创刊。

(续表)

名　称	主义系统	持有人	编辑干部	备　考
越华报	无党派关系	社长　陈柱廷 兼任现象报社长	主笔　陈柱廷、陈述公 记者　许可因、麦健儿、伍雅洲、张子宜	1927年创刊①，日报，八页，发行量两万两千份。由已故原国华报社长王泽民募集华侨的资金创设，与《现象报》《公评报》有关系，读者以中层社会以下为主。资本金四万元，社址位于光复中路一百十四号
现象报	无党派色彩	社长　陈柱廷	主笔　陈式锐 记者　李启芬、何少儒、李白如②、谢维周	1921年7月创刊③，日报，八页，发行量一万份。最初廖球记作为国民党系报纸而创设，1927年张发奎入主广东时被没收，张失势后转至总工会手中，其后李济琛也一度向本报出资，李失势离粤后，由社长陈柱亭经营。现在无党派色彩，动辄发表过激言论，有排日倾向。资本金八千元，社址位于光复中路五十三号
公评报	无党派色彩	社长　钟超群	主笔　钟任德 记者　李一尘、戴可编、区慵斋、任护华、郑维新、吕君瑞	1924年创刊④，日报，十二页，发行量两万五千份。好登花柳巷方面的报道，以小品、文艺等为特色。1930年刊登有关梧州学校的报道，触犯当局忌惮，被勒令停刊两周。1931年3—4月时开始接近我方，5月国民政府成立，标榜大亚细亚主义，右倾倾向愈发浓厚，9月18日事件⑤发生时，其他各报均一致刊登排日报道，唯独本报报道"日本军占领奉天的起因是中国军攻击日本军"，遭到了同业者的猛烈攻击。此后随着排日运动的深化，本报的前述亲日倾向也逐渐淡薄，如今则到了刊登相当辛辣的反日社论的地步。现社长的父亲钟兰荼为本报创立者，是当地的名士。资本金六万元，社址位于光复中路四十七号
广州共和报	市商会机关报	社长　宋季辑 茶商，商会理事	主笔　徐文甫 记者　潘抱真、梁展鹏、陆文英	1912年2月创刊⑥，日报，八页，发行量六千份。名义上为合资组织，实际上为宋个人所有，接受商会的补助，成为其机关报。以社会报道为主，在中层家庭及近郊村落中有许多读者。资本金一万五千元，社址位于光复中路三十六号
持平日报	胡汉民系	社长　李立	主笔　李立 记者　冯佩如	1932年11月创刊，日报，八页，发行量五百份。本报继承自1925年8月胡汉民一派标榜反共产主义而创设的《国民新闻》，与胡汉民之弟胡毅生有关联。本报的"要闻缩辑"栏对于了解每日重要事件十分便利，报道虽不丰富，但其即时刊登的当地政界消息中有一些难以忽视的内容。最近业绩不理想，向一般民众募股，资本金三千元。社址位于光复中路六十三号

①　1926年7月27日创刊。
②　1933年报告为"李日如"。
③　应为1914年创刊。
④　1924年10月30日创刊。
⑤　指九一八事变。
⑥　应为1912年7月创刊。

(续表)

名　　称	主义系统	持有人	编辑干部	备　　考
大中报	无党派关系	社长　胡惠民	主笔　欧阳俊 记者　梁秩生、何达章、欧阳瑞	1929年1月创刊①，日报，八页，发行量三百份。南华报务公司创设，因刊登军方机密，发刊后即被勒令停刊，1930年11月终于复刊。是香港《华侨日报》的旁系，报道贫乏，最近据传经营状态不振，资本金三千元。社址位于光复中路一〇三号
新国华报	无党派系统	社长　骆天一	主笔　骆侠挺 记者　罗达夫、张持平	1912年创刊②，日报，八页，发行量一千份。1927年排字工人罢工后以一万元盘给大罗天新剧团③，但1928年又被葡籍律师李抗希买回经营，1933年转入现社长骆天一手中。最初为国民党系，但近来无党派色彩。资本金一万元，社址位于光复中路一百五十一号
公道日报	无党派关系	社长　陈柱廷	编辑　陈通 记者　黄祐之、罗文榕、李志成	1933年5月创刊④，日报，八页，发行量一千份。本报为1933年2月因诽谤救国会的行为而被查封的《愚公报》改组而成。社长陈柱亭兼营《现象报》《越华报》，因此编辑风格与上述两报完全相同，着重于社会报道。资本金三千元，社址位于光复中路五十三号
民生报	华侨系	社长　李济	主笔　李子诵 记者　罗容甫、梁梓川、陈霞子	1932年5月创刊⑤，日报，八页，发行量六百份。本报由原《大中华报》记者李子诵发起创刊，据传主要由财政厅职员出资，每月接受省党部若干补助。发刊辞中明言主旨为"站在民众的前线，以抗日作战为宗旨，排击倭奴、卖国奴"，最近则打出"当地唯一的华侨言论机关"的招牌。报道贫乏，业绩不佳。资本金五千元，社址位于长寿东路十六号
司法日刊	法院机关报	由广东高等与地方法院、广东高等与地方检察厅四家机关每周轮流执掌本报事务	由前述四家机关人员轮流处理事务	1921年创刊⑥，日报，八页，发行量一千份。以刊登司法机关相关事项为主。资本金五千元，社址位于光复中路一百五十三号
大华晚报		主任　许可因	主笔　同前	1933年7月创刊，晚报，四页，发行量一万八千份。以文艺、社会报道为主，因迎合中层以下读者的趣味，目前经营状况良好。与《现象报》《越华报》有关系，资本金六千元。社址位于光复中路一一九号
诚报	无党派关系	社长　钟佐里	主笔　同前	1933年12月创刊⑦，晚报，四页，发行量两千份。电报栏的军、政报道比《大华晚报》充实，但创刊时日尚浅，经营状态不详。资本金一万元，社址位于太平北路二七三号

---

① 一说2月4日创刊。
② 应为1921年3月创刊。
③ 1933年报告为"以两万元让渡给罗天剧团"。
④ 1933年5月15日创刊。
⑤ 1932年5月5日创刊。
⑥ 应为1922年2月7日创刊。
⑦ 1933年12月10日创刊。

二、英文报纸

名　称	主义系统	持有人	编辑干部	备　考
The Canton Gazette〔广州日报〕（英文）	市政府机关报	社长　李才　北京大学毕业,美国留学出身,曾任北京《英文日报》记者	主笔　李国康 记者　卢宣梨[①]、黄廉、区炽南、张昌言	1918年创刊[②],日报,八页,发行量五百份。当时任广东政府外交部长的伍廷芳作为对外宣传机关创办,以路透社通讯员黄宪昭负责经营。1924年黄被逐出广东,陈友仁继承,此后每逢政变数度停刊。1929年7月以来李国康募集资金艰难维持发行,据闻现在作为市政府机关报每月接受若干补助。社址位于永汉北路
The Canton Daily Sun〔广州新报〕（英文）	中立	社长　Kentwell（甘德云）	主笔　甘德云 记者　梁汝光、李任诚	1931年3月创刊,日报,八页,发行量一千份。社长甘德云从外国人、友人那里募集资金创设,1931年广东国民政府成立时接近陈友仁,对我方同样有好感,据传最近与美国感情不佳。现在接受英、德两国领事馆及中国方面的若干补助。社址位于十八甫南路一号

三、日文报纸

名　称	主义系统	持有人	编辑干部	备　考
广东新闻（日文）	无色彩	社长　平井真澄	主笔　同前	1923年6月创刊,因省港罢工而停刊,1928年起复活,又因"满洲事变"平井社长回国后而停刊,1932年11月复刊,发行油印"美浓型"两页。1933年12月以来改为新闻纸八开大四页活版印刷,使得版面的外观焕然一新。除了直接接收"新闻联合"所提供的材料以外,还刊登无线电广播新闻及当地日侨的相关报道。晚报四页,发行量一百份。社址位于沙面英租界

汕头

人口：日本人451人（其中台湾人340人）,中国人200 058人,外国人198人。

中文报纸

名　称	主义系统	持有人	编辑干部	备　考
正报	国民党右派	社长　洪春修	总编辑　方昌材 编辑　谢漫、林家俊、纪忠贤、伍寿相	1932年10月17日创刊,日报,八页（周一休刊）,发行量一千八百份。国民党右派创办,社长洪春修为市党部委员,曾一度代表报界担任抗日救国会委员。总编辑方昌材现任市党部委员兼市政府侨务股长,参加最近西南委员会的反蒋运动,与蒋介石派的陈伪向不睦,目前其言论均倾向于西南委员会。社址位于汕头市新马路二十五号

[①]　1933年报告为"卢煊梨"。
[②]　1924年8月1日创刊。

定期调查报告　　（秘）1934年版　　外国的报纸(上卷)("满洲国"及中华民国部分　附大连、香港)

(续表)

名　称	主义系统	持有人	编辑干部	备　考
市民日报	市政府机关报	市政府经营,不设置社长	责任编辑　李超凡　第三军秘书兼市政府秘书长　编辑　邓耀、方昌材　市政府兼党部职员	1932年12月5日创刊①,日报,四页或八页(周一休刊),发行量七百五十份。市政府、市党部、军方三家机关合资创办、经营,目前转由市政府单独经营,专门用于发表官方的态度,也刊登官方处理的其他事件等,即所谓汕头的官报。社址位于汕头同平路九十三号
侨声报	国家主义	社长　蔡削天	编辑主任　同前　编辑　许定天	1932年10月10日创刊,日报,八页(周一休刊),发行量一千一百份。继承《南潮日报》而来,曾经属于国家主义青年团的嫡系言论机关,但目前其他色彩淡薄,一向不关心国民党方面,屡屡刊登攻击救国会利己行动的报道,显示出拥护商民的倾向,因此被市党部盯上。社址位于汕头市新马路三十六号
星华日报	标榜言论自由	社长　胡曾炽　出资者　胡文虎　新加坡有影响的华侨	总编辑　王浩然　编辑　林守之、马光剑、李伟民	1931年7月15日创刊,日报,十二页(周一休刊),发行量三千五百份。在中国报纸中罕见地标榜言论自由主义,报道迅速,版面充实,在当地报纸中出类拔萃。但近来因出资者胡文虎大量刊登其经营的事业的宣传报道而致使名声骤跌。胡文虎最初经营虎豹印务公司,却因偶然刊登自家的制药广告而受到官方的违法处分,便以拥护华侨的发展、言论为目的关停印务公司,创设本报。社址位于汕头市万安街四十四号
汕报	拥护客家系商人的发展及言论	社长　张怀真	编辑　谢雪影、陈之奇、杨竞华、杨国雄	1928年10月20日创刊②,日报,八页(周一休刊),发行量一八百五十份。客家系商人出资,以拥护客家商人的发展及言论为目的而创刊。"满洲事变"时在排日宣传上最显露头角,带头刊登捏造的报道,煽动民心,最终引发"不敬事件"。最近抗日气氛缓和,往往将攻击的矛头转向救国会,无固定论调。社址位于汕头市万安街横街三号
新岭东日报	广东机器工会汕头支会机关报	社长　张凌云	编辑　黄笃生、黄复伟	1930年创刊③,日报,八页(周一休刊),发行量七百五十份。1930年秋因轮渡工会加入广东机器工会汕头支会的问题,与广东总工会汕头支会之间发生纠纷,后者的领导人陈述经、陈特向等为解散机器工会支会而在省党部中活动,同时,利用其机关报宣传。有鉴于此,机器工会支会方面也感到机关报的必要性,于是每月支出两百弗的补助,聘请张凌云创刊本报。此后因经费不足而常常受利益驱使,被多方利用,没有固定的主见,其言论容易摇摆。此外还出版《新广东周期画报》④。社长张凌云原本属于国民党右派,是清党时右派工会的创立者,在市党部有过影响力,但近来境遇不佳,不久前曾在福建独立政府任福建省德化县长。社址位于汕头市升平路一一一号

---

① 一说1933年创刊。
② 一说1929年10月10日创刊。
③ 一说1931年1月创刊。
④ 1933年报告为《新岭东周期画报》。

(续表)

名称	主义系统	持有人	编辑干部	备考
民声日报	营利本位	社长 杨世泽	总编辑 同前 编辑 郑儒汉	1920年创刊,日报,八页(周一休刊),发行量一千零五十份。依靠南洋华侨的资金创办,对商界甚有好感。报道公平、稳健。1922年受汕头风、水灾影响而一度停刊,1924年2月复刊。在潮安、庵埠等地有相当大的影响力。社址位于汕头永安街二十五号
岭东民国日报	党部机关报	社长 吴梓芳	编辑 沈之敬、肖增泰、黄志英	1926年1月20日创刊,日报,十二页(周一休刊),发行量一千份。随着当地政治变化屡屡更换实权者经营。社址位于汕头市永平里五号
真报		社长 刘镜臣 前《侨声报》广告主任		1933年12月27日创刊①,三天发行一次(小版一张),发行量极少。主要刊登社会报道,无主义、主张。社址位于汕头公园路一七号
民报		社长 钟守一		1933年1月1日创刊,三天发行一次(小版一张),发行量极少。社址位于汕头商平路八号四楼

福州

人口:日本人1 565人(其中台湾人1 255人),中国人337 303人,外国人505人。

中文报纸

名称	主义系统	持有人	编辑干部	备考
闽报		台湾善邻协会 社长 松永荣	编辑主任 林宝树(台湾籍)	1897年12月创刊②,日报,四页(周日及节日翌日休刊),发行量约六千份。当地报界历史最久,有信誉。"上海事变"后受反日运动的影响发行量锐减,一度减至四百份左右,但11月人民革命政府成立后实行言论管制,中国读者突然增加,发行量一度达到八千份。社址位于南台泛船浦
求是日报	商会机关报	陈公珪	同前	1913年创刊,日报,八页,发行量约五百份。当地中国人经营的报纸中历史最悠久,以商人订阅为主,相当有信誉。社址位于南台大庙山
华报	旧财政厅系	郑千里	陈天尺	1930年10月创刊③,三天发行一次,半折,四页,发行量约一千份。评论社会的是非善恶。社址位于城内南大街
国光日报	十九路军系	王礼锡	任特因	1933年1月创刊,日报,八页,发行量约两千份。其笔调一向排日。社址位于城内西湖
福建民报	人民革命政府机关报	人民革命政府文化委员会、文化宣传处	文化宣传处新闻科 王亚南	1933年11月创刊④,日报,十二页(周一四页),发行量约一千五百份,向各机关免费发放。本报于人民革命政府成立时,将1926年创刊的党部机关报《福建民国日报》改组,名为《人民日报》,1934年3月1日改为现名。社址位于城内贡院路
南光日报		陈云峰	王钦耕	1933年11月创刊,日报,四页,发行量约二百五十份。社址位于城内安泰路

---

① 一说1932年创刊。
② 应为1898年1月创刊。
③ 应为1930年11月创刊。
④ 前身为《福建民国日报》,1933年11月改名为《人民日报》,1934年3月1日又改名为《福建民报》。

厦门

人口：日本人9 294人（其中台湾人9 134人），中国人179 164人，外国人约600人。

概况

厦门历史比较悠久的报纸有《全闽新日报》《江声报》《思明报》《厦门商报》《民国日报》《商学报》等，自1933年起，1月有《华侨日报》，7月有《厦门日报》及《侨星晚报》两报出现，1934年刚刚进入1月又有《时代日报》创刊。但《侨星晚报》不久后即停刊，《思明报》停刊八个月，《商学报》停刊四个月后，于1934年1月初复刊，但因经费不足，于2月1日合并为《思明商学报》。此外，《民国日报》多次停刊后叛投人民政府，更名为《人民日报》，仅过一个多月，在政变之前关停。《厦门日报》也鼎盛一时，但创刊半年后仅能艰难维持，1934年4月后停刊。最终，1934年5月现存的报纸有《全闽新日报》《江声报》《华侨日报》《思明商学报》《厦门商报》《时代日报》六家，其中大部分经营都陷入极度困境，危及存续，能够勉强保持安定的除接受台湾总督府补助的《全闽新日报》外，仅有《江声报》《华侨日报》两家。因此，报纸经营者与记者、员工之间的劳资纠纷不断，自然不能在编辑、印刷方面有所建树。过去一年半中报界虽有罕见的变迁，却未带来任何发展，与"满洲事变"时的活动相比，大有萧条之感。并且，曾以老练闻名的《江声报》陈一民、《华侨日报》李铁民等评论记者也遭到十九路军及蒋介石镇压，销声匿迹，无法看到精彩的评论。《江声报》《华侨日报》《厦门商报》仅能利用最近突然发展起来的无线电广播，竞相充实电报栏，仅此而已。

中文报纸

名　　　称	主义系统	持有人	编辑干部	备　　　考
全闽新日报	介绍日本文明，融合中日民族，拥护当地日侨的立场	善邻协会	田中均	1907年8月由台湾籍文人江保生创刊，曾一度发行日报，早晚两回，十二页，发行量超过两千份。但"满洲事变"发生后受到抵制，减少到约八百份，版面也缩减到八页，此后在1933年末发生政变时发行量接近两千份。每年通过善邻协会接受台湾总督府一万圆左右的补助，但现在几乎没有广告收入，正苦于极度的财政困难
江声报	国民党系	许荣智	李铁民　前《华侨日报》主笔	1918年创刊，日报，八页，发行量约三千份，"满洲事变"时达到一万份。现社长许于1933年9月接替前社长叶廷秀，主笔陈一民因打倒蒋介石的言论而暂时辞职，十九路军政权出现后恢复原职，但1934年2月再次因政变而辞任。报道比较迅速、正确、丰富，是当地的一流报纸，曾一度排日色彩浓厚，但最近稍有缓和。是唯一在经济上得以独立的报纸
华侨日报	华侨公会机关报	杨元通	陈雨笠①	1932年10月创刊，日报，八页，发行量两千六百份。本报以华侨公会为后援，以资本金七百元创立。最初的抗日会派基本上已经离开报社，但排日色彩依然浓厚。一般的报道有精彩之处，影响力次于《江声报》
思明商学报	商会及教育会之机关报	林廷栋　原《思明报》之经营者	周玉壶	《思明报》1933年4月因揭露十九路军营长的恶行而被强制停刊，《商学报》也因财政困难于同年9月停刊，前者1934年1月15日复刊，后者同年1月1日复刊。由于财政难以为继，两报于2月1日合并，改为现名。早报八页、晚报四页，发行量一千份，资本金两万元，排日报谐居多，无影响力

---

① 一说为"陈与立"。

(续表)

名　称	主义系统	持有人	编辑干部	备　考
厦门商报	拥护商店	傅贵中	同前	1921年10月台湾人江保生创刊①，1927年傅贵中继承，发行量八百份。登载排日性报道，但内容不精彩。没有经济上的背景，依靠捐款艰难经营，与台湾的不良分子有联络
时代日报		柯孝昌	黄天声	1934年1月13日以资本金五千元创刊，没有印刷厂，在台湾人的印刷店中印刷，有一些反日内容。声称发行量六百份，但几乎没有存在感。因经营困难，据传可能与《思明商学报》合并，或投靠蒋鼎文或民军首领

云南（1931年12月末）

人口：中国人约145 100人。

概况

云南地区原为偏远山地，如今仍被多个"蛮族"占据，文明未开之处甚多，文化、民智的程度普遍都很低，因此报纸发展缓慢，至今仍未有外文报纸发刊，仅有小规模的中文报纸在城内发行。上述中文报纸均因财力匮乏，没有一家能自主印刷发刊，各报社都一样，委托云南印刷局印刷，此为实际状况。各报每月接受云南省政府及官方乃至党部等的一些补助，勉强维持经营，向外省派遣特派员的报纸也当然不存在。因此，除两三家省政府机关报的无线电报栏以外，其他的内容多是从外地报纸的报道转载而来，或是从外国报纸的报道译载，因此报道缓慢，加之记者的教育程度低，这些报纸至今都未脱离极其幼稚、低级的领域。

中文报纸

名　称	主义系统	持有人	编辑干部	备　考
云南民国日报	党部机关报	省党部	段雄飞	1930年4月创刊②，发行量九百份，排日系统
新商报	商务总商会机关报	总商会	王汉声	1930年7月创刊，发行量一千份，报道稳健
社会新报	国民党,省政府系统	龙子敏	同前	1922年2月创刊③，发行量五百份
均报	国民党,省政府系统	段奇僧	同前	1919年9月创刊④，发行量三百份
复旦报	国民党系统	杨玉川	同前	1922年3月创刊，发行量两百份，排日系统
民生日报	省政府系统	李光西	同前	1929年12月创刊，发行量两百份
西南日报	国民党系统	沈圣安	同前	1926年11月创刊⑤，发行量三百份
义声报	国民党系统	李巨裁	同前	1916年12月创刊，发行量两百份
大无畏报	国民党系统	李仁甫	同前	1928年3月创刊⑥，发行量两百份，排日系统
云南新报	省政府系统	邓少清	同前	1927年11月创刊，发行量两百份
市政日刊	省政府系统	市政府		1930年1月创刊，发行量一百份
民政厅日刊	省政府系统	民政厅	张子明	1930年12月创刊，发行量一百份

① 10月10日创刊。
② 一说1930年5月创刊。
③ 一说1923年9月11日创刊。
④ 一说1920年5月24日创刊。
⑤ 一说1922年1月创刊。
⑥ 一说1927年9月2日创刊。

除以上日刊中文报纸之外，另有《云南省政府公报》，以及建设厅、农矿厅、教育厅、东陆大学等的月刊，与党部组织相关的军声社发行的排日定期刊物等。

附
香港

人口：日本人1 504人（其中台湾人、朝鲜人53人），中国人883 014人，外国人17 800人。

概况

目前当地发行的报纸，有中文报纸十八种、英文报纸八种、日文报纸一种，合计二十七种。其中特别值得一提的是中文报纸的活跃情况，当地恰好毗邻在中国政局中扮演着复杂角色的广东，并且远离本国官方的打压，具有从正面构筑舆论阵地的地利，加之英国官方的管理方法也非常宽容，言论自由的程度非中国内地可比。《南华日报》（汪兆铭系）、《东方日报》（陈铭枢系）、《中兴报》（胡汉民系）、《大众日报》（旧十九路军系）等各派机关报错综复杂，呈现出甲论乙驳的奇观。此间还有《循环日报》《华字日报》《华侨日报》《工商日报》等专注于标榜商业发展的中立报纸，刊登公正的报道，拥有众多读者，其影响力无法超越。当地的中文报纸基本上摆脱了中国官方的打压，可以从"庐山之外"自由且多角度地观察"庐山"，所以获得了较高评价，香港以外的各地中国人也乐于订阅，输出给以广东为首各地华侨的数量也不少，但广东政府禁止输入有反对自己色彩的《南华日报》和《东方日报》。各报的对日感情在"满洲事变"后都恶化，争相刊登排日报道，极力笼络民心，尤其是前述各机关报，动辄利用排日当作攻击别派的材料。但香港政厅自"满洲事变"后发生排日暴动以来，对于极端排日的评论和报道的管制变得极其严厉，所以各报对此都十分注意，在排日报道的关键处用其他符号代替，极力避免触犯当局。

英文报纸都将大半版面用于当地新闻，并且努力依靠体育、技艺等其他娱乐栏等来迎合各方面读者的口味，至于有关中国时局的消息，似乎大多是直接译载中文报纸所登的报道。其平时所刊登的时事社论或通讯等，出于经营政策，则有尽可能地避免对中国方面不利论调之嫌。其中尤以 *South China Morning Post* 的亲中态度最为露骨，因此对我国的有关报道、评论都颇为令人不快。此报主笔 H.Ching 总是公开表明其亲中立场，但最近因"满洲国"趋稳、华北方面对日关系的变化，在中日政情方面似乎已无以往露骨的亲中态度。总之，当地的英文报纸出于经营政策考虑，由于当地人口及大部分广告主都是中国人，因此不得不采取亲中的态度。*Hongkong Daily Press* 原本作为政府机关报，受到一般民众的信任，但现在毫无关系，只因该报刊登英国本土的消息最多，所以在政厅有许多热心读者。因多年担任此报主笔的 Barrett 在1933年末离开本报，此后该报的评论不值一提。最近各报的反日态度均有一些缓和，但当地英国人多为国际联盟的支持者，在英文报纸中也反映出这一点，因此在我国的对华政策上事事批评。不过，对于最近屡屡成为问题的日英经济竞争问题，亦出于香港的经济立场，甚至刊登对日本方有好意的评论。

《香港日报》是当地唯一的日文报纸，以刊登地方性报道及当地日侨的相关事项为主，此外，转载我国广播的无线电广播新闻等，但报道的选择及编辑等都极其幼稚，但鉴于此报的经济状况等，可以说是迫不得已的。

一、中文报纸

名　　称	主义系统	持有人	编辑干部	备　　考
循环日报	发展产业	温荔坡	何雅选、温星拱	1873年创刊①，早报，二十页，发行量四千份，资本金五万元，社址位于香港歌赋街五十一号
循环晚报	同上	温文照	同上	1932年创刊，晚报，四页，发行量八千至一万份，为《循环日报》的晚刊
华字日报	发展商业	何福昌、陈止润、梁玉璋	劳纬孟、关楚朴、潘孔言	1874年创刊②，早报，十六页，发行量五千份。与《循环日报》同为当地的一流报纸，资本金十五万元，社址位于香港威灵顿街十号

---

① 应为1874年创刊。
② 应为1872年创刊。

(续表)

名　称	主义系统	持有人	编辑干部	备　考
工商日报	启发商业	何东	黎工佽、胡秩伍	1925年创刊,早报,十六页,发行量四千份。广东发生排英运动时①,与政府关系密切的商人在政厅授意下,以资本十万元创立本报,后来陷入经营困难,由何东接手,成为当地有影响的报纸。一直是排日的急先锋。社址位于香港德辅道中四十三号
工商晚报	同上	胡之武	同上	1931年创刊,晚报,四页,发行量一万五千份,为《工商日报》的晚刊
天光报	同上	同上	同上	1932年创刊,早报,四页,发行量两千份,在工商日报社发行
华侨日报	发展商业	岑维休	胡惠民、张知挺、莫冰子	1924年创刊②,早报,十六页,发行量四千份。由南华报业公司经营,资本金十万元,兼营通讯机关华联社。社址位于香港荷李活道一一〇号
南强日报	同上	郑子文、胡惠民	陈武扬、李秋萍	1927年创刊,早报,八页,发行量一千五百份,社址位于香港元安里一号
南中报③	同上	江民声、吕福元	易赞芬	1926年创刊,晚报,八页,发行量一千五百份,资本金五万元,社址位于香港元安里一号
南华日报	汪兆铭系	邝修湛	陈克文	1930年创刊,早报,十六页,发行量一千五百份。最近尤为高调反对西南,广东政府禁止本报输入广东。社址位于香港荷李活道四十九号
超然报	无系统、色彩	陈宝池、曾彦晖	关楚朴、林泽博	1930年创刊,早报,十二页,发行量五千份,资本金一万元。原来被视为《华字日报》的旁系,无任何系统、色彩,得到广泛订阅,但最近稍有反蒋倾向。社址位于香港威灵顿街五十二号
东方日报	陈铭枢系	陈雁声	黄汉章④、黎文任⑤	1931年创刊,早报,十二页,发行量一千份。获得十九路军的支持,高调反对西南,广东政府禁止输入本报与《南华日报》。为排日急先锋,1932年1月25日因刊登"不敬报道"而遭到日本方面的抗议,被勒令停止发行四周。社址位于香港中环荷李活道五十二号
平民报	无系统	任大任、叶天和	叶天和	1932年3月创刊,早报,四页,发行量八千份,社址位于香港依利近街三号
新中日报	林翼中系	林伯邨、胡惠民	林灿予	1932年4月创刊,早报,十六页,发行量一千份,社址位于香港砵甸乍街三二号
中兴报	胡汉民系	冯康侯	莫辉琦	1932年5月创刊,早报,十四页,发行量四千份。由旧《远东日报》(古应芬机关报)同人经营,高调宣扬以党治国,专注于攻击屈辱外交、彻底反日、反对中央。社址位于香港结志街六号

① 指1925年6月起的省港大罢工。
② 1925年6月5日创刊。
③ 1933年报告为《南中日报》。
④ 1933年报告为"黄轮章"。
⑤ 1932年、1933年报告为"黎大任"。

(续表)

名　称	主义系统	持有人	编辑干部	备　考
大光报①		陈鸣山	郭亦迪	1912年创刊,早报,十六页,发行量一千五百份
大众日报	旧十九路军系	李柳堂	邓羽公	1934年创刊,早报,八页,发行量六千份,社址位于香港结志街二号
香港午报	指导民众	杨世昌	叶风絮、莫冰子	1934年创刊,日报,四页,发行量一千份,社址位于香港荷李活道五十九号

二、英文报纸

名　称	主义系统	持有人	编辑干部	备　考
South China Morning Post [南华早报]（英文）		J.Scott Harston R.G.Shewan	H.Ching②	1906年创刊③,早报,十八页,发行量五千份
Hong Kong Telegraph [士蔑报]（英文）		E.P.Franklin④	Alfred Hicks	1891年创刊⑤,晚报,十二页,发行量三千份
China Mail [德臣报]（英文）		D.C.Wilson	R.O.F.King	1904年创刊⑥,晚报,十二页,发行量两千四百份
Sunday Herald		D.C.Wilson	R.O.F.King	1924年创刊,附于 China Mail 中,发行量七千份
Overland China Mail		China Mail		1845年创立,周报,发行量两千份
Hong Kong Weekly Press		Daily Press		1857年创立,周报,发行量两千份
The Critic		R.J.Barrett		1932年创刊,周报,原 Daily Press 主笔 Barrett 于1933年12月起继承本杂志加以经营,论调公正
Hong Kong Daily Press [孖剌报]（英文）		Lt. Col. H.L.Murrow		1857年创刊,早报,十六页,发行量两千七百份

三、日文报纸

名　称	主义系统	持有人	编辑干部	备　考
香港日报（日文）	无主义、系统	井手元一	同前	1909年9月创刊,晚报,四页,发行量五百份

---

① 1933年报告为《大光日报》。
② 1933年报告为"H.Chiny"。
③ 应为1903年11月7日创刊。
④ 1933年报告为"F.P.Franklin"。
⑤ 应为1881年6月15日创刊。
⑥ 应为1845年2月20日创刊。

(秘)1936年版

"满洲国"与中国的报纸、杂志

外务省情报部

凡　例

1. 本调查录根据驻外各公馆的调查报告编纂而成。
2. 调查时间大致以 1935 年 6 月 1 日为标准。不过，其后至付梓为止发现的变化，则尽量继续作了增删或订正。
3. 各地名后面的人口是 1935 年 12 月末的统计数据。

1936 年 4 月

"满洲国"与中国的报纸、杂志
目　次

"满洲国" ……………………… 1388	图们 ………………………… 1411
新京 …………………………… 1388	百草沟 ………………………… 1412
奉天 …………………………… 1392	珲春 …………………………… 1412
公主岭 ………………………… 1395	锦州 …………………………… 1412
四平街 ………………………… 1395	赤峰 …………………………… 1412
铁岭 …………………………… 1396	承德 …………………………… 1412
开原 …………………………… 1396	绥芬河 ………………………… 1413
掏鹿 …………………………… 1396	附 ……………………………… 1413
本溪湖 ………………………… 1396	大连 ………………………… 1413
抚顺 …………………………… 1396	
鞍山 …………………………… 1397	中国 …………………………… 1415
新民府 ………………………… 1397	北部 …………………………… 1415
海龙 …………………………… 1398	北平 …………………………… 1415
通化 …………………………… 1398	天津 …………………………… 1422
辽阳 …………………………… 1398	张家口 ………………………… 1428
营口 …………………………… 1398	绥远 …………………………… 1429
安东 …………………………… 1399	太原 …………………………… 1429
郑家屯 ………………………… 1400	济南 …………………………… 1430
通辽 …………………………… 1400	博山 …………………………… 1432
洮南 …………………………… 1400	淄川 …………………………… 1433
农安 …………………………… 1400	青岛 …………………………… 1433
吉林 …………………………… 1400	芝罘 …………………………… 1435
哈尔滨 ………………………… 1401	威海卫 ………………………… 1436
齐齐哈尔 ……………………… 1410	龙口 …………………………… 1436
黑河 …………………………… 1410	
北安镇 ………………………… 1410	中部 …………………………… 1436
间岛 …………………………… 1410	上海 …………………………… 1436
延吉 …………………………… 1411	南京 …………………………… 1450
局子街 ………………………… 1411	镇江 …………………………… 1454
头道沟 ………………………… 1411	苏州 …………………………… 1455

杭州	1456	开封	1466
芜湖	1457	洛阳	1466
安庆	1457	长沙	1466
蚌埠	1457	沙市	1469
巢县	1458	襄阳	1470
宣城	1458	宜昌	1470
合肥	1458	重庆	1471
当涂	1458	成都	1474
大通	1458		
屯溪	1458	**南部**	1475
无为	1459	广东	1475
含山	1459	汕头	1480
六安	1459	福州	1482
阜阳	1459	厦门	1483
灵璧	1459	漳州	1484
歙县	1459	石码	1484
九江	1459	云南	1485
南昌	1460	**附**	1486
汉口	1460	香港	1486
郑州	1465		

"满洲国"

新京

人口：日本人 56 715 人（含朝鲜人 5 058 人、台湾人 136 人），"满洲"人 155 208 人，外国人 553 人。

概况

直到数年前，长春还只是东北地区南北部的交通中继站，其存在勉强被认可。1932 年 3 月，"满洲国"奠都长春，改称新京，长春一跃成为新"国家"的政治、经济、交通中枢。除新设"满洲国"政府各机关外，日本方面在"满"首脑机关大多也猬集当地，仅仅数年间，人口亦从十五万人激增至二十万人。伴随着规模庞大的"国"都建设事业的进展，各方面也取得了长足的发展。随着上述普遍形势的变化，言论机关自然也面目大变，与长春时代不可同日而语。

目前，中文报纸有《盛京时报 新京号外》及《大同报》两社，前者不定期刊行，发行量也仅有两千份，而后者为"满洲国"政府及协和会等机构的机关报，发行量高达约两万份，相当活跃。

日文报纸由于相互竞争甚为激烈，各社经营状况似乎均不太理想，而且均未脱离地方报纸的范畴，其中只有《新京日日新闻》稍稍崭露头角。

全"满洲"唯一的朝鲜文报纸接受军方、大使馆、朝鲜总督府及"满洲国"等机构不少援助，但社内纷争不断，社运没有发展之势。杂志及其他定期刊物有十余种，但除了《"满洲国"政府公报》等政府发行的官报或学校、"在乡军人会"等机构发行的机关杂志之外，无值得一看之物。

一、报纸

（1）中文报纸

名 称	主义系统	持有人	编辑干部	备 考
大同报	"满洲国"政府及协和会机关报	社长 王希哲 毕业于北京高等师范学校，奉职于奉天师范学校，《东三省公报》等，1933 年任本社社长 副社长 都甲文雄 毕业于明治大学法科，曾任直隶优级师范教师、北京《顺天时报》记者、满蒙文化协会主事、满铁特派人员、关东军特聘人员	主笔 都甲文雄（兼任） 记者 山口源二 曾任《满洲日报》主编	1915 年 5 月创刊①，社址位于新京东六马路，日报，八页，发行量两万份。发刊当时名为《大东日报》，1928 年 8 月改名《大东报》②，1931 年 9 月改名《大东晚报》，又于 1932 年 6 月改为现名。《大东报》时期作为张家的机关报，猛烈鼓吹排日思想，但事变后干部也进行了更换，成为"满洲国"、协和会等机构的机关报，每月接受约七千圆的补助。是当地唯一的日刊中文报纸，在普通"满洲"人之间受欢迎
盛京时报 新京号外	奉天盛京时报社系统	发行人 汤畑正一 毕业于东亚同文书院政治科，曾奉职于外务省、奉天东亚兴信所	主笔 汤畑正一（兼任）	1933 年 3 月创刊③，社址位于新京八岛通三二号，不定期刊行，发行量两千份，发行目的是为了向在新京的母报读者速报内外重大新闻

---

① 1932 年报告为"1914 年 3 月"，一说 1915 年 7 月创刊。
② 曾名《大东新报》。
③ 1934 年报告为"1933 年 3 月 27 日"。

(2) 日文报纸

名　称	主义系统	持有人	编辑干部	备　考
大新京日报（日文）		社长　中尾龙夫　毕业于陆军士官学校，任步兵中尉。毕业于日本大学政治科，曾任日本大学讲师、关东军司令部特聘人员	主笔　丸茂谨一郎　早稻田大学文科中途退学，曾任《东亚新报》《横滨贸易新报》《读卖新闻》《中外商业》《大阪每日新闻》等报记者，陆军省特聘人员	1935年1月创刊①，社址位于新京中央通一九号，资本金两万圆，日报，早、晚报各四页，发行量一万八千份。本社由已故箱田琢磨创设，1909年1月以《长春日报》为名创刊，1920年4月改称《北满日报》②，1932年9月又改称《新京日报》，1935年1月由中尾龙夫继承改为现名
新京日日新闻（日文）		发行人　十河荣忠　毕业于东京府立第二中学，曾任关东都督府特聘美术调查委员、《泰东日报》记者	主笔　松本勇　毕业于专修大学经济科，曾任《东京夕刊新报》《日本新闻》《京城日报》《朝鲜日日新闻》等报记者，奉天满洲通信社主编　记者　德永定吉　曾任《朝鲜每日》、奉天满洲通信社等报记者	1920年4月创刊③，社址位于新京永乐町四丁目一，资本金三万五千圆，日报，早报八页，晚报四页，发行量一万份。创刊当时名为《长春实业新闻》，柏原孝久任代表，1932年8月代表变更为染谷保藏（《盛京时报》社长），同年12月改为现名。是当地日文报纸中一流的报纸，受到社会各方面的欢迎
满洲日报新京号外（日文）	满洲日报社系统	发行人　后藤武雄　毕业于早稻田大学政治科，曾任满洲日日新闻社、辽东新报社记者，周水土地建物株式会社董事，《奉天新闻》大连支社社员	主笔　佐藤武雄（兼任）　记者　吉田凯　满洲医科大学中途退学，曾任《盛京时报》记者　春日义信　毕业于早稻田大学政治经济学部	1932年3月创刊④，社址位于新京中央通四四番地，不定期刊行，一页，发行量五千份。发行目的是为了向四平街以北的母报读者速报重大新闻
大连新闻北满号外（日文）	大连新闻社系统	发行人　高桥胜藏　先后任《北满日报》记者、本社新京支社长，现任本社顾问	主笔　高桥胜藏（兼任）	1933年3月创刊⑤，社址位于新京老松町二丁目六，不定期刊行，一页，发行量三千五百份。发行目的是为了向新京的母报读者速报重大新闻
满洲商工日报（日文）		发行人　古谷一　经营者　得丸助太郎　毕业于早稻田大学，任新京地方委员副议长	编辑　重福喜久男⑥、松浦朗　毕业于早稻田大学法科	1930年8月创刊，社址位于新京东五马路三九号，资本金五万圆，日报，四页，发行量三千份。创刊当时名为《长春商况日报》，1932年7月改名为《长春商业日报》；又于1933年9月改为现名

---

① 一说1935年2月1日创刊。
② 一说初名《长春日报》，1909年1月创刊，1917年易名《北满日报》。
③ 一说1920年12月15日创刊。
④ 1933年报告为"1933年1月1日"。
⑤ 一说1932年3月创刊。
⑥ 1934年报告中为"重福规久男"。

(3) 朝鲜文报纸

名　　称	主义系统	持有人	编辑干部	备　　考
满蒙日报		理事长　李庚在　曾任外务省警部兼朝鲜总督府警部，现任龙井村朝鲜人民会长	主编　金东晚　毕业于奈良蚕丝专门学校，曾任新京朝鲜人民会长，现兼任本社理事，是事实上的社长 记者　李性在	1933年8月创刊，社址位于新京特别市北大街五五号，资本金三十万圆，日报，四页，发行量一万八千份。是东北地区唯一的朝鲜文报纸，接受关东军、大使馆、关东厅、朝鲜总督府、满铁及"满洲国"等机构的巨额补助而创刊，但内讧不断，社运没有发展之势

二、杂志及其他定期刊物

名　　称	主义系统	持有人	编辑干部	备　　考
满洲改造（日文）		发行人　高木翔之助　毕业于早稻田大学政治经济学部	主笔　高木翔之助（兼任）	1932年6月创刊，社址位于新京千鸟町一丁目七，资本金一万圆，月刊，发行量约两千份，专门登载"满蒙"的情况
新京商工会议所调查汇报（日文）	新京商工会议所机关杂志	发行人　峰村丰治　毕业于长崎商业学校，曾任信浓电气、南满制糖会社社员	主笔　内海重夫　中央大学预科中途退学，曾任关东厅巡查，《大连タイムス》《大连新闻》记者	1932年9月创刊，社址位于新京吉野町三丁目七，月刊，发行量五百份，专门登载金融、经济情况
新京（日文）		社长　渡边义一　早稻田大学预科中途退学	主笔　渡边义一（兼任）	1932年10月创刊，社址位于新京日本桥通八号，资本金约两千圆，月刊，发行量一千份，专门登载"满蒙"情况
健儿（日文）	新京少年团机关报	发行人　竹下国雄　毕业于鹿儿岛实业学校商业科，任新京健儿团主事	主笔　森清　在长崎县立大村中学学习三年	1931年2月创刊，社址位于新京吉野町三丁目七，月刊
高粱（日文）		发行人　奥一　毕业于奈良县立五条中学校、冈山教员养成所及日本力行会海外学校	主笔　奥一（兼任）	1932年7月创刊，社址位于新京吉野町二丁目六，资本金约一千圆，月刊，文艺杂志，发行量一百份
满ん志う（日文）	在乡军人机关报	发行人　小林准　任陆军步兵大佐、关东军司令部人员	主笔　浦山省二	1926年11月创刊，社址位于新京关东军司令部内，月刊，发行量三万三千份。1926年11月于旅顺发刊，1933年1月迁至新京
防空（日文）	防空协会机关杂志	发行人　高木正枝　任预备陆军航空兵中佐、满洲防空协会主笔	主笔　高木正枝（兼任）	1933年7月创刊，社址位于新京中央通二一号，月刊，发行量一万份。在"满洲国"政府、关东局、满铁等机构的补助之下，专门从事防空宣传
自治会报（日文）	参事官自治会机关杂志	发行人　蛸井元义　毕业于东亚同文书院，任吉林省额穆县参事官	主笔　筒井耕三郎　明治大学专门部政经科中途退学	1934年7月创刊，社址位于新京朝日通四九号，月刊，发行量约七百份
斯民（日文、中文）		发行人　松田嘉吉　毕业于兵库县立明石中学	主笔　松田嘉吉（兼任） 记者　泷田宪治　曾任茨城县吏员，国民新闻社、时事新报社记者，千叶三国新闻社社长	1934年3月创刊，社址位于新京中央通满鲜大楼，资本金四万八千圆，半月刊，发行量一千八百份。以照相版及对照片的说明为主的时事杂志，接受"满洲国"政府若干补助，在普通"满洲"人之间读者不少

(续表)

名　　称	主义系统	持有人	编辑干部	备　　考
大同文化（中文）	满洲文化协会机关杂志	发行人　佐藤四郎　毕业于早稻田大学政经科，曾任哈尔滨新闻社社长、《满洲日报》编辑局长，任满洲文化协会特聘人员、书记长事务经办	主笔　武田丰市　毕业于大连商业学校专修部	1922年3月创刊，社址位于新京吉野町三丁目七，月刊，发行量一千五百份。本杂志原先创刊于大连中日文化协会，后迁至奉天，又于1935年4月迁至"满洲文化协会"新京事务所内。以向"满蒙"介绍日本情况为使命，在普通"满洲"人中有相当多的读者
警察协会杂志（日文）	警察协会机关杂志	发行人　荒木通　关东厅警部	主笔　荒木通（兼任）	1927年4月创刊，社址位于新京关东局警务部内警察协会，月刊，发行量约四千份。最初于旅顺关东厅警务局内发行，在关东局开设的同时，于1935年5月迁至新京
满洲兽医畜产学会杂志（日文）	满洲兽医畜产学会机关杂志	发行人　曾根一雄　青森县立畜产学校出身，任关东局技术员	主笔　板桥敬一　毕业于北海道帝大，在满铁农务课工作	1931年7月创刊，社址位于新京关东局内，三月刊（1、4、7、10月），发行量三百五十份。最初于旅顺关东厅农林课发行，在关东局开设的同时，于1935年4月迁至新京
满洲行政（日文）		社长　大谷仁兵卫　任帝国地方行政学会社长、帝国法规株式会社董事长、满洲地方行政学会董事	主笔　小山仓之助　毕业于东京帝国大学法科，任帝国地方行政学会监察役、"满洲"行政学会董事长　记者　新井练三　毕业于早稻田大学政经科，任帝国地方行政学会主人、"满洲"行政学会常务董事。大阪岩　毕业于日本大学专门部	1934年12月创刊，社址位于新京兴安大路一一六号，月刊，发行量一千份。创刊以来时日尚浅，但在"满洲国"官吏中多有读者，正逐渐发展。经费由东京帝国地方行政学会负担
满洲明魂（日文）	修养团机关报	社长　岩井勘六　预备役陆军少将	主笔　三宅精一　任"满洲修养团"主事	1934年10月创刊，社址位于新京北安路四〇二号，月刊，发行量四千六百份。接受关东州厅社会教化事业会、恩赐财团庆福会等机构的补助，相当活跃

三、通讯

名　　称	主义系统	持有人	编辑干部	备　　考
"满洲国"通信（日、中、英文）	"满洲国"政府机关通讯	主干　里见甫　毕业于东亚同文书院，曾任《北京新闻》主编、满铁特聘人员、关东军特聘人员	编辑　大矢信彦　毕业于东亚同文书院　记者　佐佐木健儿　东亚同文书院中途退学，曾任"新闻联合"南京支局长、奉天支局长	1932年12月创刊，社址位于新京西四马路。发行日文、中文、英文版，发行量约四百份。为了谋求统一"满洲"的通讯，继承"新闻联合"及"日本电报通信"的业务而创立
商业通信（日文）		发行人　西条德重　毕业于东京外语学校中文专修科	主笔　西条德重（兼任）	1930年12月创刊，社址位于新京祝町三丁目一五，每日刊行两次，各五页左右，发行量约一百份

(续表)

名称	主义系统	持有人	编辑干部	备考
新京写真通信（日文）		发行人 武井延太郎 东京高工图案科照相制版部中途退学	主笔 武井延太郎（兼任）	1934年12月创刊，社址位于新京富士町六丁目二，资本金两千圆，不定期刊行，发行量约五十份，刊载新闻照片及其解说
新京通信（日文）		发行人 中村照次	主笔 铃木松荣 记者 岩田茂	1934年8月创刊，社址位于新京北大街五五号，资本金两千五百圆，日报，发行量约三百份。本通讯由1933年8月创刊的《长春通信》改名而来，受到《"满洲国"通信》压制，经营似乎困难

奉天

人口：日本人82 455人（含朝鲜人13 621人、台湾人79人），"满洲"人415 390人，外国人1 600人。

概况

就1934年间奉天总领事馆负责范围内各地报界的状况而言，中文报纸方面，《东亚日报》改名《民声晚报》，另有《铁岭公报》创刊。日文报纸方面，《奉天满洲日报》改名《奉天日日新闻》，《开原实业时报》停刊。朝鲜文报纸方面则有《抚鲜旬报》创刊。此外还有数种中文、日文杂志诞生。随着以该地为中心的各地的迅速发展，于奉天发行的《奉天每日新闻》《奉天新闻》及《奉天日日新闻》的发行量也在增加，呈现出仅次于大连的盛况。抚顺、本溪湖、鞍山、铁岭等地的地方性日文小型报纸，受到都会报纸的压制，似乎不易开拓销路。另一方面，由于内地治安改善，中文报纸似乎也有读者渐增的趋势，但其增长率尚不及日文报纸。

一、中文报纸、公报及杂志

（1）报纸

名称	主义系统	持有人	编辑干部	备考
盛京时报		社长 染谷保藏	主笔 菊池贞二 主编 大石智郎	1906年10月创刊①，1925年11月改为资本金八十五万圆的有限股份公司。日报，十二页（晚报两页），发行量约两万份。在当地中文报纸中拥有最为长久的历史，其信用和地位是其他报纸无法追随的，特别是其社论具有权威。"满洲事变"②发生不久，发行量曾锐减至八千份，但现在已几乎完全复旧
民报		社长 魏长信 河南省人，毕业于明治大学，就职于立法院等处	主编 工藤旨浩 毕业于大阪贸易语学校，先后于《奉天每日新闻》《天津日报》工作，直至今日	1921年10月创刊③，日报，八页，合资组织，资本金十万元，发行量七千五百份。创刊当时名为《东三省民报》，是张学良的御用报纸，致力于宣传极端的排日思想，因"满洲事变"而自然消亡。1932年9月改为现名，10月起再刊，直至今日。改名以来，赵欣伯任总裁，凭借在奉天悠久的传统和地盘，拥有相当的影响力

---

① 一说1906年9月1日创刊，一说1906年10月18日创刊。
② 即九一八事变。下同。
③ 1929年报告为"1912年2月"，1934年报告中为"1922年10月"；一说1908年创刊，从前社长赵锄非的个人经历看，此报创办应晚于1908年。待查。

(续表)

名　　称	主义系统	持有人	编辑干部	备　　考
大亚公报		发行人　王希哲 奉天省沈阳县人	王石隐　奉天省沈阳县人，毕业于北平法政专门学校，曾就职于安东、铁岭等地的地方法院	1913年2月创刊，日报，八页，发行量四千五百份。原名《东三省日报》①，是旧东北派的机关报，其后改名为《东三省公报》②，又于1933年6月改为现名。接受"满洲国"政府年额两万两千圆的补助
醒时报		张兆麟　奉天人，回教信徒	张宪英　奉天人，毕业于奉天女子师范	1909年2月创刊③，日报，四页，资本金一万元，发行量四千份。由张家一家经营，拥有相当长期的历史
民声晚报		西片桐三	野口三郎。马星垣 旅顺人，毕业于旅顺师范，曾任大连《满洲报》及《关东报》记者	1926年5月创刊，日报，四页，发行量三千份。本报原先由张学良、丁袖东等人以《东学日报》为题创刊，1933年6月改名为《东亚日报》，但经营陷入困难，1934年8月以六千圆盘给大连《满洲报》，变更为《满洲报》奉天支社长马星垣的名义，11月又改为现名
奉天日报		耿世贤　奉天省新民县人	孙荣五	1932年4月创刊，日报，四页，发行量两千份。"满洲事变"发生后不久，为了统制舆论而发刊，但报社人员更迭不断，经营状态似乎不良
奉天公报		张润山　山海关人，毕业于北平抚实学堂	杜振远　大连人，毕业于公学堂，曾任《关东报》《大公报》记者	1932年9月创刊④，日报，八页，发行量三千份。由大连市会议员若月太郎创刊
正义时报	正义团机关报	酒井荣藏	冯克政、李稚森	1933年10月创刊，日报，四页，发行量一万份，以中文、日文两种语言编辑。在"满洲国"正义团建立的同时，成为该团机关报，用于旨趣的普及和会员的互相联络，免费分发

(2) 公报

名　　称	主义系统	持有人	编辑干部	备　　考
奉天省公署公报	奉天省公署机关杂志		奉天省公署总务厅	1931年11月创刊，每周发行三次，发行量六百二十份。"满洲事变"发生后不久，由地方治安维持委员会发刊，1932年1月以来移交奉天省管理
奉天市政公报	奉天市政公署机关杂志		奉天市政公署总务科	1932年6月创刊，月刊，发行量三千份，以公布市政及各种设施为目的

---

① 据《辽宁省志·报业志》记载：1907年奉天商务会创办《东三省日报》，该报1911年8月停刊。
② 据《辽宁省志·报业志》记载：1905年12月奉天商务处创办《东三省公报》，主办人是谢荫昌；1912年2月创办的《东三省公报》，由奉天省议会主办。
③ 一说1908年创刊。
④ 1934年报告中为"1931年9月"。

(3) 杂志

名　　称	主义系统	持有人	编辑干部	备　　考
满洲新文化月刊		王者风	王声波	1933年5月创刊,月刊,发行量三千五百份,通俗杂志
法学新报		高葆善	魏长信	1927年10月创刊,每月发行三次,发行量约一千份。曾经是赵欣伯领导的法学研究会的机关杂志,"满洲事变"后一度休刊,1933年10月复刊
兴满文化月报		丁袖东　奉天省盖平县人,曾任《关东报》《东北日报》记者	王伟业　毕业于东北大学文科	1934年7月创刊,月刊,资本金大洋五千元,发行量一千一百份
文艺画报		朱曼僧　师从王一亭学习绘画	朱富缦	1934年9月发行,每月发行十次,资本金两千元,发行量一千八百份
奉天晶画报		赵庆路　奉天省沈阳县人,毕业于法学堂	金恒当　奉天省沈阳县人	1934年5月创刊,每月发行十次,通俗画报,相当受欢迎
道慈杂志	红卍字会机关杂志	王春丰	万奉桓　毕业于浙江法政专门学校	1930年10月创刊,每月发行两次,资本金五千元,发行量约两千份。以《东北红卍字新闻》为题发刊,向会员分发,"满洲事变"后改名为《沈阳红卍字新闻》,又于1934年9月改为杂志
奉天教育	教育会机关杂志	奉天省教育会	主编　张恩溥	1933年3月创刊,月刊(2月、8月两个月休刊),发行量两千份,与教育厅有密切的关系
凤凰		饭河道雄	同前	1934年2月创刊,月刊,发行量一千三百份

二、朝鲜文杂志

名　　称	主义系统	持有人	编辑干部	备　　考
灵光	研究《圣经》,宗教教育	金信根	田丙宅	1933年1月创刊,月刊,发行量约一千份,主要登载《圣经》的译文及传教内容。本杂志依靠长老会补助,基本只在基督教教徒之间分发,向朝鲜各教堂递送约五百份

三、日文报纸及杂志

(1) 报纸

名　　称	主义系统	持有人	编辑干部	备　　考
奉天每日新闻(日文)		松宫こと	主编　牧野勋	1909年5月创刊①,早报、晚报,十六页,发行量一万三千份。基于积极的编辑方针,事变后取得了显著发展,但报道的处理方法有时过于具有煽动性
奉天新闻(日文)		社长　佐藤善雄	主编　饭渊弘	1917年8月创刊②,早报、晚报,十二页,发行量八千五百份,编辑比较踏实

---

① 1934年报告中为"1907年7月";1920年7月收购内外通信社,同月改名《奉天每日新闻》,一说1918年改名。

② 1924年报告为"1920年9月",1929年报告为"1917年9月",1931年报告为"1917年8月",1934年报告中为"1914年8月"。

(续表)

名称	主义系统	持有人	编辑干部	备考
奉天日日新闻（日文）		社长 庵谷忱	主编 田原丰	1908年12月创刊①,早报、晚报,八页,发行量七千份。原名《奉天日日新闻》,1932年3月改名为《奉天满洲日报》,又于1934年6月改回原名。印刷、编辑等方面与前两报相比似乎稍稍逊色

（2）杂志

名称	主义系统	持有人	编辑干部	备考
日满公论（日文）		宫川隆	土桥希地、新庄常吉	1929年8月创刊,月刊,发行量六百份,最初名为《日华》,1932年11月改为现名
奉天商工月报（日文）	奉天商工会议所机关杂志	奉天商工会议所	嘉多龙太郎	1917年7月创刊,月刊,发行量一千七百份。登载贸易、金融、经济方面的报道

除上述各报纸、杂志以外,还有《奉天电报通信》《商业通信》《满洲通信》等各通讯及居留民会②发行的《会报》,铁路总局机关杂志《总局报》《同轨》《路警汇报》等刊行。

公主岭

人口:日本人4 497人(含朝鲜人458人),"满洲"人12 000人。

名称	主义系统	持有人	主笔及记者	备考
公主岭商报（日文）		三村正二	主笔 同前	1920年4月创刊,社址位于公主岭东云町一丁目,日报,两页,发行量四十份,资本金五百圆。主要报道公主岭交易所的交易状况,也登载一般时事。似乎接受交易所及正隆银行支店月额合计二十圆的补助,但经营状态极为不振

四平街

人口:日本人6 416人(含朝鲜人728人),"满洲"人12 000人,外国人13人。

名称	主义系统	持有人	编辑干部	备考
四洮新闻（日文）		社长 樱井教辅 曾任《大阪商业新闻》《神户新闻》《大阪每日新闻》等报记者,1916年来到四平街,任《大陆日日新闻》支局长,1920年进入本社	主笔 同前 记者 中塚武夫	1920年10月创刊③,社址位于四平街南四条通。资本金一万五千圆,日报,四页,发行量四百五十份。最初名为《四洮时事新闻》,1921年10月改为现名

---

① 一说1909年6月创刊。
② 当地的日侨组织。
③ 1932年报告为"1920年11月",1933年报告为"1921年9月"。

铁岭

人口：日本人 4 321 人（含朝鲜人 1 037 人，台湾人 1 人），"满洲"人 50 000 人，外国人 8 人。

一、中文报纸

名　称	主义系统	持有人	编辑干部	备　考
铁岭公报	铁岭县公署机关报	本多正	主笔　张慕周	1934 年 10 月创刊，日报，四页，发行量一千两百份。是铁岭县公署的机关报，以日"满"亲善为重点，致力于内容的完善

二、日文报纸

名　称	主义系统	持有人	编辑干部	备　考
铁岭时报（日文）		西尾信	反田高德	1911 年 7 月创刊①，中型，日报，四页，发行量三百八十份

开原

人口：日本人 12 020 人（含朝鲜人 9 871 人、台湾人 7 人），"满洲"人 35 510 人，外国人 4 人。

名　称	主义系统	持有人	编辑干部	备　考
开原新报（日文）		社长　篠田仙十郎	八木茂	1918 年 3 月②创刊，发行量约四百份，1934 年 6 月以来处于停刊状态，同年 9 月与《开原实业时报》③合并再刊

掏鹿

人口：日本人 326 人（含朝鲜人 174 人），"满洲"人 30 000 人，外国人 1 人。

当地无报纸、杂志等发行，只不过有各地报纸的代理销售店，当地主要购阅《大同报》《盛京时报》《泰东日报》《民声晚报》等报。

本溪湖

人口：日本人 3 176 人（含朝鲜人 271 人），"满洲"人约 7 000 人，外国人 6 人。

名　称	主义系统	持有人	编辑干部	备　考
安奉每日新闻（日文）		伊藤唯熊	大黑谷百三	1926 年 8 月创刊④，日报，四页，发行量四百份

抚顺

人口：日本人 21 209 人（含朝鲜人 3 745 人、台湾人 17 人），"满洲"人 21 255 人，外国人 37 人。

---

① 一说 1911 年 8 月创刊，一说 1910 年创刊。
② 1934 年报告中为"1919 年 2 月"。
③ 1931 年报告中为《开原实业新报》，1933 年报告记载创刊于 1923 年 1 月 1 日，1934 年报告记载创刊于 1924 年 11 月，日报，两页。
④ 1934 年报告中为"1913 年 4 月"。

一、中文报纸

名　称	主义系统	持有人	编辑干部	备　考
抚顺民报		窪田利平	胡云峰	1932年2月创刊①,日报,发行量约三千一百份,是《抚顺新报》的姐妹报

二、朝鲜文报纸

名　称	主义系统	持有人	编辑干部	备　考
抚鲜旬报	协和会机关报	丸川顺助	赤木节夫	1934年11月创刊,每月发行三次,发行量两千六百份,大部分报纸趁朝鲜人务农的时机向县内朝鲜农民分发

三、日文报纸及杂志

名　称	主义系统	持有人	编辑干部	备　考
抚顺新报（日文）		窪田利平	月野一霁	1925年3月创刊②,日报,四页,发行量两千两百份,接受抚顺炭矿年额约两千圆的补助。作为抚顺唯一的日文报纸,经营顺利
月刊满洲（日文）		城岛德寿	同前	1928年7月创刊,月刊,发行量五千份,由《抚顺》改为现名而成。作为通俗杂志,是"满洲"出色的杂志
炭の光（日文）	抚顺炭矿机关杂志	抚顺炭矿	佐藤哲雄、大野义雄	1928年7月创刊,日报,四页,发行量三千九百份

鞍山

人口:日本人15 550人(含朝鲜人973人,台湾人17人),"满洲"人10 543人,外国人7人。

名　称	主义系统	持有人	编辑干部	备　考
鞍山日日新闻（日文）		野尻弥一	野村数章	1932年7月创刊③,日报,四页,发行量约一千份

除上述报纸外,还有昭和制钢所社报及鞍山制钢会杂志。

新民府

人口:日本人284人(含朝鲜人84人、台湾人3人),"满洲"人33 099人,外国人4人。

尚未有报纸、杂志发行,当地购阅的日文报纸有《奉天每日新闻》《满洲日日新闻》《大阪朝日新闻》《大阪每日新闻》等报三百份。《奉天每日新闻》在新民、大虎山有通讯员。购阅的中文报纸有《盛京时报》、奉天《民报》《泰

---

① 一说1931年12月创刊。
② 1930年报告为"1921年4月",1934年报告中为"1922年4月3日";一说1921年2月创刊,一说1921年2月14日创刊。
③ 一说1932年6月16日创刊。

东日报》《奉天公报》《关东报》《大亚公报》《民声晚报》《大同报》等报共七百份。

海龙

人口：日本人565人（含朝鲜人491人,台湾人7人）,"满洲"人115 167人,外国人2人。

当地无报纸、杂志等发行,各报有名义上的分、支局,但其实质不过是代理销售店,名副其实称得上是支局的只有日文报纸奉天每日新闻社在山城镇的支局。现在当地购阅的报纸,中文报纸有《泰东日报》《满洲报》《盛京时报》《民报》《抚顺民报》《大同报》《奉天公报》,朝鲜文报纸有《满蒙日报》《每日申报》,日文报纸有《奉天每日新闻》《满洲日报》《大阪每日新闻》《大阪朝日新闻》等报,其中购阅最多的是《大同报》《盛京时报》。购阅总数两千份。

通化

人口：日本人1 222人（含朝鲜人955人）,"满洲"人42 860人,外国人2人。

当地无报纸、杂志等发行,只有《盛京时报》《满洲报》《泰东日报》《奉天民报》等报名义上的分、支局,仅仅在销售工作之余从事通讯。当地购阅的报纸有《盛京时报》《满洲报》以及奉天《民报》《奉天日报》等报。

辽阳

人口：日本人4 558人（含朝鲜人442人、台湾人2人）,"满洲"人65 403人,外国人10人。

一、中文报纸

名 称	主义系统	持有人	编辑干部	备 考
辽海公报		渡边德重	贾明源、张汉	1931年11月创刊①,日报,四页,发行量四千份。1932年11月将原辽阳县公署的机关报《辽阳公报》改为民间报纸,更换为现名而成

二、日文报纸

名 称	主义系统	持有人	编辑干部	备 考
辽鞍每日新闻（日文）		社长 渡边德重	同前	1908年12月创刊②,1919年10月改为现名③,日报,小型,四页,发行量一千份。由社长渡边个人经营,资本金约一万圆

营口

人口：日本人6 495人（含朝鲜人1 487人、台湾人6人）,"满洲"人130 593人,外国人97人。

概况

当地现在发行的报纸只有《满洲新报》（日文）及《营商日报》（中文）两种。《满洲新报》创刊于1908年2月,拥有相当悠久的历史,但承受着大连、奉天等地报纸的压力,经营逐年困难,以至于经营状态不振,现在领事馆以公告费作为补助,是其重要财源。至于登载的内容,除地方杂讯外,其他报纸的转载占据了大部分篇幅。《营商日报》是营口总商会的机关报,于1907年9月④创刊,当初经营困难,但1925年、1926年前后起趋向顺利,1926年声称为了整顿工厂、革新内容而暂时休刊,1927年2月复刊。似乎很少论及时事问题,登载的内容以当地经济及各种杂讯为主,宛然总商会的公告报纸。

---

① 1933年报告为"1931年11月26日"。
② 一说1908年3月创刊。
③ 曾名《辽阳每日新闻》《辽阳新报》。
④ 同年报告《营商日报》的"备考"栏为"1907年10月"。

一、中文报纸

名　　称	主义系统	持有人	编辑干部	备　　考
营商日报	总商会机关报	营口总商会 社长　郭抡三	主笔　陈锡箴 干部记者　于胥梦	1907年10月创刊①，社址位于营口西大街。日报，八页，发行量约一千三百份。创立当初陷入经营困难，1925年前后起趋向顺利。1926年声称为了整顿工厂、革新内容而暂时休刊，1927年2月再刊。

二、日文报纸

名　　称	主义系统	持有人	编辑干部	备　　考
满洲新报（日文）		社长　小川义和 原关东厅警察官，1908年入社，1911年任主笔，1925年任社长	主笔　同前 记者　觉明久一	1908年2月创刊②，社址位于营口新市街南本街，日报，四页，发行量一千四百份，经营困难

安东

人口：日本人30 472人（含朝鲜人15 500人），"满洲"人136 105人，外国人31人。

概况

现在安东的报纸，日文报纸有《安东新报》及《国境每日新闻》两种，中文报纸有《东边日报》及《新满公报》两种，总计四种报纸。其中日文报纸两报报道均比较迅速，但遗憾的是尚未脱离地方报纸的范畴。《安东新报》主要对安东市的诸般状况作报道，与此相反，《国境每日新闻》意欲在对岸朝鲜各地扩张其商圈，特别是1933年新义州实业家多田荣吉从吉永成一手中盘下该报任社长，其倾向变得显著。中文报纸中《东边日报》自事变以来由日本人向后新太郎任社长，尽力锐意经营，社运因此稍稍趋向隆盛，事变刚发生后发行量仅不到一千份，但现在增至三千份。《新满公报》由日本人杉山宗作任社长，虽正在努力，但发行量不过一千份，经营似有困难。

一、中文报纸

名　　称	主义系统	持有人	编辑干部	备　　考
东边日报③		社长　向后新太郎	发行人　汤铭芳	1929年9月创刊，日报，六页，发行量约两千五百份。事变前频繁登载排日报道，但现社长就任后一改态度，社运趋向隆盛。报道一般时事及经济市况
新满公报		社长　杉山宗作	主编　承履达	1934年3月创刊④，日报，六页，发行量约一千份。原为市政筹备处时期作为县公署机关报于1929年8月创刊的《安东市报》⑤（日报，小型，四页）。该报停刊后，在日本人杉山宗作的奔走下，经改善续刊后发行

---

① 1919年报告为"1909年"，1922年报告为"1907年10月1日"；一说1908年创刊。
② 一说1908年3月创刊。
③ 1933年报告中为《东边商工日报》。
④ 一说1934年3月1日续刊。
⑤ 1933年报告为1929年8月创刊，一说1929年9月1日创刊。

二、日文报纸

名　　称	主义系统	持有人	编辑干部	备　　考
安东新报（日文）		社长　川俣笃	主笔　户田弘毅	1906年10月创刊，晚报，四页，发行量约三千五百份。是安东最早的报纸
国境每日新闻（日文）		社长　多田荣吉　新义州的实业家	主笔　中岛骏吉	1928年1月创刊，日报，八页（早报、晚报），发行量约四千五百份。当初名为《安东时事新报》，1931年5月改为现名，1933年11月现社长就任

除上述报纸以外，日文刊物还有《安东经济时报》（月刊）、《满洲特产安东通过日报》（日刊）、《安东取引所月报》（月刊）、《安东取引所日报》（日刊）、《满蒙时报》（月刊）等刊物。

郑家屯

人口：日本人808人（含朝鲜人220人），"满洲"人4 500人，外国人8人。

当地尚无报纸、杂志等发行，完全没有言论机关，只是驻有中文报纸《满洲报》《盛京时报》《奉天公报》《东亚日报》《泰东日报》等主要为奉系报纸的通讯员，在代理销售之余，偶尔从事地方通讯工作。日文报纸中只有《满洲日报》《奉天每日新闻》及日本本土的主要报纸在日本人之间购阅。

通辽

人口：日本人595人（含朝鲜人190人），"满洲"人21 000人。

当地于1932年1月由日本人发刊中文报纸《蒙边时报》，但经营不如意，仅数月便停刊，直至今日。目前驻有《满洲报》《盛京时报》《奉天公报》《东亚日报》《泰东日报》等报的通讯员，只是在代理销售之余从事通讯。

洮南

人口：日本人1 528人（含朝鲜人360人），"满洲"人58 000人。

名　　称	主义系统	持有人	编辑干部	备　　考
大同日报		横峰勇吉	主笔　同前　编辑　任佐延	1932年8月创刊，日报，八页，发行量一千三百份，发行日文周刊《大同》作为姐妹刊物

除上述报纸以外，驻有《满洲报》《盛京时报》及其他报纸的通讯员，在代理销售之余从事通讯工作。

农安

人口：日本人269人（含朝鲜人117人），"满洲"人199 075人。

当地曾于1930年9月发行《农安县政公报》，但现在已经停刊，依然没有报纸、杂志等发行，只有从事通讯兼代理销售《盛京时报》《满洲报》《大北新报》《泰东日报》等其他地方报纸者。

吉林

人口：日本人9 653人（含朝鲜人2 166人、台湾人100人），"满洲"人136 952，外国人116人。

一、中文报纸

名　　称	主义系统	持有人	编辑干部	备　　考
吉林日报	吉林省公署机关报	林祉	张舟三	1931年12月创刊，社址位于吉林省城二道码头，日报，八页，发行量一千两百份。由《吉长日报》改组而来，教育厅加以监督

(续表)

名　称	主义系统	持有人	编辑干部	备　考
东省日报		三桥政明	刘云峰	1922年9月创刊①，社址位于吉林省城商埠地，日报，六页，发行量一千份。是唯一由日本人经营的中文报纸，一向接受满铁的补助，但最近也接受省公署的补助

二、日文报纸

名　称	主义系统	持有人	编辑干部	备　考
松江新闻		三桥政明	时政清	1923年9月创刊②，社址位于吉林省城商埠地，日报，四页，发行量一千两百份。与《东省日报》属于同一经营者，是唯一的日文报纸，经营逐渐顺利

除上述报纸以外还有日报《吉林省公署公报》（中文）。

哈尔滨

人口：日本人63 361人（含朝鲜人10 985人、台湾人14人），"满洲"人379 165人，外国人59 436人。

概况

目前哈尔滨的报纸有中文报纸七种、俄文报纸八种、乌克兰文及波兰文报纸各一种、英文报纸一种及日文报纸两种，合计二十种报纸。

中文报纸有《大北新报》《国际协报》《哈尔滨公报》《滨江时报》《滨江午报》《商报晚刊》及《消闲录》共七种报纸，但除了《大北新报》《国际协报》及《哈尔滨公报》三种报纸外，其他均为微不足道的小报纸。各报的编辑方式均无任何特征，除了《大北新报》（日本人经营）外均不登载社论。《大北新报》最有影响力，因为除了历史悠久、方便"满洲"人了解日本方面动向而得到关注以外，该报还不忌惮"满洲国"官方，比较自由地发表言论。《国际协报》次于此报，维持着事变前排日报纸时期构筑的地盘，现在在"满洲"人之间也有深厚的信誉。《哈尔滨公报》完全是官方的御用报纸，与前两报相比影响力更逊一筹。各报均以靠薪俸生活者为目标读者层，商人购阅者颇少。此外，因"满洲事变"后地方上有权势者逃匿，地方购阅者显著减少，似乎还看不到恢复的迹象。

俄文报纸定期出版物有 Заря、Харбинское время、前一报的晚报、Рупор、Русское слово、Наш путь、Гун-Бао 及 Новости Востока 八种日刊报纸，有 Торговый Харбин（商业通讯）及 Ангаста 两种通讯，还有十一种杂志。Харбинское время 由日本人经营，在"满洲事变"后发刊，时日尚浅，但其报道方式及论调均大胆，毫无忌惮，因此迅速获得大量读者，发行量一度凌驾于其他有影响力的俄文报纸之上。Заря 的历史最为悠久，该报经营者同时经营 Рупор，此外在上海和天津也有姐妹报。其报道方式及论调稳健中正，在该地言论界有非常大的影响力，远在欧美方面也有大量购阅者，发行量与上述 Харбинское время 同为当地俄文报纸中的双璧。Наш путь 是总部在当地的"全俄法西斯党"③的机关报，有尖锐的反苏言论，而且时时致力于排挤犹太民族。除上述报纸外，Рупор、Гун-Бао、Русское слово 三报均为反苏亲日"满"的报纸。只有 Новости Востока 完全是赤系报纸，除介绍苏联国内情况外，还报道与苏联有关的欧美诸国的政情，以克制过激的反日"满"报道。

英文报纸有英国人福利特经营的 Harbin Observer 一种，看似对日"满"感情不良，但也不一定如此，可以看到其近来对日"满"笔调显著好转。还有英文经济杂志 Manchurian Economic Review，主要致力于介绍日"满"经济情况。

其他外文出版物有乌克兰文、波兰文等语言的报纸、通讯及杂志若干，均无一般性政治乃至社会方面的价值。

---

① 1932年报告为"1922年7月"，一说1922年7月18日创刊。
② 一说1923年8月27日创刊。
③ 日文原文是"全露西亜ファシスト党"，译文与实际名称是否一致，待查。

一、日文报纸及杂志

（1）报纸

名　　称	主义系统	持有人	编辑干部	备　　考
哈尔滨日日新闻（日文）	满铁系统	持有人　株式会社哈尔滨日日新闻 社长　大泽隼	主笔　大森清腾 主编　南部春夫	1922年创刊①，资本金二十万圆，早报、晚报各四页，发行量约五千份
哈尔滨新闻		持有人兼社长　大河原厚仁	主笔　同前 主编　菅藤孟郎②	1932年2月创刊③，早报、晚报各四页，发行量约四千份，完全是个人经营

（2）杂志

名　　称	主义系统	持有人	编辑干部	备　　考
露满蒙时报	经济杂志	哈尔滨商品陈列馆	渡边三树男、寺田孙治、海野义彦	1919年创刊，菊版④，一百三十页，发行量六百份

二、中文报纸及杂志

（1）报纸

名　　称	主义系统	持有人	编辑干部	备　　考
大北新报⑤		持有人兼社长　山本久治	主笔　同前 主编　堀江义一	1922年10月创刊，日报，八页，发行量约五千份。是当地唯一由日本人经营的中文报纸，创立当初作为《盛京时报北满版》发行，1933年6月起独立
国际协报（The International）	国家协调主义	持有人兼社长　张复生　曾任《盛京时报》《泰东日报》《大东日报》记者	主笔　同前 张子麟	1919年7月创刊⑥，日报，十页，发行量三千份，资本金两万圆。当初于新京发行，后接受南洋烟草叶元宰的援助迁至当地。1921年张就任社长后，接受奉天和哈尔滨各机关的补助，极端鼓吹排日，社运隆盛；1929年前后发行量达到了四千份；"满洲事变"后一度被查封，此后于1932年3月成为张景惠机关报复活，归现社长私营
哈尔滨公报	国家协调主义	持有人兼社长　关鸿翼　东省特别区法学院出身，曾任哈尔滨市会议员	主笔　同前 主编　赵魁	1926年12月创刊，日报，十页，发行量八千份，资本金十万圆。当初关氏从特别区各机关筹措资金两万元，作为长官公署机关报创刊，1927年末转为关个人经营，但依然接受官方相当数额的补助，极度舞弄排日毒笔。"皇军"进入哈尔滨后一度被责令查封，1932年5月成为特区长官公署御用报纸，获得许可再发行。此外，本报与俄文报纸 *Гун-Бао* 为姐妹报

---

① 1929年报告为"1922年1月"，1934年报告中为"1921年"；一说1922年11月创刊。
② 1934年报告中为"管藤孟"。
③ 一说1932年2月29日创刊。
④ 日语表示纸张尺寸的专用名词，约152×218毫米。下同。
⑤ 1925年报告为《大北日报》。
⑥ 1925年报告为"1918年8月"，1932年报告为"1919年1月10日"；一说该报1918年7月1日在吉林省长春市创刊，1919年10月迁到哈尔滨。

(续表)

名称	主义系统	持有人	编辑干部	备考
滨江时报	国家协调主义	持有人兼社长 范德纯 北平朝阳大学法科出身	主笔 同前 主编 徐文华	1920年4月创刊①,日报,八页,发行量五百份,由社长私营,据称资本金一万圆。原中东铁路机关报《远东报》停刊后继承其地盘而来
滨江午报②	国家协调主义	持有人兼社长 赵郁卿 毕业于机务专门学校,曾就职于《北平公言报》	主笔 同前 主编 刘润生	1924年6月创刊③,正午版,四页,发行量七百份。1921年前后作为在哈油房公会的机关报创立,由于经营困难,1924年被赵盘下
商报晚刊④	国家协调主义、南洋烟草公司系统	持有人兼社长 王宿辰 毕业于北平商业专门学校,原《哈尔滨辰报》编辑	主笔 同前 主编 于哲生	1921年12月创刊,晚报,四页,发行量六百份。本报原本由叶元宰依靠南洋烟草公司出资(一万元)创刊,是《东三省商报》⑤的后身。"满洲事变"后王盘下此报,改为现名
消闲录⑥	国家协调主义	持有人兼社长 范介卿 毕业于北洋高等警务学堂,就职于方正县警务局等机构	主笔 同前 主编 范德铭	1924年6月创刊⑦,日报,两页,发行量一千七百份。缺乏政治色彩,但作为大众读物受到好评

(2)杂志

名称	主义系统	持有人	编辑干部	备考
五日画报⑧		持有人兼社长 王仑山	主笔 同前 主编 刘景龢	1932年9月创刊⑨,五日刊,两页,发行量约两千份
哈尔滨市公报⑩	哈尔滨特别市机关杂志	哈尔滨特别市公署	市公署庶务课文书人员	1933年7月创刊⑪,半月刊,发行量五百份

---

① 1925年报告为"1921年",一说1921年3月创刊。
② 1928年报告为《午报》。
③ 1932年报告为"1920年5月1日"。
④ 1933年报告为《商报》。
⑤ 1932年报告创刊时间为"1922年12月"。
⑥ 1934年报告为《消闲报》。
⑦ 1934年报告中为"1933年8月25日"。
⑧ 1934年报告为《哈尔滨五日画报》。
⑨ 一说1933年8月25日创刊。
⑩ 疑为《市政公报》后身。
⑪ 1934报告为"1933年8月"。

三、俄文报纸、通讯及杂志
(1) 报纸

名　　称	主义系统	持有人	编辑干部	备　　考
Заря[晓]（俄文）	中立，白系	辛迪加 Заря 社 社长　卡夫曼·E.S 发行人 希普科夫·G.P	主笔　科布茨奥夫·N.P 记者　穆拉谢夫·G.T、萨特夫斯基、卢杰夫斯基·G.G、伊万诺夫 马修蔻夫·P.A、乌夫托姆斯基·N.A	1920年12月①创刊，日报（早报），八页，发行量四千五百份，对日感情一般。本报由被过激派追捕而逃亡至此的白系俄国人已故莱姆毕齐自行担任发行人，联合同样逃亡来到哈尔滨的科布茨奥夫、希普科夫、米哈伊洛夫·I.A 等人，使其各自担任主笔或记者，合资创刊而成。1925年变为莱姆毕齐个人经营，以此为契机，在 Заря 报发展的同时，其成立了发行报纸的辛迪加 Заря 社，以当地为首，将全中国有影响力的俄文报纸纳入自己手中。1932年莱姆毕齐死后，本报被置于其债权人美国系统信济银行（Thriftcorbank）的监督之下，同时，辛迪加转为莱姆毕齐遗孀、卡夫曼、希普科夫及布茨奥夫共有，现在经营哈尔滨的 Заря、Рупор、天津的 Наша заря、上海的 Шанхайская заря 四报，本报在其中最具代表性。由于历史悠久，而且莱姆毕齐擅长经营，所以在当地言论界形成一大势力，与其他报纸相比，读者和广告最多，此外还向欧美各地输出相当数量。"满洲事变"后，出现日本人经营的俄文报纸 Харбинское время，发行量曾一度达到一万份以上，本报的影响力令人感到受到不少削弱。总是标榜中立，较少涉及当地社会、政治以及与当地人有直接关系的问题，周全而又稳健，自始至终保持着圆滑的所谓八面玲珑的态度等，对白系不错，对赤系也不差，在官方声誉亦良好，以俄国人为首在各方面都受到好评，现在尚保持相当程度的影响力。有一种说法是，本报接受以赤俄为首的白系及其他各方面的不少的补助金，而且因为辛迪加是"实行犹太人共济会结社的世界统一主义的表现之一"，本报有受到攻击的倾向，但未得到确认。从论调推断，本报大体上受到了欧洲方面的影响，有明确支持欧洲政策的倾向
Харбинское время[哈尔滨时报]（俄文）	满铁系统	持有人、社长兼发行人　大泽隼　原满铁社员	主笔　田中总一郎 记者　谢洛夫、伽卢伊琴、尼奇夫欧罗夫博士、拉林、利亚森维夫、希霍柴夫、赛鲁格夫、伽卢琴、古拉兹伊丽娜	1931年11月创刊，日报（早报），八页，发行量五千五百份。大泽隼遗憾于以往当地俄文报纸遭到中国官方的极端压迫，无法公正报道，1931年9月26日以号外的形式发行本报，接着于11月3日正式发行第一号，直至今日。创立当时正逢"满洲事变"爆发后不久，其他普通的俄文报纸遭到官方极端的言论打压，而且未看透事件的发展趋势，因此陷入无法报道各种事态的状态。此时，本报提供了直率、毫无顾虑的新闻，因此发行量一跃达到一万数千份，远远凌驾于其他报纸之上。因为在各种报道，特别是有关反苏反中或优待白系俄国人等方面，有过分夸大报道的倾向，在普通人中信誉转低，并且面向俄国人的文艺栏目不出色，其后读者逐渐减少，现在不过是和 Заря 报维持同一程度
Харбинское время вечером[哈尔滨时报夕刊]（俄文）	满铁系统	持有人、社长兼发行人　大泽隼	主笔　田中总一郎 记者　沃洛奇琴、阿波罗诺夫·P.S、克鲁米洛夫	1932年4月创刊，晚报，四页，发行量一千五百份，鉴于 Харбинское время 创刊当时销路良好，以晚报形式发刊，当时有相当的销路，曾一度发行数千份，现逐渐减少

---

① 1934年报告中为"1920年4月"。

(续表)

名　称	主义系统	持有人	编辑干部	备　考
Гун-Бао[公报]（俄文）	亲日"满"	关鸿翼　任中文报纸《哈尔滨公报》社长兼主笔	主笔　维利杰夫 记者　奥达洛维奇、拉扎维夫斯基、罗谢诺夫、卢米扬茨夫、泽兰	1926年12月创刊，日报（早报），六页，发行量约一千份，对日感情良好。本报由原中东铁路职员亚美尼亚人梅利克·瓦卢堂扬茨向关鸿翼提议，接受当时的特别区行政长官张焕相的补助创刊而成。其后，由于靠苏联方面的秘密援助而接受中东铁路莫大补助之事暴露，关鸿翼与瓦卢堂扬茨被罢免，由权世恩及萨特夫斯基、卢杰夫斯基取而代之，苏联便取消补助金，事业因此陷入困难。当时的行政长官张景惠计划对本报加以改造，再次启用关鸿翼为社长，以著名文学家孚赛奥罗德·伊万诺夫为主编。苏中纷争事件发生时，本报极力发挥御用报纸的作用，与莱姆毕齐系各报纸共同推动反苏气势。其后由于中国方面对苏政策的软化，以及筹措资金的需要，标榜中立，再次起用能在苏联方面通融的瓦卢堂扬茨为主笔。"满洲事件"后，仍旧未改变排日态度，因此在1932年3月（"皇军"进入哈尔滨后）被新政权当局强制接管，一度停刊。由于关鸿翼是"满洲"旗人，幡然对"满洲国"宣誓忠诚，同年5月关再次获得许可发行。迩来本报完全改变了过去的态度，持有亲日"满"的态度，直至今日。还有一说认为本报接受发行报纸的辛迪加 Заря 社补助，在其支配之下，但不确凿。此外，本报与《哈尔滨公报》为姊妹报
Рупор[传声筒]①（俄文）	民主主义，犹太人系统，Заря 系统	社长兼发行人　卡夫曼·E. S	主编　迪奇·A. L 记者　萨特夫斯基、卢杰夫斯基、内斯梅洛夫、沃夫切科夫、吉贝鲁格	1921年10月创刊②，日报（晚报），六页，发行量两千份，对日感情一般，读者阶层为犹太人、商人，特别是妇女。本报曾与 Заря 社有关系，由阿鲁伊莫夫及阿鲁诺里多夫共同经营，其后由于财政困难，变为格泽里的单独经营，又转为米鲁莱卢及卡夫曼共同经营，1924年 Заря 经营者莱姆毕齐欲将所有俄文报纸集中于一手，获得了本报相当数量的股份，因而将其置于辛迪加 Заря 社的经营之下，直至今日。本报报道在政治方面少有权威，但在经济及面向普通人方面灵活，特别是在面向妇女方面得到公认
Наш путь[我们的道路]（俄文）	反苏联主义，白系俄国人法西斯系统	持有人　全俄法西斯党 社长　罗德泽夫斯基 发行人　瓦西连科·V. N	主笔　罗德泽夫斯基·K. V 管理人　马蒙托夫·S. I 记者　克鲁米洛夫·A. A、库鲁布斯基、库鲁特谢维奇、拉杰夫、卡卢努哈	1933年10月创刊，日报（早报），六页，发行量约一千五百份，对日感情良好，读者阶层为全俄法西斯党党员。由于最初当局对于新报发行的审批加以限制，以罗德泽夫斯基为首领的当地全俄法西斯党，趁着英国系犹太人阿托金斯及马拉夫斯基等人经营的既有报纸 Наша газета 经营发生困难之机，于1932年9月约定每月支付三百元加以收购，其后不久利用特殊手段办理了改变报名（现名）的手续，并且将所有权完全归己所有，阿托金斯等人设法收回，但未奏效，只好忍气吞声。本报利用时势，多有我行我素的态度，并非没有连"满洲国"官方命令也加以无视的行动，特别是法西斯党利用本报，以"反共产运动资金"的美名或者滥用私人关系投稿，向犹太人、苏联方面的人或机关、富豪等强行要求捐助或采取威胁行为，因而作为恶德报纸被普通人特别是犹太人厌恶

---

① 疑为《传声报》。
② 1934年报告中为"1921年9月"。

(续表)

名　称	主义系统	持有人	编辑干部	备　考
Новости Востока [东方新闻] (俄文)	共产、社会主义，苏联系统	社长兼发行人　克鲁巴库奇·P. E	主笔　同前 秘书　马尔马希、斯科维鲁斯基 记者　克里夫斯基、格鲁布科夫、马尼可夫斯基、布伊金、伊格纳切夫、托伊斯雷露	1932年4月创刊，日报（早报），六页，发行量一千五百份。对日恶感大多隐藏在内，但在目前的政情下并不露骨。读者阶层为苏联人，完全在苏联总领事馆和"北铁"苏联方面的出资与领导下经营，是纯粹的赤系报纸。宣传苏联内政、外政的建设、充实状况，以及对苏联有利的内容，同时作为当地唯一合法的苏联报纸，被普通苏联侨民及各种苏联机关，还有秘密存在的苏联共产党、职业同盟、共产青年同盟等利用。顾虑到当局的镇压，极少公然登载赤化报道或反日报道
Русское слово [俄语之词]① (俄文)	反共产，帝政主义，俄国军事总同盟机关报	持有人　俄国军事总同盟 代表　威尔基毕奇（中将） 发行人　德米特里艾尔	主笔　维森洛夫斯基 以上只是表面现象，实情如下： 主笔　威尔基毕奇中将 记者　维森洛夫斯基、艾乌罗培柴夫、耶罗莫纳夫、梅赫迪、德米特里艾尔	1926年创刊，日报（早报），四页，发行量八百份，对日感情良好。读者阶层为普通俄国人，特别是旧军人及总同盟成员。本报的起源是，霍尔瓦特将军的旧友、原国会议员武维·瓦斯特罗琴在中东铁路机关报 Харбинский вестник 被查封后，与从西伯利亚撤退的高尔察克政府的野战印刷局共同接管该报财产，自身任主笔，于1921年以 Русский голос 为名发刊。该报反布尔什维克态度鲜明，与在法国已故的尼古拉·尼古拉耶维奇大公方面的原俄国军人团有密切联络，并且当时也得到了中东铁路干部的援助，成为白系俄国人中最具有权威的报纸。1925年，随着中东铁路干部的变更、赤化，其援助断绝。1926年1月末，中国方面对苏联加以提防，中国官方下令查封该报，但不久便以现在的名称，以斯巴斯基·A.M为主笔兼发行人继承本报，得到允许发行。经历了克罗波夫·A.N担任发行人及编辑的时期，1932年4月终因经营困难，盘给莱姆毕齐的辛迪加 Заря 社，又于此人死后的1934年11月盘给"满"白系俄国军人联合机关俄国军事总同盟（总部在法国，是以米鲁莱卢将军为总司令的团体在当地的支部），成为该同盟会的机关报，直到现在。创刊以来，干部数次变更，但其主义始终为白系、帝政复兴主义，持反苏、亲日的态度。此外，关于俄国军事总同盟，如同法西斯党及哥萨克系俄国人的反对宣传所说的那样，一部分俄国人及军方持有的见解认为上述同盟是美国系统和犹太人共济会社的傀儡，实际上是排日"满"团体。该同盟接收本报的资金似乎也出自上述结社，但不确凿

（2）通讯

名　称	主义系统	持有人	编辑干部	备　考
Торговый Харбин [商业哈尔滨] (俄文)	商业通讯	拉姆金	主笔　阿奇莫夫 记者　萨特夫斯基	1931年3月创刊②，周刊，四页，发行量两百份。本报原本由诺斯克夫与阿奇莫夫合资创刊，其后名义上的持有人变为拉姆金，但实权由萨特夫斯基掌握。财政状况不良，对日感情一般

---

① 疑为《俄国语言报》，一说1926年1月31日创刊。
② 一说1931年4月6日创刊。

(续表)

名　称	主义系统	持有人	编辑干部	备　考
Ангазта [英亚通讯]（俄文）	共产及社会主义，苏联系统	福利特（英国人）兼任 Harbin Observer 社长	同前	1929年2月创刊,日报,打字油印,发行量七十份,对日感情极差。1929年苏中关系恶化之际,原苏联机关报 Молва 的官选社长涅齐金以现社长、赤系英国人福利特为傀儡,在苏联方面的出资下创刊,其后涅齐金出逃中国南部,福利特继承该报。"满洲国"官方不承认该报,以该报的存在为非法之物。绝密印刷,主要向与苏联有关系者及秘密存在的苏联共产党各机关分发,所有的费用依然由苏联总领事馆支出,在当地执行着塔斯社支社的使命

(3) 杂志

名　称	主义系统	持有人	编辑干部	备　考
Рубеж [境界]（俄文）	兴趣本位,白系	兼发行人　卡夫曼·E. S Pynop 社长	主笔　罗柯托夫 记者　克罗索夫、温科夫斯基（在巴黎）、库里亚杰夫·B、古卢伊佐夫·A、亚奇雅伊卢、迪奇、特拉弗坦贝鲁格（在柏林）、内斯梅洛夫	1928年创刊①,周刊（每周六）,八截②,三十页左右,发行量三十份,政治色彩极淡,在对日问题上不感兴趣。卡夫曼自创刊以来任社长,1933年办理完成正式手续。与当地俄国人作家会有密切关系,多登载以兴趣为本位的温和派报道,是当地白系俄国人之间唯一的普及范围相当广的杂志
Луч Азии [亚细亚之光]（俄文）	大亚细亚主义,阿塔曼·谢苗诺夫系统	持有人　阿塔曼·谢苗诺夫 代表　伽洛蒂耶夫·M. H中将	主笔　克鲁尼克夫 记者　谢苗诺夫、斯米卢诺夫、伽洛蒂夫、古拉茨瑟	1934年10月创刊,月刊,八截,五十页左右,发行量七十份,对日感情良好,读者阶层为俄国人各阶级,特别是与白系俄国人事务局相关者。在当地军方当局的援助下,本杂志由以阿塔曼·谢苗诺夫为首领的哥萨克及全俄法西斯党共同创刊,以亚细亚民族团结为目标。1935年4月,在上述当局的斡旋下,以不登载时事问题为条件获得了"满洲国"方面的正式批准
Иллюстрированные новости [新闻画报]（俄文）	文学、艺术兴趣本位	兼发行人　孔拉德（英国人）	主笔　维利莫鲁·A（英国人）	1935年创刊,俄文及英文月刊,八截,二十四页左右,发行量三百份,对日感情一般。1934年春以 Смех. Давайте посмеемся③ 为名发刊俄文、英文两种文字的幽默画报,由于不受欢迎,1935年3月起变更为现在的名称及内容,幽默页以俄文、英文两种语言写成,没有政治报道
Ласточка [燕子]（俄文）	面向儿童,兴趣本位	卡夫曼·E. S Pynop 社长	主笔　罗柯托夫 记者　迪奇·雷兹尼克瓦	1926年创刊④,半月刊（6日、21日）,八截,二十页左右,发行量一千五百份。创刊后持有人、关系者等多次变更,后经布伊洛娃、莱姆毕齐之手,现在归卡夫曼所有,1933年8月办理完成正式手续,直至今日。是远东地区白系俄国人唯一的儿童杂志,销路良好,也向外国输出相当多的数量

---

① 1932年报告为"1927年11月"。
② 日文表示纸张尺寸的名词,约271×392毫米。下同。
③ 原文为日文"スメフ",还原后疑为 Смех. Давайте посмеемся（《滑稽:让我们一起笑》）。
④ 1934年报告为"1929年"。

(续表)

名　　称	主义系统	持有人	编辑干部	备　　考
Зигзаги	电影杂志	柳巴维恩	主笔　乌西亚诺夫	1927年1月创刊,周刊(每周六),八截,二十页左右,发行量八百份。1933年8月办理完成正式手续,直至现在。主要在电影院内向观众销售,与政治毫无关系
Вера и жизнь [信仰与生活] (俄文)	俄罗斯正教	持有人　内斯特鲁大主教	主笔　多米特利主教 记者　费拉雷德神甫、梅赫迪大神甫、内夫内鲁神甫	1935年创刊,周刊,八截,三十页左右,发行量三百份,对日感情良好。本杂志于1924年前后发刊,因资金不足而停刊。1935年1月复刊,目前正在向官方申请其出版许可
Нация [民族](俄文)	白系,法西斯主义,全俄法西斯党机关杂志	持有人　全俄法西斯党 代表　拉扎维夫斯基·K.V	主笔　拉扎维夫斯基·K.V 干部记者　克鲁米洛夫、拉杰夫	1932年4月创刊,月刊,八截,五十页左右,发行量三百五十份,对日感情良好。作为全俄法西斯党的机关杂志发刊,没有获得正式批准,但是得到官方默认。是政治杂志,主要登载积极宣传法西斯主义,反犹太、反共产、反苏联的报道,亲日"满"
Грядущая Россия [未来的俄罗斯](俄文)	帝政主义,正统帝政派同盟的机关杂志	正统帝政派同盟	主笔　齐斯里茨因中将 记者　齐斯里茨因·阿奇莫夫、扎泊利斯基、季布泽夫	1932年2月创刊,月刊,八截,三十页左右,发行量五百份。1924年前后起就已经对正统帝政派同盟成员的团结、教化、宣传为目的,不时以现名发行小册子。1932年以此为月刊机关杂志,并且为了使本杂志的存在合法化而奔走,但未能实现,因此伪装在上海出版,继续未经允许而发行,当局似乎也因其毫无危害而默许。但发行者方面仍出于对于官方的顾虑,表面上不采取月刊杂志的形式,而是每月变更名称(例如3月号名为《将来的帝政俄罗斯》,4月号名为《皇帝的事业》,5月号名为《皇帝旗》),伪装成小册子的形式
Хлеб небесный [精神粮食] (俄文)		由维纳里主教	主笔　瓦鲁索诺菲神甫	1930年创刊,月刊,八截,二十四页左右,发行量五百份,对日感情良好。1924年左右起作为不定期发行的小册子而时时发行,1930年变为月刊,但是未获得正式批准,因此依旧采取小册子的形式,4月号名为《复活节号》,5月号名为《五十日祭号》,6月号名为《生活之声》等,每月使用不同的杂志名
Католический вестник [天主教通讯] (俄文)		持有人　在"满洲"天主教圣公会	主笔　梅琦·N、约瑟夫牧师	1931年创刊,月刊(每月1日),八截,二十八页左右,发行量两百份,对日感情一般。伪装享有治外法权,没有获得正式批准
Гадегел [军旗](俄文)	犹太锡安主义,犹太锡安团改革派机关杂志	持有人　犹太锡安团改革派 代表　格鲁维奇	主笔　格鲁维奇 记者　库拉兹内鲁	1932年6月创刊,双周刊(周五),八截,六十页左右,发行量六百份,对日感情不露骨,但内藏反日情绪。是在"满洲"及在中国犹太人锡安团改革派、犹太人青年同盟的机关杂志,以在巴勒斯坦约旦河流域建设犹太人的独立国家为目的,登载其宣传内容。1933年8月得到正式批准。每期向国外输出约两百份
Еврейская жизнь [犹太生活] (俄文)	犹太国复兴主义,哈尔滨犹太人协会机关杂志	持有人　哈尔滨犹太精神协会 代表　卡夫曼	主笔　卡夫曼、拉奇塔	1920年创刊,周刊(每周五),八截,二十页左右,发行量六百份,对日感情不好不坏。作为哈尔滨犹太人协会的机关杂志,于1924年4月获得旧政权批准,又于1933年8月获得"满洲国"官方的正式批准。完全是犹太人方面的政治及文艺杂志

四、英文报纸及杂志

(1) 报纸

名　称	主义系统	持有人	编辑干部	备　考
Harbin Observer[哈尔滨观察家](英文)	拥护苏联，英国系统	福利特（英国人）Ангазта 社长	同前	1925年创刊①，日报（周日休刊），半截版，四页，发行量四百份。原本排日，但近来稍稍趋向良好。福利特亲苏排日，在金钱面前没有主义、节操，被收买为苏联的傀儡，据说最近一年接受苏联领事馆五千圆的补助。本报内容极为贫乏。此外福利特还在当地发行 Ангазта，同时兼任伦敦的 Morning Post、意大利的 Corriere della Sera、天津的 P.T.Times、上海的 North China Daily News 与 United Press 等报的通讯员，过去曾屡屡发布排日性通讯

(2) 杂志

名　称	主义系统	持有人	编辑干部	备　考
Manchurian Economic Review[满洲经济评论](英文)	英国及波兰系统	哈姆森·G（英国系拉脱维亚人）、特雷契科夫·N 发行人 哈姆森·G	主笔　查多维克（英国人）记者　金斯博士、米哈伊洛夫·I、恩格力菲力德博士、克罗波夫、特雷契科夫·N	1934年创刊，半月刊（1日、15日），八截，四十页左右，发行量两百份，对日感情良好。本杂志由俄国人以英国人为傀儡发行，从有利于日"满"的角度，报道、介绍"满洲国"及当地的经济状况，为日、"满"两国做出了相当大的贡献。以广告费获得满铁、"满"方"中央银行"等机构的援助。根据传闻，本杂志真正的目的在于调查当地的经济、政治及其他各种状况，卖给相关各国的机构，现在波兰及捷克斯洛伐克领事馆特别援助此事，秘密提供资金，但从其财政状况观察，上面这种说法十分值得怀疑

五、其他外文报纸

名　称	主义系统	持有人	编辑干部	备　考
Манчжурский вестник[满洲时报]（乌克兰文）	乌克兰独立，哈尔滨乌克兰人民会系统	持有人　哈尔滨乌克兰人民会 代表　司怀特·玛利亚	主笔　司怀特·N.V 记者　帕斯拉夫斯基、巴里洛维奇	1932年9月创刊，乌克兰语周刊，四页，发行量两百份，对日感情良好。由当地"乌克兰人民会"执牛耳，以谢甫琴科为首领的数人任发行人，司怀特·N.V 任编辑发刊。经营约一年后，对于司怀特这一人物有着种种风评，因此谢甫琴科等人辞去了发行人之职，此后司怀特的妻子玛利亚任发行人，直至今日。司怀特自身没有任何财产，本报没有任何反苏内容，根据这类情况，一般怀疑其与苏联方面有关系
Тигодник Польский[波兰天主教星期日报]（波兰文）	波兰国家及天主教主义，波兰天主教系统	持有人　天主教圣公会 代表　圣公会牧师奥斯特洛夫斯基·B.C	主笔　圣公会牧师埃斯蒙德·A.A	1923年2月创刊，波兰语周刊，普通报纸半型②，四页，发行量三百份，对日感情良好。由哈尔滨的波兰系天主教圣公会经营，以启蒙和宣传该教教义和波兰国家主义为目的，购阅者仅限于部分波兰人

---

① 据《黑龙江省志·报业志》记载：英国人哈同·弗利特1924年创办《哈尔滨先驱报》，1925年更名为《哈尔滨观察家》。
② 日文表示纸张尺寸的名词，约250毫米×170毫米。

齐齐哈尔

人口:日本人 7 384 人(含朝鲜人 761 人),"满洲"人 71 895 人,外国人 429 人。

齐齐哈尔发行的报纸,有中文报纸《黑龙江民报》和日文报纸《北满洲日报》两种,两报原本是姐妹报,社长、社员等为相同人员,但 1934 年 11 月以后《黑龙江民报》成为龙江省公署的机关报,与《北满洲日报》完全断绝了关系,报道对象以"满洲"人为本位,一改社内阵容,谋求内容的革新、充实,致力于拓展销路。此外,1933 年 12 月《北满洲日报》与当时的友报《齐齐哈尔日报》合并,1934 年 4 月增刊两页海拉尔版,同年 10 月增刊两页北黑版(北安镇、黑河沿线),逐渐显示出发展的趋向,其销路以齐齐哈尔为中心,北至黑河,东至哈尔滨,西至海拉尔、满洲里,南至洮索线一带,目前发行量达到了三千份,作为"北满"西部的日文舆论机关而活跃。

一、中文报纸

名　　称	主义系统	持有人	编辑干部	备　　考
黑龙江民报	龙江省公署机关报	社长　王甄海	主笔　同前	1929 年 1 月创刊,社址位于齐齐哈尔丰恒胡同二号,日报,四页,发行量两千五百份,接受"国务院"年额一万两千圆的补助。原本与《北满洲日报》是姊妹报,1934 年 11 月以来断绝关系

二、日文报纸

名　　称	主义系统	持有人	编辑干部	备　　考
北满洲日报(日文)	黑龙江省公署及特务机关的机关报	社长　小笠原俊三　毕业于东亚同文书院,曾任《奉天新闻》主编	同前	1932 年 4 月创刊①,社址位于齐齐哈尔永定街二七号,日报,六页,发行量三千份。本报创刊当时名为《龙江日报》,1934 年 1 月与日文报纸《齐齐哈尔日报》合并改为现名。与《黑龙江民报》的关系见上文所述

黑河

人口:日本人 1 051 人(含朝鲜人 139 人),"满洲"人 11 845 人。

名　　称	主义系统	持有人	主笔及记者	备　　考
黑河民报(中文)	瑷珲县公署机关报	兰锡侯	同前	1933 年 7 月创刊,日报,发行量四百五十份,接受瑷珲县公署的补助(每月二百七十圆)

北安镇

人口:日本人 1 300 人(含朝鲜人 161 人),"满洲"人数量不明。

名　　称	主义系统	持有人	主笔及记者	备　　考
北安日报(日文)		露崎弥太郎	木藤寿一	1933 年 6 月创刊②,日报,六页,发行量约一千份

间岛

人口:日本人 55 199 人(含朝鲜人 53 620 人),"满洲"人 8 660 人,外国人 47 人。

概况

当地的报纸只有日文报纸及朝鲜文报纸两种。去年以来当地的交通明显变得便利,同时治安也逐渐恢复,

---

① 一说 1934 年 1 月 1 日创刊。

② 一说 1934 年 6 月 1 日创刊。

日本本土及朝鲜、"满洲"各地的报纸可以快速送达,因此各报均设置了支局,或是设置了通讯员就当地的情况发布通讯。当地落后的报业显示出随着当地的发展而发展的趋势,但当地报纸只是比较详细、快速地报道地方消息,仅仅在此方面表现出特异的存在。两报大体经营困难,依靠相关官厅及其他机构的补助勉强得以发行。

一、朝鲜文报纸

名 称	主义系统	持有人	编辑干部	备 考
间岛日报		社长 鲜于日	主笔 史廷铉	1924年12月从日文报纸《间岛新报》中分离独立而来。日报,四页,发行量一千两百份。1928年1月改为大型四页

二、日文报纸

名 称	主义系统	持有人	编辑干部	备 考
间岛新报(日文)		社长 饭塚政之	记者 辻野德二	1922年7月创刊①,日报,四页,发行量两千份。当初为日文、朝鲜文两版,1924年12月分离出朝鲜文版。1928年1月改版为准大版②,1934年改版为普通大型报纸

除上述报纸之外,还有史廷铉经营的朝鲜文《间岛通讯》(四百份)。

延吉
中文报纸

名 称	主义系统	持有人	编辑干部	备 考
延边晨报(中文)	间岛省公署机关报	周东华	编辑主任 张抱一	1932年8月创刊,日报,大型,六页,发行量七百份。1934年12月成为间岛省公署机关报,1935年6月从龙井村迁至延吉

局子街

人口:日本人21 138人(含朝鲜人19 595人),"满洲"人13 051人,外国人18人。

当地没有报纸、杂志等发行。驻有《间岛日报》《间岛新报》《延边晨报》《北鲜日报》《满蒙日报》《吉林日报》等报的通讯员,只不过是在代理销售之余从事通讯工作。

头道沟

人口:日本人6 779人(含朝鲜人6 667人),"满洲"人2 613人,外国人1人。

当地未设报社及杂志社等,仅驻有《间岛新报》《间岛日报》《京城日报》《东亚日报》《满蒙日报》《大阪朝日新闻》《大阪每日新闻》等各社的通讯员。

图们

人口:日本人23 639人(含朝鲜人17 998人)③。

当地除了1934年6月《间岛新报图们版》发刊之外,无报纸、杂志发行,驻有《大阪每日新闻》《大阪朝日新闻》《间岛日报》《延边晨报》《北鲜日报》《朝鲜新闻》《满洲日报》《满蒙日报》等报的通讯员,只不过是在代理销售

---

① 1932年报告为"1921年7月",一说1921年7月创刊。
② "大版"约为285×400毫米。
③ 原文缺少当地中国居民人口的统计。

之余从事通讯工作。

百草沟

人口:日本人6 073人(含朝鲜人5 920人),"满洲"人3 357人,外国人6人。

当地无报纸、杂志发行,只是驻有日文报纸《间岛新报》,中文报纸《延边晨报》《大同报》,朝鲜文报纸《间岛日报》《满蒙日报》等报的通讯员。各报仅仅拥有极少数的读者,并且,对这些通讯员没有给予任何固定的补贴或费用,因此通讯员对于通讯工作不热心。

珲春

人口:日本人5 373人(含朝鲜人4 550人),"满洲"人12 892人,外国人3人。

当地无报纸、杂志等发行,只是驻有日文报纸《大阪每日新闻》《大阪朝日新闻》《北鲜日报》《北鲜日日新闻》《间岛新报》《京城日报》《朝鲜新闻》《大满蒙》《国民新闻》,朝鲜文报纸《间岛日报》《满蒙日报》及中文报纸《延边新报》《东亚日报》等报的通讯员,仅仅是在代理销售之余撰写通讯。

锦州

人口:日本人3 449人(含朝鲜人333人、台湾人6人),"满洲"人78 898人,外国人85人。

一、日文报纸

名　　称	主义系统	持有人	主笔及记者	备　　考
锦州新报(日文)		井下万次郎	中川武夫	1932年2月创刊①,日报,四页,发行量六百份,个人经营

二、中文公报

名　　称	主义系统	持有人	主笔及记者	备　　考
锦县公报	县公署官报	锦县公署	县公署总务科	1930年3月创刊,旬刊,约五六十页,发行量两百五十份,登载法令、公文等内容,读者主要为官方人员

赤峰

人口:日本人1 011人(含朝鲜人112人、台湾人6人),"满洲"人28 260人,外国人2人。

当地原本没有报社及其他言论机关,最近伴随着市街的发展,1933年8月以后《泰东日报》《大同报》《盛京时报》《热河报》《关东报》《满洲报》《奉天公报》等报各自设置了销售支局,工作之余从事通讯工作。

承德

人口:日本人2 789人(含朝鲜人457人)②。

名　　称	主义系统	持有人	主笔及记者	备　　考
热河新报	热河省公署机关报	持有人　省公署社长　刘东汉　毕业于明治大学	主笔　犬饲爱藏	1933年3月创刊,早报,四页,发行量两千份

---

① 一说1932年4月8日创刊。
② 原文缺少当地中国居民的人口统计。

绥芬河

人口：日本人1 500人（含朝鲜人501人，台湾人1人）。

名　称	主义系统	持有人	主笔及记者	备　考
На границе[国境]（俄文）	反苏	白系俄国人移民事务局支部	雅诺夫斯基·贝亚瑟斯洛夫·罗马诺维基	周刊，发行量一千份

附

大连

人口：日本人133 387人（含朝鲜人2 126人），"满洲"人304 240人，外国人833人。

一、中文报纸

名　称	主义系统	持有人	编辑干部	备　考
泰东日报		社长　凤见章	主笔　柳町精	1908年11月创刊①，社址位于大连市奥町三五号，日报，十二页，发行量八千份
满洲报		社长　西片朝三	主笔　久留宗一	1922年7月创刊②，社址位于大连市常盘町，日报，十四页，发行量一万五千份，个人经营
关东报		社长　市川年房	主笔　刘召卿	1919年11月创刊③，社址位于大连市德政街一五号，日报，十二页，合资组织，资本金五万圆，发行量六百份

二、英文报纸

名　称	主义系统	持有人	编辑干部	备　考
Manchuria Daily News		股份制 社长　高柳保太郎	主笔　同前	1912年8月创刊④，社址位于大连市淡路町七号，晚报，八页，发行量一千份，资本金两万五千圆

三、日文报纸及杂志

（一）报纸

名　称	主义系统	持有人	编辑干部	备　考
满洲日日新闻⑤（日文）	满铁系统	股份制 社长　村田悳麿	主管　细野繁胜	1905年创刊的《辽东新报》⑥与1907年创刊的《满洲日日新闻》⑦于1927年合并，改名《满洲日报》；1935年8月与《大连新闻》⑧合并，改名《满洲日日新闻》。社址位于大连市东公园町三一号

---

① 1934年报告中为"1908年10月8日"。
② 一说1921年1月创刊。
③ 1930年报告为"1920年9月"。
④ 1924年报告为"1914年8月"，1930年报告为"1912年8月"，1931年报告为"1920年8月"，1933年报告为"1907年"。
⑤ 1931年报告记载该报1905年10月创刊，一说1907年11月创刊。
⑥ 一说1905年10月创刊，一说1905年11月25日创刊。
⑦ 一说该报1907年11月创刊。
⑧ 1931年报告为"1920年3月"创刊，1933年报告为"1920年5月5日"，1934年报告为"1920年3月11日"。

(续表)

名　　称	主义系统	持有人	编辑干部	备　　考
周刊极东（日文）	安达系统	吉田亲数	小山令之	1922年12月创刊,周刊,发行量两千份
满洲タイムス（日文）		由井滨权平	同前	1921年8月创刊,周刊,发行量约两千份
满洲评论（日文）		小山贞知	橘朴	1931年5月创刊,周刊,发行量五千五百五十份

（二）杂志

名　　称	主义系统	持有人	编辑干部	备　　考
大连商工月报（日文）		会员组织	小名本勋	1915年6月创刊,月刊,发行量一千一百份
满洲公论（日文）	国家主义	早川巳之利	石谷芳太郎	1922年7月创刊,月刊,发行量一千五百份
满蒙（日文）		社团法人	中沟新一	1920年8月创刊,月刊,发行量两千五百份
满铁调查月报（日文）		南满洲铁道株式会社	山口辰六郎	1925年7月创刊,月刊,发行量一千份
满鲜（日文）		伊藤时雄	同前	1927年10月创刊,月刊,发行量一千五百份
新天地（日文）		中村芳法	同前	1921年1月创刊,月刊,发行量一千份
劳务时报（日文）		南满洲铁道株式会社	武居乡一	1930年12月创刊,月刊,发行量七百份
大连时报（日文）		斋藤光广	斋藤鹫太郎	1922年6月创刊,半月刊,发行量一千四百五十份
大陆（日文）		森宣次郎	同前	1913年3月创刊,月刊,发行量一千五百份
ソビエート联邦事情（日文）		南满洲铁道株式会社	小山猛男	1930年5月创刊,月刊,发行量三百份
满鲜经济（日文）		西川国一	长野溪水	1928年6月创刊,月刊,发行量一千份

中　国

北　部

北平

人口：日本人2 640人（其中朝鲜人、台湾人1 461人），中国人1 515 869人，外国人1 681人。

概况

北平报纸创始于1902年（另一说法为1904年），到目前为止仅有三十多年的历史。而从创始之初一直持续刊行到现在的只有两种报纸，多数报纸在1911年的革命后就被迫停刊了。1915年报纸全盛时期，市内大小报纸合计达一百三十二种之多，其后随着首都迁往南京、北平市政治地位的下降，言论界骤然衰落，报纸的数量也急剧减少。当地的很多报纸，只要其经济基础变得薄弱，政府就会频频下令停刊，因此，特别是对于小报而言，废刊或停刊没有定数。另一方面，新刊则取而代之，不断涌现，这样，报纸数量也常处在变化之中。截至目前，即1936年12月末发行的报纸，包括中文报纸、外文报纸和日文报纸在内，合计仅四十五种，其中中文报纸占了四十种。中文报纸中影响力较大的有《北平晨报》《华北日报》《世界日报》《益世报》《全民报》《京报》《导报》《北平新报》等大型报纸，小型报纸中也有一部分在普通市民和下层阶级中拥有相当数量的读者，影响力不容小觑。

一．中文报纸

名　称	主义系统	持有人	编辑干部	备　考
北平晨报	原张学良机关报，现为冀察政务委员会机关报	社长　陈博生（号渊泉）毕业于日本早稻田大学，留学欧美。曾任《晨钟报》及《东三省民报》的主笔。研究会系	主笔　陈博生 主编　林仲易 副主编　詹辱生 记者　于非厂	1930年12月创刊，社址在宣武门外大街，日刊，十二页，发行量八千四百份。旧为《东三省民报》，由危道丰、陈博生二人发起并创设。张学良下台之前每月补助该报三千元。1936年3月成为冀察政务委员会的机关报，上述干部中似乎也有人员变更
益世报		社长　张翰如	主笔　潘伯超 记者　郝锦川、王雨生、董荫狐	1915年创刊①，社址在和平门外南新华街，日刊，八页，发行量一千份。创刊之初由前社长杜竹轩出资一万元，杜竹轩死后，张翰如任社长。天津《益世报》的支社，与原英国人基督教会有关，因此现在设有基督教栏，但已于1934年同天津方面断绝了关系。外国人方面的广告多于其他报纸，读者多为全国天主教会相关人士。每月从美以美教会（天主教）得到四百元的补助
全民报		社长　张见庵	主笔　林敬亭 编辑　侯克笃、恒叔达、石介璞	1928年6月创刊②，社址在宣武门外大街，日刊，八页，发行量六千份。该报由原晋系的张荫梧创刊，此外，梁汝舟及该报创刊时任天津卫戍司令的商震等人也曾为本报的创办出过资
民国日报		社长　黄伯耀　毕业于日本法政大学，曾任上海《新闻报》记者，前参议院议员，蒋介石的驻北平代表，精通英文，曾经营华侨通讯社 社务代理　陆梅村	主笔　陆梅村 编辑　刘竹声、钱庆怀、葛衡泉、田仲明	1928年8月创刊③，社址在广安门内大街，日刊，八页，发行量一千二百份。1929年被晋系的市长张荫梧查封，黄伯耀遭警备司令拘禁。1930年12月随着晋系的失败而复刊，黄伯耀也因此恢复自由。最初由中央政府每月补助三千元，现已减少至一千元

---

① 1928年报告为"1916年"，一说1916年2月创刊。
② 一说1928年8月10日创刊。
③ 1928年报告记载该报于1928年6月9日创刊，1929年报告为"1928年6月10日"。民国时期以《民国日报》命名的报纸有多份。据史料记载，北京有一份《民国日报》于1925年3月5日创刊。

(续表)

名　　称	主义系统	持有人	编辑干部	备　　考
华北日报	国民党的宣传机关报	社长　胡天册 经理　安怀音	总编　宋梅村 记者　蔡天梅、傅慎齐、杜阜民、周绍石	1928年创刊①，社址在王府井大街，日刊，十二页，发行量约四千份。由革命军创刊，1930年春晋系接管，改名为《新民日报》②。同年9月，晋系失败，党部将该报复刊，主要为国民党宣传，大肆刊载排日报道。创立之初中央党部每月提供五千元的补助，其后减至四千元。1934年5月31日，该报发表了中央政治秘密会议的内容，6月3日被蒋介石勒令停刊，与此同时，其社长和主笔都遭到逮捕和拘禁。停刊期间，因各地党部发来电报陈情，将社长和总编更换后，改由中央宣传委员会负责，于7月3日复刊
世界日报	左倾性质	社长　成舍我 代理社长　吴范孱	主编　张友渔 记者　张韵宇、王桂宇、萨空了、雷振平	1923年创刊③，社址在宣武门外石驸马大街，日刊，十二页，发行量七千五百份，另外还发行周刊画报。最初由李石曾党人创刊，后转为成舍我独立经营。由于共产党人李大钊曾任主笔，因此传承了一些共产党的色彩。雇用女性记者，开创了北平报界之先例。读者以知识阶层和学生居多。在南京、上海、天津、汉口等地设有分馆，以各省的特电为特色。李石曾、胡汉民每月提供一千元的补助。另发行小型四页的《世界晚报》
京报	左倾性质	社长　邵汤修慧（已故邵振青的夫人） 代理社长　潘邵昂	主笔　潘邵昂 编辑　黄秋岳　在官界多年，著名诗人，曾任新闻编译社记者，现进入政界，几乎不在北平。傅芸子、徐凌霄	1918年10月创刊，社址在宣武门外魏染胡同，日刊，八页乃至十页，发行量五千份。已故邵振青创设，纯粹的冯玉祥机关报，但主要进行共产主义的宣传。1926年，张作霖以赤化宣传的罪名枪杀邵，该报停刊。1928年6月邵夫人将该报再刊，接受阎锡山、冯玉祥、汪兆铭等人的补助，宣传"扩大会议"，阎、冯失败后，得到了蒋介石、宋子文、于右任等人的补助。据说目前每月汪兆铭补助六百元，宋哲元补助二百元
北京日报	刘峙的宣传机关报	社长　陆少游	主笔　吴剑秋 主编　林醉酶	1907年7月创刊④，社址在宣武门外大街，日刊，四页，发行量一千份。北平最早的报纸，由朱淇创设。1925年许兴凯曾接手，但一年之后又被朱淇收回。朱淇死后曾暂时停刊，其后陆少游接手并继续发行，每月得到刘峙五百元的补助
导报⑤	韩复榘的宣传机关报	社长　林弭士　留日出身，曾任山东牟平县长	主笔　赵书田 编辑　廖楚舟、史宝珍	1929年4月创刊⑥，社址在宣武门外⑦梁家园，日刊，八页，发行量七千份。最初依靠石友三、宋哲元以五千元创刊，因无人提供日常经营费用，于十个月之后停刊。1931年1月复刊，韩复榘每月补助二千元。在山东济南有支社，且以山东的报道最有特色。在各地官厅和北平商界中读者众多。1931年11月9日"天津事件"⑧发生之际，因发布谣言被一度查封，但不久就获解除

---

① 1931年报告为"1929年"，一说1929年1月1日创刊。
② 1932年报告为《新民报》。
③ 应为1925年2月10日创刊。
④ 1930年报告为"1911年"；一说《北京报》于1904年8月创刊，1905年8月更名为《北京日报》。
⑤ 1933年报告为《北平导报》。
⑥ 1931年报告为"1928年"。
⑦ 1934年报告为"和平门外"。
⑧ 指日军1931年11月在天津制造的一连串挑衅事件。

(续表)

名　称	主义系统	持有人	编辑干部	备　考
北京报		社长　任岐山	主笔　任云章	发行量二百份，平绥铁路局每月补助二百元
商业日报	北平总商会机关报	社长　尹小隐	主笔　尹厚田	1911年创刊①，社址在宣武门外校场口，日刊，四页，发行量三百份。最初依靠商会创立（小报），后来在1926年转到尹手中，改为大型报纸，直至今日。目前依靠总商会每月提供的一百元和当地商会提供的六十元来维持经营，完全为总商会进行言论宣传。专为北平商界人士阅读，一般读者极少
中和报		社长　雷音元	主笔　周理卿 编辑　侯建威	1933年10月创刊②，社址在西单安福胡同七十六号，日刊，八页，发行量一千份。据闻北宁铁路局每月补助五百元
卍字新闻		孔慧航	主笔　孔慧航 记者　何云波、邓绍溪	1923年创刊，社址在西单牌楼舍饭寺胡同，日刊，八页，发行量六百份。曾得到世界红卍字会的补助，但现在已无
群强报	营利本位	社长　陆慎斋　前山西巡抚陆钟琦之子，毕业于北平中国大学，曾任湖北汉阳县长	主笔　杨曼青 记者　王丹忱、唐公恕	1913年创刊③，社址在正阳门外樱桃斜街，日刊，小型，八页，发行量一万份，资本金三千元。纯粹为面向普通民众的社会报纸，将重心放在了与戏剧相关的报道上。梨园公会每月补助二百元。在戏剧爱好者和中流阶层中拥有众多读者。虽然仅仅是小型社会报纸，但其发行量却凌驾于北平各报纸之上。专与演艺界联系，常刊登剧场广告
实事白话报	营利本位	社长　戴兰生（号梦兰）　曾任《晨报》记者	主笔　邹仲华 记者　李仲悌、黄辽隐	1920年5月创刊④，社址在宣武门外魏染胡同，日刊，小型，四页，发行量八千五百份。前步兵军统领李长泰创设，内容上以小说、戏剧、活动方面的广告居多，读者亦多。目前的出资者为戴兰生，资本金四千元，电车公司每月补助二百元，英美烟草公司补助一百元
实报		社长　管翼贤　留日出身，兼任平民、燕京两所大学的教授	主笔　苏雨田　曾任《天津泰晤士报》记者 记者　张醉丐	1928年8月创刊⑤，社址在宣武门外大街，日刊，小型，四页，发行量四万七千份。创刊之初是晋系商震的机关报，1930年后转为管翼贤独立经营，近来得到了显著发展，作为政治报纸而言虽是小型报纸，发行量却达到了北平第一。社内还设有时闻通讯社，招聘各地的通讯员，因而报道迅速，材料丰富，横跨社会各方面，受到各阶级的欢迎
小小日报		社长　宋信生（号心灯）　兼任华北大学教授	主笔　王霄羽 记者　温利时	1924年8月创刊⑥，社址在宣武门外棉花头条胡同，日刊，小型，四页，发行量八千份。出资者宋信生，出资七千元，是社会报纸。最近与各大学有联系，专门刊登教育及体育相关的报道，因此在学界读者众多

---

① 1931年报告为"1916年6月"，一说1912年1月10日创刊。
② 一说1933年1月创刊。
③ 1931年报告为"1912年"，一说1912年6月创刊。
④ 1931年报告为"1918年"，一说1918年8月创刊。
⑤ 1931年报告为"1928年10月"，一说1928年10月。
⑥ 1931年报告为"1925年8月"，一说1925年1月创刊。

(续表)

名　称	主义系统	持有人	编辑干部	备　考
平报		社长　陆秋岩　北平的实业家	主笔　陈重光　毕业于平民大学 记者　朱我光	1921年1月创刊①，社址在和平门外西南园，日刊，小型，四页，发行量三千五百份。出资者李少年，资本金三千元，纯粹的商业报纸
新北平报		社长　凌昌炎　辅仁大学校长，兼律师	主笔　汪燮忱② 记者　王以之	1931年10月创刊③，社址在宣武门外大街，日刊，小型，四页，发行量八千份，每月由汪兆铭补助四百元
时言报	与戏剧界有关	社长　常振春	主笔　佟冷仙 记者　李国华	1930年10月创刊④，社址在宣武门外铁老鹳庙，日刊，小型，四页，发行量一万二千份。艺人杨小楼出资，内容以戏剧界消息为主。1931年2月，该报无法继续经营，被现任社长盘下。每月从梨园公会得到一百元补助
实权日报		社长　德仲华　律师，前清公爵	主笔　洪维荃 记者　赵仲清	1930年1月创刊，社址在宣武门⑤内学院胡同，日刊，小型，四页，发行量二千五百份。社长德仲华和前清庄王溥绪共同出资创刊。面向大众的通俗报纸，多为从警察署获得的消息，读者众多
北平新报	原冯玉祥机关报，现无关系	社长　萧训	汪道余	1916年10月创刊⑥，社址在和平门内绒线胡同，日刊，四页，发行量四千份
北平晚报	与银行界、总商会接近	社长　季乃时　毕业于北京大学，南京《中央日报》特派员，曾创设、经营《五点晚报》	主笔　季乃时 记者　叶子贤、杨仲华	1920年12月创刊⑦，社址在和平门内绒线胡同，晚报，小型，四页，发行量五千五百份。北平晚报的鼻祖，原名《北京晚报》，张志潭出资一千五百元，任命刘煌为社长，曾经得到过陆宗舆、曹汝霖等人的援助。后来随着刘煌成为原财政次长张竞仁的女婿，该报开始与银行界及总商会接近。1930年末，刘煌表面上辞去了社长的职位，交由其亲戚季乃时负责经营。金融方面的报道较为准确，以特电为特色。每月获得北平银行团三百元、万国储蓄会一百元的补助
北平白话报		社长　任璞生	主笔　任恒昌 记者　徐剑胆	1918年创刊⑧，社址在和平门外大安澜营，日刊，小型，四页，发行量二千份。起初由任璞生之兄任昆山等数人创设，任昆山死后任璞生继承下来。在下层社会和小学生中读者众多。据说发行该报的主要目的是为自家的卖药事业进行宣传。社内设有中国通讯社、中华广告部、中和堂售药处。平绥铁路局每月补助一百元

① 一说1921年10月创刊。
② 1934年报告为"汪为忱"。
③ 一说1931年6月16日创刊。
④ 有一份《时言报》1919年3月在北京创刊。
⑤ 1934年报告为"阜成门"。
⑥ 从西北军入城推断，创刊日期存疑。有一份《北平新报》1931年4月创刊于北京。
⑦ 1931年报告为"1921年"。
⑧ 1931年报告为"1919年"，一说1919年7月创刊。

(续表)

名　称	主义系统	持有人	编辑干部	备　考
立言报		社长　金达志	主笔　李国贤	发行量五千份,宋哲元、秦德纯各出资二千元
现代日报		社长　吴冲天	主笔　成芙萍 记者　陈蝶生	发行量一万三千份,市公安局每月补助二百元
真报		社长　夏铁汉	主笔　马芷庠 记者　王玉修	原由孙殿英每月补助二百元,现已无补助。目前杨虎城、马鸿逵每月各补助二百元
老百姓报		社长　李实(李心一)	主笔　李实 记者　陈慎言、林伯庠	发行量二千份,正太铁路局每月补助二百元
公道报		社长　朱季章	主笔　朱季章 记者　王小厂	发行量二千份,鲍毓麟出资一千元
东方快报		社长　王回白	主笔　张景云 记者　方奈何	张学良每月补助五百元,发行量五千五百份
清华学报		社长　梅贻琦	主笔　彭九生	由清华大学校长梅贻琦发起并创刊,该人学新闻科编辑的周刊
新建设日报	青帮机关报	社长　黄仑	主笔　黄遇周 记者　陈逸非、萧祜	1935年1月创刊,发行量一千份
孔道报		社长　吴剑丰	主笔　李伯言	孔教会出资创刊,每月由该会补助二百元,发行量二百份
北辰报		社长　曾铁忱	主笔　宋复初 记者　沈杰忱	发行量七百份,平汉铁路局每月补助三百元
诚报		社长　邵景华	记者　沈明道、郭君强	发行量三千份,创刊之际商震出资三千元
健报		社长　赵六生	主笔　俞剑云 记者　朱佛生	创刊之际由赵戴文出资五千元,发行量二千五百份
北方日报		社长　郑锡霖	主笔　黄可兴 记者　蔡恩荣、黄攸同、林步钧	发行量二千份
觉今日报		社长　许逸士	记者　朱守一、邓述先	发行量三千七百份,北平戏曲学校每月补助一百元
民声报		社长　朱镜心	记者　康亮余、黄写初	发行量二千份
小公报		社长　李德华①	主笔　李亚仙 记者　马笑予	1932年5月创刊②,日刊,小型,四页,以社会杂报为主。发行量二千五百份

目前停刊中的报纸,(1)大型报纸有《日知报》《北平商报》《铁道时报》三报,(2)小型报纸有《北平快报》《消闲日报》《华言报》《国货日报》《时报》《教育日报》《日新报》《铎声报》《狐报》《社会时报》《中国民报》《时代日报》《河北民报》《新社会报》《社会新报》《新中日报》《生活日报》等十七种报纸。

---

① 1934年报告为"李德平"。
② 《小公报》在北京出现的最早时间是1919年3月,历史上多次停刊、续刊。

二、英文报纸

名称	主义系统	持有人	编辑干部	备考
The Peking Chronicle[北平时事日报](英文)	中央党部宣传机关报	社长 沈衔书	主笔 W. Sheldon Ridge（英国人）编辑主任 A. Cecil Taylor（英国人）、任玲孙	1932年6月创刊，日刊，社址在崇文门内米市大街煤渣胡同，发行量一千八百份。Leader（《导报》）停刊之后，本报盘下其建筑和印刷机等，并在原址上创设，表面上与旧 Leader① 之间似乎不存在任何关系。出资者为沈衔书，直辖于南京中央党部宣传部，每月得到二千元的补助
The Yenching Gazette[燕京公报]（英文）	燕京大学各科宣传机关报	社长 黄宪昭	主笔 黄宪昭 编辑 李汝祺、周学章	本报由燕京大学学生创刊，1932年3月改成大型四页的晚报。带有共产主义色彩，目前处于停刊状态，社址在西直门外燕京大学内
平西报（英文）		社长 黄宪昭	主笔 熊梦飞	燕京大学新闻学系发行，发行量七百份

三、法文报纸

名称	主义系统	持有人	编辑干部	备考
Le Journal de Pékin		André Nachbaur 前持有人 Albert Nachbaur 之子	主笔 André Nachbaur	1911年创刊，社址在甘雨胡同，日刊，八页，发行量三百份。本报当初由一部分比利时人、法国人和俄国人经营，后被在欧洲大战中来到北平的法国人、已故的 Nachbaur 盘下。1932年1月，趁英文报纸 Leader 废刊之际，该报开始发行六页的英文版。同年6月，又随着 Chronicle 的发刊而停刊。据说由法国公使馆提供补助

四、日文报纸

名称	主义系统	持有人	编辑干部	备考
北京新闻（日文）		社长 森川照太	主笔 风间阜	1923年8月创刊，日刊，社址在五老胡同燕尘社，发行量三百五十份。作为《京津日日新闻》的北京版发刊。1928年9月，随着社长森川被任命为燕尘社理事，该报从 North China Standard 社内迁至现址。以广告费的名义每年从满铁总社得到五百圆的补助
新支那（日文）		社长 安藤万吉	主笔 黑根祥作 原"大朝"记者	1913年9月创刊，日刊，社址在大甜水井，发行量三百三十份。北平日文报纸中最老的报纸，曾一度陷入经营困境。近来经过努力似乎又终于渡过难关。满铁总社每年补助一百八十元

---

① 1917年创刊（一说1920年创刊）的 Peking Leader（《北京导报》）的后身。

五、中国通讯社

名　　称	主义系统	持有人	编辑干部	备　　考
中央通讯社	中央政府及中央党部系统,中宣会宣传机关	潘仲鲁	高德钰	社址在前门内石碑胡同
建国通讯社	晋系	王述曾	俞剑云	社址在宣武门外海北寺街。徐永昌提供补助
大北通讯社		何仲勇	何肇新	社址在太平胡同。据说北平军事分会委员刘翼飞每月补助一百元
致中通讯社	察哈尔省系	朱枕薪	宋继贤	社址在前门外大马神庙。每月宋哲元补助一百元
北方通讯社	张学良系	赵雨琴	赵雨琴、赵震华	社址在宣武门外南横街。每月张学良补助二百元
中国新闻社		林冰	虞复光	社址在宣武门内东斜街。据说汪兆铭每月补助二百元
大陆新闻社		刘芷洋	刘芷洋、蒋龙超	社址在宣武门外海北寺街。原为吴佩孚的宣传机关,据说现在汪兆铭提供补助
民舆通讯社	陕西省系	张伯杰	张信之	社址在宣武门外上斜街。邵力子每月补助一百元
大正通讯社		朱天恨	王绍武	社址在宣武门外海北寺街。原为汤玉麟的宣传机关,但现在已无关系
时闻通讯社		管翼贤	童序历、苏雨田、李诚毅	社址在宣武门外大街。据说每月胡汉民补助一百元,袁良补助二百元
统一通讯社		王博谦	徐凌霄、徐一士	社址在宣武门外下斜街。据说每月黄郛补助三百元
远东通讯社		李博敏	李海涛	社址在宣武门外椿树下三条。据说每月孙科补助二百元
国光电讯社		宋抱一	陈蝶生、陈逸飞	社址在宣武门外大街。据说每年得到全国商业联合会一千元的补助
新革文化通讯社		张少峰	詹辱生、王一民	社址在宣武门内绒线胡同。据说李石曾每月补助二百元
华北通讯社	北平市政府系	乐建平	戴璞生、李彦宗	社址在宣武门外棉花三条。北平市政府每月补助一百元
政治新闻社		李泽民	康建元、林中孚	社址在宣武门外校场三条。绥远省政府主席傅作义出资一千元
国民通讯社		吕超云	高士春、安惟宸	社址在参政胡同。据说于学忠每月补助二百元
震亚通讯社		阎世燮	林允中	社址在东四牌楼多福巷。原为吴佩孚的宣传机关,但现已与其无关
快闻通讯社		白陈群	温利时	社址在前门外西河沿。北平商会每月补助一百元
河北迪讯社	河北省党部机关通讯	郑国材	曹子明	社址在前门外省党部街
民言通讯社	韩复榘系	林甫士	赵书田	社址在宣武门外梁家园。韩复榘每月补助三百元

(续表)

名　　称	主义系统	持有人	编辑干部	备　　考
新民通讯社		金达志	李政贤	社址在宣武门外魏染胡同。万福麟出资一千元,于学忠每月补助二百元
电闻通讯社		凌昌炎	王以之、汪为臣	社址在宣武门外大街。据说孔祥熙每月补助二百元,汪兆铭补助二百元
经济通讯社		马芷庠	王佐三、马家生	社址在前门外茶儿胡同。据说每月由北平银行团和北平商会各补助一百元
正闻通讯社		夏铁汉	祖伯宣、田正一	社址在西直门内苏萝卜胡同。宁夏省政府主席马鸿逵出资五百元,原陕西省政府主席杨虎城每月补助三百元
边陲通讯社		金振东	连少如	社址在宣武门外北半截胡同。据说每月黄绍雄补助二百元
东亚通讯社		奚乐天	袁瑞林	社址在西城广宁伯街。据说阎锡山出资八百元
矿业新闻社		奚乐天	苗茂青	社址在西城广宁伯街。据说商震出资五百元
快达通讯社		王麟翔	王振东	社址在地安门外前海河沿。据说王树常出资一千元
亚陆通讯社		唐友诗	俞志忠	社址在西城北沟沿。据说北平市公安局长余晋龢每月补助一百元
北洋新闻社		郭君强	王子光	社址在西城中千章胡同。据说驻平军事分会政训处出资六百元
复生新闻编译社		赵雨时	林霁融	社址在西城市党部街。据说张学良出资二千元,前公安局长鲍毓麟每月补助一百元
中国通信社		任岐山	任恒昌、任璞生	社址在前门外大安澜营。据说原东北边防军司令长官公署军事参议官胡毓坤每月补助一百元
新生通讯社		金世泽	姜润芝	社址在地安门外后鼓楼苑。据说王以哲出资五百元
捷声通讯社		韩致中	孔兆民	社址在宣武门内国会街。据说每月宋哲元补助一百元
世界新闻社		朱能云	朱李章	社址在宣武门内象来街。据说张学良出资一千元,万国储蓄会每月补助一百元
华民通讯社		文毅然	彭秀全	社址在广安门外车站。据说平绥铁路局出资四百元

天津

人口:日本人7 825人(其中台湾人、朝鲜人1 219人),中国人1 142 005人,外国人3 763人。

概况

目前在天津发行的报纸如另表所示,中文报纸中,《大公报》最具权威,《益世报》《庸报》《商报》次之,也具有相当的权威,但《庸报》最近被认为与日、"满"军方产生了关系,声价似乎有些许下降。至于其他中文报纸,几乎都不足论。日文报纸在时局方面能够比较自由地发表真相,因此在中国人(以及外国人)中都受到了相当重视。另外,英文报纸有英国系 *Times* 和美国系 *Star* 两报,其中 *Times* 被视为北方地区英国侨民民意的代表,因此对于其论调也需给予相当关注。

一、报纸

（一）中文报纸

名　称	主义系统	持有人	编辑干部	备　考
大公报	标榜不偏不倚，论旨较为公平，特别是在对日问题上毫无忌惮地吐露意见，一直致力于两国的和平亲善	吴鼎昌　国民政府实业部长	总经理　胡霖　四川省人，毕业于"日大"法科，任上海《大共和报》主笔，后任官职，辞官后进入报界 副经理　许萱伯 主笔　张炽章　陕西省人，毕业于东京第一高等学校，曾任上海《民立报》《新闻报》记者	1902年创刊，社址在法租界三十号路一百六十一号，日刊，十六页，发行量自称五万份（推定为一万三四千份），资本金六十万元。曾作为安福系的机关报而活跃，后与该派一起逐渐失去影响力。1920年曾一度变更组织，1925年末再度停刊。1926年9月，胡霖和张炽章说服吴社长签订协议，盘下该社，命名为新记公司进行再刊，并逐渐超越同行业竞争者，声价上涨，其后随着事业的发展，社内的设备得到完善，如今在北方地区的中文报纸中稳稳占据第一位。总经理和主笔都是留日出身，因此对日态度较为公正。作为副刊还另外发行周刊《国闻周报》《四海半月刊》，还承印诸种印刷品。据说每月省政府补助五千元，但从该报对省政府的评论态度来看，真伪令人生疑。在上海、北平、汉口、广东、太原、西安、郑州、南京、武昌、青岛、济南设有分馆，专门负责代销。1936年4月1日起在上海刊行上海版
益世报 (Social Welfare Tientsin)	原为天主教的机关报，亲美排日的倾向浓厚，但近来并不一定如此	股份有限公司 社长　刘怡章	主编　唐际清　据说是黄郛系统的人	1916年1月创刊①，社址在意租界大马路一号，日刊，十六页，发行量一万五千份（自称），资本三十万元。由天主教徒有志者创立，得到过美国方面的支持。曾在北平发行同名中文报纸，1934年5月，其独立出去断绝关系。该报一度称雄过华北言论界，但现已被《大公报》超越，失去了往日的声誉。1934年10月，由于反对时任北平政务整理委员会委员长黄郛，刊登排日报道，曾一度被命令停止邮寄。其后内部人员做了调整，近来显示出接近日本方面的态度。据说省政府每月补助二千元。作为副刊发行《益世晚报》（发行量六千份）
庸报		合作组织 社长　李树	主笔　张维周　浙江人，北京大学出身	1926年创刊②，社址在法租界二十六号路二十七号，日刊，十二页，发行量三千份，资本金四万元。曾属奉系，排日色彩浓厚，随着张学良的没落，财源断绝，在财政困难中维持经营。1933年末以来，与"满洲国"方面产生了特殊关系，态度也完全转变
天津商报	似乎与市党部及市政府方面有联系	王镂冰　浙江省人	主笔　江翌城　浙江人。鲁炎庆　江苏人	1927年创刊，社址在特别三区二纬路，日刊，十二页，发行量一千份，资本金一万元。一直每月接受中央政府一千元补助，但近来减至六百元。基本不论及对日问题
民报	标榜不偏不倚	鲁嗣香　河北省人，毕业于北洋法政学堂	沈信民　河北省人	1929年6月创刊③，日刊，八页，发行量八百份，资本金据称有五千元。虽然受到中国党政机关的监视，但普遍有信誉。1935年8月社长鲁嗣香死亡，同年9月闭馆

---

① 一说天津《益世报》1915年10月创刊。
② 1929年报告为"1926年6月"，一说1926年8月创刊。
③ 1930年报告为"1929年2月"。

(续表)

名　称	主义系统	持有人	编辑干部	备　考
大中时报	冯玉祥系,有反国民党的色彩	徐余生	刘耀庵　毕业于北平大学,拥有律师资格	1928年创刊①,社址在意大利租界大安街二十二号,日刊,八页,发行量五六百份,资本金五千元。没有一定的主义,营利本位。与民众自治运动者刘大同有关,以山东老乡的关系密切联系
津报	营利本位	泷口尧	泷口尧	1932年5月创刊,社址在日租界伏见街二户十六番地,日刊,四页,发行量五百至一千份。1935年12月与《中美晚报》(日本人经营)合并
新天津报	创刊之初为直系吴佩孚的机关报,现在是营利本位	刘仲儒②　回教教徒,曾任法租界工部局探长	殷同坡　天津人,毕业于直隶警务学堂	1924年9月创刊,社址在意大利租界大马路一号,小型,早报十六页,晚报四页,发行量二万份,资本金二万元。多为政治和时事报道,还连载小说及其他消遣性读物,因而中产阶级爱读,占据着小型报纸的王座
天津平报		刘霁岚	高辑五	1923年创刊,社址在意大利租界大马路,发行量三千份,资本金二千元
国强报		杨少林	沈哀鹏	1918年创刊,社址在南市平安大街,日刊,小型,四页,发行量二千份,资本金一千元
天风报	以文艺为主,无政治色彩	沙大风	何香石　日本法政大学出身	1930年2月创刊,社址在法租界一纬路,日刊,小型,四页,发行量三千五百份,资本金六千元
中南报		张幼丹	陈志良	1930年12月创刊,社址在南市大舞台东大街,日刊,小型,四页,发行量四千份,资本金一千元
晓报		袁无为		1932年11月创刊,社址在南市广兴大街,日刊,发行量一千五百份,资本金五百元
治新日报		田树雨	马春田	1931年12月创刊,社址在特别三区四经路,日刊,发行量二千份,资本金二千元
天津晶报		陈眉翁	范病蝶	1927年创刊,社址在河北昆纬路,三日刊,发行量二千份,资本金二千元
中华新闻报		袁润之	刘君宣	1932年2月创刊,社址在法租界鼎新里一号,小型,日刊,发行量一千份,资本金二千元
天津晨报③天津午报④天津晚报⑤		刘孟扬	董秋圃	《天津晨报》于1912年创刊,社址在特别二区大马路东首一号,日刊,小型,四页,发行量一万份。《天津午报》于1914年创刊,日刊,小型,六页,发行量二万份。《天津晚报》于1916年创刊,日刊,小型,四页,发行量五千份,以娱乐性和社会性报道为主,资本金一万四千元
大报	福建政府机关报	刘云若		1933年10月创刊,社址在法租界北丰路兴义里,日刊,小型,发行量五千份,资本金二千元,每月得到二百元的补助。(注)转载上海发行的杂志《新生》的报道,1935年6月遭到废刊处罚

① 1934年报告为"1930年"。
② 1934年报告为"刘中儒"。
③ 即《白话晨报》,一说1912年11月18日创刊。
④ 即《白话午报》,1924年报告为1916年9月创刊,1929年报告为1916年创刊。
⑤ 即《白话晚报》,1929年报告为1912年创刊,1931年报告为1911年创刊。

(续表)

名　称	主义系统	持有人	编辑干部	备　考
快报		赵仲轩　浙江人，毕业于南京大学	于公正　河北人，毕业于河北省立师范。胡志侠	1933年1月创刊，社址在特别一区墙子河路，小型，日刊，发行量三千份，资本金一千元
中美晚报		三谷亨	编辑　三谷亨	1933年4月创刊，小型，四页，晚报，发行量一千五百份。积极宣传王道主义，中国报纸检查处十分注意此报。攻击中国方面的报道获得了相当的效果。1935年12月废刊(与《振报》合并)
振报		泷口尧	主笔　章仲琴	1933年5月创刊，社址在日租界须磨街五号，日刊，四页，发行量一千份
北洋画报		谭林北	左小遽	1925年7月创刊①，社址在法租界马家口，三日刊，发行量四千份，资本金五千元
风月		王镂冰	魏病侠	1933年1月创刊，社址在法租界二十四号路，小型，三日刊，发行量二千五百份，资本金一千元
国权报	主张大亚细亚主义、日"满"合作和改造中国	尾崎义人	编辑　岑伟生　湖北汉川人，留日出身	1934年12月创刊，日刊，四页，发行量三百份，资本金二千元。(注)1935年5月社长胡恩溥被蓝衣社团员暗杀以来由尾崎义人负责经营，同年9月废刊

(二) 英文报纸

名　称	主义系统	持有人	编辑干部	备　考
Peking & Tientsin Times [京津泰晤士报](英文)	英国系	Tientsin Press Co., Ltd.天津印字馆	主笔　W. V. Pennell 代理主笔　E. J. Wilson	1894年创刊，社址在英租界中街一百八十一号，早报，十八页，发行量一千四五百份，创刊之初为周刊，1904年改为日刊。该报和上海的 North China Daily News 齐名，其社论被视为代表北方地区英国侨民的主张。Pennell 主笔的评论在日中时局方面往往有非难日本的倾向，但有时也会出现亲日的情况，有主义不一致之嫌。代理主笔 Wilson 似乎还负责向路透社和 AP 社发送电讯。前主笔 Woodhead 是北方地区言论界的元老，1931年8月被聘任至上海 Evening Post，目前该报还不时转载此人的评论(订报费为每月一弗，每年三十弗)
North China Star [华北明星报](英文)	美国系	持有人　North China Star Co., Inc (Nevada U.S.A) 社长　C. J. Fox② 华盛顿会议时曾任中国政府顾问	主笔　C. J. Fox 主编　A. B. Hayman	1918年创刊，社址在法租界八号路七十八号，日刊，十二页，发行量约三千七百份。编辑风格表现出美国系报纸的特色，带有煽动性倾向。曾刊登很多排日报道，但最近对日态度良好。与合众社关系密切，评论仅仅主要刊登美国本国 N.E.A 供稿的 Bruce Catton 所写的关于美国国内问题的文章，有时也会刊登 Fox 社长关于日中时局的评论。Fox 曾在华盛顿会议召开期间作为中国政府的顾问赴美国，目前传言其与南京有关系，但此人的论调极为稳健，不如说是亲日的。该报还相当多地登载中国记者搜集到的地方性报道。由于定价低廉(月费一弗，年费十弗)，在英国人和中国人中都拥有众多购阅者

---

① 一说1926年7月7日创刊。
② 1934年报告为"C. I. Fox"。

(续表)

名　称	主义系统	持有人	编辑干部	备　考
North China Daily Mail [华北日报]（英文）	英国系	T. G. Fisher①	T. G. Fisher	1914年创刊②，社址在法租界七号路十九号，晚报，八页，发行量四五百份。对日态度极为良好，但经营业绩不佳

（三）德文报纸

名　称	主义系统	持有人	编辑干部	备　考
Deutsch Chinesische Nachrichten	德国系	Bartels	Kray③	1930年10月创刊，社址在特别区熙锡路十九号北洋印刷所，日刊，十二页，发行量七百五十份

（四）俄文报纸

名　称	主义系统	持有人	编辑干部	备　考
Наша заря	白俄罗斯系	M. S. Lemvich	I. L. Miller	1928年4月创刊，社址在英租界一号路，日刊，六页，发行量一千份。该报由哈尔滨 Заря 社经营，据认为受到白系俄国民族协会的操纵，致力于攻击赤俄
Азия		小山行道		1932年4月创刊，日刊，小型，四页，发行量三百份。在北方地区普通白系俄国人中免费发放。属于反赤俄系统，在白俄国人中受到好评

（五）日文报纸

名　称	主义系统	持有人	编辑干部	备　考
天津日报（日文）	大阪每日新闻系	真藤弃生、金田一良三、武田守信的合名公司	主笔　真藤弃生 主编　樋口义麿	1910年创刊，社址在日租界福岛街。早报、晚报各四页，发行量一千三百份，资本金七万元。该报为天津最早的日文报纸，由《北新事报》《北支每日新闻》④合并改编而来。总领事馆及民团⑤登载公告的指定报纸
京津日日新闻（日文）		社长　森川照太 民团参事会长	主笔　永濑三吾 社长的女婿 主编　船越寿雄 原"联合"天津特派员	1918年创刊，社址在日租界旭街，早报、晚报各四页，发行量一千三百份，资本金五万元。在处理报道方面稳健直接，以早报第一面五段的经济栏为特色，作为周日附录发行面向家庭和儿童的八页内容。总领事馆和民团登载公告的指定报纸

---

① 1934年报告为"T. Y. Fisher"。
② 一说1915年1月创刊。
③ 1932年报告为"Krey"。
④ 原文有误，应为《北清时报》《北支那每日新闻》。
⑤ 当地日侨组织，下同。

二、杂志

名　　称	主义系统	持有人	编辑干部	备　　考
益世主日报	耶稣教徒的机关杂志	刘守荣		1925年12月创刊①,周刊,发行量一千二百份,资本金五百元,社址在意租界五马路
旅行周报		徐遂实		1933年5月创刊②,周刊,发行量八百份,资本金一千元,社址在英租界世界里
家庭周报		朱惠明		1933年9月创刊,周刊,发行量二千份,资本金一千元,社址在英租界义庆里
南大经济统计周报		何廉		1931年创刊,周刊,发行量二千份,社址在南开大学经济调查所
天津律师公会旬刊		李洪岳		1932年创刊,旬刊,发行量三千三百份,社址在河北黄纬路
法律汇刊		梁介卿		1931年创刊,半月刊,发行量一千份,社址在河北文纬路
国闻周报		胡政之	马金鳌	资本金一万元,发行量一万八千份,社址在《大公报》社内
评论周报	仅刊载有关教育的事项	苏上达		1934年创刊,周刊,发行量七百份,资本金一千元。社址在特别三区
China Illustrated Review				周刊,每周六发行。《京津日报》的插画周刊,新闻纸对开型,二十八页,发行量八百份。以时事、政治、经济报道为主,另有照相版的附录。社址在天津印字馆
天津经济新报	华北等地区经济状况的报道	小宫山繁	小宫山繁	1920年创刊,社址在日租界明石街,小型,周刊,发行量三百份,资本金三千元

三、通讯社

（一）中国通讯社

名　　称	主义系统	持有人	编辑干部	备　　考
中央通讯社	中央党部机关通讯社	陈纯粹		1933年6月创立,每月中央补助三千元
平民通讯社		戴听潮		1928年2月创立
新大华通讯社		于锦章		1930年9月创立
中华通讯社		管孟仁		1933年3月创立
民治通讯社		王质仁		1933年9月创立
公言通讯社		刘云岚		1926年9月创立
市民通讯社		娄震寰		1928年12月创立
中外通讯社		王华堂		1926年3月创立
大陆通讯社		张慕尧		1930年3月创立

---

① 天津历史上有一份《益世主日报》,创刊于1912年2月18日。
② 一说1934年7月创刊。

(续表)

名 称	主义系统	持有人	编辑干部	备 考
国风通讯社		张世元		1931年1月创立
华洋通讯社		赵可雪		1932年6月创立
光华通讯社		董风仪		1932年7月创立
时事通讯社	国家主义青年党机关通讯	王培元		1933年创立
远东通讯社	新国民党机关通讯	郑祥茂		1933年10月创立
电闻通讯社		刘日智		1932年创立
多闻通讯社		范承先		1935年9月创立,与"满洲国"方面有关

(二) 欧美通讯社

名 称	主义系统	持有人	编辑干部	备 考
路透电报公司（天津分局）Reuters Ltd.	英国系		主任 E. H. H. Ward	有亲华倾向,天津支局主要发布该社从内、外各地收集到的政治及经济通讯。政治信息主要通过北平通讯员进行。天津发出电讯时,似乎主要由 Peking and Tientsin Times 的代理主笔 E.J. Wilson 负责。社址在英租界维多利亚道
哈瓦斯电报社（天津分局）Agence Havas	法国系		Francuis V. Giraud	反德国倾向,不太关注有关中国的新闻,对日态度大致良好。社址在法租界六号路六十六号
美国合众社（华北分社）United Press Association	美国系		Earl H. Leaf	主要以发布经济通讯为目的,于1934年11月开设,与 North China Star（《华北明星报》）关系密切,对日态度良好。平津新闻中耸人听闻性的内容较多,尤其是有关日中时局上述倾向强烈。社址在法租界六号路六十六号（North China Star 社内）

张家口

人口：日本人66人（其中朝鲜人10人），中国人82 178人，外国人98人。

一、报纸

名 称	主义系统	持有人	编辑干部	备 考
察哈尔国民新报	省政府机关报	社长 张文穆	主笔 夏笑我	1930年12月创刊,日刊,发行量二千五百份。省政府每月补助二千元。社址位于张家口
商业日报	商会机关报	社长 刘丽生	主笔 张砚田	1933年11月创刊,日刊,发行量一千五百份。商会每月补助二百元。社址位于张家口
怀来民报		社长 李铎闻	主笔 同前	1928年创刊,日刊,发行量五百份。社址位于怀来县
涿鹿间日报		社长 于大澄	主笔 解忠良	1930年7月创刊,日刊,发行量三百份。社址位于涿鹿县

(续表)

名　称	主义系统	持有人	编辑干部	备　考
蔚县民报	县政府机关报	社长　孙锡侯		日刊,发行量四百份。县政府每月补助一百元。社址位于蔚县
怀安晓报		社长　岳和卿	主笔　同前	1931年5月创刊,周刊,发行量四百份,社址位于怀安县
延庆民报		社长　王惠堂	主笔　赵化钧	1930年创刊,日刊,发行量五百份。社址位于延庆县
民众旬刊		社长　李保荣	主笔　赵登庸	1930年7月创刊,旬刊,发行量五百份。社址位于宣化县

二、杂志

名　称	主义系统	持有人	编辑干部	备　考
西北月刊		社长　金文治	主笔　李孟权	1933年9月创刊,发行量一百份
察哈尔月报		社长　韩奇逢	主笔　费有余	1933年2月创刊,发行量八百份
教育公报	省政府机关刊物			1935年1月创刊,发行量二百份
建设公报	省政府机关刊物			1935年1月创刊,发行量二百份

绥远

中文报纸

名　称	主义系统	持有人	编辑干部	备　考
绥远日报	省政府机关报	社长　张圣舆	主笔　林超然	1930年8月创刊,日刊,发行量一千五百份。省政府每月补助四百元
绥远朝报		社长　郝秉让	主笔　颜希渊	1932年创刊,日刊,发行量六百份
社会日报		社长　陈国桢	主笔　马伟功	1930年8月创刊,日刊,发行量一千份
包头日报		社长　李聚五	主笔　陆明	1932年12月创刊①,日刊,发行量八百份。社址位于包头县

太原

名　称	主义系统	持有人	编辑干部	备　考
太原日报	省党部机关报	省政府		1932年5月创刊。社址位于太原桥头街六十三号。大型,日刊,四页,发行量一千五百份。官方报道比较详细,不刊登评论,另附二页山西法令公刊
晋阳日报		私人合办		1906年创刊。社址位于太原红市街八十号。大型,日刊,六页,发行量二千份。为当地最老的报纸,内容比较充实,不刊登社论

---

① 一说1931年11月创刊。

(续表)

名　　称	主义系统	持有人	编辑干部	备　　考
山西日报		股份制 社长　赵效复　赵戴文之子,日本明治大学出身		1918年6月创刊①。社址位于太原新民头条一号。大型,日刊,六页,发行量约二千份。与《晋阳日报》同为太原报界的双璧,不刊登社论
中报				1933年4月中旬创刊。社址位于太原南肖墙三十八号。大型,日刊,四页。每日刊登社论,详细报道省内消息

除了上述报纸之外,作为日刊,小型报纸还有《并州日报》《太原晚报》《华开晚报》三报。

济南

日本人1 763人(其中台湾人、朝鲜人53人),中国人433 408人,外国人375人。

概况

在张宗昌任山东督办时期,有督办公署、省长公署等的机关报数种,其中只有日本人经营的中文报纸《济南日报》及中国报纸《平民日报》两报受到特别重视。1929年春陈调元任山东省主席,将省政府从泰安迁至当地,随着各类机关设置,报纸数量增加。但1930年,由于中央两次在当地与山西军展开争夺战,报纸数量因停刊、废刊等,一时有减少的征兆。接着在同一年韩复榘任主席,自此地方治安终于得以顺利维持,报纸数量再次增加。近来各报社的基础大体上都在好转。发行量以《山东民国日报》五六千份为最高,其他均未脱离所谓"小报馆"之范畴。而且,其最多者也是党部等的机关报,没有直接代表舆论的报纸。还有,韩对言论的打压严厉,有报纸记者等触及韩之忌讳就遭到毫不留情的抓捕。至于排日报道,因韩取缔严厉,近来不显著,尤其是"华北事件"②以来完全无影无踪。目前有中文报纸十四种(其中停刊中的一种,包含日本人经营的一种)、日文报纸一种、公报八种、通讯社十七家之多(此外有完成注册的公报、杂志等十几种)。中文报纸中普遍受重视的是,名义上为省党部机关报、实际上是省政府机关报的《山东民国日报》、县党部机关报《国民日报》(旧名《历下新闻》)、与省党部和省政府有密切关系的《山东日报》、被认为比较代表民众的《平民日报》四报。日本人经营的《济南日报》介于此中间,并且因"满洲事变"以来中国人对日感情不良而面临种种经营上的困境。不过,在中日两国时局纷争这一现状下,该报依然相当受一部分中国人重视,"华北事件"以来发行量呈显著增加之势。还有,日文报纸仅有《山东新报》,但青岛发行的《青岛新报》及《山东每日新闻》等在当地日侨中购阅者相当多。

一、中文报纸及公报

(1) 报纸

名　　称	主义系统	持有人	编辑干部	备　　考
山东民国日报	省党部和省政府宣传机关报	李江秋	黄铭九、王志新	1928年8月创刊③,发行量五千五百份
国民日报	历城县党部宣传机关报	张鸣九	刘学义	1931年2月创刊④,发行量一千五百份。最近省党部势力逐渐渗透进入
平民日报	曾为旧共和进步党机关报,现在无任何色彩	王伯洲	董子安、韩笑僧	1925年4月创刊⑤,日刊,发行量一千七百份,股份制

---

① 1933年报告为"1919年",一说1918年6月创刊。
② 即"华北事变",下同。
③ 1930年报告为"1929年6月"。
④ 一说1929年创刊。
⑤ 1930年报告为"1922年",一说1922年创刊。

(续表)

名　　称	主义系统	持有人	编辑干部	备　　考
山东日报	教育厅长何思源系	赵文涛	马元天	1932年6月创刊,日刊,发行量一千三百份。合资组织,发刊当初省党部提供二千元补助,此后似乎继续提供一些补助
通俗日报		罗亚民	刘焕于	1930年5月创刊①,日刊,发行量五百五十份,个人经营
济南晚报		郭仲泉	张舒衡	1929年6月创刊②,日刊,发行量一千五百份
华北新报		赵自强	王鸣夫	1932年3月创刊,日刊,发行量八千份,私人的合资组织
诚报		朱喜堂	王伯山	1931年5月创刊③,日刊,发行量一千四百份
济南日报		社长　平冈小太郎 理事　户塚易	罗腾霄	1917年8月创刊④,日刊,发行量五百份。济南唯一由日本人持有的中文报纸
光华报	天主教机关报	刘遗民	同前	1933年9月创刊,周刊,发行量(其中英文二页)三千份
大晚报		韩笑鹏	孙松一	1933年9月创刊,日刊,发行量一千六百份
救国日报		刘子刚	同前	1933年7月创刊⑤,日刊,发行量七百份
世界快报		王近卿		1933年11月创刊。社长王近卿为冯玉祥的旧部(旅长),因军人出身,军队方面读者居多,内容也多为军人方面的。因经营困难,目前停刊中
山东民报⑥		赵继勋	黄乃之	1933年10月创刊,日刊,发行量一千七百份。赵社长为省党部成员,干部亦多为党部相关者。党部色彩浓厚

(2) 公报

名　　称	主义系统	持有人	编辑干部	备　　考
山东省政府公报		省政府秘书处	张绍棠	1928年9月创刊,月刊,发行量五百份
民政公报		民政厅	李树椿	1929年5月创刊,月刊,发行量四百份
财政公报		财政厅	王向荣	1929年7月创刊,月刊,发行量三百五十份
市政月刊⑦		市政府	闻承烈	1929年10月创刊,月刊,发行量三百份
教育月报		教育厅	何思源	1928年9月创刊,月刊,发行量五百份
建设月报		建设厅	张鸿烈	1929年10月创刊,月刊,发行量三百份
公安月报⑧		公安局秘书处	王士琦	1930年1月创刊,月刊,发行量二百份
农工商周刊		贾资厚	同前	1933年创刊,发行量三百份。接受建设厅补助

---

① 一说1932年创刊。
② 1932年报告为"1929年5月",一说1930年创刊。
③ 1932年报告为"1931年6月"。
④ 1934年报告为"1916年",一说1916年创刊。
⑤ 一说1934年创刊。
⑥ 1917年济南有一份《山东民报》创刊,国民党山东支部主办。
⑦ 1932年报告为《济南市政月刊》,1933年报告为《济南市政公报》。
⑧ 1933年报告为《公安月刊》。

二、日文报纸

名　称	主义系统	持有人	编辑干部	备　考
山东新报(日文)		社长　小川雄三 青岛《山东每日新闻》持有人之一	同前	1916年10月创刊①，日刊，发行量六百份。该报由过去的《山东新闻》与《胶济时事新报》合并而成，曾经另外在青岛发行晚刊八百份，但1932年5月上述晚刊作为晚报《山东新报》而独立

三、通讯社

名　称	主义系统	持有人	编辑干部	备　考
像传通讯社		罗腾霄		发行量一百份
公言通讯社	省政府系	卓兰畹		发行量一百份
齐鲁通讯社	省党部系	刘冠章		发行量一百份。由省党部人员建立
快闻通讯社		罗亚民		发行量五十份
大陆通讯社		刘焕于		发行量四十份
民国通讯社		韩筱鹏		发行量五十份
民生通讯社		蒋化棠		发行量六十份
大公通讯社		孙笑峰		发行量四十份
启民通讯社		张松年		发行量三十份
新闻通讯社		杨党民		发行量三十份
时代通讯社		张世五		发行量五十份
益世通讯社		徐馨甫		发行量三十份
正闻通讯社		胡熙民		发行量三十份
济南通讯社		袁洪英		发行量三十份
民声通讯社		郑锐		发行量四十份

博山

人口：日本人195人(其中朝鲜人3人)，中国人48 117人。

中文报纸

名　称	主义系统	持有人	编辑干部	备　考
博山半周报②	县党部机关报	县党部	李兴周	1931年8月创刊③，半周刊，四页，发行量四百份

---

① 一说1917年创刊。
② 1934年报告为《博山周报》。
③ 一说1930年创刊。

淄川

名　称	主义系统	持有人	编辑干部	备　考
淄川新闻	县党部机关报	县党部	县党部委员	1932年创刊，周刊，四页，发行量三百份

青岛

人口：日本人12 202人（其中朝鲜人、台湾人922人），中国人181 987人，外国人1 314人。

概况

青岛的报纸和通讯事业总体来看均处于不景气状态，即所有中文、日文报纸，日刊超过一千份以上的只有《青岛新报》《山东每日新闻》《正报》三报。或许由于深受波澜起伏、变幻无常的中国政情影响，当地的特点是市民对时局的关心薄弱，国民党影响力低下，党部擅长的利用舆论机关作宣传这种手法似乎自身已经陷入消极状态。

中国人经营的各报对日笔调本来就带有不少排斥色彩，但与其他地方相比，可以认为是相当温和的。例如有关"满洲国"的报道，从前对于"满洲国"的名称使用"伪国""伪组织"等字句，现在正逐渐改为"满洲国"字样。出现此现象可能是因为感觉到了难以无视日本人势力，他们在当地经济界占有稳固的地盘，也因为市政府方面的善导与管理。

英文 Tsingtao Times 未脱离乡间报纸之范畴，但几乎所有外侨都是其读者。因为是当地唯一的英文报纸，可以认为在当地是难以无视的存在。

日文报纸有《青岛新报》《山东每日新闻》二报。《青岛新报》创刊以来，历时二十年，发行量超过三千份，是华北方面数得上的报纸。《山东每日新闻》尽管创刊时日短，但由于扎实的经营风格和编辑方式合乎时宜，购阅者逐渐增加，目前发行量达二千份。

还有，日本内地报纸的销售量，《大阪每日新闻》《大阪朝日新闻》各八百份左右，《东京朝日新闻》和《东京日日新闻》等合计估计有二千份。

一、中文报纸

名　称	主义系统	持有人	编辑干部	备　考
青岛时报	自由主义	持有人兼社长　尹朴斋	主笔　同前	1924年1月创刊①，晨刊，发行量一千二百份。对日感情比较稳健。在官吏和百姓阶级中有读者
正报	国民党系左派	持有人　史鹏远 社长　吴炳宸	主笔　史鹏远 骨干记者　李华轩	1924年1月创刊②，晨刊，发行量约一千二百份。排日感情剧烈。在市党部人员、官员、知识阶层中有读者
青岛民报	国民党系左派	持有人　杜宇 社长　杨兴勤 副社长　王景西	主笔　杜宇 骨干记者　王景西	1929年1月创刊③，晨刊，发行量约八百份。排日感情剧烈。以党部人员、知识阶层、官员为主要读者
青岛晨报	国民党系左派	持有人　周祥 社长　王景西	主笔　周祥 骨干记者　王正华	1933年3月创刊④，晨刊，发行量约六百份。排日感情剧烈。在党部、知识阶层、官员中读者居多

---

① 1934年报告为"8月"，一说1924年9月创刊。
② 1934年报告为"1927年2月"，一说1926年创刊。
③ 1934年报告为"1926年5月"，一说1930年2月1日创刊。
④ 1934年报告为"10月"，一说1932年创刊。

(续表)

名　称	主义系统	持有人	编辑干部	备　考
光华日报		持有人　韩志达 社长　马起栋	主笔　马起栋	1930年1月创刊①,晨刊,发行量六百份。对日感情比较稳健,以商业报道为主
青岛日报		持有人　王筱古 社长　冯善亭	主笔　郑吟谢 《大青岛报》主笔	1919年6月创刊②,晨刊,发行量五百份。对日感情比较稳健,以商业报道为主
工商日报③	家礼会系统	持有人兼社长　鄞洗元　基督教青年会长	主笔　鄞洗元 干部记者　栾振华	1930年2月创刊④,晨刊,发行量约五百份。主笔鄞洗元原为美国系统自由主义者,对日感情令人不悦。在普通商人、官员中有读者
平民报⑤	青岛市政府机关报	持有人兼社长　张乐古	主笔　马桐川	1928年1月创刊⑥,晨刊,发行量八百份。社长张乐古作为排日主义巨头而出名。在官吏、知识阶层中读者居多
胶济日报⑦	国民党系左派,胶济铁路党部机关报	持有人兼社长　郑希吾　国民党员	主笔　黄淑涵	1929年1月创刊⑧,晨刊,发行量七百份。社长郑希吾对日感情有令人不悦之处。在铁路党部职员、官吏、知识阶层中有读者
胶澳日报		持有人兼社长　陈冘我　国民党员	主笔　同前	1932年1月创刊⑨,晨刊,发行量三百份。社长陈冘我排日感情剧烈。在一部分下层商人中有读者
新青岛报	国民政府系	持有人兼社长　姚公凯　蓝衣社员	主笔　孟春廷	1930年5月创刊⑩,晨刊,发行量约五百份。对日感情比较稳健。社长姚公凯为蓝衣社员,蒋介石方面的人
青岛公报		持有人兼社长　邹学藩	主笔　陈达	1930年3月创刊⑪,晨刊,发行量约五百份。对日感情比较稳健
大中日报		持有人兼社长　胡博泉	主笔　同前 干部记者　王金升	1932年1月创刊⑫,晨刊,发行量六百份。对日感情比较稳健
大青岛报		持有人　股份有限公司青岛新报社 社长　小谷节夫	主笔　郑吟谢	1915年1月创刊⑬,晨刊,发行量五百份。在青岛市内中国中产阶级中有读者

① 1934年报告为"1927年10月",一说1933年10月21日创刊。
② 1934年报告为"1931年11月",一说1926年创刊。
③ 疑为1934年报告中的《工商新报》。
④ 一说《工商新报》1929年7月5日创刊,主笔鄞洗元。
⑤ 1934年报告为《青岛平民报》。
⑥ 一说1925年8月10日创刊。
⑦ 1933年报告为《胶济日刊》。
⑧ 1934年报告为"1931年5月"。
⑨ 1934年报告为"1933年10月",一说1934年创刊。
⑩ 1934年报告为"1931年7月",一说1931年8月14日创刊。
⑪ 1934年报告为"11月"。
⑫ 1934年报告为"1931年10月",一说1930年12月创刊。
⑬ 1934年报告为"6月",一说1914年创刊,一说1915年1月创刊。

二、日文报纸及杂志

名　称	主义系统	持有人	编辑干部	备　考
青岛新报（日文）		持有人　股份有限公司青岛新报社 社长　小谷节夫	主笔　桑木春一 干部记者　小川岩夫	1915年1月创刊①，晨、晚刊，发行量一千五百份。以一般日本侨民为主要读者，向天津、济南、胶济沿线等地发送二百份内外。是青岛日文报纸中的代表性报纸
山东每日新闻（日文）		持有人　吉本周治、小川雄三 社长　长谷川清	主笔　吉冈鹿造 干部记者　长谷川清	1928年1月创刊②，晚刊，发行量一千五百份。以普通日侨为读者，向铁路沿线、济南等地发送一百五十份内外。与《青岛新报》形成很好的呼应，也是青岛有影响的报纸
山东通信（日文）		持有人兼社长　冈伊太郎	主笔　同上	1927年5月创刊，每日发行二次（油印），发行量四百份

三、欧文报纸

名　称	主义系统	持有人	编辑干部	备　考
Tsingtao Times［青岛时报］（英文）	自由主义（英国籍）	持有人兼社长　Major Stockwell	主笔　同上 干部记者　Mrs.Steinberg	1925年8月创刊③，晨刊，发行量四百份。对日感情比较稳健。是青岛唯一的日刊英文报纸，主要刊登通讯报道、译报。Mrs.Steinberg有赤俄系人物之嫌疑

芝罘

人口：日本人273人（其中朝鲜人45人），中国人约16万，外国人395人。

概况

当地有中文报纸六种、英文报纸有一种。与地方狭小相比，只有报纸过多之嫌。作为报道，除了简单的本地消息之外，均仅仅转载来自各地的消息，没有什么值得关注的主义。《胶东卍报》系胶东红卍字会经营，《东海日报》《复兴日报》二报好像与福山县党部有联系，其他报纸则无系统可言。完全未看到对日论调等激烈的报纸。

一、中文报纸

名　称	主义系统	持有人	编辑干部	备　考
芝罘日报		持有人兼社长　王宗儒　原日本领事馆文书	主笔　王倬云 记者　郑半秋、宋杰山	1909年创刊④，大型，晨刊，八页，发行量六百份。本报系日本人创立，当地最早的报纸，1923年转让给现社长至今日
东海日报		股份制 社长　曲声铮	主笔　同前 记者　萧惺伯、曲亚东	1931年7月创刊⑤，大型，晨刊，八页，发行量一千三百份。本报作为刘珍年机关报而创刊，1932年10月被公安局查封。此后，福山县党部委员林鸣九及总商会委员等三十多人发起，使之复刊。及至林鸣九在济南长期任职，改为股份制组织

---

① 1924年报告为"1915年1月15日"，一说1914年创刊。
② 1934年报告为"1926年10月"。
③ 1934年报告为"1922年6月"，一说1926年创刊。
④ 1924年报告为"1907年"，1929年报告为"1908年"，一说1907年创刊。
⑤ 一说1930年7月创刊。

(续表)

名　称	主义系统	持有人	编辑干部	备　考
胶东卍报	红卍字会机关报	持有人　红卍字会社长　褚宗周	主笔　仲绍文 记者　刘云楼、刘精一	1919年创刊,大型,晨刊,八页,发行量约一千份。该报是在《爱国报》破产后,红卍字会盘下该社机器于1932年9月改为现名而成
钟声报		持有人兼社长　丁训初	主笔　同前 记者　丁源济、张竹安	1923年创刊①,大型,晨刊,八页,发行量约八百份
民声晚报		股份制 社长　戴紫和	主笔　同上 记者　冀楚苹	1935年1月创刊,小型,晚刊,四页,发行量约二千五百份
复兴日报		股份制 社长　赵席珍	主笔　同前 记者　萧惺伯	1934年12月创刊,小型,日刊,四页,发行量约六百份。据说社长赵席珍与福山党部有联系

二、英文报纸

名　称	主义系统	持有人	编辑干部	备　考
烟台英文日报 Chefoo Daily News		持有人兼社长　英商仁德洋行兼路透社通讯员	主笔　同前	1917年创刊,小型,晨刊,十页,发行量约四百份。该报为山东省内最早的英文报纸,但仅为居住于芝罘附近的外侨购阅。社论主要仅转载自《上海泰晤士报》。社址位于芝罘大马路

威海卫

人口:日本人46人(其中朝鲜人41人),中国人约20万人,外国人40人。

名　称	主义系统	持有人	编辑干部	备　考
黄海潮报	党部机关报		主笔　田济川	1930年9月创刊②,大型,晨刊,六页,发行量约四百份。为党部机关报,但资本系商人出资
威海日报		社长　胡建民	主笔　同前	1929年1月创刊③,大型,日刊,八页,发行量约三百份

龙口

人口:日本人89人,中国人约2万人。

名　称	主义系统	持有人	编辑干部	备　考
渤海新报		社长　王君庭	主笔　王如愚 记者　李瑞五	1935年5月创刊,发行量约一百七十份。为当地的报纸之嚆矢,但内容贫乏

中　部

上海

人口:日本人27 298人(其中台湾人、朝鲜人2 298人),中国人3 183 965人,外国人38 251人。

---

① 1929年报告为"1913年",一说1912年12月创刊。
② 一说1931年8月创刊。
③ 一说1930年1月创刊。

概况

一、中文报纸及杂志：上海发行的大型中文报纸为晨刊《申报》《新闻报》《时报》《时事新报》《晨报》《民报》《中华日报》《上海商报》《宁波日报》《市民日报》《大日报》十一报，以及晚刊《大晚报》《大美晚报》《新闻夜报》《新夜报》《社会晚报》五报。被视为胡汉民派政治机关报的《市民报》1934年12月初终于停刊。晨刊《大日报》规模虽小，但属于新发行之报。除此之外与去年度相比无甚变化，经历了平凡的一年（《晨报》1936年1月中旬因涉及政府的财政政策而惹下笔祸被勒令停刊）。不过，作为值得一提的突发事件，《申报》社长、报界元老并且被视为实业界重镇的史量才去年11月遭暴徒暗杀。报界自不待言，此事件对社会造成重大冲击。凶手还未抓到，该事件真相不清楚，一般解释是新闻事业的牺牲品，对报业的未来投下某种阴影。其次，作为报界最近倾向，值得注意的一点是"满洲事变"①后各报论调是极端排日、辱日的，但近来稍微稳健化，发表排日观点时也不如从前露骨，亦不感情用事，而是做出一些理论上的判断，可以看作反映出了国民政府的对日态度，不过，还不能认为排日论调得到了消除。另一方面，政府的言论管束更加严厉，似乎得到了统一，诸如《时事新报》在租界外被禁止发售，经济上遭受相当打击，就被视为是其重大的牺牲品。知识阶层读者近来似乎更是指责报纸报道内容的贫乏，感到不满。而且，从各报各自倾向来看，营利性报纸《申报》《新闻报》对于政府方针总是采取追随主义，与以往一样看不出固定的主义、主张。而《晨报》《中华日报》及《民报》三报则使色彩越来越鲜明，作为政府机关报致力于政策的拥护、宣传。只有以前也属于其中的《时事新报》稍微持有严正态度，对政府政策加以相当露骨的批判，但由于1934年5月起遭到蒋介石的镇压，被禁止在租界外销售，近来已经看不到过去那般活力，不如说与《申报》《新闻报》一样，转向追随政府。与此同时，以该报为据点的张竹平在报界的势力明显消失，其经营的《大晚报》、China Press连续亏损，完全陷入经济困境。其策划的报业托拉斯几乎归于瓦解之状态，这被视为1934年间报界的一大变化。此外，从经营方面看，值得特别提及的是处于航空邮政线上的各地报纸，利用航班之便迅速转载上海各报内容，进入地方上的《申报》《新闻报》读者层，对其蚕食不少。上述两报发行量声称十万份，据说实际上八万份内外，最近据说实际数量减少至五六万份，这亦被视为报纸经营上的一大变化。还有，1936年4月1日起天津《大公报》上海版刊行。

二、小型中文报纸（小报）：由于事变、内乱等大事件最近发生较少，因而此类宣传刺激性小报的存在并不显眼，加上受当局的言论压制等，无法通过政治、人事消息的曝光新闻来扩大销路，发行量均减少，处于经营困境。据传比较早就被认可的《晶报》《金刚钻》《小日报》《福尔摩斯》等的经营者总是出入于被视为当地青帮首领的黄金荣、杜月笙等府上，接受若干补助。其他报纸也是靠私人关系通过广告等勉强维持经营。

三、中文杂志：发行种类显著增加，即使仅当地发行的也有二百种以上，其中以营利为目的者因经济界普遍萧条，销路差，均处于经营困境。而且，根据舆论管理规定，发行的杂志在印刷前须向中央图书杂志审查委员会（位于上海南市也是园）提交原稿，未经审查不得出版。据说最近特别是对日中问题、政府借款问题的报道管控严厉。因此，反政府性言论遭到压制。

四、外文报纸及杂志：在外文报纸中，英文报纸晨刊有 North China Daily News、China Press、Shanghai Times 三种，晚刊有 Shanghai Evening Post（1930年8月收购合并晚刊 Shanghai Mercury 而改名）。此外，有法文报纸一种，俄文报纸数种。除了英文报纸以外，其他报纸由于读者范围有限，无影响力。上述报纸中 North China Daily News 可夸耀为东方第一的外文报，内容、外观均充实，尤其是其社论在"Impartial, Not Neutral"这一编辑标语下发表稳健保守性评论。作为代表在华英国官民舆论的报刊，常为国内外瞩目。该报通讯栏随时刊登发自东京、哈尔滨、新京、北平、汉口、广东等各地的通讯，特别是内地通讯，便于了解中国实情。Shanghai Times 属于亲日派，而 China Press 1930年11月被中国方面收购，在中国方面拥有大量读者，"满洲事变"以来连续大肆刊登猛烈的排日评论、报道。美国系统的 Evening Post 虽不及 Press，但反日色彩浓厚，但最近正稍微趋于稳健。

五、日文报纸及杂志：上海的日文报纸有《上海日报》《上海日日新闻》及《上海每日新闻》三报，而目前阶段，上述三报都经营困难，以当地日侨为对象的竞争已经走进死胡同，似乎无法期待今后进一步发展。

---

① 指九一八事变。此后，日本帝国主义侵占我东北三省。日人称东三省为"满洲"。

一、中文报纸及杂志

（1）报纸

名 称	主义系统	持有人	编辑干部	备 考
申报	标榜中立，而以往有接近直系及安福系的历史。现在与已故张謇一派的江苏实业派尚有关系。一时有拥护政府、迎合法西斯之色彩。最近变得稳健、消极	史咏赓 已故史量才之子，杭州之江大学学生，本人决意继承亡父遗业，成为名义上的社长，但不从事实际事务，接受其顾问、本社代表陈景韩的指示而行动。代表 陈景韩 在史量才授意下入《时报》，为该社经理。史量才去世后复归，成为史咏赓顾问，现在几乎掌握实权 经理 马荫良（史量才外甥）	总主笔 张蕴和 现在老弱无法执笔，由周梦熊代理 编辑干部 武廷琛、胡仲持、马崇淦、赵君豪、瞿绍伊、张叔通、黄寄萍、潘仰尧、周瘦鹃、俞颂华、钱伯华、钱华 以往社论由干部记者担任，去年以来设置社外特约执笔者数名，对其投稿一次以若干报酬买下刊登。上述特别执笔者与《新闻报》是同一批人，一种鬻文职业人士，而此种职业者有逐渐增加的倾向。因此，称为社论而实际上并不代表报社，只是多有即兴之作之嫌	1872年创刊，社址位于汉口路二十四号。日刊，除了二十页之外，有时附增刊六页（一度发行晚刊，因收支不平衡而停刊）。发行量一两年前声称十六万份，因财界萧条和地方凋敝，购阅者显著减少，最近声称九万份，实际数量估计为七万份。作为中国最老的报纸，基础巩固，信誉笃厚。1912年史量才代替原社长席子佩经营时，一度在德国领事馆注册，1916年以冈田有民之名在日本领事馆注册。其后因排日风潮，受到周围压力，取消在我方的注册，在法国领事馆注册。以往在排日风潮甚为激烈之际，也保持冷静态度，论调亦稳健。在官场、实业界及其他有识上层社会中购阅者较多。无论是报道内容还是外观，都未必逊色于日本主要报纸。如同我国《大阪每日新闻》与《大阪朝日新闻》那样，该报与《新闻报》为代表性报纸，一向相互持续激烈竞争，在通讯网完备和报道准确这一点上比《新闻报》更有信誉，但在进行经营新尝试方面，未显示出领先一步的倾向。前社长史量才去世后史咏赓担任社长，在内部人员的更替等方面，几乎原封不动地继承了原事业。据外界有传说，从现任代表陈景韩主张稳健这一事实推测，以往史量才采取的积极主义当前已无指望，改为保守性方针
新闻报	最初以不偏不党为报社信条，但认识到由于国民政府对言论极端压制，采取中立态度反而无法经营，不得不采取所谓顺应时势的策略，尊奉三民主义，拥护政府政策。一度有迎合法西斯之倾向。亲美系统	董事长 吴蕴斋 董事 汪伯奇、钱新之、何联第、秦润卿 秦被称为金融界元老，任钱业公会主席委员、中国垦业银行董事长、钱业联合准备库主席委员等重要职务 监察 朱子衡 叶琢堂 为实业界有力人士，相关事业较多，与蒋介石有密切关系。据传蒋在上海资产全由该人担任保管 经理 汪伯奇 为原社长汪汉溪之子，安徽人，上海圣约翰大学出身。还有，此人经营慎益钱庄，据称有资产百万元 副总理 汪仲韦 汪伯奇之胞弟，与兄伯奇持有的本报股份数量大略相同，专门负责营业部，在经营上完全首当其冲	总主笔 李伯虞（浩然） 陕西人，留日出身，曾为《时报》及《神州日报》记者，十几年前入社以后担任总主笔至今，为人严谨 总编辑 严独鹤 上海人，兵工学校毕业，与世界书局有关系 编辑干部 陈达哉、胡叔异、朱义农、严谔声、潘竞民、余空我、阮静如、徐耻痕、倪澜深、宋颂周、蒋剑侯、郭步陶 以往社论的执笔有评论委员会这一组织，由编辑干部分担。与《申报》一样从去年起废除此组织，委托社外特约执笔者，在相当广范围内征求投稿。因此，社论不像以往那样一以贯之，与《申报》一样即兴之作较多	1893年创刊，社址位于汉口路十九号。日刊，二十页至二十八页（晚刊《新闻夜报》四页，主要街头叫卖），发行量也有过号称十六万份之时，因与《申报》同样的原因，发行量减退，最近声称十一万份，实际数量估计七八万份，但依然位居上海中文报纸中的第一位。是亲美系统的报纸，据说现在持股是美国人四成、中国人六成。中国方面的持股情况是，现总理汪伯奇持有其大半，事实上握有该社实权。其他股东中实业界有力人士居多。报道丰富、迅速，以及经营上总是吸纳新意，为本报特色，而且，经济栏也有值得一看之内容。商业报道优于《申报》。曾作为排日急先锋，因报道、评论不严谨，其身为大报的价值遭到怀疑。但国民革命军占领上海以来，其地位被国民党机关报所夺。回避有关对外问题方面的评论，显示出欲以纯实业报纸而立足的倾向。对我方的态度似乎也变得稳健。国民革命军进军长江时，该报被视为资本家的机关报，一时受到打压，此后走向大众化，对国民党采取不即不离的态度。在实业界读者不少，基础亦巩固。因"上海事变"等收入下降，据说目前收支总算平衡。该报原先依据美国法律在美国总领事馆注册，1928年12月大股东美国人Fergusson将其所持股份二千股转让给中国人而隐退，由此在1929年1月股东大会上取消在美国注册，以资本金一百二十万元正式在国民政府实业部注册

名　称	主义系统	持有人	编辑干部	备　考
时事新报	起初作为研究系机关报而闻名，1927年4月被《申报》经营者收购，当时蒋介石也有出资。据闻在1930年间按月偿还了。同年11月讥讽王正廷北京之行，受到蒋介石指责。对此曾展开辩论战，以报一箭之仇，发表言论露骨地批评政府政策	董事　潘公弼、俞佐廷、张竹平、程霖生、戴耕莘、熊少豪、徐新六、张公六 监察　董显光、郑耀南 经理　熊少豪	主笔　潘公弼　江苏省嘉定县人，日本法政大学出身。多年来任本报主笔，1927年1月就任经理，接着任董事，掌管本社一切社务 编辑干部　黄天鹏、李卓真、项远村、蒋湘青、褚保衡、黄汉石、聂世琦、孙础达、程延龄、宋云光 评论大体由主笔及编辑干部担任，与《申报》《新闻报》一样正在采用来自外部鬻文业者的投稿	1908年创刊，社址位于山东路二二四号。日刊六页，晚刊《大晚报》四页（发行量约一万份），发行量约五千份。曾与《舆论报》和《时事报》合并，当时称为《舆论时报》，后来改为现名。革命后归共和党员及进步党员陈敬第和孟森经营。1914年被德国人收购，在德国领事馆注册。1916年转让给前社长黄群（进步党员）经营，与德国断绝关系，以日本人波多博之名义在日本领事馆注册，同年秋起成为梁启超一派的机关报。在发生排日风潮之际，取消在我方的注册，作为资本金三十万元之有限股份公司在法国领事馆注册。1923年以来担任经理的林炎天一度接受吴佩孚援助，努力发展社务，但随着吴倒台，经营陷入困难。1927年4月被当时《申报》副经理张竹平收购以来，基础巩固，挽回颓势。在各报中表现出最为活跃的编辑风格，总是致力于鼓吹新思想，好就时局问题发表评论，似乎乐于刊登反日报道及评论。读者层大致为知识阶层。最近不满于《申报》《新闻报》迎合政府的主义，往往批评中央政策，委婉地加以攻击。前社长张竹平以本报为基础，靠着与英文报 China Press 及晚刊《大晚报》的联系，以上海民间金融界为背景，与《申报》的史量才等人对立。1935年9月前后，因露骨地批评政策，刊登违禁内容等触及蒋介石忌讳，被禁止在租界外销售，发行量也从三四万份变成五千份。与此同时张公权进入中央银行，据认为不可能像以往那样接受金融界的经济援助了，其未来相当悲观
晨报	与蒋介石派、上海市商会有密切联系，但据说最近与市党部关系密切。潘公展被称为蒋介石法西斯派的四天王之一，因而一般被视为蓝衣社机关报	董事长　潘公展　上海圣约翰大学出身，市党部执行委员，现为市政府教育局长 董事　王延松。王晓籁　市商会主席。俞竹君　圣约翰大学毕业，历任外交部秘书，上海市政府财政局代理局长、市政府参事等。现在担任上海市政府秘书长，是吴铁城直属部下 监事　袁履登　任市商会委员、宁绍生命保险公司董事、华成烟草公司董事等职务，为实业界知名人士	主笔　何西亚 总编辑　王新命　因前本报主笔陶百川出洋而成为其后任 编辑干部　许性初、徐则骧、曹匋成、胡铁生、瞿樾、陆凤石、陈泽华	1932年4月创刊，社址位于上海山东路二八〇号。除晨报四页之外，还发行晚报《新夜报》，发行量一万五千份。据闻起初是得到上海市商会王晓籁、王延松等后援而创刊，其后蒋介石、何应钦也出资。露骨地表示拥护蒋介石政权，提倡独裁制度，不像以往那样刊登排日报道。购阅者主要在上海市内，还没有打进地方。1936年1月中旬在政府财政政策方面遭笔祸而被下令停刊。其后相关人士将其改名为《诚报》，为复刊而奔走，结局未能如愿，处于继续休刊状态
时报		社主　黄伯惠　江苏人，游历英美，英语娴熟。在上海拥有地产，据称财产百万，据说将经营报纸作为一种兴趣爱好 经理　王李鲁　黄伯惠的亲戚	总主笔　蔡行素　在该报工作十余年，深得现社长信任，取代前主笔金剑花当上主笔，也担任编辑 编辑干部　顾正庵、林一民、滕树谷	1904年创刊，社址位于福州路九九号。日刊，八页，发行量估计二万份。最初由康有为出资，狄楚青（康有为之门人）担任经营。1907年以宗方小太郎之名义在日本总领事馆注册，1919年排日运动之际，仿效《申报》改在法国总领事馆注册。1925年黄伯惠从狄楚青那里以八万弗盘下。文笔有煽动性倾向，"上海事变"之际，以即兴夸张的报道吸引读者，一时取得相当好的业绩，而随着时局安稳，受到社会厌恶。此外，社主黄伯惠对经营报业不热心，报社日益陷入经营困难，连续亏损。据说该社将所有资产作为抵押向万国储蓄会借入五十万元，实际上已经归万国储蓄会之手

(续表)

名　称	主义系统	持有人	编辑干部	备　考
中华日报	汪精卫系	持有人　汪精卫 经理　林柏生　广东人,当过香港《南华日报》主笔	主笔　黄延凯　为广东人,以前曾在广东教育界工作,其后在香港经营《南华日报》,现在也兼任《中华月报》编辑 编辑　赵慕儒、杨青田	1932年4月创刊,社址位于河南路汉口路角。日刊,四页,发行量三千份。本报与汪精卫的关系,以往限于幕后,近来几乎公开
民报	国民党机关报,叶楚伧系	持有人　中央党部 代表　胡朴安 经理　叶李平　曾任江苏省民政厅科长	主笔　胡朴安　曾任江苏省民政厅长 副主笔　管际安　从《民国日报》创办起就有关系	1932年5月创刊,日刊,四页,发行量三千份左右。作为国民党机关报而具有长久历史的《民国日报》在"上海事变"前因我方抗议被公共租界当局查封停刊,其残党创办了此报。接受中央党部每月三千至五千元补助。是作为上海的中央(特指叶楚伧)机关报而存在的报刊,但被《晨报》等积极势力压制而无活力
上海商报	市商会机关报	董事　王延松。王晓籁。贝淞荪　中国银行董事兼上海支店经理,留美出身,与宋子文一派有联系,金融界的有力人士。诸文绮　上海染色公会主席、启明染色厂大股东、中孚染料厂大股东,排日运动之际成为先锋,很活跃。骆清华　三十多岁,王延松、王晓籁、诸文绮及此人等总是意气相投,提倡国货,成为排日运动的中心。现在任绸缎同业公会常务委员、绸业银行副经理、华成永绸缎庄经理等职位 监察人　马少荃　中兴矿灰厂主,矿灰公会主席委员 潘旭升　任富安纺织公司董事、市商会委员兼商务科主任、大沪银行副总理 经理　孙鸣岐	主笔　张季平　原市商会秘书 编辑　丁丁、陆思红	1932年9月创刊。据闻上海市商会现任干部王延松、王晓籁(两人都兼任《晨报》董事)等起初将《晨报》作为市商会机关报,对该报出资,其后《晨报》逐渐变成蒋介石的机关报,王等便资助该报。股份制,资本金三万元
大美晚报	美国系统英文报纸 Evening Post 的中文版	Post-Mercury Company (参照 Evening Post)	编辑主任　袁伦仁 编辑干部　石招太、朱永康、吴伴农、张志韩、成鹤龄	1933年2月创刊①,社址位于爱文义路一七号、二一号。菊倍版②,十六页,发行量约三万份。正在逐渐进入中国读者层,现在发行量遥遥领先于英文《大美晚报》。因受国民政府言论压制而对普通中文报纸言论及报道不满的读者,似乎欢迎此报

① 1933年1月16日创刊。
② 日文表示纸张尺寸的名词,约218×304毫米。

(续表)

名 称	主义系统	持有人	编辑干部	备 考
宁波日报	上海宁波同乡会机关报	社长兼经理 汪北平 在宁波经营过报纸	主笔 同前 编辑 张静庐	1933年8月创刊①,社址位于西藏路平乐里。日刊,四页,发行量三千份左右
大晚报②	时事新报系	董事 程霖生、冯炳南、经乾堃、陆以南、杜月笙、厉树雄、曾虚白、郑虚南、张竹平 监察 徐新六、郭顺		晚刊,发行量约一万份。当地晚报中发行量最多,但经营状态不好。以张竹平为中心的《时事新报》《大陆报》及本报三报中据说本报业绩最好。现在在时事新报社内处理一切事务
大日报③		持有人 吴农花 经营过小报《福尔摩斯》。潘毅华	吴农花	社址位于山东路时事新报馆三楼,发行量约三千份。因小报的经营走入死胡同后转向大报的报纸。内容匮乏
社会晚报④		社长 蔡钧徒 以前经营过小报《龙华》	主笔 陈剑平 原为教师 编辑 王壬	内容稍微齐备,街头销售仅次于《大晚报》,看上去相当好卖
晶报	与《新闻报》有特殊关系,有拥蒋色彩	社长 余润(大雄)留日出身,相当理解日本,为人亦干练	主笔 刘天倪 副主笔 孙东吴	1926年末创刊,社址位于山东路。小型,日刊,四页。发行量约八千份。本报原是作为《神州日报》副刊发行的,1926年末该报停刊后单独发行,现为小报中的一流报纸
福尔摩斯		姚吉元	吴微雨	1929年6月创刊⑤,社址位于天津路慈安里。小型,日刊,二页,发行量五千份
金刚钻		施济群	郑逸梅	1928年11月创刊⑥,社址位于天津路慈安里。小型,日刊,二页,发行量八千份
罗宾汉		朱瘦竹	范大明	1928年11月创刊⑦,社址位于北成都路同寿里。小型报纸,发行量四五千份
社会日报⑧	法西斯派系	胡雄飞	陈听潮	社址位于宁波路。小型,日刊,二页。与社会报道相比,重点更在于长篇读物上,据说按月订购的读者超过八千人
上海日报		程咏之	王干一	社址位于宁波路永安路。小型,日刊,二页,发行量四千份内外
时代日报⑨	法西斯派系	来岚声	卢溢芳	社址位于梅白克路。小型,日刊,发行量约七八千份。据认为与蓝衣社一派有关系
上海报		匡仲谋	王雪尘(冯梦、尘生)	社址位于九江路又新里。小型,日刊,八页,发行量约七千份。正在改为类似大型报纸的内容

① 一说8月15日创刊。
② 一说1932年12月15日创刊,一说1932年2月12日创刊,初名《大晚报国难特刊》,4月15日起改名《大晚报》。
③ 1934年7月1日创刊。
④ 1934年3月1日创刊。
⑤ 应为1926年7月3日创刊。
⑥ 应为1923年10月18日创刊。
⑦ 应为1926年12月8日创刊。
⑧ 应为1929年11月1日创刊。
⑨ 1932年7月1日创刊。

(续表)

名　称	主义系统	持有人	编辑干部	备　考
东方日报①		徐善宏	唐大郎	社址位于广西路四四四号。日刊,小型报纸,发行量五千份
小日报		黄光益	尤半狂	社址位于亨利路。小型,日刊,四页,发行量四千份
大昌报		冯梦云	同前	社址位于宁波路。日刊,小型报纸,发行量四千份内外
明星日报		胡佩之	波秋雁	社址位于汕头路。日刊,小型报纸,发行量四千份
铁报②		毛子佩	邵心云	社址位于宁波路六五九号。日刊,小型报纸,发行量三千份
中国日报		黄转陶	俞逸芬	社址位于白克路福源里。日刊,小型报纸,发行量三千份
报报③		胡憨珠	同前	发行量三千份。浙江路东平安里五号
世界晨报④		来岚声	同前	社址位于梅白克路太平弄二二一号。日刊,四页,发行量约三千份。社会、政治报道
正气报⑤		郑子褒	同前	三日刊,四页。被视为拥护中央政府的报道较多
江南日报⑥		沈世昌	马童	社址位于莱市路二五一号。日刊,二页,发行量约二千份。社会报道
新上海⑦		胡天丽	同前	社址位于天津路慈安里。日刊,二页。社会、政治报道,据说与西南派有联系
社会新报		陆非非	同前	二日刊。社址位于社会晚报社内⑧
文化新闻		李大琳	同前	1935年2月创刊⑨,周刊,大型,二页。极端反对张竹平的报业集团
早报		董事长　穆藕初 社长　陈立廷	总编辑　陈彬龢	1935年创刊⑩,小型,发行量一万份
立报		总经理　严谔声 经理　田丹佛		1935年创刊⑪,资本金十万元

① 1932年5月27日创刊。
② 1929年7月7日创刊。
③ 1927年12月1日创刊。
④ 1931年7月5日创刊。
⑤ 1930年6月7日创刊。
⑥ 1933年3月1日创刊。
⑦ 1934年6月15日创刊。
⑧ 《社会晚报》创刊于1934年3月1日,《社会新报》似应在此以后出版。
⑨ 应为1934年11月创刊。
⑩ 1935年6月10日创刊。
⑪ 1935年9月20日创刊。

(2) 杂志

名　　称	主义系统	持有人	编辑干部	备　考
东方杂志		商务印书馆	李圣五	1903年创刊①，社址位于河南路。每月发行二次，菊版，约一百二十页，发行量二万七八千份。本杂志为上海历史最老的杂志，是商务印书馆发行的十大杂志中的最佳刊物。然而，因"上海事变"，报馆遭兵燹，其后虽重建，但购阅者不如从前。编辑有关国际问题、社会问题的报道及创作等，但有关国内政治问题报道较少。广为全国购阅
申报月刊		申报馆	俞颂华、黄幼雄、吴景崧	1932年创刊②，发行量二万七八千份。刊登时事、经济等新问题，谋求充实内容，欲超越《东方杂志》
新中华		中华书局	周宪文、倪文宙、钱歌川	1933年创刊③，半月刊，发行量约二万份。与《东方杂志》《申报月刊》一起为中国三大杂志之一
中华月报	汪兆铭系	中华月报社	林伯生、杨清田	发行量约三千份
教育杂志		商务印书馆	何炳松	1908年创刊④，月刊，菊版，发行量约三千份。为高级教育专业杂志
中华教育界		中华书局	倪文宙	1913年创刊⑤，月刊，菊版。与《教育杂志》相对抗的杂志，但内容不太齐备
前途	上海市党部机关刊物	代表　吴醒亚	刘炳藜　暨南大学教授	1933年创刊，月刊，发行量约三千份。被视为拥护蒋介石的杂志
汗血月刊	拥护蒋介石，有受到熊式辉支持之说	据说陶百川为代表	陶百川、王文治	社址位于霞飞路乐安坊六二号。月刊⑥，发行量约三千份
民族	拥护汪兆铭	据认为陈公博为代表	严继光以及实业部其他相关官员	月刊⑦，发行量约二千五百份
复兴月刊⑧	支持黄郛一派	新中国建设协会	赵厚生	发行量约二千份。普通人购阅少，据说经营困难
文化建设	中央党部系统的宣传刊物	中国文化建设协会（法西斯团体）	樊仲云　原《新生命》编辑	月刊，发行量约二千份
外交评论	被认为是汪兆铭系，但经营独立	外交评论社	吴颂皋	1932年6月创刊⑨，月刊，发行量约二千份。由于一般综合杂志簇生，销路差
社会半月刊	拥护中央	上海市社会局	吴醒亚	半月刊，发行量约三千份。主要发表社会局调查研究或统计

---

① 应为1904年3月11日创刊。
② 应为1932年7月15日创刊。
③ 1933年1月创刊。
④ 应为1909年2月15日创刊。
⑤ 应为1912年1月25日创刊。
⑥ 1933年7月10日创刊。
⑦ 1933年1月1日创刊。
⑧ 1932年9月1日创刊。
⑨ 6月20日创刊。

(续表)

名 称	主义系统	持有人	编辑干部	备 考
现代		现代书局	汪馥泉、郭静之、漆琪生、钱泽之	1930年创刊①,月刊。以往该杂志以文艺作品为主,不过,最近也正在登载时事、经济方面的消息
新生		新生周刊社	杜重远	周刊,发行量约三万份。是过去反中央色彩浓厚的《生活》之后身。据说是小杂志中数一数二的,但因"不敬报道事件"而停刊②
论语		时代图书公司	陶亢德	半月刊③,发行量约二万份。文化、教育方面的内容居多
人间世		良友图书公司	林语堂	半月刊④,发行量约一万五千份。译载居多
世界知识		生活书店	胡愈之、毕云程	半月刊⑤,发行量约一万五千份。政治、外交、经济方面报道居多,屡屡触及当局忌讳
通俗文化		通俗文化社	支道绥	半月刊,发行量约六千份。政治、经济方面的译文及科学、工程方面的内容居多
社会新闻	反共产主义,属于叛变共产党的派系,拥护蒋介石	新光书局 将陈立夫视为代表	丁默村、田萃华	每月三次,发行量约一万份。最近可能是因反对共产党及福建人民政府派的材料较少,报道上无活力,一度无销路
食货	研究中国社会史的食货学会的机关刊物	新生命书局	陶希圣 北大教授、社民主义派	半月刊,发行量约三千份
人言周刊		第一出版社	章萍	社址位于平凉路平凉村二六号。周刊,发行量约三千份。时事讽刺居多
七日谈⑥		同上周刊社	李焰生	社址位于山东路二二一号
芒种		群众杂志公司	徐懋庸、曹聚仁	1935年2月创刊⑦,社址位于福州路。半月刊,讽刺小品居多
太白⑧		生活书店	陈望道	发行量约二千份。以文化、民俗方面的内容为主
读书生活		上海杂志公司	李公朴	每月刊行二次⑨,发行量约二千份。时论、评论
银行周报	上海银行公会机关刊物	银行周报社	李权时	1926年创刊⑩,发行量约五千份

① 应为1932年5月1日创刊。
② 1934年2月创刊。因刊登《闲话皇帝》一文涉及日本天皇,日本人寻衅向国民党政府施加压力。1935年6月《新生》被查封。
③ 1933年9月16日创刊。
④ 1934年4月创刊。
⑤ 1934年9月16日创刊。
⑥ 1934年12月创刊。
⑦ 应为1935年3月创刊。
⑧ 1934年9月创刊。
⑨ 1934年11月创刊。
⑩ 应为1917年5月29日创刊。

(续表)

名　称	主义系统	持有人	编辑干部	备　考
中行月刊①	中国银行机关刊物	中国银行经济研究室	张肖梅	发行量约三千份
中央银行月报②		中央银行	陈端　中央银行经济研究所所长	发行量二千份
工商半月刊	国民政府实业部	国际贸易局	何炳贤　国际贸易局局长	发行量约三千份。最近经济调查报道齐备而充实
国际贸易导报	国民政府实业部	国际贸易局、商品检验局	沈尖沛、冯和法	月刊,以实业部上记二局研究、调查的内容为主
商业月报	上海市商会机关刊物	上海市商会	蔡受白	发行量约二千份
钱业月报	上海钱业同业公会机关刊物	上海钱业同业公会	汪中	有关钱庄业界统计,有值得一看之处
上海物价月报	财政部	国定税则委员会		发表物价及其他统计指数等
社会经济调查月报		上海社会经济调查所	姚庆之	发行量约一千五百份。以商品调查、农村调查方面的内容为主
经济统计月志	中国经济统计研究所机关刊物	中国经济统计研究所	刘大钧	英国庚子赔款委员会提供补助
交易所周报		交易所联合会	穆藕初	

二、外文报纸及杂志

(1) 报纸

名　称	主义系统	持有人	编辑干部	备　考
North China Daily News [字林西报] (英文)	拥护英国政策及英国人利益,英国籍	社长兼董事　H. E. Morris　董事　Gordon Morris, Harold Porter 任北京辛迪加董事,原驻汉口英国总领事　董事兼总经理 R. W. Davis代表 Morris 握有实权	主笔　E. Haward　前主笔　A. M. Green 1930 年 3 月辞任回国,作为后任入社。曾任印度 Times 通讯员而发挥才能　副主笔　R. T. Peyton Griffin　记者 J. M. D. Hoste 中国主笔记者　陈汉明　澳洲出生,悉尼大学出身,在该报连续工作十几年	1854 年创刊③,社址位于外滩一七号。东方最老的报纸,晨刊,十六至十八页,发行量约九千六百份。为英国总领事馆及驻华英国高等法院的公布机关,工部局公报也插入本报发送。1929 年 11 月起发行插有照相版的周日版,大型半页大,十页内外,发行量约六千份。另发行周刊 North China Herald (《字林星期周刊》),发行量三千份。国民政府 1929 年 5 月以该报及周刊 North China Herald 进行反动宣传为由,发布过禁止邮寄及购阅之训令。不知是否此原因,该报此后态度有相当改变。在中国内地有约六十名通讯员

---

① 1930 年 7 月创刊。
② 1932 年 8 月创刊。
③ 应为 1864 年 7 月 1 日创刊。

(续表)

名　称	主义系统	持有人	编辑干部	备　考
Shanghai Times[泰晤士报]（英文）	英国籍	社长　A. E. Nottingham（英国人）	主笔　Alfred Morley 原香港 Telegraph 总经理，1931年10月入社，前主笔 Sayer 1931年9月离职，任公共租界工部局情报处主任 副主笔　R. I. Hope 记者　P. Palamountain	1889年创刊①，社址位于爱多亚路三一号。晨刊，十六页，发行量四千份。归现任社长经营以来，对报面进行改善，年年增加销量。从1921年末起创刊的周日号 Shanghai Sunday Times 附有照相版四页，往往达四十页以上，发行量约五千八百份。对日本有好感。担任在华路透通讯社代理
China Press[大陆报]（英文）	美国籍。有国民政府及上海金融财阀的支援，还属于张竹平报业集团	社长　Dr. T. Findley 执行董事　张竹平　前董事 董事　董显光　前执行董事。Dr. Marsh。杨渭宾 太古轮船买办。潘子铨　怡和洋行买办。程霖生　新任，土地房屋经营者	主笔　F. T. Durdin 前副主笔 记者　F. I. Pratt （注）日本记者池田安藏"上海事变"以来离职	1910年创刊②，社址位于爱多亚路一六〇号。晨刊，十六至十八页，周日版四十页（附有四页照相版），发行量约三千份。曾由法国保护民犹太人 Sopher Arthur、Sopher Theodore 兄弟掌控，1930年11月转让给主要由顾维钧夫人出资的 China Publishing Company。传说当时与张学良方面有联系，后来由张竹平组织的合资出版公司统一经营《时事新报》《大晚报》与本报，以及提供新闻的机构申时通讯社。在当地外文报纸中拥有最多中国读者。还发行英文《大陆周刊》。对日态度最近稍趋稳健。此外，本报跟以往一样在美国特拉华州作为美国报纸注册
Shanghai Evening Post & Mercury[大美晚报]（英文）	美国系统。据说最近中国方面出资获得约三分之一股份	Post-Mercury Co.，在美国注册，资本二十万两 董事　G. C. Bruce、Mansfield Freeman、Clement J. Smith、C. V. Starr（握有实权）、T. O. Thockrey③	主笔　T. O. Thockrey 编辑　Randall Gould 记者　M. C. Ford 本报特别撰稿人 Woodhead 1933年亲自主持 Oriental Affairs，辞去本报特邀之职	1922年11月创刊④，社址位于爱文义路一七至二一号。晚刊，八页，发行量约五千三百份。该报为 China Press 的晚刊 Evening Star 及 Shanghai Gazette 两晚报合并后改名而成。作为国民党机关报，经陈友仁之手常发表孙文方面的主张。因经营困难，1925年转至奉系之手，其后再转给 Y.D. Shen。1928年5月转至现持有人经营。1930年8月收购合并 Shanghai Mercury，改成现名。1933年1月起发行中文版《大美晚报》
Le Journal de Shanghai[上海日报]（法文）	法国系统	G. S. Moresthe	主笔　G. S. Moresthe 记者　R. Laurens、J. Cochat	1927年12月创刊，社址位于公馆马路二一至二三号。日刊，发行量约二千五百份。因惋惜过去发行了三十年的 L'Echo de China 停刊，由 Havas 通讯员等创刊而成。据传有法国领事馆方面资助
Deutsche Shanghai Zeitung[上海日报]（德文）		Capt. Max Simon-Everhard 据说原为南京政府军事顾问		1932年10月创刊⑤

---

① 应为1901年创刊（光绪二十七年正月）。
② 1911年8月24日试刊，8月29日正式出版。
③ 1934年报告为"Thackrey"，"编辑干部"栏的"主笔"有相同问题。
④ 应为1929年4月16日创刊。
⑤ 一说德文《上海日报》1932年9月27日创刊。

(续表)

名　称	主义系统	持有人	编辑干部	备　考
Шанхайская заря [上海柴拉早报]（俄文）	支持俄罗斯团体共同会议"索罗"①，犹太系统白系报刊		主笔　L. V. 阿诺利朵夫 记者　佩特卢夫、科泽洛夫、甫罗司德	1925年11月创刊，社址位于法租界霞飞路七七四号，资本金五万弗，日刊，四页，发行量约一千份内外（早、晚刊相同）。本报系哈尔滨 Заря 报社经营，也发行 Вечерняя заря
Слово [言论]（俄文）	支持俄国流亡委员会，反苏亲日	代表　阿尔德茨克夫	主编　P. I. 扎伊柴夫 记者　G. 沙博奇尼科夫、A. 纳卡伊采夫	1925年创刊，社址位于法租界霞飞路二三八号。资本金六万弗，日刊，四页，发行量一千五百份左右
новости дня [每日新闻]（俄文）		V. A. 琪利金经营"司克夫"②书籍印刷所	主编　同前 记者　古考钦、马蒙特拉	1933年3月创刊，社址位于霞飞路七八五号，日刊，四页。以人身攻击等曝光新闻为能事。本报前身为 Копейка，1934年10月改为现名
Новый мир [新世界报]（俄文）	亲美亲苏		主编　C. E. Cokes（美国人）、N. 柴斐洛夫 原"北铁"上海事务所所长 记者　A. N. 戴尼索夫	1934年4月创刊，社址位于爱多亚路。英文、俄文日刊报纸，发行量约三百份。据闻苏联驻华大使馆提供补助
Голос（英、俄文）	俄罗斯劳动农民党机关报		主编　N. P. 马里诺斯基　俄国劳动农民党中国代表	英文、俄文周刊

(2) 杂志

名　称	主义系统	持有人	编辑干部	备　考
China Weekly Review [密勒氏评论报]（英文）	美国系统。向中国学生献媚，有排日杂志之称	发行人兼编辑 J. B. Powell 原 China Press 主笔，现任 Manchester Guardian 通讯员	主笔　同前 副主笔　郝志翔 留美出身	1917年5月创刊，社址位于爱文义路三八号。周刊，发行量约四千份。以研究远东尤其是中国政治、经济、社会问题为主。最初称为 Millard's Review，后改称 Weekly Review of the Far East，1923年改为现名。报道内容多从其他报刊、杂志上转载，除了在中国人中有相当多读者之外，据说向美国免费发放约二千份。接受中国政府补助，反日反"满"的色彩浓厚
China Digest [中国评报]（英文）	对日本有好感	Carroll Lunt 兼 Hearst's International News Service 等通讯员	同前	1931年创刊，社址位于愚园路宏业花园二百号。周刊，发行量一千五百份。根据中国实际情况，毫无顾忌地发表对华看法
Far Eastern Review [远东时报]（英文）	刊登东亚财政、工业、矿业报道，特别是刊登对日本有善意的评论及报道	发行人 George Bronson Rea 曾任"满洲国"政府顾问	主笔　同前 主编　C. J. Laval 前 China Press 主笔，亲日派	社址位于外滩二四号正金大楼内。月刊，发行量二千份。为东方英文杂志之翘楚，亦刊登政治评论。曾对我方舞弄毒笔，但和平会议后其态度一变，不如说是对日本有善意，以至于严正批评美国对东方及日本的政策，总是致力于介绍我方在朝鲜、台湾、"满洲"之政绩

---

① 原文为"ソロ"，此处为音译。
② 原文为"スキフ"，此处为音译。

(续表)

名　称	主义系统	持有人	编辑干部	备　考
China Critic [中国评论周报]（英文）		经营者 D. K. Lieu（刘大钧）	主笔 Kwei Chung Shu（桂中枢） 留美出身	1928年创刊，社址位于北京路五〇号。周刊，发行量约三千份。登载有关时事问题的评论及报道，被认为拥护南京政府
Chinese Economic Journal [经济月刊]（英文）	介绍国民政府实业部通商情况之杂志	国民政府实业部国际贸易局	何炳贤	国民政府工商部工商访问局月报（Bureau of Industrial and Commercial Information）。社址位于汉口路海关大楼内实业部国际贸易局
Chinese Economic Bulletin [中国经济周刊]（英文）	同上	同上		周刊，社址与《经济月刊》相同
Oriental Affairs（英文）	有关远东、特别是中国问题的论丛	H. G. W. Woodhead 1933年12月辞去特别撰稿的 Shanghai Evening Post，创刊本杂志	同前	1933年12月创刊，社址位于爱文义路二一号。发行量约八千份，月刊
Observer（英文）	远东时事问题评论	Edward Dunn	同前	1933年7月创刊，社址位于法租界公馆马路。月刊
Capital and Trade [商务周报]（英文）	不刊登政治评论，英国人持有	David H. Arakie	同前	1925年创刊，社址位于仁记路二五号。周刊，发行量三百份
Finance and Commerce [金融商业报]（英文）	政治性评论少，英国人经营	Reuters Ltd.	K. Begdon	1920年创刊，社址位于九江路。周刊
China Journal of Science and Art [中国科学美术杂志]（英文）	有关中国美术研究、考古学及狩猎之杂志，英国人持有		主笔 Arthur de Sowerby、John C. Ferguson	1924年创刊，社址位于博物院路八号。月刊，发行量五百份。无政治含义，编辑及投稿人多为相当知名的人士
Inspection & Commerce Journal（英文）		实业部商品检验局		月刊，社址位于博物院路一五号
Peoples Tribune [民众论坛]（英文）	基于三民主义，鼓吹排日		主笔 汤良礼 留美出身	1927年创刊，社址位于四川路七二号。月刊，发行量约一万份。通过蒋介石秘书陈布雷获得国民政府方面的支援，又据传与蓝衣社有联系
British Chamber of Commerce Journal（英文）	在华英国人商业会议所机关刊物	在华英国人商业会议所		月刊，发行量一千份。既是上海英国人商业会议所机关刊物，亦为 Associated Chamber of Commerce in China and Hongkong 机关刊物。除了工商业报道以外，还巧妙摘录中国相关的新条约、重要公文书等，适合作为记录保存
Chinese Recorder [教务杂志]（英文）	美国长老教会派机关刊物，美国人持有		Rev. F. Rawlinson	月刊，发行量一千五百份。社址位于圆明园路二三号

(续表)

名　　称	主义系统	持有人	编辑干部	备　　考
Israels Messenger [犹太月报] (英文)	上海犹太复国主义协会机关刊物，拥护远东犹太人及犹太教利益	上海犹太复国主义协会	N.E.B. Ezra	1904年创刊，社址位于西摩路六号。月刊，发行量四百份。1910年2月停刊，但1918年复刊。感谢我方在巴勒斯坦问题上的态度，不刊登政治评论
China Republic [民国周刊] (英文)	评论政治、经济	Woong Yu Fong	主笔　李炳瑞　之江大学校长、留美出身 记者　甄金铨	1932年创刊，社址位于九江路一四号。周刊，发行量约五百份。被认为支持西南派
China Health Pictorial [中国健康月报] (英文)	宣传健康和修养	Merian Griffin	同前	1932年创刊，社址位于北河南路二〇号
Shanghai Spectator [民视报] (英文)	刊登政治及社会上的消息，尤其是曝光性新闻。亲日		A. D. Alcott 原 *China Press* 记者	社址位于博物院路　五号。周刊，发行量约一千份
Revue Nationale Chinoise① (法文)	以外交评论为主，另外也刊登政治、社会内容。投稿者中国人占大部分		主笔　G. Em. Lemiere	月刊，社址位于法租界 Route Voyron 一〇八号
Brücke [衡桥] (德文)	德国系统	Schriftleiter	同前	1925年②创刊，社址位于环龙路二四八号。周刊，号称东方唯一的德国周刊杂志
новый путь [新道路] (俄文)	"年轻俄罗斯同盟"上海支部机关刊物		主编　N. 贝太莱茨	俄文半月刊
пронэкция [探照灯] (俄文)			主编　V. C. 瓦尼亚	俄文周刊
голос России [俄罗斯之声] (俄文)	俄国军事同盟远东支部机关刊物		主编　M. K. 迪太尼克斯中将	
Аргус [百眼巨人] (俄文)	反俄、反犹太系统		主编　A. A. 纳卡伊采夫　原 *Слово* 记者	1934年12月创刊，俄文半月刊
The Jewish Call [犹太人呐喊]	犹太系统			1933年8月创刊，月刊，发行量约五百份。毕勋路八三号犹太人俱乐部发行
парус [帆] (俄文)	政治文艺杂志		D. I. 盖司妥夫	发行量五百份，社址位于法租界麦底安路七三号

---

① 1934年报告为"Re Revue National Chinoise"。
② 1934年报告为"1926年"。

三、日文报纸及杂志

(1) 报纸

名　称	主义系统	持有人	编辑干部	备　考
上海日报（日文）		社长　波多博 从原社长井手三郎手中盘下，1929年11月任社长	主编　后藤和夫	1903年创刊，社址位于白保罗路三号。晨刊八页，晚刊四页。为上海最老的日文报纸，相当有信誉。1899年创刊的《上海周报》为本报之前身
上海日日新闻（日文）		社主兼社长　宫地贯道 目前在南洋 社长代理　石川源治	同前	1914年创刊，社址位于乍浦路一二一号。日刊，十页
上海每日新闻（日文）		社长　深町作次郎	主持人　同前	1918年11月创刊，社址位于吴淞路汤恩路角七七号。日刊，八页。1924年11月由《上海经济日报》改名而来。1929年4月山田社长隐退，前社长深町作次郎再度任社长

(2) 杂志

名　称	主义系统	持有人	编辑干部	备　考
上海半月刊杂志（日文）	介绍中国情况	社长　山田仪四郎	同前	1913年创刊，社址位于海宁路。周刊。创刊当初佐原笃介为社长，后来归西本省三主持。其死后该杂志编辑三村继承之，改名为《上海周报》。现社主继承后又改成现名
上海时论（日文）	论述中国时事问题	社长　堀清	同前	1926年创刊，社址位于海宁路一四号。月刊，发行量约五百份。为《上海と日本人》之后身。内容比较充实
经济月报（日文）	中国通商贸易研究	上海日本商工会议所		1927年1月创刊，月刊，发行量七百份。主要向会员发放，还寄赠官方及相关团体
满铁支那月报（日文）	中国社会、经济调查研究	满铁上海事务所		1929年11月创刊，月刊，发行量六百份。主要向我国及在华满铁相关机关等发放
中国资料月报（日文）		高柳虎雄		1935年创刊，月刊，以译载中国共产运动资料等为主

南京

人口：日本人452人（其中台湾人82人，朝鲜人240人），中国人811 085人，外国人498人。

概况

奠都以来，随着文化及交通的发展，南京创刊的中文报纸似雨后春笋般簇生，特别是"满洲事变"后标榜排日论的应时之物居多，一时总数达五十种，但伴随一般舆论的沉静，很多报纸逐渐被淘汰，最近大小合在一起减少至二十六种。上述报纸中比较有影响的，作为晨刊有《中国日报》《朝报》《中央日报》《新京日报》《新民报》《救国日报》《新中华报》《华报》《南京报》等，作为晚刊有《大华晚报》《人民晚报》等（1935年5月上述各报社的共同机关"新闻学会"成立）。刊登的报道大致可分为中央通讯社系统和日日通讯社系统。《民生报》（受到吴稚晖、李石曾等元老派，以及梁寒操、马超俊等孙科派援助的报刊）以往以积极排日及攻击政府为主义，屡屡刊登不敬报道而酿成争议，被当局盯上，为了与新出现的《朝报》争夺读者，攻击显赫高官，最终在1934年7月被勒令停刊(还未复刊)，这是值得一提的。然而，与知识阶层众多这一当地实情比较，尚无可称为大报者。由于刊登的内容受到显著限制，所以《新闻报》(购阅数4 700份)、《申报》(3 200份)、《晨报》(2 000份)、《大公报》(2 500份)、《时报》(2 000份)、《时事新报》(1 400份)、《益世报》(400份)等在其他地方发行、报道丰富的报纸现在似乎仍旧得到广泛购阅。并且，现今各报社均刷新报面，较多刊登路透社(Reuter)、哈瓦斯社(Havas)、美联社(United Press)、国民海通(Ttrans-Ocean Kuomin，国民报社与德国海洋通讯社合作)、"同盟""电通"等发布的国际新闻，以此满足读者，这都是显著事实。如前所述，当地发行的报纸逊色于其他地方的大报，与此相反，杂志界由于政府有关方面的调查统计资料比较丰富，执笔者较多，印刷业发达(有二十多家)，最近显著发展，总数达到二百十八种。特别是中央政府因倾力投入西北建设、生产建设、提倡实业，这类杂志的创刊十分引人注目。通讯社数量也大为增加，计有三十四家。顺便说一下，无英文报纸及杂志等创刊。

一、报纸

名　称	主义系统	持有人	编辑干部	备　考
中央日报	中央党部机关报	中央党部 社长　程沧波	编辑主任　王兆荃 编辑　贺子远 主笔　张客公 重要记者　郑福源、陈振纲	1929年2月创刊，社址位于南京中山路新街口北口。日刊，十二页，发行量约二万一千份(另一说法为一万五百份)。直属于中央宣传部，刊登的内容多为政府方面发布的材料及中央通讯社(党部机关通讯社)的新闻，几乎不刊登社论。因为完全是政府御用报纸，报面没有生气。还发行《中央时事周报》(简单归纳整理有关外交、经济、社会问题等论文的周刊杂志)，作为普通读者的研究资料。对日态度受政府动向左右
新京日报	拥护国民政府	社长　石信嘉	总编辑　陈哲之、段梦晖 重要记者　帅文斧	1929年12月创刊①，社址位于南京城内二郎庙。日刊，八页，发行量四千份。曾经因经济方面的特别报道和印刷鲜明，发行量达八千份，凌驾于其他报纸之上，但现在没有什么独家报道，新闻多依靠中央通讯社，通讯方面平凡。对日态度并非不良。吴醒亚(原湖北省政府委员，兼民政厅长)为唯一的出资者
新民报	拥护国民党，但反对现政府	社长　陈铭德　南京报人中的代表人物	总编辑　赵纯继 主笔　金满成、罗承烈　前北平大学教授、原实业部科长，专门担任社论 重要记者　谢崇周	1929年9月创刊，社址位于南京新街口北中山路。日刊，八页，发行量一万三千份。本报最近刷新编辑风格，刊登政治方面的独家报道，连日发表可以洞察内、外问题的评论，使得版面呈现出活力，成为仅次于《中国日报》之大报。对日态度与《救国报》《朝报》一样并不良好。积累了丰富资金，最近盖建新房。据说上海的杜月笙与黄金荣、四川的刘湘等是资金来源。还有，从6月上旬起每周三刊载《报学与报人》副刊(名叫卜少夫的担任主任编辑，其在日本攻读新闻学五六年——兼营《扶轮日报》)，用于介绍各国报业的目前状况及沪宁两地报人。该报正在准备近期发行晚刊
中国日报	拥护国民党，蒋介石(蓝衣社)系，黄埔同学会机关报。法西斯主义	社长　顾希平 副社长　陶菊隐	总编辑　陶菊隐、张客公、任觉五、唐兆民。陈耀东任法律顾问，为巴黎大学法学博士、中央大学教授、律师、法律周刊编辑主任	1932年1月创刊，社址位于南京明瓦廊三二号。日刊，十页，发行量一万三千份。丰富的报道和卓越的评论为南京第一。刊登的内容多为日日通讯(本通讯由本报和《大华晚报》共同经营，与中央通讯同为当地一流通讯社)的新闻，还是司法院法律广告的指定报纸。对日态度不佳

---

① 一说1930年创刊。

(续表)

名　　称	主义系统	持有人	编辑干部	备　考
朝报	成为中央党部机关报，但以营利主义为座右铭	社长　王公弢	总编辑　施百无　评论编辑干部　翁率平、潘公展、邵逐初、张慧剑、吴禊云　重要记者　顾蔗园、赵超构	1934年3月创刊，社址位于南京中山路新街口北口。日刊，半折，十二页，发行量一万二千份。本报以简单明了地报道丰富的新闻为特色。因为是购阅费比其他报纸廉价的小型报纸，即所谓面向大众，所以受到普遍欢迎，一下子获得了名声。因在社论及时评、短评上明里暗里鞭挞并攻击政府（反行政院、反褚民谊）而被官方盯上。对日态度也并不良好。陈布雷、邵力子等作其后盾。还有，1934年11月创刊的周刊杂志《正论》（发行量六千份，持有人翁率平，总编辑徐公肃——由外交部派往欧洲各国视察），是排日杂志，与《朝报》有特殊关系
救国日报	抗日救国，属于北平军事委员会分会系统，与张学良关系深	社长　龚德柏　原内政部参事、原湖南交涉员。留日出身，排日急先锋	同前	1932年8月创刊，社址位于南京一枝园一号。日刊，半折，十页，发行量约八千份。社长兼主笔龚德柏以排日为唯一的"座右铭"，总是刊登排日社论，呼吁民众，有时漫骂政府要人及施政方针，言辞颇为激烈
新中华报	拥护国民党，于右任系	社长　于纬文	编辑主任　于振寰	1914年1月创刊①，社址位于南京钓鱼台侍其巷十号。日刊，八页，发行量约五千份。本报尽管在南京为历史最老的报纸，但因无任何改善，未见特别进展
华报	拥护国民党	社长　许念慈	编辑主任　陶巽海	1933年10月创刊，社址位于国府路三七九号。日刊，八页，发行量八千份。编辑方式良好，报道也比较丰富
南京日报	同上	社长　乔一凡　中南中学校长		1934年9月创刊②，社址位于白下路八三号。日刊，八页，发行量三千份。编辑较好，报道也相当丰富，但官厅公布的东西多
大华晚报	无党派色彩，期待言论公平	持有人　日日通讯社	编辑主任　殷再为　日日通讯社社长	1934年6月创刊，社址位于南京丰富路六三号。晚刊，四页，发行量三千份。殷再为与《中国日报》的顾希平属于同一系统
扶轮日报	同上	邵健工、张友鸾	徐凌霄、张恨水、金满成。另有三名	1935年4月创刊③，社址位于国府路。日刊，半折，八页。内容不充实，但报道简明，面向大众

二、杂志

名　　称	主义系统	持有人	编辑干部	备　考
时事月刊	拥护国民党，提倡三民主义，研究文艺与时事	社长　陈立夫　中央执行委员，CC团干部	陈立夫、陈民耿。另有中央大学、金陵大学教授及党的干部相关者	1929年创刊，社址位于南京鼓楼黄泥岗。月刊，发行量一万五千份。接受中央党部补助。刊登的内容网罗国内及国际一般时事重要问题，为知识阶层爱读，据称南京杂志界中读者最多。无排日排外色彩
外交评论	介绍和评论外交和国际政治，外交部机关刊物	社长　吴颂皋　外交部参事	据说外交部现职员二三名也负责其工作	1932年6月创刊，社址位于南京五台山村。月刊，发行量三千份。该杂志由于网罗外交界知名人士为执笔者，而且外交部现职员担任编辑干部等，内容十分充实

---

① 一说1913年5月10日创刊，一说1912年创刊。
② 一说1934年10月创刊。
③ 一说1935年3月创刊。

(续表)

名　称	主义系统	持有人	编辑干部	备　考
国民外交杂志	对日抵抗,不妥协	国民外交协会、国民外交杂志社 会员制 理事长　刘盥训 理事　刘师舜　外交部欧美司司长；杨公达　立法委员；王用宾　司法行政部长；焦易堂　立法院法制委员。另有十名	编辑主任　周四维 代表社长　刘芙若	1932年10月创刊,社址位于南京曾公祠十号。月刊,发行量一千份。本杂志为"满洲事变"后国民外交协会同志感愤于国难而创刊。评论国际及国内的重要外交事件,探讨有关远东列强政策,谋求提高外交知识
中国社会	鼓吹经济统制、农村改良	中国社会问题研究会	编辑主任　罗敦伟	1934年7月创刊,社址位于南京汉府街玉琳坊五号(正中书局出版),季刊(1、4、7、10月)
中国经济	经济问题研究	中国经济研究会 社长　邓飞黄		1933年1月①创刊,社址位于南京中山路②保泰街六〇四号,月刊。目的在于:解明现今中国与世界的经济状况,分析中国经济发展过程,为新经济制度确立而做出贡献,并准备组织专门研究未来经济问题的学术团体
中国实业	实业部机关刊物	中国实业杂志社 社长　林某		1935年1月创刊,社址位于中山东路一七九号。月刊,发行量二千份。本杂志为提倡孙文的所谓实业建设而创刊,主张统制经济,摘录实业部筹办的各种事业概要,以听取一般批评为着眼点
日本评论	日本及对日问题研究	名誉社长　戴天仇 社长　陈大济 常任理事　刘百闵、周伊武	编辑兼发行人　日本研究会、日本评论社	1931年创刊,社址位于南京将军巷三三号,发行量四千份。本杂志最初是留日中国学生在东京发行的杂志《日本》,1931年迁至南京改成现名,1932年9月起成为月刊。1933年3月起创刊日本研究会小丛书(译载日本各制度、法制等的小册子),迄今为止出版七十七种(一周一次)
边事研究	有关边疆历史考察及现状介绍,华侨研究	边事研究会	边事研究会编译组 编辑主任　冷哲生	1934年12月创刊,社址位于南京高楼门峨眉路八号。月刊,发行量五千份。为唤起普通民众对外蒙古、新疆、西藏等关注而创刊的刊物
西北评论	提倡西北开发、西北建设	西北评论社 社长　关中哲	编辑主任　同前	1934年7月创刊,社址位于明瓦廊六四号,半月刊。本杂志叙述西康、云南、新疆、内蒙古方面列强角逐的危机,高唱西北建设是当务之急
苏俄评论	反共产主义宣传	苏俄评论社 委员制 理事　十一人 监事　七人	编辑代表　李瑛	1930年2月创刊,社址位于南京狮子桥三八号。月刊,发行量一千五百份。被称为外交部非正式刊物,接受党部及外交部补助。主要记述苏俄内部的反苏维埃运动及农村阶级斗争等,作为中国剿"匪"工作的参考
中国与苏俄	介绍苏联情况	中国与苏俄社	总编辑　宗华	1933年1月创刊,社址位于南京中山北路四〇二号。季刊(1、4、7、10月)。为1932年末以中国与苏联恢复邦交为契机发行之刊物。登载的内容是介绍苏联的经济政策、政治制度、近代外交、军备建设等

---

① 1934年报告为"4月"。
② 1934年报告为"中正路"。

(续表)

名　称	主义系统	持有人	编辑干部	备　考
大道	复仇救国	大道月刊社 社长　寿珊		1933年11月创刊,社址位于南京大党家巷三号。月刊,发行量三千份。本杂志登载的内容,主题多为国防建设、东北事件、对日对策、日本经济侵略、日苏问题、太平洋风云等与日本相关的问题
交通杂志	提倡交通、经济,交通部机关刊物	交通杂志社 社长　韦以黻 总务　王洸	编辑干部　章勃、洪珊涛、王洸、万琮	1932年10月①创刊,社址位于南京大石桥新民坊五号。月刊,发行量五千份
建国月刊	提倡三民主义,民族自决、建设研究	建国月刊社 社长　邵元冲　立法院副院长	总编辑　邵元冲	1933年创刊,月刊,发行量约六千份
新青海	提倡三民主义,研究青海	新青海社 委员制 代表　文源	编辑干部　浩夫、长吾	1933年1月创刊,社址位于南京和平门外晓庄。月刊,发行量约三千五百份。该杂志系来自青海在南京求学的学生团体创刊,载有关于青海的各种材料
妇女共鸣	扩大女权,提倡妇女职业	社长　谈社英 经理　李峙山	总编辑　王兢英 编辑　峙山、云裳、周巍峙	1929年3月创刊,社址位于南京成贤街六八号。月刊,发行量三千五百份
时代公论	启蒙社会与介绍国内外趋势	社长　杨公达　立法委员兼中央大学教授	阮毅成	1932年4月创刊,社址位于南京中央大学门前。周刊(每周五),发行量三千份
政治评论	革新政治,拥护三民主义	持有人　政治评论社 社长　郑亦同	编辑　程瑞霖	1932年5月创刊,社址位于五台山村三号。周刊(每周三),发行量二千份

镇江

人口:日本人8人(其中台湾人1人)②。

名　称	主义系统	持有人	编辑干部	备　考
苏报	省党部机关报	王振先		1930年11月创刊③,日刊,八页,发行量三千四百份
新江苏报		包明叔		1930年10月创刊④,日刊,八页,发行量三千一百份
江苏省报		陈斯白		1930年8月创刊⑤,日刊,八页,发行量二千份
自强报		张逸珊		1919年1月创刊,日刊,四页,发行量一千二百份
三山日报		童仁甫		1921年6月创刊⑥,日刊,四页,发行量八百六十份
新省报		高楚安		1928年9月创刊,日刊,四页,发行量约七百份

---

① 1934年报告为"11月"。
② 原文当地中国居民数量缺失。
③ 11月1日创刊。
④ 一说1928年10月1日创刊。
⑤ 一说1932年5月创刊。
⑥ 6月1日创刊。

(续表)

名　称	主义系统	持有人	编辑干部	备　考
镇江晨报		朱瑾如		1932年10月创刊,日刊,四页,发行量二百份
扬子江报		金石庵		1931年7月创刊,日刊,半折,四页,发行量七百份
商报		包明叔		1932年10月创刊,日刊,半折,四页,发行量一千份
市报		臧定思		1933年1月创刊,日刊,半折,四页,发行量一千九百五十份
江苏晚报		王言如		1927年4月创刊①,日刊,半折,四页,发行量八百四十份
大江南晚报		阮贻孙		1933年8月创刊,日刊,半折,四页,发行量五百份
醒报		袁馨三		1933年12月创刊,三日刊,半折,四页,发行量五百份

苏州

人口:日本人70人,外国人123人,中国人291 343人。

名　称	主义系统	持有人	编辑干部	备　考
吴县日报	鼓吹自治	马锦文	胡觉民、沈伯英	1916年1月创刊②,日刊,八页至十页,发行量五千六百份。对日感情一般,读者阶层网罗官衙各机关和各界。其社论稍显出色
苏州明报	鼓吹自治	张叔良	项坚白、方慰庐	1924年3月创刊③,日刊,八页至十页,发行量四千八百份。稍微带有排日色彩,在苏州中文报纸中与《吴县日报》同为最有影响的报刊
早报	鼓吹自治	颜益生	夏旦初、俞友清	1935年1月创刊,日刊,八页,发行量二千份。对日感情一般,以报道地方消息为主
大光明	社会改良	颜益生	朱青云、姚啸秋	1929年8月创刊,日刊,二页,发行量一千三百份。对日感情一般,对于土豪劣绅和社会一般弊端特别加以评论
苏民新闻	鼓吹自治	王博文	王薇伯、高墨蝶	1934年6月创刊,日刊,六页,发行量一千份。对日感情一般
吴县市乡公报	鼓吹自治	颜忍公	汪铸新、王伟公	1916年1月创刊,日刊,四页,发行量六百份。对日感情一般,刊登当地消息和当地法院相关的诉讼报道特别多
大吴语报	鼓吹文艺	郭子亮	刘望实、袁少辕	1929年7月创刊,日刊,二页,发行量五百份。对日感情一般,读者阶层为学生和青少年。主要刊登文艺小说类
大公报	鼓吹自治	费栋材	张锡麟、李士林	1928年5月创刊④,小型,日刊,四页,发行量四百五十份
苏州日报	鼓吹自治	石雨声	陆亚雄、邹伯荪	1912年1月创刊,日刊,四页,发行量四百份

① 一说1925年创刊。
② 一说1916年10月创刊,名《吴语报》,1928年1月改本名。
③ 一说1925年秋,张叔良接办《民报》后改本名。
④ 一说1927年创刊。

杭州

人口：日本人47人（其中台湾人、朝鲜人24人），中国人525 859人，外国人136人。

概况

杭州的中文报纸，《杭州民国日报》于1935年6月改称为《东南日报》，以往称为上海《申报》《新闻报》副刊的《浙江新闻》于同年2月独立经营，除此以外，无任何变动，即既有的《浙江商报》《浙民日报》《杭州国民新闻》《之江日报》《杭县日报》《杭州报》《浙江新闻》及上述《东南日报》八种，均为中文日刊报纸。另外还有公布法令、规章的机关报《浙江省政府公报》。这些报纸的大部分至去年为止，创立时日尚浅，规模、资本均小，仍未脱离地方报纸之范畴，因此，发行量总计只不过一万六千四百份内外。现在《东南日报》发行量约一万二千份，居首位，《浙江新闻》五千份，《浙江商报》一千六百份，《杭州国民新闻》一千五百份，《浙民日报》一千二百份，《杭县日报》一千份，《之江日报》八百份，《杭州报》六百份，总计达二万三千七百份。而且，其发行量一半在杭州，另一半为省内各县购阅。有关日中冲突问题，各报均刊登反日或侮日报道，尤其是《东南日报》，最会舞弄毒笔。再看一下上海发行的中文报纸在当地的购阅数量，《新闻报》四千份，《申报》二千八百份，《时报》一千三百份，《时事新报》二千八百份，合计达一万零九百份。这样，上海发行的报纸的购阅者在杭州达到当地报纸购阅者的约三分之一。

一、中文报纸

名　　称	主义系统	持有人	编辑干部	备　　考
浙江商报	原杭州总商会机关报	社长　邱不易　浙江省温州人，原警官	许廛父　杭县人，原上海《申报》记者	1921年10月创刊，社址位于杭州市保佑坊。日刊，十页，发行量一千六百份
浙民日报	发扬民治精神，促进地方自治	社长　胡芷香　浙江省建德县人，原省长公署咨议	杨虹邨　浙江省嘉兴县人，浙江省立第二中学毕业	1923年12月创刊①，社址位于杭州市保佑桥。日刊，八页，发行量一千二百份。浙东同乡会出资
东南日报	省市党部机关报	社长　胡健中　浙江省杭县人，现任省党部执行委员，原本报主笔和省党部秘书	徐世衡　浙江省绍兴县人，杭州中学教师	1927年3月创刊，社址位于杭州市开元路。日刊，十六页，发行量约一万二千份。本报原称《杭州民国日报》，1935年6月②改组为官民合办，同时改成现名。发行量占杭州发行的报纸之首
杭州国民新闻	黄埔同学会机关报	社长　郑炳庚　浙江省青田县人，黄埔军官学校第一期毕业	程佩照　浙江省杭县人，浙江财务人员培训部出身，现为财政厅职员	1927年3月创刊，社址位于杭州市青年路。日刊，十二页，发行量一千五百份。每月接受蒋介石一千元补助
之江日报		徐鹿樵　浙江省绍兴县人，原商人	丁楚荪　浙江省杭县人	1913年创刊，社址位于杭州市杭县路。日刊，八页，发行量八百份。本报曾于1926年一度停刊，1929年复刊
杭县日报		郑树政　浙江省杭县人，浙江法政学校出身	钟维石　浙江省杭县人，杭州工四乡自治委员	1932年5月创刊③，社址位于杭州市惠兴路。日刊，四页，发行量一千份
杭州报		叶伯舟　浙江省杭县人	丁孙　浙江省杭县人	1932年10月创刊④，社址位于杭州市后市街。日刊，六页，发行量六百份
浙江新闻		钟韵玉　浙江省杭县人，上海复旦大学出身	何治平　浙江省杭县人，浙江医学专科学校出身	1933年1月创刊⑤，社址位于杭州市新民路。日刊，十四页，发行量五千份。本报以往称为上海《申报》《新闻报》的副刊，1935年2月起独立经营
浙江省政府公报	公布法令、规章	浙江省政府	省政府秘书处	1927年5月创刊，社址位于省政府内。日刊，发行量一千九百份

① 应为1922年10月10日创刊。
② 1934年6月16日改为现名。
③ 一说6月8日创刊。
④ 一说11月19日创刊。
⑤ 1933年4月1日改本名创刊。

芜湖

人口：日本人31人，外国人72人，中国人146 037人。

中文报纸

名　　称	主义系统	持有人	编辑干部	备　　考
大江日报	党部机关报	赵谷	唐友源	1935年创刊①，日刊，半折，十页，发行量约二千份。由《芜湖导报》改组而成
皖江日报		谭明卿	陈希平	1917年1月创刊②，日刊，九页，发行量约二千份。对日感情一般
工商日报		张九皋	许善源	1909年11月创刊③，日刊，九页，发行量约三千份。对日感情一般

安庆

中文报纸

名　　称	主义系统	持有人	编辑干部	备　　考
皖报	省党部机关报	张德流	冯子民	1928年12月创刊④，日刊，九页，发行量约六千份。对日感情差
公论日报	省政府机关报	桂丹华		1934年10月创刊⑤，日刊，四页，发行量约一千份。对日感情差
新皖铎	国民党系	杨绍农	同前	1933年创刊⑥，日刊，八页，发行量约一千份。对日感情差
民报⑦		吴霭航		1909年创刊⑧，日刊，八页，发行量约二千份
商报		苏绍贤	同前	1932年12月创刊，日刊，四页，发行量约一千份

蚌埠

名　　称	主义系统	持有人	编辑干部	备　　考
皖北日报	国民党系	潘泽筠	李允涛	1931年创刊⑨，日刊，八页，发行量约一千份
皖北时报		李光久	邹子安	1933年创刊⑩，日刊，四页，发行量约五百份
大淮报		杨叔和		1933年5月创刊⑪，日刊，四页，发行量约一千份

---

① 一说1934年12月创刊。
② 一说1910年12月2日创刊，一说1910年12月21日创刊。
③ 应为1915年10月20日创刊。
④ 原为《民国日报》，1928年11月创刊。1932年10月改本名。
⑤ 一说1932年10月创刊。
⑥ 一说1922年创刊。
⑦ 此处的《民报》内容与1934年报告中《民岩报》相同，疑有误，应为《民岩报》。
⑧ 应为1912年6月1日创刊。
⑨ 一说1929年创刊。
⑩ 一说1932年3月创刊。
⑪ 一说1932年7月创刊。

巢县

名　称	主义系统	持有人	编辑干部	备　考
巢县日报	国民党系	柏巢鉴	柏毓文	1933年3月创刊①,日刊,四页,发行量约六百份

宣城

名　称	主义系统	持有人	编辑干部	备　考
宣城日报	国民党系	黄金舟		1933年5月创刊②,日刊,四页,发行量约一千份

合肥

名　称	主义系统	持有人	编辑干部	备　考
合肥民众报	国民党系	陈泰昌	张　辛	1933年2月创刊③,日刊,四页,发行量六百份
合肥民报		许习庸		1934年创刊④,日刊,四页,发行量四百份
新民报		彭为之		1935年创刊⑤,日刊,四页,发行量四百份

当涂

名　称	主义系统	持有人	编辑干部	备　考
当涂日报	国民党系	鲍光守		1934年创刊⑥,日刊,四页,发行量约四百份

大通

名　称	主义系统	持有人	编辑干部	备　考
新大通日报		赵凯旋		1934年创刊⑦,日刊,四页,发行量二千份

屯溪

名　称	主义系统	持有人	编辑干部	备　考
徽州日报		毕卓君		1935年创刊⑧,日刊,四页,发行量约五百份

---

① 一说1931年8月创刊。
② 1934年8月11日已出版1 296期,约1931年6—7月创刊。
③ 一说1930年冬创刊。
④ 一说1928年春创刊。
⑤ 一说1928年创刊。
⑥ 一说1930年10月创刊。
⑦ 一说1929年4月1日创刊。
⑧ 应为1932年10月10日创刊。

无为

名 称	主义系统	持有人	编辑干部	备 考
芝江日报	县政府机关报	汪寿臣		1935年创刊,日刊,四页,发行量一千份

含山

名 称	主义系统	持有人	编辑干部	备 考
含山日报	县政府机关报	沈云程		1935年创刊,日刊,四页,发行量四百份

六安

名 称	主义系统	持有人	编辑干部	备 考
皋声日报	六安县党部机关报	沈小东		1935年创刊①,日刊,四页,发行量四百份

阜阳

名 称	主义系统	持有人	编辑干部	备 考
阜阳日报	国民党系	陈树屏		1934年创刊②,日刊,四页,发行量五百份

灵璧

名 称	主义系统	持有人	编辑干部	备 考
灵璧日报	国民党系	县党部		1935年创刊,日刊,四页,发行量三百份

歙县

名 称	主义系统	持有人	编辑干部	备 考
皖南日报	国民党系	程提昌	宁坤	1934年创刊③,日刊,四页,发行量六百份

九江

人口:日本人66人(其中朝鲜人9人),中国人84574人,外国人67人。

名 称	主义系统	持有人	编辑干部	备 考
九江日报	国民党系	社长 吴楚藩 副社长 张炳庵	主笔 张寿东 主编 黄柱胄	1927年创刊,社址位于九江庾亮北路二十八号,日刊,八页,发行量约六百份。当时的九江警备司令部参谋长谭佑齐、九江县长张育东、烟酒局长吴楚藩等人发起,募集捐款创业,张育东任总理。其辞职之后,由吴楚藩主持该报。

---

① 一说1930年10月10日创刊。
② 一说1931年3月27日创刊,一说1930年创刊。
③ 一说1933年2月创刊,一说1933年4月18日创刊。

(续表)

名　　称	主义系统	持有人	编辑干部	备　　考
九江民国日报	省党部机关报	范争波　省党部委员	主笔　李赞华 主编　郑康民	1931年创刊①,社址位于九江丁官路慎德里三号,日刊,八页,发行量一千份。最初由九江县党部经营,1932年6月改组,由省党部委员范争波继承该报,直至今日
浔阳晚报	宣传三民主义	陈永南	蔡敏公	1930年创刊,社址位于九江庚亮南路四号,小型,晚报,四页,发行量二百份。该报最初由李水发创办,1931年回到陈永南手中
九江新闻日报	提倡商务	刘道钧	王铁魂、冯朗星	1930年创刊,社址位于九江环城路一三五号,小型,日刊,四页,发行量三百份。该报由张国芳、邬建成、张德咨三人共同出资创刊
九江晨报	提倡商务	吴履和	罗洪毅	1933年7月创刊,社址位于九江濂溪路一五号,小型,日刊,四页,发行量三百份

南昌

人口:日本人6人,外国人15人,中国人548 959人。

名　　称	主义系统	持有人	编辑干部	备　　考
江西民国日报	省党部机关报	社长　邱缵祖 副社长　谭之澜	总编辑　刘孝柏	1926年11月创刊②,社址位于南昌市毛家园二六号,日刊,八页,发行量三千份。1932年9月③改为现在的名称
江西工商报	提倡商务	经理　黎圣伦	张楚翘、余国珍	1920年1月创刊④,社址位于南昌市中山路百花洲一一六号,日刊,十页,发行量三千份
江西新闻日报	省政府机关报	社长　刘巳达 副社长　章斗航 《民报》社长	主任　俞百庆	1928年9月创刊⑤,社址位于南昌市中山路东一一号,日刊,八页,发行量二千份。最初名《南昌新闻日报》,1934年改为现名
江西建设日报	省政府机关报	代表　秦足予	吴光田	1931年3月创刊,社址位于南昌市中山路一八二号,日刊,八页,发行量八百份
南昌商报		代表　万醒庆	主笔　萧清臣	1928年9月创刊,社址位于南昌市中山路一〇〇号,日刊,八页,发行量一千份
民报		社长　章斗航 《江西新闻日报》副社长	主笔　王冠杰	1918年创刊,社址位于中山路百花洲一九六号,日刊,八页,发行量三千份

汉口

人口:日本人1 971人(其中朝鲜人、台湾人161人),中国人784 117人,外国人3 017人。

概况

一、中文报纸:目前在当地发行(不在武昌发行)的中文报纸,日刊大型有十二种,小型有十三种。目前市党

---

① 一说1931年1月17日创刊(推算)。
② 原名《南昌民国日报》,1926年11月23日创刊。
③ 1932年报告为"1931年"。
④ 一说1914年12月创刊。
⑤ 一说1928年4月1日创刊。

部对报纸严格管制,企图彻底掌控宣传,目前严禁新报发行。上述各报纸中,党部、政府和军阀的御用机关报,以及个人经营的报纸,均经过武汉警备司令部报纸审查室的检查后发行。不仅如此,由于官方严厉的管制以及党部对言论的统制,言论的自由完全受到压制,这些报纸几乎都是迎合政府或者党部,努力为其宣传。如有违背官方的意志,登载对现政权甚至是军方不利的报道,或者是批评和杂文等,责任人立即会受到处罚,报纸会遭到停刊处分。在此种实情下,这些报纸的报道内容均大同小异,仅在杂文栏有些特色。因此除机关报外,其他报纸均与地方上的报纸一样经营极其困难,各报的兴废变化十分频繁。1935年3月以来,大型报纸创刊数量为一种,停刊的有四种,变更为小型报纸的有一种,最终减少四种。小型报纸创刊的有五种,从大型降级成小型的有一种,停刊的有八种,最终减少了两种,估计今后各社也将不断进行分合。武汉地区与其他地区不同,虽有租界,但受外国的干涉比较少,是内地的重要城市,因此各党派均将该地作为在内地活动的根据地,使得其政治上极其复杂。各报纸因其背后的关系相互嫉妒,虽多次有建立联合记者团的计划,但还未见其出现。从政治影响力的角度来看,1935年CC团掌控报纸的活动呈现白热化,一时出现没有报纸不在意该团一举一动的状况。从下半年前后开始,蒋介石直系的蓝衣社法西斯主义组织显著活跃,取代了CC团,报纸逐渐移入了其统制之下。目前武汉的购阅数量,上述各报,加上从上海、北平、天津、郑州、长沙等各地方邮递来的,合计约有四万份。还有,中文通讯社则以中央通讯武汉分社为首,数量达到了三十三家。

二、外文报纸:英文报纸有 Central China Post 和 Hankow Herald 两种,日文报纸有《汉口日日新闻》。鉴于中文报纸的上述现状,这些报纸在普通中国人中也有相当信誉,懂得英文或日文的人,与中文报纸相比,更加重视外文报纸,特别是在官方大受关注。

一、中文报纸

名 称	主义系统	持有人	编辑干部	备 考
武汉日报	国民党中央宣传委员会机关报	社长 王亚明 副社长	编辑主任 王克仁 社长的哥哥,原留日学生监督 编辑记者 束世澂 评论记者 罗云樵 探访记者 徐叔明	1929年6月创刊①,社址位于汉口江汉路四八六号,日刊,大型,十二页到十四页,对外宣称发行量一万三千份(实为五千三百份)。该报是武汉的一流报纸,在党的宣传上最努力,对日态度不佳。外国的新闻一直登载 Reuters、Agence Havas 等的,近来也会登载"同盟"上的中文新闻。经济报道比其他报纸有特色。每月发行两次汉口市政府编纂的《市政府月刊》,免费添附,每周六发行画报。另外,法院的公告仅指定该报以及《扫荡报》这两份报纸登载。中央党部提供月额数千元(四千元到八千元不等),汉口市政府提供年额一万八千元(月额一千五百元)的补助,与《扫荡报》一样资金丰富
扫荡报	行营政治训练所机关报,蓝衣社在湖北的最大机关报	社长 袁守谦 四川行营政治训练处副处长 经理 刘威凤	总编辑 丁文安 国际版编辑 瞿云国 电讯组 龚钦榆 国内版编辑 龚钦榆、程仲文 省市版编辑 唐路直 教育、社会版编辑 闻汝贤 经济版编辑 章笑林 副刊编辑 黄作球、钟期森 画报编辑 宋一痕	1935年5月创刊②,社址位于汉口民政路河街口,日刊,大型,十二页(创刊初时为八页),发行量约七千份。该报社最初位于南昌,后来跟随行营一同迁至汉口,转至当地后扩大了版面,一跃超越《武汉日报》,成为汉口发行量第一的报纸。当然,该报用做各军队内宣传的赠阅居多。报道在剿"匪"以及军事方面有特色,总能看到大胆的编辑。在关于中日关系上,一有机会,便常舞弄抗日的文笔,与《大光报》一样,发表的对日评论是最为辛辣。创刊以来登载"同盟"的中文新闻以及 Reuters 新闻,每周六将画报作为副刊发行,读者阶层中军人数量最多。另外,每月有来自行营的六千元、中央党部的三千元、省市党部的一千元补助,资金极其丰厚。记者全都是四川行营政治训练处人员,属于军队人员

---

① 6月10日创刊。
② 前身为《扫荡》三日刊,1931年创刊于南昌。1935年6月迁武汉,更名《扫荡报》,日刊,6月23日创刊。

(续表)

名　称	主义系统	持有人	编辑干部	备　考
新民报	黄埔军官学校派，即蓝衣社系统。半官半民经营	总经理　谢倩茂 副经理　唐爱陆 社长　蒋坚忍	编辑主任　谢楚珩 记者　卢建人、黄德贵、黄启照、李超、杜中民	1926年9月创刊①，社址位于汉口后花楼永兴里三号及四号，大型，日刊，十二页，发行量约三千份。该报由谢楚珩(湖北人)创办，但因经营困难，被市党部干事谢倩茂插足，更有1931年中央派来的蒋坚忍(目前作为杭州航空学校政治训练处处长驻留该地)掌管全权。黄埔派阀或是蓝衣社员不断作为干部被引入，所以谢楚珩虽是主编，却无法自由表达己见，充斥着蓝衣社的色彩，绝对不接受日本人的广告，抗日态度激烈(登载"同盟"通讯)。目前具有身为一流报纸的气质。另外还兼营四维通讯社(主要由卢建人负责)，但似乎经营困难
大光报	有蓝衣社背景	社长　赵惜梦　原天津《大公报》记者，是蓝衣社的中坚分子	编辑主任　王星岷　原《哈尔滨国际协报》主持人 记者　陈纪滢、孔罗荪、关吉罡、王告非	1935年3月创刊②，社址位于汉口特别第三区汉润里五号，大型，日刊，十二页，发行量约二千份。创办当初受到天津《大公报》和华北财阀的援助，后来在黎天才(前豫鄂皖三省剿"匪"司令部要组主任、蓝衣社中坚分子)的援助下，不时接受武昌行营主任张学良的补助，但仍陷入财政困难。社长以下担任编辑的均是因"满洲事变"南下者，因此尽管其对日态度最为激烈，但各报中拥有了解日本、懂日语干部的仅有此报。其编辑方法也与其他报纸完全不同，显示出明显的活力。从1935年5月开始，早于其他报纸率先登载"同盟"的通讯，但还未登载日本人的广告。另外，从1936年元旦开始创刊周刊杂志《一般》，在该报编辑干部的共同努力下，将《一般》周刊社附设于该报社内
大同日报	湖北省党部机关报	社长　艾毓英　湖北省党部执行委员 副社长　杨锦昱　湖北省党部执行委员 李尧卿　前《大中报》社长 经理　李尧卿 副经理　艾镇华	主编　吴中亚 副主编　王一鸣 编辑记者　杨盛嘉、尹志伊、杨虔州均为省党部人员	1931年10月创刊③，社址位于汉口民生路中市一○○号，日刊，大型，八页，发行量约八百份。该报在1936年1月与大中报社合并，成立董事会，董事长选任绥靖公署办公厅主任陈公组，常务董事选任省党部委员喻育之、陶尧阶、王绍祐、黄新渠、陈乐山，董事则选任第十军驻汉办事处长陈汉存、公安局长陈希曾、中华大学校长陈时、红帮领袖庆山等十九人。还有，每月通过党部从省政府领取六百元的补助，但作为党部的宣传机关仅仅是敷衍了事，沦为二流报纸，在报纸言论界无影响力。对日态度与《武汉日报》相同，但没有其激烈
华中日报	黄埔派中的"法西斯主义者"派	经理　谷近山	编辑主任　张辅隅 编辑　谷若虚	1933年10月创刊④，社址位于汉口清芬三路明德里一号，日刊，大型，八页，发行量约六百份。该报得到最近任豫鄂皖边区剿"匪"总指挥的卫立煌、第十师长李默庵等黄埔军官学校出身派的出资后援，主要在军队内分发，读者层为军人以及部分商人。没有太大的影响力，是二流报纸
新中华日报	省党部机关报	社长　杨在春　湖北省党部执行委员	编辑主任　李锦公 编辑　万国钧、张嵩云	1932年创刊⑤，社址位于汉口华商街九○号，大型，日刊，八页，发行量约一千份。由湖北省应城石膏股份有限公司支出经费，与省党部有密切的关系。另外，现任内政部长蒋作宾是应城出身，因此据说向该报提供补助。读者层以商人以及农村方面居多，是二流报纸，无影响力，对日态度普通

① 9月15日创刊。
② 3月1日创刊。
③ 一说1930年10月创刊。
④ 10月10日创刊。
⑤ 6月创刊。

(续表)

名 称	主义系统	持有人	编辑干部	备 考
正义报	不偏不党	持有人 萧恩承 外交部特派湘鄂视察专员 社长兼经理 马静远 前社长马宙伯的儿子	编辑 蔡文治	1918年创刊①,社址位于汉口后花楼居巷,大型,日刊,八页,发行量约七百份。该报从1926年起相继改名为《武汉民报》《湖北中山日报》等,1931年恢复原名《正义报》。1935年前任社长马宙伯死亡后,马静远继承了该报,同年12月,萧恩承以根据基督教的教义与理想进行经营为条件,独自接下该报,虽与以前一样发行、经营,但与党部和官方毫无关系。1934年之前排日色彩浓厚,但近年缓和,登载数种日本商品的广告,最近更是引人瞩目地登载了多则
汉口新闻报	营利本位	社长兼编辑主任 张云渊	编辑 叶冷生、王子珩、曾莘庐,金继三	1914年5月②创刊,社址位于汉口后花楼口十八号,日刊,大型,十八页到二十页,发行量约二千份。该报与当地工商界关系密切,在商人阶层中获得了独占性的销路。有约十页的广告版面,以广告费为主要收入,没有从任何方面领取补助金,但经营上似乎没有大的困难
汉口中西报	营利本位	经理 王锦瑞 别名王华轩	总编辑 管雪斋 原《汉报》主编	1907年10月创刊③,社址位于汉口江汉一路六十九号,大型,日刊,十页,发行量约六百份。该报是汉口历史最久的报纸,1932年4月开始由喻耕屑(总经理)和喻的痴共同经营,第十军军长徐源泉提供补助,但从1935年9月开始该补助停止,经营变得十分困难。10月末两喻辞职离社,转为目前的经营者(华记、仁记),对日态度普通
震旦民报	营利本位	社长兼编辑主任 蔡寄鸥 汉口报界的元老	编辑 蔡达九	1931年6月创刊,社址位于汉口民生路一五七号(1912年创刊后不久便停刊,直至1931年6月),大型,日刊,十页,发行量约六百份。读者阶层以商人居多,是无任何特色的二流报纸
汉报	营利本位	经理兼编辑主任 刘静哉	编辑 王南山	1934年4月创刊④,社址位于汉口江汉一路六十五号,大型,日刊,十二页,发行量约七百份。创刊当时,除刘以外还有导群通讯社社长汤济和光明通讯社社长陈宗如共同出资经营,1935年汤、陈辞任离社,因此在同年末转为刘个人经营。在商界方面构有稳固的根基,但似乎经营困难。排日态度鲜明,属二流报纸
时代日报	总工会机关报,与市党部有关系	经理兼编辑主任 胡国亭 市党部监察委员	编辑 龙取直	1931年12月创刊⑤,社址位于汉口模范区德润里十六号,小型,日刊,四页,发行量约五百份。该报当初是大型报纸,1936年1月因火灾被烧光,改为小型报纸。目前与市党部有密切的联系,作为总工会机关报存在,但经营极其困难,要恢复成大型报纸目前是无法实现的,现在正向趣味读物方面努力

① 一说1918年4月创刊,一说1919年创刊。
② 1914年5月28日创刊。
③ 应为1906年5月创刊。
④ 一说1934年4月25日创刊。
⑤ 12月12日创刊。

(续表)

名　称	主义系统	持有人	编辑干部	备　考
庄报①	营利本位	社长　刘治平　原《天津益世报》驻汉口人员		1933年2月创刊，社址位于汉口府西一路，小型，日刊，四页，发行量约四千份。除时事新闻外，还登载与趣味、戏剧相关的读物，在小报中最受欢迎
武汉时事白话报	营利本位	持有人　郭少仪　烟酒局沔阳分局长　发行人　李权明	编辑　陈鹤松	1929年11月创刊②，社址位于汉口清芬二马路七十四号，小型，日刊，四页，发行量约四千份
新快报	营利本位	社长　万克哉　《汉口每日新闻（通讯）》的经营者	编辑　胡开亭、宋琴樵	1928年6月创刊③，社址位于汉口泰宁里十二号，小型，日刊，四页，发行量约二千份。作为小型报纸，最为泼辣
新汉口报	营利本位	持有人　唐祖述　原公安局第六署长、独立第十三旅顾问　社长　唐镜	编辑　唐萍僧	1930年1月创刊④，社址位于汉口保华街保元里十五号，小型，日刊，四页，发行量约一千份。持有人唐祖述在当地中流阶级中有权势，与社长、编辑为三兄弟。汉口市长吴国桢提供补助，是市政府的准御用报纸
国民朝报	公安局机关报，《大同日报》系统	持有人　李尧卿	编辑　戚嘉农	1935年9月创刊⑤，社址位于汉口任冬街一〇三号，小型，日刊，四页，发行量约一千份。由《国民晚报》改名而来，是《大同日报》的姊妹报
工商日报	营利本位	社长　萧亚侬		1931年1月创刊，社址位于汉口后花楼笃安里二号，小型，日刊，四页，发行量约四百份
新汉报	何键系统	社长　陈倬		1930年创刊⑥，社址位于汉口模范区华商街八十九号，小型，日刊，四页，发行量约三百份。是旅居武汉的湖南人的机关报，湖南省主席何键提供补助
汉口导报	营利本位	社长　何颖扶	同前	1930年7月创刊⑦，社址位于汉口清芬路武昌里五号，小型，日刊，四页，发行量约三百份
武汉时报	营利本位	持有人　戴振	编辑　杜铮	1932年3月创刊⑧，社址位于汉口中山路肇源里四号，小型，日刊，四页，发行量约三百份
戏世界	营利本位	主持人　金恕之　发行人　梁梓华	编辑　张四翼、邓诗纯、宋琴樵、叶苏苓	1936年1月创刊⑨，社址位于汉口清芬路九号，小型，日刊，八页，发行量约六百份。是以前的《戏世界》和汉口《楚报》合并后的产物
汉口罗宾汉	营利本位	社长　夏国宾	编辑　龚鹤琴、吴瑞	1935年2月创刊⑩，社址位于汉口清芬二路俊杰里三号，小型，日刊，四页，发行量约四百份
汉口广播日刊	汉口市广播局机关报			1935年12月创刊⑪，社址位于汉口中正路汉口市广播电台内，小型，日刊，四页，发行量约四百份

① 疑为《壮报》，译名之误。
② 11月1日创刊。
③ 一说1928年6月1日创刊。
④ 1月15日创刊。
⑤ 一说1935年9月21日创刊，一说1935年5月19日创刊。
⑥ 1931年2月12日创刊。
⑦ 一说1930年9月创刊，一说1930年11月创刊。
⑧ 1932年3月1日创刊。
⑨ 一说1933年5月10日创刊，一说1933年5月12日创刊。
⑩ 一说1935年2月4日创刊。
⑪ 应为1935年8月创刊。

二、英文报纸

名　　称	主义系统	持有人	编辑干部	备　考
Central China Post [楚报]（英文）	英国系	社长兼主笔　H. J. Archibald 经理　A. C. Burn	探访及翻译记者 刘子纯	1911年创刊①，社址位于汉口特别第三区湖南街，大型，日刊，十至十二页，发行量约七百份。报道比较迅速，并且与各地传教士保持联系，登载关于内地消息的特报，因此在外国人以及中国有识人士中有相当多的读者。是中国中部地区代表英国意见的唯一机关报，对待日本的态度基本上是传统性的友好
Hankow Herald [自由西报]（英文）	国民党直系	社长兼主笔　饶引之　广东人，美国西北大学出身	副主笔　陈少杰	1923年创刊，社址位于汉口法租界，大型，日刊，十至十二页，发行量六百份。该报原由美国人经营，1929年国民党中央宣传委员会盘下该报，之后仅由中央派遣下来的中国干部进行经营，据说宣传委员会每月提供五千元补助。与 Central China Post 相比，内容上相当逊色

三、日文报纸

名　　称	主义系统	持有人	编辑干部	备　考
汉口日日新闻（日文）		社长兼主笔　宇都宫五郎	主编　内田佐和吉 记者　川田正彦	1918年1月创刊，社址位于汉口日本租界中街一三三号，大型，日刊，四页，发行量五百五十份。是汉口及扬子江流域唯一的日文报纸

郑州

名　　称	主义系统	持有人	编辑干部	备　考
郑州日报②	县党部机关报	社长　刘和恺　党部干事 经理　刘澄清		1931年3月创刊③，社址位于郑州汉川街十五号，发行量七千份
大华晨报	陇海铁路局机关报	社长　黄天佑　铁路特别党部干事		1933年11月创刊④，社址位于郑州西敦睦里，发行量六千份
大东商报	郑州商务会机关报	周业儒　商务会会员		1934年10月创刊，社址位于郑州三多里，发行量四千份
通俗日报	第一区行政专员公署机关报	孟子平　专员公署职员		1934年10月创刊⑤，社址位于郑州县政府街，发行量三百份

---

① 1904年创刊。
② 有一份《郑州日报》1916年创刊。
③ 1934年报告为1930年11月，一说1930年11月创刊。
④ 一说1933年1月创刊。
⑤ 一说1935年1月创刊。

开封

名　称	主义系统	持有人	编辑干部	备　考
河南民报	省党部机关报	社长　刘伯伦　党部干事 经理　萧洒		1931年7月创刊①，社址位于开封省府路三一四号，发行量八千份
河南民国日报	省政府机关报	委员制 常务委员　朱铁香、杨华文、周万里		1929年2月创刊②，社址位于河南省党部内，发行量一万二千份

洛阳

名　称	主义系统	持有人	编辑干部	备　考
河洛日报				1932年3月创刊，发行量三百份

长沙

人口：日本人97人（台湾人6人），中国人386 571人，外国人136人。

概况

长沙发行的报纸目前均为中文报纸，还未见外文报纸发行。上述中文报纸中除了数种之外，都是通俗报纸，基础薄弱，读者不过二三百人，因此发行、改停无常。1933年年末大小报纸共计三十五种，其后停刊六种，新发行多达十三种，以1934年末为时点统计，有四十二种。在这些中文报纸中，《国民日报》是比较有信用的，在军、政、学、商各界拥有读者，《大公报》《民国日报》《全民日报》《市民日报》次之，其他均是些影响微小的通俗报纸，几乎没有阅读价值。湖南省一直被卷入内乱，特别是近年来因"共匪"不断活跃，使得行政上军方势力变大，就以报纸为例，事事受其掣肘，这样，如果没有军阀的支援便无法存活，此为实情。因此，各报社均积极与军阀保持联络，完全没有报纸保持公平的中立立场，发挥报纸的真实价值。对日态度大体上都不友好，但这种情况与其说是由湖南传统的排日思想导致的，不如说是反映了党部等的意向更为恰当。然而这种倾向在最近的一年来突然转弱，有逐渐改善的迹象。与前年年末相比，1934年年末各报的购阅者数量均有三分之一乃至二分之一的急剧下降，各界不景气使得购阅者节约经费，是出现此种状况的主要原因。但比起这一理由，也可以认为是报纸自身失去信誉的结果。还有，各报报道的内容，主要是军方以及政府、党部方面提供的材料，以及各地报纸的摘录。不过，最近伴随着无线电讯的发展，加上海外以及省外新闻报道的迅速，报道的内容略有改善的迹象。

名　称	主义系统	持有人	编辑干部	备　考
湖南国民日报	湖南省政府机关报，纯国民党系	社长　凌璋　第四路军总指挥部秘书长	主笔　罗心冰 记者　宋曼君、沈蔓如	1928年3月创刊，社址位于长沙皇仓街四二号，日刊，十页，发行量七千余份。1920年在野政客、湖南省议会议员创刊《湖南民报》，1928年此报被湖南省政府盘下改名，即为该报，直至今日。该政府从经常费用中每月拿出六千弗加以补助，作为该报的经费。在当地的中国报纸中信誉最高。对日态度向来不佳，但最近略有改善的迹象

---

① 1934年报告为"1927年8月"，一说1927年7月1日创刊。
② 一说1930年3月创刊。

(续表)

名　称	主义系统	持有人	编辑干部	备　考
民国日报	湖南省党部机关报,国民党系急进派色彩浓厚	社长　陈迪光	主笔　袁石安 记者　缪昆山	1933年7月创刊,社址位于长沙高升巷,日刊,十页,发行量约三千份。该报是1929年5月长沙市党部创刊的《湖南中山日报》的后身,省党部提供月额一千六百弗的经费补助。以宣传党义和监督政府施政为己任,在各级党部、学校方面有读者
大公报	标榜不偏不党,拥护言论,代表民意	社长　龙彝	主笔　李抱一 记者　易策勋、唐乾王	1916年2月创刊①,社址位于长沙仓后街湘清里七号,日刊,十页,发行量约三千份。该报是1908年创刊的《湖南公报》的后身,1927年3月被共产党停刊,1929年5月再刊。据相关规定,省政府每月提供一千六百弗补助,但目前实际支付的只有其五成到六成。是长沙民间的代表报纸,其报道略有可读之处,对日态度不佳
全民日报	湖南省政府建设厅的机关报,国民党政学系	社长　文任武	主笔　李先教 记者　田慧如	1927年9月创刊,社址位于长沙顺星桥,日刊,八页,发行量约九百份。据相关规定,省政府提供月额一千六百弗,建设厅提供月额一千弗的补助,但目前实际所得五到六成,对日态度不佳
长沙市民日报	长沙市商会的机关报,标榜提倡国货	社长　左学谦　长沙市商务会会长	主笔　蒋寿世 记者　丁子欣、柳厚民	1930年10月创刊②,社址位于长沙仓后街,日刊,八页,发行量约一千份。是1920年创刊的《湖南商报》的后身。经营费用除了商会提供的以外,按相关规定省政府每月亦提供一千六百弗的补助,但目前实际收到五到六成。读者以商民为主
湖南通俗日报	湖南省政府教育厅通俗教育馆的机关报	社长　朱肇干	主笔　谢问甫 记者　黎竹岫	1924年创刊,社址位于长沙理问街,小型,日刊,八页,发行量约七百份。是1912年3月创刊的《教育厅日刊》的后身,教育厅全额负担经费
妇女日报	湖南全省妇女联合会的机关报	社长　曾宝荪	主笔　周天璞 记者　吴剑	1933年3月创刊,社址位于长沙新安巷,小型,日刊,四页,发行量约四百份。经营费用从妇女协会的经常费用中支出,省政府每月也提供五百弗补助
霹雳报	由湖南大学工学院及建设厅技师共同发行	社长　宾步程 经理　唐伯球	主笔　吴更生 记者　黄嗣启	1930年7月创刊③,社址位于长沙王家巷,日刊,小型,四页,发行量约六百份,省政府每月提供四百弗的补助
四路军日报	四路军总指挥部党政处的机关报	社长　何浩若　党政处长	主笔　宋曼君　省政府科长	1933年创刊④,社址位于长沙潘正街,日刊,小型,四页,发行量约一千份。经费由四路军军需处支付
湘江晚报		社长　毛凤祥	主笔　唐余园 记者　郑际且	1930年1月创刊⑤,社址位于长沙犁头后街一号,日刊,小型,四页,发行量约为五百份
新闻夜报		社长　萧石勋	记者　萧石民	1933年创刊,社址位于长沙顺星桥,日刊,小型,四页,发行量约四百份

---

① 应为1915年9月1日创刊。
② 一说创刊于1930年8月。
③ 一说1932年创刊。
④ 一说1931年创刊。
⑤ 应为1931年创刊。

(续表)

名称	主义系统	持有人	编辑干部	备考
光明日报		社长 欧阳艺	主笔 柳德诚	1934年创刊,社址位于长沙伍家井,日刊,小型,四页,发行量约二百份
湖南晚报		社长 陈德基	主笔 马震湘 记者 陈国瑞	1929年6月创刊,社址位于长沙长治路,三日刊,小型,四页,发行量约五百份。
农报	长沙农民协会机关报	社长 邓毅		1934年创刊,社址位于长沙湘春路,日刊,小型,四页,发行量约二百份
长沙市晚报		社长 晏开		1934年创刊①,社址位于长沙连升街,三日刊,小型,四页,发行量约二百份
长沙夜报		社长 柳煜	记者 黄光明	1933年3月创刊,社址位于长沙织机巷桃花井,三日刊,小型,四页,发行量约二百份
长沙正报		社长 黄抱玄		1933年9月创刊,社址位于长沙文星桥三户里,三日刊,小型,四页,发行量约二百份
卡麦斯报	商业报纸	社长 朱德龄	主笔 唐敢 记者 何少枚	1933年7月创刊,社址位于长沙府后街,三日刊,小型,四页,发行量约三百份
小小报	长沙县党部机关报	社长 陈士荼		1933年10月创刊,社址位于长沙仓后街,三日刊,小型,四页,发行量约二百份
晚晚报	政学系及改组派的机关报	社长 康德	记者 左景贤	1931年1月创刊,社址位于长沙储备仓,三日刊,小型,四页,发行量约五百份
楚声报		社长 黎竹琴 长沙市公安局秘书	主笔 朱德龄	1933年1月创刊,社址位于长沙坡子街,三日刊,小型,四页,发行量约四百份
前锋报	长沙市党部机关报	社长 缪昆山	记者 潘光隆	1933年9月创刊,社址位于学宫街,三日刊,小型,四页,发行量约四百份,经营费由长沙市党部支出
成报		社长 廖建屏	主笔 谭大言 记者 吴田	1932年10月创刊,社址位于长沙大东茅巷,三日刊,小型,四页,发行量约四百份
晨光报		社长 廖亚松	记者 廖昆	1932年2月创刊②,社址位于长沙永庆街,三日刊,小型,四页,发行量约三百份
前导报		社长 杨璇		1934年创刊,社址位于长沙天鹅塘,三日刊,小型,四页,发行量约三百份
长沙卫生报	长沙国医公会机关报	社长 吴汉仙		1934年创刊,社址位于长沙皇仓坪,三日刊,小型,四页,发行量约三百份
长沙小报		社长 管秋实		1934年创刊③,社址位于长沙织机巷,三日刊,小型,四页,发行量约二百份
湖南工人报	长沙工人团体的机关报	社长 张福云		1933年创刊,社址位于长沙藩城堤,三日刊,小型,四页,发行量约二百份

① 应为1933年创刊。
② 一说1933年创刊。
③ 应为1933年创刊。

(续表)

名称	主义系统	持有人	编辑干部	备考
新民报		社长　田子泉		1934年创刊,社址位于长沙德福里,三日刊,小型,四页,发行量约二百份
青春周刊	以研究美术为趣旨	青春文艺社		1934年创刊,社址位于长沙教育会,周刊,小型,六页,发行量约四百份
明耻周刊	四路军将官机关报,以研究军事学为主旨	明耻社		1931年创刊,社址位于长沙小吴门外四十九标,周刊,小型,四页,发行量约一千份。经费由四路军总指挥部支出
消防周报	长沙市消防联合会机关报	社长　萧石明	记者　丑枚邺	1933年6月创刊,社址位于长沙坡子街乾元宫,周刊,小型,四页,发行量约三百份
星期周报		社长　黄曾文		1933年6月创刊,社址位于长沙顺星桥十六号,周刊,小型,四页,发行量约三百份
长沙周报		社长　盛先茂	记者　刘献文	1932年8月创刊,社址位于长沙长治路,周刊,小型,四页,发行量约三百份
砥柱周报		社长　鲁兆庆	记者　伍蕙农	1934年创刊,社址位于长沙保节堂街九号,周刊,小型,四页,发行量约三百份
湘工半月刊		社长　文哲林		1934年创刊,社址位于长沙北正街七十四号,半月刊,小型,四页,发行量约三百份
建设报	振兴实业	社长　王凤山		1934年创刊,社址位于长沙王泉街,三日刊,小型,四页,发行量约四百份
大晚报		社长　唐耀章	记者　柳厚民	1933年12月创刊,社址位于长沙万庆街,三日刊,小型,四页,发行量四百份
现代文学	研究文学	社长　黄剑声		1934年创刊,社址位于长沙留芳岭,小型,六页,发行量约三百份
湖南时报		社长　徐磨		1934年创刊,社址位于长沙青石井,日刊,四页,发行量约五百份
复兴报		社长　欧阳长松		1934年创刊,社址位于长沙流水沟,三日刊,四页,发行量约三百份,是1933年5月创刊的《南岳日报》的后身
湘声晚报		社长　李醒安	主笔　杨庆繁	1933年1月创刊,社址位于长沙仓后街湘清里四号,三日刊,小型,四页,发行量二百份

沙市

人口:日本人7人,外国人31人,中国人约130 000人。

名称	主义系统	持有人	编辑干部	备考
新沙市日报	第十军徐源泉系统,沙市市政整理委员会机关报	沙市市政整理委员会	主笔　王慧闻 记者　市政整理委员会委员及沙市党部的干部	1933年6月创刊[1],早报,四页,发行量一千二百份。曾一度登载排日报道和评论,但近来未见这类内容。报道比较迅速,内容也略显完整,在当地是一流报纸。是沙市军、政、商各界共同设立的机关,有来自第十军长徐源泉任委员长的市政整理委员会每月提供的二百元补助,以及徐源泉军的补助

---

[1] 一说1933年5月1日创刊。

(续表)

名　称	主义系统	持有人	编辑干部	备　考
长江商务报	营利本位	侯仲涛	主笔　同前 记者　侯东屏	1921年7月创刊①,早报,四页,发行量一千二百份。曾一度登载排日的报道和评论,近来未见这种报道,变得稳健公正。在商业界读者居多,因创办较早,在当地有信誉。有来自沙市巨商的后援,但近来经营变得不如意
荆报	国民党系县党部机关报	李铁农	主笔　同前 记者　李树清	1930年8月创刊,早报,四页,发行量约五百份。登载排日报道和党部宣传报道,填充版面,但近来未见排日报道。以官吏、商人等有识人士为读者。近来经营似有困难
荆沙日报	国民党系区公所机关报	陈殿夔	主笔　贾绍谊 记者　黄瘫仙	1933年12月②创刊,小型,四页,隔日发行,发行量三百份

襄阳

名　称	主义系统	持有人	编辑干部	备　考
鄂北日报	湖北省第八区行政督察专员公署机关报	同前公署	主笔　同前公署及党部关系者等共同编辑	1933年10月创刊,发行量极少,详情不明

宜昌

人口:日本人85人,外国人58人,中国人约110 000人。

概况

宜昌的中文报纸目前有五种,但均因经营困难,难以长存,而且规模小,没有特色,社论和报道等也在迎合当地官方,毫无生气。报面内容从头到尾都是上海、汉口等通讯报道的转载。各报曾一度对我方事事摆出中伤的态度,我方最近每逢机会便发出警告,官方也进行了相当管制。另外,一般气氛也得到缓和,因此排日报道大幅度减少。

名　称	主义系统	持有人	编辑干部	备　考
工商日报③	总商会机关报	但绍芳	张任夫	1933年1月创刊,日刊,四页,发行量一千二百份,商会提供补助
国民日报④	县党部及县政府机关报	穆子斌	同前	1933年1月创刊,日刊,四页,发行量一千六百份。对日感情不佳,读者为普通知识阶层和商人。县政府提供月额二百元左右的补助
宜昌白话晚报		曾啸轩	丁龙光	1934年10月创刊,晚报,小型,四页,发行量约一百份。对日感情不佳,读者为下层阶级
宜声		杜登庸	同前	1934年9月创刊,日刊,小型,四页,发行量约五十份。以学校相关报道为主,读者亦以教育界人士居多
鄂光		徐德轩	同前	1934年11月创刊,日刊,四页,发行量约五十份

---

① 一说1920年创刊。
② 1934年报告为"11月"。
③ 1934年报告为《宜昌商工日报》。
④ 1934年报告为《宜昌国民日报》。

重庆

人口：日本人 40 人，中国人约 600 000 人。

概况

重庆的报纸中，在军界或是政界有影响力的，大多是作为自己的宣传机关而经营的报纸，因此其主张各有不同的旨趣，具有特点。但 1935 年 1 月军事委员长行营参谋团在当地设立后，以蒋介石为首的众多中央要人进入四川，致力于四川的统一，即中央化工作。特别是在对待报纸上，因其检查严格（目前各报社要将其原稿交给四川行营检查，得到该行营许可后才能印刷发行），当地的报纸一律呈现出中央的宣传机关之貌。

还有，当地的十九种报纸中，经营比较顺畅的是《商务日报》《济川公报》《四川晨报》《新蜀报》等，但这些报纸均未向各地派遣特派员，一般是购买同一通讯社的新闻，因此各报常出现登载的报道一字一句完全相同的情况。另外《济川公报》和《新蜀报》在"满洲事变"之后，登载过激的排日或是排"满"报道，但近来其论调基本上趋于稳健。

一、报纸

名 称	主义系统	持有人	编辑干部	备　考
商务日报	商界机关报	潘昌猷	李裕生	1912 年创刊①，日刊，十页，发行量六千余份。在商界以及其他各界最具影响力
新蜀报	政界机关报	王陵基　日本陆军士官学校出身，四川善后督办公署总参议　袁丞武	杨炳初	1913 年创刊②，日刊，八页，发行量五千余份。报道比较稳健
新四川晨报	政界系统	余子立	傅润华	1928 年创刊③，日刊，八页，发行量二千余份，报道稳健
济川公报	军界机关报	刘湘、张必果	刘东父	1928 年创刊④，日刊，八页，发行量三千余份，报道缺乏稳健
新民报	政界系统	冯钧逸、吴毅子⑤	吴秋引	1914 年创刊，日刊，八页，发行量四千余份，在政界有极大的影响力，报道大体上稳健
人民日报	党部机关报	雷清尘	章元石	1935 年创刊⑥，日刊，八页，发行量二千余份，报道缺乏稳健
大江日报	政界系统	甘绩铸	聂佛鸿、陈俊	1930 年创刊⑦，日刊，八页，发行量二千余份。喜好登载文学性内容，因此普遍受到有识之士的欢迎，报道稳健
权舆日报	军界系统	李根固　重庆市警备司令	宋毓萍	1931 年创刊⑧，日刊，八页，发行量二千余份
四川时报	军界系统	舒君实	铁华峰	1935 年创刊⑨，小型，日刊，四页，发行量一千余份

---

① 应为 1914 年 4 月 25 日创刊。
② 应为 1921 年 2 月 1 日创刊。
③ 应为 1935 年 8 月创刊。
④ 应为 1931 年 1 月 11 日创刊。
⑤ 1934 年报告为"吴毅干"。
⑥ 一说 1935 年 11 月 1 日创刊，一说 1936 年创刊。
⑦ 应为 1932 年 12 月 21 日创刊。
⑧ 一说 1933 年 11 月创刊。
⑨ 1935 年 2 月创刊。

(续表)

名称	主义系统	持有人	编辑干部	备考
新西南报	商界系统	王影松	韩绍琦	1935年创刊①,小型,日刊,四页,发行量一千余份,无影响力,报道稳健
快报		陈伯坚	创苍佛②	1935年创刊③,小型,日刊,四页,发行量一千五百份
朝报		刘仲子	曹正鹄	1935年创刊④,发行量二千份
重庆晚报	政界系统	赖建君	陈远光	1929年创刊⑤,小型,四页,晚报,发行量二百余份
四川晚报	政界系统	毛畅熙	蒲剑秋	1930年创刊⑥,小型,四页,晚报,发行量一千余份
渝江晚报	政界系统	杨季蓬	王蜀饶	1931年创刊⑦,小型,四页,晚报,发行量一千余份
巴报	军界系统	林中慷		1931年创刊⑧,小型,四页,晚报,发行量一千余份
新中华晚报	军界系统	何乃仁	曾萍若	1931年创刊⑨,小型,四页,晚报,发行量不足一千份
工商夜报		江凝九	李樵逸	1935年创刊⑩,小型,四页,晚报,发行量一千份
新川夜报		华文桐	吴泰	1934年创刊⑪,小型,四页,晚报,发行量一千份

二、通讯社

名称	主义系统	持有人	编辑干部	备考
新生命社		邵天真		1928年创刊
青年社		王璋		1929年创刊
交通社		宋礼门		1927年创刊
新编社		编委会		1930年创刊
长江社		彭受伯		1931年创刊
益民社		同上		同上
长风社		同上		同上
重庆社		李时甫		1929年创刊
新民社		夏新之		1930年创刊
蜀声社		李星枢		1929年创刊

① 应为1936年创刊。
② 疑为"刘苍佛"。
③ 应为1933年创刊。
④ 应为1934年11月17日创刊。
⑤ 应为1928年10月20日创刊。
⑥ 这是与叶楚材等人办的《四川晚报》不同的另一《四川晚报》,约于1931年上半年出版。
⑦ 一说1930年11月创刊,一说1932年2月创刊。
⑧ 一说1932年9月创刊,一说1933年9月创刊。
⑨ 1931年1月19日创刊。
⑩ 应为1934年7月28日创刊。
⑪ 一说1935年3月9日创刊。

(续表)

名　称	主义系统	持有人	编辑干部	备　考
大陆社		曹家骥		1930年创刊
民族社		王政行		1931年创刊
和平社		龚一唯		1931年创刊
民国社		谢作民		1929年创刊
东方社		程筱珊		1931年创刊
新兴社		邹曙曛		1933年创刊
民权社		毛畅熙		1930年创刊
古巴社		同上		1933年创刊
复兴社		黄晓村		同上
巴闻社		余富序		
励商社		周懋植		1932年创刊
新川社		叶渭车		
光亚社		刘昌佛		1931年创刊
新生社		周伯村		1930年创刊

三、杂志

名　称	发行量(份)	发　行　地
四川月报	1 000	重庆中国银行
川边季报	1 000	同上
四川经济月报	1 300	四川地方银行
新世界	1 200	重庆民生公司
四川时报	1 100	四川时报社
公安月报	7 000	重庆市公安局
东方报	1 000	东方社
巴县政刊	900	巴县政刊社
重庆青年	800	重庆基督教青年会
农事月刊	1 000	四川农学研究会
四川农业	800	重庆中心农场
国医月刊	300	重庆国医月刊社
重庆自卫月刊	500	川康国务干部学校同窗会
航空月刊	500	第二十一军航空司令部

成都

人口：中国人约 730 000 人，外国人 42 人。

名　称	主义系统	持有人	编辑干部	备　考
国民公报		社长　李澄波	李镇青	1912 年 12 月创刊①，社址位于成都提督东街，日刊，中型，十二页，发行量五千份。当地最老的报纸，在各方面有信誉。最近因为其他报纸的出现，发行量骤减。接受各军领袖的补助
川报		社长　魏延鹤　四川党务整理委员	易秋潭	社址位于成都锦华馆，日刊，八页，发行量五千份。创刊当初②是四川第二十四军刘文辉的机关报，去年被现任社长盘下
成都快报	邓锡侯机关报	经营　方正华　第二十八军秘书	裴子驹	1925 年创刊③，社址位于成都春熙路东段，日刊，六页，发行量二千五百份。最近改组，设董事会，取消社长制，设经理、编辑两部，受到董事会的监督，分担责任。每月接受第二十八军一千元的补助
明是日报	李家钰机关报	社长　胡翰之	傅双无	1928 年创刊④，社址位于悦来商场，日刊，四页，发行量五千份。最初名为《民视日报》，曾一度被查封，改为现名。杨森、李家钰每月提供补助，最近仅有李出资
新新新报	马毓智机关报	社长　马秀峰	刘启明	1928 年创刊⑤，社址位于成都春熙路东段，日刊，八页，发行量六千份。最近销路增加，经营良好
国民日报	田颂尧机关报	社长　马瑶生	闵则邹	1928 年创刊⑥，日刊，八页，发行量四千份
社会日报		社长　刘静修	欧辑先	1932 年创刊⑦，日刊，四页，发行量六千份，时时从军方领取补助
四川统一日报		社长　萧季衡	陈豁夫	1933 年创刊⑧，社址位于成都悦来商场，日刊，发行量一千份。创刊三个月后曾一度停刊，经营困难
成都新闻		社长　鲁笑俗	同前	1933 年创刊⑨，社址位于成都东御街，日刊，发行量五千份
建设日报	督办公署机关报	社长　李子谦	同前	1933 年创刊⑩，日刊，中型，八页，每月从督办公署领取补助。还发行晚报

---

① 应为 1912 年 4 月 22 日创刊。
② 1931 年 10 月 10 日创刊。
③ 1925 年 7 月 10 日创刊。
④ 一说约 1929 年 7 月 30 日创刊，一说 1929 年 8 月创刊。似是《民视日报》被查封后改本名。
⑤ 应为 1931 年 10 月创刊。
⑥ 1928 年 4 月 10 日创刊。
⑦ 一说 1933 年 1 月 12 日创刊。
⑧ 1933 年 10 月 12 日创刊。
⑨ 1933 年 4 月 13 日创刊。
⑩ 应为 1929 年 4 月 15 日创刊于重庆，1934 年 1 月 20 日迁成都。

(续表)

名　称	主义系统	持有人	编辑干部	备　考
华西日报①		社长　舒君实	同前	日刊,中型,十二页,社长舒君实是督办公署编纂委员会主任
大同晚报		社长　周重生	周蜀先	1928年创刊②,社址位于成都悦来商场,晚报,发行量二千八百份。每月接受田颂尧、邓锡侯的补助
西方夜报		社长　曾仲英	同前	1933年创刊③,晚报,发行量二千份。每月接受督办公署三百元补助
锦官夜报		社长　秦武雄	孙同甫	1933年创刊④,社址位于成都春熙路东,晚报,发行量三千份

南　部

广东

人口:日本人478人(其中台湾人、朝鲜人90人),中国人1 046 810人,外国人1 360人。

概况

当地的报业在兴盛时期的1919年、1920年最多有三十家,其后,随着国民政府成立、国民党压迫反对派言论等,报业进入衰微之途。1925年受到抵制英货运动的影响,报纸数量一度跌入不足十家的惨境,此后事态缓和,经营报业热潮兴起,逐渐恢复昔日状态,1929年、1930年前后每年虽有少量增减,但大致稳定在二十家左右,发展状态扎实、稳固。

中文报纸在1934年全年,乃至到1935年6月,创刊或复刊的有《环球报》《宏道日报》及《国民新闻》三种,停刊的有《大中报》一种,现在正在发行的有十九种。其中最有实力的是党部及政府的机关报《广州民国日报》《广州市民日报》《广州日报》,以及在商会方面享有信誉的《现象报》《国华报》《越华报》《共和报》《公评报》等。前者有关党、军、政方面的报道迅速、丰富,令其他报纸难以企及。后者依靠社会、经济报道,巧妙地迎合民间读者的需求,发行量远大于前三家机关报。当地不允许有地方性政治背景的其他派系的机关报存在,尤其是西南出版物审查会(1932年11月由西南执行部组建)及各党、军、政机关等都严格管制反动性质的言论以及其他不利于现政权的报道,因此各报的笔调都几乎千篇一律,无法使关心内政的人士感到满足。香港的中文报纸《工商日报》《循环日报》《华侨报》《中兴报》等因而被大量订阅(汪兆铭系《南华日报》、蒋介石系《天南日报》等政治色彩浓厚的报纸被禁止进入)。报纸对刊登有关外国的报道以及社论都比较慎重,对日态度有逐年缓和的倾向。

英文报纸 The Canton Gazette 及 The Canton Daily Sun 两报内容贫乏,在国际新闻方面远不如中文报纸,当地外国侨民人数不多,容易购买香港的英文报纸,据说经营困难。

当地唯一的日文报纸《广东新闻》在1933年12月以来受到"联合"及"国通"等的援助,革新版面,直接接收日本、"满洲"及华北等地的重要新闻。此外,还刊登无线电广播新闻、有关当地侨民的报道。侨居当地的日本人很少,因此发行量不过一百五十份。

与报业有关的机关有:(1)广东全省新闻记者公会、(2)广州市新闻记者公会、(3)广东报界同业公会。(1)在1929年,(2)在1926年成立,有二百五十名会员,每月接受省政府及市政府一百元的补助。(3)为前清时代的粤省报界公会在民国成立后改名而来,是报社资方的机关,以各报社为单位每月收取一社十四元作为会费,新入会者则收取入会费一百元。现在会员有《民国日报》《市民日报》《广州日报》《现象报》《国华报》《共和报》《七十二行商报》《公评报》《越华报》《环球报》等数家有实力的报社。

---

① 1934年3月15日创刊。
② 应为1927年2月创刊,初名《大同日报》,1928年9月30日起改本名。
③ 一说1933年3月1日创刊,一说7月2日创刊。
④ 1933年9月1日创刊。

一、中文报纸

名　　称	主义系统	持有人	编辑干部	备　　考
广州民国日报	广东省党部机关报	社长　程辟金　广东省党部委员、宣传部部长	主笔　温仲琦 记者　陈元勋、孙醉青、李怀霜、邓长虹、钟介民	1923年创刊①，社址位于光复中路七十九号，资本金一万五千元，日报，十六页，发行量八千份。报道迅速，内容丰富，印刷鲜明，是当地名副其实的第一流报纸，在党、政、军各界都有许多读者。社长程辟金为陈济棠之心腹，特别受其信任。每月接受省党部及省政府的补助三千元
广州日报	广州市党部机关报	社长　区声白　市党部委员	主笔　区声白 记者　卢灼然、苏仲义、何人栗②、刘重明、陈友琴	1930年创刊③，社址位于长寿东路三十三号，资本金三千元，日报，十二页，发行量四千五百份。本报原本作为古应芬的御用报纸由市党部宣传部长陆幼刚创设，现在是公认的一流报纸。西南执行部及各级党部的公告基本都使用本报。现社长为区声白，但实权依然掌握在陆幼刚手中。接受市党部及市政府每月三千元的补助
广州市民日报	市政府机关报	社长　黄志鹄　林云陔系人物	主笔　李燮坤 记者　吴永康、叶天一、范真公	1927年创刊④，社址位于光复中路三十七号，资本金五千元，日报，十二页，发行量六千份。本报是《市政日报》《广州日日新闻》《广州市政日报》（1932年改为现名）的后身，林云陔任市长时期创设，现在表面上为市政府机关报，但社长黄志鹄为林云陔派重要人物，如今仍从林的指示。与《民国日报》《广州日报》等一样都有稳定的好评，得到广泛购阅
七十二行商报	合资公司，商界机关报	社长　罗啸璈　前清秀才出身，当地报界之元老	主笔　罗子政 记者　罗子端、李凤廷、陈海波	1906年7月创刊⑤，社址位于光复中路七十四号，资本金两万元，日报，十页，发行量一千五百份。本报在粤汉铁路商办热潮时，由黄诏平发起，作为商民一方的机关报创刊。远离政党、政派的稳健报道与其有特色的经济栏相辅相成，在实业界方面有许多读者，但经营上有些陈腐保守，没有新意，读者有逐渐减少的倾向
国华报	无党派关系，股份制	社长　刘劫余	主笔　周琦 记者　容春勉、许澄天、戴肃、王少秋	1913年创刊⑥，社址位于光复中路七十六号，资本金三万元，日报，八页，发行量两万四千份。本报的前身《国报》由王泽民、康有为、王宠惠等出资三万元，作为进步党机关报发刊，标榜反对国民党，1918年改为现名。1928年王泽民死后，现社长刘盘下，成为广州市商会联合会之机关报。但1931年随着市商会成立，商会联合会解散。现在无党派关系

---

① 1923年6月创刊。
② 1934年报告中为"何人棠"。
③ 1926年11月26日创刊。
④ 1932年2月20日创刊。
⑤ 1906年9月15日创刊。
⑥ 1915年创刊。

(续表)

名 称	主义系统	持有人	编辑干部	备 考
越华报	无党派关系,合资组织	社长 陈柱廷 兼任《现象报》及《公道报》社长	主笔 陈柱廷、陈述公 记者 许可因、麦健儿、黄子光	1927年创刊①,社址位于光复中路一百十四号,资本金四万元,日报,八页,发行量两万五千份。本报由已故的王泽民募集华侨的资金创立,与《现象报》《公评报》有关系,读者以中层以下居多
现象报	无党派色彩,合资组织	社长 陈柱廷 兼任《越华报》及《公道报》社长	主笔 陈式锐 记者 李启芬、何少儒、李白如、谢维周	1921年7月创刊②,社址位于光复中路五十三号,资本金八千元,日报,八页,发行量八千五百份。最初由廖球记作为国民党系报纸而创设,1927年张发奎入主广东时被没收,张失势后转至总工会手中,其后李济深也一度向本报出资,李失势离粤后,由现社长陈柱亭经营。现在无党派色彩,动辄发表过激言论,有排日倾向
公评报	无党派色彩,个人经营	社长 钟超群	主笔 钟任德、刘冲中 记者 李一尘、戴可编	1924年创刊③,社址位于太平北路二百七十三号,资本金两万元,日报,十二页,发行量一万八千份。本报以小品、文艺等为特色。1931年3、4月起对日态度逐渐好转,但"满洲事变"之后随着排日运动的深化,本报的亲日倾向也逐渐淡薄,如今到了刊登相当辛辣的反日社论的地步。现任社长的父亲钟兰茶为本报创立者,是当地的名士
广州共和报	市商会机关报,合资组织	社长 宋季辑 茶商,商会理事	主笔 徐文甫 记者 潘抱真、梁展鹏、陆文英	1913年2月创刊④,社址位于光复中路三十六号,资本金一万五千元,日报,八页,发行量七千五百份。名义上为合资组织,实际上为宋个人所有,接受市商会的补助,成为其机关报。以社会报道为主,在中层家庭及近郊村落中读者居多
持平日报	胡汉民系	社长 李立	主笔 陈宝尊 记者 冯佩如	1932年11月创刊,社址位于光复中路六十三号,资本金三千元,日报,八页,发行量五百份。本报继承自1925年8月胡汉民一派标榜反共产主义而发行的《国民新闻》,与胡汉民之弟胡毅生有关联。本报的"要闻缩辑"栏对于了解每日重要事件十分便利,报道虽不丰富,但其即时刊登的当地政界消息中有一些不可忽视的内容。最近业绩不理想,依靠市商会维持
新国华报	无系统,合资组织	社长 骆天一	主笔 骆侠挺 记者 罗达夫、张持平	1912年创刊⑤,社址位于光复中路一百五十一号,资本金一万元,日报,八页,发行量一千四百份。1927年以一万元盘给大罗天新剧团,但1928年又被葡籍律师李抗希买回经营,1933年转入现社长骆天一手中。最初为国民党系,但近来无党派色彩
公道报	无党派关系,合资组织	社长 陈柱廷 兼任《越华报》及《现象报》社长	编辑 陈仲尧 记者 黄祐之、罗文榕、李志成	1933年5月创刊⑥,社址位于光复中路五十三号,资本金三千元,日报,八页,发行量两千份。本报为1933年2月因诽谤救国会的行为而被查封的《愚公报》改组而成,社长陈柱亭兼营《现象报》《越华报》,因此编辑风格与上述两报完全相同,着重于社会报道

① 应为1926年7月27日创刊。
② 应为1914年创刊。
③ 1924年10月30日创刊。
④ 应为1912年7月创刊。
⑤ 应为1921年3月创刊。
⑥ 1933年5月15日创刊。

(续表)

名称	主义系统	持有人	编辑干部	备考
民生报	与华侨有关系,合资组织	社长 李济	主笔 李子诵、罗容甫 记者 梁梓川、陈霞子	1932年5月创刊①,社址位于长寿东路十六号,资本金五千元,日报,八页,发行量一千份。本报由原《大中华报》记者李子诵发起创刊,据传主要由财政厅职员出资。每月接受省党部若干补助。打着当地唯一的"华侨言论机关"的招牌,但报道贫乏,经营状态萎靡不振
诚报	无党派关系,合资组织	社长 钟超群	主笔 李一尘	1933年12月创刊②,社址位于太平北路二百七十五号,资本金一万元,晚报,四页,发行量五千份
大华晚报	无系统,合资组织	主任 许可因	主笔 同前	1933年7月创刊,社址位于光复中路一百十九号,资本金六千元,晚报,四页,发行量一万份。以文艺、社会报道为主,因迎合中层以下读者的兴趣,目前经营状况十分良好。与《现象报》《越华报》有关系
环球报	无党派关系,个人经营	社长 陆文英	主笔 同前	1934年10月创刊,社址位于光复中路十五号,资本金一万元,早报,八页,发行量八千份
宏道日报	军方系统	社长 詹慕禅	主笔 同前 记者 郑志瑞	1934年2月创刊③,社址位于光复中路六十三号,资本金五千元,早报,八页,发行量四千份。以刊登军、政方面的消息为主,军事方面尤为充实
国民新闻	佛教系,个人经营	社长 陈宝尊		1928年10月创刊④,社址位于光复中路六十三号,资本金五千元,晚报,八页,发行量两百五十份。1933年处于停刊中,1934年6月起复刊至今
司法日刊	法院机关报	广东高等、地方两法院及广东高等、地方两检察厅	由前述四家机关人员轮流执掌本报事务	1921年创刊⑤,社址位于光复中路一百五十三号,资本金五千元,日报,八页,发行量一千份

二、英文报纸

名称	主义系统	持有人	编辑干部	备考
The Canton Gazette[广州日报](英文)	市政府机关报	社长 李才 北平大学毕业,美国留学出身,曾任北京《英文日报》记者	主笔 李国康 记者 卢宣梨、黄康⑥、张昌元⑦	1918年创刊⑧,社址位于西湖路四十一号,日报,八页,发行量一千份。由时任广东政府外交部长的伍廷芳作为对外宣传机关创办,以路透社通讯员黄宪昭负责经营。1924年黄被逐出广东,陈友仁继承,此后每逢政变数度停刊。1929年7月以来由李国康募集资金艰难维持发行,据闻现在作为市政府机关报每月接受若干补助
The Canton Daily Sun[广州新报](英文)	中立,合资组织	社长 甘德云	主笔 同前 记者 梁汝光、李任诚	1931年3月创刊,社址位于十八甫南路一号,日报,八页,发行量一千份。社长甘德云从外国人、友人处募集资金创设,1931年广东国民政府成立时接近陈友仁,对我方同样表示好感。过去虽一向接受美国长老教会的补助,但与美国感情不佳。传言现在每月接受英、德两国领事馆及中国方面的若干补助

---

① 1932年5月5日创刊。
② 1933年12月10日创刊。
③ 1933年1月16日创刊。
④ 一说1925年8月7日创刊。
⑤ 1922年2月7日创刊。
⑥ 1934年报告中为"黄廉"。
⑦ 1934年报告中为"张昌言"。
⑧ 1924年8月1日创刊。

三、日文报纸

名　　称	主义系统	持有人	编辑干部	备　　考
[广东新闻]（日文）	个人经营	社长　平井真澄	主笔　同前	1923年6月创刊,社址位于沙面法租界,早报,四页,发行量一百五十份

四、通讯社

名　　称	主义系统	持有人	编辑干部	备　　考
广东通讯社	直属省党部	社长　彭卓任	主笔　同前 记者十名	1928年创立,社址位于南堤广东省党部内,纯粹的党部机关通讯,社长以下皆由党部人员组成
努力通讯社	市政府直辖	社长　黄志鹄	主笔　同前 记者七名	1932年创立,社址位于广大路二巷,最初林云陔以华侨的名义创设
民声通讯社	与市政府有关系	社长　李功	主笔　同前 记者八名	1933年创立,社址位于财政厅前,陈济棠授命第八路军总指挥部政治部主任区芳浦(现财政厅长)创设
粤声通讯社	林翼中派	社长　程德山	主笔　同前 记者八名	社址位于财政厅前,以现广东省民政厅长林翼中为后援
新声通讯社	直属第一集团军总司令部	社长　邓长虹	主笔　同前 记者四名	社址位于财政厅前,邓社长任总司令部政治训练处宣传科长
南风通讯社	林云陔系	社长　黄王明	主笔　同前 记者六名	社址位于广卫路十三号,据传与省政府主席林云陔有关系
公言通讯社		社长　刘衡仲	主笔　同前 记者五名	社址位于大南路六号
日新通讯社		社长　何绮秋	主笔　同前 记者三名	社址位于粤华西街一号,仅向市内报社发布通讯
公平通讯社		社长　刘衡仲	主笔　同前 记者三名	社址位于大南路公言通讯社内,仅向市内报社发布通讯
觉悟通讯社		社长　周浩华	主笔　同前 记者四名	社址位于文明西路,1922年在市政府的援助下创设,但现在无关系
珠江通讯社		社长　殷卓卿	主笔　同前 记者三名	社址位于惠爱西路,仅向市内报社发布通讯
华侨通讯社		社长　刘守初	主笔　同前 记者三名	社址位于惠爱中路,仅向市内报社发布通讯
南折通讯社		社长　周少年	主笔　同前 记者一名	社址位于仓边路口,1929年作为越南华侨的机关通讯创设,向市内及香港的各报社发布通讯
时事通讯社		社长　崔啸苏	主笔　同前 记者六名	社址位于学源里,1925年接受政府各机关的补助创设,向广东、香港、上海的各报社发布通讯
民权通讯社		社长　何绮秋	主笔　同前 记者四名	社址位于东横街,向广东、香港的各报社发布通讯
民治通讯社	财政厅系	社长　黎汝漱	主笔　同前 记者四名	社址位于将军楼,向市内报社发布通讯
民言通讯社		社长　胡方翰	主笔　同前 记者一名	社址位于广大路三十一号,向市内报社发布通讯

(续表)

名　　称	主义系统	持有人	编辑干部	备　考
非常通讯社		社长　黄公杰	主笔　同前 记者四名	社址位于泰康路，向市内报社发布通讯
博爱通讯社		社长　徐飞	主笔　同前 记者四名	社址位于维新北路，1928年依靠财政厅的后援创设，向广东、香港的各报社发布通讯
维新通讯社	市政府系	社长　沈家杰	主笔　同前 记者五名	社址位于维新路，向市内各报社发布通讯
西南通讯社	西南执行部机关通讯	社长　邓长虹	主笔　同前 记者四名	社址位于维新路，向广东及香港的各报社发布通讯
远东通讯社		社长　冼炯魂	主笔　同前 记者六名	社址位于永汉南路三十八号，向广东及香港的各报社发布通讯
东南通讯社				社址位于旧仓巷，向市内各报社发布通讯
超然新闻通讯社		社长　梁炳文	主笔　同前 记者两名	社址位于长庚路西营巷十六号，向市内各报社发布通讯
公民通讯社		社长　伍匡平	主笔　同前 记者三名	社址位于中华中北路白莲塘巷四号，向市内各报社发布通讯
展民通讯社		社长　杨实公	主笔　同前 记者两名	社址位于旧仓巷三十号
大公通讯社		社长　苏国山	主笔　同前 记者四名	社址位于维新南路珠江桥口
辛亥新闻通讯社		社长　冯澄甫	主笔　同前 记者一名	社址位于靖海路二十三号二楼
持平通讯社		社长　李立	主笔　同前 记者两名	社址位于光复中路六十三号
公平通讯社		社长　谢汝诚	主笔　同前 记者一名	社址位于昌奥路十五号
合作通讯社		社长　陈宝尊	主笔　同前 记者四名	社址位于财政厅前，向本市、香港的各报社发布通讯

汕头

人口：日本人576人（其中台湾人、朝鲜人449人），中国人200 058人，外国人198人。

中文报纸

名　　称	主义系统	持有人	编辑干部	备　考
正报	国民党右派	社长　洪春修	总编辑　方昌材 编辑　谢漫、林家俊、纪忠贤、伍寿相	1932年10月17日创刊，社址位于汕头市新马路二十五号，日报，八页（周一休刊），发行量一千八百份。由国民党右派创办，社长洪春修为市党部委员，曾一度代表报界担任抗日救国会委员。总编辑方昌材现任市党部委员兼市政府侨务股长。参加最近发生的西南委员会的反蒋运动，与蒋介石派的陈特向不睦，目前其言论完全倾向于西南委员会

(续表)

名　称	主义系统	持有人	编辑干部	备　考
市民日报	市政府机关报	市政府经营，不设社长	责任编辑　李超凡　第三军秘书兼市政府秘书长　编辑　邓耀、方昌材　市政府兼党部人员	1932年12月5日创刊①，社址位于汕头同平路九十三号，日报，四页或八页（周一休刊），发行量七百五十份。由市政府、市党部、军方三家机关合资创办、经营，目前转由市政府单独经营，专门用来发表官方言论，亦刊登官方处理的其他事件等，即所谓汕头的官报
侨声报	国家主义	社长　蔡削天	编辑主任　同前　编辑　许定天	1932年10月10日创刊，社址位于汕头市新马路三十六号，日报，八页（周一休刊），发行量一千一百份。继承《南潮日报》而来，曾经属于国家主义青年团的嫡系言论机关，但目前色彩淡薄，一向不关心国民党方面，屡屡刊登攻击救国会利己行动的报道，显示出拥护商民的倾向，因此被市党部盯上
星华日报	标榜言论自由	社长　胡曾炽　出资者　胡文虎　新加坡有影响的华侨	总编辑　王浩然　编辑　林守之、马光剑、李伟民	1931年7月15日创刊，社址位于汕头市万安街四十四号，日报，十二页（周一休刊），发行量三千五百份。在中国报纸中罕见地标榜言论自由主义，报道迅速，版面充实，在当地报纸中出类拔萃。但近来因出资者胡文虎大量刊登其经营事业的宣传报道而导致名声骤跌。胡文虎最初经营虎豹印务公司，却因偶然刊登自家的制药广告而受到官方的违法处分，因此以拥护华侨的发展、言论为目的关停印务公司，创设本报
汕报	拥护客家系商人的发展及言论	社长　张怀真	编辑　谢雪影、陈之寄②、杨竞华、杨国雄	1928年10月20日创刊③，社址位于汕头市万安街横街三号，日报，八页（周一休刊），发行量一千八百五十份。本报由客家系商人出资，以拥护客家商人的发展及言论为目的而创刊。"满洲事变"时在排日宣传上显露头角，带头刊登捏造的报道，煽动民心，最终引发"不敬事件"。最近抗日气氛缓和，往往将攻击的矛头转向救国会，无固定论调
新岭东日报	广东机器工会汕头支会机关报	社长　张凌云	编辑　黄笃生、黄复伟	1930年创刊④，社址位于汕头市升平路一一一号，日报，八页（周一休刊），发行量七百五十份。1930年秋因轮渡工会加入广东机器工会汕头支会的问题，与广东总工会汕头支会之间发生纠纷，后者的领导人陈述经、陈特向等为解散机器工会支会而在省党部中活动，同时，其机关报也在宣传。有鉴于此，机器工会支会方面也感到机关报的必要性，于是每月支出两百元的补助费，聘请张凌云创刊本报。此后因经费不足而常常被利益驱使，被各方利用，没有固定的主见，其言论一直摇摆。此外还出版《新广东周期画报》。社长张凌云原本属于国民党右派，是清党时右派工会的创立者，在市党部有过影响力，但近来境遇不佳，曾在福建独立政府下任福建省德化县长

---

① 一说1933年创刊。
② 1934年报告中为"陈之奇"。
③ 一说1929年10月10日创刊。
④ 一说1931年1月创刊。

(续表)

名　　称	主义系统	持有人	编辑干部	备　　考
民声日报		社长　杨世泽	总编辑　同前 编辑　郑儒汉	1920年创刊,社址位于汕头永安街二十五号,日报,八页(周一休刊),发行量一千零五十份。依靠南洋华侨的资金创办,对商界抱有非常大的好意。报道公平、稳健。1922年受汕头风灾、水灾影响而一度停刊,1924年2月复刊。在潮安及庵埠等地有相当大的影响力
岭东民国日报	党部机关报	社长　吴梓芳	编辑　沈之敬、肖增泰、黄志英	1926年1月20日创刊,社址位于汕头市永平里五号,日报,十二页(周一休刊),发行量一千份。随着当地政治变化,屡屡更换归实权人物经营
真报		社长　刘镜臣　前《侨声报》广告主任		1933年12月27日创刊①,社址位于汕头公园路一七号,三天发行一次(小版一张),发行量极少。主要刊登社会报道,无主义、主张
民报		社长　钟守一		1933年1月1日创刊,社址位于汕头商平路八号四楼,三天发行一次(小版一张),发行量极少

福州

人口:日本人2 243人(其中台湾人1 932人),中国人414 838人,外国人504人。

中文报纸

名　　称	主义系统	持有人	编辑干部	备　　考
闽报		善邻协会社长　松永荣	林宝树　台湾籍民	1897年12月创刊②,早报,四页(周一休刊),发行量约一千九百份。当地报界历史最老,并且有信誉
求是日报	商会机关报	陈公珪　海军公所副官	杨懿	1916年9月创刊③,早报,八页(周一四页),发行量约九百份。当地中国人经营的报纸中历史最为悠久,以商人购阅为主,相当有信誉
政治日报		陈奋侯	同前	1922年创刊④,不定期发行,四页,发行量约两百份
福建民报	省党部机关报	刘正华	高拜石	1926年10月创刊⑤,早报十页(周一六页),发行量六千份。对日感情不佳,但最近逐渐缓和。以党政机关及学校的购阅为主,报道比较迅速丰富,位居当地报纸之首,每月接受财政厅三千一百元的补助
华报	营利本位	黄华	陈天尺	1930年10月创刊⑥,三天发行一次,新闻纸半折,四页,发行量约两千份

---

① 一说1932年创刊。
② 应为1898年1月创刊。
③ 原名《求是报》,1913年2月创刊。1916年8月注册为《求是日报》。
④ 应为1917年9月创刊。
⑤ 前身为《福建民国日报》,一说1927年2月创刊,一说1928年11月1日创刊。
⑥ 应为1930年11月创刊。

(续表)

名　称	主义系统	持有人	编辑干部	备　考
南方日报	福建省保安处及第八十七师系	韩涵　八十七师秘书长	吴玉衡	1931年9月创刊(1933年1月停刊,1934年2月复刊)①,早报,八页(周一六页),发行量约一千份。对日感情不佳,但最近稍有改善。每月接受保安处六百元的补助
福州快报	营利本位	郑善政	同前	1931年10月创刊,不定期发行,四页,发行量约两百份
民声报		王恒永②	同前	1932年8月创刊,不定期发行,四页,发行量约一百五十份
福建民众周刊	民众教育	谢大祉	同前	1933年1月创刊,周报,新闻纸四折,约十四页,发行量约两百份,每月接受省立民众教育馆两百元的补助
华南日报	闽浙区监察使署机关报	社长　黄僧人　八十七师政训处长	主编　林标	1935年7月创刊,早报,半折,八页,发行量约五百份。以政界、教育界购阅为主,每月接受监察使署及省政府各五百元的补助

厦门

人口:日本人7 385人(其中台湾人7 186、朝鲜人35人),中国人179 164人,外国人约600人。

一、中文报纸

名　称	主义系统	持有人	编辑干部	备　考
江声报	有第三党系色彩,以泉州当地为大本营,以民军首领秦望山为背景	总经理　许荣智	总编辑　李哲民 特务记者　黄胸万	1916年创刊③,早报,八页,发行量约三千份,"满洲事变"时作为最反日的报纸而活跃,自此呈现出前所未有的发展,现在排日倾向也很浓厚
全闽新日报		社长事务代理　泽重信	主笔　李庆红 编辑 地方报道　蔡锦焕 电讯　江文良	1907年8月创刊,早报,八页,发行量约一千五百份。受中层以上尤其是有识人士的欢迎
华侨日报		社长　庄乃港	电讯编辑　胡蔚蘅 地方报道编辑　黄麦源	1932年创刊,早报十二页,发行量约九百份。本报依靠有实力的华侨出资设立,对日感情最近显著好转
思明商学报		持有人兼社长　林廷栋	电讯编辑　韩某 地方报道编辑　郑永辉	1934年创刊,早报,八页,发行量约八百份。本报为《思明报》《商学日报》合并而成,对日感情一般
厦门时报		持有人兼社长　陈极星	总编辑　陈圣夫	1918年创刊④,早报,四页至八页,发行量三百五十份。本报为《厦门商报》于1935年8月改名而成

---

① 应为1934年8月创刊。
② 一说"王恒冰"。
③ 应为1918年创刊。
④ 《厦门商报》于1921年10月10日创刊。

(续表)

名　称	主义系统	持有人	编辑干部	备　考
儿童日报		社长　吴雅纯	同前	1933年5月创刊①，日报，小报，发行量六百份。主笔吴雅纯曾为反日会干部，因此往往刊登反日报道
福建通讯	绥靖公署机关通讯	社长　蒋鼎文	主笔　林永祯	1934年6月创刊，周报，发行量三十份
厦门通讯		社长　陈锦标	编辑主任　张子白	1935年2月创刊，发行量约五十份
读卖新闻		总经理　洪晓春 社长　简少甫	编辑主任　李本农 主笔　叶振辉	1935年5月创刊，周报，四页，发行量两百份

二、英文报纸

名　称	主义系统	持有人	编辑干部	备　考
Far Eastern Commercial Daily[商业日报]	英国系	持有人　J. A. Roberts(英国人)厦门大学教授	主笔　J. A. Roberts 干部记者　W. L. Loo、T. Y. Tang	1935年4月创刊，日报，四页，发行量约三百份。持有人兼主笔Roberts一向被视作排日先锋，但其报道言辞并不排日。每月接受当地英国侨民三百元左右的补助，内容为中国电讯及中国报纸的摘译，无报纸的价值，也没有权威性

漳州

名　称	主义系统	持有人	编辑干部	备　考
震中日报	绥靖公署机关报	社长　蔡允中	编辑主任　沈杰民	日报②，发行量约四百份。本报为个人经营，但每月接受绥靖公署三百元补助，支持中央军方，社长及编辑主任为军方出身
商音日报	旧四十九师(师长张贞)系统	社长　陈湘龄	编辑主任　陈湘龄	日报③，发行量约六百份
漳州日报		社长　章纯条	编辑主任　陈江鸟	日报，发行量约六百份
漳州复兴日报	蓝衣社系机关报	社长　吴刚 持有人　党部	编辑主任　王可法	日报，发行量约四百份。社长以下各职均为党部出身者担任，反日色彩浓厚

石码④

名　称	主义系统	持有人	编辑干部	备　考
石码复兴日报		社长　郑善政 持有人　党部	编辑主任　郑善政	日报，小型，两页，发行量约一百份。本报为《漳州复兴日报》的支社，反日色彩浓厚

---

① 一说1932年1月创刊。
② 一说1932年秋创刊。
③ 一说1935年2月创刊。
④ 石码属漳州，是龙海区下属的镇。

云南(1935年6月调查)

人口：日本人40人（其中朝鲜人13人），中国人约145 000人。

概况

云南地区原为偏远山地，如今仍被多个"蛮族"占据，文明未开之处甚多，文化、民智的程度普遍都很低，因此报纸发展缓慢，至今仍未有外文报纸发刊，仅有小规模的中文报纸。现在的实际状况是，各报均因财力匮乏，没有一家能自主印刷发刊，同样都是委托云南印刷局印刷，并且各报都依靠云南省政府及官方乃至党部等的一些补助，勉强维持经营。报纸的内容大多转载自其他地方的报纸，或是外国报纸的译载，因此报道缓慢，加之记者的教育程度低，因此这些报纸至今普遍未脱离极其幼稚、低级的领域。

中文报纸

名　称	主义系统	持有人	编辑干部	备　考
云南民国日报	云南省党部机关报	省党部	段雄飞	1930年4月创刊①，社址位于昆明市西华街五一号，日报，八页，发行量两千四百份，每月接受省政府两千元的补助
新商报	商会机关报	昆明市商会	王汉声　云南法政学堂商科出身，曾任商务商会公断处长，现任商会委员。云南省昆明县人	1930年7月创刊，社址位于昆明市四牌坊务本堂，日报，四页，发行量一千份，接受商会一千元、省政府两千元的补助。报道迅速，报道内容与《民国日报》匹敌，稍具作为报纸的外观
社会新报	国民党，省政府系	龙子敏	龙子敏　云南成德中学毕业，曾在实业厅担任《实业公报》编辑主任，云南省玉溪县人	1922年2月创刊②，社址位于昆明市劝学巷四号，日报，四页，发行量五百份，每月接受省政府两百元补助
均报	国民党，省政府系	段奇僧	段奇僧　湖南法政学校出身，1913年曾任内务司科员。云南省昆明县人	1919年9月创刊③，社址位于昆明市绣衣街二一二号，日报，四页，发行量五百份，接受省政府每月两百元的补助
复旦报	国民党系	杨宝昌	杨宝昌　留日出身，曾任昆明县长。云南省河西县人	1922年3月创刊，社址位于昆明市南正街东廊一五号，日报，四页，发行量五百份，每月接受省政府两百元补助
民生日报	省政府系	李光西	李光西　大理中学毕业后接受党务训练，创立本报。云南省大理县人	1929年12月创刊，社址位于昆明市二纛街四号，日报，四页，发行量三百份，每月接受省政府两百元补助
西南日报	国民党系	沈圣安	沈圣安	1926年11月创刊④，社址位于昆明市武庙街一九八号，日报，四页，发行量五百份，每月接受省政府两百元补助，主张西南自强
义声报	国民党系	李巨裁	李巨裁　曾担任实业厅科长。云南省祥云县人	1916年12月创刊，社址位于昆明市铁局巷一二号，日报，四页，发行量五百份，每月接受省政府两百元补助

---

① 一说1930年5月创刊。
② 一说1923年9月11日创刊。
③ 一说1920年5月24日创刊。
④ 一说1922年1月创刊。

(续表)

名称	主义系统	持有人	编辑干部	备考
大无畏报	国民党系	李仁浦①	李仁浦 贵州法政学校毕业,贵州省人	1928年3月创刊②,社址位于昆明市土主庙街,日报,四页,发行量四百份,接受省政府每月两百元的补助
云南新报	省政府系	邓质彬	邓质彬 旧云南高等学堂毕业,1926年任《顺天时报》云南通讯员。云南省昆明县人	1927年11月创刊,社址位于昆明市东寺下街,日报,四页,发行量四百份,每月接受省政府两百元补助
云南日报	省政府机关报	教育厅	张汉霄 北平师范学校毕业,教育厅科长。云南省昆明县人	1935年5月创刊③,社址位于昆明市文庙街横街东口,日报,八页,发行量四千份,省政府每月提供四千元左右的经费。主张改善教育,报道迅速,内容充实,胜过他报(责任编辑是张汉霄,但实权掌握在北平大学文科毕业、现任教育厅长的龚自知手中)
新滇报	市政府机关报	市政府	饶继昌	1935年1月创刊④,社址位于昆明市景星街一三七号,日报,六页,发行量一千份。本报是1930年创立的《市政日刊》的后身,每月接受市政府旧币一千元的经费,省政府每月提供旧币两百元补助。内容、外观均较完备

附

香港

人口:日本人1 606人(其中台湾人、朝鲜人105人),中国人902 198人,外国人18 840人。

概况

现在当地发行的报纸有中文报纸十九种、英文报纸八种、日文报纸一种,合计二十八种。其中特别值得记载的是中文报纸的活跃情况。当地恰好毗邻在中国政局中扮演着复杂角色的广东,并且远离本国官方的打压,具有从正面构筑舆论阵地的地利,加之英国官方的管理方法也非常宽松,因此《南华日报》(汪精卫系)、《东方日报》(国民党机关报)、《中兴报》(胡汉民系)、《大众日报》(旧十九路军系)、《新中日报》(广东政府系)等各派机关报错综复杂,呈现出甲论乙驳的奇观。此间还有《循环日报》《华字日报》《华侨日报》《工商日报》等专注于标榜商业发展的中立报纸,刊登比较公正的报道,拥有众多读者,其影响力无法超越。当地的中文报纸基本上逃离了中国官方的压迫,可以从"庐山之外"自由且多角度地观察"庐山",所以获得了较高评价,香港以外的各地中国人也乐于订阅,输出给以广东为首的各地华侨的数量也不少,但广东政府禁止输入有反对自己论调的《南华日报》和《东方日报》。各报的对日感情在"满洲事变"后都恶化,争相刊登排日报道,极力笼络民心,尤其是前述各机关报,动辄利用排日当作攻击别派的材料。但香港政厅自"满洲事变"后发生排日暴动以来,对于极端排日的评论和报道的管制变得极其严厉,所以各报对此都十分注意,最近其管制似乎稍有放宽。

英文报纸都将大半版面用于当地新闻,并且努力依靠体育、技艺等其他娱乐栏等来迎合各方面读者的口味,至于有关中国时局的消息,似乎大多是直接译载中文报纸所登的报道。其平时所刊登的时事社论或通讯等,出于经营政策,则有尽可能地避免对中国方面不利论调之嫌。其中尤以 South China Morning Post 的亲华态度最为露骨,因此对我国的有关报道、评论都颇为令人不快。此报主笔 H. Ching 总是公开表明其亲华立场,但最近因"满洲国"趋稳、中日关系的好转,已经不像以往那样显示出露骨的亲华态度。总之,当地的英文报纸出于

---

① 1934年报告中为"李仁甫"。
② 一说1927年9月2日创刊。
③ 5月4日创刊。
④ 一说1934年10月2日创刊。

经营政策考虑，由于当地人口及大部分广告主都是中国人，因此不得不采取亲华的态度。*Hongkong Daily Press* 一向被普遍视为政府机关报，因该报登载英国本土的消息最多，所以在政厅有许多热心读者，现在已与政府无任何特殊关系，因多年担任此报主笔的 Barrett 在 1933 年末离开本报，此后该报的评论不值一提。最近各报的反日态度均有一些缓和，但当地英国人多为国际联盟的支持者，在英文报纸中也反映出这一点，因此在我国的对华政策上事事批评。

《香港日报》是当地唯一的日文报纸，以刊登地方性报道及当地日侨的相关事项为主，此外，还转载我国广播的无线电广播新闻等，但报道的选择、处理及编辑等都极其幼稚。

一、中文报纸

名 称	主义系统	持有人	编辑干部	备 考
循环日报	发展商业，中立	梁仁甫、梁法天、温文照、温荔坡	何雅选	1873 年创刊①，社址位于香港歌赋街五十一号，早报，二十页，发行量八千份，资本金五万元。报道公正，对日感情一般
循环晚报	《循环日报》系	同上	温文照	1932 年创刊，晚报，四页，发行量八千份，为《循环日报》的晚报
朝报	《循环日报》系	同上	黄萍	1935 年创刊，早报，十六页，与《循环日报》为同一报社经营
华字日报	中立	陈子兰	劳纬孟	1874 年创刊②，社址位于香港威灵顿街十号，早报，十六页，发行量五千份，资本金十五万元。报道公正，对日感情一般
工商日报	发展商业，中立	何东、关祖尧、关耀光、罗栋勋	胡秩伍	1925 年创刊，社址位于香港德辅道中四十三号，早报，十六页，发行量八千五百份。广东发生排英运动时，与政府关系密切的商人在政厅授意下，依靠十万元创立本报，后来陷入经营困难，由何东接手，逐渐更新外观，最近成为当地中文报纸中最有实力的报纸。曾一直是排日的急先锋，而最近其倾向尤为明显
工商晚报	《工商日报》系	同上	同上	1931 年创刊，晚报，四页，发行量三万份，为《工商日报》的晚报
天光报	同上	韦达、黄咏棠	汪玉亭	1932 年创刊，晚报，四页，发行量两千份，在工商日报社发行。对日感情不良。内容不丰富
华侨日报		华侨日报有限公司岑维休、卫仲编、郑子文、江民声	张知挺	1924 年创刊③，社址位于香港荷李活道一一〇号，早报，十六页，发行量四千份。资本金十万元，报道公正，对日感情一般
南强日报		鄱日和、郑子文	王式明	1927 年创刊，早报，八页，发行量一千五百份，内容不佳，对日感情一般
南中报		江民声	同前	1926 年创刊，社址位于香港元安里一号，晚报，八页，发行量两千份，资本金五万元。对日感情一般。内容不佳

---

① 应为 1874 年创刊。
② 应为 1872 年创刊。
③ 应为 1925 年 6 月 5 日创刊。

(续表)

名称	主义系统	持有人	编辑干部	备考
南华日报	汪精卫系	汪精卫、林铁生、陈克文	陈克文	1930年创刊,社址位于香港荷李活道四十九号,早报,十六页,发行量三千份。一直高调反对西南,广东政府禁止本报输入广东,报道普通,对日感情稍佳
超然报	无系统色彩	陈子兰	梁玉璋	1930年创刊,社址位于香港威灵顿街十八号,早报,十二页,发行量五千份,资本金一万元,内容趋于不良,对日感情一般
东方日报	国民党系	陈雁声	同前	1931年创刊,早报十二页,发行量两千份。曾作为陈铭枢的机关报受十九路军的支持,高调反对西南,主张抗日。1932年1月25日因引起"不敬报道事件",曾被勒令停止发行四周。1934年以来变为国民党系统,充当其机关报,致力于拥护中央、反对西南。对日感情大幅缓和,甚至可以说似乎变得良好
平民报	无系统	叶天和、区量衡、郭亦通、潘纪畴	王浩然	1932年3月创刊,社址位于香港依利近街三号,早报,四页,发行量四千份,报道普通,对日感情一般
新中日报	广东政府系	林翼中	林灿予、欧阳伯川	1932年4月创刊,社址位于香港砵甸乍街三十二号,早报,十六页,发行量五千份,对日感情稍佳,报道公正
中兴报	胡汉民系	冯康侯	叶夏声	1932年5月创刊,社址位于香港结志街六号,早报,十四页,发行量四千份。由旧《远东日报》(古应芬机关报)同人经营,高调宣扬以党治国、攻击屈辱外交、彻底反日、排除独裁政治,但影响力逐渐趋于下降
大光报	基督教系	陆慧生、王国璇、张祝龄	曾献声	1912年创刊,早报,十六页,发行量一千五百份,内容不丰富,对日感情一般
大众日报	旧十九路军系	任大任	李少穆	1934年创刊,早报,八页,发行量两千份,充满排日报道,对日感情最差
香港午报		杨世昌	叶凤絮	1934年创刊,社址位于香港荷李活道五十九号,日报,四页,发行量一千份

二、英文报纸

名称	主义系统	持有人	编辑干部	备考
South China Morning Post[南华早报](英文)		J. Scott Harston	H. Ching	1906年创刊①,早报,十八页,发行量五千份
Hongkong Telegraph[士蔑报](英文)		E. P. Franklin	Alfred Hicks	1891年创刊②,晚报,十二页,发行量三千份

---

① 1903年11月7日创刊。
② 1881年6月15日创刊。

(续表)

名　称	主义系统	持有人	编辑干部	备　考
China Mail [德臣报] （英文）		D. C. Wilson	G. C. Burnett	1904 年创刊①，晚报，十二页，发行量两千四百份
Sunday Herald		D. C. Wilson	G. C. Burnett	1924 年创刊，附于 China Mail 中，发行量七千份
Hongkong Daily Press [孖剌报] （英文）		Lt. Col. H. L. Murrow	S. Haroon	1857 年创刊，早报，十六页，发行量三千份
Overland China Mail		China Mail		1845 年创立，周报，发行量两千份
Hongkong Weekly Press		Daily Press		1857 年创立，周报，发行量两千份
The Critic		R. J. Barett②		1932 年创刊，周报，原 Daily Press 主笔 Barett 于 1933 年 12 月起继承本杂志加以经营，论调公正

三、日文报纸

名　称	主义系统	持有人	编辑干部	备　考
香港日报 （日文）		井手元一	同前	1909 年 9 月创刊，晚报，四页，发行量五百份

---

① 应为 1845 年 2 月 20 日创刊。
② 1934 年报告中为"R. J. Barrett"。

(秘)1937年版

"满洲国"与中国的报纸

外务省情报部

凡 例

1. 本调查录根据驻外各公馆的调查报告编纂而成。

2. 调查时间因在外公馆行动的快慢并不一定相同，但是以 1937 年 6 月 1 日为标准。对于前一年调查报告遗漏的，则不惜追溯至 1936 年初，而且至付梓为止发现的变化，则尽量采录，直至近日。可以设想，"中国事变"[①]后的变化会非常大，但考虑到有必要完整收录好反映事变前相关状况的资料，所以如此而为。还有，本年度报告未寄达的，则使用上年度的。

3. 本调查集是有关"满洲国"与中国的报纸调查，其他国家的报纸调查则另行编辑成册。此调查以报纸为主要对象，但根据具体情况，也收录了有关杂志的调查，而有关小城市及小报纸，则删除不少。

4. 各地名后面的人口大致是 1936 年 12 月底的统计数据。

1937 年 12 月

---

① 即"七七事变"。

"满洲国"与中国的报纸
目　次

"满洲国" …………………………………… 1496
新京 ………………………………………… 1496
奉天 ………………………………………… 1502
奉天省各地 ………………………………… 1504
哈尔滨 ……………………………………… 1505
牡丹江 ……………………………………… 1509
佳木斯 ……………………………………… 1510
吉林 ………………………………………… 1510
间岛 ………………………………………… 1511
　一、龙井街 ……………………………… 1511
　二、延吉 ………………………………… 1512
　三、图们 ………………………………… 1512
　四、头道沟 ……………………………… 1512
　五、珲春 ………………………………… 1512
齐齐哈尔 …………………………………… 1513
　一、齐齐哈尔 …………………………… 1513
　二、黑河 ………………………………… 1513
　三、白城子 ……………………………… 1513
北安镇 ……………………………………… 1514
王爷庙 ……………………………………… 1514
洮南 ………………………………………… 1514
海拉尔 ……………………………………… 1514
满洲里 ……………………………………… 1514
安东 ………………………………………… 1515
营口 ………………………………………… 1518
锦州 ………………………………………… 1518
赤峰 ………………………………………… 1518
承德 ………………………………………… 1519

附 …………………………………………… 1519
　大连 ……………………………………… 1519

中国 ……………………………………… 1520
北部 ……………………………………… 1520
北平 ………………………………………… 1520
天津 ………………………………………… 1530
张家口 ……………………………………… 1535
察哈尔省各地 ……………………………… 1535
绥远 ………………………………………… 1536
太原 ………………………………………… 1536
济南 ………………………………………… 1536
青岛 ………………………………………… 1538
芝罘 ………………………………………… 1541
山东省各地 ………………………………… 1542
附 …………………………………………… 1542
　山海关 …………………………………… 1542

中部 ……………………………………… 1543
上海 ………………………………………… 1543
南京 ………………………………………… 1557
镇江 ………………………………………… 1559
苏州 ………………………………………… 1560
杭州 ………………………………………… 1561
芜湖 ………………………………………… 1562
安庆 ………………………………………… 1562
安徽省各地 ………………………………… 1563
九江 ………………………………………… 1564
南昌 ………………………………………… 1565

汉口	1566	**南部**	1575
郑州	1570	广东	1575
开封	1570	汕头	1579
洛阳	1570	广东省各地	1580
西安	1570	厦门	1581
长沙	1571	福州	1581
沙市	1573	云南	1582
宜昌	1574	贵州	1583
重庆	1574	**附**	1584
		香港	1584

"满洲国"(1937年8月)

新京

人口:日本人99 070人(含朝鲜人21 399人,台湾人146人),"满洲"人3 429 648人,外国人973人。

概况

去年8月,株式会社弘报协会成立,"满洲"的舆论机构由其统管,主要报纸都出资加入该协会,有关"满洲"舆论机构的统一管理工作走上正轨。当地的报纸一直受到大连、日本本土方面大报的压制,至今尚未脱离地方性报纸的范畴。日文报纸有《大新京日报》《新京日日新闻》《满洲商工日报》及《满洲日日新闻新京号外》四种报纸。《大新京日报》是《满洲日日新闻》的姐妹报,且加入了弘报协会,因此近来呈现迅速发展之势,与一向采取国都中心主义的《新京日日新闻》相对立,竞争相当激烈,可以预测将在不远的将来远远凌驾于其上。

《满洲商工日报》由于发行人问题而进展艰难,经营状态也稍有不振之感。

中文报纸《大同报》是当地唯一的中文报纸,加入了弘报协会,作为"满洲国"政府机关报,善于启发"满洲"人,非常受到普通"满洲"人的欢迎,经营恰到好处,目前发行量激增。

朝鲜文报纸《满蒙日报》是全"满洲"唯一的朝鲜文报纸,加入了弘报协会,一改以往的面目,在"启发"在"满洲"的朝鲜人方面取得了相当的业绩。

杂志及其他刊行物相当多,但除了《"满洲"行政》及《新京商工月报》外,无值得一看之物。

一、日文报纸

名　称	主义系统	持有人及社长	编辑干部	备　考
大新京日报(日文)	无,加入弘报协会	社长 村田悫麿 毕业于东京帝国大学法科,毕业后任职于满铁,1923年当选为《满洲报》董事兼社长,1936年6月兼任大新京日报社、奉天日日新闻社社长	主管 笠神志都延 1916年毕业于中央大学,曾任职于大藏省理财局,《读卖新闻》、《京城日报》等处,1932年进入满洲日日新闻社,1936年6月任《大新京日报》主持人	社址位于新京中央通四四号,1935年1月创刊①,日报(早报八页、晚报四页),资本金九万九千圆,发行量一万五千份。本社由已故的箱田琢磨个人经营,于1909年1月创刊,1920年4月改名《北满日报》②,1932年9月改称《新京日报》,又于1935年1月改名《大新京日报》。是股份有限公司("满洲国"法人),出资加入了弘报协会,接受一定的补助金进行经营;另一方面与满洲日日新闻社有着密不可分的关系。本年度接受了弘报协会十万圆的补助,但应该会逐渐停止
新京日日新闻(日文)	无	社长 染谷保藏 东亚同文书院毕业后进入满铁,创立了《盛京时报》、哈尔滨《大北新报》,兼任盛京时报社社长、大同报社社长 发行人 十河荣忠 毕业于东京府立二中,曾任关东都督府特聘人员、美术调查员,进入泰东日报社,任日本电报通信社、辽东新报社等社的特聘人员,曾发行《长春实业新闻》	主笔 松本勇 毕业于专修大学经济学科,曾任职于《东京夕刊新闻》③《日本新闻》《京城日报》《朝鲜日日新闻》,曾任满洲通信社主编	社址位于新京永乐町四之一号,1920年4月创刊④,日报(早报八页、晚报四页),资本金五万圆,发行量一万四千份。创刊当时名为《长春实业新闻》,1932年12月改名《新京日日新闻》⑤。采取国都中心主义,实行经营合理化,但似乎因《大新京日报》的迅速发展而受到相当的影响

---

① 一说1935年2月1日创刊。
② 一说初名《长春日报》,1909年1月创刊,1917年易名《北满日报》。
③ 1936年报告中为《东京夕刊新报》。
④ 一说1920年12月25日创刊。
⑤ 一说1932年11月30日改名。

(续表)

名　称	主义系统	持有人及社长	编辑干部	备　考
满洲商工日报（日文）	无	发行人　古谷一　毕业于东洋协会学校，虽是名义上的发行人，但现在已回到日本本土，事实上与公司无关 持有人　得丸助太郎 1916年毕业于早稻田大学，历任新京地方委员、副议长，亦在《新京实业新闻》工作过，1935年5月进入《满洲商工日报》，事实上负责经营本社，但尚未办理正式手续	编辑　松浦朗 1927年毕业于早大，先后任职于《京城日报》、《大阪每日新闻》、大满蒙日报社，1934年入社 印刷者　金内藤太郎　毕业于福冈实业补习学校，先后任职于《九州日报》《元山每日新闻》《极东通报》《大满蒙日报》，其后入本社	社址位于新京新发路，1930年8月创刊，日报（早报四页），资本金五万圆，发行量三千份。创刊当时名为《长春商况日报》，1932年7月改称《长春商业日报》，又于1933年9月改为现名。创刊以来经营状态不振，一直经营困难，1935年3月委任得丸助太郎经营以来，多少改变了面目，逐渐发展，直至现在。无补助金
满洲日日新闻新京号外（日文）	无	发行人　中村猛夫　东京专修大学肄业，曾任职于《东京通信》《やまと新闻》、都新闻社，后任《满洲日日新闻》编辑局经济部长，其后又任新京支社长		社址位于新京中央通四四号，1932年3月创刊①，不定期刊行，一页，发行量两万两千份。《满洲日报长春号外》创刊于1932年3月，1933年变更为不定期，同年1月改名《满洲日报新京号外》，1935年8月改名《满洲日日新闻新京号外》。于株式会社满洲日日新闻社新京支局发行，以新京为中心向东北地区北部普遍发行。无补助金
电业（日文）	机关报	电业会社	发行人　小池笕 编辑　须藤清	1935年4月10日创刊，发行地位于大同大街四○一号，资本金九千万圆，发行量八千份。经营状态良好
满洲电信电话会社社报（日文）	机关报（无偿分发）	电电会社	发行人　西牟田清藏 编辑　小川一藏	1936年1月28日创刊，日报，发行地位于大同大街六○号，资本金五万圆，发行量一千份。经营状态良好
日满商事株式会社社报（日文）	机关报	日满商事会社	发行人　江川忠式 编辑　根本谦一	1936年11月12日创刊，日报，发行地位于大同大街二○二号，资本金一千万圆，发行量一千份。经营状态良好

二、朝鲜文报纸

名　称	主义系统	持有人及社长	编辑干部	备　考
满蒙日报	启发朝鲜人、民族协和、宣传国策的舆论机关	发行人　金东晚 1914年毕业于上田蚕丝专门学校，1920年毕业于上海沪江大学社会科，曾任新京朝鲜人民会长，1933年5月入社，1936年11月任发行人 持有人　弘报协会	编辑　李性在 1919年京城医专肄业，1933年5月入社 主持人　山口源二 1909年任职于《台湾日日新报》，1911年任职于《满洲日日新闻》，1927年任《周间支那事情》主持人，再先后就职于《满洲日报》《大同报》，1937年6月就任《满蒙日报》主持人	社址位于新京永昌路四二三号，1933年8月创刊，日报（四页），资本金二十九万圆，每年补助四万元，发行量五千六百份。发行以来付出了相当的牺牲，因此逐年发展，去年即1936年8月加入弘报协会，本年1月合并了《间岛日报》，作为在"满洲"唯一的朝鲜文报纸，将来会有作为

---

① 1933年报告为"1933年1月1日"。

三、中文报纸

名　称	主义系统	持有人及社长	编辑干部	备　考
大同报	"满洲国"政府机关报，加入弘报协会	社长　染谷保藏　毕业于东亚同文书院，进入满铁，创立《盛京时报》《新京日日新闻》《哈尔滨大北新报》	主干　大石智郎　毕业于东亚同文书院，曾任职于关东都督府、盛京时报社，后入本社 总务主编　汤畑正一 营业局长　虫明猛　毕业于东亚同文书院	社址位于新京东六马路，1915年5月创刊①，日报（十二页），发行量两万五千份。当初名为《大东日报》，1928年8月改称《大东报》②，又于1932年6月改为现名。原本是排日报，但事变后更迭干部，成为"满洲国"机关报，接受相当多的补助，是当地唯一的日刊中文报纸，在启发普通"满人"方面很活跃，大受欢迎

四、杂志及其他定期刊行物

名　称	主义系统	持有人及社长	编辑干部	备　考
新京商工月报（日文）	新京商工会议所机关杂志	发行人　尾藤正义　毕业于东亚同文书院，曾先后任职于台湾总督府殖产课、铃木商店，后来独立从事对中贸易业，由哈尔滨日本商工会议所书记转任新京商工会议所理事	编辑　内海重夫　东北帝国大学工学专业部肄业，先后为关东都督府雇员、大连海关巡视，任职于大连日新贸易社、《大连新闻》旅顺支局，后任新京商工会议所书记	社址位于新京吉野町三丁目，1932年9月以《新京商工会议所调查汇报》为名创刊，月刊，发行量七百份。页数八十页至一百页，专门登载金融、经济情况。1937年2月改为现名。接受满铁、外务省、关东局等机构的补助
内外经济情报（中文）日满经济情报（日文）	以提高、发展日"满"经济合作为目的	发行人　尾藤正义（与《新京商工月报》为同一人）	编辑　内海重夫（同上）	社址位于新京吉野町三之七号，月刊，资本金一万八千圆，发行量各八百份。1933年11月创办于大连，1936年5月迁至新京。不以营利为目的，以发展、提高日"满"经济合作为目的，向"日满实业协会"会员分发。接受满铁、关东局、中银的补助
新京（日文）	无	社长　青井正一　毕业于松山商业学校补修科，进入爱媛新报社，曾于新京经营装裱业和美术品业	主持人　小原克巳　东京帝国大学文科社会学科肄业，曾先后任职于爱媛新报社、新京日报社、满洲商工日报社，后进入本社	社址位于新京祝町二之四号，1932年10月创刊，月刊，资本金四千圆，发行量两千份。当初由渡边义一任发行人并创刊，1936年6月盘给发行人青井正一、主持人小原克巳等，直至今日。目的是遵循"满洲"建国精神，为"满洲"文化做出贡献
满洲行政（日文）	行政学会机关杂志	发行人　大谷仁兵卫　任帝国地方行政学会社长、帝国法规株式会社董事、"满洲"行政学会董事长	主持人　新井练三　毕业于早稻田大学政治科，任农商务省海外留学生、米亚制粉会社调查部长、日本信托会社营业部长、帝国地方行政学会常务 主笔　大阪岩　毕业于日本大学政治科，先后任职于《帝国通信》《国民新闻》，1934年入本社	社址位于新京兴安大路一一六号，1934年12月创刊，月刊，资本金二十五圆，发行量两千份。发行以来，亦因资金充裕，逐渐发展，现在正在逐渐确立"满洲"唯一的高级杂志的地位

---

① 1932年报告为"1914年3月"，一说1915年7月创刊。
② 曾名《大东新报》。

（续表）

名　称	主义系统	持有人及社长	编辑干部	备　考
斯民（中文）	无，宣传王道乐土，加入弘报协会	理事长　高柳保太郎　预备陆军中将，先后任满铁特聘人员、《新京日日新闻》社长、Manchuria Daily News社长，1936年9月就任弘报协会理事长 发行人　松本于菟男　毕业于早稻田大学政治经济部，先后任职于《大阪朝日新闻》《京城日报》、上海《江南正报》，1935年5月进入满洲通信社	编辑　泷田宪治　小学校毕业后曾任职于《国民新闻》《时事新报》、千叶三国新闻社，1933年5月进入斯民社	社址位于新京北安路一一二号，1934年3月创刊，每月发行两次，发行量三万份。1934年3月创立斯民社，在弘报协会创立的同时加入，1936年10月迁至现地址
全满朝鲜人民会联合会会报（日文）	指导、启发在"满洲"的朝鲜人	发行人　朴准秉　毕业于京城隆熙学校，任朝鲜总督府郡书记、奉天居留民会副理事、全"满洲"朝鲜人民会联合会理事	编辑　金义用	社址位于新京总领事馆内，隶属"全满朝鲜人民会联合会"，1936年3月创刊，月刊，发行量一千份，是"全满朝鲜人民会联合会"的机关杂志
まんしう①（日文）	在乡军人机关杂志	发行人　山本源右卫门　步兵大佐，关东军司令部人员	编辑　伏见镇	社址位于新京关东军司令部内，1926年11月创刊，月刊，发行量五万份。1926年11月于旅顺发刊，1933年1月迁至新京。页数为十页至二十页，登载有关在乡军人的各种报道
满洲特产月报（日文）	无	满洲特产协会	川合正胜　毕业于山口高等商业学校，任满铁满洲特产中央会常务理事 编辑　益尾直藏	社址位于新京大同大街康德会馆，1936年3月30日创刊，月刊，资本金三百万圆，发行量一千份。接受满洲特产中央会事业部的补助
调查统计月报（日文）	"日满商事"业务参考	发行人　江川忠弌　毕业于东京高等商业学校，先后任职于茂木合名会社、东京丸之内抚顺炭贩卖株式会社等，1935年10月进入日满商事会社	主笔　佐伯千太郎　毕业于京都帝国大学经济学部，进入满铁，1936年10月进入日满商事会社	社址位于新京大同大街二〇二号，1937年4月创刊，月刊，发行量六百份
满文②满洲特产月报（中文）	满洲特产中央会机关杂志	发行人　川合正胜　毕业于山口高等商业学校，满铁满洲特产中央会常务理事	主笔　益尾直藏　毕业于早稻田大学英文科	社址位于新京特别市大同大街康德会馆内，1937年4月1日创刊，月刊，资本金三百万圆，发行量五百份

---

① 1936年报告中为"満ん志う"。
② 疑为"满铁"之误。

(续表)

名　称	主义系统	持有人及社长	编辑干部	备　考
商事（日文）	日满商事株式会社机关杂志	发行人　樋口健太郎　毕业于东京商科大学附属商学专门部，进入满铁，任副参事，1936年10月进入本社	主笔　根本谦一　毕业于东京帝国大学，曾任职于满铁，1936年10月进入本社	社址位于新京大同大街二〇二号，1937年2月26日创刊，月刊，资本金一千万圆，发行量一千份
建设（日文）	满洲道路研究会机关杂志	发行人　江守保平　毕业于东京帝国大学工学部土木科，曾任东京市技师，现任国道局技正计划科长	主笔　帆足万洲男　毕业于熊本高等工业学校，曾任岐阜县立东农中学校教谕，现任国务院民政部土木司技师	社址位于新京满洲道路研究会，1936年6月11日创刊，双月刊，资本金五千圆，发行量一千份
电电（日文）	机关杂志	电电会社	发行人　濑田常男　编辑　和田芳男	1936年1月28日创刊，月刊，社址位于大同大街六〇一号，资本金五千万圆，发行量一万份。经营状态良好
实务资料月报（日文）	实务参考	电业会社	发行人　小池笕　编辑　冈村金藏	1937年8月11日创刊，月刊，社址位于大同大街四〇一号，资本金九千万圆，发行量一千份。经营状态良好
业务资料（日文）	业务参考	电电会社	发行人　西牟田清藏　编辑　岸本一	1936年2月12日创刊，月刊，社址位于大同大街六〇一号，资本金五千万圆，发行量一千份。经营状态良好
家庭的电业（中文）	营业广告（无偿分发）	电业会社	发行人　中村繁治　编辑　宫启之	1935年4月10日创刊，月刊，社址位于大同大街四〇一号，资本金九千万圆，发行量两千份。经营状态良好，无补助金

五、通讯社及通讯员

（1）通讯社

名　称	主义系统	持有人及社长	编辑干部	备　考
满洲国通信（日文、中文）	弘报事业的联络、统制	理事长　高柳保太郎　发行人　松本于苋男	通信局长　森田久　毕业于早稻田大学，先后任职于《福冈日日新闻》《大阪朝日新闻》《时事新报》《九州日报》，现任弘报协会理事　通信部长　小野敏夫　毕业于庆应理财科，先后任职于《报知新闻》《时事新报》，后进入弘报协会　编辑　前田义孝	社址位于新京特别市北安路一一二号，株式会社弘报协会。1932年12月创刊，日报，每天发行四次，发行量三百五十份，资本金两百万圆。经"满洲国"政府、关东军、外务省等机构的斡旋，改组、统一"新京联合"及"电报通信"，创立"满洲国通信社"。1936年8月弘报协会成立，立刻以之为母体
商业通信（日文）	无	发行人　西条德重　毕业于东京外语学校，曾任职于日本商业通信社奉天支社，现任新京支社长	主笔　西条德重（兼任）	社址位于新京祝町，1930年12月创刊，每日发行两次，各五页上下，发行量一百份。发布市价速报、商业通讯。在银行、特产界拥有读者
新京写真通信（日文）	无	发行人　武井延太郎	主笔　武井延太郎	社址位于新京富士町六之二号，1934年12月创刊，不定期刊行

（2）通讯员

姓　　名	所属报社名称	备　　考
犹崎观一	大阪每日新京支局	"满洲"总局长
石川顺	同上	新京支局长
波多江种一	同上	记者
森下春一	同上	同上
木下猛	大阪朝日新京支局	支局长
高宫太平	同上	记者
井上震次郎	同上	同上
古川登久茂	同上	同上
相良有	同上	同上
汤畑正一	盛京时报新京支社	支社长
有冈芳一	同上	记者
高木登	福冈日日新京支局	支局长
松田弥三郎	京城日报新京支局	支局长
三室喜佐男	同上	记者
铃木松荣	京城日报新京支局	记者
中西真	报知新闻新京支局	支局长
辛岛	同上	
中村猛夫	满洲日日新闻新京支局	支局长
藤井启辅	同上	通信部长
佐野义策	同上	记者
福田政藏	同上	同上
富冈键吉	同上	同上
坪井与	同上	同上
河上俊雄	满洲日日新闻新京支局	记者
樱井锭二	同上	写真班
小林喜四郎	奉天新闻新京支局	支局长
黑川保男	奉天每日新闻新京支局	同上
金久保通雄	读卖新闻	驻在员
安东照	满洲报驻京事务所	记者
小林盛策	满洲报驻京事务所	同上
崔衡宇	东亚日报新京支局	支局长
池田磐根	哈尔滨新闻新京支局	同上
李启白	朝鲜中央日报新京支局	同上

奉天

人口：日本人202 624人（含朝鲜人59 606人、台湾人93人），"满洲"人5 515 513人，外国人1 481人。

概况

1936年8月由于弘报协会成立，"满洲"的报纸、杂志基本上受该协会的统制成为大势所趋，特别是在中文报纸方面感到最为必要，最后其统制理应实现，现在正逢"满洲"舆论界一大转换的时期。

一、中文报纸

名　称	主义系统	持有人及社长	编辑干部	备　考
盛京时报		社长　染谷保藏	主笔　菊池贞二	1906年10月创刊①，1925年11月改为资本金三十五万圆②的有限股份公司。日报，十四页，发行量约三万份。当地中文报纸中历史最久，信誉和地位是其他报纸无法追随的，特别是其社论具有权威
民报		社长　魏长信　河南省人，毕业于明治大学，就职于立法院等处	主编　工藤旨浩　毕业于大阪贸易语学校，曾任职于《奉天每日》《天津日报》，直至今日	1921年10月创刊③，合资组织，资本金十万元，日报，八页，发行量三千份。创刊当时名为《东三省民报》，是张学良的御用报纸，致力于宣传极端的排日思想。由"满洲事变"而自然消亡。1932年9月改为现名，10月起再刊，直至今日。改名以来，赵欣伯任总裁，凭借在奉天悠久的传统和地盘，拥有相当的影响力
大亚公报		发行人　王希哲　奉天省沈阳县人	代理主编　于莲客	1913年2月创刊，日报，八页，发行量三千五百份。原名为《东三省日报》④，是旧奉系的机关报，其后改称《东三省公报》⑤，又于1933年6月改为现名
醒时报		张兆麟　奉天人，回教信徒	张宪英　奉天人，毕业于奉天女子师范	1909年2月创刊⑥，日报，四页，资本金一万元，发行量两千五百份。由张家一家经营，拥有相当悠久的历史
民声晚报	《满洲日日新闻》系统	名义人　马星垣《满洲报》奉天支社长	主持人　野口三郎；马星垣　旅顺人，毕业于旅顺师范，曾任大连《满洲报》及《关东报》记者	1926年5月创刊，日报，四页，发行量六千份。本报原先由张学良、丁袖东等人以《东北日报》为名创刊，1933年6月改名为《东亚日报》，但是陷入经营困难，1934年8月以六千圆盘给大连《满洲报》，变更为《满洲报》奉天支社长马星垣的名义，更于11月改为现名
奉天日报		菊地秋四郎	耿世贤　奉天省新民县人	1932年4月创刊，日报，四页，发行量一千五百份。"满洲事变"发生不久，为了统管舆论而发刊，但从业人员动摇不绝，经营状态似乎不良
奉天公报		若月太郎　大连市会议员	杜振远　大连人，毕业于公学堂，曾任《关东报》《大公报》记者	1932年9月创刊⑦，日报，八页，发行量一千八百份

---

① 一说1906年9月1日创刊，一说1906年10月18日创刊。
② 1936年报告中为"八十五万圆"。
③ 1929年报告为"1912年2月"，1934年报告为"1922年10月"；一说《东三省民报》的创刊时间是1922年10月20日。
④ 据《辽宁省志·报业志》记载：1907年2月奉天商会创办《东三省日报》，1911年8月停刊。
⑤ 据《辽宁省志·报业志》记载：1905年12月奉天学务处创办《东三省公报》，主办人是谢荫昌；1912年2月创办的《东三省公报》由奉天省议会主办。
⑥ 一说1908年创刊。
⑦ 1934年报告为"1931年9月"，一说1931年9月21日创刊。

二、日文报纸

名　　称	主义系统	持有人及社长	编辑干部	备　　考
奉天每日新闻①（日文）		社长　松宫琴子②	发行人　高味万之助 编辑　尾本捨次郎 主笔　同上	社址位于奉天十间房第四区，1907年5月21日创刊③，早报、晚报，十六页，资本金二十万圆，发行量一万五千六百份
奉天新闻（日文）		社长　佐藤善雄	主编　饭渊弘	1917年8月创刊④，早报、晚报，十二页，发行量四千五百份
奉天日日新闻（日文）	《满洲日日新闻》系统	社长　村田懿麿	主编　田原丰	1908年12月创刊⑤，早报、晚报，八页，发行量四千份。原名《奉天日日新闻》，1932年3月改名为《奉天满洲日报》，又于1934年6月改回原名
奉天商况日报（日文）	股票行情	内山石松	内山石松	1921年6月28日创刊，日报，社址位于奉天十间房第五区，资本金一千圆，发行量一千两百份。经营状态良好，无补助金

三、杂志及其他刊行物

名　　称	主义系统	持有人及社长	编辑干部	备　　考
满蒙产业经济调查会报（日文）	经济相关的调查资料	菊地秋四郎	发行人　菊地秋四郎 编辑　北川升 主笔　同上	1932年6月14日创刊，一周发行三次，社址位于奉天商埠地十一纬路，资本金一千圆，发行量六十份。经营状态不振
东方印书馆月报（日文、中文）	广告用（免费分发）	饭河道雄	同前	1937年6月22日创刊，月刊，社址位于奉天商埠地十一纬路，发行量三千份
在满朝鲜人通信（日文、朝鲜文）	启发朝鲜人方面的内容	兴亚协会	徐笵锡	1937年7月10日创刊，月刊，社址位于奉天商埠地十间房，发行量四千份
满洲史学（日文）	研究"满洲"历史、地理	国立博物馆	发行人　河濑松三 编辑　山本守	1937年8月13日创刊，季刊，社址位于奉天商埠地十纬路，发行量三百份
满航（日文）	社员杂志	满洲航空株式会社	发行人　松田毅 编辑　八岛宽一	1934年2月6日创刊，月刊，社址位于奉天商埠地九纬路，发行量一千四百份
センデン（日文）	宣传广告用（免费分发）	满洲广业株式会社	发行人　河上律一 编辑　柏木忠太郎	1936年10月28日创刊，月刊，社址位于奉天商埠地马路湾，发行量两千份
灵光（朝鲜文）	宗教杂志	奉天西塔耶稣教教会	赵荣汉	1933年1月31日创刊，月刊，社址位于奉天西塔，发行量六百份
奉天交通公司社报（日文）	社员杂志	奉天交通公司	发行人　高须祐三 编辑　桥本植松	1937年6月2日创刊，月刊，社址位于奉天小西边门外，发行量四十份

---

① 1920年7月收购内外通信社，同月改名为《奉天每日新闻》；一说1918年改名。
② 1931年报告为"松宫干雄"，1932年报告为"松宫ると"，1936年报告为"松宫こと"。
③ 1934年报告为"1907年7月"，1936年报告中为"1909年5月"；《奉天每日新闻》的前身是1907年创刊的《内外通讯》，1918年8月易名。
④ 1924年报告为"1920年9月"，1929年报告为"1917年9月"，1931年报告为"1917年8月"，1934年报告为"1914年8月"；一说为1917年9月。
⑤ 一说1909年6月创刊。

奉天省各地

人口：日本人290 954人（含朝鲜人121 250人、台湾人130人），"满洲"人9 788 310人，外国人1 697人。

名　称	主义系统	持有人及社长	编辑干部	备　考
抚顺民报（中文）		窪田利平	胡云峰	1932年2月创刊①，社址位于抚顺，日报，发行量约三千一百份，是《抚顺新报》的姐妹报
抚鲜旬报（朝鲜文）	协和会机关报	丸川顺助	赤木节夫	1934年11月创刊，社址位于抚顺，每月发行三次，发行量两千六百份，大部分报纸趁朝鲜人务农的时机向县内朝鲜农民分发
抚顺新报（日文）		窪田利平	月野一霁	1925年3月创刊，社址位于抚顺，日报，四页，发行量两千两百份，接受抚顺炭矿年约两千圆的补助，是抚顺唯一的日文报纸，经营顺利
辽阳公报②（中文）	辽阳县公署机关报	渡边德重	覃明源③、张晓汉④	1931年11月创刊⑤，社址位于辽阳，日报，四页，发行量四千份
辽鞍每日新闻⑥（日文）		渡边德重	同前	1908年12月创刊⑦，社址位于辽阳，小型，日报，四页，发行量一千份
鞍山日日新闻（日文）		社长　野尻弥一	主编　野村数章	1932年7月创刊⑧，社址位于鞍山，日报，四页，发行量约一千份
铁岭公报（中文）	铁岭县公署机关报	本多正	主笔　张慕周	1934年10月创刊⑨，社址位于铁岭，日报，四页，发行量一千两百份
铁岭时报（日文）		西尾信	俵谷量藏	1911年7月创刊⑩，社址位于铁岭，小型，日报，四页，发行量三百八十份
开原新报（日文）		社长　篠田仙十郎	八木茂	1918年3月创刊⑪，社址位于开原，发行量约四百份。1934年6月以来处于停刊状态，同年9月合并《开原实业时报》⑫再刊
安奉每日新闻（日文）		伊藤唯熊	大黑谷百三	1926年8月创刊⑬，社址位于本溪湖，日报，四页，资本金三千圆，发行量四百份

---

① 一说1931年12月创刊。
② 1936年报告中为《辽海公报》。
③ 1936年报告中为"贾明源"。
④ 1936年报告中为"张汉"。
⑤ 1933年报告为1931年11月26日。
⑥ 曾名《辽阳每日新闻》《辽阳新报》。
⑦ 一说1908年3月创刊。
⑧ 一说1932年6月16日创刊。
⑨ 一说1923年创刊。
⑩ 一说1911年8月创刊，一说1910年创刊。
⑪ 1934年报告为"1919年2月"，一说"1912年2月"。
⑫ 1931年报告记载其名为《开原实业新报》，1933年报告记载1923年1月1日创刊，1934年报告为"1924年11月"。
⑬ 1934年报告为"1913年4月"。

哈尔滨

人口：日本人 67 137 人（含朝鲜人 29 837 人、台湾人 12 人），"满洲"人 4 594 999 人，外国人 38 844 人。

一、日文报纸

名　　称	主义系统	持有人及社长	编辑干部	备　　考
哈尔滨日日新闻（日文）	大日本主义	股份制 社长　古泽幸吉 兼任 Харбинское время 社长	主笔兼主编　星野五郎	1921 年 12 月 10 日创刊①，早报、晚报，十二页，发行量一万八千份。是满铁系统的有限股份公司，资本金二十万圆（全额缴付）
哈尔滨新闻（日文）	大日本主义	持有人兼社长　大河原厚仁	主笔兼主编　船越米藏	1932 年 3 月 10 日创刊②，早报、晚报，十二页，资本金十五万圆，社址位于哈尔滨市，发行量一万三千份，完全是个人经营
哈尔滨商况通信社（日文）	报道商况，"满洲国"王道主义	持有人　佐藤象次郎	同前	1930 年 12 月 25 日创刊③，日报，社址位于哈尔滨市，资本金五千圆，发行量五百五十份。经营状态良好，无补助金
满洲国通信哈尔滨支社（日文）	报道，"满洲国"政府机关报	财团法人 支社长　三藤顺记	发行人　三藤顺记 编辑　三田雅各 印刷者　上野庆应	1932 年 12 月 1 日创刊，日报，社址位于哈尔滨市，总社直辖，每月接受"满洲国"政府及其他机构一千余圆的补助
北满经济月报（日文）	专门登载经济报道	哈尔滨商工会议所	中西仁三	1934 年 10 月 15 日创刊，月刊，社址位于哈尔滨市，发行量七百份，资本金五百圆，接受外务省、满铁等机构的补助
入札通信（日文）	报道土木建筑工程的投标及中标状况	持有人　加来正明	同前	1935 年 4 月 10 日创刊，日报，社址位于哈尔滨市，发行量一千份。经营状态总体良好，无补助金
哈尔滨兴信所报（日文）	面向工商业者的特殊情况报道，特别会员机关报	持有人　牛木宽三郎	发行人　牛木宽三郎 编辑　广冈光治 主笔　同上	1934 年 8 月 11 日创刊，日报（原本为周刊，1936 年 6 月 5 日获准变更为日报），社址位于哈尔滨市，资本金五千圆，发行量五百份
ハルピン・シンフオニック・ソサイエテイ	音乐资料册子，记载同好者节目单及其他内容	持有人　川股重太郎	同前	1936 年 11 月 28 日创刊，每月两次在演奏会上发行，社址位于哈尔滨市，发行量一百份。每次为此所需经费约八圆，由音乐协会凑出
愿海（日文）	以文书传道来教化社会	持有人　月轮孝雄	同前	1936 年 11 月 30 日创刊，月刊，社址位于哈尔滨市，发行量六百份。免费向信徒分发
北满歌人（日文）	短歌及其随笔	持有人　高山明	同前	1936 年 5 月 26 日创刊，月刊，社址位于哈尔滨市，发行量一百五十份。以一份二十五钱出售，同好者提供了相当数额的经费，剩下的部分靠出售达到收支相抵
天隆株式日报（日文）	根据无线电广播播送的经济消息制作股价表报道	持有人　远藤重三	同前	1937 年 2 月 3 日创刊，日报，社址位于哈尔滨市，发行量五十份，免费向顾客提供

---

① 1929 年报告为"1922 年 1 月"，1936 年报告中为"1922 年"；一说 1922 年 11 月创刊。
② 1936 年报告中为"1932 年 2 月"，一说 1932 年 2 月 29 日创刊。
③ 一说 1930 年 12 月 9 日创刊。

(续表)

名　称	主义系统	持有人及社长	编辑干部	备　考
学光（日文）	哈尔滨铁路学院校友的机关报	持有人　味冈谦	发行人　味冈谦 编辑　生岛义秋 主笔　同上	1937年4月1日创刊，每年发行四次，社址位于哈尔滨市，发行量五百份（非卖品）
铁道报（日文）	铁路员工的教育修养机关报	持有人　铁路局人事科长	加藤幸四郎	1937年4月1日创刊，月刊，社址位于哈尔滨市，发行量两千三百份（非卖品）
哈尔滨日本キリスト教会周报（日文）	礼拜集会日程，信徒机关报	持有人　高桥良	同前	1937年6月2日创刊，周刊，社址位于哈尔滨市，发行量两百份（非卖品）
哈尔滨铁路局报（日文）	报道通告、命令、杂讯，铁路局机关报	持有人　哈尔滨铁路局	山口俊生	1937年7月7日创刊，日报，社址位于哈尔滨市，发行量六万份（非卖品）

注：
1. 月刊《露满蒙时报》随着3月31日哈尔滨商品陈列馆的关闭而停刊。
2. 除了上述报纸以外，应当视为定期刊行物之一的《胜马预想表》获准发行，共有六种。

二、中文报纸

名　称	主义系统	持有人及社长	编辑干部	备　考
大北新报①	《盛京时报》系统	出资者　奉天盛京时报社 持有人兼社长　山本久治	发行人　山本久治 主笔　中村太郎 主编　堀江义一	1922年10月1日创刊，日报，八页，资本金二十万圆，社址位于哈尔滨市，发行量四千五百份。本报是哈尔滨唯一由日本人经营的中文报纸，创立当初是作为《盛京时报北满版》发刊的，1933年独立，变为山本的个人经营，资本金二十万圆系盛京时报社出资
国际协报（The International）	国家协调主义	持有人兼社长　张复生　曾任《盛京时报》《泰东日报》《大东日报》的记者	主笔　同前 主编　张子麟	1918年7月创刊②，日报，十页，资本金两万圆，发行量三千份。本报当时于长春创刊，但其后接受南洋烟草公司叶元宰的援助迁至哈尔滨。1921年张就任社长以来，接受奉天、哈尔滨中国方面各机关的补助，极端鼓吹排日。"满洲事变"后一度遭查封，此后成为张景惠的机关报复活，"满洲"建国以来变得稳健。另外，本报属于现任社长个人经营
哈尔滨公报	国家协调主义，滨江省长机关报	持有人兼社长　关鸿翼　东省特别区法学院出身，曾任哈尔滨市会议员	主笔　同前 主编　赵魁	1926年12月创刊，日报，十页，资本金十万圆，发行量三千份。当初关从特别区各机关筹措资金两万元，作为长官公署机关报创刊。1927年末变为关个人经营，但依然接受官方相当数额的补助，极度舞弄排日毒笔。"皇军"进入哈尔滨后一度被责令查封，1932年5月成为特区长官公署的御用报纸，获得许可再次发行。此外，本报与俄文报纸 Гун-Бао 是姐妹报

---

① 1925年报告为《大北日报》。
② 1932年报告为"1919年1月10日"，1936年报告中为"1919年7月"；一说该报1918年7月1日在吉林省长春市创刊，1919年10月迁到哈尔滨。

(续表)

名称	主义系统	持有人及社长	编辑干部	备考
滨江时报	国家协调主义	持有人兼社长 范德纯 北平朝阳大学法科出身	主笔 同前 主编 文中	1920年3月创刊①,日报,八页,发行量七百五十五份,由社长私营,据称资金一万圆。原中东铁路机关报《远东报》停刊后继承其地盘而来
滨江午报②	国家协调主义	持有人兼社长 赵郁卿 毕业于机务专门学校,曾就职于《北平公言报》	主笔 同前 主编 徐文华	1922年10月创刊③,正午版,四页,发行量一千份。1921年前后作为在哈油房公会的机关报创立,由于经营困难,1924年被赵盘下
消闲录④	国家协调主义	持有人兼社长 范介卿 毕业于北洋高等警务学堂,在方正县警务局等机构工作	主笔 同前 主编 范德铭	1924年6月创刊⑤,日报,两页,发行量两千七百份。缺乏政治色彩,但作为大众读物博得好评

三、俄文报纸

名称	主义系统	持有人及社长	编辑干部	备考
Заря[晓]（俄文）	中立、白系	辛迪加 Заря 社 社长 卡夫曼·E.S 发行人 希普科夫·G.P	主笔 科布茨奥夫·N.P	1920年12月创刊⑥,日报(早报),八页,发行量三千份,对日感情一般。本报由被过激派追逐而逃亡至此的白系俄国人、已故莱姆毕齐自行担任发行人,联合同样逃亡来到哈尔滨的科布茨奥夫、希普科夫、米哈伊洛夫·I.A等人,使其各自担任主笔或记者,合资创刊而成。1925年变为莱姆毕齐的个人经营,以此为契机,在 Заря 报发展的同时,其成立了报纸发行辛迪加 Заря 社,以当地为首,将全中国有影响力的俄文报纸纳入自己手中。1932年莱姆毕齐死后,本报被置于其债权人美国系信济银行(Thriftcorbank)的监督之下,同时,辛迪加转为莱姆毕齐遗孀、卡夫曼、希普科夫及科布茨奥夫共有,现在经营哈尔滨的 Заря、Рупор、天津的 Наша заря、上海的 Шанхайская заря 四报,本报在其中最具代表性。由于历史悠久,而且莱姆毕齐擅长经营,所以在当地言论界形成一大势力,与其他报纸相比,读者和广告都最多,此外还向欧美各地输出相当数量。"满洲事变"后,出现日本人经营的俄文报纸 Харбинское время,发行量曾一度达到一万份以上,本报的影响力令人感到受到不少侵蚀。总是标榜中立,较少涉及当地社会、政治以及与当地人有直接关系的问题,周全而又稳健,自始至终保持着圆滑的所谓八面玲珑的态度等,对白系不错,对赤系也不差,在官方声誉亦良好,以俄国人为首在各方面都受到好评,现在尚保持相当程度的影响力。有一种说法是,本报接受以赤俄为首的白系及其他各方面不少补助金,而且因为辛迪加是"实行犹太人共济会结社的世界统一主义的表现之一",本报有受到攻击的倾向,但未得到确认。从论调推断,本报大体上受到了欧洲方面的影响,有明确支持欧洲政策的倾向

---

① 1925年报告为"1912年",1936年报告中为"1920年4月";一说1921年3月创刊。
② 1928年报告为《午报》。
③ 1932年报告为"1920年5月1日",1936年报告为"1924年6月";一说1921年6月创刊。
④ 1934年报告为《消闲报》。
⑤ 1934年报告为"1933年8月25日",一说1922年6月创刊。
⑥ 1934年报告为"1920年4月"。

(续表)

名　称	主义系统	持有人及社长	编辑干部	备　考
Харбинское время [哈尔滨时报] (俄文)	大日本主义,严正中立	合资公司 社长　吉泽幸吉 (哈尔滨日日新闻社长)	主笔　高桥辉正 发行人　吉泽幸吉 编辑　亚·布·拉林 编辑秘书　谢洛夫、泽罗宾	1931年11月3日创刊,日报(早报),八页,社址位于哈尔滨市,发行量九千份。合资公司,资本金五十万圆。大泽隼遗憾于以往当地俄文报纸遭到中国官方的极端压迫,无法公正地撰写报道,1931年9月26日以号外的形式发行本报,以此为始,随后于11月3日正式发行第一号,直至今日。其公正且开放性的报道顺应时势,发行量曾一度达到一万数千份(翌年1932年4月发行姐妹报 Харбинское время вечером),现在仍被公认为最具权威的俄文报纸。此外,本报原本属于个人经营,1936年5月改为合资公司
Харбинское время вечером [哈尔滨时报夕刊] (俄文)	严正中立	社长　大泽隼	主笔　高桥辉正 主笔助理　谢洛夫、卡鲁辛	1932年4月创刊,晚报,四页,发行量一千五百份。鉴于 Харбинское время 创刊当时销路良好,以晚报形式发刊,妇女栏目具有特色
Гун-Бао [公报] (俄文)	亲日,"满"	持有人兼社长　关鸿翼　任中文报纸《哈尔滨公报》社长兼主笔	主笔　同前	1926年12月创刊,日报(早报),六页,发行量约八百五十份,对日感情良好。本报由原中东铁路职员亚美尼亚人梅利克·瓦卢堂扬茨向关鸿翼提议,接受当时的特别区行政长官张焕相的补助创刊而成。其后,由于在苏联方面的秘密援助下接受中东铁路莫大补助之事暴露,关鸿翼与瓦卢堂扬茨被罢免,由权世恩及萨特夫斯基、卢杰夫斯基取而代之,苏联便取消补助金,事业因此陷入困难,当时的行政长官张景惠计划对本报加以改造,再次启用关鸿翼为社长,以著名文学家孚赛奥罗德·伊万诺夫为主编。苏中纷争事件发生时,本报极力发挥御用报纸的作用,与莱姆毕齐系各报纸共推反苏气势。其后由于中国方面对苏政策的软化,以及筹措资金的需要,标榜中立,再次起用能在苏联方面通融的瓦卢堂扬茨为主笔。"满洲事件"后,一时仍旧未改变排日态度,因此在1932年3月("皇军"进入哈尔滨后)被新政权当局强制接管,一度停刊。由于关鸿翼是"满洲"旗人,幡然对"满洲国"宣誓忠诚,同年5月关再次获得许可发行。迩来本报完全改变了过去的态度,持有亲日"满"的态度,直至今日。还有一说认为本报接受发行报纸的辛迪加 Заря 社补助,在其支配之下,但不确凿。此外,本报与《哈尔滨公报》是姐妹报
Рупор [传声筒]① (俄文)	民主主义,犹太人系统, Заря 系统	社长兼发行人　卡夫曼·E.S Заря 社长	主笔　穆拉谢夫	1921年10月创刊②,日报(晚报),六页,发行量一千两百份,对日感情一般,读者阶层为犹太人、商人,特别是妇女。本报曾与 Заря 社有关系,由阿鲁伊莫夫及阿鲁诺里多夫共同经营,其后由于财政困难,变为格泽里的单独经营,又转为米鲁莱卢及卡夫曼共同经营,1924年 Заря 经营者莱姆毕齐欲将所有俄文报纸集中于一手,获得了本报相当数量的股份,因而将其置于辛迪加 Заря 社的经营之下,直至今日。本报报道在政治方面少有权威,但在经济及面向普通人方面灵活,特别是在面向妇女方面得到公认

① 疑为《传声报》。
② 1934年报告为"1921年9月",一说1921年10月10日创刊。

名　称	主义系统	持有人及社长	编辑干部	备　考
Наш путь [我们的道路] （俄文）	反犹太，反共产，反苏	持有人　全俄法西斯党 社长　罗德泽夫斯基 发行人　瓦西连科·V. N	主笔　罗德泽夫斯基·K. V	1933年10月创刊，日报（早报），六页，发行量三千五百份，对日感情良好，读者阶层为全俄法西斯党党员。由于最初当局对于新报发行的审批加以限制，以罗德泽夫斯基为首领的当地全俄法西斯党，趁着英国系犹太人阿托金斯及马拉夫斯基等人经营的既有报纸 Наша газета 经营发生困难之机，于1932年9月约定每月支付三百元加以收购，其后不久利用特殊手段办理了改变报名（现名）的手续，并且将所有权完全归己所有，阿托金斯等人设法收回，但未奏效，只好忍气吞声。本报利用时势，多有我行我素的态度，并非没有连"满洲国"官方命令也加以无视的行动，特别是法西斯党利用本报，以"反共产运动资金"的美名或者滥用私人关系投稿，向犹太人、苏联方面的人或机关、富豪等强行要求捐助或采取威胁行为，因而作为恶德报纸被普通人特别是犹太人厌恶

四、英文报纸

名　称	主义系统	持有人及社长	编辑干部	备　考
Harbin Observer [哈尔滨观察家]（日文）	拥护苏联，英国系统	持有人兼社长　梅特兰德·莫伊尔·辛普森	主笔　同前	1925年创刊①，日报，半截版，四页，发行量一百份。本报由亲苏英国籍犹太人伦诺克斯·辛普森创设，1932年此人被驱逐出"满洲国"后，转入盖顿·福利特之手，1936年福利特离开"满洲国"后，梅特兰德继承本报。曾经接受"北铁"及苏联方面相当数额的补助，十分活跃，但现在似乎因为资金短缺而经营困难

牡丹江

人口：日本人47 034人（含朝鲜人36 107人、台湾人5人），"满洲"人229 336人，外国人3 043人。

名　称	主义系统	持有人及社长	编辑干部	备　考
哈尔滨日日新闻牡丹江版（日文）	报道	持有人　株式会社哈尔滨日日新闻社 社长　大泽隼 支社长　上原佐一郎	发行人兼编辑　古泽幸吉 主笔　上原佐一郎	1936年12月3日创刊，晚报，社址位于哈尔滨一面街五八号，隶属哈尔滨日日新闻社（印刷所位于牡丹江），资本金二十万圆，发行量四千份。现在，作为"东满"唯一的言论机关，并且与牡丹江及"东满"方面的未来发展相辅相成，社运将会愈发隆盛
牡丹江商工月报（日文）	报道工商业及其他一般经济杂讯，牡丹江日本商工会议所机关报	持有人　牡丹江日本商工会议所　会长　奥野隆一	发行人兼编辑　大久保弥野	1937年2月28日创刊，月刊，社址位于牡丹江太平路三号"牡丹江日本商工会议所"，发行量六百份。发刊以来会员突然增加，由于位于"东满"唯一的大都市，业务状态不断发展。接受铁路局年额三千圆的补助金
满洲国通信（日文）	报道	持有人　株式会社满洲国通信社 社长　高柳保太郎 支局长　上原佐一郎	发行人　松本于菟男 编辑　樱川义男 主笔　同上	1937年6月1日创刊，每天发行两次，社址位于牡丹江昌德街六一三号，隶属株式会社"满洲国"通信社牡丹江支局，资本金五十万圆，发行量三十六份。社运日渐隆盛，特别是作为位于"东满"的"国通"支局而呈现出繁荣景象

---

① 据《黑龙江省志·报业志》记载：英国人哈同·弗利特1924年创办《哈尔滨先驱报》，1925年更名为《哈尔滨观察家》。

(续表)

名　称	主义系统	持有人及社长	编辑干部	备　考
牡丹江兴信所所报（日文）	报道市况、土建登记、一般经济杂讯，牡丹江兴信所机关杂志	持有人　须藤朝一	发行人兼编辑　须藤朝一 主笔　吉永松一	1937年8月11日创刊①，周刊（周一），社址位于牡丹江太平路九号"牡丹江兴信所"，资本金两千圆，发行量三百份。发刊时日尚浅，但本市处于发展中，市民会越来越期待兴信所所报今后的活跃

佳木斯

人口：日本人27 662人（含朝鲜人21 146人、台湾人1人），"满洲"人1 034 846人，外国人138人。

名　称	主义系统	持有人及社长	编辑干部	备　考
三江报（中文）	军事报道，军方系统	持有人及社长　古田末二	发行人兼编辑　胡佩乡 主笔　北条富之助	1934年8月1日创刊，日报，社址位于佳木斯，发行量一千五百份。现在收支均衡，不足时接受关东军的补助

吉林

人口：日本人41 740人（含朝鲜人30 525人、台湾人9人），"满洲"人1 185 514人，外国人165人。

名　称	主义系统	持有人及社长	编辑干部	备　考
吉林日报（中文）		社长　林社 副社长　山下诚一	张舟三	1931年12月创刊，社址位于吉林省城二道码头，日报，八页，发行量一千两百份。由《吉长日报》改组而来，至1935年末为止是省公署机关报
东省日报（中文）	报道	三桥政明	刘云峰	1922年7月18日②创刊，社址位于吉林市南马路，日报，四页，资本金两万圆，发行量一千八百份。是唯一由日本人经营的中文报纸，至1935年末为止曾接受满铁与省公署的补助
松江新闻（日文）	报道	三桥政明	时政清	1923年9月19日创刊③，社址位于吉林市南马路，日报，四页，资本金三万圆，发行量两千五百份。与《东省日报》属于同一经营者，是唯一的日文报纸
吉林商工月报（日文）	报道吉林工商状况（无偿分发）	持有人　吉林日本商工会议所	发行人兼编辑　中山子行	1934年4月30日创刊，月刊，社址位于吉林市南大路，资本金每年一百二十圆，发行量三百份
满洲木材通信（日文）	主要根据统计报道"满洲"木材情况	持有人及社长　山边十一	发行人兼编辑　山边十一	1934年9月15日创刊，每月发行五次，社址位于吉林市八经路三十二号，资本金一万圆，发行量两千份。经营状态良好，没有补助金
大吉林（日文）	通报吉林情况	持有人　楠部善男	发行人兼主笔　楠部善男 编辑　金井塚茂	1935年4月4日创刊，月刊，社址位于吉林市通天街五号，资本金一千圆，发行量一千五百份。接受吉林小松原部队第二军管区司令部、吉林铁路局合计两百圆的补助
あゆみ（日文）	学校与家庭的联络（无偿分发）	持有人　吉林日本小学校	发行人　石原哲三 编辑　堀野孝司	1935年6月25日创刊，月刊，社址位于吉林市长庆里，资本金每年四百圆，发行量八百份。无补助金

---

① 一说1937年8月25日创刊。
② 1936年报告中为"1922年9月"。
③ 一说1923年8月27日创刊。

(续表)

名 称	主义系统	持有人及社长	编辑干部	备 考
若人(日文)	寮①员的感想、随笔及其他内容,面向寮员的一般通知(无偿分发)	持有人 吉林铁路局龙潭寮友会	发行人 二宫政孝 编辑 小野美作男	1937年1月30日创刊,月刊,社址位于吉林市敷岛街龙潭寮,资本金每年三百圆,发行量五十份。无补助金
聚乐馆ニュース(日文)	电影广告用(无偿分发)	持有人 森本留三	发行人 坂本勇 编辑 稻叶香果	1936年1月1日创刊,每月发行四次,社址位于吉林市三纬路,资本金每月四十圆,发行量数百份

间岛

一、龙井街

人口:日本人19 771人(含朝鲜人18 285人),"满洲"人4 608人,外国人50人。

名 称	主义系统	持有人及社长	编辑干部	备 考
间岛新报(日文)	报道	社长 饭塚政之	主笔 饭塚政之 记者 李哲浩	1922年7月创刊②,日报,四页,社址位于间岛省延吉县龙井街,资本金五千六百圆,发行量三千份。当初有日文、朝鲜文两版,1924年12月分离出朝鲜文版,1934年9月18日发行图们版。1928年1月改版为准大版③,1934年改版为普通大型报纸。接受外务省每年一千八百圆、朝鲜总督府每年一千四百四十圆的补助。全体社员热心经营,业绩比较活跃。是唯一的日文报纸,一般日本本土人士及朝鲜、"满洲"有识阶层购阅
间岛日报(朝鲜文)	弘报协会系统	《满蒙日报》间岛支社长 李性在	主持人 李容硕、全盛镐	1924年12月从日文报纸《间岛新报》中分离独立而来。1936年12月9日被满蒙日报社盘下,作为该报间岛版《间岛日报》发行,另外添加四页《满蒙日报》。日报,四页,社址位于间岛省延吉县龙井街,资本金约一万圆,发行量约三千份。1928年1月改为普通大型报纸。中产阶级以上的朝鲜人购阅。隶属满蒙日报社直营,是"东满"唯一的朝鲜文报纸,与《间岛新报》并列为对开发当地文化大有裨益的报纸,但经营状态不振,每月接受总社两百圆的补助,勉强维持经营
十字军(朝鲜文)	布教,宣传基督教,加拿大长老派系	持有人 李泰俊 发行人 李泰俊	编辑 金在俊 主笔 同上	1937年4月30日创刊,社址位于间岛省延吉县龙井街,资本金约两百圆,发行量四百份。本杂志每册五钱,为成本费,主要向基督教信徒分发,资本金少,因此经营困难
间岛通信(朝鲜文)	善导思想,没有系统	持有人 史廷铉	同前	1925年9月29日创刊,周刊,社址位于间岛省延吉县龙井街,发行量三百份。向间岛省内自卫团等处免费分发约一百份,用以指导思想。以一份十五钱的价格出售两百份,收支勉强相抵
校报(日文)	报道头道沟普通学校历程,没有系统	持有人(校长) 仓泽藤三郎	同前	1936年12月8日创刊,年刊(十二月发行),社址位于间岛省延吉县头道沟,发行量五百份。无偿分发,无补助金,依靠后援会会费刊行

---

① "寮"日语意为"集体宿舍"。
② 1932年报告为"1921年7月",一说1921年7月创刊。
③ "大版"约为285×400毫米。

二、延吉

人口：日本人 59 639 人（含朝鲜人 57 735 人），"满洲"人 24 825 人，外国人 54 人。

名　　称	主义系统	持有人及社长	编辑干部	备　　考
延边晨报（中文）		持有人兼社长　周东华 副社长　大谷松平	编辑局长　陈天禄	1932 年 8 月创刊，日报，大型，六页，发行量一千五百份。1934 年 12 月成为间岛省公署机关报，1935 年 6 月从龙井村迁至延吉
满洲国通信（日文）（满洲国通信社延吉支局）	报道	支局长　中村秀男	发行人　松本于菟男 编辑　中村秀男 印刷者　高山信雄	1936 年 9 月 15 日创刊，由"满洲国"通信社延吉支局发行，日报（每日发行两次或三次），发行量四十份。一份每月花费二十圆至一百圆，平均每份三十圆左右。依靠其他转载费经营，经费不足之时由总社补助

三、图们

人口：日本人 51 661 人（含朝鲜人 47 752 人），"满洲"人 4 257 人，外国人 11 人。

（一）报纸

名　　称	主义系统	持有人及社长	编辑干部	备　　考
间岛新报（东满版）（日文）	无	社长　饭塚政之 支社长　小守重保	主笔　小守重保 主任记者　堀江晃硕	1934 年 9 月 18 日创刊，晚报，两页，社址位于间岛省图们中秋街，资本金五万圆，发行量四千七百份。报道"东满"一带的一般时事

（二）其他刊物

名　　称	主义系统	持有人及社长	编辑干部	备　　考
图们商工月报	经济统计，图们商工会议所机关杂志	图们商工会议所	编辑兼发行人　曾尔猪孝	1936 年 5 月 28 日创刊，月刊，发行量三百份
图们青年	修养报道，图们协和国防青年会机关杂志	图们协和国防青年会	编辑兼发行人　中村功润	1936 年 8 月 30 日创刊，月刊，社址位于图们银河街，发行量五百份

四、头道沟

人口：日本人 102 220 人（含朝鲜人 101 942 人），"满洲"人 17 013 人，外国人 1 人。

当地无报纸、杂志等物发行，仅驻有《间岛新报》《间岛日报》《满蒙日报》《东亚日报》《延边晨报》《大阪朝日新闻》《大阪每日新闻》等报的通讯员，仅仅在代理销售之余从事通讯工作。

五、珲春

人口：日本人 60 796 人（含朝鲜人 59 426 人），"满洲"人 29 993 人，外国人 33 人。

名　　称	主义系统	持有人及社长	编辑干部	备　　考
珲春商工会会报（日文）	珲春商工会机关杂志	会长　石本惠吉	发行人兼编辑　山田民治 主笔　石本惠吉	1936 年 6 月 25 日创刊，月刊，社址位于珲春西门外新安町，发行量两百份
正义（日文、朝鲜文）	珲春正义团机关杂志	团长　金基龙	发行人兼编辑　金基龙 主笔　向一般会员募集	1935 年 5 月 10 日创刊，隔月刊，社址位于珲春街大同区，发行量一千份
音题树	佛教布教（无偿分发）	持有人　户川贤乘	发行人、编辑、主笔　户川贤乘	1937 年 1 月 20 日创刊，社址位于珲春街新安町，发行量两百份

齐齐哈尔

一、齐齐哈尔

人口：日本人17 167人（含朝鲜人3 946人、台湾人3人），"满洲"人1 896 273人，外国人2 818人。

齐齐哈尔发行的报纸有中文报纸《黑龙江民报》及日文报纸《北满洲日报》两种。两报原本是姐妹报，社长及社员等人员有共通关系，但1934年11月以后《黑龙江民报》成为龙江省公署的机关报，与《北满洲日报》完全断绝了联系，报道对象以"满洲"人为本位，一改社内阵容，谋求内容的革新、充实，致力于开拓销路。此外，1933年12月《北满洲日报》合并当时的友报《齐齐哈尔日报》，1934年4月增刊两页海拉尔版，同年10月增刊两页"北黑"版（北安镇、黑河沿线），逐渐显示出发展势头。其销路以齐齐哈尔为中心，北至黑河，东至哈尔滨，西至海拉尔、满洲里，南至洮索线一带，目前发行量达到了三千份，在"北满"西部作为日文言论机关而活跃。

名　称	主义系统	持有人及社长	编辑干部	备　考
黑龙江民报（中文）	龙江省公署机关报	社长　王甄海	主笔　同前	1929年1月创刊，社址位于齐齐哈尔丰恒胡同二号，日报，四页，发行量两千五百份，接受"国务院"年额一万两千圆的补助。原本是《北满洲日报》的姐妹报，1934年11月以来与其断绝关系
北满洲日报（日文）	报道，特务机关、总领事馆、龙江省公署机关报	持有人兼社长　小笠原俊三　毕业于东亚同文书院，曾任《奉天新闻》主编	发行人　小笠原俊三编辑　佐佐木荣松主笔　同上	1932年4月25日创刊①，日报，六页，社址位于齐齐哈尔永定街二七号，资本金五千圆，发行量两千份。本报创刊当时名为《龙江日报》，1934年1月与日文报纸《齐齐哈尔日报》合并改为现名。与《黑龙江民报》的关系见上文所述。接受外务省年额一千两百圆的补助
满洲国通信（日文）	政治、时事报道，"满洲国"机关报	持有人　"满洲"弘报协会支局长　饭田台辅	发行人　松本于苑男编辑　饭田台辅主笔　同上	1932年12月1日创刊，每日发行三次，社址位于龙江省齐齐哈尔市丰恒胡同一号，发行量四十五份
经济时报（日文）	经济、时事报道	持有人　齐齐哈尔商工会议所	发行人兼编辑　峰村丰治主笔　同上	1936年1月25日创刊，月刊，社址位于龙江省齐齐哈尔市中兴街一三号，发行量三百五十份。本《经济时报》以齐齐哈尔商工会员的会费（月额二十钱）充当发行费，向会员无偿分发

二、黑河

人口：日本人2 333人（含朝鲜人850人），"满洲"人57 007人，外国人836人。

名　称	主义系统	持有人及社长	主笔及记者	备　考
黑河民报（中文）		孙绍舜	主笔　孙创丰	1933年7月创刊，日报，发行量三百五十份。曾为瑷珲县公署机关报，现在属于个人经营

三、白城子

人口：日本人7 158人（含朝鲜人3 834人），"满洲"人718 396人，外国人32人。

当地尚无报纸、杂志等发刊，只是驻有一些在新京、奉天、大连、齐齐哈尔等地设有总部的日文报纸及中文报纸的通讯员，在代理销售之余从事地方通讯工作。

另外，有些中文大报的通讯员常驻，从事地方通讯工作。

---

① 一说1934年1月1日创刊。

北安镇

人口:日本人1 268人(含朝鲜人108人),"满洲"人不明。

名　　称	主义系统	持有人及社长	主笔及记者	备　　考
北安日报(日文)		露崎弥太郎	梅野隆雄	1933年6月创刊,日报,六页,发行量约七百份

王爷庙

人口:日本人1 045人(含朝鲜人518人),"满洲"人9 067人。

只有两三个日本人在从事本职工作之余,接受新京、大连方面日文报纸的委托进行地方通讯工作。

洮南

人口:日本人1 138人(含朝鲜人372人),"满洲"人52 013人,外国人8人。

名　　称	主义系统	持有人及社长	编辑干部	备　　考
大同日报(中文)	报道	持有人兼社长　横峰勇吉	主笔　横峰勇吉 编辑　王光实	1932年8月16日创刊,日报,八页,社址位于洮南县城内富父中街,发行量五百五十份。本报当时作为洮辽地区督办张海鹏的机关报而创刊,1933年4月张海鹏移驻热河,其关系因此消失。其后陷入资金困难,经营陷于困境。以购阅费及广告费充当资本金、补助金

海拉尔

人口:日本人3 071人(含朝鲜人195人),"满洲"人45 228人,外国人15 442人。

名　　称	主义系统	持有人及社长	编辑干部	备　　考
满洲国通信(日文)	时事报道	持有人　松本于菟男 支局长　杉原双六	发行人　松本于菟男 编辑　杉原双六 主笔　同上	1933年3月创刊,每日发行两次,社址位于海拉尔西三道街五六号,发行量一百三十份。依靠总社的补助及日报的销售维持
北满洲日报号外(日文)	报道时事	持有人　小笠原俊三 支社长　高桥秋三郎	发行人　小笠原俊三 编辑兼主笔　高桥秋三郎	1935年6月创刊,日报,社址位于海拉尔东三道街
海拉尔商工月报(日文)	指导、开发工商业及产业	持有人　海拉尔商工会议所 会长　森熊雄	发行人　西雅雄 编辑　同上	1937年4月创刊,月刊,发行量三百份。接受外务省每年一千圆左右、满铁四千圆的补助,作为会议所的全部经费。但是印刷店无印刷能力,因此无法每月发行

满洲里

人口:日本人1 158人(含朝鲜人82人),"满洲"人6 201人,外国人2 480人。

名　　称	主义系统	持有人及社长	编辑干部	备　　考
国境通信(日文)	《北满洲日报》系统(时事报道)	北满洲日报社 小笠原俊三	发行人　小笠原俊三 编辑　田村朝次郎	1936年9月15日创刊,日报,社址位于满洲里三道街,资本金两百圆,发行量六十份。经营状态不佳

安东

人口：日本人 92 384 人（含朝鲜人 73 441 人），"满洲"人 2 425 018 人，外国人 91 人。

以 6 月 1 日为时点，总社在当地并发刊的报纸，日文报纸有《安东新报》及《国境每日新闻》，中文报纸有《新满公报》及《东边日报》，共四种。当地日本人人口仅有一万六千人，日文报纸的广告收入数额极少，勉强收支相抵，内容除了《满洲国通信》之通讯及当地新闻以外，还随时转载日本本土大报纸的学艺栏乃至家庭栏的内容，以此丰富版面，其形式、编辑均未脱离所谓乡间报纸的范畴。中文报纸向来购阅者数量极少，广告费收入少，因此两社经营均处于极度困境，令人痛感需要合并。以本年 6 月 5 日为期，《东边日报》终于停刊，与《新满公报》合并（新社名称内定为《安东时报》，但暂时使用《新满公报》的名称）。安东省内的中文报纸只有上述一份，由其实现统制，可以预想到与以往相比，今后的经营将相对容易。

一、日文报纸

名　称	主义系统	持有人及社长	编辑干部	备　考
安东新报（日文）	营利本位	社长兼发行人　川俣笃	主笔兼编辑　户田弘毅 记者　品川顺式、三木京典、金昌柱	1906 年 10 月创刊，日报（仅晚报），四页，发行量四千份。读者几乎限于当地，报道主要来自安东及沿线一带。创刊以来足有三十年的悠久历史，但经营向来极度困难，勉强存续。"满洲事变"后，伴随着当地日侨的增加，加上随经济界状况好转，经营状态似乎逐渐趋向良好
国境每日新闻（日文）	营利本位	社长　多田荣吉 副社长　高桥春一	主笔兼发行人　中岛骏吉 编辑　佐藤冬雄 记者　宫本喜代治、矢泽健彦、中岛元次郎、申彦龙	1923 年 11 月创刊①，日报（早报、晚报），八页，发行量约三千份。《安东新报》取材的重点在当地，与此相对，本报十分丰富地引入了朝鲜平安北道、南道及上流地区的报道，因此除了安东、新义州之外，在朝鲜各都市也有读者。以往经营状态不良，但 1933 年新义州的实力派多田荣吉就任社长以来锐意致力扩张，结果最近稍稍收支相抵

二、日文报纸

名　称	主义系统	持有人及社长	编辑干部	备　考
新满公报（预定近期改称《安东时报》）	"满洲国"协和会色彩浓厚	社长　徐铁珊	副社长　杉山宗作 理事　锦贯秀藏、陈少如	1934 年 3 月 1 日创刊②，早报，四页，发行量两千份。读者主要在安东当地，省内各县也有一些。发行人、编辑均为"满洲国"人，在安东警察厅的许可下于"满洲"街发行。发刊以来杉山宗作任社长掌握实权，6 月 5 日由于与《东边日报》③合并，由当地"满人"实力派人物徐铁珊就任社长。以往与 6 月 5 日停刊的《东边日报》均经营不振，今后当地中文报纸只剩一种，因此应当可以取得相当好的业绩，预定近期改称《安东时报》。对日感情良好

三、报纸以外的刊物

（1）日文

名　称	社　址	创刊年月	刊行种类	发行量
安东经济时报（日文）	安东县大和桥通　安东商工会议所	1924 年 3 月	月刊	五百四十九份
满洲特产安东通过日报（日文）	安东县北二条通	1929 年 7 月	日刊	一百六十四份

---

① 1936 年报告中为"1928 年 1 月"。
② 一说 1934 年 3 月 1 日续刊。
③ 曾名《东边商工日报》。

(续表)

名 称	社 址	创刊年月	刊行种类	发行量
安东取引所月报（日文）	安东县大和桥通　安东取引所	1930年5月	月刊	一百零四份
安东取引所日报（日文）	同上	同上	日刊	两百四十二份
青薰（日文）	安东县七番通　安东青年学校	1931年1月	一年三次	三百份
やまと（日文）	安东县七番通　大和小学校	1931年1月	一年六次	一千零五十份

（2）朝鲜文

名 称	发行所	创刊年月	刊行种类	发行量
满洲帝国协和会安东朝鲜人民会分会会报	安东县二番通	1937年5月	月刊	五百份

（3）中文

名 称	发行所	创刊年月	刊行种类	发行量
安东教育	安东省公署教育厅	1936年5月	一年四次	三千份
安东县政月刊	安东县公署	1935年3月	月刊	三百五十份

四、日文报纸支局及通讯员

报纸名称	社址	身份	姓名	经销份数	设置年月
奉天每日新闻	奉天	支局主任	河上猪三夫	九十份	1922年1月
奉天新闻	奉天	支局长	绵贯秀藏	五十份	1922年1月
奉天日日新闻	奉天	支社长	池田武男	三十五份	1932年5月
满洲日日新闻	大连	支局长	佐佐木知一	一千两百份	1927年11月
鸭江日报	新义州	支社长	朝仓万藏	两百二十份	1927年2月
东亚日报	京城	支局主任	沈源河	一百五十份	1923年5月
朝鲜日报	京城	支局长	姜齐焕	两百五十份	1930年2月
抚顺新报	抚顺	支局主任	青木雄三郎	二十份	1932年1月
朝鲜中央日报	京城	支局长	李在鸿	1936年8月起停刊	1932年12月
朝鲜米肥日报	京城	支局长	平松宪	二十份	1932年12月
日本佛教新闻	东京	支局长	品川喜八	—	1933年3月
满蒙日报	新京	支局长	金壬石	三十份	1933年8月
帝国新报	东京	支局长	草叶强太郎	五十份	1935年7月
釜山日报	釜山	支局长	千叶茂	二十份	1936年9月
朝鲜中央时报	京城	支局长	金正连	一百份	1937年1月
满洲商工日报	新京	支社长	梅泽虎吉	五十份	1937年3月
朝鲜日日新闻	京城	支局长	朴河泳	五十份	1937年4月
朝鲜商工新闻	京城	支局长	松本德三郎	五十份	1937年5月

(续表)

报纸名称	社 址	身 份	姓 名	经销份数	设置年月
每日申报	京城	支局长	张昌复	五十份	1937 年 5 月
东亚经济新闻	京城	支局长	东乘殷	一百份	1937 年 1 月
大阪每日新闻	大阪	特派通讯员	植田茂	一千五百份	1922 年 1 月
大阪朝日新闻	大阪	同上	福泽卯助	一千六百份	1928 年 4 月
报知新闻	东京	通讯员	草叶强太郎	二十份	1927 年 10 月
福冈日日新闻	福冈	同上	桦岛七郎	一百十八份	1935 年 7 月
同盟通信社	东京	同上	矢泽健彦	—	1932 年 4 月
新爱知	名古屋	同上	青木雄三郎	—	1933 年 7 月
国民新闻	东京	同上	同上	—	1933 年 7 月
电报通信	东京	同上	绵贯秀藏	—	1934 年 1 月
京城日报	京城	同上	中岛骏吉	一百份	1935 年 10 月
新夕时报	东京	同上	青木雄三郎	—	1937 年 4 月
满洲国通信	新京	支局长	高桥荣一	三十四份	1934 年 4 月
商业通信	新京	支局长	平松清一	一百零九份	1923 年 12 月

五、中文报纸支社、支局

报纸名称	社 址	负责人	经销份数
盛京时报	奉天	刘梦清	两百五十份
关东报	大连	孙义臣	一百六十五份
满洲报	大连	侯慎堂	两百四十五份
泰东日报	大连	刘凌云	一百七十五份
大亚公报	奉天	侯慎堂	二十份
民报	奉天	黄锡山	七十六份
营商日报	营口	程学曾	一百二十五份
民声晚报	奉天	冯连科	两百三十份
大同报	新京	孙惠民	一百五十份
抚顺民报	抚顺	王福民	五十份
奉天公报	奉天	张滋丰	五十份
泰东日报	通县	王崇耀	一百一十份
庸报	天津	黄锡山	五十份
大北新报	哈尔滨	孙惠民	五十份
斯民	新京	赵孟郁	五百份

营口

人口：日本人 32 305 人（含朝鲜人 17 765 人、台湾人 15 人），"满洲"人 2 179 027 人，外国人 51 人。

概况

当地现在发行的报纸只有《满洲新报》及《营商日报》两种。《满洲新报》及《营商日报》均拥有相当长的历史，但受到大连、奉天等地报纸的压迫，经营均逐年困难，社运不振，登载的内容除了地方杂讯外，来自其他报纸的转载占据了大部分。此外还有《新兴报》的支局，该报 1936 年末在北平设立了发行所。

名　称	主义系统	持有人及社长	编辑干部	备　考
营商日报（中文）	商务总会机关报	营口总商会 社长　郭抡三	主编　陈锡箴 骨干记者　马炳文	1907 年 10 月创刊①，社址位于营口西大街，日报，八页，发行量约一千三百份。创立当初陷入经营困难，1925 年前后起趋向顺利，1926 年自称为了整顿工厂，革新内容而暂时休刊，1927 年 2 月再刊
满洲新报（日文）	皇室中心主义	社长　小川义和 原关东厅警察官，1908 年入社，1911 年任主笔，1925 年任社长	主笔　同前 记者　觉明久一	1908 年 2 月 11 日创刊②，社址位于营口新市街南本街三〇号地-1，日报，四页，资本金一万圆，发行量一千一百份。经营稍好，接受满铁的补助金
营口商工会议所报（日文）	报道营口经济（免费分发）	营口商工会议所	发行人　日下清痴 编辑　横山四郎	1927 年 4 月 9 日创刊，月刊，社址位于营口南本街四十一号地，发行量三百六十份
妙光（日文）	日莲主义	冈村乾丈	发行人　冈村乾丈 编辑　武田贯一	1924 年 1 月 9 日创刊，月刊，社址位于营口入舟街八二号地-5，发行量五百份

锦州

人口：日本人 15 279 人（含朝鲜人 3 152 人、台湾人 14 人），"满洲"人 3 742 852 人，外国人 36 人。

名　称	主义系统	持有人及社长	主笔及记者	备　考
锦州新报（日文）	以时事报道及地方报道为主，没有系统	持有人　井下万次郎 社长　同上	发行人　井下万次郎 编辑　同上 主笔　权头喜彦	1932 年 2 月创刊③，月刊，四页，资本金五万圆，发行量一千五百份，个人经营，经营状态大体良好
锦县商工月报（日文）	记载锦州经济状况	持有人　锦州日本商工会议所　会长　道胁毅	发行人　喜多龙太郎 编辑　麻生长诚	1936 年 9 月创刊，月刊，社址位于锦州，发行量六百份

赤峰

人口：日本人 2 094 人（含朝鲜人 267 人、台湾人 2 人），"满洲"人 1 340 408 人，外国人 39 人。

当地还未有报纸、杂志发行，日文报纸《满洲日报》《大新京日报》《奉天每日新闻》各自设有支局，销售兼发布当地消息。除此以外，《大阪朝日新闻》《东京日日新闻》《大阪每日新闻》《锦州新报》《奉天日日新闻》等报也各自设有代理销售店。还有，中文报纸《泰东日报》《大同报》《盛京时报》《满洲报》《奉天公报》《热河报》《关东报》等报也设有分、支局。

---

① 1919 年报告为"1909 年"，1922 年报告为"1907 年 10 月 1 日"；一说 1908 年创刊。
② 1936 年报告中为"1908 年 12 月"，一说 1908 年 3 月创刊。
③ 一说 1932 年 4 月 8 日创刊。

承德

人口：日本人 5 177 人（含朝鲜人 819 人、台湾人 1 人），"满洲"人 2 041 774 人，外国人 49 人。

名　称	主义系统	持有人及社长	主笔及记者	备　考
热河新报	以彻底普及建"国"精神为重点，"满洲国"政府机关报，接受"国务院"情报处每月一千圆的补助	持有人　尹怡恩 社长　同上 副社长　阿部新平	主笔　王冠彩　明治大学出身 干事　施维民　北京大学出身 记者　杨桂荫 同上　郭昌龄 同上　小松清一	1933 年 3 月 18 日（昭和八年）创刊，早报四页（中文），晚报两页（中文与日文），发行量三千五百份（省内外两千五百份，"国"外一千份），对日感情良好。读者网罗省内外官公署与官公吏以及地方知识阶层等，数量约两千五百份（其中承德市内五百份），"国"外在冀东地区及察哈尔省内拥有约一千的读者。谋求启蒙、发展热河省内地方、农村，同时期望传达建"国"精神，彻底普及一心一德，并报道"国"内外形势。持有人兼社长是地方上有名望者，但对于本社只是挂名而已，实质上是在本省政府的辅导下由副社长专门执经营之牛耳。此外，副社长阿部新平在"热河事变"当时作为第八师团宣抚工作员从军，该师团凯旋日本本土时直接进入铁路总局，1935 年 5 月为了对热河新报社加以改革入社，直至今日。迩来亲自担任宣传工作，统管全体社员，正踏实地进行工作

附　大连

人口：日本人 170 535 人（含朝鲜人 4 025 人、台湾人 141 人），"满洲"人 975 935 人，外国人 1 564 人。

一、中文报纸

名　称	主义系统	持有人及社长	编辑干部	备　考
满洲报		社主　西片朝三 社长　西片与卫	编辑干部　金念曾、杨华亭、金慕韦、谭岐山	1922 年 7 月创刊①，社址位于大连市常盘町，早报，十四页，发行量八万五千份，个人经营，资本金三十万圆。本报由社主西片朝三从宣扬国策的立场出发而创刊，在"南满"、热河方面有影响力，与奉天《盛京时报》齐名。1934 年 12 月盘下奉天《东亚日报》，改称《民声晚报》发行
泰东日报		社长　凤见章　众议院议员 副社长　曲横亭	主笔　柳町精 主编　桥川浚	1908 年 11 月创刊②，社址位于大连市飞弹町，早报，十二页，日"满"合办股份制组织，资本金二十万圆。当初由金子雪斋任社长，由大连华商干部出资，标榜不偏不倚、发扬文化及民族协和而刊行，1935 年 2 月改组为日"满"合办的有限股份公司
关东报		社长　市川年房 副社长　刘先鸿	主笔　刘召卿	1919 年 11 月创刊③，社址位于大连市德政街一五号，早报，十二页，发行量约三万份。日"满"合办的合资公司，资本金五万圆。本报由议员永田善三郎创设，"满洲事变"后改为现有组织形式

---

① 一说 1921 年 1 月创刊。
② 1934 年报告为"1908 年 10 月 8 日"。
③ 1930 年报告为"1920 年 9 月"，一说 1920 年 9 月 1 日创刊。

二、英文报纸

名　　称	主义系统	持有人	编辑干部	备　　考
Manchuria Daily News		社长　古城胤秀	主管　太原要 主笔　古城胤秀	1908 年 11 月①创刊,社址位于大连市淡路町七号,早报,八页,有限股份公司,资本金十万圆,发行量六千五百份

三、日文报纸

（一）报纸

名　　称	主义系统	持有人	编辑干部	备　　考
满洲日日新闻		社长　村田懋磨	主管　细野繁胜 编辑局长　米野丰实	1905 年 10 月创刊②,社址位于大连市东公园町三一号,日报(早报四页、晚报十页),发行量十五万份。有限股份公司,资本金七十五万圆,1927 年 11 月与《辽东新报》合并,改名《满洲日报》,又于 1935 年 8 月合并《大连新闻》,恢复《满洲日日新闻》之名。本报可称作是"满洲"代表性的日文报纸,兼营《奉天日日新闻》及《大新京日报》

中　国

北　部

北平

人口:日本人 4 478 人(其中朝鲜人 2 593 人、台湾人 61 人),中国人 1 550 561 人,外国人 1 595 人。

概况

1. 北平的报纸创始于 1902 年(另一说法为 1904 年),到目前为止仅有三十多年的历史。但几乎没有从创始之初一直持续刊行至今的报纸。

2. 目前在北平发行的报纸、通讯中,有中文报纸四十三种(大型报纸十五种,小型报纸二十八种),英文报纸四种,法文报纸一种,日文报纸两种,通讯社四十七家。约在 1915 年报纸全盛时期,市内大小报纸合计达一百三十二种之多,其后随着首都迁往南京,北平市政治地位的下降,言论界骤然衰落,报纸的数量也急剧减少。当地的报纸经济基础均很薄弱,并且受到来自政府的停刊等各种干涉,因而,特别是小型报纸,停刊乃至废刊没有定数。另一方面,与此相对,新刊也会出现,报纸的数量总是处在变化之中。

3. 中文报纸中影响力较大的有《华北日报》《北平晨报》《世界日报》《北平益世报》《京报》(以上为大型报纸)及《实报》《新兴报》(由日本人经营)等。但除了《新兴报》之外,其他中文报纸都是中央或地方官方的机关报,言论、报道缺少准确性,补助者权势的消长立刻会影响到报纸。

4. 中文报纸的记者总数为五百六十五人,记者们的学历和平均薪资如下(以 1936 年 11 月末为时点):

（1）学历

新闻专科学校毕业生	40 人	小学毕业生	38 人
新闻专科学校以上的学校毕业生	127 人	其他	177 人
中学毕业生	183 人	合计	565 人

---

① 1924 年报告为"1914 年 8 月",1931 年报告为"1920 年 8 月",1933 年报告为"1907 年",1936 年报告中为"1912 年 8 月";一说 1907 年 11 月创刊。

② 1931 年报告记载该报 1905 年 10 月创刊,一说 1907 年 11 月创刊。

（2）企业状况

政治记者	127	文化方面记者	70
经济记者	39	体育方面记者	38
社会记者	91	其他	200

（3）待遇（月工资）

	最高	最低
大型报纸	300元	12元
小型报纸	100元	3元

一、中文报纸

名　　称	主义系统	持有人及社长	编辑干部	备　　考
北平晨报	原张学良机关报，现为冀察政务委员会机关报	社长　罗隆基 经理　生宝堂	主笔　孙时敏 编辑　胡道维、杨语村、原景信	1930年12月创刊，社址在宣武门外大街，日刊，十二页，发行量八千份，公称资本十万元。旧为《东三省民报》，由危道丰、陈博生（现为中央通讯社驻东京人员）二人发起并创设。张学良下台之前每月补助该报三千元。1936年成为冀察政务委员会的机关报，同年3月19日，刘哲、张慎元、田雨时分别担任社长、主笔和经理。1936年12月27日进行了改组，变为由前述干部任职，冀察方面每月补助三千元
华北日报	国民党的宣传机关报	社长　胡天册　毕业于黄埔军官学校 经理　宋梅村	主笔　林敬霆 编辑　杜阜民、林霁融、殷唯聪	1929年1月创刊①，社址在王府井大街，日刊，十二页，发行量约四千份。由革命军创设，1930年春被晋系接管，改名为《新民日报》②。同年9月晋系失败，党部将该报复刊，主要为国民党进行宣传，大肆刊载排日报道。创立之初中央党部每月提供五千元的补助，其后减至四千元。1934年5月31日，该报发表了中央政治秘密会议的内容，6月3日被蒋介石勒令停刊，与此同时，其社长和主笔都遭到逮捕拘禁。停刊期间，碍于各地党部发来的电报陈情，将社长和总编更迭后，改由中央宣传委员会负责，于7月3日复刊。现在中央党部宣传委员会每月补助三千元
世界日报		社长　成舍我　毕业于金陵大学 经理　吴范寰　毕业于黄埔军官学校	主笔　盛世强 编辑　左笑鸿、张韵宇、赵效沂	1925年2月创刊③，社址在宣武门内西长安街，日刊，十二页，发行量约一万份，另外还发行四页的小型周刊画报。最初李石曾出资三万元，由其党人创刊，后由成舍我独立经营。曾得到汪兆铭、张继、吴敬恒等人的补助。共产党人李大钊曾任主笔，因此传承了共产党的色彩。雇用女性记者，开创了北平报界之先例。读者以知识阶层和学生居多。在南京、上海、天津、汉口等地设有分馆，以各省的特电为特色，海外新闻也很丰富。另发行小型四页晚报《世界晚报》

---

① 1931年报告为"1929年"，1936年报告为"1928年"；一说1929年1月1日创刊。
② 1932年报告为《新民报》。
③ 1925年2月10日创刊。

(续表)

名 称	主义系统	持有人及社长	编辑干部	备 考
北平益世报①	基督教系，言论公正	社长 张翰如 毕业于天津南开大学 副社长 骆达光	主笔 景太昭 编辑 赵仙洲、王学庵、杜宇昌、张兴邦	1916年2月创刊②，社址在和平门外南新华街，日刊，十二页，发行量二千五百份。创刊之初由前社长杜竹轩出资一万元。天津《益世报》的支社，与原英国人基督教会有关，因此现在还设有基督教栏，但已于1934年同天津《益世报》断绝了关系。读者多为天主教相关人士，以前由天主教会补助，据说目前已独立经营。公称资本五万元
京报	中立	社长 邵汤修慧 已故社长邵振青的夫人 经理 潘邵昂	主笔 张一苇 编辑 徐凌霄、张修孔	1918年10月创刊，社址在宣武门外魏染胡同，日刊，八页，快报为小型四页，发行量三千份。已故的邵振青创设，曾是冯玉祥机关报。专为共产党宣传，1926年邵振青被张作霖以赤化宣传的罪名枪杀，该报因此停刊。1928年6月，邵夫人重新刊行该报，在阎锡山、冯玉祥、汪兆铭等人的资助下宣传"扩大会议"。阎、冯失败后，得到蒋介石、宋子文、于右任等人的补助。据说目前每月汪兆铭补助六百元，宋哲元补助五百元。不刊登社论
全民报	左倾性	社长 韩宗道 经理 张泽溥	主笔 林敬亭 编辑 侯克笃、王绍先	1928年8月创刊③，社址在宣武门外大街，日刊，八页，发行量二千份。由晋系张荫梧创刊，此外，梁汝舟及该报创刊时任天津卫戍司令的商震等人也曾出资。据说目前徐永昌每月补助六百元
亚洲民报	冀察政务委员会机关报，言论公正	社长 林耕宇 外交委员会专门委员，毕业于早稻田大学 董事长 潘毓桂	主笔 罗怡庵 编辑 杨少农、程润民、魏善斋	1935年12月创刊，社址在东堂子胡同，日刊，八页，发行量三千五百份。包世杰创办，商震出资，成为其机关报。商震离开河北省主席之位后，该报失去资助者，发行一个月之后便遇到经营困难。1936年4月冀察政务委员会接管，潘毓桂任社长，林耕宇任经理，在冀察政权的补助下经营。接着，同月末林耕宇担任社长，直至今日。每刊载冀察政务委员会的训令、布告等，多为地方各县政府等购阅。据说每月接受冀察政权及北宁铁路各三百元补助
导报④	韩复榘的机关报	社长 林鼐士 留日出身，曾任山东牟平县长 经理 李耕占	主笔 李耕占 编辑 廖楚舟、林醉酾、陈书元	1929年7月创刊⑤，社址在宣武门外⑥梁家园，日刊，八页，发行量三千份。最初依靠石友三、宋哲元出资的五千元创刊，因无人提供日常经营费用，于十月后停刊。1931年1月复刊，韩复榘每月补助二千元。在山东济南有支社，有关山东的报道详细。在各地官厅和北平商界中读者众多。1931年11月9日"天津事件"⑦发生之际，因发布谣言被一度查封，但不久就获解除。此外，据说林社长作为山东省政府咨议，每月接受二百四十元津贴

---

① 1936年报告为《益世报》。
② 1936年报告为"1915年"，一说1915年创刊。
③ 1936年报告为"6月"，一说1928年8月10日创刊。
④ 1933年报告为《北平导报》。
⑤ 1931年报告为"1928年"，1936年报告为"1929年4月"。
⑥ 1934年报告为"和平门外"。
⑦ 指日军1931年11月在天津制造的一系列挑衅事件。

(续表)

名　称	主义系统	持有人及社长	编辑干部	备　考
民国日报	南京政府宣传机关报	社长　黄伯耀　毕业于日本法政大学，曾任上海《新闻报》记者，前参议院议员，蒋介石的驻平密探，精通英文，曾经营华侨通讯社 代理社长　黄亚伯	主笔　杜梅村① 编辑　刘景云、钱庆怀	1928年6月创刊②，社址在宣武门外椿树下三条，日刊，八页，发行量一千份。1929年被晋系的市长张荫梧查封，黄伯耀遭警备司令所拘禁。1930年12月随着晋系的失败而复刊，黄也因此恢复自由。据说最初中央政府每月补助三千元，其后逐渐减少，现在为六百元
中和报	提倡地方自治	社长　雷音元	主笔　陈右东 编辑　安蕴华、侯建威	1933年10月创刊③，社址在宣武门内安福胡同，日刊，八页，发行量七百份。最初由殷汝耕、殷同、陶尚铭等人合资组织创刊，据说现在北宁铁路局每月补助三百元
北平新报	中央党部系	社长　萧训 副社长　窦培恩	主笔　郭祖基 编辑　贾公伟、魏叶珍	1931年4月创刊④，社址在和平门内绒线胡同，日刊，四页，发行量四十份。该报原称《民报》《华报》，依靠冯玉祥的出资经营，后被北平市党部接管。市党部撤销后，据说中央党部每月补助一千元。萧训总在南京
商业日报	北平总商会机关报	社长　尹小隐	主笔　社长兼任 编辑　李全林	1911年创刊⑤，社址在宣武门外校场小六条胡同，日刊，四页，发行量四百五十份。最初由商会创刊（小报），1926年转至尹手中，改为大型报纸，直至今日。目前总商会每月补助一百二十元，北平当业公会补助五十元。专为北平商界人士阅读
铁道时报	交通部系	社长　李海涛	主笔　徐干称	1920年10月创刊⑥，社址在和平门外南新华街，日刊，四页，发行量五份。主要刊载铁路方面的消息及时间表。铁道部每月补助二百元
卍字日日新闻	世界红卍字会机关报	社长　胡恩光	主笔　刘树铮	1928年2月创刊⑦，社址在宣武门内舍饭寺十七号，日刊，八页，发行量六百份。世界红卍字会每月补助二百元
北平报⑧		社长　任岐山	主笔　潘柳村	1933年1月创刊，社址在前门外大安澜营，日刊，四页，发行量二百份，平汉铁路局每月补助六十元
实报		社长　管翼贤　留日出身 经理　邵挹前	主笔　苏雨田 编辑　罗保吾、王代昌 记者　生率斋、童煦庵、曹渤	1928年8月创刊⑨，社址在宣武门外大街，日刊，小型，四页，发行量五万份。创刊之初为晋系商震的机关报，1930年后转为管翼贤独立经营，近来得到显著发展，作为政治报纸而言虽是小型报纸，但发行量却达到了北平第一。社内还设有时闻通讯社，招聘各地的通讯员，因而报道准确而迅速，在社会各界拥有读者。据说每月以社长的交际费之名从冀察方面得到四百元补助

---

① 1936年报告为"陆梅村"。
② 1928年报告为"1928年6月9日"，1929年报告为"1928年6月10日"。1936年报告为"8月"，民国时期以《民国日报》命名的报纸有多份。据史料记载：北京还有一份《民国日报》于1925年3月5日创刊。
③ 一说1933年1月创刊。
④ 1936年报告为"1916年10月"。
⑤ 1931年报告为"1916年6月"，一说1912年1月10日创刊。
⑥ 一说1916年5月创刊。
⑦ 1936年报告为"1923年"，一说1923年3月17日创刊。
⑧ 1936年报告有《北京报》，补助者为"平绥铁路局"，但两报社长相同。
⑨ 1931年报告为"1928年10月"，一说1928年10月创刊。

(续表)

名　称	主义系统	持有人及社长	编辑干部	备　考
新兴报	日本主义	社长　猪上清四郎　前北京驻屯步兵队口译,外交委员会顾问部口译	主笔　社长兼任　编辑　陈蝶生、宁守谦	1935年11月创刊,社址在崇文门内官帽胡同,日刊,小型,四页,发行量一万五千份
新北平报		社长　凌昌炎　辅仁大学校长　经理　凌抚元	主笔　王亦元　编辑　刘钟方	1931年10月创刊①,社址在宣武门外大街,日刊,小型,四页,发行量八千份,据说汪兆铭、袁良及中央党部提供补助
北平商报	山西方面的机关报	社长　宋抱一　经理　宋竞业	主笔　王晓波　编辑　吴书荷	1928年8月创刊,社址在宣武门外大街,日刊,小型,八页,发行量三千份。原由全国商业联合会出资作为商报创刊,现得到山西省政府的补助,已成为其机关报
立言报		社长　金达志　经理　李淑芸	主笔　李政贤②　编辑　田绍均	1934年10月创刊,社址在宣武门外椿树三条胡同,日刊,小型,四页,发行量五千份。宋哲元、秦德纯提供补助
时言报		社长　常振春　经理　李国华	主笔　周友莲　记者　佟冷仙	1930年12月创刊③,社址在宣武门外铁老鹳庙,日刊,小型,四页,发行量一万二千份。由艺人杨小楼出资,内容以戏剧界消息为主。1931年2月,该报无法继续经营,被现任社长盘下。每月接受梨园公会一百元的补助。
民声报	左倾性	社长　朱镜心　经理　秦炜	主笔　俞剑云　编辑　杨君如、生率斋	1934年9月创刊,社址在宣武门内未英胡同九号,日刊,小型,四页,发行量六千份。最初朱镜心得到黄郛的一千元出资,创办至今,接受上海《申报》补助
群强报	营利本位	社长　林质生　经理　卓博士	主笔　罗秋心　记者　杨曼青	1912年11月创刊④,社址在前门外樱桃斜街,日刊,小型,四页,发行量八千份。陆哀出资二千元创办,现公称资本为一万元。大众性社会报纸,特别将重心放在了与戏剧相关的报道上。梨园公会每月补助二百元。据说还从英美烟草和北平电车及电灯公司得到若干补助
现代日报	北平警察机关报	社长　吴广钧　名誉社长　林雁宾	主笔　周理卿　记者　成扶平⑤	1932年11月创刊,社址在宣武门外粉房琉璃街八号,日刊,小型,四页,发行量八千五百份
小小日报	宣传体育	社长　宋信生　经理　宋俭生	主笔　温利时　编辑　张修孔	1925年1月创刊⑥,社址在宣武门外棉花头条胡同六号,日刊,小型,四页,发行量六千份。虽为社会报纸,但最近与各大学有联系,专门刊登教育及体育相关的报道,在学界读者众多。1935年曾两次被北平市长袁良命令停刊

① 一说1931年6月16日创刊,一说1930年10月创刊。
② 1936年报告为"李国贤"。
③ 1936年报告为"10月",有一份《时言报》1919年3月在北京创刊。
④ 1931年报告为"1912年",1936年报告为"1913年",一说1912年6月创刊。
⑤ 1936年报告为"成芙萍"。
⑥ 1931年报告为"1925年8月",1936年报告为"1924年8月";一说1925年1月创刊。

(续表)

名　称	主义系统	持有人及社长	编辑干部	备　考
平报	营利本位	社长　陆秋岩	主笔　陈重光 记者　穆玉森	1927年10月创刊①,社址在宣武门外西南园十八号,日刊,小型,四页,发行量三千五百份。公称资本二千元,商业报纸
实事白话报	营利本位	社长　戴兰生　原《晨报》记者 经理　戴瑞华	主笔　邬仲华 记者　何以庄	1918年8月创刊②,社址在宣武门外魏染胡同四十二号,日刊,小型,四页,发行量八千份。由前步兵统领李长泰创设,内容上以小说、戏剧、电影等广告居多。目前的出资者为戴兰生,资本金四千元。据说北平电车公司每月补助一百元
北平白话报	营利本位	社长　任璞生 经理　徐仰宸	主笔　姜伯卿 编辑　王敩庵	1919年4月创刊③,社址在宣武门外④大安澜营,日刊,小型,四页,发行量二千份。原由任璞生之兄任昆山等数人创设,任昆山死后任璞生继承下来。在下层社会和小学生中读者众多。据说发行该报的主要目的是为自家的卖药事业进行宣传。社内设有中国通讯社、中华广告部、中和堂售药处。曾得到荣臻、吴佩孚等人的补助
实权日报	营利本位	社长　德仲华 经理　金少华	主笔　洪维荃 记者　赵仲青⑤	1930年5月创刊⑥,社址在宣武门外十间房九号,日刊,小型,四页,发行量二千五百份。社长德仲华是前清公爵,和前清庄王溥绪共同出资二万元创设。是大众性报纸,从警察署获得的新闻较多,旗人读者众多
星星日报	宣传基督教	社长　金子数	主笔　许痴星 编辑　贺星三	1935年5月创刊,社址在东四牌楼米市大街二○二号,日刊,小型,四页,发行量一千二百份。基督教青年会职员创设,完全用于该教的宣传。据说协和医院(美国洛克菲勒资助)每月补助四百元
汇报		社长　王芳亚	主笔　赵锡湖 编辑　陈逸非	社址在和平门外南新华街二十六号,日刊,小型,四页,发行量五千份。富豪王芳亚出于兴趣独资创设
真报	宣传、介绍西北地区	社长　夏铁汉 经理　马芷庠	主笔　夏铁汉 编辑　田少梅	1933年7月创刊,社址在阜成门内苏萝卜胡同六号,日刊,小型,四页,发行量五千份。曾经获得孙殿英、杨虎城、邵力子等人补助,据说目前马鸿逵每月补助三百元
中报	北平市政府机关报	社长　穆奎章	主笔　景振血 记者　马笑予、马性初	1935年12月创刊,社址在司法部街二十九号,日刊,小型,四页,发行量六千份。创刊之际秦北平市长提供一千元补助。据说目前市政府每月补助三百元
健报		社长　赵六生 经理　赵晋安	主笔　马快然 编辑　成安春	1931年5月创刊,社址在西单牌楼二条八号,日刊,小型,四页,发行量四份。社长、经理均由山西赵戴文之侄担任,创刊之际赵戴文出资五千元,据说目前山西省政府每月补助四百元

① 1936年报告为"1921年1月",一说1921年10月创刊。
② 1931年报告为"1918年",1936年报告为"1920年5月",一说1918年8月创刊。
③ 1931年报告为"1919年",一说1919年7月创刊。
④ 1936年报告为"和平门外"。
⑤ 1936年报告为"赵仲清"。
⑥ 1931年报告为"1930年5月",1936年报告为"1930年1月",一说1931年创刊。

(续表)

名称	主义系统	持有人及社长	编辑干部	备考
公民报		社长 朱能云 经理 朱图祥	主笔 顾家驹 编辑 张少云	1933年4月创刊,社址在宣武门内象来街七号,日刊,小型,四页,发行量五千份。公称资本五千元。据说作为创办费,张学良出资四千元,万福麟、鲍毓麟各出资一千元
大路报	营利本位	社长 李坚白	主笔 李坚白 记者 赵新言、王子绵	1936年1月创设,社址在和平门内六部口十二号,日刊,小型,四页,发行量五千份。北平市商会主席邹泉荪出资五千元创设,是邹及商会的宣传报纸
升报		社长 郝幼文 中华中学教务长	主笔 杨丹林 记者 田月秋	社址在宣武门街骡马市长发栈内,日刊,小型,四页,发行量三千份。据说由师范大学及其附属中学的山西省籍师生三十余人共同出资三千元创设
燕京时报	营利本位	社长 刘梦兰	主笔 姜登钰 编辑 张光宇	1936年2月创刊,社址在前门街西河沿二一四号,日刊,小型,四页,发行量一千三百份。刘社长出资六千元创设
北平晚报	与银行界及商会接近	社长 蒋龙超 经理 刘伏生	主笔 叶子贤 记者 萨空了	1921年1月创刊①,社址在和平门内绒线胡同,日刊晚报,小型,四页,发行量五千五百份。北平的晚报之鼻祖,原名《北京晚报》②,张志潭出资一千五百元,任命刘煌为社长,曾经得到过陆宗舆、曹汝霖等人的援助。后来随着刘煌成为原财政次长张竞仁的女婿,该报开始与银行界及总商会接近。1930年,刘煌表面上辞去社长之职,交由季乃时经营,1935年又交给蒋经营。金融方面的报道较为准确。据说北平银行公会团、万国储蓄会及中央宣传部提供补助
世界晚报		社长 成舍我 经理 吴范寰	主笔 张韵宇 编辑 王桂宇	社址在西长安街三二号,日刊晚报,日刊,小型,四页,发行量五千份。世界日报社经营③
日知报		社长 王薰午	主笔 王薰午	1912年创刊④,社址在宣武门外下斜街,日刊,四页,发行量五百份。1912年浙江人王博谦、王威伯及王薰午三兄弟创设,当时得到了西门子的补助。1924年王博谦死后,该报陷入了经营困境而停刊,1936年再刊,但经营困难,社运不振
东方快报		社长 王卓然	主笔 张景云 记者 林霁融	社址在中海运料门内,日刊,小型,八页,发行量二千份,依靠张学良的补助发行,但"西安事变"后补助断绝,经营困难
进报		社长 武新一	主笔 武新一	1937年5月创刊,社址在东城西裱褙胡同七号,日刊,小型,六页,发行量五百份。据说得到冀察政委会的补助

① 1931年报告为"1921年",1936年报告为"1920年12月"。
② 1931年报告记载创刊于1917年;一说1919年2月创刊,一说1920年7月创刊。
③ 《世界晚报》创刊于1924年4月16日,《世界日报》创刊于1925年2月10日。
④ 一说1913年9月创刊。从袁世凯去世时间看,此报应早于1916年秋创刊。

二、英文报纸

名　　称	主义系统	持有人及社长	编辑干部	备　　考
The Peiping Chronicle ［北平时事日报］ （英文）	中央党部宣传机关报，排日性	社长　沈衔书	主笔　W. Sheldon Ridge　英国人 编辑主任　A.Cecil Taylor　英国人。任玲孙	1932年6月创刊，社址在东城米市大街煤渣胡同，日刊，十二页，发行量二千份。Leader报停刊后，本报盘下其建筑和印刷机等，并在旧址上创设，表面上与旧Leader①之间似乎不存在任何关系。出资者为沈衔书，接受南京中央党部宣传部每月二千元补助，报道具有排日性质。实质上处于南京中央党部的领导下，但形式上似乎在英国大使馆注册登记
The Peiping Daily News ［北平日报］ （废刊）	冀察政务委员会机关报（英文）	董事长　陈仲孚 社长　欧大庆	编辑　卫士生、孙庆光	1936年12月22日创刊，社址在东城南河沿葛蒲河一号，日刊，八页，发行量二千份。根据冀察政务委员会外交委员会主席委员陈仲孚的主张创设，纯粹的冀察机关报。政务委员会提供创设费二千元，维持费每月二千八百多元。但陈仲孚辞去外交委员会主席委员之职后，补助断绝，于创刊一个月之后的1937年1月21日停刊，随后又在2月1日改名为The Peiping News（《北平新闻》）复刊
The Peiping News ［北平新闻］（英文）	冀察政务委员会机关报	社长　卫士生	编辑干部　卫士生	1937年2月1日创刊②，社址在东城东堂子胡同二十号丙子联欢社，日刊，八页，发行量一千份。1937年1月21日The Peiping Daily News停刊后，由冀察政务委员会接管，改名后复刊而成。据说冀察政务委员会提供复刊费二千元，维持费月额三千元。编辑中有中央通讯社方面的人员，因此有支持中央的色彩
The Yenching Gazette ［燕京报］（燕京公报） （英文）	燕京大学各科的宣传机关	社长　黄宪昭	主笔　黄宪昭 编辑　李汝祺、周学章	社址在北平西部海甸燕京大学内。本报由燕京大学学生创刊，1932年3月改为大型四页的晚报，带有左倾色彩。目前处于停刊状态
［平西报］（英文）		社长　黄宪昭	主笔　熊梦飞	社址在燕京大学内燕京大学新闻学系，发行量七百份

三、法文报纸

名　　称	主义系统	持有人及社长	编辑干部	备　　考
Le Journal de Pékin ［北京报］（法文）		持有人　André Nachbaur　前持有人 Albert Nachbaur之子	主笔　André Nachbaur	1911年创刊，社址在甘雨胡同，日刊，八页，发行量三百份。本报当初由一部分比利时人、法国人和俄国人经营，后被在欧洲大战中来到北平的法国人、已故的Nachbaur盘下。1932年1月，趁英文报纸Leader废刊之际，该报发行六页的英文版。同年6月，又随着Chronicle的发刊而停刊。据说由法国公使馆提供补助

---

① 1917年创刊（一说1920年创刊）的 Peking Leader（《北京导报》）的后身。
② 一说1937年1月20日创刊。

四、日文报纸

名称	主义系统	持有人及社长	编辑干部	备考
北京新闻（日文）		社长 森川照太	主笔 风间阜	1923年8月创刊，日刊，四页，社址在五老胡同燕尘社，发行量四百份。作为《京津日日新闻》的北京版发行。1928年9月，随着社长森川被任命为燕尘社理事，该报从 North China Standard 社内迁至现址。以广告费的名义每年从满铁总社得到五百圆的补助
新支那（日文）		社长 安藤万吉	主笔 黑根祥作 前《大阪朝日新闻》记者	1913年9月创刊，日刊，四页，社址在大甜水井，发行量四百份。北平日文报纸中最老的报纸，曾一度陷入经营困境，满铁总社每年补助二百元

五、中国通讯社

名称	主义系统	持有人及社长	编辑干部	备考
中央通讯社北平分社	中央政府及中央党部系，中宣会宣传机关	潘仲鲁	詹辱生、英倚泉、梁绳坡	1930年8月创刊，发行量二百五十份，社址在前门内石碑胡同
建国通讯社	晋系	王述曾	俞剑云	1931年3月创刊，社址在宣武门外海北寺街，发行量五十份
大北通讯社	晋系	何仲勇	武玉辛	社址在太平胡同，据说韩复榘提供补助
致中通讯社	察哈尔省系	朱枕薪	朱国嘉	社址在南池子南湾子，宋哲元每月补助一百元
北方通讯社	张学良系	赵雨琴	赵雨琴、赵震华	1917年6月创刊，社址在宣武门外南横街。曾得到张学良的补助，据说现在是于学忠提供补助
中国新闻社		林冰	朱立然	社址在宣武门内东斜街，据说万福麟每月补助二百元
大陆新闻社		蒋龙超	刘芷洋、施式永	1933年9月创立，社址在宣武门内绒线胡同。原为吴佩孚的宣传机关，现由河北省民政厅提供补助
民舆通讯社	陕西省系	张伯杰	吉小石	1922年10月创立，社址在宣武门外上斜街。曾获得邵力子补助，目前商震每月补助二百元
时闻通讯社		管翼贤	江肇基、童序历、苏雨田、李诚毅	1928年6月创刊，社址在宣武门外大街，发行量二百份。据说每月蒋介石补助一千元，宋哲元补助三百元
统一通讯社		王博谦	徐凌霄、徐一士	1923年8月创刊，社址在宣武门外下斜街。据说黄郛每月补助三百元
远东通讯社		李博敏	李海涛	社址在宣武门外椿树下三条，据说孙科每月补助二百元
国光电讯社		宋抱一	王晓波、陈蝶生、陈逸飞	1928年6月创办，社址在宣武门外大街。据说每年得到全国商业联合会及绥远省财政厅的补助
新华文化通讯社		张少峰	詹辱生、王一民	1931年8月创立，社址在宣武门内绒线胡同，据说李石曾每月补助二百元
华北通讯社	北平市政府系	乐建平	戴璞生、李彦宗	社址在宣武门外棉花三条，北平市政府每月补助一百元
政治新闻社		李泽民	康建元、林中孚	社址在宣武门外校场三条，绥远省政府主席傅作义出资一千元

(续表)

名　　称	主义系统	持有人及社长	编辑干部	备　考
国民通讯社		吕超云	高士春、安惟宸	社址在参政胡同,据说于学忠每月补助二百元
震亚通讯社		阎世燹	林允中	社址在东四牌楼多福巷。原为吴佩孚的宣传机关,但现已与其无关
快闻通讯社		白陈群	刘玉文	1930年10月创立,社址在前门外西河沿,据说北平商会每月补助一百元
民言通讯社	韩复榘系	林鼐士	赵书田	社址在宣武门外梁家园,韩复榘每月补助三百元
新民通讯社		金达志	李政贤、牛心泉	1931年6月创立,社址在宣武门外椿树上三条。万福麟出资一千元,冀察政务委员会也提供五百元的补助
电闻通讯社		凌昌炎	安绍云、王以之、汪为臣	1931年7月创刊,社址在宣武门外大街,发行量一百二十份。据说每月孔祥熙补助二百元,汪兆铭补助二百元
经济通讯社		马芷庠	王佐三、马家生	1924年6月创立,社址在前门外茶儿胡同。据说每月北平银行团和北平商会各补助一百元
正闻通讯社		夏铁汉	李景华	1931年2月创立,社址在西直门内苏萝卜胡同。宁夏省政府主席马鸿逵出资五百元,原陕西省政府主席杨虎城每月补助三百元
边陲通讯社		金振东	连少如	社址在宣武门外北半截胡同,据说每月黄绍雄补助二百元
东亚通讯社		奚乐天	徐一士、袁瑞林	1926年9月创办,社址在西城广宁伯街。据说阎锡山曾出资八百元,平绥铁路局每月补助一百元
快达通讯社		王麟翔	王振东	社址在地安门外前海河沿,据说王树常曾出资一千元
亚陆通讯社		唐友诗	俞志忠	1933年9月创立,社址在西城南沟沿,据说北平市政府每月补助一百元
北洋通讯社		郭君强	门觉天	社址在西城中千章胡同,据说驻平军事分会政训处曾出资六百元,北平市政府每月补助一百元
复生新闻编译社		赵雨时	林霁融	社址在西城市党部街,据说张学良曾出资二千元,前公安局长鲍毓麟每月补助一百元
中国通信社		任岐山	任恒昌、任璞生	社址在前门大安澜营,据说原东北边防军司令长官公署军事参议官胡毓坤每月补助一百元
世界新闻社		朱能云	刘敬胜	1935年12月创立,社址在宣武门内象来街。据说张学良曾出资一千元,万国储蓄会、万福麟及鲍毓麟每月各补助一百元
东方通信社		安尹静	安一非	1935年6月创立,社址在安定门内大街,据说由美以美教会进行补助
北平华民通信社		闻毅然		1934年6月创刊,社址在广安门外南观音寺

(续表)

名称	主义系统	持有人及社长	编辑干部	备考
北平广闻通信社		谷芳		1936年3月创立,社址在宣武门外门楼胡同
北平北洋通信社		郭君强		1933年11月创立,社址在西单千章胡同
快达通讯社		王麟祥		1929年6月创办,社址在什刹海
进化通信社		郭小邨	齐英方、张钊梅	1936年2月创刊,社址在宣武门内烂缦胡同
翔实通信社		宋家驹		1935年9月创刊,社址在宣武门外西砖胡同
华光新闻社		郎苍啸		1935年10月创刊,社址在谢家胡同
实事新闻社		张深		1936年1月创立,社址在崇文门内大街。尚未发行
欧亚通信社		李松山	朱景荪	1935年11月创立,社址在景山东大街
路通新闻社		陈延才		社址在西城按院胡同
正直通讯社		戴侠心	魏春霖	社址在潘家河沿四六号
博闻通讯社		刘振平	张鹤魂	社址在报子街
太华通讯社		王芳亚		社址在琉璃厂太平巷一号
中国通讯社		姜伯卿		社址在宣武门外门楼胡同

（一）通县的报纸

名称	主义系统	持有人	编辑干部	备考
冀东日报	冀东防共自治政府机关报	池宗墨 冀东政府秘书长	主笔 蒋朴庵 编辑 赵仙洲、尹宗福	1936年3月创刊,社址在河北省通县西门北大街,日刊,四页,发行量八千五百份。冀东政府机关报,据说该政府财政厅每月补助三千元。冀东辖区之外的贩售已被中国官方禁止

（二）通县的通讯社

名称	主义系统	持有人	编辑干部	备考
大成通讯社	冀东政府机关通讯	王厦材 冀东政府建设厅长	周剑新 冀东政府建设厅秘书	1936年3月创刊,社址在通县北大街鼓楼后大石板胡同,发行量二百份。冀东政府财政厅每月补助八百元

天津

人口：日本人11 289人（其中朝鲜人2 650人、台湾人66人），中国人1 233 984人，外国人8 626人。

概况

目前在天津发行的报纸如下表所示,中文报纸大小合计三十余种,其中《大公报》最具权威,《益世报》《庸报》《商报》次之。《庸报》最近被认为与日"满"军方建立了关系,因而声价似乎有些许下降,其他中文报纸几乎都不值得重视。日文报纸在时局方面能比较自由地发表真相,因此在中国人和外国人中相当受重视。还有,作为外文报纸,英文有四种,德文有一种,俄文有两种,总计七种。其中 Peking & Tientsin Times 最具权威,被视为北方地区英国侨民民意的代表,因此其论调等相当引人注目。另外,1937年2月发刊的 Evening Post 是住在天津的欧美留学出身的年轻中国人筹办的,其未来也非常值得注目。

一、中文报纸

名　称	主义系统	持有人及社长	编辑干部	备　考
大公报	标榜不偏不倚,论旨较为公平,特别是在对日问题上毫无忌惮地表明意见,一直致力于两国的和平亲善	胡霖　四川省人,毕业于"日大"法律系,任上海《大共和报》主笔,后任官职,辞官后进入报界 张炽章　陕西省人,毕业于东京第一高等学校,曾任上海《民立报》《新闻报》记者	总经理　胡霖 副经理　许萱伯 主笔　张炽章 骨干记者　王芸生、王佩之、李子宽、曹谷水	1902年创刊,社址在法租界三十号路一六一号,日刊,十六页,发行量自称五万份(实际上估计为三万份),资本金六十万元(一说为四十万元)。曾作为安福系的机关报而活跃,后随着该派的没落而逐渐失去影响力。1920年曾一度变更组织,但于1925年末再度停刊。1926年9月,胡霖、张炽章、前社长吴鼎昌等经过多次协商,结果盘下该社,命名为新记公司进行再刊,逐渐超越同行业竞争者,声价上涨。其后随着报社的发展,完善社内的设备,如今在华北地区的中文报纸中稳居第一位。总经理和主笔都是留日出身,因此对日态度较为公正。作为副刊,另外还发行周刊《国闻周报》。据盐运使署每月补助五千元。在上海、北平、汉口、广东、太原、西安、郑州、南京、武昌、青岛、济南设有分馆,专门负责代销。1936年4月1日起在上海刊行上海版。
益世报	原为天主教的机关报,亲美排日的倾向浓厚,但近来已非如此	股份有限公司　社长　李渡三	主编　罗隆基、解幼圃、李砥中	1916年1月创刊①,社址在意租界大马路一号,日刊,十六页,发行量一万五千份(自称),资本金三十五万元。本报最初由天主教徒中的有志人士创立,得到过美国方面的支持(曾在北平发行同名中文报纸,1934年5月,该报独立出去,与其脱离了关系)。一度称雄过华北言论界,但近来已被《大公报》超越,失去了往日的声价。1934年10月,由于反对时任北平政务整理委员会委员长黄郛,刊登排日报道,曾一度被命令停止邮寄。其后内部人员做了调整,近来对日态度逐渐改善。据说省政府每月补助四千元。作为副刊,发行《益世晚报》(发行量六千份)
庸报		合作组织 社长　李志堂 副社长　张逊之	主笔　张逊之　浙江人,毕业于北京大学,《大公报》记者。陈子苍	1926年创刊②,社址在法租界二十六号路二十七号,日刊,十二页,发行量一万五千份,资本金四万元。曾属奉系,排日色彩浓厚,随着张学良的没落,财源断绝,在财政困难中维持经营。1933年末以来,与"满洲国"方面产生了特殊关系,态度也完全转变
天津商报	似乎与市党部及市政府方面有联系	王镂冰　浙江省人。李翊赞	主笔　唐定尧、陈迎周	1927年创刊,社址在意大利租界三马路,日刊,十二页,发行量五千份,资本金二万元。一直每月接受中央政府一千元补助,但近来减至六百元。有关对日问题,屡屡刊载毫无忌惮的评论
大中时报	冯玉祥系,带有反国民党的色彩	徐余生	主编　王牟青、张文斋	1928年创刊③,社址在意大利租界大安街二十二号,日刊,八页,发行量五六百份,资本金五千元。没有一定的主义,营利本位。与民众自治运动者刘大同有关,以山东老乡的关系密切联系

---

① 一说天津《益世报》1915年10月创刊。
② 1929年报告为"1926年6月",一说1926年8月创刊。
③ 1934年报告为"1930年"。

(续表)

名　称	主义系统	持有人及社长	编辑干部	备　考
新天津报	创刊之初为直系吴佩孚的机关报,现在营利本位	刘仲儒　回教教徒,曾任法租界工部局探长	主编　薛月楼、张翁如、姚一达	1924年9月创刊,社址在意大利租界大马路一号,小型,早报十六页,晚报四页,发行量二万份,资本金两万元。多为政治和时事报道,还连载小说及其他消遣性读物,因而中产阶级爱读,占据着小型报纸的王座
天津平报		刘霁岚	王姗	1923年创刊,社址在意大利租界大马路,资本金二千元,发行量三千份
国强报		刘霁岚	主笔　吴我素	1918年创刊,社址在南市平安大街,日刊,小型,四页,资本金一千元,发行量二万份
天风报	以文艺为主,不带有政治色彩	沙大风	杨汝痴	1930年2月创刊,社址在法租界一纬路,日刊,小型,四页,资本金六千元,发行量四千份
中南报		张幼丹	陈志良	1930年12月创刊,社址在南市大舞台东大街,日刊,小型,四页,资本金一千元,发行量四千份
晓报		袁无为	杜子瑜	1932年11月创刊,社址在南市广兴大街,日刊,资本金五百元,发行量一千五百份
治新日报		田树雨	马春田	1931年12月创刊,社址在南市建物大街,日刊,资本金二千元,发行量二千份
天津晶报		陈眉翁	孟师孔	1927年创刊,社址在河北昆纬路,三日刊,资本金一千元,发行量二千份
中华新闻报		袁润之	王醒愚	1932年2月创刊,社址在法租界鼎新里一号,小型,日刊,资本金二千元,发行量一千份
天津晨报① 天津午报② 天津晚报③		孙昌年、董圃	刘轶凡、张金铳	社址在特别二区大马路东首一号,资本金一万四千元。《天津晨报》于1912年创刊,日刊,小型,四页,发行量一万份。《天津午报》于1914年创刊,日刊,小型,六页,发行量二万份。《天津晚报》于1916年创刊,日刊,小型,四页,发行量五千份。以娱乐性和社会性报道为主
快报		赵中轩　浙江人,毕业于南京大学	于今正④　河北人,毕业于河北省立师范	1933年1月创刊,社址在特别一区墙子河路,小型,日刊,资本金二千元,发行量三千份
东亚晚报	日"满"亲善	郑知依	朱通儒、王墨林	1936年4月创刊,社址在日租界香取街,日刊,资本金一千元,发行量二千份。每月由冀东方面补助一千元
时报		李吟梅		1926年3月创刊,日刊,资本金一千五百元,发行量二千五百份
捷报		薛幼青	顾学濂	1936年4月创刊,日刊,资本金一千元,发行量一千二百份

① 即《白话晨报》,一说1912年11月18日创刊。
② 即《白话午报》,1924年报告记载为1916年9月创刊,1929年报告为1916年创刊。
③ 即《白话晚报》,1929年报告记载为1912年创刊,1931年为1911年创刊。
④ 1936年报告为"于公正"。

(续表)

名　称	主义系统	持有人及社长	编辑干部	备　考
亢报		金必元	杨玲华	1933年10月创刊,日刊,资本金六百元,发行量一千八百份
今日新闻		赵子清	董馥棠	1936年1月再刊,日刊,资本金九百元,发行量二千份
三津报		黄涛	陈剑侯	1936年4月创刊,日刊,发行量一千份
钢报		吴卫尔	陈明甫	1935年12月创刊,日刊,资本金五百元,发行量一千五百份
博陵日报		刘震中		1936年1月创刊①,日刊,资本金五百元,发行量一千五百份
新报		刘曜厅	张松年	1935年10月创刊,日刊,资本金八百元,发行量一千三百份
黎明报		李芳元	张逸樵	1936年11月创刊,日刊,资本金八百元,发行量一千六百份
新小报		徐春雨	郝郁如	1936年10月创刊,日刊,资本金三千元,发行量三千六百份
兴报		庞历龙	薛幼青	1936年8月创刊,日刊,资本金二千元,发行量一千六百份
远东晨报	对日态度良好	范承先	权静庵	1936年9月创刊,日刊,资本金二千元,发行量二千份
大晶报		赵可雪		1936年12月创刊,三日刊,资本金五百元,发行量八百份
广播日报		袁无为	娄小霞	1935年10月创刊,日刊,小型,资本金五百元,发行量一千六百份
无线电报		翁一清	陆君采	1935年12月创刊,日刊,资本金五百元,发行量一千八百份

二、西文报纸

（一）英文报纸

名　称	主义系统	持有人及社长	编辑干部	备　考
Peking & Tientsin Times [京津泰晤士报]（英文）	英国系,拥护北方地区英国人利益的机关报	Tientsin Press Ltd 天津印字馆　由股东选举产生的居住于天津的有影响力的五名英国人组成,在 Board of Directors 领导下,作为 J. S. Jones Business Manager 负责经营	主笔 W. V. Pennell 负责路透社、AP 的天津通讯　副主笔 J. E. Wilson 伦敦 Exchange Telegraph 及 Morning Post 的特派员	1894年创刊,社址在英租界中街一百八十一号,日刊,十四页,发行量一千四五百份（亦说与 Star 的发行量略同）。创刊之初为周刊,1904年改为日刊。该报和上海的 North China Daily News 齐名,其社论被视为代表北方地区英国侨民的主张。Pennell 主笔精通日本国情,有关日中时局往往责指日本,但有时又出现亲日言论,有主义不一致之嫌,其所论仍有切中我方要点之处。前主笔 Woodhead 是北方地区言论界的元老,1931年8月被聘任至上海 Evening Post,目前该报还不时转发此人的评论（订报费为每月三弗,每年三十弗）

---

① 一说1934年10月创刊,1937年易名《博陵报》。

(续表)

名　称	主义系统	持有人及社长	编辑干部	备　考
North China Star［华北明星报］（英文）	美国系	社长　C. J. Fox 华盛顿会议时曾任中国政府顾问	主笔　C. J. Fox 主编　A. B. Hayman	1918年创刊,社址在法租界八号路七十八号,日刊,十二页,公称发行量三千七百份。与合众社关系密切,不时刊登Fox社长关于日中时局的评论,论调稳健。Fox曾在华盛顿会议召开期间作为中国政府的顾问赴美国,目前传言其与南京有关。该报定价低廉（月费一弗,年费十弗）,因此在英国人和中国人中都拥有众多购阅者
North China Daily Mail［华北日报］（英文）	英国系	T. G. Fisher	T. G. Fisher	1914年创刊①,社址在法租界七号路十九号,晚报,八页,发行量四五百份。对日态度极为良好,但由于铅字模糊等缘故,在外国人中不太受重视
The Evening Post［北方晚报］（英文）		出资者兼发行人　Thomas Liang　梁士治之子	主笔　潘玉书　天津市政府第三科长、市长英文秘书 营业部主任　卢拜诺维奇　俄罗斯籍犹太人	1937年2月创刊,日刊,六页,社址在英租界二十九号路,资本金十万元。该报由梁出资（梁五万二千元,亲戚四万八千元）,以潘玉书为中心,一批住在天津的欧美留学出身的年轻气盛者创刊,旨在准确报道有关中国政治、经济等方面的新闻,由此增进在华外国人对中国的理解。由于潘玉书是市政府第三科长,该报与市政府及冀察方面似乎存在着密切联系（定价为一个月六十仙,一年六元）

（二）德文报纸

名　称	主义系统	持有人及社长	编辑干部	备　考
Deutsch Chinesische Nachrichten［德华日报］（德文）	德国系	A. G. Deutsche Zeitungsgese Ilschaft, Dr. O. Ohlwein, W. Krey②		1930年10月创刊,社址在Woodrow Wilson Street, Tientsin,日刊,十二页,发行量七百五十份

（三）俄文报纸

名　称	主义系统	持有人及社长	编辑干部	备　考
Наша заря	白俄系	Mrs. O. V. Lemvich	I. L. Miller	1928年4月创刊,社址在英租界Band Talache Building,日刊,六页,发行量一千份。该报由哈尔滨Заря社经营,受到白系俄国民族协会的操纵,致力于攻击赤俄
Азия		小山行道		1932年4月创刊,日刊,小型,四页,发行量三百份。向华北的普通白系俄国人免费发放,反赤俄系报纸,在白系俄国人间受到好评
Пекин-Тяньцзинский Курьер		社长　古拉泽林特　曾就职于莫斯科国营第三印刷工厂	主笔　古拉泽林特　此人文笔素养低,因此其背后似乎有操控者	1937年2月8日创刊,周刊,对开型,六页,据说近来计划转变为普通日刊报纸。该报在创刊号上声明,没有接受来自任何方面任何团体的补助,同时也不会主张苏联的利益

① 一说1915年1月创刊。
② 1936年报告为"Kray"。

(续表)

名　称	主义系统	持有人及社长	编辑干部	备　考
Дальняя краина[远边]（俄文）	赤俄系	据说是尼尔斯，原天津敦华银行	主笔　勃特莱夫　原 офицер 的主笔	取得了英国租界工部局的正式批准，正为近日发刊做准备。据说出资者为尼尔斯，但本人却极力否认，具体情况不明。主笔勃特莱夫是赤化思想持有者，助手希西金曾刊行过攻击日本及谢苗诺夫将军的月刊小册子。根据发行之初的情况，可以预想到该报会有浓厚的亲苏反日色彩
Новый мир[新世界]（俄文）	白俄系			作为目前在上海发行的报纸的姐妹报，将会以相同的名称在天津发行英文和俄文报纸，相关人士从上海来津。按照计划，该报将担负起在远东地区作为苏联的机关报进行活动的使命。其详细状况尚不明了

三、日文报纸

名　称	主义系统	持有人及社长	编辑干部	备　考
天津日报（日文）	《大阪每日新闻》系	真藤弃生、金田一良三、武田守信的合名公司	主笔　真藤弃生　主编　樋口义麿	1910年创刊，社址在日租界福岛街。日刊，十页，发行量一千七百份，资本金七万元。该报为天津最早的日文报纸，由《北新事报》《北支每日新闻》①合并改编而来。总领事馆及民团②登载公告的指定报纸
京津日日新闻（日文）		社长　森川照太　民团参事会长	主笔　永濑三吾	1918年创刊，社址在日租界旭街，日刊，八页，资本金五万元，发行量二千份。总领事馆及民团登载公告的指定报纸

张家口

人口：日本人779人（其中朝鲜人42人、台湾人1人），中国人9 559 118人，外国人279人。

名　称	主义系统	持有人及社长	编辑干部	备　考
察哈尔国民新报	省政府机关报	社长　张文穆、彭望之	主笔　同前	1930年12月创刊，日刊，发行量一千二百份。创刊时称为《西北日报》，1934年改为现名
商业日报	商会机关报	社长　王道修	主笔　贺天民	1933年11月创刊，日刊，发行量一千五百份

察哈尔省各地

名　称	主义系统	持有人及社长	编辑干部	备　考
怀来民报			王一民	1928年创刊，社址位于怀来县，发行量五百份
涿鹿间日报		崔蕴山	同前	1930年7月创刊，社址位于涿鹿县，发行量三百份
蔚县民报		樊明山	同前	1934年创刊，社址位于蔚县，发行量五百份
怀安晓报		岳和乡	韩晏如	1931年5月创刊，社址位于怀安县，发行量四百份
延庆民报		王惠堂	赵化钧	1930年创刊，社址位于延庆县，发行量五百份

---

① 原文有误，应为"《北清时报》《北支那每日新闻》"。
② 当地日侨组织，下同。

绥远

人口:日本人6人,中国人83 990人。

名　称	主义系统	持有人及社长	编辑干部	备　考
绥远西北日报	国民党机关报	陈国英	张文元	1935年10月创刊,日刊,四页,发行量三千五百份
绥远日报	省政府机关报	林超然	同前	1925年①创刊,日刊,四页,发行量四千份
社会日报		陈志仁　原国民党干部	杨震乡	1924年②创刊,日刊,二页,发行量一千五百份
绥远新闻		霍希之	杨令德	1933年创刊,日刊,发行量一百多份
绥远朝报		王锡周	郎九恒	1933年创刊,日刊,发行量四千份
包头日报		李聚五	主笔　同前 编辑　李孕育	1932年创刊③,日刊,社址位于包头县,发行量七百份

太原

名　称	主义系统	持有人	编辑干部	备　考
太原日报	绥靖公署	社长　赵正楷		1932年5月创刊,日刊,八页,发行量约二千份。兼作山西省官报,阎锡山政府提供年额五千元的补助
晋阳日报		社长　梁航标	编辑　张辅轩	1906年创刊,日刊,八页。资本金一万二千元,发行量三千五百份。是最老最大的报纸,内容比较充实,在当地民间有信誉
山西日报	省政府机关报的色彩浓厚	股份制		1918年6月创刊④,日刊,八页,发行量约二千份。最近有乐于刊登排日报道的倾向
并州新报	标榜自由主义	股份制		日刊,六页,发行量一千三百份。内容无特色
明星文艺报		社长　牛光裕		小型,日刊,四页,发行量八百份
华闻晚报		社长　吕征夷		小型,晚刊,四页,发行量三千份。报道迅速,内容比较丰富。基础巩固,经营活泼,在各方面有读者
太原晚报		股份制		小型,晚刊,四页,发行量一千八百份。最近频繁刊登排日报道
西北建设导报		白志沂	田子芳	1925年1月创刊,日刊,社址位于大同,发行量一千五百份

济南(1936年12月底)

人口:日本人2 033人(其中朝鲜人157人、台湾人3人),中国人22 734 943人,外国人590人。

概况

在张宗昌任山东督办时期,发行的数种报纸均作为各官衙的机关报而存在,其中只有日本人经营的中文报纸《济南日报》及中国报纸《平民日报》两报受到特别重视。1929年春陈调元当上山东省主席,将省政府从泰安

---

① ② 1936年报告为"1930年"。
③ 一说1931年11月创刊。
④ 1933年报告为"1919年",一说1918年6月创刊。

迁至当地,随着各类机关设置,报纸数量增加。由于中央两次在当地与山西军展开争夺战,报纸数量因停刊、废刊等减少。接着同年韩复榘就任主席,自此地方治安终于得以顺利维持,报纸数量再次增加。现在刊行中的报纸大小总计有十六种。近来各报社的基础总体上都正在好转。然而,其发行量最低者为一千份,最高者不过一万份而已。过去,因韩复榘言论管控严厉,甚至连《山东民国日报》(省政府机关报)也出现萎缩。近一两年来诸如代表大众舆论的《华北新闻》(小型报纸)逐渐占据优势(发行量一万份),同时,各报社发行量均出现明显增加。而且,在1936年度,有《晓报》《衡报》等小型报纸创刊,这些都可以视为当地言论发达的佐证之一。目前中文报纸大小合计十六种,日文报纸一种。中文报纸中普遍受重视的为省政府机关报《山东民国日报》、代表大众舆论的《华北新闻》《平民日报》等。《济南日报》是其中唯一由日本人经营的报纸,现在不像张宗昌统治时期那样有优势,但其言论及各种报道在中国人中间相当受关注。

一、中文报纸

名　称	主义系统	持有人	编辑干部	备　考
山东民国日报	省政府机关报	李江秋	同前	1928年8月创刊①,日刊,发行量八千份
平民日报	曾为旧共和进步党机关报,现无色彩	王伯洲	同前	1925年4月创刊②,日刊,发行量一千五百份,股份制
山东日报	省党部机关报,教育厅长何思源系	冉揆仲	同前	1932年6月创刊,日刊,合资组织,发行量一千五百份。似乎接受省党部三千五百元补助
通俗日报		罗亚民	同前	1930年5月创刊③,日刊,发行量一千份
华北新闻		赵自强	同前	1932年3月创刊,小型,日刊,发行量一万份。为私人合资组织
诚报		朱曦堂	同前	1931年5月创刊④,日刊,发行量一千二百份。似乎接受省政府参议李天倪补助
济南日报		社长　平冈小太郎　理事　户塚易	罗腾霄	1917年8月创刊⑤,日刊,发行量三千份。是济南唯一由日本人持有的中文报纸
光华报	天主教机关报	刘遗民	同前	1933年9月创刊,周刊(其中英文二页),发行量二千份
中报		韩笑鹏	同前	1933年9月创刊,小型,日刊,发行量四千份。由过去的《大晚报》于1936年12月改名而成
新亚日报	省党部机关报	杨沛如	同前	1935年末创刊⑥,发行量一千份。为《国民日报》的后身,排日色彩浓厚
晓报		李植生	同前	1936年11月创刊,个人经营。小型,日刊,发行量一千二百份
衡报		庄微庭	同前	1936年11月创刊,小型,日刊,发行量八百份

除了上述之外,还有《晨报》《小学生报》《求是日刊》《新报》。

---

① 1930年报告为"1929年6月"
② 1930年报告为"1922年",一说1922年创刊。
③ 一说1932年创刊。
④ 1932年报告为"1931年6月"。
⑤ 一说1916年创刊。
⑥ 一说1935年1月1日创刊。

二、日文报纸

名　称	主义系统	持有人	编辑干部	备　考
山东新报		社长　小川雄三 青岛《山东每日新闻》持有人之一	同前	1916年10月创刊①，日刊，发行量七百份。本报由过去的《山东新闻》与《胶济时事新报》合并而成。另外在青岛发行晚刊（发行量八百份），但1932年5月上述报纸作为晚刊《山东新报》而独立出去

青岛

人口：日本人16 636人（其中朝鲜人1 420人、台湾人11人），中国人4 683 444人，外国人1 534人。

概况

青岛发行的日、中、西文报纸各自规模如下表所示，因当地远离中国政治、经济中心，各报难免地方色彩浓厚。

中文报纸近来依靠中央社电讯，详细且迅速地报道南京、上海等中国重要城市的新闻，往往抢在日文报纸前面发布。不过，由于官方及党部新闻统制无处不在，加上不向其他地方派遣通讯员，报道内容几乎相同，没有具有特色的报纸。此外，有些报纸在评论、报道等上舞弄排日毒笔，不过，由于日本人在当地地位巩固，日本人作为广告客户受到重视，这些报纸似乎不去碰当地日中之间发生的事情。

日文报纸在报道内外政治、经济消息时大体上都是利用"同盟"通讯，因此无特色，仅在报道当地消息时显示出竞争性态度。而且，其读者范围因限于青岛及胶济沿线的日侨及一部分中国人，今后增加发行量或广告费的希望有限，正苦心维持经营。

其次，《大阪朝日新闻》《大阪每日新闻》等日本内地报纸的销售情况也相当良好，不仅为上述日侨购阅，而且市政府人员、胶济铁路局人员及其他中国知识阶层在购阅当地日文报纸时，也购阅这些报纸，用于研究日本。

英文报纸以当地外侨为读者，随着夏季避暑客来青，发行量明显增加。

一、中文报纸

名　称	主义系统	持有人	编辑干部	备　考
青岛时报	自由主义	持有　尹朴斋 社长　同上	主笔　尹朴斋 编辑　王书天	1924年1月创刊②，晨刊，发行量一千二百份。对日感情曾比较温和，但逐渐有尖锐化的倾向。在官公吏和平民阶层中有读者，内容以时事、社会新闻、体育、学问、艺术、卫生等为主。往往刊登漫画、散文、摘要
正报	国民党系、左派	持有人　史鹏远 社长　吴炳宸	主笔　史鹏远 骨干记者　翟仲仙	1924年1月创刊③，晨刊，发行量约一千二百份。排日色彩浓厚，在市党部人员、官吏、知识阶层中有读者。内容以时事、社会新闻、体育、学问、艺术、卫生等为主，刊登漫画、散文
青岛民报	国民党系、左派	持有人　杜宇 社长　王景西	主笔　杜宇 骨干记者　王景西	1929年1月创刊④，晨刊，发行量约八百份。是党部机关报，排日色彩浓厚，读者主要是党部人员、知识阶层、官公吏。内容以时事、社会新闻、体育、学问、艺术、卫生等为主

---

① 一说1917年创刊。
② 1934年报告为"8月"；一说1924年9月创刊。
③ 1934年报告为"1927年2月"，一说1926年创刊。
④ 1934年报告为"1926年5月"，一说1930年2月1日创刊。

(续表)

名　称	主义系统	持有人	编辑干部	备　考
光华日报	无主义系统	持有人　韩志远 社长　马起栋	主笔　马东 编辑　王日安	1930年1月创刊①,晨刊,发行量六百份。对日感情比较温和,普通商人中读者居多,以商业报道为主
青岛日报	无主义系统	持有人　王筱古 社长　冯善亭	主笔　张任山 编辑　赵来生	1929年6月创刊②,晨刊,发行量五百份。对日感情比较温和,以商业报道为主,在普通商人中有读者
平民报③	排日主义	持有人　张乐古 社长　同上	主笔　马桐川	1928年1月创刊④,晨刊,发行量八百份。社长张乐古作为排日主义巨头而出名,在官公吏、知识阶层中读者居多,据闻市政府发放补助金,以政治、运动报道为主
工商日报⑤	家礼会系统	持有人　鄞洗元 社长　同上	主笔　鄞洗元 骨干记者　栾振华	1930年2月创刊⑥,晨刊,发行量五百份。主笔鄞洗元原为日本人主办的中文报纸《大青岛报》主笔,因对日感情令人不悦而辞职。其为基督教青年会会长,美国系统自由主义者。在普通商人、官公吏中有读者,以商业、社会报道为主
胶济日报⑦	国民党系,左派	持有人　黄培柱 社长　同上	主笔　李德祥 编辑　王安苍	1929年1月创刊⑧,晨刊,发行量七百份。社长黄培柱为胶济铁路特别党部委员,对日感情令人不悦。本报还是该党机关报,在铁路党部人员、官公吏、知识阶层中有读者。政治、社会、学问、艺术报道为主要内容
胶澳日报	排日主义	持有人　陈旡我 编辑　同上	主笔　陈旡我 编辑　王赓先	1932年1月创刊⑨,晨刊,发行量三百份。社长陈旡我为国民党员,排日感情浓厚。在下层商人中有读者,以商业、社会报道为主
新青岛报	国民政府系	持有人　姚公凯 社长　邢左山	主笔　孟春廷 编辑　赵冷闻	1930年5月创刊⑩,晨刊,发行量五百份。对日感情比较温和。持有人姚公凯为蓝衣社员,蒋介石系人物。在官公吏和平民阶层中有读者,以政治、学问、艺术报道为主要内容
青岛公报	无主义系统	持有人　邹学藩 社长　同上	主笔　陈达	1930年3月创刊⑪,晨刊,发行量约五百份。对日感情比较温和。社长邹学藩曾经是上海中学教师,在知识阶层、学生等中有读者。刊登学问、艺术、体育报道

---

① 1934年报告为"1927年10月",一说1933年10月21日创刊。
② 1934年报告为"1931年11月",一说1926年创刊。
③ 1934年报告为《青岛平民报》。
④ 一说1925年8月10日创刊。
⑤ 疑为1934年报告中之《工商新报》。
⑥ 一说1929年7月5日创刊。
⑦ 1933年报告为《胶济日刊》。
⑧ 1934年报告为"1931年5月",一说1931年7月创刊。
⑨ 1934年报告为"1933年10月",一说1934年创刊。
⑩ 1934年报告为"1931年7月",一说1931年8月14日创刊。
⑪ 1934年报告为"11月"。

(续表)

名　　称	主义系统	持有人	编辑干部	备　　考
大中日报	无主义系统	持有人　胡博泉 社长　同上	主笔　胡博泉 骨干记者　王全升① 编辑　姚洗尘	1932年1月创刊②，晨刊，发行量六百份。对日感情比较温和，在普通商人、平民阶层中有读者，以政治、商业、社会报道为主要内容
民众日报	国民主义	持有人、社长　扬虑福	主笔　吴明曦	1936年10月创刊③，晨刊，发行量八百份。为青岛特别市党部机关报，对日感情浓厚。墙报张贴很多，以下层阶级为目标努力宣传，以社会、商业报道为主
大青岛报	无主义系统	持有人　股份有限公司青岛新报社 社长　小谷节夫		1915年1月9日创刊④，晨刊，发行量五百份，在青岛市内中国中坚阶层中有读者。以日中融合为目的而发行，以时事、社会、学问、艺术、体育、卫生等为主要内容

二、日文报纸

名　　称	主义系统	持有人	编辑干部	备　　考
青岛新报 （日文）	无主义系统	持有人　股份有限公司青岛新报社 社长　小谷节夫	编辑　关谷金吾 骨干记者　小川岩夫、岛村央绪	1915年1月9日创刊⑤，发行晨、晚刊，发行量晨、晚刊各一千五百份。以当地普通日侨为主要读者，向天津、济南、胶济沿线等地发送三百份内外。刊登学问、艺术、体育、社会报道等一般内容。社长小谷节夫为众议院议员。每年春季主办当地日本侨民联合运动会。此外，有时还负责慈善、救灾等捐款。是青岛代表性的日文报纸
山东每日新闻 （日文）	无主义系统	持有人　吉本周治 社长　长谷川清	编辑　吉冈鹿造 骨干记者　宇野佑四郎、桑木春一	1928年1月20日创刊⑥，发行晨、晚刊，发行量一千五百份。以当地普通日侨为读者，向铁路沿线、济南等地发送一百五十份内外。刊登政治、学问、艺术、经济、体育、社会报道等一般内容。与《青岛新报》形成很好的对应关系，正逐渐侵蚀其销售渠道，是青岛有影响的报纸
山东通信 （日文）	无主义系统	持有人　冈伊太郎 社长　同上	主笔　冈伊太郎 骨干记者　山田春三	1927年5月16日创刊，每日发行二次，发行量六百份，油印报纸。在饭店、饮食店、舞厅、旅馆等特殊行业与一部分旅居当地的商人中有读者。虽然刊登政治报道、经济报道等，却是将重点置于社会报道的所谓低俗报刊

---

① 1936年报告为"王金升"。
② 1934年报告为"1931年10月"，一说1930年12月创刊。
③ 一说1936年12月创刊。
④ 1934年报告为"6月"，一说1914年创刊，一说1915年1月创刊。
⑤ 1924年报告为"1915年1月15日"，一说1914年创刊。
⑥ 1934年报告为"1926年10月"。

三、西文报纸

名　　称	主义系统	持有人	编辑干部	备　　考
Tsingtao Times [青岛时报] （英文）	自由主义	持有人　合资公司 The Tsingtao Times Company 社长　James McMullan	主笔　William Little 骨干记者　威尔德·哈蒙德	1925年8月创刊①，晨刊，英国籍，英文报，发行量四百份，夏季一千份。以往对日感情温和。以欧美侨民为读者，青岛唯一的日刊英文报纸，主要刊登通讯报道。1936年4月前社长Major Stockwell去世，现社长继承经营。主笔William Little曾为《山东导报》经营者，以本年5月底最后一天将该报停刊，应邀为本社新主笔，还准备不久发行俄文版。社长McMullan是比较亲日的英国人，而主笔William Little被认为比较有排日思想
Shangtung Pioneer[山东导报]（英文）		持有人兼社长 William Little	主笔　同前	1936年10月创刊，每周发行三次，发行量一千五百份。本报是社长为了宣传自己经营的电影院而创刊的

四、通讯

名　　称	主义系统	持有人	编辑干部	备　　考
社团法人同盟通信青岛支局	无主义系统	持有人　社团法人同盟通信社 支局长　伴野韶光		一日数次发行，发行量一百五十份。以官衙、公司、银行、日本与中国的大商店为读者。发布政治、经济等内外电讯及地方新闻，具备接收电讯的装置，直接从总社接收新闻

芝罘

人口：日本人835人（其中朝鲜人407人），中国人4 228 165人，外国人3 063人。

一、中文报纸

名　　称	主义系统	持有人	编辑干部	备　　考
芝罘日报		持有人兼社长　王宗儒　原为日本领事馆文书	主笔　王倬云	1909年创刊②，大型，晨刊，八页，发行量约六百份。本报系日本人创立，为当地最早的报纸，1923年盘给现社长至今日
东海日报		股份制 社长　牟又尼	主笔　同前	1931年7月创刊③，大型，晨刊，八页，发行量约一千五百份。本报作为刘珍年机关报而创刊，1932年10月被当地公安局查封。此后，福山县党部委员林鸣九及总商会委员等三十多人发起，使之复刊，林鸣九常任济南后改为股份制
胶东卍报	红卍字会机关报	持有人　红卍字会 社长　曹时屏	主笔　仲绍文	1919年创刊，大型，晨刊，八页，发行量约八百份。《爱国报》破产后，红卍字会盘下该社设备，于1932年9月改为现名

---

① 1934年报告为"1922年6月"，一说1926年创刊。
② 1924年报告为"1907年"，1929年报告为"1908年"；一说1907年创刊。
③ 一说1930年7月创刊。

(续表)

名称	主义系统	持有人	编辑干部	备考
钟声报		持有人兼社长 丁训初	主笔 同前	1923年创刊①,大型,晨刊,八页,发行量约八百份
民声晚报		持有人兼社长 戴紫和	主笔 同前	1935年1月创刊,小型,晚刊,四页,发行量约一千份
铎报	红卍字会机关报	与《胶东卍报》相同		1935年5月创刊,小型,晚刊,四页,发行量约一千份

二、英文报纸

名称	主义系统	持有人	编辑干部	备考
Chefoo Daily News[芝罘每日新闻](英文)		持有人兼社长 英商仁德洋行,D. F. R.McMullan 兼路透社通讯员	主笔 同前	1917年创刊,社址位于芝罘大马路。小型,晨刊,十页,发行量约四百份。该报为山东省内最早的英文报纸,但只有芝罘附近的外侨购阅。社论主要仅转载《上海泰晤士报》的社论

山东省各地

名称	主义系统	持有人	编辑干部	备考
黄海潮报		持有人兼社长 刘福堂 商会主席	主笔 田济川	1930年9月创刊②,社址位于威海卫。大型,晨刊,六页,发行量约五百份。被视为商会机关报
新生日报		社长 胡建民 区党部委员	主笔 同前	1929年1月创刊,社址位于威海卫。大型,日刊,八页,发行量约四百份。本报为《威海日报》③1935年5月改组④而成
鲁东日报		韩化清 原党部委员	主笔 宋新三 原党部委员	1935年4月创刊⑤,社址位于坊子。发行量七八百份。原为党部机关报,现在无直接关系

附
山海关

人口:日本人2 869人(其中朝鲜人867人、台湾人7人),中国人1 473 151人,外国人88人。

一、日文报纸

名称	主义系统	持有人	编辑干部	备考
山海关日报(日文)		社长 黑川重幸 副社长 大川真一		1934年4月创刊,社址位于山海关南门外,日刊,六页(其中二页为锦州版),发行量约一千五百份。资本金与《山海关公报》合为三万圆。报道稳健,但缺乏新意。领事馆指定刊登公告的报纸

---

① 1929年报告为"1913年",一说1912年12月创刊。
② 一说1931年8月创刊。
③ 1936年报告记载,该报1929年1月创刊,一说1930年1月创刊。
④ 一说1935年8月改组。
⑤ 一说1935年5月创刊。

二、中文报纸

名　称	主义系统	持有人	编辑干部	备　考
山海关公报	冀东政府准机关报	社长　黑川重幸 副社长　大川真一	编辑主任　石英	1934年7月创刊,社址位于山海关南门外,日刊,四页,发行量二千八百二十份。资本金与《山海关日报》合为三万圆。标榜反蒋、反国民党,在冀东政府官方读者比较多

三、通讯员

大阪每日新闻	黑川重幸	满洲日日新闻	同前	同盟通信	大川真一
奉天每日新闻	西野弘	奉天日日新闻	长野薰		

中　部

上海(1937年2月底)

人口:日本人26 061人(其中朝鲜人1 797人、台湾人651人),中国人20 282 276人①,外国人48 943人。

概况

(一)中文报纸

现在上海发行的大型中文报纸,有晨刊十一种,即《申报》《新闻报》《大公报》《时事新报》《民报》《中华日报》《时报》《神州日报》《上海商报》《宁波日报》《市民日报》,有晚刊九种,即《大晚报》《大美晚报》《华美晚报》《大沪晚报》《社会晚报》《生活晚报》《东南晚报》《华东夜报》《新华晚报》。而1936年间发生的值得特别一提的事如下:

1. 被视为蒋介石系的机关报、提倡独裁的《晨报》因刊登攻击财政部长孔祥熙的报道,触及当局忌讳而被勒令停止发行,最终关闭;
2. 天津《大公报》进入上海,与《申报》《新闻报》等大报为伍开始发行;
3. 《时事新报》改组,张竹平完全退出报业,该报的实权移交给孔祥熙;
4. 长期停刊中的《神州日报》恢复。

除了以上主要情况,还有《大日报》停刊、晚刊四页的报纸显著增加等。

其次,再根据言论与报道内容看一下最近的倾向。除了一部分特殊情况外,大报的社论基本上显得平稳,总是主张加强中央统一,对日论调如实反映了政府的态度、方针,几乎始终持有一贯的主张。还有,即使在政治报道、社会报道上也鲜有特别刺激大众的那种即兴报道,可以认为相当趋于稳健化,这是中央政府压制言论、统制报道越来越强化所导致的结果。另一方面,难以否认的是,报纸给读者带来倦乏和不满,正在丧失作为报道机关的生气。不过在此间新进入的《大公报》,其社论、报道致力于突破《申报》《新闻报》,开拓出新天地,尤其是其社论,尽管走在拥护现政府的轨道上,但总是以指导性的立场为己任从而显示出几分生气。还有,作为吸引读者的手段,各报的读者投稿栏、附录周刊、时事漫画等,在报社本身的责任范围外露骨地评论、批评恢复失地、对日强硬外交等。在经营上值得特别一提的是大报打进各地,利用以上海为中心的近郊城市道路建设的发展,以《申报》《新闻报》为主,各著名报纸均在快速向各地投递上投入精力,使用专车将晨刊在当日送达。通过此种方法好像获得了相当好的效果。

(二)小型中文报纸

从所谓"蚊报"时代转变,逐渐确立作为小报的营业立场,明显显示出发展足迹,按月订阅者从上海市内延伸至地方上,例如,近来被视为影响最大的《力报》,终于在上海市内有一万份销量,在地方上有一万份以上的固定读者。与大报一样,小报在各城市设立代销店,努力扩大读者群。因此,其内容也相当充实,就像该报,据说资本金有二十万元,一个月的经费有一万元以上的规模。可以认为,只要当局压制言论,大报报道采用统一的通

---

① 原文如此,有误,1936年的数据为3 183 965人。

讯稿件，此种特殊报纸就仍有发展的可能性。现在当地发行的小型中文报纸不下三十种。

（三）中文杂志

普通购阅能力有逐渐增加的倾向，而发行的种类及份数的增加则更多，这样，二三流的杂志大多陷入经营困难。因此持续发行的杂志很少，处于显著变动状态。现在在上海的书店销售的杂志种类如下：

一般综合杂志	约六〇种
有关经济和统计的杂志	约三〇种
有关法律、政治的杂志	约一五种
有关医学、卫生、体育的杂志	约三〇种
有关地理、历史、教育的杂志	约二五种
有关文学的杂志	约三〇种
有关画报、演艺、照相等的杂志	约四〇种
有关农业其他方面的杂志	约二〇种
有关交通、电气、建筑、工艺的杂志	约三〇种
有关军事、警察的杂志	约一〇种
有关妇女、儿童、语学等的杂志	约三〇种

合计约达三百二十种之多，其中半数左右在当地有发行所。

国民党部中央图书杂志审查委员会通过审查，依然对舆论严加管控。至去年12月4日章乃器等人民战线派干部在上海被捕为止，该派的杂志是有影响力的。在实施逮捕的同时，《文学月刊》《通俗文化半月刊》《新认识半月刊》《新世纪半月刊》《青年文化》《国际导报时论》《作家月刊》《生活星期刊》《世界文化》《读书生活》等十二种杂志，被以内容带有反动性质为由，根据出版法第十九条被禁止发售。西安事变解决后，《世界文化》等二三种杂志因南京中央党部管制缓和而得以恢复销售。至去年接到禁止发售的命令为止，这些杂志的倾向是按照人民战线派的主张，站在左翼立场强调打倒政府、对日抗战两大目的，但西安事变以来摘掉了打倒国民政府的招牌，而强调以对日抗战为主要目的。这一情况值得注目。

然而，作为一般倾向，带有左翼倾向的杂志和有实质性内容的经济杂志受到欢迎。

（四）外文报纸

上海的外文报纸中最具有权威、有影响力的报纸是英文报，晨刊有 *North China Daily News*、*China Press*、*Shanghai Times* 三种，晚刊有 *Shanghai Evening Post & Mercury*（1930年8月 *Shanghai Evening Post* 收购合并 *Shanghai Mercury* 而成）。其中前两者得到内外重视，尤其是 *North China Daily News* 可夸耀为东方第一的外文报，内容、外观均充实。其社论在"Impartial, Not Neutral"这一编辑标语下持有稳健保守性态度，作为代表在华英国官民舆论的报纸，难免屡屡偏向于英国利益，但总是受到国内外瞩目。该报通讯栏随时刊登发自东京、哈尔滨、新京、北平、汉口、广东等各地的通讯，特别是内地通讯，便于了解中国实情。*Shanghai Times* 属于亲日派，而 *China Press* 1930年11月被中国方面收购，在中国人中拥有大量读者，"满洲事变"以来连续大肆刊登激烈的排日评论和报道，虽然有时强有时弱，但排日抗日的立场是一贯不变的。

除英文报纸之外，有法文报纸一种、德文报纸一种、俄文报纸数种，均为该国与该国民的宣传机关。因其读者范围有限，基本上无影响力。

（五）外文杂志

作为外文杂志，发行最多而有分量的为英文杂志，诸如 *China Weekly Review*、*China Digest*、*Far Eastern Review*、*China Critic*、*Oriental Affairs*，均拥有几千份的发行量，不仅当地外侨，而且在中国人中也有不少读者，具有相当大的影响力。此外，发行量尽管不一定多，但有数种英文经济杂志作为显示国际经济城市上海之地位的杂志是值得关注的。上海还发行有宗教方面的英文杂志，作为上海犹太复国主义协会的机关杂志，促使人们拥护远东犹太人及犹太教利益的月刊杂志 *Israel Messenger*（《犹太月报》）于1904年创刊，1910年2月停刊，1918年继续复刊，有了四五百份发行量，但时至今年再次停刊。

还有，本年初停刊的杂志中有 *China Republic*（《民国周刊》）。这是以李炳瑞（之江大学校长、留美出身）为主笔编辑的杂志，1932年创刊，发行量约五百份，曾支持过西南派。其他一些俄罗斯人经营的小杂志，大多二三个月就休刊或停刊，其变化甚大，显示出形势的转换。

（六）日文报纸及杂志

上海的日文报纸有《上海日报》《上海日日新闻》及《上海每日新闻》三报。目前阶段，上述三报都经营困难，以当地日侨为对象的竞争已经走进死胡同，似乎无法期待今后进一步发展。（1937年7月"中国事变"①爆发，上海也成了我"皇军"攻击之地，上海的言论机关亦面临一大变革。日文三报也乘此机合并，统一为《上海联合报》一报。——1937年11月附记）

一、中文报纸

名　称	主义系统	持有人	编辑干部	备　考
申报	历史上曾接近直系及安福系，又与已故张謇一派的江苏实业派建立联系，而现在完全采取追随政府主义	史咏赓　已故史量才之子，总揽社务，但因年纪还轻，缺乏经验，设总管理处，由马荫良总体负责经营 经理　马荫良	总主笔　张蕴和　因老弱由周梦熊代理 副总编辑　周梦熊 编辑干部　武廷琛、胡仲持、马崇淦、赵君豪、瞿绍伊、张叔通、黄寄萍、潘仰尧、周瘦鹃、钱华、冯都良 评论栏由周梦熊担任，编辑干部兼社论委员，亦采用社外特约投稿。近来鉴于《大公报》社论杰出，举足轻重，有人提议邀请胡适担任评论，以此对抗《大公报》的社论，但胡适未允诺，化为泡影	1872年创刊，社址位于汉口路三〇九号。日刊，十六页至二十页（另上海附增刊八至十二页），发行量约十一万份。本报系英国人F.Majer氏创刊，作为中国最老的报纸，基础巩固，信誉笃厚。1914年由已故史量才经营，在德国领事馆注册，1916年以冈田有民之名义在日本领事馆注册。其后受到排日风潮的影响，取消在我方的注册，在法国领事馆注册。本报报道，内容，外观，无论从任何一点看，都毫不逊色于日本主要报纸。在各界有识阶层读者居多。本报与《新闻报》，恰如我国《大阪朝日新闻》与《大阪每日新闻》那样的关系，可称为中国报界的双璧。现在社务由经理马荫良总体负责。营业风格与史量才在世时相比变得有些消极，但增加了扎实感。还有，作为附属出版事业，停止了《申报月刊》，出版《申报周刊》及临时单行本
新闻报	忠实遵奉政府的言论统制政策	社长兼总经理　汪伯奇　原社长汪汉溪之子，安徽人，上海圣约翰大学出身。此人还经营慎益钱庄，称有资产百万元 董事长　吴蕴斋 董事　何联第。秦润卿　被称为金融界元老，任钱业公会主席委员、中国垦业银行董事长、钱业联合准备库主席委员等重要职务。钱新之。汪伯奇 监察　徐大亟。叶琢堂　为实业界有力人士，相关事业较多，与蒋介石有密切关系。据传蒋在上海的资产全由此人负责保管	总主笔　李伯虞（浩然）陕西人，留日出身，曾为《时报》及《神州日报》记者，十九年前入社以后担任总主笔至今日，为人严谨 副总主笔　严独鹤　上海人，兵工学校毕业，与世界书局有关 编辑干部　陈达哉、胡叔异、朱羲农、严谔声、潘竞民、余空我、阮静如、徐耻痕、倪澜深、宋颂周、蒋剑侯、郭步陶 社论、中央政治、社会问题由李浩然担任，经济问题据说以上海市商会名为梦蕉②者为特邀撰稿人	1893年创刊，社址位于汉口路二七四号，资本金一百二十万元。日刊，二十页至二十八页，发行量约十二万份。本报曾经依据美国法律在美国总领事馆注册，1928年12月大股东美国人Fergusson将其所持股份（65％）全部转让给《申报》的史量才。这样，翌年1月股东大会决议取消在美国注册，正式在国民政府实业部注册。史将美国人转让股份内的15％转让给汪伯奇，史、汪各持有半数股份，吴蕴斋作为史的代表入社，任董事长。此后报纸的经营由汪主持，但有关方针及人事受史的制约颇大，有倾向认为《新闻报》完全在《申报》的领导之下。本报经济栏有特色，因此在实业界读者特别多。曾经亲美排日的色彩浓厚，但近来好像变得稳健。还有，本报发行晚刊《新闻夜报》

---

① 即"七七事变"。
② 原文模糊，疑似"蕉"字。

(续表)

名 称	主义系统	持有人	编辑干部	备 考
大公报		持有人 吴鼎昌 国民政府实业部长 社长 胡霖 天津《大公报》总经理,留日出身,与吴鼎昌是老友。头脑清晰,据说在观察时势方面敏锐 副经理 李子宽 前国闻通讯社副社长	主笔 张季鸾(炽章) 天津《大公报》主笔,第一高等学校肄业,精通日语、日本情况,作为政治评论家在中国舆论界举足轻重 编辑主任 王芸生 记者 杨历樵、徐铸成、孔昭恺、许君远、资彝民、王文彬、朱永康	1936年4月1日创刊,社址位于爱多亚路一八一号。日刊,十六页,发行量二万份。本报为天津《大公报》进军中央之举,吴鼎昌与蒋介石有密切联系,每月接受军事委员会一万元补助,因此有倾向认为其为蒋的机关报,但好像未必如此。对于日中问题进行相当深入的评论,而且即使是政府的对日方针,也尝试加以指导性评论等,有不容《申报》《新闻报》等追随之处,在言论压制状态下博得相当读者的赞赏。在当地报界,其新闻、报道内容事实上都具有指导性地位,在知识阶层中读者较多,而且在向地方进军上采取相当积极的方针,因而今后的活跃值得关注
时事新报	被视为孔祥熙的机关报	董事长 徐新六 浙江兴业银行董事长,为金融界实力人士 董事 孔祥熙、潘公弼、张枢、王卓然、经乾堃、戴耕莘、傅汝霖、曾虚白、董显光、郑耀南、杜月笙 监察 陈布雷 总经理 崔唯吾	总主笔 潘公弼 总编辑 高向皋、薛农山 评论大体上由上述三名担任,对日论调最差	1908年创刊,社址位于爱多亚路一三〇号,资本金二十九万元,股份制。日刊,十二页,发行量七八千份。1914年被德国人盘下,在德国领事馆注册。1916年与德国断绝关系,以日本人波多博之名义在日本领事馆注册,同年秋起成为梁启超一派的机关报,接着取消注册,改在法国领事馆注册。1927年4月转为当时《申报》副经理张竹平经营,显示出活跃的编辑方式,基础也逐渐巩固。张以本报为基础,与 China Press 及《大晚报》联系,计划建立报纸托拉斯,一时大张旗鼓地展开活动。社论、报道均生气横溢,受到读者欢迎,发行量也有过号称五万份的时期。1935年5月前后因发表攻击政府的言论报道而被禁止在租界外销售,经营上深受打击。为此,张最终将本报、China Press、《大晚报》及申时电讯社的一切权利转给孔祥熙及杜镛(月笙)等人而隐退。组织改革后的本报失去以往的特长,作为政府机关报,与《民报》等一样处于停滞状态,发行量也减少,据说每月经费不足八千元
时报		社主 黄伯惠 江苏人,游历英美,英语娴熟。是上海著名的地产拥有者,据说将经营报纸作为一种兴趣爱好 经理 王李鲁 黄伯惠的亲戚	主笔 蔡行素 在该报工作十余年,深得现社长信任 编辑干部 顾正庵、林一民、滕树谷、邵翼之	1904年创刊,社址位于福州路五一四号。日刊,八页,发行量二万份左右。本报当初由康有为出资,最初由狄楚青(康有为之门人)负责经营。1907年以宗方小太郎之名义在日本总领事馆注册,1919年排日运动之际,仿效《申报》在法国总领事馆变更注册。1925年转给现社主黄经营,文笔具有煽动性。"上海事变"①之际,以即兴夸张的报道吸引读者,一时取得相当好的业绩,而随着时局安稳,受到社会厌恶。本报在体育报道上有特色,在学生及普通大众中读者居多。还有,因黄的家业衰退,报社陷入极度经营困难,据说目前正在活动争取获得中央党部及国民政府方面的补助

① 即一·二八事变。

(续表)

名　称	主义系统	持有人	编辑干部	备　考
大晚报	时事新报系	与《时事新报》相同	主笔　曾虚白 总编辑　汪倜然 记者　金摩云、邵宗汉、伍鱼水、郑叔衡、崔万秋	社址位于爱多亚路一三〇号，晚报，历史久，有相当多的固定读者。发行量平常六七千份，据说有时达一万份以上。孔祥熙担任收购《时事新报》，也包括本报，但与《时事新报》经济上分开，据说业绩倒是比《时事新报》好
神州日报	有"法西斯"色彩	社长 蒋光堂 字裕泉，曾经营天津《庸报》，还与于右任有关系	总主笔　朱应鹏　曾任《时事新报》编辑，与陈果夫及陈立夫关系较深 记者　叶秋原、张若谷、刘述生、钱台生	1936年10月恢复①，社址位于宁波路一三〇号。日刊，八页至十二页，发行量四五千份。本社表面称为资本金十万元的有限股份公司，而还未正式成立。本报最初由余大雄靠日本方面援助经营，1928年以来停刊。蒋及朱继承下来复刊，进行相当积极的活动，但不具有特色，仅从报面看，就能看到受二陈的影响，有相当法西斯色彩。又传说于右任、陈果夫、陈立夫方面提供相当多的补助。据说每月有约二千元亏损
民报	上海市党部机关报	持有人　中央党部 社长　胡朴安 经理　吴子琴	报务委员　胡朴安、叶楚伧、吴子琴、管际安、严慎予 主笔　管际安 记者　吴中一、管久安、江红蕉、陈鲁思	1932年5月创刊②，日刊，四页。社址位于山东路二九〇号，发行量三千份内外。"上海事变"前夕，有长久历史的国民党机关报《国民日报》被租界当局查封停刊，报社残留人员创办了此报。接受中央党部补助，并成为其机关报，但报面无活力，被报界忽视
中华日报	汪精卫机关报	持有人　汪精卫 总经理　林柏生 立法院立法委员，曾任香港《南华日报》主笔	主笔　梁秀予　广东人，明治大学出身，当过汪精卫秘书 评论记者　赵慕儒 编辑　五倍之、杨青田、刘石克、郭秀峰	1932年4月创刊，社址位于河南路三〇三号。日刊，四页，发行量约三千份。本报公开言明是汪精卫的机关报，政治报道在汪任行政院长期间有特色，汪出访国外期间稍欠活力。期待着汪重返中央政界后发挥活力
上海商报	市商会机关报	董事　王延松、贝淞苏、骆清华、诸文绮、郑泽南、马少荃、谢仲乐 经理　孙鸣岐	主笔　张季平　原市商会秘书，除本报之外还编辑《新华晚报》	1932年9月创刊，社址位于汉口路二九九号，资本金三万元，股份制。本报的董事均为实业界实力人士，尤其是王、骆、诸等人是提倡国货、排斥日货的中心人物。据说本报约二百份是收费的，作为报纸影响力不大
宁波日报	在沪宁波同乡会机关报	社长　汪北平	主笔　同前 编辑　张静庐	1933年8月创刊③，日刊，四页，发行量约三千份。本报作为居住在上海的宁波同乡会的机关报而创刊，没有作为一般报道机关的价值。接受宁波同乡会补助，收费的不过二百份左右
市民日报	上海市民联合会机关报	社长　刘仲英 经理　葛福田	主笔　朱雨陶	1934年4月27日刊，本报为1932年5月26日④刘及葛创刊的《市民报》之后身，现在作为上海市中小工商业者团体的机关报而存在，但在报界影响力不大。目前经营困难，应该会建立有限股份公司，据说正在一些有实力的商人中间活动，动员出资

---

① 1936年10月10日复刊。
② 1932年5月4日创刊。
③ 一说8月15日创刊。
④ 《市民报》创刊于1932年6月1日，1933年12月16日改本名。

(续表)

名　称	主义系统	持有人	编辑干部	备　考
华美晚报		代表　H.P.Mills　美国人,据说曾任 North China Daily News 记者 经理　朱作同 原《大美晚报》广告部主任	主笔　H.P.Mills 编辑　石招太　原《大美晚报》记者 记者　吴半农、俞洽成、张梦熊、周铮	1936年8月18日创刊,社址位于爱多亚路一七二号。晚刊,八页,发行量一万份。本报在美国领事馆注册,是资本金十万元(美资六成、中资四成)的美中合办组织。创刊的目的好像在于摆脱国民政府对舆论的打压与统制,刊登中国人经营的报纸无法报道的特殊内容、评论。即兴报道居多,对日态度甚恶。然而,在上海的晚报中内容最丰富,好像也受到普遍欢迎。据说时局紧张之际发行量也达到二三万份。现在 Mills 与本报的关系据说是向此人支付借名费的程度,又传说最近有创刊晨报《华美早报》的计划
大美晚报	美国系统英文报纸 Evening Post and Mercury 的中文版	代表　张似旭　前外交部情报司长	主笔　张明玮 记者　王隆明、许士龙	1933年2月创刊①,社址位于爱多亚路十九号。晚刊,发行量七八千份。发行量曾达三万份,由于《华美晚报》的出现而失去从前的人气。又据说每月接受中央一千元补助
东南晚报		发行人　王海山 经理　蒋宗道	主笔　董绮蒙 记者　金刚、周一帆	1936年2月创刊,晚刊,四页。以街头叫卖为主的低级小报纸
生活晚报		社长　吴农花 经理　王持平	主笔　吉兆征 记者　吴汉、张剑心、于乃亮	1937年1月创刊②,社址位于上海白克路二二八号。本报系吴农花主办,是由过去的《大日报》改名而来的低级小报纸
社会晚报		社长　蔡钧徒	主笔　高亚文	社址位于福州路三一〇号,发行量二三千份,低级小报纸
大沪晚报③		代表　Mario M. Rocchi　意大利人 经理　顾文生	主笔　李周武	社址位于汉口路望平街口二九九号。晚刊,四页,发行量二三千份。意大利人只是借其名义,资本系统似乎与《上海商报》一样
华东夜报		社长　吴凌伯 经理　马千里	葛健民、乐克明	1936年12月9日创刊,社址位于爱多亚路中汇大楼。无背景的小报纸
新华晚报④		代表　吴苏中　原《时事新报》记者,现兼任《大美晚报》记者	主任　丁丁	社址位于上海劳神父路一四八弄柏芗村三三号。晚刊,四页,发行量二三千份

二、小型中文报纸

名　称	社　长	主笔或记者	备　考
立报	成舍我 总经理　严谔声 经理　田丹佛	萨空了、鲁少飞、舒宗侨	1935年9月创刊⑤,发起人为严谔声(上海新声通讯社长)、严服周(新声通讯南京分社主任)、萧同兹(中央通讯社长)、钱沧硕(当时任中央通讯上海分社主任)、管际安(《民报》总编辑)、程沧波(《中央日报》社长)、张友鸾(前南京《新民报》总编辑)、胡朴安(《民报》社长)、吴中一(新声通讯社副社长)、沈颂芳(《新闻报》记者)、朱虚白(前南京《朝报》总编辑)、成舍我(北平《世界日报》社长)、田丹佛(前汉口《中山日报》总经理、南京复旦通讯社长)。如前所述,是报界实力派人物联合成立的报社。以"形式是小报,内容是大报"为目标挺进报界,有引人注目之处。资本金十万元,发行量约二万份。日刊,六页,社址位于九江路二八九号,在南京设支社

---

① 应为1933年1月16日创刊。
② 1月18日创刊。
③ 1936年5月7日创刊。
④ 1937年1月28日创刊。
⑤ 9月20日创刊。

(续表)

名 称	社 长	主笔或记者	备 考
辛报①	密季方	姚苏凤	社址位于南京路大陆商场五二九号。日刊,四页,发行量七千份。社会、政治、教育报道,社会局长潘公展主持
晶报	余大雄	余大雄、刘襄亭	社址位于望平街,日刊,四页,发行量五千份。社会、政治报道及游艺、文艺等
上海报	匡仲谋	匡寒僧	社址位于汉口路石路东首,日刊,四页,发行量八千份。以政治、经济报道为主
大晶报②	冯梦云	蒋叔良	社址位于宁波路六五九号,日刊,四页,发行量二千五百份。社会、政治、经济、电影报道
时代报③	李逐先	颜文硕	社址位于福州路四○○号,日刊,四页,发行量三千五百份。社会、政治报道及评论
小日报④	黄光益	尤半狂	日刊,四页,发行量三千份左右。社会活动报道
东方日报⑤	顾尔康	唐大郎	社址位于牯岭路人安里一二号,日刊,四页,发行量三千份。社会、政治报道
社会日报⑥	胡雄飞	陈听潮	社址位于宁波路广西路口,日刊,四页,发行量八千份。政治、经济报道及评论等
世界晨报⑦	来岚声	王介人	社址位于白克路一七九号,日刊,四页,发行量七千份左右。社会、政治报道
广东报⑧	张慕良	群声社	社址位于北四川路五○号,日刊,四页,发行量一千份。在广东人中间发放,一般内容
明星日报	胡佩之	张恂子	社址位于牯岭路人安里三三号,日刊,四页,发行量二千份。社会、政治报道
教育报⑨	密季方	朱子明	社址位于南京路大陆商场,日刊,四页,发行量一千五百份。教育会消息、体育报道,潘公展主持
金刚钻	施济群	沈秋江	社址位于牯岭路人安里,日刊,四页,发行量三千份。社会、政治、演艺报道
罗宾汉	朱瘦竹		社址位于厦门路尊德里,日刊,二页,发行量三千份。专门报道演艺消息
铁报⑩	毛子佩	陈积勋	社址位于宁波路六五九号,日刊,四页,发行量三千份
福尔摩斯	姚吉光	屠仰慈	社址位于派克路协和里,日刊,四页,发行量四千份
新春秋⑪	吴可人	吴可人	社址位于北浙江路晋寿里八号,三日刊,四页,发行量一千五百份

---

① 1936年6月1日创刊。
② 1928年5月21日创刊。
③ 1936年4月28日试刊,5月1日创刊。
④ 1926年8月1日创刊,多次停复刊。
⑤ 1932年5月27日创刊。
⑥ 1929年11月1日创刊。
⑦ 1931年7月5日创刊。
⑧ 原为五日刊,1930年3月16日创刊,后改名为《上海广东日报》,1934年4月15日创刊,日刊,出版至第10期改名为《上海广东报》。
⑨ 1936年6月6日创刊。
⑩ 1929年7月7日创刊,初为三日刊,后改为日刊。
⑪ 1928年8月2日创刊。

三、中文杂志

名　称	主义系统	持有人和社长	编辑干部	备　考
东方杂志	营利性	商务印书馆	李圣五	半月刊,发行量二万二三千份。有稳固的读者群和传统性信誉
新中华	同上	中华书局	倪文宙	半月刊,仅次于《东方杂志》,发行量二万份内外
月报	开明书店	胡愈之、孙怀仁、胡仲持、邵宗汉、叶圣陶		本年1月创刊,一份二十五仙。趁《申报月刊》停刊之机发行,在宣传本书店出版的书籍的同时,超越既有的综合杂志而编辑。编辑方式新颖,类似我国的《中央公论》
文摘	受复旦大学学生会支持,营利性	黎明书局	孙寒冰、汪馥泉	本年1月创刊①,综合杂志,月刊,一份二十仙。约二百页,发行量六七千份
中华月报	有汪兆铭派支持	中华月报社　与中华日报社为同一经营实体	林柏生	发行量约三千份。较多发表以广东文治派汪兆铭为中心的主张。还有,去年汪兆铭出访国外后,中国经济情报社同人章乃器等左翼一派援助此杂志,踊跃投稿,即使现在执笔者中也好像有很多中国经济情报社同人。中国经济情报社正在发行《中国经济论文集》《中国经济年报》
前途	国民党中央党部机关刊物	前途杂志社	刘炳黎	月刊,一份二十五仙。自始至终拥护蒋介石,但近时也刊登时论以外的内容。去年将社址从上海迁往南京。"满洲事件"发生前,中国强调民族主义,中央党部相关者在其时创刊了此报,旨在宣传民族主义。是具有特色的杂志
汗血月报②	党部系统机关刊物	刘达行任代表	陶百川、文公达	上海白克路三七号,由汗血书店发行,也出版《汗血周刊》等其他书。发行量增加至五六千份。善于刊载农村问题
民族	陈公博一派机关刊物	郭威白任代表	何炳贤	陈公博辞去实业部长之职后,资金、内容均不充分,编辑方式缺少生气
复兴月刊	据认为有吴铁城一派支持	上海市中心区政府路淞沪路口	陈德荣、孙几伊、沈敏政	新中国建设学会(新中国建设学会是黄郛健在时与吴鼎昌、吴铁城等一起成立的财团法人,组织许多专家研究中国建设的实际问题,现在被称为实业部长吴鼎昌智囊集团),登载很多经济建设方面的实质性内容。一份二十仙
文化建设	国民党中央宣传部系机关刊物	中国文化建设协会	樊仲云	将社址迁往上海辣斐德路五○○号。月刊,一份二十仙,发行量增加至五六千份
中锋	前交通部长王伯群一派支持	上海爱多亚路中汇大楼十九号,中锋出版社	萧光邦、蒋舜年	一般综合杂志,上海市教育局长潘公展、大夏大学学生、教授主要负责执笔。一份十仙
中苏文化	国民党部亲苏派支持	该杂志社(南京山西路一○五号)	周洪年	月刊,一份二十仙,介绍苏联一般情况

---

① 1936年1月创刊。

② 上一年报告为《汗血月刊》,1933年7月10日创刊。

(续表)

名　　称	主义系统	持有人和社长	编辑干部	备　　考
日本评论	据认为有外交部方面的支援	日本研究会（南京石鼓路一〇九号）	刘百闵、周伊武	月刊,一份三十仙,有关日本的一般时评与研究
中国研究	未见政治性机关的背景。营利性	该杂志社（江湾路公园坊二四号）	朱其华	本年3月创刊,半月刊,一份十二仙。朱其华主持,有左翼倾向。其创刊号中的《中国之出路》一文攻击国民政府,暗含对日抗战、亲俄政策,值得关注。还有,"西安事件"、三中全会以来中央放松言论管制,该杂志是乘此机会出现的,值得注意
教育杂志	营利性	商务印书馆	何炳松	月刊,发行量约三千五百份。教育方面的专业杂志
中华教育会	同上	中华书局	倪文宙	月刊,教育方面的专业杂志
外交评论①	有汪兆铭一派的支持	同社	吴颂皋、许性初	月刊,一份三十仙。唐有壬去世后将社址迁往南京
中国农村②	营利性	新知书店,上海环龙路福寿坊	冯和法	月刊,一百页内外,实质性研究农村问题的杂志
世界知识	同上	生活书店,福州路三八四号	毕云程	半月刊③,五十页内外,一份十二仙。在二流综合杂志中居首位,显示出新颖的编辑风格。发行量约一万二三千份
通俗文化	同上	同社	张克孚	由科学、工业报道逐渐转化成一般性时论。半月刊,发行量约五六千份。与《世界知识》《通俗文化》同为中国经济情报社同人即章乃器一派经营的刊物。去年12月遭禁止发售,其后复刊恢复发售。论调在禁止发售以前反中央色彩浓厚,其后态度大为缓和,专以排日言论呼吁民众
中外问题	有陈立夫一派的支持	新光书局（上海白克路同春坊）	费友文	一度攻击共产党一派,进行内幕曝光,由《社会新闻》改名而成。半月刊,发行量约七八千份
论语	营利性	时代图书公司代表章仲梅	邵洵美	半月刊④,发行量约六七千份。刊登时评、随笔
食货	为食货学会机关刊物,营利性	上海杂志公司	陶希圣	以北京大学教授为中心的中国社会史研究杂志。半月刊,一份十一仙
华报	营利性	同周刊社（上海吕班路万宜坊九二号）	潘光旦、张素民	一份四仙,约十七八页,以时评为主。似乎仰赖南京政府的补助,充满拥护中央的内容
社会公报	与章乃器一派有关系	同社（上海福州路二九三号）	谢文模	半月刊,一份十二仙。系最近创刊,发表所谓人民战线派的主张
国闻周刊⑤	营利性	上海大公报社		一份十五仙,《大公报》的副刊,该杂志值得留意的时论较多

---

① 1932年6月20日创刊。
② 1934年10月10日创刊。
③ 1934年9月16日创刊。
④ 1933年9月16日创刊。
⑤ 1924年8月3日创刊,1926年迁到天津,1936年又迁回上海。

(续表)

名　称	主义系统	持有人和社长	编辑干部	备　考
银行周报	机关刊物	上海华商银行公会	李权时	发行量约三千份
中行月刊	同上	中国银行经济研究室	张福运	发行量约三千份
中央银行月报	同上	中央银行	陈端	发行量三千份
国际贸易导报	同上	实业部国际贸易局、商品检验局共同经营	沈尖沛、冯和法	
国际贸易情报	同上	国际贸易局	郭秉文	同局发行的《工商半月刊》去年6月左右停刊，在其后发行。一份十五仙
商业月报	同上	上海市商会	蔡受白	
社会经济月报	同上	上海社会经济调查所	姚庆三	行政院农村复兴委员会创刊的《调查月报》之后身，发行量约二千份。据闻为汪兆铭系
钱业月报	同上	上海市钱业同业公会		
上海物价月报	同上	财政部国定税则委员会		
统计月报	同上	国民政府主计处统计局	陈其采	一百页内外，内容丰富而充实

（备考）最近一二年间，《申报月刊》《社会半月刊》《现代》《新生》《人世间》《人言周刊》《七日谈》《芒种》《太白》《工商半月刊》等停刊。

四、外文报纸

名　称	主义系统	持有人	编辑干部	备　考
North China Daily News[字林西报]（英文）	拥护英国政策及英国人利益，英国籍	董事社长 H. E. Morris　Morris兄弟持有大部分资本。Morris兄弟为英籍犹太人 董事 Gordon Morris。Harold Porter 任北京辛迪加董事，原驻汉口英国总领事 董事兼总经理 R. W. Davis 代表Morris掌握实权	主笔 Edwin Haward 随着前主笔 A. M. Green 1930年3月辞任回国，作为后任入社。曾任印度 Times 通讯员而发挥才能 副主笔 R. T. Peyton Griffin 记者 A. P. Finch、J. M. D. Hoste、C. S. Hirsh 美国人。陈汉明 澳洲出生，悉尼大学出身，在该报连续工作十几年。C. Bruce。J. Bowerman	1854年创刊①，社址位于外滩十七号。日刊，十八至二十二页，发行量一万多份，最近公布署名会计师检查为一万零六百八十份。东方最老的报纸，登载英国总领事馆及驻华英国高等法院公告，另一方面也具有作为工部局机关报的功能，每周发行《上海工部局报》。此外还刊行插有照片的周日图片附录及周刊 North China Herald。报道风格稳健、中立，但为了英国利益，往往刊登相当强硬的评论。还有，与分散在中国内地的许多本国传教士有联系，一直刊登内地通讯。本报作为中国的英文报纸的权威，得到中外知识阶层广为阅读

---

① 1864年7月1日创刊。

(续表)

名　称	主义系统	持有人	编辑干部	备　考
Shanghai Times [泰晤士报]（英文）	英国籍	社长　A. E. Nottingham 英国人，与 Australian Press Association 有关系	主笔　R. I. Hope 犹太裔英国人，原 China Press 记者 首席记者　P. Palamountain 也从事编辑工作，在报社长达二十年 记者　G. A. Morris、A. Golldberg 犹太裔英国人	1889 年创刊①，社址位于爱多亚路三十一号。日刊，十八至二十四页，发行量约三千份。每周发行周日图片附录，在上海一带的英美人中流阶层有读者。论调稳健，对日态度良好。从事 London Times 社的出版代理
China Press [大陆报]（英文）	美国籍。有浙江财阀的支援	主席董事　Dr. John Farl Baker　接替美国人 C. P. Holcomb 及 T. Findley，于去年 4 月就任，一直与报业有关系，担任中国华洋义赈救灾总会委员 董事兼总经理　杨光泩　北京清华大学、北美科罗拉多及普林斯顿大学毕业，哲学博士，1926 年华盛顿大学东方史讲师，翌年回国，先后任清华大学教授及驻伦敦总领事，1933 年入社，掌握本社的实权	主笔　F. T. Durdin 副主笔　刁敏谦 毕业于上海圣约翰大学、伦敦大学，法学博士，原国民政府情报司长，评论总负责人，兼《大陆周刊》编辑 记者　J. D. Hammond、张国勋、Malcolm Rosholt	1910 年创刊②，社址位于爱多亚路三十一号。日刊，十六至二十页，发行量约五千份。每周日发行 China Press Weekly Supplement。本报最初为法国保护犹太人 Sopher 兄弟所有，1930 年 11 月转让给 China Publishing Company（主要由顾维钧夫人出资），其后又加入张竹平的报纸集团，但 1935 年与《时事新报》一样脱离张的经营。现在作为以中国银行为主体的财阀的对外宣传机关，色彩浓厚。拥护国民政府的各种政策，其评论大多代表外交部主张。在沪外文报纸中中国读者最多，在中国学生中间也有众多读者。亦致力于教育及体育报道
Shanghai Evening Post & Mercury [大美晚报]（英文）	美国系统，据闻最近中国方面投资，获得约三分之一股份	Post-Mercury Co. Fed. Inc. 在美国注册，资本二十万两 董事、副社长兼总经理　G. C. Bruce（掌握实权）、Mansfield Freeman、W. A. Hale、C. V. Starr	主笔　Randall Gould 原 United Press 通讯员 记者　M. C. Ford 原海军军人。Laselle Gilman。袁伦仁　复旦大学出身。J. J. Morang 原海军军人。J. R. Belden　本报特邀撰稿人 Woodhead 1933 年亲自主持 Oriental Affairs，辞去本报特邀之职	1922 年 11 月创刊③，社址位于爱多亚路二一号。晚刊，八页（周日休刊），发行量约七千五百份。本报为 China Press 晚刊 Evening Star 及 Shanghai Gazette 两晚报合并后改名而成。作为国民党机关报，经陈友仁之手常发表孙文方面的主张，因经营困难，1925 年转至奉系之手，其后再转给 Y. D. Shen。1928 年 5 月转至现持有人经营。1930 年 8 月收购合并 Shanghai Mercury，改成现名。1933 年 1 月起发行中文版《大美晚报》（晨刊）、《大美晚报》（晚刊）。有关日中问题，时时发表不利于日本的评论，屡屡刊登与共产党相关的报道

① 应为 1901 年创刊。
② 应为 1911 年 8 月 24 日试刊，8 月 29 日正式出版。
③ 应为 1929 年 4 月 16 日创刊。

(续表)

名　　称	主义系统	持有人	编辑干部	备　考
Le Journal de Shanghai[上海日报](法文)	法国系统。代表法国侨民的舆论,稳健	G. S. Moresthe	主笔 R. Laurens 兼编辑 原 Havas 通讯员 记者 J. Cochat、L. Chabound、A. Depalud	1927年12月创刊,社址位于公馆马路二一至二三号。日刊,发行量约二千五百份。因惋惜过去发行长达三十年的 L'Echo de China 停刊,由 Havas 通讯员等创刊而成。有法国领事馆方面资助,经营上有一定保证。作为在中国的唯一本国报纸,上海及全中国的法国侨民购阅
China Daily Herald[中国导报](英、俄、中文)	苏联机关报	社长 Gordon J. Harrell 美国人,经历不详	英文主编 S. M. 卡茨 美国人 俄文主编 A. Dennisoff 苏联人 中文主编 Klimenko	1934年4月创刊,社址位于公共租界广东路一五三号。英、俄文日刊,发行量约三千份(中文版为周刊,发行量约一千份)。本报为最初称 The New World,1936年7月改为现名之报纸。表面上以美国人为社长,注册于上海美国总领事馆,但是,作为苏联的机关报,主要刊登塔斯社通讯,同时煽动中国人联苏抗日
Ostasiatische Lloyd	德国纳粹机关报	发行人 Capt. Max H. H. Simon Eberhart	主编 Paul Huldermann、Dr. H. L. Ley	社址位于广东路二十号。晨刊,八页,发行量约二千份。纳粹上海支部继承1932年9月创刊的 Deutsche Shanghai Zeitung 作为其机关报,改为现名,以宣传纳粹为主
Шанхайская заря[上海柴拉早报](俄文)	支持俄罗斯团体共同会议"索罗"①,犹太系统白系报刊	社长兼发行人 E. S. Kaufman 出资人 O. V. Lembich 创刊人 Lembich 的遗孀	主笔 L. V. Arnoldov 记者 K. A. Lobachoff、S. S. Akssakoff	1925年11月创刊,社址位于法租界霞飞路七七四号,资本金约五万弗,日刊,四页,发行量晨刊四千三百份,晚刊三千五百份。本报系哈尔滨 Заря 报社经营,创刊以来在远东白系俄文报纸中最具有影响。因为社长 Kaufman 是犹太人,或多或少有犹太色彩,基本上有反苏亲日倾向
Слово[言论](俄文)	支持在沪俄国民族委员会,反苏亲日	社长 P. I. 扎伊柴夫、G. A. 沙博奇科夫 出资人 I. K. Altadukoff 高加索出生,十二年前来上海后创设本社	主笔 P. I. Zaitseff 记者 N. N. Yasykoff、M. N. Podercosky、V. Petroff、V. A. Ribakoff	1929年创刊,社址位于法租界亚尔培路二三八号,资本金六万弗。日刊,四页,发行量一千五百份左右。本报是支持上海俄国民族委员会、反苏亲日的白系俄文报,在远东的白系运动中作为败战主义派阵营指挥机关,与 Заря 一起为上海两大白系俄文报
Новости дня[每日新闻](俄文)		社长 Y②. A. Chilikin 经营"司克夫"③书籍印刷所。犹太裔白俄人	主编 同前 评论部长 N. V. 考莱斯尼考夫、N. M. 茨谢尔诺考夫、M. M. 瓦西里艾夫、A. I. 瓦易斯	1923年创刊,社址位于公共租界福煦路六二○号。日刊,四页,发行量约七百份。本报当初称 Копейка,因财政困难于1934年12月停刊,同时改为现名,在苏联方面援助下续刊。是准红色机关报,表面标榜白系,而强烈反映所谓苏联防卫派政策
Новый путь[新道路](俄文)	俄罗斯青年同盟系,准红色机关报	社长 肖考莱夫	主编 Y. 库拉宁、N. A. 巴库洛维斯基、M. 克洛索瓦	1933年创刊,社址位于法租界霞飞路一○六号。晨刊,发行量七百份。创刊当初为周刊,1935年11月起改为日刊。是准红色机关报,受到白系运动阵营中苏联防卫派团体俄罗斯青年同盟上海支部的支持,进行着亲苏反日宣传。1935年上述青年同盟哈尔滨支部被下令查封,有反日、"满"倾向正在强化之感

---

① 原文为"ソロ",此处为音译。
② 1936年报告为"V"。
③ 原文为"スキフ",此处为音译。

五、外文杂志

名　称	主义系统	持有人	编辑干部	备　考
China Weekly Review [密勒氏评论报] (英文)	美国系统。向中国学生献媚,有排日杂志之称	主编　J. B. Powell 原 China Press 主笔,现 Manchester Guardian 通讯员	主笔　O. W. Missemer 美国青年,原菲律宾杂志记者 副主笔　郝志翔　留美出身	1917年5月创刊,社址位于爱多亚路一六〇号。周刊,发行量约四千五百份。以研究远东尤其是中国政治、经济、社会问题研究为主。最初称为 Millard's Review,后改称 Weekly Review of the Far East,1923年改为现名。报道内容多从其他报刊、杂志上转载,除了有相当多的中国读者之外,据说向美国免费发放约二千份。接受宋子文及中央党部的援助。接受中国政府补助,支持国民政府政策,拥护美国的对华权益。反日、反"满"的色彩浓厚
China Digest [中国评报] (英文)	对日本有好感	Carroll Lunt　兼 Hearst's International News Service 等通讯员	同前	1931年创刊,社址位于愚园路宏业花园二百号。周刊,发行量一千五百份。根据中国实际情况,毫无顾忌发表对华观点
Far Eastern Review [远东时报] (英文)	刊登远东经济评论,特别是对日本有善意的评论及报道	主编　C. J. Laval 前 China Press 主笔,亲日派。前发行人 Rea 去世后,美国总领事暂定承认其继承权	主笔　同前	社址位于黄浦滩路二四号。月刊,发行量二千份。为东方英文杂志之翘楚,也刊登政治评论。曾对我方舞弄毒笔,但和平会议后其态度一变,不如说是对日本有善意,以发表远东的工业、交通、贸易等情况为主。前"满洲国"顾问美国人 George Bronson Rea 曾经担任发行人,去年过世,但其后仍保持以往的色彩,大致有亲日、"满"的倾向
China Critic [中国评论周报] (英文)	留美学生的机关刊物	经营者　D. K. Lieu(刘大钧)	主笔　Kwei Chung Shu(桂中枢)　留美出身	1928年创刊,社址位于静安寺路七四九号。周刊,发行量约三千份。登载有关时事问题的评论及报道,鼓吹民族复兴。据认为拥护南京政府
Chinese Economic Journal [经济月刊] (英文)	介绍国民政府实业部通商情况之杂志	国民政府实业部国际贸易局	何炳贤	国民政府工商部工商访问局月报(Bureau of Industrial and Commercial Information)。社址位于汉口路海关大楼内实业部国际贸易局
Chinese Economic Bulletin [中国经济周刊] (英文)	同上	同上		周刊,社址与《经济月刊》相同
Oriental Affairs (英文)	有关远东、特别是中国问题的论丛	编辑　H. G. W. Woodhead 1933年12月辞去特别撰稿的 Shanghai Evening Post,创刊本杂志。英国人,被认为是远东外国人舆论界的一大权威。有 C.B.E 之称	同前	1933年12月创刊,社址位于爱多亚路一九号。月刊,发行量约二千五百份。据认为有英国官方支持,拥护英国对华政策。因一度有过亲日、"满"倾向,中国官方禁止向租界外邮递,后来解禁
Observer(英文)	远东时事问题评论	Edward Dunn	同前	1933年7月创刊,社址位于法租界公馆马路。月刊

(续表)

名　称	主义系统	持有人	编辑干部	备　考
Capital and Trade[商务周报](英文)	不刊登政治评论,英国人持有	David H. Arakie	同前	1925年创刊,社址位于仁记路二五号。周刊,发行量三百份
Finance and Commerce[金融商业报](英文)	政治评论较少,英国人经营	Reuters Ltd.系　董事　I. R. Davey、G. E. Maren、李铭	编辑　O. J. Breakspear 创刊人、董事　专属撰稿人　E. Kann 捷克斯洛伐克人,金融财政经济的权威,国民政府财政部顾问	1920年创刊,社址位于四川路三二〇号,周刊。以金融与一般商业情况及时事、经济、政策为主,阐明在华英国侨民的经济利害所在
China Journal of Science and Art[中国科学美术杂志](英文)	有关中国美术、工艺、考古学的研究杂志,英国人持有	Royal Asiatic Society 机关刊物	主笔　Arthur de Sowerby　英国人,兼任 Royal Asiatic Society 图书馆主任　John C. Ferguson	1924年创刊,社址位于博物院路二〇号。月刊,发行量五百份。无政治含义,编辑及投稿人多为相当知名人士
Inspection & Commerce(英文)		实业部商品检验局		月刊,社址位于博物院路一五号
Peoples Tribune[民众论坛](英文)	基于三民主义,鼓吹排日	汤良礼(经营、发行联华画报)	主笔　同前　留美出身,原在美中国留学生会刊编辑、发行人	1927年创刊,社址位于四川路二九九号。半月刊,发行量约一万份。得到汪兆铭派的支援。主要宣传中国政情
British Chamber of Commerce Journal(英文)	在华英国人商业会议所机关刊物	在华英国人商业会议所		月刊,发行量一千份。既是上海英国人商业会议所机关刊物,亦为 Associated Chamber of Commerce in China and Hongkong 机关刊物。除了工商业报道以外,还巧妙摘录中国相关新条约、重要公文书等,适合作为记录保存
Chinese Recorder[教务杂志](英文)	美国长老教会派机关刊物,美国人持有		Rev. F. Rawlinson	社址位于圆明园路二三号。月刊,发行量约一千五百份
China Health Pictorial[中国健康月报](英文)	宣传健康与修养	Merian Griffin	同前	1932年创刊,社址位于北河南路二〇号
Shanghai Spectator[民视报](英文)	刊载政治及社会上的消息,尤其是曝光新闻。亲日		A. D. Alcott 原 China Press 记者	社址位于博物院路一五号。周刊,发行量约二千份
Revue Nationale Chinoise(法文)	以外交评论为主,另外也刊登政治、社会内容。投稿者中国人占大多数		主笔　G. Em. Lemiere	月刊,社址位于法租界 Route Voyron 一〇八号
Brücke[衡桥](德文)	德国系统	Schriftleiter	同前	1925年创刊,社址位于环龙路二四八号。周刊,号称东方唯一的德国周刊杂志

(备考)俄文杂志有数种,大多发行二三期就停刊。因变幻无常,此处不摘录。

六、日文报纸及杂志

(1) 报纸

名　称	主义系统	持有人	编辑干部	备　考
上海日报（日文）		社长　波多博　从原社长井手三郎手中盘下,1929年11月任社长	主编　后藤和夫	1903年创刊,社址位于白保罗路三号。晨刊八页,晚刊四页。上海最老的日文报纸,相当有信誉。1899年创刊的《上海周报》为本报之前身
上海日日新闻（日文）		社主兼社长　宫地贯道　目前赴南洋中　社长代理　石川源治	同前	1914年创刊,社址位于乍浦路一二一号。日刊,十页
上海每日新闻（日文）		社长　深町作次郎	主持人　同前	1918年11月创刊,社址位于吴淞路汤恩路角七七号。日刊,八页。1924年11月由《上海经济日报》改名而来。1929年4月山田社长隐退,前社长深町作次郎再度任社长

(2) 杂志

名　称	主义系统	持有人	编辑干部	备　考
上海半月刊杂志(日文)	介绍中国情况	社长　山田仪四郎	同前	1913年创刊,社址位于海宁路。创刊当初佐原笃介为社长,后来归西本省三主持,其死后该杂志编辑三村继承之,改名为《上海周报》。现社主继承后又改成现名
上海时论（日文）	中国时事问题	社长　堀清	同前	1926年创刊,社址位于海宁路一四号。月刊,发行量约五百份。为《上海と日本人》之后身,内容比较充实
经济月报（日文）	中国通商贸易研究	上海日本商工会议所		1927年1月创刊,月刊,发行量七百份。主要向会员发放,另寄赠官方及相关团体
满铁支那月报（日文）	中国社会、经济调查研究	满铁上海事务所		1929年11月创刊,月刊,发行量六百份。主要向我国及在华满铁相关机关等发放
中国资料月报（日文）		高柳虎雄		1935年创刊,月刊,以译载中国共产运动资料等为主

南京(1937年2月)

人口:日本人428人(其中朝鲜人243人、台湾人33人),中国人21 342 996人,外国人969人。

概况

现在南京发行的中文报纸有大小二十六种,即《中央日报》《朝报》《新民报》《新京日报》《救国日报》《华报》《南京日报》《扶轮日报》《南京早报》《诚报》《古兰日报》《大声日报》《远东报》《青白报》《金陵日报》《兴华日报》《新中华报》《新南京报》《南京人报》《中华新报》《工报》《大夏晚报》《京华晚报》《中南晚报》《人民晚报》《南京晚报》等,其中比较有影响的是《中央日报》《新京日报》《南京日报》《新民报》《朝报》《救国日报》《扶轮日报》。

《中央日报》为党部机关报,报面无特色。与之相反,《朝报》《新民报》《救国日报》因为是纯粹的民间报纸,即使是同一内容,也特别以刺激性标题加以报道,招徕读者。然而,其刊载的大部分报道均因由党部机关通讯社——中央通讯社提供,因而各报内容最后基本上相同。还有,新闻检查机关脱离中央宣传部而归军事委员会管辖,管制更加严厉,所谓独家报道因此几乎消失。

再考察一下各报出现的对日态度,大体上可以说各报都排日。基于当前的日中关系和发扬复兴中国的精神,政府与党部机关至少不会以亲日的态度指导一般民众,与此同时,报纸营业者则希望利用排日以吸收读者。在这种情况下,诸如《朝报》《救国日报》那样的报纸,就会连日来以卑劣的漫画、短评来煽动抗日同仇敌忾之心。

最近小型报纸的发行显著增加,这是因为知识程度低的大众较多,报道简单、价格低廉的所谓面向大众的报纸受到欢迎。还有,近来晚报有四五种发行,不过,发行量均限于二千至三千份,其编辑及内容均无可看之处。

总之,与在上海发行的报纸当日下午就能在本地投递也有关系,尽管是作为中国首都的政治中心,但本地没有称得上大报的报纸,各报都一样,例如经济栏只是刊登政府发布的稿件,上海发行的《申报》《新闻报》《大公报》《时事新报》现在仍被广泛购阅。

还有,尽管在当地约有八百名外国人居住,懂英语的中国人有许多,但无英文报纸发行。1936年6月起上海大陆报社(China Press)终于在当地发行南京版。但是,上海发行的英文报 North China Daily News 等依然被广泛购阅。

一、中文报纸

名　称	主义系统	持有人	编辑干部	备　考
中央日报	中央党部机关报	社长　程沧波 经理　贺壮予	编辑主任　张客公 主笔　周邦式 主要记者　刘光炎、段梦晖、朱枕梅、朱文浦、钱中易	社址位于南京中山路新街口。1929年2月创刊,日刊,十二页,发行量一万五千份。接受中央宣传部月额二三万元补助。刊登的内容多为政府有关方面发布的材料及中央通讯社的新闻。编辑风格良好,但报面缺乏活力。还有,同社发行的《中央时事周报》作为普通读者的研究资料得到好评。对日态度受政府动向左右
新民报	拥护国民党,但反对现政府	社长　陈铭德	主笔　罗承烈 干部　赵纯继、张君鼎、陈育生、朱柏屏	社址位于新街口北中山路。1929年9月创刊,日刊,八页,发行量一万五千份。由于对政治独家新闻、内政、外交发表具有特色的评论,通过大标题挑拨民众的抗日感情,近来读者顿时增加,还对内容进行了刷新。上海青帮首领杜月笙、黄金荣提供资金援助
新京日报	拥护国民政府	社长　石信嘉	邵季昂、陈林甫、石玉圭、卜少夫	社址位于二郎庙。1929年12月创刊①,日刊,八页,发行量约四千份。曾经作为刊登经济统计的唯一报纸而给读者好感,但因上海发行的经济报道丰富的大报最近显著进入(当日下午三时到读者手中),最终无法与之对抗。虽然仍在靠刷新报面而努力弥补,但因没有独家新闻的报道,基本上仅仅登载中央通讯社供给的"新闻",近来读者骤减
南京日报	拥护国民党	社长　乔一凡	王振绪、黄曼达、张确、蒋行化	社址位于白下路八三号。1934年9月创刊②,日刊,八页,发行量四千份。编辑可以,但报道不吸引人
新中华报	拥护国民党	社长　于纬文		社址位于南京钓鱼台侍其巷十号。1914年1月创刊③,日刊,八页,发行量四千份。本报在南京历史最久,但近来无发展迹象
救国日报	抗日救国	社长　龚德柏　留日出身,排日急先锋	陶镕青、杨盛嘉、陈嘉绩、杨寄浮	社址位于中正路南段。1932年8月创刊,日刊,小型,十页,发行量约一万。该报最近扩大报面,报道丰富,因所谓小型报纸,销路良好。连日登载排日社论,对日本恶语相加,言辞十分激烈

---

① 一说1930年创刊。
② 一说1934年10月创刊。
③ 一说1913年5月10日创刊,一说1912年创刊。

(续表)

名 称	主义系统	持有人	编辑干部	备 考
朝报	党部御用报纸,但以营利为座右铭	社长 王公弢	编辑主任 徐世衡 干部 赵超构、关启宇、顾蔗园	社址位于中山路新街口。1934年3月创刊,日刊,小型,十二页,发行量一万四千份。本报的特色是将丰富的内容简明地报道给读者,受到大众欢迎。本报独特的小评栏(简明扼要的短评社论)与高龙生的漫画几乎都提起对日问题,明里暗中煽动民众的抗日、反日敌忾心
华报	拥护政府	社长 王慎武	欧化群、黄甘草	社址位于中正路一二五号。1933年10月创刊,日刊,小型,十二页,发行量一万份。编辑方式良好,报道丰富。受到大众欢迎,社论也不算那么激烈,最近扩充报面,面目一新
扶轮日报	无党派色彩	社长 许君武	唐际青、刘晋声、田文彬、樊立仲	社址位于中山北路一三〇号。1935年4月创刊①,日刊,小型,十页,发行量约五千份。内容尚不充实,但其简易的报道风格正在受大众欢迎
China Press [大陆报南京版]	美国籍	J. E. Baker, Chairman, Board of directors	Y. C. Jao, Editor, Nanking edition.	1936年6月创刊,日刊,四页(周一休刊),发行量一千三百份。本报是作为上海 China Press 南京版在上海印刷、在本地发行的。在毫不遗漏辑录南京的政治及社会新闻这一点上与上海版不同

镇江

人口:日本人10人,中国人216 281人,外国人44人。

概况

镇江正在发行的中文报纸,如下表所示有十三种。其中省党部、省政府及商会(商业会议所)等的机关报各自接受上述机关的补助而经营,而报社的核心人物则由各机关相关者担任。当地的报纸除了有政府管制之外,还设有报纸公会,一起加以统制。一流报纸的内容几乎大同小异。

最近各报大肆刊登有关日本的社论,又在文艺栏里登载讽刺性排日报道,各报对日感情普遍不佳。

当地可称为一流报纸的是《苏报》《江苏省报》《江苏日报》《新江苏报》等,但其发行量均不过二千至四千份。

名 称	主义系统	持有人	编辑干部	备 考
苏报	省党部机关报	陈康和	冯国桢	1930年11月创刊②,日刊,八页,发行量三千六百份
新江苏报	镇扬商会机关报	包明叔	陈善之	1930年10月创刊③,日刊,八页,发行量三千份
江苏省报		陈斯白	陶瘦伯	1930年8月创刊④,日刊,八页,发行量二千五百份
自强报	个人主义	张逸珊	童希平	1919年1月创刊,日刊,四页,发行量一千二百份
三山报		童仁甫	同前	1921年6月创刊⑤,日刊,四页,发行量八百六十份
江苏日报	直属省党部	王振先	邢颂文	1935年11月创刊,日刊,四页,发行量二千份

---

① 一说1935年3月创刊。
② 11月1日创刊。
③ 一说1928年10月1日创刊。
④ 一说1932年5月创刊。
⑤ 6月1日创刊。

(续表)

名　称	主义系统	持有人	编辑干部	备　考
新省报		高楚安	同前	1928年9月创刊,日刊,四页,发行量七百份
东南晨报		步渔邻	同前	1932年10月创刊,日刊,四页,发行量二百份
扬子江报		金石庵	同前	1931年7月创刊,日刊,半折,四页,发行量七百份
市报	经济报	臧定思	同前	1933年1月创刊,日刊,半折,四页,发行量二千份
江苏晚报	省政府机关报	王言如	同前	1927年4月创刊①,日刊,半折,四页,发行量八百五十份
大江南晚报		阮贻孙	同前	1933年8月创刊,日刊,半折,四页,发行量五百份
醒报		袁馨三	同前	1933年12月创刊,日刊,半折,四页,发行量五百份

苏州

人口:日本人81人(其中朝鲜人1人),中国人5 941 567人,外国人109人。

名　称	主义系统	持有人	编辑干部	备　考
吴县日报	鼓吹自治	马锦文	吴觉民、沈伯英	1916年1月创刊②,日刊,八至十页,发行量五千份。对日感情一般,读者阶层网罗官衙各机关与各界,其社论稍出色
苏州明报	同上	张叔良	项坚白、方慰庐	1924年3月创刊③,日刊,八至十页,发行量四千三百份。稍带排日色彩,在苏州中文报纸中与《吴县日报》同为影响最大的报纸
早报	同上	颜益生	夏旦初、俞友清	1935年1月创刊,日刊,八页,发行量一千六百份。对日感情一般,以报道当地消息为主
大光明	改良社会	姚啸秋	颜益生、吕律初	1929年8月创刊,日刊,二页,发行量一千三百份。对日感情一般,对于土豪劣绅和社会一般弊端特别加以评论
苏民新闻	鼓吹自治	王博文	王薇伯、高墨蝶	1934年6月创刊,日刊,六页,发行量一千份。对日感情一般。目前处于停刊中
吴县市乡公报	同上	颜心介	颜忍公、史文蘷	1916年1月创刊,日刊,四页,发行量六百份。对日感情一般。刊登当地消息和当地法院相关的诉讼报道特别多
大吴语报	鼓吹文艺	郭子亮	汪铸新、陆秋心	1929年7月创刊,日刊,二页,发行量五百份。对日感情一般。读者阶层为学生与青少年,主要刊登文艺小说类
大公报	鼓吹自治	费栋材	张锡麟、李士林	1928年5月创刊④,小型,日刊,四页,发行量三百二十份

---

① 一说1925年创刊。
② 一说1916年10月创刊,名《吴语报》,1928年1月改本名。
③ 一说1925年秋,张叔良接办《民报》后改本名。
④ 一说1927年创刊。

(续表)

名　　称	主义系统	持有人	编辑干部	备　　考
苏州日报	同上	石雨声	陆亚雄、邹伯荪	1912年1月创刊,日刊,四页,发行量四百份
吴县晶报		吴国熊	冯萍子	1931年2月创刊,发行量四百三十份
苏州民声		马汝鹏	汪和心	1931年10月创刊①,发行量三百份
小苏报		苏小素	卢一、陈香玉	1932年3月创刊,发行量二百五十份

杭州

人口：日本人47人(其中朝鲜人19人、台湾人7人),中国人12 479 256人②,外国人259人。

概况

《杭州民国日报》于1935年6月改称《东南日报》,一向被称为上海《申报》《新闻报》副刊的《浙江新闻》则在1935年2月独立经营。除了以上变化外,杭州的报纸无任何变动,这些报纸是既有的《浙江商报》《浙民日报》《杭州国民新闻》《之江日报》《杭县日报》《杭州报》《浙江新闻》及上述《东南日报》,共八种,均为中文日刊报纸,此外还有法令、规章的公布机关《浙江省政府公报》。上述大部分报纸至去年为止创立时日尚浅,规模、资本均小,仍未脱离地方性报纸的范畴,因此,发行量总计不过约一万六千四百份左右。现在《东南日报》发行量约一万二千份,居首位;《浙江新闻》五千份,《浙江商报》一千六百份,《杭州国民新闻》一千五百份,《浙民日报》一千二百份,《杭县日报》一千份,《之江日报》八百份,《杭州报》六百份,总计达三万零九百份。而且,其发行量一半在杭州,另一半则为省内各县购阅。有关日中冲突问题,各报均刊登反日或侮日性报道,尤其是《东南日报》最会舞弄毒笔。再看一下上海发行的中文报纸在当地的购阅数量,《新闻报》四千份,《申报》二千八百份,《时报》一千三百份,《时事新报》二千八百份,合计达一万零九百份。这样,上海发行的报纸的购阅者在杭州达到当地报纸购阅者的约三分之一。

一、中文报纸

名　　称	主义系统	持有人	编辑干部	备　　考
浙江商报	原杭州总商会机关报	社长　邱不易　浙江省温州人,原警官	许廛父　杭县人,原上海《申报》记者	1921年10月创刊,社址位于杭州市保佑坊。日刊,十页,发行量一千六百份
浙民日报	发扬民治精神,促进地方自治	社长　胡芷香　浙江省建德县人,原省长公署咨议	杨虹邨　浙江省嘉兴县人,浙江省立第二中学毕业	1923年12月创刊③,社址位于杭州市保佑桥。日刊,八页,发行量一千二百份。由浙东同乡会出资
东南日报	省市党部机关报	社长　胡健中　浙江省杭县人,现任省党部执行委员,原本社主笔和省党部秘书	徐世冲　浙江省绍兴县人,杭州中学教师	1927年3月创刊,社址位于杭州市开元路。日刊,十六页,发行量约一万二千份。本报原称《杭州民国日报》,1935年6月改组为官民合办,同时改成现名。发行量占杭州发行的报纸之首
杭州国民新闻	黄埔同学会机关报	社长　郑炳庚　浙江省青田县人,黄埔军官学校第一期毕业生	程佩照　浙江省杭县人,浙江财务人员培训部出身,现为财政厅职员	1927年3月创刊,社址位于杭州市青年路。日刊,十二页,发行量一千五百份。每月接受蒋介石一千元补助
之江日报		徐鹿樵　浙江省绍兴县人,原商人	丁楚苏　浙江省杭县人	1913年创刊,社址位于杭州市杭县路。日刊,八页,发行量八百份。本报曾于1926年一度停刊,1929年复刊

---

① 一说1932年创刊。

② 此处数据疑有误,1936年的数据为525 859人。

③ 应为1922年10月10日创刊。

(续表)

名称	主义系统	持有人	编辑干部	备考
杭县日报		郑树政 浙江省杭县人,浙江法政学校出身	钟维石 浙江省杭县人,杭州工四乡自治委员	1932年5月创刊①,社址位于杭州市惠兴路。日刊,四页,发行量一千份
杭州报		叶伯舟 浙江省杭县人	丁孙 浙江省杭县人	1932年10月创刊②,社址位于杭州市后市街。日刊,六页,发行量六百份
浙江新闻		钟韵玉 浙江省杭县人,上海复旦大学出身	何治平 浙江省杭县人,浙江医学专科学校出身	1933年1月创刊③,社址位于杭州市新民路。日刊,十五页,发行量五千。本报以往被称为上海《申报》《新闻报》的副刊,而1935年2月起独立经营
浙江省政府公报	公布法令、规章	浙江省政府	省政府秘书处	1927年5月创刊,社址位于省政府内。日刊,发行量一千九百份

芜湖

人口:日本人47人(其中台湾人5人),中国人22 536 355人④,外国人309人。

名称	主义系统	持有人与社长	编辑干部	备考
大江日报	党部机关报	冯子民	善尹孚	1935年创刊⑤,日刊,十页,发行量约二千份。由《芜湖导报》改组而成
皖江日报	营利本位	谭明卿	郝耕仁	1917年1月创刊⑥,日刊,八页,发行量约二千四百份
工商日报	商业开发	张九皋	洪朗斋	1909年11月创刊⑦,日刊,八页,发行量约三千份

安庆

名称	主义系统	持有人与社长	编辑干部	备考
皖报	省党部机关报	陈志明	周平	1928年12月创刊⑧,日刊,十二页,发行量约六千五百份
国事快闻报	营利本位	汪先步	朱立余	1936年创刊,日刊,四页,发行量约六百份
公论日报	省政府机关报	桂丹华		1934年10月创刊⑨,日刊,四页,发行量约一千份。对日感情差
新皖铎报	营利本位	杨绍农	金则鸣	1933年2月创刊⑩,日刊,四页,发行量约八百份
民岩报	同上	朱希渔		1909年创刊⑪,日刊,八页,发行量约二千四百份
商报	商业开发	苏绍贤	沈达夫	1932年12月创刊,日刊,四页,发行量约一千份

① 一说6月8日创刊。
② 一说11月19日创刊。
③ 1933年4月1日改本名创刊。
④ 此处有误,1936年的数据为146 037人。
⑤ 一说1934年12月创刊。
⑥ 一说1910年12月2日(民元前二年十一月一日)创刊,一说1910年12月21日创刊。
⑦ 应为1915年10月20日创刊。
⑧ 原为《民国日报》,1928年11月创刊。1932年10月改本名。
⑨ 一说1932年10月创刊。
⑩ 一说1922年创刊。
⑪ 应为1912年6月1日创刊。

安徽省各地

名　称	主义系统	持有人与社长	编辑干部	备　考
皖北日报	党部机关报	潘泽筠	李允涛	1931年创刊①，日刊，八页，发行量一千六百份。社址位于蚌埠
皖北时报	国民党系	李洛九		1933年5月创刊②，日刊，四页，发行量约六百份。社址位于蚌埠
大淮报	营利本位	杨叔和		1933年5月创刊③，日刊，四页，发行量约八百份。社址位于蚌埠
合肥民众报	国民党系	陈泰昌	张辛	1933年2月创刊④，日刊，四页，发行量六百份。社址位于合肥
合肥民报	开发民智	许习庸		1934年10月创刊⑤，日刊，四页，发行量四百份。社址位于合肥
新民报	营利本位	彭养之		1935年2月创刊⑥，日刊，四页，发行量五百份。社址位于合肥
巢县日报	党部机关报	柏毓文	同前	1933年3月创刊⑦，日刊，四页，发行量九百份。社址位于巢县
南巢导报		陶伯钧	同前	1936年创刊，日刊，四页，发行量四百份。社址位于巢县
当涂日报⑧	国民党系	鲍瘦梅		1934年创刊，日刊，四页，发行量约四百份。社址位于当涂县
皖南日报	营利本位	林国华		1936年8月创刊，日刊，四页，发行量约六百份。社址位于当涂县
宣城日报	国民党系	黄金舟		1933年5月创刊⑨，日刊，四页，发行量约九百份。社址位于宣城县
新大通日报	拥护国民党	赵凯旋		1934年10月创刊⑩，日刊，四页，发行量一千二百份。社址位于大通
皖南新报	营利本位	洪甫生		1937年1月⑪由《徽州日报》改组，日刊，四页，发行量约八百份。社址位于屯溪
淮南日报	同上	华行戣		1936年7月创刊，日刊，四页，发行量约五百份。社址位于无为县
濡声日报	同上	范揆平		1936年8月创刊⑫，日刊，四页，发行量八百份。社址位于无为县

---

① 一说1929年创刊。
② 一说1932年3月创刊。
③ 一说1932年7月创刊。
④ 一说1930年冬创刊。
⑤ 一说1928年春创刊。
⑥ 一说1928年创刊。
⑦ 一说1931年8月创刊。
⑧ 似为《当涂民报》之误，1933年8月创刊。
⑨ 1934年8月11日已出版1296期，约1931年6、7月创刊。
⑩ 一说1929年4月1日创刊。
⑪ 1月1日创刊。
⑫ 一说1934年4月创刊。

(续表)

名　称	主义系统	持有人与社长	编辑干部	备　考
皖南日报	国民党系	程提昌	宁坤	1934年创刊①，日刊，四页，发行量六百份。社址位于歙县
繁昌日报		潘顽生	同前	1936年创刊，日刊，四页，发行量约三百份。社址位于繁昌县
含山日报	县政府机关报	沈云程		1935年创刊，日刊，四页，发行量四百份。社址位于含山县
青阳日报	营利本位	陈玉润		1936年10月创刊②，日刊，四页，发行量六百份。社址位于青阳县
皋声日报	六安县党部机关报	沈小东		1935年1月创刊③，日刊，四页，发行量五百份。社址位于六安县
灵璧日报	国民党系	县党部		1935年1月创刊，日刊，四页，发行量四百份。社址位于灵璧县
阜阳日报	同上	陈树屏		1934年10月创刊④，日刊，四页，发行量六百份。社址位于阜阳县

九江

人口：日本人69人（其中朝鲜人10人），中国人15 342 080人⑤，外国人482人。

名　称	主义系统	持有人及社长	编辑干部	备　考
九江日报	宣传三民主义	社长　吴楚藩	经理　张炳庵 主笔　张寿东	1927年创刊，社址位于九江大中路五二二号，早报，八页，发行量一千份。在以九江为中心的中产阶级，特别是商民中间拥有爱读者。有关内外各地的大部分主要报道，大多转载自《南昌工商报》或南京各报等
九江民国日报	党部机关报	社长　范争波	主编　李赞华 主笔　郑康民	1931年创刊⑥，社址位于九江丁官路慎德里三号，早报，四页，发行量一千份。是江西省党部以及九江县党部的机关报，接受省党部补助而经营。有时登载对日时局的评论，但并不露骨。大部分主要报道，大多转载自南昌发行的省党部机关报《江西民国日报》
九江晨报 （小报）	提倡商务	经理　吴履和	主笔　罗洪毅	1933年7月创刊，社址位于九江丁官路德寿里。早报，小型，四页，发行量四百份。主要内容大多转载自南昌发行的各报，登载市井的社会报道，在下层阶级中有爱读者
九江夜报 （小报）	宣传三民主义	社长　吴方中		1936年9月创刊，社址位于九江环城路庚和里，晚报，小型，四页，发行量三百份。该报由当地发行的各报报社的记者合资经营，工作人员均在党部挂名。创立时日尚浅，还未有特定的读者

---

① 一说1933年4月18日创刊，一说1933年2月创刊。
② 一说1935年1月创刊。
③ 一说1930年10月10日创刊。
④ 一说1931年3月27日创刊，一说1930年创刊。
⑤ 此处有误，1936年的数据为84 574人。
⑥ 一说1931年元月17日创刊（推算）。

南昌

人口:日本人5人,中国人301 018人,外国人72人。

名　称	主义系统	持有人及社长	编辑干部	备　考
江西民国日报	省党部机关报	社长　谭之澜	总编辑　赖维周	1926年11月创刊①,社址位于南昌市毛家园一一九号,早报,八页,发行量五千份。该报是江西省第一位的报纸,据称省党部每月提供三千元的补助。从1935年双十节起改为日刊十二页,但1936年12月起再次改回八页,往往临时添附两页的宣传纪念号。近来显示出特别的发展,不仅是国内各地的通讯,还登载有关国际事件的电讯,有时登载辛辣的对日言论。在省内官公衙、党务部门、中流以上阶层有读者
江西工商报	提倡商务	经理　李耀庭	总编辑兼主笔 俞小虎	1920年1月创刊,社址位于南昌中山路黄家巷三六号,早报,八页,发行量三千份。该报是江西省历史最老的报纸,以提倡商务为目标而创立。该报近来缺乏像以前那样具有特色的商务报道,经营状态与其他大报大同小异,在省内工商业方面拥有众多读者
江西新闻日报	国民党系,省保安处机关报	社长　廖士翘	主笔　刘定远	1928年9月创刊②,社址位于南昌中山路东一一七号,早报,六页,发行量二千份。该报由南昌省党部数名实权人物以合资组织的形式经营而来,现在则由省保安处处长廖士翘就任社长,负责经营,可谓是名副其实的省保安处机关报。一向有反日色彩,但目前没有登载特别露骨的反日报道。在党员中有读者
民报	国民党系	社长　文超群 副社长　徐亦文	主笔　吴鲁戈	1918年创刊③,社址位于南昌中山路百花洲段第一九六号,早报,六页,发行量三千份。该报与《工商报》一样是南昌具有长期历史的报纸,是数名国民党员的合资组织。对日言论并不特别露骨,但每天登载名为"民之口"的短评,往往委婉地评论日本的对华强硬政策。以南昌为中心,在普通商民以及中产阶级以上民众之中有读者
南昌商报	提倡商务	经理　揭振民	总编辑　熊文钊	1928年9月创刊,社址位于南昌中山路一〇〇号,早报,六页,发行量一千份。该报与南昌《工商报》一样,是以提倡商务为目的发行的报纸,在普通商民间有爱读者。对日言论并不特别露骨
华中日报	国民党系	社长　章益修	主笔　徐澄清	1936年3月创刊④,社址位于南昌环湖路一二号,早报,八页,发行量一千份。该报是国民党部数名特派员的合资组织,在各地设立分社,致力于扩大读者。发行时日尚浅,因此目前还不显眼,但因创办者是党部中有影响力的一群人,可以预想将来对日言论会变得相当深刻
健报(小型)	国民党系	社长　熊文钊	经理　李昆 主笔　杨肃欧	1936年11月创刊⑤,早报,小型,四页,发行量六百份。该报由《南昌商报》的总编辑熊文钊经营,发行时日尚浅,读者不多。因为是南昌唯一的小报,应该会逐渐发展起来。目前无排外排日色彩
市光报(小型)	南昌市政府机关报	社长　丘准	总编辑　刘定远	1937年1月1日创刊,早报,小型,六页,发行量五百份。在市政委员会主任委员龚学遂的监督下,于今年元旦发行。没有特别的排日色彩

---

① 原名《南昌民国日报》,1926年11月23日创刊。1932年报告说,"1931年"改为《江西民国日报》。
② 一说1914年12月创刊。
③ 一说1928年4月1日创刊。
④ 一说1936年4月10日创刊。
⑤ 一说1936年6月20日创刊。

汉口

人口(武汉三镇):日本人1 858人(其中朝鲜人108人、台湾人6人),中国人33 499 398人①,外国人1 890人。

概况

中文报纸:目前在当地发行(不在武昌发行)的中文报纸,日刊大型有十种,小型有十二种。上述各报纸中,党部、政府和军阀的御用机关报,以及个人经营的报纸,均经过武汉警备司令部报纸审查室的检查后发行。不仅如此,由于官方的严厉管制以及党部对言论的统制,言论的自由完全受到压制,这些报纸的报道内容均大同小异,仅在杂文栏有些特色。武汉三镇处于政治上极其复杂的地理位置,因此各报社之间的关系复杂,例如最近由新闻记者组织的记者工会,其内部也分为两派,分别是以《武汉日报》社长王亚明为首的文化建设派,以中央通讯社武汉分社社长李尧卿为首的一派,似乎都在热心扶植自己的势力。另外,除《武汉日报》和《扫荡报》以外,其他报纸均经营困难,1936年间停刊的报纸,大型报纸有三种,小型报纸有三种。由大型报纸改组为小型报纸的有一种。

外文报纸:英文报纸有 Central China Post 和 Hankow Herald 两种,日文报纸有《汉口日日新闻》,鉴于中文报纸的上述状况,这些报纸在普通中国人中亦有相当信誉,懂得英文或日文者,与中文报纸相比,更加重视外文报纸,特别是深受官方关注。

一、中文报纸

名　称	主义系统	持有人及社长	编辑干部	备　考
武汉日报	国民党中央宣传委员会机关报	社长　王亚明	主编　王星岷兼任《大光报》主编 编辑记者　束世澂 评论记者　罗云樵 探访记者　徐叔明	1929年6月创刊②,社址位于汉口江汉路四八六号,日刊,十二页到十四页,公称发行量一万三千份(实际八千份左右)。该报是武汉的一流报纸,在党的宣传上最努力,对日态度不佳。采用中央通讯、路透社、Agence Havas 以及"同盟"等的通讯。每月发行两次汉口市政府编纂的《市政月刊》,免费添附。海关的告示仅在该报上登载,而法院的公告只在该报和《扫荡报》两报上登载。接受中央党部月额数千元、汉口市政府月额一千五百元的补助,与《扫荡报》一样资金丰厚
扫荡报	行营政治训练所机关报,蓝衣社在湖北最大的机关报	社长　袁守谦　四川行营政治训练处副处长	总主编　丁文安 编辑　瞿云国、龚钦榆、程仲文、唐路直、闻汝贤、章笑林、黄作球、钟期森、宋一痕	1935年5月创刊③,社址位于汉口民政路河街口,日刊,十二页,发行量约七千份。该报社最初位于南昌,后来跟随行营一同迁至汉口,转至当地后扩大了版面,目前与《武汉日报》同是武汉第一流的报纸。报道在剿"匪"以及军事方面有特色,总能看到大胆的编辑。在关于中日关系上,与《大光报》一样发表最为辛辣的对日评论。读者阶层中军人最多。还有,每月接受行营六千元、中央党部三千元、省市党部一千元的补助
新民报	黄埔军官学校派,即蓝衣社系。半官半民经营	社长　蒋坚忍 总经理　谢倩茂 副经理　唐爱楼	总编辑　谢楚珩 记者　卢建人、黄德贵、黄启照、李超、杜中民	1926年9月创刊④,社址位于汉口后花楼永兴里三号,日刊,十二页,发行量约三千份。该报由谢楚珩(湖北人)创办,但因经营困难,被市党部干事谢倩茂插足,更有1931年由中央派来的蒋坚忍(目前作为杭州航空学校政治训练处处长驻留该地)掌管全权。黄埔军阀或是蓝衣社员不断作为干部被引入,所以谢楚珩虽是主编,却无法自由表达己见。充斥着蓝衣社的色彩,抗日态度强烈,在当地属一流报纸

---

① 此处有误,1936年的数据为784 117。
② 6月10日创刊。
③ 前身为《扫荡》三日刊,1931年创刊于南昌。1935年6月迁武汉,更名《扫荡报》,日刊,6月23日创刊。
④ 9月15日创刊。

(续表)

名　称	主义系统	持有人及社长	编辑干部	备　考
大光报	以蓝衣社为靠山，被视为张学良系	社长　赵惜梦　原天津《大公报》记者，蓝衣社中坚分子	编辑主任　王星岷　原《哈尔滨国际协报》主持人，兼任《武汉日报》主编 编辑主任代理　芮道一 记者　陈纪滢、孔罗荪	1935年3月创刊①，社址位于汉口中山路永康里五二号，日刊，十二页，发行量约二千份。创办当初受到天津《大公报》和华北财阀的援助，后来在黎天才(东北军政治训练处处长、蓝衣社中坚分子)的援助下，不时接受张学良补助。赵社长曾作为天津《大公报》特派员，在热河各地活动过，该报恰如《大公报》的姊妹报纸一般。此外，社员中的大部分都是因"满洲事变"南下的，尽管其对日态度最为激烈，但各报中拥有了解日本、懂日语干部的仅有此报。其编辑方法在当地报纸中显得出类拔萃。还有，报社1936年元旦开始创刊周刊杂志《一般》，在该报编辑干部的共同努力下，将《一般》周刊社附设于该报社内
大同日报	湖北省党部机关报，接近CC派	社长　陶尧阶 副社长　杨锦昱　湖北省党部执行委员 李尧卿　前《大中报》社长 经理　李尧卿 副经理　艾镇华	总编辑　王一鸣 记者　杨盛嘉、尹志伊、杨虔州均为省党部职员	1931年10月创刊②，社址位于汉口统一街七三号，日刊，十页，发行量约八百份。该报在1936年1月与大中报社(李尧卿主宰)合并，成立董事会，董事长选任绥靖公署办公厅主任党公组，常务董事选任省党部委员喻育之、陶尧阶、王绍祐、黄新渠、陈乐山，董事则选任第十军驻汉办事处长陈汉存、公安局长陈希曾、中华大学校长陈时、红帮领袖冯庆山等十九人。社长和副社长担任省党部设计委员，党部每月提供六百元的补助，充当其机关报，但在当地是二流报纸
汉口新闻报	营利本位	社长　张云渊	总编辑　曾莘庐	1914年5月创刊③，社址位于汉口后花楼街十八号，日刊，二十页，发行量约二千份。该报与当地工商界关系密切，在商人阶层中获得了独占性的销路。有约十页的广告版面，以广告费为主要收入，似乎没有从任何方面获取补助金
汉口中西报	同上	经理　王锦瑞　别名王华轩	总编辑　管雪斋　原《汉报》主编，是同行中的头面人物	1907年10月创刊④，社址位于汉口江汉一路六十九号，日刊，十页，发行量约六百份。是汉口历史最老的报纸，1932年4月开始由喻耕屑(总经理)和喻的痴共同经营，第十军军长徐源泉提供补助，但从1935年9月开始该补助停止，经营变得十分困难。10月末两喻辞职离社，转为目前的经营者(华记、仁记)，对日态度普通
震旦民报	同上	社长　蔡寄鸥　汉口报界元老	编辑　蔡达九	1931年6月创刊，社址位于汉口民生路一五七号，(1912年创刊后不久便停刊，直至1931年6月)，日刊，十页，发行量约六百份。读者阶层以商人居多，是无任何特色的二流报纸

---

① 3月1日创刊。
② 一说1930年10月创刊。
③ 1914年5月28日创刊。
④ 应为1906年5月创刊。

(续表)

名　称	主义系统	持有人及社长	编辑干部	备　考
汉报	同上，接近CC派	社长　刘静哉	总编辑　蒋嘉祥	1934年4月创刊①，社址位于汉口江汉一路六十五号，日刊，十二页，发行量约七百份。创刊当时，除刘以外还有导群通讯社社长汤济和光明通讯社社长陈宗如共同出资经营，1935年汤、陈辞任离社，因此在同年年末转为刘个人经营。在商界方面构筑有稳固的根基，但似乎经营困难，属二流报纸
国货日报	市党部机关报	社长　易葆恂　市党部设计委员	总编辑　范永炎	1930年8月创刊②，社址位于市党部内国货会，日刊，四页，发行量约五百份
时代日报	总工会机关报，市党部系	社长　胡国亭　市党部监察委员	总编辑　龙取直	1931年12月创刊③，社址位于汉口模范区德润里十六号，小型，日刊，四页，发行量约一千一百份。该报当初是大型报纸，因1936年1月遭火灾烧光，改为小型报纸。目前与市党部建立密切的联系，是总工会机关报，胡社长执总工会之牛耳
庄报④	营利本位，张学良系	社长　刘治平　原《天津益世报》驻汉口人员，与张学良有关系	总编辑　同前	1933年2月创刊，社址位于汉口府西一路，小型，日刊，四页，发行量约四千份。除时事新闻外，还登载与趣味、戏剧相关的读物，在小报中最受欢迎
武汉时事白话报	营利本位	社长　郭少仪	总编辑　宋蓼樵	1929年11月创刊⑤，社址位于汉口清芬二马路七十四号，小型，日刊，四页，发行量约四千份
新快报	同上	社长　万克哉　《汉口每日新闻》（通讯）的经营者	编辑　胡孟时	1928年6月创刊⑥，社址位于汉口泰宁里十二号，小型，日刊，四页，发行量约二千份。作为小型报纸，最为泼辣
新汉口报	同上	社长　唐祖述　原公安局第六署长，独立第三十八旅顾问	总编辑　陈创萍	1930年1月创刊⑦，社址位于汉口辅义里十七号，小型，日刊，四页，发行量约一千份。持有人唐祖述在当地中流阶级中有权势
工商日报	同上	社长　萧亚依	编辑　同前	1932年2月⑧创刊，社址位于汉口八元里二巷，小型，日刊，四页，发行量约五百份
新汉报	何键系	社长　陈倬	总编辑　沈瑾	1931年2月⑨创刊，社址位于汉口清芬二路武昌里，小型，日刊，四页，发行量约五百份。是旅居武汉的湖南人的机关报，湖南省主席何键提供补助

---

① 一说1934年4月25日创刊。
② 应为1930年6月创刊。
③ 12月12日创刊。
④ 疑为《壮报》，译名之误。
⑤ 11月1日创刊。
⑥ 一说1928年6月1日创刊。
⑦ 1月15日创刊。
⑧ 应为1931年1月创刊。
⑨ 应为1931年12月12日创刊。

(续表)

名　称	主义系统	持有人及社长	编辑干部	备　考
汉口导报	营利本位	社长　何颖扶	编辑　同前	1930年11月①创刊,社址位于汉口清芬二路武昌里五号,小型,日刊,四页,发行量约五百份
武汉时报	同上	社长　戴振	总编辑　汪磊	1932年5月创刊②,社址位于汉口中山路肇源里四号,小型,日刊,四页,发行量约四百份
春秋日报	同上	社长　罗培之	总编辑　焦博文	1935年11月创刊③,小型,日刊,四页,发行量约五百份,趣味报纸
汉口罗宾汉	同上	社长　夏国宾	编辑　同前	1935年2月创刊④,社址位于汉口清芬二路,小型,日刊,四页,发行量约五百份,演艺报纸
汉口广播日刊	汉口市广播局机关报			1935年12月创刊⑤,社址位于汉口中正路汉口市广播电台内,小型,日刊,四页,发行量约四百份,无线电广播报纸

二、英文报纸

名　称	主义系统	持有人及社长	编辑干部	备　考
Central China Post [楚报](英文)	英国系	社长兼主笔　H. J. Archibald 经理　A. C. Burn	探访及翻译记者 刘子纯	1911年创刊⑥,社址位于汉口特别第三区湖南街,日刊,十至十二页,发行量约七百份。报道比较迅速,并且与各地传教士保持联系,登载关于内地消息的特报,因此在外国人以及中国有识人士中有相当多的读者。是中国中部地区代表英国意见的唯一机关报,对待日本的态度基本上是传统性友好
Hankow Herald [自由西报] (英文)	国民党直系	社长兼主笔　饶引之　广东人,美国西北大学出身	副主笔　陈少杰	1923年创刊,社址位于汉口法租界,日刊,十至十二页,发行量约六百份。该报原由美国人经营,1929年国民党中央宣传委员会盘下该报,之后仅由中央派遣下来的中国干部进行经营,据说宣传委员会每月提供五千元补助。与 Central China Post 相比,内容上有些逊色

三、日文报纸

名　称	主义系统	持有人	编辑干部	备　考
汉口日日新闻（日文）		社长兼主笔　宇都宫五郎	主编　内田佐和吉	1918年1月创刊,社址位于汉口日本租界中街一三三号,日刊,四页,发行量五百五十份。是汉口及扬子江流域唯一的日文报纸

---

① 一说1930年9月创刊。
② 应为1932年3月1日创刊。
③ 应为1935年7月创刊。
④ 一说1935年2月4日创刊。
⑤ 应为1935年8月创刊。
⑥ 应为1904年创刊。

郑州

人口：日本人 20 人，中国人 34 289 848 人①。

名　称	主义系统	持有人及社长	编辑干部	备　考
郑州日报②	县党部机关报	社长　刘和恺　党部干事 经理　刘澄清	探访记者　刘藻	1931 年 3 月创刊③，社址位于郑州汉川街十五号，发行量七千份
大华晨报	陇海铁路局机关报	社长　黄天佑　铁路特别党部干事	主笔　顾永兴	1933 年 11 月创刊④，社址位于郑州西敦睦里，发行量六千份
大东商报	郑州商务会机关报	周业儒　商务会会员	主笔　李太昌	1934 年 10 月创刊⑤，社址位于郑州三多里，发行量四千份
通俗日报	第一区行政专员公署机关报	孟子平　专员公署职员	主笔　同前	1934 年 10 月创刊⑥，社址位于郑州县政府街，发行量三百份

开封

人口：中国人 306 985 人，外国人 86 人。

名　称	主义系统	持有人及社长	编辑干部	备　考
河南民报	省党部机关报	社长　刘伯伦　党部干事 经理　萧洒	主笔　刘伯伦	1931 年 7 月创刊⑦，社址位于开封省府路三一四号，发行量八千份
河南民国日报	省政府机关报	委员制 常务委员　朱铁香、杨华文、周万里	主笔　杨华文 记者　王子庄	1929 年 2 月创刊⑧，社址位于河南省党部内，发行量一万二千份

洛阳

名　称	主义系统	持有人及社长	编辑干部	备　考
河洛日报	第十区行政专员公署机关报			1932 年 3 月创刊，发行量三百份

西安

人口：中国人 155 100 人。

名　称	主义系统	持有人及社长	编辑干部	备　考
西京日报	国民党机关报			1933 年创刊，社址位于西安五味什字，发行量五千八百份，中央党部提供月额四千元的补助
新秦日报	绥靖公署机关报	社长　俞慰曾		1921 年创刊，社址位于西安中山大街，发行量一千份

---

① 此处数据应有误。
② 有一份《郑州日报》1916 年创刊。
③ 1934 年报告为"1930 年 11 月"，一说 1930 年 11 月创刊。
④ 一说 1933 年 1 月创刊。
⑤ 一说 1932 年 12 月创刊。
⑥ 一说 1935 年 1 月创刊。
⑦ 1934 年报告为"1927 年 8 月"，一说 1927 年 7 月 1 日创刊。
⑧ 一说 1930 年 3 月创刊。

(续表)

名 称	主义系统	持有人及社长	编辑干部	备 考
文化日报	绥靖公署机关报	社长 宋绮云		1931年创刊,社址位于西安五味什字,发行量三千份。绥靖公署提供月额二千元的补助
工商日报	商工会机关报	社长 刘文伯		1934年创刊,社址位于西安二府街公字二号,发行量五百份
青门日报		社长 于海峰		1933年创刊,发行量三百份
西北朝报		社长 贾永琢		1933年创刊①,发行量二百份
民意报		社长 薛兰生		1931年创刊②,发行量二百份
雍报		社长 刘荫远		1935年创刊③
西北晨报		社长 曹雪复		1936年创刊
长安晚报				1936年创刊④
解放日报				
西京民报				
西北文化日报				

长沙

人口:日本人89人(其中台湾人5人),中国人32 827 499人⑤,外国人252人。

概况

目前长沙发行的中文报纸中,小型三日刊以上者共计有二十六种。上述中文报纸,除数份外都是基础薄弱的通俗报纸,读者最多不过二三百人。比较有信誉的是《湖南国民日报》,接着是《大公报》《民国日报》《全民日报》《长沙市民日报》等,其他报纸几乎没有阅读价值。

湖南省向来内乱频繁,特别是近年为了讨伐共产党以及解决两广问题,中央军不断大量移动,势必导致军方在行政上的影响力增大,例如报纸也事事受其掣肘,事实上造成了没有军阀的支持便难以存活的结果。因此,各报社均积极与军阀保持联络,似乎主动希望充当其机关报,无法期待其站在公正中立的立场,代表严正的舆论进行准确的报道。还有,这些报纸对日态度不善,不过,与其说是如实反映了湖南传统的排日思想,不如说只是对党部的意图心领神会,进而迎合,以此企图得到物质上的援助而已。虽然如此,这种倾向每年在减弱,正在逐渐改善。

名 称	主义系统	持有人及社长	编辑干部	备 考
湖南国民日报	湖南省政府机关报,纯国民党系	社长 凌璋 原第四路军总指挥部办公厅主任,现湖南省政府委员兼民政厅长	主笔 罗心冰 记者 宋曼君 省政府科长。欧阳彰 省政府科员	1928年3月创刊,社址位于长沙皇仓街四二号,日刊,十页,发行量六千余份。该报是1926年创刊的《南岳日报》以及同年共产党创刊的《湖南民报》,在1928年被湖南省政府盘下改名而成,直至今日。该政府从经常费用中每月拿出六千弗加以补助,作为该报的经费。在当地的中国报纸中信誉最高。对日态度向来不佳,但最近略有改善的迹象。虽以严正中立为宗旨,但支持湖南派的主张

---

① 一说1934年创刊。
② 一说1930年11月28日创刊。
③ 一说1936年2月创刊。
④ 一说1937年创刊。
⑤ 此处有误,1936年的数据为386 571人。

(续表)

名称	主义系统	持有人及社长	编辑干部	备考
民国日报	湖南省党部机关报,国民党系急进派色彩浓厚	社长 陈介石	主笔 袁惠瞻	1933年7月创刊,社址位于长沙草潮门高升巷,日刊,十页,发行量约四千份。该报是1929年5月由长沙市党部创刊的《湖南中山日报》的后身,虽是陈的个人名义,但目前仍与党部方面有联系。以宣传党义和监督政府施政为己任,在各级党部、学校方面有读者
大公报	标榜不偏不党,拥护言论,代表民意	社长 龙兼公	主笔 朱石农	1915年2月创刊①,社址位于长沙城仓后街湘清里七号,日刊,八页,发行量约三千份。该报是1908年创刊的《湖南公报》的后身,1927年3月被共产党停刊,1929年5月再刊。是长沙民间的代表报纸,其报道略有可读之处(从省政府领取若干补助)
全民日报	湖南省政府建设厅的机关报,国民党政学系	社长 文任武	主笔 李先教	1928②年9月创刊,社址位于长沙顺星桥,日刊,八页,发行量约一千份。对日态度不佳
长沙市民日报	长沙市商会的机关报,标榜提倡国货	社长 左学谦 长沙市商务会会长	主笔 蒋寿世	1930年10月创刊③,社址位于长沙储备仓市商会内,日刊,八页,发行量约二千份。是1920年创刊的《湖南商报》的后身。经营费用除了由商会提供外,还有来自省政府的若干补助,读者以商民为主
湖南通俗日报	湖南省政府教育厅通俗教育馆的机关报	社长 朱肇干	主笔 谢问甫	1924年创刊,社址位于长沙理问街,小型,日刊,八页,发行量约四千份。是1912年3月创刊的教育厅日刊《演说报》的后身,教育厅提供全额经费
湖南妇女报	湖南全省妇女联合会的机关报	社长 曾宝荪	主笔 周天璞	1933年3月创刊,社址位于长沙新安巷,小型,三日刊,四页,发行量约二千份。经营费用由妇女协会的经常费用支付,另还有来自省政府月额五百弗的补助
霹雳报	湖南大学工学院及建设厅技师共同发行	社长 宾步程 经理 唐伯球	主笔 吴更生	1930年7月创刊④,社址位于长沙仓后街湘清里,日刊,小型,四页,发行量约一千份。省政府每月提供四百弗补助。宾社长曾任湖南高等工业学校校长
湘江晚报		社长 毛凤翔	主笔 唐余园	1931年4月创刊,社址位于长沙犁头后街一号,日刊,小型,四页,发行量约八百份
新闻夜报		社长 萧石勋	主笔 柳德诚	1933年9月创刊,社址位于长沙顺星桥,日刊,小型,四页,发行量约六百份
湘南晚报		社长 陈德基	主笔 马震湘	1930年1月创刊,社址位于长沙荷花池十五号,三日刊,小型,四页,发行量约四百份
农报	湖南全省农民协会机关报	社长 邓毅	主笔 夏益年	1934年11月创刊,社址位于长沙湘春路,日刊,小型,四页,发行量约五百份
长沙市晚报		社长 晏开	主笔 李仰贤	1933年4月创刊,社址位于长沙连升街,三日刊,小型,四页,发行量约三百份

① 1915年9月1日创刊。
② 1936年报告为"1927年"。
③ 一说1930年8月创刊。
④ 一说1932年创刊。

(续表)

名　　称	主义系统	持有人及社长	编辑干部	备　　考
长沙夜报		社长　柳煜	记者　黄曾晦	1933年8月①创刊,社址位于长沙桃花井,三日刊,小型,四页,发行量约二百份
卡麦斯报	商业报纸	社长　朱德龄	主笔　唐敢	1933年8月②创刊,社址位于长沙府后街,三日刊,小型,四页,发行量约四百份
小小报	长沙县党部机关报	社长　陈士菜	主笔　程天一	1933年9月③创刊,社址位于长沙仓后街,三日刊,小型,四页,发行量约二百份
晚晚报	政学系及改组派的机关报	社长　康德	主笔　魏振邦	1931年4月④创刊,社址位于长沙储备仓,三日刊,小型,四页,发行量约四百份
楚声报		社长　黎竹琴　长沙市公安局秘书	主笔　朱蒙泉	1933年4月⑤创刊,社址位于长沙坡子街,三日刊,小型,四页,发行量约四百份
成报		社长　廖建垿	主笔　谭大言	1932年8月⑥创刊,社址位于长沙大东茅巷,三日刊,小型,四页,发行量约三百份
晨光晚报		社长　廖亚松	记者　廖崐	1933年6月创刊,社址位于长沙永庆街新安巷,三日刊,小型,四页,发行量约一百份
长沙卫生报	长沙国医公会机关报	社长　吴汉仙	主笔　吴亚仙	1934年4月创刊,社址位于长沙皇仓坪,三日刊,小型,四页,发行量约三百份
长沙小报		社长　管秋实	主笔　吴宾若	1933年4月创刊,社址位于长沙织机巷,三日刊,小型,四页,发行量约二百份
湖南工人报	长沙工人团体的机关报	社长　张福云	主笔　王丽棠	1933年12月创刊,社址位于长沙藩城堤,三日刊,小型,四页,发行量约四百份
大晚报		社长　唐耀章	主笔　柳厚民	1933年12月创刊⑦,社址位于长沙万庆街,三日刊,小型,四页,发行量三百份
楚三报		社长　黎绍	主笔　周曼波	1935年5月创刊,社址位于长沙草墙湾,三日刊,小型,四页,发行量约二百份
衡报		社长　凌树藤	主笔　罗心冰　民政厅科长	1936年6月创刊,社址位于长沙皇仓坪,日刊,小型,四页,发行量约一千份。该报是省政府以统制小型报纸为目的,让机关报《国民日报》的记者创办的

沙市

人口:日本人8人(其中朝鲜人3人),中国人8 129 941人⑧,外国人37人。

概况

目前沙市的报纸中,中文报纸大型四页的有三种,在附近各都市中也各自拥有读者层,但规模都很小,除《新沙市日报》外基本都经营困难。每日的内容自始至终都是来自南京等地的无线电广播新闻,或是转载于上海、汉口等地报纸的报道,社论也没有特别独到的见解,未超出乡间报纸的范畴。因此,上海《申报》《新闻报》《大公报》,以及汉口《武汉日报》《扫荡报》等合计约有四千份报纸流入沙市。

---

① 1936年报告为"3月"。
② 1936年报告为"7月"。
③⑥ 1936年报告为"10月"。
④⑤ 1936年报告为"1月"。
⑦ 1934年创刊。
⑧ 此处应有误,1936年的数据为130 000人。

名　称	主义系统	持有人及社长	编辑干部	备　考
新沙市日报	第十军徐源泉主宰，沙市市政整理委员会机关报	沙市市政整理委员会 社长　何瑞麟　沙市商会主席	主笔　彭凤昭 记者　王序楯、李庭杰	1933年6月创刊①，四页，发行量约一千份。对日感情一般，读者是普通知识阶层。由市政机关，即沙市市政委员会经营。每月接受第十军二百元、商会等二百元，共计四百元的补助。报道比较迅速，内容也比较完整，是当地的一流报纸
沙市荆报	营利本位（个人经营）	李铁农	主笔　李铁农 记者　李东屏、张仲之	1930年8月创刊，四页，发行量约一千份。对日感情一般，在官公吏、商人等知识阶层有读者，但经营业绩不佳
长江商务报	营利本位（个人经营）	侯仲涛	主笔　侯仲涛 记者　侯冬平、文复生	1921年7月创刊，四页，发行量约二百份。对日感情普通。创办较早，有信誉。商界读者居多，得到沙市巨商的后援，但近来经营似有困难

宜昌

人口：日本人80人（其中朝鲜人16人），中国人4 344 184人②，外国人67人。

名　称	主义系统	持有人及社长	编辑干部	备　考
工商日报		但绍芳	张任夫	1933年1月创刊，日刊，四页，发行量约五百份，过去从商会获取补助，目前只是个人经营
国民日报		穆子斌	同前	1931年8月③创刊，日刊，四页，发行量约一千份。对日感情不佳，读者为普通知识阶层和商人。每月接受县政府二百元左右的补助

重庆

人口：日本人36人（其中朝鲜人7人），中国人32 327 317人④，外国人186人。

概况

当地目前正在发行的报纸，普通型八种，小型三种，合计十一种。过去当地的报纸均是军方或者政界实力派人物自己的宣传机关，因此各报均有特点，但在1935年初，军事委员会委员长行营参谋团入川之后，报纸也受到了中央方面严格审查，结果一律出现中央化的色彩。另一方面，1936年8、9月前后，因《国民公报》和《四川日报》的出现，各报之间的竞争变得激烈。这样，四川在中央化的同时，报纸的素质得到了提高，目前与中国大都市的中文报纸相比也毫不逊色。

名　称	主义系统	持有人及社长	编辑干部	备　考
商务日报	商界机关报	潘昌猷 代理　王岳生	主笔　侯君野	1912年创刊⑤，日刊，十四页，发行量六千余份。该报以重庆总商会做靠山，在各界具有影响力
新蜀报		袁彬 实际经营者　周钦岳	主笔　杨秉初⑥	1913年创刊⑦，日刊，十页，发行量五千余份。持有人袁彬是川康绥靖公署参谋长，因此在该公署以及政界方面特别有影响力

---

① 一说1933年5月1日创刊。
② 此处有误，1936年的数据为110 000人。
③ 1936年报告为"1933年1月"。
④ 此处有误，1936年的数据为600 000人。
⑤ 1914年4月25日创刊。
⑥ 1936年报告为"杨炳初"。
⑦ 1921年2月1日创刊。

(续表)

名　称	主义系统	持有人及社长	编辑干部	备　考
济川公报		邓汉祥　省政府秘书长 代理　何敬敷	主笔　锐华锋	1928年创刊,日刊,八页,发行量三千余份
国民公报		何北衡　重庆公安局长	主笔　何敬敷	1936年8月创刊①,日刊,八页,发行量三千五百份,资本金五万元。本报的前身1912年创立于成都
大江日报	市党部机关报	李星枢	主笔　蒲剑秋	1930年创刊②,日刊,八页,发行量二千余份
人民日报	警备司令机关报	李根固　重庆市警备司令	主笔　吴顺乡	1935年创刊③,日刊,八页,发行量二千余份。该报最初曾是党部机关报,但被李接手,成为警备司令的机关报
四川日报	市政府系	毛畅熙	主笔　朱典常	1936年创刊④,日刊,八页,发行量二千余份。以重庆市政府为背景
快报	巴县党部机关报	曾子唯	主笔　张自悟	1935年创刊⑤,日刊,八页,发行量约一千份
重庆晚报	市政府系	赖健君	主笔　朱典常	1929年创刊⑥,日刊,小型,四页,发行量约五百份
四川晚报	市党部机关报	叶楚材	黄干乡	1930年创刊⑦,日刊,小型,四页,发行量约一千份
西蜀晚报	巴县党部机关报	黎统一	冯雪樵	1936年创刊,日刊,小型,四页,发行量三百份

南　部

广东

人口：日本人619人（其中朝鲜人53人，台湾人144人），中国人35 582 723人⑧，外国人2 054人。

概况

广东的报业在兴盛时期的1919年、1920年时最多有三十家,其后,随着国民政府成立、国民党压迫反对派言论等,报业进入衰微之途。1925年受到抵制英货运动的影响,报纸数量一度跌入不足十家的惨境。1932年1月1日广东国民政府解散、西南政权成立以来,事态缓和,报业经营热潮兴起,报纸数量逐渐增加。

中文报纸现在大小合计有二十二种。其中最有实力的是党部及政府的机关报《中山日报》（原名《广州民国日报》）、《广州市民日报》《广州日报》三报,以及受商界方面信任的《现象报》《国华报》《越华报》《共和报》《公评报》等。前者有关党、军、政方面的报道迅速、丰富,不容他报追随,后者依靠社会、经济报道,巧妙地迎合民间读者的需求,发行量远大于前三家机关报。当地官方出于政治原因对报纸的管制十分严苛,言论自由受到极度束缚,因此若想了解广东的政治状况,需要一并阅读言论管制比较宽松的香港中文报纸（《工商日报》《循环日报》《华侨日报》⑨《中兴报》）。

英文报纸有 The Canton Daily Sun 及 The Canton Gazette 两报。前者由印度人凯·比瓦迪亚经营,后者由张

---

① 成都《国民公报》于1935年5月15日停刊。移渝复刊。重庆《国民公报》于1936年8月1日创刊。
② 应为1932年12月21日创刊。
③ 一说1935年11月1日创刊,一说1936年创刊。
④ 1936年8月7日创刊。
⑤ 应为1933年创刊。
⑥ 应为1928年10月20日创刊。
⑦ 原为《商舆捷报》,1930年11月创刊。1931年1月更名为《四川晚报》,一说1931年1月18日创刊。
⑧ 此处应有误,1936年的数据为1 046 810人。
⑨ 1936年报告中为《华侨报》。

举岭及李陆超等经营,一直依靠广东省政府、广州市政府及其他各方的补助勉强维持经营,读者是当地少数的外国人和中国学生。

此外,当地报业机关有三个:广东报界同业公会、广州市新闻记者公会及广东全省新闻记者公会。

(1) 广东报界同业公会为前清时代的粤省报界公会在民国成立后改为现名而来,是报社资方的机关,网罗了《中山日报》《市民日报》《广州日报》《现象报》《国华报》《共和报》《七十二行商报》《公评报》《越华报》《环球报》等有实力的报社。

(2) 广州市新闻记者公会于1926年成立,有会员二百五十名,每月接受省政府及市政府一百元的补助。

(3) 广东全省新闻记者公会于1929年成立,旨在谋求新闻记者的友好,有会员两百名左右,其中多为广州市新闻记者公会的会员,本公会本身并没有什么活动。

一、中文报纸

名　称	主义系统	持有人及社长	编辑干部	备　考
中山日报(原名《广州民国日报》)	广东省党部机关报	社长　陈玉昆　陈济棠之心腹	总编　梁明致 主笔　温仲琦 记者　陈元勋、孙醉青、李怀霜、邓长虹、钟介民	1923年创刊①,社址位于光复中路七十九号,资本金一万五千元,日报,十六页,发行量七千份。报道迅速,内容丰富,印刷鲜明,是当地名副其实的第一流报纸,在党、政、军各界都有许多读者。社长陈玉昆为陈济棠之心腹,特别受其信任。每月接受省党部及省政府的补助三千元。1937年元旦起改为现名
广州日报	广州市党部机关报	社长　区声白　市党部常务委员	主笔　区声白 记者　卢灼然、苏仲义、刘重明、陈友琴	1930年创刊②,社址位于长寿东路三十三号,资本金三千元,日报,十二页,发行量四千五百份。本报原本作为古应芬的御用报纸由市党部宣传部长陆幼刚创设,现在是纯粹的市党部机关报,与《中山日报》同为当地的一流报纸。每月接受市党部及市政府三千元的补助
广州市民日报	市政府机关报	社长　黄志鹄　林云陔系人物	主笔　李爕坤 记者　吴永康、叶天一、范真公	1927年创刊③,社址位于光复中路二十七号,资本金五千元,日报,十二页,发行量六千份。本报是《市政日报》《广州日日新闻》《广州市政日报》的后身(1932年改为现名),林云陔任市长期间创设,现在表面上为市政府机关报,刊登市政府的公告事项,接受市党部及市政府的补助
七十二行商报	商界机关报	社长　罗啸璈　前清秀才出身,当地报界之元老	主笔　罗子政 记者　罗子端、李凤延、陈海波	1906年7月创刊④,社址位于光复中路七十四号,资本金两万元,日报,十页,发行量两千份。本报在粤汉铁路商办热潮时,由黄诏平发起,作为商民一方的机关诞生。远离政党、政派的稳健报道与其特色的经济栏相辅相成,在实业界方面有许多读者,但经营有些陈腐保守,没有新意
国华报		社长　刘劫余	主笔　周琦 记者　容春勉、许澄天、戴肃、王少秋	1913年创刊⑤,社址位于光复中路七十六号,资本金三万元,日报,八页,发行量两万四千份。本报前身《国报》由王泽民、康有为、王宠惠等出资三万元,作为进步党机关报发刊,标榜反对国民党,1918年改为现名。1928年王泽民死后,现社长刘盘下,成为广州市商会联合会之机关报。但1931年随着市商会成立,商会联合会解散。现在无党派关系

---

① 1923年6月创刊。
② 应为1926年11月26日创刊。
③ 应为1932年2月20日创刊。
④ 应为1906年9月15日创刊。
⑤ 应为1915年创刊。

(续表)

名　称	主义系统	持有人及社长	编辑干部	备　考
越华报		社长　陈柱廷　兼任《现象报》及《公道报》社长	主笔　陈柱廷、陈述公 记者　许可因、麦健儿	1927年创刊①,社址位于光复中路一百十四号,资本金四万元,日报,八页,发行量两万五千份。本报由已故的王泽民募集华侨的资金创立,与《现象报》《公评报》有关系,读者以中层以下居多
现象报		社长　陈柱廷　兼任《越华报》及《公道报》社长	主笔　陈式锐 记者　李启芬、何少儒、李白如、谢维周	1921年7月创刊②,社址位于光复中路五十三号,资本金八千元,日报,八页,发行量八千五百份。最初由廖球记作为国民党系报纸而创设,1927年张发奎入主广东时被没收,张失势后转至总工会手中,其后李济琛也一度向本报出资,李失势离粤后,由现社长陈柱廷经营。现在无党派色彩,动辄发表过激言论,有排日倾向
公评报		社长　钟超群	主笔　钟任德、刘冲中 记者　李一尘、戴可编	1924年创刊③,社址位于太平北路二百七十三号,资本金两万元,日报,十二页,发行量一万五千份。本报以小品、文艺等为特色。1931年3、4月时对日态度逐渐好转,但"满洲事变"之后随着排日运动的深化,本报的亲日倾向也逐渐淡薄,如今到了刊登相当辛辣的反日社论的地步。现社长的父亲钟兰菜为本报创设者,是当地的名士
广州共和报	市商会机关报	社长　宋季辑　茶商,商会理事	主笔　徐文甫 记者　潘抱真、梁展鹏、陆文英	1913年2月创刊④,社址位于光复中路三十六号,资本金一万五千元,日报,八页,发行量七千五百份。名义上为合资组织,实际上为宋个人所有,接受市商会的补助,成为其机关报。以社会报道为主,在中层家庭及近郊村落中读者居多
持平日报	胡汉民系	社长　李立	主笔　陈宝尊 记者　冯佩如	1932年11月创刊,社址位于光复中路六十三号,资本金三千元,日报,八页,发行量五百份。本报前身为1925年8月胡汉民一派标榜反共产主义而发行的《国民新闻》,与胡汉民之弟胡毅生有关联。本报的"要闻缩辑"对于了解每日重要事件十分便利。报道虽不丰富,但其即时刊登的当地政界消息中有一些不可忽视的内容。最近业绩不理想,依靠市商会维持
新国华报		社长　骆天一	主笔　骆侠挺 记者　罗达夫、张持平	1912年创刊⑤,社址位于光复中路一百五十一号,资本金一万元,日报,八页,发行量一千四百份。1927年以一万元盘给大罗天新剧团,但1928年又被葡籍律师李抗希买回经营,1933年转入现社长骆天一手中。最初为国民党系,但近来无党派色彩
公道报		社长　陈柱廷　兼任《越华报》及《现象报》社长	编辑　陈仲尧 记者　黄祐之、罗文榕、李志成	1933年5月创刊⑥,社址位于光复中路五十三号,资本金三千元,日报,八页,发行量两千份。本报为1933年2月因诽谤救国会的行为而被查封的《愚公报》改组而成,社长陈柱亭兼营《现象报》《越华报》,因此编辑风格与上述两报完全相同,着重于社会报道

---

① 1926年7月27日创刊。
② 应为1914年创刊。
③ 1924年10月30日创刊。
④ 应为1912年7月创刊。
⑤ 应为1921年3月创刊。
⑥ 1933年5月15日创刊。

(续表)

名称	主义系统	持有人及社长	编辑干部	备考
民生报		社长　李济	主笔　李子诵、罗容甫 记者　梁梓川、陈霞子	1932年5月创刊①,社址位于长寿东路十六号,资本金五千元,日报,八页,发行量七百份。本报由原《大中华报》记者李子诵发起创刊,据传主要由财政厅职员出资。每月接受省党部若干补助。打着当地唯一的"华侨言论机关"的招牌,但报道贫乏,经营状态萎靡不振
诚报		社长　钟超群	主笔　李一尘	1933年12月创刊②,社址位于太平北路二百七十五号,资本金一万元,日报,四页,发行量五千份。在实业界有信誉
大华晚报		主任　许可因	主笔　同前	1933年7月创刊,社址位于光复中路一百十九号,资本金六千元,日报,四页,发行量一万份。以文艺、社会报道为主,因迎合中层以下读者的兴趣,目前经营状况十分良好。与《现象报》《越华报》有关系
环球报		社长　陆文英	主笔　同前	1934年10月创刊,社址位于光复中路十五号,资本金一万元,日报,八页,发行量八千份
宏道日报	陈济棠系	社长　詹慕禅	主笔　同前 记者　郑志瑞	1934年2月创刊③,社址位于光复中路六十三号,资本金五千元,日报,八页,发行量五千份。以刊登军、政方面的消息为主,军事方面尤为充实,据传由陈维周出资
国民新闻	佛教系统	社长　陈宝尊		1928年10月创刊④,社址位于光复中路六十三号,资本金五千元,日报,八页,发行量两百五十份。1933年处于停刊中,1934年6月起复刊至今
司法日刊	法院机关报	广东高等、地方两法院及高等、地方两检察厅	由前述四家机关人员轮流执掌本报事务	1921年创刊⑤,社址位于光复中路一百五十三号,资本金五千元,日报,八页,发行量一千份
广东时报		社长　钟巨旋	主笔　李焦琴	1936年5月创刊⑥,社址位于光复中路十五号,资本金两千元,日报,八页,发行量一千份。本报以中层以下的读者为对象创刊,内容贫乏
大晨报		社长　招慈 副社长　谢元	主笔　谢元	1936年6月创刊,社址位于太平路二四三号,资本金一万元,日报,四页,发行量一千五百份
快报		社长　陈克疾	主笔　同前	1936年6月创刊,社址位于上九东路四号,资本金五千元,日报,小型,八页

① 1932年5月5日创刊。
② 1933年12月10日创刊。
③ 应为1933年1月16日创刊。
④ 一说1925年8月7日创刊。
⑤ 应为1922年2月7日创刊。
⑥ 1935年创刊。

二、英文报纸

名　称	主义系统	持有人及社长	编辑干部	备　考
The Canton Gazette〔广州日报〕（英文）	市政府机关报	社长　李才　北京大学毕业，美国留学出身，曾任北京《英文日报》记者	主笔　李国康 记者　卢宣梨、黄康、张昌元	1918年创刊①，社址位于西湖路四十一号，日报，八页，发行量一千份。由时任广东政府外交部长伍廷芳作为对外宣传机关而创设，由路透社通讯员黄士昭经营。1924年黄被逐出广东，陈友仁继承，此后每逢政变均数度停刊。1929年7月以来由李国康募集资金艰难维持发行，据闻现在作为市政府机关报每月接受来自市政府方面的若干补助
The Canton Daily Sun〔广州新报〕（英文）		社长　甘德云	主笔　同前 记者　梁汝光、李任诚	1931年3月创刊，社址位于十八甫南路一号，日报，八页，发行量一千份。社长甘德云从外国人、友人处募集资金创设，1931年广东国民政府成立时接近陈友仁，对我方表示相当好意。过去虽一向接受美国长老教会的补助，但与美国感情不佳。传言现在每月接受英、德两国领事馆及中国方面的若干补助

三、日文报纸

名　称	主义系统	持有人	编辑干部	备　考
广东新闻（日文）		社长　平井真澄	主笔　同前	1923年6月创刊，社址位于沙面法租界，日报，四页，发行量一百五十份

汕头

人口：日本人715人（其中朝鲜人1人、台湾人582人），中国人10 036 440人②，外国人264人。

中文报纸

名　称	主义系统	持有人	编辑干部	备　考
民声日报		社长　谢伊唐	主笔　杨世泽	1920年创刊，社址位于汕头永安街二五号，日报，八页（周一休刊），发行量三千份。依靠南洋华侨的资金创办，报道公平、稳健。1922年受汕头风灾、水灾影响而一度停刊，1924年2月复刊至今。在商界影响力甚大
岭东民国日报	党部机关报	社长　张国声	主笔　张家兰	1926年1月创刊，社址位于汕头市永平里五号，日报，八页（周一休刊），发行量三千份
汕报	拥护客家系商人的发展及言论	社长　张怀真	编辑　杨竞华、罗淑和、李玉耕	1928年10月创刊③，社址位于汕头市万安街，日报，十二页，发行量四千份。本报由客家系商人出资，以拥护客家商人的发展及言论为目的而创刊。"满洲事件"时崭露头角，带头刊登捏造的报道，煽动民心，最终引发"不敬事件"

---

① 应为1924年8月1日创刊。
② 此处有误，1936年的数据为200 058人。
③ 一说1929年10月10日创刊。

(续表)

名 称	主义系统	持有人	编辑干部	备 考
星华日报	自由主义	社长　胡其文 出资者　胡文虎 新加坡的实力派华侨	主笔　彭攻坚	1931年7月创刊,社址位于汕头市韩堤路,日报,十二页,发行量五千份。胡文虎因自己经营的虎豹印务公司受到官方的违法处分,为了保护华侨的发展、言论而创设了本报。对党部态度中立,总是站在国家民族的立场堂堂正正地发表言论。报道迅速,报面完备
侨声报	国家主义,国民党系	社长　蔡削天	主笔　蔡开和	1932年10月创刊,社址位于汕头市旧公园前,日报,八页(周一休刊),发行量三千份。继承《南潮日报》而来,属于国家主义青年团的嫡系,曾因攻击救国会的行动,被市党部盯上,从而转为国民党系
正报	国民党系	社长　洪春修	主笔　彭守一	1932年10月创刊,社址位于汕头市新马路二十五号,日报,八页(周一休刊),发行量三千份。国民党右派创办,社长洪春修为市党部委员,曾一度代表报界担任抗日救国会委员。此外,还参加过反蒋运动,但现在倾向于国民党系
华南晚报		社长　徐傲骨		1934年9月创刊①,社址位于新马路,发行量一千份
商报		社长　张华余　黄埔军官学校毕业,原市商会外交交际股主任	主笔　同前	1937年1月创刊,社址位于福安一横街,资本金约三千元,发行量两千份。本报以市商会主席陈焕章为后援而创刊

广东省各地

名 称	主义系统	持有人	编辑干部	备 考
新建设报	国民党系	社长　陈宪②		1928年创刊③,社址位于潮安,日报,四页,发行量八百份
潮安日报	国民党系	社长　黄剑津		1931年创刊,社址位于潮安,日报,四页,发行量六百份
商报	华侨系机关报			1932年创刊,社址位于潮安,日报,四页,发行量八百份
大光日报	商业报纸	社长　张可祥		1933年创刊,社址位于潮安,日报,四页,发行量六百份
庸报	商业报纸	社长　柯芳子		1933年创刊④,社址位于潮安,小型,日报,四页,发行量六百份
梅县日日新闻	国民党系	社长　熊伟		1928年创刊,社址位于梅县,日报,四页,发行量一千份
民报⑤	商业报纸	社长　余锦福		1932年创刊,社址位于梅县,日报,四页,发行量八百份
梅东民报	自由主义	社长　杨崇椒		1936年创刊,社址位于梅县,小型,三日刊,四页,发行量八百份

---

① 一说1935年9月创刊。
② 一说为"陈宪民"。
③ 一说《新建设报月刊》创刊于1930年。
④ 一说1927年创刊。
⑤ 一说名《有民报》。

厦门

人口：日本人 11 107 人（其中朝鲜人 41 人，台湾人 10 649 人），中国人 4 515 387 人①，外国人 368 人。

中文报纸

名　称	主义系统	持有人	编辑干部	备　考
江声报	国民党机关报，后台是以泉州当地为大本营的民军首领秦望山	总经理　许荣智	总编辑　李哲民 特务记者　黄胸万	1916 年创刊②，早报，十二页，发行量两千五百份，"满洲事变"时作为最反日的报纸而活跃，自此呈现出前所未有的发展，现在排日倾向也很浓厚
全闽新日报		社长事务代理　泽重信	编辑部人员　张冠馨、曾大綦、林平城	1907 年 8 月创刊，早报八页，晚报四页，发行量约一千五百份。受中层以上尤其是有识人士的欢迎
华侨日报	华侨公会机关报	社长　未定	主笔　纪昆仑	1932 年创刊，早报十二页，晚报四页，发行量约八百份。本报依靠有实力的华侨出资设立，对日感情差
星光日报	有国民党系色彩	社长　胡资周	总编辑　罗感土	1935 年创刊③，早报，十二页，发行量六千五百份。本报为著名的华侨实力派人物胡文虎个人经营，资金充沛，设施完备。对日感情差
厦门大报	《江声报》系	负责人　黄胸万		1936 年 8 月创刊④，小型，晚报，四页，发行量两千五百份。本报实际上是《江声报》的晚报，对日感情最差

福州

人口：日本人 2 093 人（其中台湾人 1 708 人），中国人 4 364 199 人⑤，外国人 486 人。

概况

福州现在发行的报纸为中文报纸七种，其中最有影响力的是《福建民报》，接着是《闽报》《南方日报》，这三种报纸是福州有代表性的报纸。《福建民报》为党部机关报，经费比较充足，在页数、内容及编辑风格上都胜出一筹。《南方日报》属中央军系统，虽排日色彩稍强，但其评论常有值得一读之处。《闽报》因具有最悠久的历史和信誉，拥有相当深厚的根基。其余除《求是日报》外全都是普通报纸半页大小的小型报纸，不值一提。

外来报纸有《星光日报》（厦门）、《申报》（上海）、《新闻报》（上海）、《时事新报》（上海）、《中山日报》（广东）等，均有一定的订阅量。

名　称	主义系统	持有人	编辑干部	备　考
闽报		善邻协会 社长　松永荣	编辑主任　林宝树 台湾籍民	1897 年 12 月创刊⑥，社址位于南台泛船浦，早报，四页，发行量约一千四百份。当地言论界历史最悠久，而且有信誉
福建民报	省党部机关报	社长　萧客生	主任　高拜石	1926 年 10 月创刊⑦，早报，十二页，发行量四千份。本报在 1933 年 11 月人民革命政府成立的同时改称《人民日报》，1934 年 1 月该政府倒台后改回旧名《福建民国日报》，同年 3 月改为现名。现在每年接受中央党部三万元的补助，是省内最充实的报纸

---

① 此处有误，1936 年的数据为 179 164 人。
② 应为 1918 年创刊。
③ 1935 年 9 月 1 日创刊。
④ 一说 1936 年 5 月 1 日创刊。
⑤ 此处有误，1936 年的数据为 414 838 人。
⑥ 应为 1898 年 1 月创刊。
⑦ 前身为《福建民国日报》，一说 1927 年 2 月创刊，一说 1928 年 11 月 1 日创刊。

(续表)

名　称	主义系统	持有人	编辑干部	备　考
南方日报	中央军系机关报	社长　吴惠风	主任　闵佛九	1931年9月创刊(1933年1月停刊,1934年2月复刊),早报,八页,发行量约一千五百份。接受行营、绥靖公署、驻闽宪兵团、保安处及公安局等合计三万余元的补助
求是日报	福州商会机关报	社长　陈公珪	主任　杨懿	1916年9月创刊,早报,四页,发行量一千份。曾经获得相当高的信誉,但现在经营不佳
小民报	《福建民报》系	社长　萧客生	主任　高拜石	1936年4月创刊,晚报,半折,四页,发行量三千份。对日感情不良
福建晚报	公安局机关报,《南方日报》系	社长　诸荫坡	主任　林如海	1936年5月创刊,晚报,半折,发行量八百份。接受省政府及公安局约七千元的补助
华报	以趣味为主的报纸	社长　林石卢	主任　何少闲	1930年10月创刊①,早报,半折,四页,发行量两千份

云南

人口:日本人46人(其中朝鲜人13人),中国人14 886 332人②,外国人8 327人。

概况

云南省地处偏远,交通不便,因此文化落后,例如省城昆明市的报纸,现在发行的十二家报纸中,除《云南日报》及《云南民国日报》稍具备作为报纸的外观之外,其余各报均规模极小,也没有印刷机,接受政府及党部等的补助,作为其机关报维持经营。

中文报纸

名　称	主义系统	持有人及社长	编辑干部	备　考
云南日报	省政府机关报	教育厅	张汉霄　教育厅科长	1935年5月创刊③,社址位于昆明市文庙横街,日报,八页,发行量四千份。报道迅速,内容充实,略具报纸外观。每月接受省政府四百元的补助
云南民国日报	省党部机关报	省党部	段雄飞	1930年4月创刊④,社址位于昆明市西华街,日报,八页,发行量两千五百份。本报每月接受省党部两百元的补助,负责指导新生活运动。对日态度不佳
新商报	商会机关报	市商会	王汉声　云南法政学堂商科出身,商会委员	1930年7月创刊,社址位于昆明市福照街市商会内,日报,四页,发行量一千份。每月接受商会一百元、省政府两百元的补助
新滇报	市政府机关报	市政府	饶继昌	1935年1月创刊⑤,社址位于昆明市景星街一三七号,日报,六页,发行量一千份。本报为1930年创立的《市政日刊》的后身,每月接受市政府一百元、省政府二十元的补助

---

① 应为1930年11月创刊。
② 此处有误,1936年的数据为145 000人。
③ 5月4日创刊。
④ 一说1930年5月创刊。
⑤ 一说1934年10月2日创刊。

(续表)

名　称	主义系统	持有人及社长	编辑干部	备　考
复旦报	国民党系	杨宝昌　留日出身,曾任昆明县长	同前	1922年3月创刊,日报,四页,发行量五百份。每月接受省政府二十元的补助
均报	同上	段奇僧　湖南法政学校出身,曾任内务司科员	同前	1919年9月创刊①,日报,四页,发行量五百份。每月接受省政府二十元的补助
民生日报	省政府系	李光西　本报创立者	同前	1929年12月创刊,日报,四页,发行量三百份。每月接受省政府二十元的补助
西南日报	国民党系	沈圣安	同前	1926年11月创刊②,日报,四页,发行量五百份。每月接受省政府二十元的补助
义声报	同上	李巨裁　曾任实业厅科长	同前	1916年12月创刊,日报,四页,发行量五百份。每月接受省政府二十元的补助
大无畏报	同上	李仁浦	同前	1928年3月创刊③,日报,四页,发行量四百份。每月接受省政府二十元的补助
云南新报	省政府系	邓质彬　1926年曾任《顺天时报》云南特派员	同前	1927年11月创刊,日报,四页,发行量四百份。每月接受省政府二十元的补助

贵州

名　称	主义系统	持有人	编辑干部	备　考
革命日报		负责人　余华宓		1935年2月创刊④,日报,六页,发行量一千三百份
黔风报		负责人　蓝克安		1935年5月创刊⑤,小型报纸,发行量六百余份
民众晨报		负责人　邓南屏		1929年由《平民报》改名而来,小型报纸,发行量六百余份
贵州日报⑥		负责人　周达时		1935年8月创刊⑦,日报,四页,发行量一千份左右
新新报		负责人　刘孔亮		1936年2月创刊,小型报纸,发行量四百份
铮报		负责人　田介石		1936年2月创刊,小型报纸,发行量两百余份

---

① 一说1920年5月24日创刊。
② 一说1922年1月创刊。
③ 一说1927年9月2日创刊。
④ 2月10日创刊。
⑤ 5月21日创刊。
⑥ 应为《贵州晨报》。
⑦ 8月15日创刊。

附

香港(1937年8月11日)

人口:日本人1 616人(其中朝鲜人10人、台湾人179人),中国人1 123 988人①,外国人23 504人。

概况

  现在当地发行的报纸有中文报纸二十一种、英文报纸七种、日文报纸一种,合计二十九种,其中特别值得记载的是中文报纸的活跃情况。当地在地理上恰好毗邻在中国政局中扮演了复杂角色的广东,而且在政治上完全脱离本国官方的束缚,中文报纸躲藏在英国方面对言论比较宽松的管理下,站在独立的立场上关注中国问题,居于能够从正对面展开论阵的好位置,因此《南华日报》(汪精卫系)、《东方日报》(蒋介石系)、《大众日报》(陈济棠系)、《珠江日报》(广西政府系)及《大光报》(宣传基督教)等各机关报错综复杂,呈现出各持己见的奇观。这其中还有《华字日报》《循环日报》《工商日报》《华侨日报》等报专注于标榜商业发展、不偏不党,日常性报道的处理方式基本公平,在社会各阶层拥有众多读者,其影响力牢不可破。当地的中文报纸基本上逃离了中国官方的压迫,可以从"庐山之外"自由且多角度地观察"庐山",受惠于此环境,在各方面都获得了较高评价,在香港以外的各地中国人中也有爱阅者,广东省内自不待言,远销各地华侨的数量也不少。但各报的对日感情在"满洲事变"后极度恶化,争相刊登排日报道,拒载日本商人方面的广告,评论也都表现出反日思想,极力笼络民心,尤其是前述各机关报,倾向于动辄利用排日问题当作攻击别派的材料。香港政厅自"满洲事变"不久、当地发生民众排日暴动以来,对于极端排日的评论和报道管制十分严格,最近突发"华北事变",特别加强了对言论的管制,屡屡处以禁止报道的处分。

  英文报纸都将大半版面用于当地新闻,并且努力依靠体育、技艺、电影等其他娱乐栏来迎合各方面读者的口味,至于有关中国时局的消息,似乎大多是直接译载中文报纸所登的报道,而时事社论或文章等,出于经营政策,则有尽可能地避免对中国方面不利论调之嫌。其中尤以 *South China Morning Post* 与 *Hongkong Telegraph* 两报的亲中态度最为露骨,*South China Morning Post* 主笔 H.Ching 总是公开表明其亲中立场,因此对我国的有关报道、评论颇为令人不快,但最近接受政厅方面的管理意见,处理日中问题的方式多少显示出慎重的姿态。*Hongkong Daily Press* 一向被普遍视为政厅机关报,因该报登载英国本土的消息最多,所以在政厅有许多热心读者,现在已与政厅无任何特殊关系。并且,多年担任此报主笔的 Barrett 在1933年末离开本报,此后该报质量似乎有些下降。总的看来,可以认为最近各报的反日态度均有一些缓和,这是因为中日纠纷虽然接连不断,但已经使人麻木,以及报方对政厅方面的妥协,但是,当地英国人潜在的对日反感甚至恐惧思想是不可能简单地去除的。《香港日报》是当地唯一的日文报纸,以刊登地方性报道及当地日侨的相关事项为主。此外,还转载我国广播的无线电广播新闻等,但报道的选择、处理及编辑等都极其幼稚。

一、中文报纸

名　　称	主义系统	持有人及社长	编辑干部	备　　考
华字日报	中立	总经理　陈止澜 司理　梁玉璋	主笔　劳纬孟 记者　梁善元、潘锡龄、陈寿荪	1874年创刊②,资本金十五万弗,社址位于威灵顿街十号,早报,十六页,发行量四万份。报道细致,评论比较公正,是当地最好的报纸。对日态度普通
华字晚报	同上	同上	主笔　潘孔贤	1936年创刊,晚报,四页,发行量八千份。对日态度普通
超然报	同上			1937年废刊
循环日报	同上	司理　温荔坡 经理　温星拱	总编辑　何雅选 副编辑　黄育根 记者　赵觉因、伍国华、刘国雄、何偶郊、黄郊甫	1873年创刊③,资本金二十万弗的公司组织,社址位于歌赋街五十一号,早报,十六页,发行量七千份。报道公正,对日态度普通

---

① 此处有误,1936年的数据为902 198人。
② 应为1872年创刊。
③ 应为1874年创刊。

(续表)

名　称	主义系统	持有人及社长	编辑干部	备　考
循环晚报	同上	同上	同上	1932年创刊,晚报,四页,发行量一万两千份
香港朝报	同上	同上	同上	1935年创刊,早报,十六页,发行量八千份
工商日报	同上	持有人　何东 总经理　胡秩伍	总编辑　李剑锋 记者　龙实秀、黄翔、梁施路、汪玉亭	1925年创刊,资本金十五万弗,社址位于德辅路中四十三号,早报,十六页,发行量八千份。对日态度颇差。本报是广东发生排英运动时,与政府关系密切的商人在政厅授意下用资本金十万弗创立的机关报,后来陷入经营困难,当地富商何东盘下,逐渐革新面目。报社内反日分子很多,一直是排日派的急先锋
工商晚报	中立	同上		1930年①创刊,晚报,四页,发行量两万份。对日态度不良
天光报	同上	同上		1932年创刊,早报,八页,发行量三千份。对日感情不良
华侨日报	同上	总经理　岑维休	主笔　张知挺 记者　吴瀛陵、谢镜霖(探访) 丘水、江裕昌、黄青名	1924年创刊②,资本金十万弗的公司组织,社址位于荷李活道一百十号,早报,二十页,发行量四千份。报道丰富,对日态度不良
南强日报	同上	同上	主笔　柳国雄	1927年创刊,早报,八页,发行量一千五百份。对日态度普通
南中报	同上	同上	主笔　江民声	1926年创刊,晚报,八页,发行量两千份。对日态度普通
大光报	宣传基督教	总经理　陆慧生	主笔　曾献声	1911年③创刊,社址位于利源西街一号,早报,十六页,发行量四千五百份。对日态度不良
先报	同上	同上	主笔　陈梦因	1936年创刊,小型,早报,四页,发行量六千份。政治评论有特色。对日态度普通
东方日报	蒋介石系	社长　陈雁声 经理　许国荃	主笔　赖文清 记者　陈武扬、麦思源	1931年创刊,社址位于中环荷李活道五十二号,早报,八页,发行量三千份。曾作为陈铭枢的机关报受旧第十九路军的支持,高调反对西南,高唱抗日。1932年1月25日因刊登"不敬报道",被勒令停止发行四周。1934年以来成为国民党机关报,致力于拥护中央、反对西南派,对日态度不良
大众日报	陈济棠系	社长　陈彬龢	总编辑　李章达　前广州公安局长 记者　池家瑞	1934年创刊,社址位于利源东街十四号,早报,八页,发行量三千份。原本共产系色彩浓厚,1937年被陈济棠以银二十万元盘下,此后言论逐渐稳健,对日态度依然很差
天声报	同上	同上	同上	1937年废刊
南华日报	汪精卫系	经理　邝修湛	总编辑　梁式 记者　朱赤子、源启昌	1930年创刊,社址位于中环荷里活道四十九号,早报,八页,发行量两千份。强调反对西南派
天演日报	中立	广东省潮州商人共同出资	主笔　唐惠廷	1936年创刊,社址位于德辅道中三十九号,早报,八页,发行量八百份。对日态度不良
港报	陈济棠系	经理　陈彬龢	主笔　潘珑 记者　陈昌蔚	1937年创刊,社址位于云咸街七十九号,早报,四页,发行量一万份

---

① 1936年报告中为"1931年"。
② 应为1925年6月5日创刊。
③ 1936年报告中为"1912年"。

(续表)

名称	主义系统	持有人及社长	编辑干部	备考
珠江日报	广西系	经理 林霭民	主笔 林月贞	1936年创刊,社址位于干诺道中二十六号,早报,八页,发行量八千份
自然日报	发展商业	经营者 何文法、源启昌、李少穆、朱赤子	记者 同前	1936年创刊,社址位于利源东街十号,早报,小型,四页,发行量一万两千份。内容通俗
探海灯日报	国家主义	经理 关楚朴	记者 同前	1935年创刊,社址位于士丹利街二十六号,早报,小型,四页,发行量一万份

二、英文报纸

名称	主义系统	持有人	编辑干部	备考
South China Morning Post [南华早报] (英文)		J. Scot Harston①	H. Ching	1906年创刊②,社址位于云咸街一号,早报,十八页,发行量五千份。对日态度普通
Hongkong Telegraph [士蔑报] (英文)		F. P. Franklin③	Alfred Hicks	1891年创刊④,社址位于云咸街,晚报,十二页,发行量三千份。对日态度不良
China Mail [德臣报] (英文)		D. C. Wilson	G. C. Burnet⑤	1904年创刊⑥,社址位于云咸街三号,晚报,十二页,发行量两千四百份。对日态度普通
Sunday Herald		同上	同上	1924年创刊,周报,二十四页,发行量七千份。对日态度普通
Overland China Mail		同上	同上	1936年废刊
Hongkong Daily Press [孖剌报] (英文)		Lt. Col. H. L. Murrow	A. E. Pratt	1857年创刊,社址位于轩鲤诗道四八〇号,早报,十六页,发行量三千份。对日态度普通
Hongkong Weekly Press		同上	同上	1857年创刊,社址位于轩鲤诗道四八〇号,周报,三十页,发行量两千份。对日态度普通
Critic		R. J. Barett		1936年废刊

三、日文报纸

名称	主义系统	持有人	编辑干部	备考
香港日报 (日文)	增进当地日本人的利益	社长 井手元一	主笔 井手元一 记者 平尾则人、野津真一	1909年创刊,社址位于庄士敦道二十四号,晚报,四页,发行量五百份

---

① 1936年报告中为"J. Scott Harston"。
② 应为1903年11月7日创刊。
③ 1936年报告中为"E. P. Franklin"。
④ 应为1881年6月15日创刊。
⑤ 1936年报告中为"G. C. Burnett"。
⑥ 应为1845年2月20日创刊。

调查杂录

目　　录[①]

一、在华国内外通讯社的组织及其活动(1929 年 9 月) ………………………………… 1591

二、有关上海"小报"的调查(1929 年 7 月) ……………………………………………… 1619

三、有关七七事变后上海发行的左倾报纸等的调查(1937 年 8 月) …………………… 1625

四、有关上海发行的中国报纸、杂志、画报等调查表(1937 年 9 月) …………………… 1629

五、有关天津中文小报的近况(1937 年 10 月) ………………………………………… 1635

六、中国华南等地区抗日报纸、杂志现状(1938 年 9 月) ……………………………… 1639

七、上海新闻界现状(1938 年 10 月) …………………………………………………… 1647

八、关于北京的报纸(1939 年 8 月) ……………………………………………………… 1653

九、有关太原市报纸、支局、通讯所等的报告(1939 年 8 月) ………………………… 1663

十、汪伪政权统治地区、上海租界、香港报纸调查一览表(1941 年 3 月) …………… 1667

[①] 为了便于了解报告内容,目录中各部分的标题由编译者根据调查报告内容所定,与原始报告名称不一定完全相同。

一、在华国内外通讯社的组织及其活动(1929年9月)

(秘)外务省情报部

例　言

一、本报告书根据驻华各公馆提交的调查报告，再加上本情报部直接收集到的资料编辑而成。

二、本报告书的编辑是本情报部最初筹划的，因仓猝完成，不仅不少地方仍不合编者之意，而且理应也有判断偏误之处，对此准备日后加以增补修订，以期完善。

1929 年 9 月
外务省情报部

目　次

第一篇　总述 …………………………… 1595

第二篇　在华外国通讯社的活动① ………… 1595
　　一、路透社(英国) ……………………… 1595
　　二、AP(美国) ………………………… 1597
　　三、UP(美国) ………………………… 1597
　　四、塔斯社(俄国) ……………………… 1597
　　五、联合(日本) ………………………… 1598
　　六、电通(日本) ………………………… 1599

第三篇　中国方面的主要通讯社 ………… 1600
　　一、国民新闻社 ………………………… 1600
　　二、国闻通讯社 ………………………… 1600
　　三、中央通讯社 ………………………… 1602
　　四、复旦通讯社 ………………………… 1602
　　五、大中通讯社 ………………………… 1603
　　六、中华电讯社 ………………………… 1603

第四篇　中国各地通讯界概况及地方通讯社
　　……………………………………… 1604
　　一、上海 ……………………………… 1604
　　二、南京 ……………………………… 1607
　　三、北平 ……………………………… 1608

　　四、天津 ……………………………… 1609
　　五、青岛 ……………………………… 1609
　　六、汉口 ……………………………… 1609
　　七、广东 ……………………………… 1610
　　八、奉天 ……………………………… 1612
　　九、哈尔滨 …………………………… 1612
　　十、吉林 ……………………………… 1613
　　十一、长春 …………………………… 1613
　　十二、其他各地 ……………………… 1614

第五篇　在中国各城市的外国通讯员 …… 1615
　　一、上海 ……………………………… 1615
　　二、南京 ……………………………… 1615
　　三、北平 ……………………………… 1616
　　四、天津 ……………………………… 1616
　　五、青岛及济南 ……………………… 1616
　　六、汉口 ……………………………… 1617
　　七、广东及香港 ……………………… 1617
　　八、奉天 ……………………………… 1617
　　九、哈尔滨 …………………………… 1617
　　十、吉林 ……………………………… 1617
　　十一、长春 …………………………… 1618
　　十二、安东 …………………………… 1618

---

① 本篇目录标题与正文标题略有不同，原文如此，不做改动。

第一篇 总 述

一、为了便于观察中国通讯事业,根据其业务性质,可分为这两个方面,即:(1)将外国新闻输入到中国的事业及将中国新闻输出到国外的事业,(2)发布中国国内的新闻这一事业。

二、中国新闻的输出与输入,目前阶段几乎完全处于由中国人以外人士经营的状态。就是说,现在在中国掌控输入外国新闻的通讯社为:(1)英国路透社,(2)美国 UP 及 AP①,(3)俄国塔斯社,(4)我国②的联合及电通诸社。掌控中国新闻向国外输出的是:(1)英国路透社,(2)美国 UP 及 AP,(3)俄国塔斯社,(4)我国的联合及电通诸社。而且,中国通讯社的活动还没有涉及涉外方面。最近仅上海国民新闻社(Kuomin News Agency)与美国 UP 等有特约,正在输入外国新闻并发布,除此之外几乎不值一看。不过,上述通讯社以外,也有很多中国的通讯社经营销售涉外性新闻的业务,但这些要么几乎是在华外文报纸内容的翻译,要么是收听外国政府方面的无线广播电台(英 Rugby③、法 Bordeaux④、德 Nouwen⑤)所获,而非通过自己的机构收集的新闻。

三、在中国活动的外国通讯社为上述诸社,在此需要留意的问题是,路透社具有的在华发布通讯的垄断地位(contracted territory)。即,属于 Reuters League⑥的各家通讯社(参照"欧美各国通讯社的组织与活动"的"序言"),各自仅有权对自己国家领域内的报纸发布通讯,受此限制,在中国不能从事新闻发布业务。我国"电通"在新闻输出入两方面都可以展开活动,但"联合"到本年 7 月为止只经营向我国发布中国新闻的业务,在发布我国新闻时,实际上由同一体系的"东方"进行。其原因就在于此。

四、虽然在中国存在着无数家发布地方新闻的通讯社,但实际状况是其活动范围基本上局限于某一地域,只有国民、国闻、中央、复旦、大中各通讯社在几个地区建立了稍微像样的联络网。因此,甚至连主要城市的中文报纸也通过我"联合""电通"两通讯社获得其他地方的新闻,这种情况极多。过去在中国各地,军事、政治及财力上的各种势力割据一方的情况司空见惯。这些势力为了自我生存与发展,各自需要通讯宣传的机关,因此,代表各种势力的许多通讯社大量产生。然而,国民政府在南京建立后,形成全中国统一的形势,上述割据诸势力终于走向崩溃,向中央靠拢。这样,地方上的众多弱小通讯社大多失去其生存的基础,而且,与中央政府最近统一全国言论的方针相一致,可以说建立拥有全国性组织的通讯社的气氛正在酝酿和发展。加上像国民、中央两通讯社,如果利用短波无线电频繁播放新闻的话,地方通讯社的生存基础就会越来越薄弱。不过,鉴于中国目前的政情,作为各种小势力的代言人,地方性小通讯社因时因事簇生而消失、消失又簇生的状况,会跟过去一样。

第二篇 在华外国通讯社的活动

一、路透社

1. 中国的新闻,输出和输入常年都为路透社垄断,中国的报纸除了依靠路透社提供的新闻之外,没有获得世界消息的渠道,各国也是通过路透社新闻而窥得中国形势的。也就是说,路透社与世界各家通讯社特约,将中国定为自己的势力范围,不容许其他通讯社向中国提供新闻。而且,各家通讯社亦多依赖路透社获得中国新闻。但随着时势的推移,各国报界在通过自己的机关收集中国信息的同时,感到有必要向中国报界提供自己编辑的本国新闻,出于上述两方面的目的,或者在中国主要城市设置分社,或者在各地指派常驻特派员。即,针对路透社,不受上述合同限制的我国"东方""电通",以及美国 UP 各家通讯社,不仅收集中国的新闻,也开始向中国提供新闻的业务。受路透社限制的我国"新闻联合"(前身为"国际通信")、美国 AP 为了收集信息也向中国派驻了代表。为此,路透社的垄断地位逐渐遭蚕食,现在,昔日那种独霸之势已经几乎消失。

然而,该社在中国通讯界元老之地位仍然不可动摇,实际状态是,在华外文报纸"外报栏"的编辑在极大程

---

① 即合众国际社和美联社。
② 即日本。
③ 即拉格比。
④ 即波尔多。
⑤ 即努文。
⑥ 即路透社联盟。

度上依赖着路透社的新闻。不过,最近中国国民新闻社(通讯社)通过美国 UP 接收其提供的欧美新闻,同时还收听世界各地播放的无线电,将其提供给中国报纸。与国民政府的方针相应,路透社对中文报纸的影响力现在有大大减退的倾向。

路透社在上海、北京设支局,在南京、奉天、天津派有常驻通讯员,与其他主要城市的报纸则建立特别联系。这些分支机构的概况如下所列:

(1) 上海支局(No.4,Avenue Edward)

远东总经理 M. J. Turner,干部 P. D. Evans(注)、J. Cox(?)

上海支局是管辖中国、香港、日本各地支局及通讯员的远东总支局,分为负责一般新闻的新闻部、负责经济新闻的商业部和管理部三个部。新闻部除了部长以外,使用二名英国人、三名中国人。

(注)Evans 为英国人,1911 年在西安时成为路透社通讯员,1912 年来北京,其后派驻上海及天津,约三年前作为 Major Wearn 的后任成为该社北平支局长。难以认为其能力极强,但本质不坏,为勤奋之人。目前暂且告假归国中,9 月返回工作,转任上海支局。

(2) 北平支局(北平东城东长安街)

干部 E. Oliver、Sheldod Ridge、冯子崐

Oliver 曾经是最近转任上海支局的 Evans 的助手,国都南迁以来转至上海,Evans 不在时,作为其代理在北平支局。办事敏捷,为人和善。

Ridge 为英国人,1928 年末以上述 Oliver 后任的待遇受聘入社,在中国达二十年以上,有很多知己。1914 年起至 1916 年曾经在上海,在袁世凯的财政支持下创办周刊 *National Review*,还担任 *North China Star* 北平通讯员。此外,1923 年起至 1926 年为 *Far Eastern Times*(奉系从北京撤退后停刊)社内指定记者,因此比 Evans 更为知名。现在执教于 North China Language School 及 Customs College。最近不活跃,生活也不宽裕,去年末开始在路透社工作。

冯子崐为年龄约四十岁的回教徒,长期以来与路透社有关系,为《大阪每日新闻》提供北平通讯。

路透社北平支局是在北平最重要的通讯发布、收集机关,在收集北平通讯将其发送至该社位于世界各地的支局的同时,接收该社派驻在中国各地及外国的通讯员发出的通讯,发送给当地各方面。这些通讯分为三种,即 Far Eastern Service(包括日本、马尼拉、上海、南京、汉口、香港及其他中国要地的消息)、Foreign Service(来自远东以外世界各地之通讯)、Local Service(在北平收集的通讯),一日三次定时发送,此外还随时发送。"早报"主要发布海外通讯,"午后报"报道外国通讯及北平发生的消息,"夜报"由来自外国及中国各地的通讯组成。

Local Service 的内容是,以日本公使馆为主、从英美公使馆获得的信息,以及北平中文报纸报道的译文,稍微有点后来居上之感,但被充分采用。而 Far Eastern Service 虽然也难称为最佳,但外国公使馆经常利用路透社发布消息。其优秀的 Foreign Service 则是不容其他通讯社追随的,发送频繁、迅速,尽管总是传递对英国政府有利的新闻,不过由于不像是在宣传,所以该通讯社在北平最具有影响力,并且有信誉。该社的通讯大体上保守,但近来发自上海、南京的通讯对国民政府是同情的,应该是反映了英国政府的政策。通讯费一个月二百元,但对中文报纸则是收取二十元至五十元。

(3) 南京通讯员(南京二郎庙)

赵敏恒

此人为留美出身,以前任外交部情报科长,其能力才干得到部长王正廷认可。思维敏捷清晰,英语优异,兼任美国 AP 通讯员。

(4) 天津通讯员

W. V. Pennel(《京津泰晤士报》记者)

代理北平支局发行的通讯,同时以电报向上海支局发送当地消息。

(5) 广东通讯员

H. F. Campbell

此人为苏格兰人,担任瑞典名誉代办领事,只是发出新闻,而且好像不活动。过去有个名叫黄宪昭的广东人,在当地报界享有相当高的信誉,因为事前发出了孙文死亡的电讯,而且还得罪了省政府当局,据说眼下逃到了香港。

(6) 奉天通讯员

Baron C. Taube

瑞典人,与中国方面兵工厂有关系的商人,侨居奉天长达十二年,消息灵通。通讯好像大多依靠邮寄。

二、AP 社

(一) AP 社为美国一千二百多家报社成立的联合体,是世界主要的通讯社。隶属于 Reuters League,是同国 UP 社激烈的竞争对手。因为与路透社签有合同,在中国仅负责输出新闻,而不得输入发布新闻。与路透社之间签订有新合同(合同内容不详),从本年 4 月左右起通过路透社以自己的名义发布通讯,但其活动还不显著。

(二) 目前 AP 社在中国拥有的组织如下所示:

1. 上海支局　代表 M. J. Harris
2. 北平支局　代表 J. Howe
3. 南京通讯员　(委托)赵敏恒
4. 天津通讯员　(委托)W. V. Pennel(《京津泰晤士报》记者)
5. 广东通讯员　(委托)R. D. Wolcott
6. 哈尔滨通讯员　(委托)Curtis Vezey

三、UP 社

(一) 美国 UP 社是非路透社系统的通讯社,在对中国发布新闻方面完全处于自由的立场。以往在北京、上海等地派驻通讯员,仅收集中国信息。该社在中国开始发布新闻的业务属于近几年的事。本年 3 月 UP 总社与中国国民新闻社(通讯社)签署特约,单方面提供欧美新闻(参照"第三篇"中"国民新闻社"条目)。自此停止向中国方面的报社发放,但是依然维持着对外文报纸的新闻发布权。该通讯社比路透社迅速,并且带有煽动性,同情民国政府及民族运动,因而似乎正在渐渐蚕食路透社的势力范围。不过,根据报界的一般印象,UP 新闻中有些是由路透社新闻改写而成的,有些是北平美国公使馆内的无线电信由美国驻军接收的消息,可以说似乎是在以此加以敷衍粉饰。

(二) 在中国的 UP 支局及通讯员如下:

1. 上海支局(Kuomin News Agency, No.1, Kinking Road)

支局长 M. W. Vaughn,辅佐 Randall Gould

支局长 Vaughn 曾长期是东京派驻员,精通远东情况。

上海英文报纸中目前采用此通讯的是:*North China Daily News*、*Evening News* 两报,*Shanghai Times*、*China Press*、*Shanghai Mercury* 等未登载 UP 电讯。

2. 北京支局(北平象鼻子坑)

支局长 D. C. Bess

Bess 为美国人,曾任东京广告报纸记者,1928 年来北平,被视为有能力的通讯员。前任 Randall Gould(现在派驻上海)过度支持南京政府,又同情劳农①,甚至胆敢伪造新闻,所以伤害了普通外国人,尤其是美国公使馆方面的情感,进而也毁掉了该通讯之信誉。Bess 就任后在短时间内恪勤匪懈,恢复了该通讯的声誉。

3. 哈尔滨通讯员(哈尔滨马家沟)

A. Frank

隶属东京支局,经由东京发通讯,在当地不发布新闻。Frank 在俄国长大,属于白系,与当地满铁事务所也有关系。

四、塔斯通讯社

(一) 塔斯通讯社为劳农俄国的国营通讯社,从系统上说是属于 Reuters League,前几年在与路透社修订合同之际,取消了对中国发布通讯的限制。因而,该社目前在中国无论是输出还是输入新闻,两方面都能自由而为。而且,在 Karakhan 及 Joffe 驻华时期,作为俄国的代言人活动很显著,但俄大使馆关闭后一蹶不振,近来中

---

① 指代苏联,下同。

国报纸还显示出排斥该通讯的倾向,外文报纸亦很少采用其通讯。仅哈尔滨、上海等地的赤系俄文报纸刊登该通讯。现在的情况可以说塔斯社的在华活动几乎局限在输出新闻方面。

(二)在华塔斯通讯支局及通讯员如下:

1. 上海支局(法租界环龙路六九号意大利律师 Fische 代转)

代表 V. Rover

2. 北京支局(北平俄大使馆内)

代表 J. J. Spelwak

3. 哈尔滨支局

约至两年前为止,当地俄文报纸 Молва 主笔弗特洛夫兼任支局长,从事新闻的收集及发布工作,其后关闭。据说现在当地劳农总领事馆亲自作为支局从事相关业务,情况不明。不过,当地报纸并没有登载塔斯社报道的。

五、新闻联合社

(一)作为我国的国家性新闻通讯社,新闻联合社是 1926 年 5 月以东京、大阪八大报社联合组织的形式成立的通讯社。该通讯社在其涉外活动上,事实上为国际通讯社之后身,隶属于 Reuters League。而且,因与路透社的关系,以往在中国的活动仅限定在新闻的收集及输出方面,如果在中国发布新闻,难免受制于与路透社的合同。因而到本年 7 月为止,同时设立同体异名的东方通信社(1915 年创立的"东方",在"联合"成立之际并入"联合"),使其向中国报纸及外文报纸发布新闻。不过,进入本年该社成功地与路透社修订了合同,获得了以自己的名义在中国发布新闻的权利。这样,以 7 月 31 日为限期,关闭了上述东方通信社,8 月以后,无论是输出还是输入都可以使用"联合"的名义了。

(二)东方(联合)通讯在中国报界并非没有日本御用通讯的风评,但在新闻的准确、"货真价实"方面信誉普遍很高。中国的"联合"支局将从东京总社接收的电讯及各支社相互间收发的电讯翻译成中文或英文后发布。

(三)联合社支局如下:

1. 上海支局(上海支子路①二二二号)

支局长:结束武二郎　助理:松尾松平、山上正义、小林猪四郎、冈本一男、吉田松治、菊地久太郎、儿岛真一郎

2. 北平支局(北平东城栖凤娘娘庙七号)

支局长:峰村新一郎　助理:冈本房男、猪股芳雄、佐佐木太四郎

有关新闻收集工作,过去是让通讯员走访北京政府的各部局,但"济南事件"发生以来不得已中止走访。现在通讯的主要材料,是通过我国公使馆召开例行发布会时得到的材料,以及从公使馆陆、海军武官那里得到的新闻,但与《北京晚报》、国闻通讯及 AP 交换通讯。就通讯的发布而言,如前所述,发布日文、中文及英文三种通讯,很难说深受中国方面报纸的欢迎,不过在英文报纸方面相当有信誉。

3. 天津支局(日本租界旭街)

支局长:铃木幸次郎

1919 年开设支局,当初即使在天津也发行通讯,而现在只不过是转发北平支局发布的通讯。

4. 南京支局(南京城内宝来馆)

支局长:佐佐木健儿

原则上仅限于向上海支社发送电讯。

5. 汉口支局(汉口日本租界)

支局长:奥宫正澄　助理:松本末松、松尾信

6. 奉天支局(奉天淀町七号)

支局长:佐藤善雄(临时代理)　助理:中川义次、绪方盛义

每日两次发布来自东京总社及各地支局的电讯(仅为日文)。发送对象达到一百五十处,在中国方面也相当受欢迎,中国官方也购阅该通讯。通讯普遍获得准确之定评,但"联合东京来电"有晚于"电通"之嫌,不过各支局来电都大放异彩。在收集新闻方面,好像与《东三省民报》(张学良的机关报)及国闻通讯社有联系。

---

① 路名疑有误。

7. 哈尔滨支局(哈尔滨埠头区田地街)

支局长：三田雅各　助理：藤本利雄、高桥荣一、吉井政司

该通讯在哈尔滨无论是俄文报纸，还是中文、英文报纸，都占其外报栏的主要部分。即使是反日的中国报纸，不刊登本通讯也无法填满报面，如此实情，足见其影响极大。支局长三田精通俄文及俄国情况。

8. 长春支局(长春北门外)

支局长：北条峰雄

该支局仅限于处理、发布奉天支局发行的日文通讯，并不发行通讯。本支局实为从哈尔滨利用中东铁路附设电话向我国及中国各地传出电报的中转机关，地位十分重要。

除了上述之外，新闻联合社在全中国各地设有很多委托式通讯员，以备发生地方性突发事件时获得信息。

六、日本电报通信社

(一) 电报通信社是立足于 Reuters League 之外的通讯社，在中国的活动完全自由。"电通""联合"在日本内地自不待言，即使在中国也是激烈的竞争对手。在对于中国方面的报纸上，由于"联合"("东方")有政府御用通讯之风评，"电通"趁机依靠报道的可读性和速度，致力于扩大影响力，但很容易被指责为其新闻不准确，且带煽动性。

(二) 在中国的"电通"支社及通讯员配置状况如下：

1. 上海支局(上海四川路)

支局长：神子岛悟郎　助理：下条雄三、石田贞一、内山学

2. 北平支局(北平东单三条胡同)

支局长：横田实　助理：须崎治平

此支局过去是派社员走访北京政府的各部局，负责收集新闻，但"济南事件"以来不得已中止之。现在，通过我国公使馆召开例行发布会时得到的材料，以及从公使馆陆、海军武官那里得到的材料，是对日本输出新闻的主要材料。该支局与《新晨报》(阎锡山的机关报)及美国 UP 支社交换通讯。

有关通讯的发布，是将来自东京总社及在中国各社的电讯以日文、中文或英文加以发布，中文通讯受中文报纸欢迎，而英文通讯因送达迟缓、字句难懂几乎没有被采用。该支局提供的时事照片在当地是独一无二的。

3. 天津支局(日本租界松岛街)

支局长：山内令三郎　助理：佐藤政治

1922年开设支局，在天津目前仅发布有关日本商况、市场行情的日文电讯。有关时事问题的通讯(中、英、日文)则转发北平支局邮寄来的通讯，但发生重大事件之际，该支局往往发布通讯。

4. 南京通讯员(南京游府西街东方饭店)

小林德

5. 汉口支局(汉口日本租界)

支局长：白仓清一郎　助理：大泷廉次

与当地英文报纸支店及一德通讯社交换新闻，中国方面的报纸刊登该支局发送的新闻时，不用"电通"之名，多用"上海专电"之名。

6. 广东通讯员(沙面英租界)

岩崎小鹿

只负责给东京总社发电讯，在当地不发布通讯。

7. 济南支局(济南商埠地纬三路)

代表：伴野龙光

除了将当地新闻发电报给总社之外，还通过电话及无线电广播接收青岛支局从东京收到的新闻，将其发送给中国报纸。

8. 青岛支局(聊城路一号)

支局长：增田长　助理：町田义久

发布总社来电，发出当地新闻。

9. 奉天支局(奉天浪速通三五号)

支局长：早川专一　助理：森守信

1925年3月设立支局,发行每天收到的新闻通讯(日文及中文),发送对象约达六十处。以中国方面的报纸为主,包括官署、银行、公司等,与中国各方面有密切联系,因而在给总社发电上有诸多便利。支社的活动极为迅敏,其报道无论是输入还是输出都很迅速。但不准确且带煽动性的报道屡见不鲜。

10. 哈尔滨通讯局(哈尔滨埠头区中国大街)

通讯员:本桥寿一

仅向东京总社发电,不接收电讯。

11. 长春通讯局

通讯员:十河荣忠

仅限于代理奉天支局发行的通讯,活动不迅敏。此人为《长春实业新闻》记者。

除了上述之外,电通社与联合社一样在全中国各地设有很多委托式通讯员,以备发生地方性突发事件时获得信息。

第三篇　中国方面的主要通讯社

一、国民新闻社(Koumin News Agency)

(一) 社址:上海九江路第一号

(二) 政治性色彩

该通讯社是随着民国政府的诞生而经外交部之手创办并维持的机构,应该属于中国的 National News Agency,与财政部长宋子文亦有特殊关系,被视为外交部及财政部的报道宣传机关。

(三) 取材及供给方面

该通讯社使用大量职员,在中国的通讯社中是按照最为现代高效的方式经营的,因而在上海的外文报纸方面信誉深厚,其登载量超过了其他通讯社,不妨称之为中国的代表性通讯社。该社发布的外电大多为收听的欧美各国政府有关方面播放的无线电信息,不过本年3月与美国 UP 社签约,获得了以自己的名义向中文报纸发布 UP 来电的权利,也正与我新闻联合社在收集、交换新闻等方面建立特殊关系。还有,大中社的英文通讯在该社内翻译,该社与大中通讯社是姐妹关系。

(四) 干部、主持人:李才

作为陈友仁部下,在北京 Gazette、上海 Gazette、广东 Times 等报社负责经营报纸,尤其是作为排日记者而出名。前年武汉政府时期的 National News Agency 是他任主持人负责经营的。是出生于澳洲的英语达人。

(五) 支局及通讯员

在南京设有支局,作为该通讯社的支局,仅有常设通讯员一名,因此其活动范围似乎局限于上海、南京。但是,如果以短波无线电频繁播放新闻的话,主要城市的报纸中,有相当多的会采用上述播送的新闻。

二、国闻通讯社

国闻通讯社1918年由胡霖创立①,在主要城市广布通讯网,在中国方面经营的国内通讯社中最具有影响力,而且有信誉。其发布的新闻主要为地方性国内信息,发行英文、中文两种通讯。社长胡霖(政之)留日出身,也通晓英、法文,能力极强,在中国报纸、通讯界有影响力。

(一) 本社所在地:上海山东路

(二) 政治性色彩

社长胡霖在本通讯社设立以前(至1920年),接手安福系作为其机关报经营的天津《大公报》,从1921年以来直至今日,除了经营报纸外,还在上海创办了本通讯。当时,该通讯是作为段的安福系代表卢永祥的宣传机关而发起的,1924年至1926年受安福系的影响,当时其色彩极为鲜明,但1926年奉系占领北京以后标榜中立,失去了以往的显著色彩,这可视为该通讯社的特点。该社拥有普遍信誉,在通讯社中总是位于首位。但也有事实表明,该社从1928年春前后起与蒋介石建立关系,每月接受五百弗(金额不明,亦说一千弗),暗中发布有利于该派的通讯,还接受奉系张学良的补助(金额不明),在奉天设置支局等,通讯上的色彩自然也就偏向一方。因

---

① 国闻通讯社于1921年8月筹办,9月1日正式发稿。

而，在同行中作为纯中立的通讯价值逐渐褪色，最近有被新兴的"国民"及"大中"等各种通讯社超越之倾向。不过，该通讯社本来是以营利为目的而创办的，并非是为了某主义而成为政治势力之宣传机关。

（三）取材方面

政治新闻材料以南京为主，若与其他通讯社比较，即使在上海也在最广范围内取材，提供丰富多彩的新闻。

（四）发布方面

1. 以上海为中心，南京及其他全国各城市的主要报社，必定有一两家接收该通讯。但是，这些报纸因党派关系会酌情挑选采用，当然不会将提供的所有材料作为报道登载出来。

2. 除了上海的中国报社之外，中国银行的要员，日文报纸、外文报纸与内外报社支局的特派员、通讯员等几乎全部订阅该通讯。

（五）支局及通讯员

在中国内地铺设有最密集的通讯网，收集各种材料。例如天津支局与《大公报》进行内部合作经营，敏捷灵活地发布通讯。此外在北平、奉天、哈尔滨、汉口设立支局，在全国其他城市配置特派通讯员，奉天及黑龙江支局是去年新设的，尤其是奉天支局据说是在张学良同意下获得物质援助而设立的。

1. 上海总局

（1）社址：上海山东路

（2）干部

总局长：胡霖　常驻天津

总局主任：李子宽　江苏省常州人，年龄四十左右，久居京津地区，现为《大公报》干事，本来就在经营报纸事业上有经验。

编辑主任：严慎予　现在还兼任《国民日报》编辑，上海新闻记者中的资深人士，是国民党党员。

外勤记者兼广告部主任：张振远

外勤记者：杨恺等四名

2. 北平支局

（1）社址：北平东城钓饵胡同

（2）支局干部：金诚夫（支局长）、许董伯、谭钟凤

（3）通讯收集状况

依靠上海总社及汉口、南京、奉天支局、中国其他主要城市特派员的电讯。仅就中国内地的通讯而言，"联合"及路透社都略逊于该通讯一步。

（4）通讯发布状况

发行中文通讯及英文通讯。中文通讯由谭钟凤主持，其下有通讯员三名及笔耕人员三名。一日一次发布通讯。英文通讯1925年以来每日下午发布一次。

（5）通讯业界的影响力

北平支局为1922年开设，不仅在北平中国人经营的通讯社中最具有影响力，而且也是中国最主要的通讯机构。

（6）其他参考事项

（A）该支局1925年创设英文通讯以来，达到了超越上海总社的程度。

（B）该通讯的创办人胡霖在过去的十二年间看上去是将主要精力集中于经营《大公报》上，而现在则是热衷于该通讯的经营。

（C）北平支局一个月平均亏损八百元，据说盐业银行总裁吴鼎昌（年收入约五十万元）基于对胡霖等其他职员的私人性信任提供了捐助，由此弥补上述亏损。

3. 天津支局

（1）社址：日本租界旭街大公报社内

（2）干部：胡霖（政之）、张炽章（季鸾）

胡霖是国闻通讯社的创立者，并且经营当地的主要报纸《大公报》，如前所述，是中国舆论界之翘楚，因为需要经营《大公报》，不在上海总局，而常驻此地。该支局并不特地发行通讯，而是转发北平支局发行的通讯。

4. 南京支局

（1）社址：南京益仁巷

(2) 支局长：何毓昌
国闻支局在南京通讯界举足轻重，可以与复旦通讯社相提并论。
5. 汉口支局
(1) 社址：汉口模范区宏春里
(2) 支局长：喻耕屑　与安福系有关系，曾任《中西报》主编，仅向天津、上海等地发电讯。
6. 奉天支局
1928年11月天津支局的陈语天来奉开设支局，12月开办业务。如前所述，是经张学良斡旋而设立的。
7. 哈尔滨支局
(1) 社址：哈尔滨埠头区中国十四道街五号
(2) 支局长：李兴陶
(3) 通讯的收集、发布状况　该支局1928年12月开设，一日一次发布来自上海、北平、天津、南京、汉口、奉天各局的电讯或快讯，当地中文报纸都采用之。

三、中央通讯社①

该通讯社为国民党中央党部宣传部的直辖机关，其主持人由党部宣传部主任余维一兼之。与党部相关的信息几乎全部由该社发布，新闻的详细、迅速非他社可及。此外，据认为该通讯社收集、发布新闻时，利用了党部附属的无线电。创立时日尚浅，影响力尚未有大发展。

1. 南京总局
(1) 社址：南京丁家桥
(2) 主持人：余维一　中央党部宣传主任，北京大学出身，有曾活跃于北平国闻通讯社的经验。
该社在南京经营报纸《中央日报》。
2. 北平支局
(1) 社址：北平永光寺西街
(2) 干部：刘霸伦
(3) 通讯的收集、发布状况
向当地中国报纸免费发布来自南京、上海的电讯。影响力尚不足为道。
3. 汉口支局
(1) 社址：汉口涵润里
(2) 支局长：钟家桐

四、复旦通讯社

本通讯社曾属于奉系，以报道准确、迅速而相当出名，现今有蒋介石派色彩，何成濬的部下负责经营。与国闻通讯社一样在中国通讯界有长久历史，最近蒋派机关之倾向逐渐明显，但依然普遍深得信任。在北京设总局，在南京设置支社，在上海派驻通讯员。

北平总局
(1) 社址：北平文昌胡同
(2) 干部、主持人：华觉民（河北人，年龄三十岁左右，北平大学出身，约四年前创立该通讯社）　主笔：林敬廷
(3) 通讯的收集、发布状况
主持人华觉民除了不遗余力走访各处，收集通讯材料之外，还从上海、南京收集信息。因而，其利用的材料以北京、上海及南京的新闻为主。
在北平，是影响仅次于国闻通讯的唯一通讯，文体引人入胜，但内容不太令人信任。

---

① 简称"中央社"，原创办于1924年4月1日，在广州正式发稿。1927年5月，蒋介石派国民党决定将"中央社"迁到南京。6月16日（一说6月15日），中央社在南京发稿，为国民党中央新闻机构。

五、大中通讯社

1925年,该通讯社由当时的上海交涉使许沅(秋飘)、王正廷、吴山及潘竟民等,以潘为社长共同创立。当时的经常费用完全由许沅支出,其辞去交涉使以后,因经费来源断绝,潘竟民全力维持之,1927年春暂时将办事处迁往贝勒路自己的住宅,后来靠成舍我斡旋,与冯玉祥联系上,1927年9月起冯每月提供七百元经费。同时潘辞去社长,担任总编辑,由成舍我取代,办事处也迁至今处,直至今日。因而,该通讯社是作为冯玉祥系的宣传机关而存在的,也就被视为带有稍微左倾的色彩。但是,最近冯玉祥失去了势力,该通讯亦逐渐走向衰落。在上海有总局,在南京、汉口、开封、太原设有支局。

1. 上海总局

(1) 社址:上海公共租界西藏路平乐里口

(2) 干部,社长:成舍我 北平人,过去当过报社记者,目前居住在南京,作为民声报馆总主任而展开活动。

总编辑:潘竟民 江苏省常州人,年龄三十六岁,报社记者出身,曾服务于江苏省教育会,现在经营本社,工作之余作为新闻记者执笔于新闻报馆。

英文编辑、记者:张似旭

(3) 通讯的收集、发布状况

① 如前所述,该通讯政治性色彩最为显著,取材方面也很得力,由冯玉祥派发出的材料居多,因此政治方面自不待言,还涉及社会问题、经济问题,不少可视为是冯派观点的反映。

② 在南京、上海不断与冯系人物进行联系,收集适合材料,还与冯玉祥的地盘西北方面有密切通讯联系。即有:

A. 省政府直接寄发给通讯社的;

B. 来自特约通讯员的;

C. 直接来自军队首脑的。

诸如此类的上述联系是用国民政府的设施进行的,以前就开始使用,遇到紧急问题则特地使用电报,据说业绩良好。

③ 该通讯社的通讯发行量六十至七十份,影响力仅次于国闻通讯社。上海的中国报纸几乎都接收其通讯,此外,日文报纸、外文报纸、外国通讯员也或多或少使用其通讯,不过,采用数量没有国闻通讯多。近来,随着冯玉祥的势力在国民党内的消长,一般而言,该通讯的重要性也有所增减。

2. 南京支局

社址、干部等不详。

六、中华电讯社

本通讯社当初以柏林为据点,由该地某大学毕业生梅恕曾创办,经营数年,规模很小。国民政府在南京建立后,鉴于国际关系的重要性和对外通讯宣传的必要性,依靠与国民政府中央委员李石曾、蔡元培、张静江、以及与梅恕曾有深交的郑毓秀女士、前江苏交涉员郭泰祺和吴铁城等斡旋,1928年4月将据点迁往上海,主要负责对外宣传工作。"济南事件"发生后,在对外宣传上发挥了重要作用,政府当局也认识到其价值所在。据说国民政府财政部每月提供一千五百元补助,遇到有事发生而需要对外特别宣传时,还另外补助所需经费。

因此,该社可谓纯粹的现国民政府对外宣传机关。据闻,去年7月中央常务会议承认该社为国民党进行国际宣传所取得的实绩,决议同年7月起每月提供一千五百元补助金,同时还决定中央宣传部对其指挥监督。

1. 上海总局所在地:上海公共租界静安寺路古拔路三十三号

2. 通讯的收集、发布状况

该社与柏林、巴黎、华盛顿、纽约、伦敦、东京等各国重要城市有通讯联系,利用电报及邮递方式发送对中国有利的宣传材料。还有,该社相关人员均精通国际情况,在上海、南京则一直往来于外国人之间,努力收集国际方面的通讯材料。

去年秋天以来发行中文通讯,提供给各家报社,主要目的在于对外活动。通讯费即电报费据称一个月一千元,华盛顿方面占数量最多。又据说在上海、南京与路透社交换材料。

3. 支局、通讯员

柏林因历史关系保留支局这一形式,而其他支局因经费关系则在驻外使领馆设特约通讯员或特派员,保持联系(东京有通讯员)。

目前据说在天津、汉口、南京、广东设支局。

4. 干部及职员

社长：梅恕曾　四川人，国民党员。在德国某大学主修政治经济学，长期在柏林，与公使馆有关系，另从事通讯业务，在中国外交关系人士中以能力强、为人正直而出名。

社员、记者：英文人员、日文人员等七八名。

东京通讯员：鲍振青(亦兼任《时报》《申报》通讯员)

第四篇　中国各地通讯界概况及地方通讯社

一、上海

（一）上海输入外国新闻的状况

上海可谓中国工商业中心，中国人对外之关心素来旺盛，而且许多外国人居住于此地，在中国的外国经济势力亦多集中于上海，所以也存在着很多外文报纸，对于外国新闻的一般需求极大。加之国民政府奠都南京以来，上海在中国报界的地位顿时得到提高与巩固，上海报纸的涉外关心程度不如说终于超过了北平。因此，向中国输出外国新闻的各通讯社几乎都在上海设有据点，以此作为立足点再向中国各地发布通讯，此为实际现状。在上海经营上述新闻业务的主要通讯社如下（详细参照第二篇）：

1. 英国的路透社及美国的AP。2. 美国的UP（仅面向外文报纸）。3. 日本的"联合"及"电通"。4. 中国的国民通讯社。

（二）中国新闻的对外输出状况

目前，在中国正在经营输出中国新闻业务的各通讯社及报社概要如下（详细参照第二篇）：

1. 英国的路透社。2. 美国的UP及AP。3. 日本的"联合"及"电通"。4. 苏俄的塔斯社。5. 伦敦、纽约及东京、大阪等各报通讯员（详细参照第五篇）。

（三）中文通讯界概况

上海的中文通讯，其历史不长，通讯社设立是这十年以来的事情①。而且其中多数为地方性通讯社，发布中国全局性消息的通讯社甚少，仅国闻、大中、中央（南京）各社在主要城市之间相互有联系（详细参照第三篇）。还有，随着政治势力推移，通讯界状况也变化无常，在当地比较有信用的通讯社除了上述之外，还有中华电讯（参照第三篇）及日日、民心各社。下面就上海的地方通讯社作介绍。

（四）上海的地方通讯社如下

1. 国民通讯社

（1）社址：上海汉口路望平街

（2）沿革

上海处于孙传芳统治时，作为国民党宣传机关在上海创立，中央委员张静江任社长，与广东国民政府的通讯机关国民通讯社联系，接受国民党补助，在军阀压迫下致力于宣传国民党。接着，孙传芳军在陷入不利局面时，将其视为共产党机关查封。其后，随着国民军进入上海一度恢复，但国共分裂后被认定为共产党机关，再度遭查封。去年10月《民国日报》主笔陈德征经中央政府同意，自己任社长，恢复本社，时至今日。

（3）政治性色彩

该社为上海特别市党部的宣传机关，与南京中央党部关系密切，有极为浓厚的排外色彩，总是充当排日运动的先锋。还有，该通讯被视为国民党内所谓青年党员的代表机关，斗志旺盛，左倾派的色彩浓厚。该社记者不断出入于市党部，看上去与市党部几乎是异身同体。

（4）通讯的收集、发布状况

该通讯与上海的民众运动团体有密切关系，有关劳动争议、罢工运动、排外运动等的材料有其特点，看上去总是领先于他社。

还有，中央党部及市党部方面反对政府施政方针时，据说特地收集宣传材料，将警告政府当局之类的资料

---

① 中国人自办的中文通讯社——民国第一通讯社于1912年8月31日在上海诞生。1927年已有12家通讯社。

交给该通讯社作为通讯发布。

该通讯基本进入了上海、南京的各报社,但其发布的范围比较狭窄,地方上几乎无人购阅。发行对象约五十处,通讯材料与其他通讯社比较最具有新鲜感,而且对来往要人的采访也最得要领,故而作为报道材料普遍受欢迎。

(5) 支局及通讯员

无支局,报道主要集中力量于上海、南京的地方新闻,在地方上未派通讯员。

(6) 干部及职员

社长:陈德征　兼任《民国日报》主笔,现任上海特别市党部党务指导委员兼宣传部长、全国反日委员会主席、上海反日委员会主席、上海新闻记者团代表等。

副社长:汤德明(掌管该社实务)　国民大学新闻科毕业,现任上海特别市党部宣传部委员、第三区党部指导委员等职,被视为年轻有为的国民党员。

记者:有四五名。

(7) 经营收支状态

该社与《民国日报》为异身同体,经营内容几乎无区别,另一方面上海特别市党部每月提供五百元补助,故经营收支似乎十分平衡。

2. 民心通讯社

(1) 社址:上海公共租界山东路民众日报馆内

(2) 沿革

国民党内广西军阀李济深、李宗仁、白崇禧(内部说是与孙科、胡汉民等也有关系)作为自己一派的宣传机关报创刊《民众日报》时,于1928年2月作为其附设通讯社而创办。当时表面上与《民众日报》分开,任命郑青士(是国民党方面报界、通讯界的知名人士)为社长加以经营,其后为了节省经费合并至《民众日报》,郑青士辞任,由《民众日报》社长谌小岑兼营。

(3) 政治性色彩

该通讯社与《民众日报》一起经桂系军阀之手创立,为纯粹的桂系机关,从去年10月国民党中央第五次全体会议前开始,桂系与西山派合作,对抗汪兆铭、陈公博等左倾派,成为最具有右倾派色彩的西山派宣传机关。

(4) 通讯的收集、发布状况

① 以政治材料为主。

② 南京、上海的材料相当丰富,而李济深地盘的广东、广西方面的材料有特别受尊重之倾向。

③ 两广通讯由省政府直接发出的最多,例如,广东省政府决定的政治事项及其材料、问题等当然是向中央政府报告,但其他内容,如果认为有必要进行宣传的,则全部通过该通讯社提供给各报社。还有,即使是军事方面的内容,有关白崇禧的活动状况,以及其他认为有必要加以宣传的,都逐一通过本通讯加以发布。

④ 该通讯与大中社相互竞争,发行量六十至七十份,上海全市的中国报纸、一部分日文报纸及外国通讯员购阅。

此外,特种宣传材料作为《民众日报》的特别消息发布,一般不提供给购阅者。

(5) 支局及通讯员

无支局,在广东、广西有数名特别通讯员,均为特约通讯,由上述两地的报社记者兼职。

(6) 干部及职员

谌小岑　《民众日报》社长兼本社社长,国民党党员,曾任工会组织统一委员会委员,作为所谓西山派人物在舆论界相当知名,有担任新闻记者之经验,被认为有经营之才。

(7) 经营状况

该社经济上未与《民众日报》分开,故收支不明(据说李济深每月向《民众日报》提供一千元补助)。

3. 日日新闻社

(1) 社址:上海山东路望平街

(2) 沿革

现社长殷再为在杭州当报纸记者时就准备独立经营通讯业,约三年前在杭州创办起小规模的日日新闻社,还与上海方面取得了联系,向杭州的各家报社提供通讯。最近因政治中心迁往南京、上海,1928年8月在上海及南京设日日新闻社,彼此联系,以谋求通讯事业的发展。

(3) 政治性色彩

不偏向于党派,以营利为本位,所以看不出有什么政治性色彩,但出于经营困难而与各方面产生关系则是事实。比如,每月接受法租界的中华共进会(青帮)首领张啸林、杜月笙等一些补助,上海总商会有力人士冯少山也同样提供补助,往往发布其宣传通讯。

(4) 通讯的收集、发布状况

在南京、上海,不问政治、经济、财政、军事、社会问题,广泛收集材料,因社内经济不宽裕,有能力的记者较少,材料也不丰富,因此并没有普遍得到充分的认可。偶尔站在中立立场上获得特殊材料,会引起有些方面的一些重视,尤其是擅长在杭州方面取材。依靠以上海为中心,杭州、南京的三角通讯联络,互相交换材料,有效地经营着通讯业务。

通讯的发行对象有四十五处,除了上海、南京、杭州的中国报纸之外,还或多或少提供给与杭州方面关系特别密切的银行及福州、安庆,在外国相关方面几乎没有市场。

(5) 支局及通讯员

南京、上海、杭州均使用日日新闻社之名义,而不标上总局、支局这类等级。当然近来通过改组,会在上海设置日日新闻总社,已经编写总社组织法,正在加快筹备。福州有特约通讯员。

(6) 干部及职员

上海主任:殷再为 浙江省嘉兴人,年龄四十岁左右,虽学历不值得一提,但久居杭州,有担任报社记者之经验,在该方面有特殊的才能。

上海编辑主任:江红蕉 江苏省苏州人,年龄三十五六岁,以新小说家闻名。

记者另有四名。

4. 戊辰通讯社

(1) 社址:上海公共租界福州路太和坊内

(2) 沿革

该社为浙江省政府出于在上海、南京进行宣传的需要而特别设立的,社长冯都良原为《商报》记者,是个精通上海、南京实际情况的宁波人,在浙江省政府要人中有知遇之人,自然接受省政府的援助。

(3) 政治性色彩

为所谓的浙江省宣传机关,接受省政府主席张静江领导,有右倾色彩。

(4) 通讯的收集、发布状况

由浙江省政府发出的通讯材料最为丰富,而一般社会问题也较多涉及。但是,业务上消极,缺少新鲜感,一般评价并不理想。

向上海、南京、杭州及汉口方面各家报社及上海的中国银行提供,发行量为五十多份。

(5) 支局及通讯员

除了杭州、南京有特约通讯员之外,不特设支局。

(6) 干部及职员

社长:冯部良 宁波人,年龄三十几岁,曾任《商报》记者。

记者有两名。

5. 新中国通讯社

(1) 社址:上海法租界陶尔斐斯路二十八号

(2) 沿革

以山西省为根据地的阎锡山担任国民政府委员后,为了在上海、南京替自己一派进行必要的宣传而创办。阎锡山委任最为信任的张天枢担任社长,负责经营。

(3) 政治性色彩

作为阎锡山及其属下晋系军人、政治家的代言机关,其色彩最为显著。

(4) 通讯的收集、发布状况

由山西省政府发出的最多,因创办时日尚浅,其特征还未充分显现,而教育方面的取材被认为稍有特色。

提供给上海、南方报社的份数约有五十份。

(5) 支局及通讯员

在山西、北平等其他二三个城市有特约通讯员,无支局。

(6) 干部及社员

社长:张天枢　陕西人,年龄四十岁左右,为第三集团军驻沪办事处处长,理解三民主义,有比较进步的思想,深受阎锡山信任,曾经是活跃于山西省教育界之人物。

6. 国际电讯社

(1) 社址:公共租界汉口路

(2) 沿革

1929年1月桂系为对外宣传而创办。

(3) 政治性色彩

虽与桂系有关,但最近正为是否接受蒋介石补助而烦恼。因创办时日尚浅,其影响还未被认识。

(4) 通讯的收集、发布状况

声称在马尼拉、金边、爪哇、槟城、新加坡、伦敦、日内瓦、纽约、东京等地有支局,但不确实。对外通讯据称在马尼拉通过无线电广播接收。

(5) 主持人:林复彦　广西省人,与李宗仁有深交。

7. 世界通讯社

(1) 政治性色彩

没有政治性色彩,主要是翻译海外报纸与中国相关的报道,提供给各家报社,最近采编了很多排日报道,声望普遍低。1924年创立。

(2) 主持人:陈无我　江苏人,年龄三十六岁。

8. 中国新闻社

(1) 社址:公共租界南京路香粉弄(中国晚报社内)

(2) 沿革

该社附属于晚刊《中国晚报》,1923年创办。社长沈卓吾与铁道部长孙科有很深的关系,作为其属下试图建立联系,故而不是看不到一些政治性色彩,但并未到成为孙科一派机关报的程度。

(3) 通讯的收集、发布状况

取材遍及各方面,除了政治材料之外,虽说报道社会问题,但总的来说很一般,声价得不到提高。擅长之处在于翻译上海的日文报纸,较为大量地提供与日本相关的材料。

现在的发行量为四十五份,也向南京、奉天、北平、广东、汉口等地发送通讯,据说多不被采用。

(4) 支局及通讯员

无支局。通讯员有数名,但具体不详。

(5) 干部及职员

社长:沈卓吾　江苏如皋人,为《中国晚报》社长,常居南京,作为孙科属下进行活动。

主任:郁志杰　江苏省松江人,年龄三十余岁,在上海做过多年新闻记者,社长不在时掌控社务。

二、南京

(一) 输入外国新闻的状况

南京还没有从事直接输入外国新闻的通讯机构,因此南京中国报纸的外国新闻全部是通过上海获得的,没有从诸外国直接输入的新闻。南京的中文报纸大多在上海派驻特派员或特约员,通过电话或电讯转报路透社、"联合"社与外文报纸的通讯。这样,发行外国报纸翻译新闻的世界通讯社大受各报欢迎。

(二) 中国新闻的对外输出状况

与没有从事直接输入外国新闻的通讯机构一样,南京也不存在直接向外国发送中国电讯的机构。这些消息全部靠从上海输出,常驻南京的路透社通讯员及日本通讯员也基本是以电话传给上海,由上海转报。

(三) 中文通讯界概况

在中文通讯界,除了中央通讯社之外,也靠上海或北平通讯社支局进行活动。复旦社、国闻社、国民社、大中社等各社以外的通讯社影响、信誉均很薄弱。

（四）南京上述以外的地方性通讯社如下：

1. 日日新闻社

该通讯社事实上为上海日日新闻社（通讯社）的支社，而不用支社名。社长由上海总社社长殷再为兼任，通讯虽不如复旦社或中央社迅速，但好像在当地报界有相当需求。

2. 世界通讯社

该通讯社与国民党西山会议派关系深厚，1921年创刊以来取得相当好的业绩，其主要业务为外国报纸的翻译通讯，需求相当高。

三、北平

（一）北京长期为国都、外国公使馆所在地、政治外交中心，居住在此的中国人也多为官吏、政治家等。还有，大多外国人也并非商业人士，而是中国政府及官方的顾问、公使馆员、中国行政官厅吏员、报社通讯员等，所以作为中国人，对海外新闻有兴趣者自然相当多。这样，当地各中文报纸刊登的外国通讯比较多。不过，中国报社在处理通讯方式上历来缺少规矩。比如，译载路透社或AP的通讯等时，不仅不少不标明其出处，甚至随意修改增减新闻内容，这种情况亦不稀奇。尤其是当地的中国通讯社，如后所述，经营海外新闻输入及中国新闻输出的好像仅有一家，故而输入中国的新闻少。这样粉饰、改动外来消息实际上是不是迫不得已的呢？

（二）外国新闻的输入系统

欧美的新闻大致由路透社、UP等输入，日本、"满洲"方面等的新闻依靠联合通信社，从上海、南京、济南、青岛、汉口等中国各地输入新闻亦大多依靠"联合"，但最近国闻、国民两通讯等中国通讯社似乎取得长足发展，有超过"联合"之势。"联合"以外还有"电通"，但不重要。

（三）中国新闻的对外输出状况

中国方面无直接经营的对外通讯社，因而向海外发布的新闻几乎都是外国通讯员将从各公使馆及其卫队等得到的消息，以及将中文报纸报道或中国通讯翻译后，向总社发电或通报的。因此，中国方面欲进行其独自的宣传时，就需要与外国通讯员接触，利用其驻外使节或驻外机构等。目前在北平从事新闻输出业务的外国通讯员如下：

1. 英国的路透社。2. 美国的UP及AP。3. 日本的"联合"及"电通"。4. 苏俄的塔斯社。5. 英、美、日等国主要报纸的通讯员。

（四）中文通讯简况

在北京政府时代，作为各派军阀及政派的宣传机关存在过许多中国通讯社，南京政府建立以来，目前仍在活跃的是国闻、复旦两社（详细参照第三篇），除此之外几乎没有值得一提的。

下面就上述两社以外的北平地方性通讯社略作介绍。

1. 亚细亚通讯社（Asiatic News Agency）①

（1）社址：北平演乐胡同

（2）组织、持有人及主要干部

该通讯社持有人张敏之（Michael Chang）自称为中国人中最早在北平开办英文通讯的，但对通讯业务不热心。而且，由于在当地的社会地位也未被认可，社运不振。此人先后相继接受过安福系、直系、苏维埃俄国及奉系等的补贴。现在则支持国民政府，但是否接受同一政府补助金则不清楚。还有，此人在奉系领导北京政府时期发行过 *Far Eastern Times*，而且当过张作霖的顾问。

（3）政治性色彩

无值得一提之倾向，但德国色彩比较浓厚。

（4）通讯的收集、发布状况

外国新闻的输入，自1921年以来专门处理来自Nouwen的无线通讯，1928年6月以来作为德国Transoceanic Service北平支局代理人仅处理同社的德国通讯，在海外无支局或通讯员，有关中国内地的通讯大体不过是报纸报道的翻版。

该社仅仅在当地发行来自德国Nouwen的无线通讯及中国内地的通讯，不向海外输出当地的通讯。

---

① 1917年创办。

(5) 在通讯事业界的地位等

该社发行中文通讯及英文通讯,但当地英文报纸 North China Standard 及 Beijing Reader 均不刊登此通讯,只有天津的《京津泰晤士报》及 North China Star 等有时刊登。并且,在中文报纸之间也受国闻通讯压制而无任何影响力。其主要原因是通讯量仅不出两页,而且其所选通讯粗杂,似乎因真伪混淆而无信誉。

2. 时文通讯社

(1) 社址:北平新帘子胡同

(2) 干部

管翼贤 留日学生,1928 年末在北平开设该通讯社,曾与神州通讯有关系。估计此人同情南方,张作霖一入城就离开天津,在本地约一年,刊行 Chinese Peking and Tientsin Times,同时为《顺天时报》撰写天津通讯。

(3) 政治性色彩

希望得到什么政派的支持,目前阶段无政治性色彩。

(4) 在通讯界的影响力

创立后时日尚浅,靠管翼贤的努力,每日发行相当数量的通讯,影响仅次于国闻及复旦社。

除了上述通讯社之外,北平目前还有:

3. 亚洲通讯社(有阎锡山的财政支持)

4. 燕京通讯社(冯玉祥的机关,已经开设几个月,标榜反帝国主义)①

诸如此类,其通讯出现在报纸上均很罕见,几乎没有影响力。

四、天津

(一) 在新闻的收发关系上,天津现在可视为北平之延长,即正在向当地报纸发布电讯的路透社、"联合""电通"、国闻(中国)的各支局,并不特别发行该社的通讯,而是转发北京支局的通讯。

(二) 天津原来是中国重要政客的根据地,被视为各种政治策动的根源,因此天津在通讯界的地位甚为重要,但南京政府成立以来形势变化巨大,该地的上述重要性不如以前那么显著了。

(三) 在天津通讯界最有影响力的通讯社,目前阶段为上述路透社、"联合"、"电通"、国闻四社,另有华北、益智两家通讯社,但仍属于地方性通讯社。

(四) 天津的地方性通讯社如下所示:

1. 华北通讯

(1) 社址:天津法租界四号路

(2) 政治性色彩

1921 年创刊,新闻翻译社的后身,被视为冯玉祥系,与《华北新闻》(社长周拂尘)为同一经营者。

2. 益智通讯

(1) 社址:天津南市广兴大街

(2) 政治性色彩

1924 年创立,社长徐培蕃,色彩不明。

五、青岛

(一) 青岛通讯界大体处在我方"电通"一社的势力之下,中国方面有胶澳及新闻二通讯社,但规模极小,为纯粹的地方通讯社。

(二) 青岛的两份英文报纸从中国气象台获得新闻加以刊登,这些新闻是中国气象台接收的由檀香山中转的各种无线广播。

六、汉口

(一) 作为汉口的中国通讯社,正在经营发行外国新闻业务的是国闻(上海)、中央(南京)、国民电报(郑州)三支局。上述三支局除了各自从总社获取外电以外,也处理中国内地信息。此外,地方性通讯社具有相当影响

---

① 1932 年 7 月创办。

的为一德、中华两家通讯社。

(二)外国通讯社仅有我国的"电通""联合"二社,不存在欧美通讯员。

(三)以下就国闻、中央(参照第三篇)以外的通讯社略加叙述。

1. 一德通讯社①

(1) 社址:汉口日本租界宴清里第十三号

(2) 政治性色彩

为社长叶春霆个人经营,无政治性色彩。因与日本方面接近,去年共产党得势时,叶春霆曾经因涉嫌秘密与日本联系而遭逮捕入狱。在当地报界受时势影响评价不佳。

(3) 参考事项

与我国电报通信社汉口支局、联合通信社汉口支社等交换新闻。社长曾任北京中央法政大学、武昌商科大学教授,原《广湖新报》主笔。

2. 中华通讯社②

(1) 社址:汉口模范区槐荫里第六号

(2) 政治性色彩

为特别市党部及总司令部的宣传机关,接受这些机构等补助,社长是罗月侨,影响力不出武汉之地。

3. 国民电报通讯社

(1) 社址:汉口云绣里

(2) 政治性色彩

冯玉祥出资,冯军第二集团的宣传机关,主要掌握军事消息。

总社在郑州,据说在汉口、上海、南京、开封、天津、陕西、甘肃设有支局。

除了上述通讯社以外,汉口还有:

4. 铎声通讯社(国民党右派),5.鄂湘通讯社(旧直系)③,6.联合通讯社(省政府系)④,7.汉口通讯社(宣传三民五宪)⑤,8.民众通讯社(国民党左派)⑥,9.中亚通讯社(国民党右派)⑦,10.长江通讯社(武昌省党部系)⑧,11.电报通讯社(旧直系)等,影响力都很微弱。

七、广东

(一)广东报纸上的一般情况

当地人士如今仍然被国内的各种事件所吸引,关注国外新闻的时间还很少。另一方面,通讯机关自身的组织状况似乎在数量上(日刊报纸十一种,通讯社二十三家)很兴旺,但内容均属于三流范围。因此,可以说当地几乎没有从事输入外国新闻业务者。当然,每日报纸上往往会以极小的铅字刊登晚好几天的路透社外国新闻,但这些新闻是该报社在香港的代理人每个月约三四次直接免费邮寄给本地各报社的,除此之外,都转载自香港报纸。像"联合"之类的电讯,至今仍未见活跃于中文报纸上。而中国各地的消息也转载自上海,当地的通讯机关没有靠自己获取的新闻。

(二)外来新闻的进入渠道

上述来自上海的电讯,不仅仅限于南京及上海的地方新闻,也报道"满洲"、济南、北平等地的消息。中国国内的新闻毋庸置疑,甚至有时日本的新闻也往往作为"上海电"传向当地。上述"上海电"是先从上海发往香港,此电文再经由时事通讯社之手分为上午、下午两次,通过广九铁路邮政邮寄到当地,以月额五十弗提供给各家

---

① 1924 年创办。
② 1927 年创办。
③ 1927 年 9 月 26 日创办,社长万克哉。
④ 1929 年 11 月 15 日陈鹤松创办。
⑤ 1928 年 10 月创办,负责人郭少仪。
⑥ 1930 年 9 月创办。
⑦ 1929 年 11 月 15 日创办,发行人萧荫。
⑧ 1930 年欧阳桴海创办。

报社。在上海收集这些新闻以电报发出的是香港的"华侨""循环""大光""华字"四家报社的上海特派员。上述特派员将新闻发给香港总社,上午各人约发出二百字,下午各人约发出百余字。香港总社收到后,上午的那部分相互交换各自收到的新闻,发送到广东的也大体为上午的电讯,而下午接收的那部分则仅发布在各社发行的报纸上。因此,所谓上海特派员的特电也多为下午电,据说上述特电进入广东十分罕见。

还有,数年前当地主要利用无线电(仅国内)的六家报社曾经联合成立过通讯社,但其后因经济上的原因两社退出。各社每月出资六十弗经营的上述联合会,终于因经费不足被迫解散,自此如前所述改为利用香港的来电。

总而言之,广东的各地电讯基本上是以上海为中心收集,经由香港传来的。

(三)地方新闻的输出状况

同样是因为上述原因,发往海外的电讯除了外国通讯员之外,中国方面完全没有直接经营的。

对中国国内,各通讯社的通讯是邮寄发出的,但有关重要电讯,则经由香港从业者之手,主要是给上海发电讯。当地报纸记者也有很多人接受各地报社的委托,接受报酬,兼任其通讯员,通过邮局寄送通讯。

(四)中文通讯界概况

广东有二十几家通讯社为十几种中文日刊报纸提供电讯,呈现出一大奇观。通讯社以极少资金(二三百元)就可创业,而且如今政府有关方面进行舆论宣传之际,这些通讯社很容易与某政府机关建立特别关系,就是说作为政府或政客的御用机关而存在。至于各社向报社收取的新闻提供费,据说平均仅仅为十元。

在当地最活跃的为时事通讯社,以电讯丰富为特色,觉悟社则与学界方面有联系,这方面报道较多,中华社被称为政府机关,曾为陈学木主宰。发布比较国际性的报道的两广通讯社数月前创立,自夸报道迅速。下面就上述中文通讯社作介绍。

1. 时事通讯社

(1) 社址:广州市禺山学源里

(2) 组织

1915年现社长崔啸手创设①,当初为总商会及商团军的机关,商团军失败后孙科以二千元盘下。孙任市长后,市政厅因此给予补助,由崔经营。记者有崔焕然、江见、谢德基等。

(3) 色彩

为广东通讯社中最有影响者之一,当地报纸的电讯主要由此社提供。政治性色彩中立。

2. 两广通讯社

(1) 组织

1928年现社长冯澄甫创立②,记者有谢汝诚、陈式锐等。因通讯迅速,虽创刊时日尚浅,但销路正在扩大。

(2) 色彩

政治上中立。

3. 觉悟通讯社

(1) 组织

1922年张持、陈剑如等在孙科出资下创设③。社长陈剑如,记者有周浩华、吴永唐、张子咏等。

(2) 色彩

属于国民党右派,现与孙科保持关系。是有影响的通讯,香港、澳门的报纸也有采用。

除了上述之外,还有:4. 中国通讯(市党部机关,社长欧阳为言论界之翘楚)④,5. 中原通讯(李济深机关)⑤,6. 州通讯社(中立),7. 通讯社(中立)⑥,8. 执中通讯社(中立),9. 中华通讯社(国民党系)⑦,10. 南圻通讯社(国

---

① 一说1920年5月5日创办,主办人崔啸萍。
② 一说"冯澄浦"。
③ 一说1923年1月22日创办。
④ 1925年12月30日欧阳伯川主办。
⑤ 1927年10月10日创办。
⑥ 原文缺具体名称。
⑦ 1926年12月19日创办。

民党右派)①等,受到相当重视。

八、奉天

(一)在奉天通讯界,日本方面的"联合""电通"、中国方面的国闻三社影响最大,奉天报纸刊登的外国新闻自不待言,连中国内地的消息也几乎全部由上述通讯社提供。欧美通讯社中仅路透社在当地派驻通讯员,但仅仅是有时输出新闻,其活动不显著。

(二)地方性通讯社有下述日本方面的小通讯社,影响力均较微弱。

1. 奉天电报通信

与东京的帝国通讯社为同一系统的通讯社,社长渡边义一,记者田中美信,1922年6月设立。

2. 东北通信

1928年8月创立的中文通讯,社长吉井幸男,记者井上清助,通讯纯粹是地方材料和"联合"的翻版。

3. 日本商业通信

1921年设立奉天支局,支局长平手议一,记者野村三郎。在京城有总社,在大连、奉天、安东、四平街、公主岭、铁岭、长春等地设支社,作为整个"满洲"的经济通讯社,影响相当大。

4. 满洲通信

1914年创立,社长武内忠次郎(京都同志社出身)兼主笔。记者蒔曲政吉、北原兼治,通讯往往刊登在满铁沿线的小报上,但报道粗陋,谬误多。

九、哈尔滨

(一)因地域关系,哈尔滨是日、俄、中三国通讯势力交错之地。代表日本方面的有"联合""电通"二社,代表中国方面的有国闻、华东,俄国方面有塔斯、英亚二社。

(二)从事新闻输出或输入的机关,除了前述日本及俄国方面的通讯社之外,中国通讯有无线电通讯、美国UP通讯员及AP通讯员。

(三)以下为哈尔滨地方性通讯社的概况。

1. 无线电通讯社(中国)②

(1)社址:哈尔滨埠头区石头道大桥

(2)组织

作为东北无线电台哈尔滨分台的附属事业,1926年起开始提供通讯,无线电台台长刘翰(浙江人)主管之。

上述通讯事业分为两种,一种是收听德国Nouwen无线电台播放的欧洲新闻,一日发布一次。另一种是与日本商业通讯社联系,用无线电获取日本及东北南部特产品的行情,以电话发给特约者。

2. 华东通讯社(中国)③

(1)社址:哈尔滨埠头区新城大街四道街路南

(2)组织

1922年作为东省特别区行政长官公署的机关通讯而设立,靠公署补助金经营。现干部为社长兼编辑陈公④(京兆人),发行人为陈纪杨(京兆人)。除了每日一次发行油印通讯,向当地各报分发之外,据说也发送给上海、汉口、北平、天津、奉天等地的中文报纸。

3. 露西亚通信社(日本)⑤

(1)社址:哈尔滨埠头区买卖街

(2)组织

近藤义晴、高桥利雄等任干部,出资最初好像主要依靠军方补助,最近也从满铁接受相当补助,有时与外务

---

① 1929年创办。
② 1923年2月试办电讯,1924年正式名为哈尔滨无线电讯社。
③ 1923年5月1日成立。
④ 一说陈公韬。
⑤ 1925年建立。

省也有关系。

(3) 色彩

以发布反劳农通讯及调查材料为主旨,通过反劳农主旨的俄文报纸及杂志收集材料,一日发行一次日文及中文通讯,同时,每月发行十二次概括性调查资料小册子。在东京、大阪及京城设支社,在资料收集方面,据说与北京、奉天、广东、海参崴、伯力、海兰泡、赤塔、新西伯利亚、莫斯科、柏林、巴黎、里加、华沙等地联系。该通讯社的重要提供地区为日本,去年我国发生检举共产党事件后,作为反赤化宣传材料受到各方面欢迎,最近好像打开了好多市场。

4. 英亚通讯社(Anglo-Asiatic Telegraph Agency)①

(1) 社址:哈尔滨埠头区保险街 Harbin Observer 社内

(2) 组织

1929年创立,为避开中国官方压迫而以Observer社主B.H.Fleet为代表人,获得英国籍,而事实上的社主为原俄文报纸 *Молва* 主笔涅齐金。

(3) 色彩

目前阶段为避免中国官方的注意,通讯内容得到恰当处理,露骨的新闻宣传报道得到控制,但其系统被视为纯劳农系。

(4) 通讯的收集、发布状况

与塔斯社有直接联系,又与中东铁路苏联方面的干部及苏联总领事馆等各机关有联系,收集通讯材料,又据说收听俄方的无线电广播。

每晚发行一次俄文通讯,发送给苏联各机关及个人,也与我"联合"交换通讯。而且,除了赤系俄文报 *Новости жизни* 以外,当地的俄文报纸全部拒绝刊登该通讯社发布的通讯。

5. 帝国通信社(日本)②

(1) 社址:哈尔滨埠头区透龙街

(2) 组织

称"东京帝通"支局,细谷清任主持人。一日发行一次电讯,而事实上为从长春、奉天邮寄的材料,其量少,影响力极其微弱。

十、吉林

(一) 吉林目前有中文报纸四种(《吉长日报》《新共和报》《通俗白话报》《东省日报》)及日文报二种(《松江新闻》《吉林时报》),总计六种。各报均资力颇弱,本来就承担不起向诸外国派遣特派员,有关日本及诸外国的新闻,除了依赖满洲通信、联合通信、日本商业通信、国闻通讯(上海)、民本(?)通讯(北平)等之外,主要转载上海、天津等大城市大报的报道。

(二) 地方性新闻依靠当地的上海《申报》《时报》《新闻报》、天津《益世报》《盛京时报》等各支局,以及"朝日""时事""联合"等的通讯员,仅为各自向总社发送,还没有经营新闻输出或输入的通讯社。

(三) 本年7月新成立了一家吉林通讯社。该社为省政府民政厅的机关通讯社,民政厅秘书徐恢得到厅长补助而创立。其后民政厅张参议取代徐恢,接受月额三百元补助而负责经营。办事处在省城军署东辖门外民政厅职员宿舍内。

十一、长春

(一) 当地是以日、俄、中三国的实质性势力为背景的各国通讯设备机关的交汇点,各种信息纵横交错,对其领域与色彩、系统的认定极为困难,这些信息可以分为四类:以满铁为中枢的日本方面新闻,以奉天官方为中心的中国方面新闻,以哈尔滨为基点、以中东铁路为中心的俄国方面新闻,白系俄国人的宣传性新闻。不过,当地不像奉天及哈尔滨属于信息系统的焦点,因此,在通讯网关系上并非为独立地点,不如看作是奉天乃至哈尔滨的延伸。

---

① 1929年2月9日开始发稿。
② 1925年9月建立。

(二)新闻的输入系统

在我领事馆负责的这一范围内,各报纸、通讯社即使输入我国及诸外国相关新闻,当地也不会形成"输入新闻"的中心。即我国相关新闻是通过"联合"经由奉天向当地报道,在当地日本报纸上作为"东京电"而刊载者最多。并且,在当地中国报纸上刊登的日本及中国方面的新闻,被认为是"联合"等的通讯由上海、北京等地的中方通讯社经由奉天转报的,其数量不少,价值不低。

欧美等各国的新闻,与前面所述我国相关新闻的输入大致相同,日本方面的报纸通常是依靠"联合"从东京经由奉天转报所提供,欧洲各国的新闻间或有以塔斯社或英亚通讯社的名义发布的,还有将在哈尔滨收听到的伯力等电台广播的俄国相关新闻转报至此的。至于中国报纸上的欧美新闻,是靠中国通讯从上海等地经过奉天转报的,其数量比较多。

还有,侨居当地的日本人广泛购阅日本内地报纸,因此可以说能广泛、频繁接触到国外新闻。

(三)新闻的输出系统

当地信息中,具有传布性的是与中东铁路、吉长铁路相关的新闻。从消息的性质而言,前者多以哈尔滨为起点,向我国或奉天传播,后者多以吉林为起点向奉天传播,当地只不过是中转而已。

而且,当地发生的地方性新闻,除了刊登在当地的中国报纸上之外,还被转报至奉天或吉林,以此为中转站,依靠中国官方及通讯社等传播到中国各地,或者进一步以上海等地为第二中转站,通过驻华欧美新闻通讯员等输出至诸外国,也往往会以哈尔滨为中转站输出至俄罗斯方面,传播给欧洲各国。

在处理上述地方性新闻方面,我方新闻通讯员("联合""电通""朝日""时事"及东北的各种日文报纸)的活动最具有组织性,这些消息除了刊登在当地的日文报纸上之外,还依靠上述通讯员等之手直接向我国发出电报,并且还通过奉天日本方面的通讯机关发送给分布在中国各地的我方报纸、通讯等。在此应注意的是,哈尔滨的新闻因电信系统的原因,使用电话传至当地,面向日本的新闻在当地使用日本电信线路转报,面向中国的新闻则再通过奉天传送。总之,仅就本地通讯网而言,可以说,奉天及哈尔滨的支店大体上处于我联合通讯社控制之下。

(四)长春的地方性通讯社如下,中国方面的通讯社几乎没有值得一提的。

1.日本商业通信社支局

(1)干部:藤田藤助

(2)活动情况等

发布总社及各地支局的商事通讯,对当地特产、棉纱布、金融业经营者等发布行情这种特殊通讯,活动具有组织性,相当有影响力。通讯联系工具为长途电话。

2.商通组合支局

(1)所在地:长春北门外

(2)干部:安彦六三郎

(3)活动情况等

以哈尔滨为起点的新闻转报,手续方面好像与哈尔滨的日方新闻通讯员有紧密协定。

该组合在严密意义上并非是新闻通讯社,但在新闻传播上分担了极其重要的作用。该机构使用中东铁路附设的电话接收驻哈尔滨日本新闻通讯员探知的新闻,从当地再通过日本电信线路发通讯给我国。通讯速度迅速,以哈尔滨为起点的新闻,通过报纸能够在我国迅速报道,是因为长春、哈尔滨间可通过电话立刻联系。在哈尔滨的欧美新闻通讯员也利用本通讯,罕有委托中国电报局者。本通讯对日本方面而言在新闻的联系上具有特殊益处,这次俄中时局发生变故之际最为活跃,发挥了很大作用。

十二、其他各地

(一)在上述以外的中国各地,对外国新闻的普遍关心程度还十分低,报纸对此需求亦极低。因此,没有直接输入外国新闻或输出新闻的通讯社,也没有报社为此将通讯员派往国外。虽然如此,这些地方报纸也并非完全不刊登外国新闻,有关日本及欧美方面的新闻,基本上是翻译距离最近的大城市的日文及英、法文报纸消息,有些地方还通过我东京、大阪的报纸报道获得日本的新闻。比如,扬子江流域的各城市报纸与上海、汉口、南京建立联系,福州、厦门、汕头则与上海、南京、台湾联系,而云南甚至连与其他城市的上述联系也甚为稀疏,完全转载上海、香港、河内的报纸。东三省各地,南部是与大连、奉天、北平进行通讯联系,北部是与奉天、哈尔滨、北平联系,由此稍微刊登一些外国新闻。

（二）在接收中国内地的报道上,也与上述情况几乎相同,当地通讯社或报社完全为地方性机关,没有将自己的机关派往异地,也有财政上的原因。另一方面,上海、北平等地的通讯社也没有在全中国特设通讯收发机关。

（三）在以上状态下,当地及中央的通讯社,对外输出新闻时,是通过其最近的地方,即哈尔滨、奉天、北平、上海等地发出,没有直接发电报至外国的。当然这些地方罕有发生对外性新闻事件的。

（四）上海的国民新闻社（中国的国家性通讯社）及南京的中央电讯社（中央党部机关）最近实际上是在利用政府所属的短波无线电台,而且未来会大量利用播送、收发新闻。因此,不论当地通讯社的功能如何,在获取内外新闻方面,地方报纸获得的便利会变得相当大。

第五篇　在中国各城市的外国通讯员

一、上海
(1) 日本方面

新闻联合社（支局）	结束武二郎（支局长）、松尾松平、山上正义、小林猪四郎、冈本一男、吉田松治、菊地久太郎、儿岛真一郎
日本电报通信社（支局）	神子岛悟郎（支局长）、下条雄三、石田贞一、内山学
大阪朝日新闻、东京朝日新闻（通信局）	太田宇之助、尾崎秀实、久住悌三
大阪每日新闻、东京日日新闻（通信局）	泽村幸夫、波多江种一、田中幸利
时事新报	松本武雄
报知新闻	大槻茂

(2) 欧美方面

Reuters	W. Turner, P. D. Evance, J. Cox(？)
A. P.（America）	M. J. Harris
U. P.（America）	M. W. Vaughn, Randall Gould
Tass	V. Rover, Strauss
London Times	C. M. Green（*North China Daily News*）
London Morning Post	R. Wood（同上）
London Daily Mail	S. Finch（*Shanghai Times*）
London Daily Telegraph	S. Finch（*Shanghai Times*）
London Daily Express	G. E. Sokolsky, E. A. Norstingham
Manchester Guardian	J. B. Powell（*China Weekly Review*）
Sydney Sun	R. P. Griffin（*N. C. Daily News*）
New York Times	Hallet Abenb（特派员）
New York Herald Tribune	Victor Keen（特派员）
Chicago Daily News	R. Sweetland（*Shanghai Times*）
Chicago Tribune	J. B. Powell（*China Weekly Review*）
Transocean News	J. Plant

二、南京

新闻联合社（支局）	佐佐木健儿
日本电报通信社（支局）	小林德
大阪朝日新闻、东京朝日新闻	辻卫
大阪每日新闻、东京日日新闻	吉冈文六
时事新报	黑田升
Reuters and A. P.	赵敏恒（留美出身,曾在外交部情报科工作）

三、北平

(1) 日本方面

新闻联合社（支局）	峰村新一郎（支局长）、冈本房男、猪股芳雄、佐佐木太四郎
日本电报通信社（支局）	横田实（支局长）、须崎治平
东京朝日新闻、大阪朝日新闻	千原楠藏
东京日日新闻、大阪每日新闻	长冈克晓
时事新报	野坂三郎

(2) 欧美方面

Reuters	E. Oliver, Sheldon Ridge
A. P.（America）	J. Howe
U. P.（America）	D. C. Bess
Tass	J. J. Spelwak
International News Service（America）	John Goette
New York Times	Hallet Abend
Chicago Tribune	Charles Dailey
Philadephia Public Ledger	Carl Janish
London Times	David Fraser(?)
London Morning Post	L. Impey
London Daily News	Mrs. Beddow

四、天津

(1) 日本方面

新闻联合社（支局）	龟谷利一
日本电报通信社（支局）	山内令三郎（支局长）、佐藤政治
东京日日新闻社、大阪每日新闻社	西村博（天津日报社社长，老天津）、西村聪博（西村博之子）
时事新报社	森川照太（京津日日新闻社长）、江崎寿夫（《京津日日新闻》主编）

(2) 欧美方面

Reuters	W. V. Pennel（《京津泰晤士报》记者）
A. P.	W. V. Pennel（同上）
Central News London	G. A. Morris（《京津泰晤士报》记者）
London Daily Mail	T. G. Fisher（*North China Daily Mail* 社长）
London Times	John Cowen（*North China Daily Mail* 记者）

五、青岛（附济南）

新闻联合社	浦上叔雄
日本电报通信社（支局）	增田长（支局长）、町田义久
大阪朝日新闻、东京朝日新闻	小岛平八
大阪每日新闻、东京日日新闻	前田七郎
时事新报	榎米吉
中外商业新报	山田春二（《青岛新报》记者）
报知新闻	井口节朗（《青岛新闻》记者）

济南

日本电报通信社（支局）	伴野韶光（支局长）
新闻联合社	秋吉满策（《青岛新报》济南支局长）

大阪每日新闻、东京日日新闻	秋吉满策
大阪朝日新闻、东京朝日新闻	户塚岛(《山东新报》记者)

六、汉口
新闻联合社(支局)	奥宫正澄(支局长)、坂本末松、松尾信
日本电报通信社(支局)	白仓清一郎(支局长)、大泷廉次
东京朝日新闻、大阪朝日新闻	佐藤十良一
东京日日新闻、大阪每日新闻	足利揖

七、广东(附香港)
日本电报通信社	岩崎小鹿
大阪每日新闻、东京日日新闻	涉谷刚
Reuters	H. F. Compell(委托通讯员)
A. P.(America)	R. D. Wolcott(同上)
U. P.(同上)	G. Edward Lyon(同上)

香港
新闻联合社	井手元一(《香港日报》记者)
东京日日新闻、大阪每日新闻	德富雪夫
东京朝日新闻	本乡贺一

八、奉天
新闻联合社(支局)	佐藤善雄(临时代理支局长)、中川义次、绪方盛义
日本电报通信社(支局)	早川专一(支局长)、森守信
东京朝日新闻、大阪朝日新闻	大井二郎
东京日日新闻、大阪每日新闻	三池亥佐夫
时事新报	小林五十藏(委托通讯员)
报知新闻及国民新闻	太原要(委托通讯员,《满洲日报》奉天支社长)
Reuters	Baron C. Taube(委托通讯员)

九、哈尔滨
新闻联合社(支局)	三田雅克(支局长)、藤本利雄、高桥荣一、吉井政司
日本电报通信社	本桥寿一
帝国通信社	细谷清
大阪朝日新闻社、东京朝日新闻社	中山贞雄
东京日日新闻、大阪每日新闻	森正藏
U. P.(America)	A. Frank
A. P.(America)	Curtis Vezey
Tass	Фёдоров(*Молва* 报主笔)
伦敦报纸(报名不详)	Heyton Fleet(*Harbin Observer*)

十、吉林
新闻联合社	儿玉多一(《吉林时报》社长)
东京朝日新闻、大阪朝日新闻	三桥政明(《东省日报》社长)

十一、长春

新闻联合社(支局)	北条峰雄
日本电报通信社	十河荣忠(《长春实业新闻》记者)
东京朝日新闻、大阪朝日新闻	得丸助太郎(《长春实业新闻》特聘人员)
东京日日新闻、大阪每日新闻	柏原孝久(《长春实业新闻》社长)
时事新报	稻垣兵治(委托通讯员)

十二、安东

报知新闻	草叶强太郎(《满洲日报》支局记者)

二、有关上海"小报"的调查(1929年7月)

公信第 852 号

1929 年 7 月 20 日　上海总领事代理上村申一呈报外务大臣男爵币原喜重郎阁下：

上呈有关上海小型中国报纸即所谓"小报"的调查报告

　　中国报界普通报纸偏重于政治，导致普遍带有枯燥无味之嫌。作为弥补此缺陷的机关，小型报纸，即所谓小报应运而生。小报以奇谈、逸谈、爱情故事、谐谑、讽刺等为情趣，能以纵横轻快的文笔描述社会表里，或毫无忌惮地评论政治，或表达不满，以迎合兴趣嗜好的需求。另一方面，价格之廉便于其普及整个社会，因而其影响力不可小觑。尤其是最近，随着中国读书热的提高，这类小报数量销路陡然增加，仅上海一地，实际上可以以百位数计算，今后还有进一步增加的趋势。对于上述小报，本总领事馆委托中国报业关系者进行了调查，结果如另纸所示。这当然不能说很全面，但据此资料能够知晓小报界的大势。现在翻译呈上。

上海小型中国报纸即所谓"小报"的调查（调查时点为 1929 年 7 月 1 日）

名　称	所在地	发行部数	主笔名	系统或评论之对应
报报	劳合路德裕里 45 号	每三日发行，发行量约三千	江从金	于右任系
福报	西藏路六马路入口	每三日发行，发行量约三千	陈吉人	政治
礼拜六	山东路 A1 号	每回六页或八页，发行量约二千五百	胡梅笙	广西派系
徽报	北泥城桥爱文义路	每七日发行，发行量约二千五百	曹梦鱼	政治
轰报	望平街吉庆里	每三日发行，发行量约三千	—	共产系
废话	南京路民裕里 569 号	每三日发行，发行量不定	黄天花	共产系
晶报	望平街	每三日发行	俞迦武	政治
千字日报	北四川路公益里 55 号	日刊发行，发行量约三千五百	张国人	国民党系
无线电	劳合路德裕里 45 号	每三日发行，发行量约三千	周神夫	交通
东南晚报	望平街迎春里	日刊发行，发行量约三千	王亚桥	政治
东方晚报	北浙江路龙吉里	日刊发行，发行量约三千	—	西山派居正系
黑旋风	望平街吉仁里	周刊发行，发行量约一千五百	陶自锡	广西派系
狂风	赫司克儿路 39 号	每三日发行，发行量约三千	汪意兴	政治
普通常识	九亩地德润里 10 号	每三日发行，发行量不定	丁秋碧	旅行
老门槛	大南门内梅家弄 16 号	每三日发行，发行量不定	吕秋声	社会
平报	南京路育仁里 589 号	每三日发行，发行量约三千	潘燮生	政治
扬子江	新闸路角青岛路 111 号	每三日发行，发行量不定	吴介山	社会
横行报	云南路仁益里	每三日发行，发行量不定	张培根	胡同光
沪报	北山西路德安里 111 号	每三日发行，发行量约三千	胡逸天、郑天铸	政治
海报	北山西路福禄里	日刊发行，发行量不定	李昌鉴	社会
琼报	西藏路二马路平乐里	每三日发行，发行量不定	沈吉诚	政治
青年周报	望平街三益里	周刊发行，发行量不定	张逸松	政治
康健报	北山西路泰安里	每周六发行，发行量不定	陈友仁	医报
长康周刊	南京路望平街 124 号	同上	金长康	社会

(续表)

名　称	所在地	发行部数	主笔名	系统或评论之对应
医学新闻	西华德路三益里	每周六发行,发行量不定	吴克潜	西药
卫生报	萨坡赛路吉庆里	同上	朱振声、宋大仁	卫生
社会医报	白克路珊家园仁寿里	同上	谢筠寿	医报
上海医报	新闸路鸿祥里	每周三发行,发行量不定	王一仁	医报
中国旅行新闻	西门石皮弄234号	每周六发行,发行量不定	沈小雁	旅行
笑报	云南路平和里	同上	陈梦蝶	政治
红晶报	闸北永兴路三益里	每三日发行,发行量约三千	龚雨前	政治
平安报	浦东高家行北镇太平庵	每三日发行,发行量约三千	贝喜华	政治
白话报	望平街广福里	每三日发行,发行量约三千	林全钲	社会
老秘密	望平街尚文里	每周三发行,发行量约三千	何世人	女流社会
梨园公报	城内九亩地梨园公所	每三日发行,发行量不定	张嫩石	戏剧界消息
却尔斯登	望平街198号	同上	吴条根	政治
红福尔摩斯	青岛路357号	每三日发行	张青山	政治
无畏	东汉璧礼路104号	日刊发行,发行量不定	—	共产系
上海党声	上海特别市党部宣传部	日刊发行,发行量不定	袁业裕	国民党系
锋报	法租界天文台路五丰里58号	每三日发行,发行量不定	—	蒋介石系
大晶报	二马路望平街民丰东里	每三日发行,发行量不定	冯梦云	政治
歇浦	长滨路同和里	每三日发行,发行量不定	程九鹏	政治
非非	福熙路610号	每三日发行,发行量约三千	程云	共产党系
小日报	望平街仁益里	每三日发行,发行量约三千	张丹斧	政治
上海小报	北浙路484号	每三日发行,发行量三千	李小田	烟花巷
烟报	西藏路西藏里	每三日发行,发行量不定	许长根	社会
单刀	望平街121号	每三日发行,发行量约三千	—	共产党系
爱神	长滨路同和里	每三日发行,发行量约三千	韩萍	社会
福尔摩斯	西藏路	每三日发行,发行量不定	樊哙	政治
龙报	浙江路155号	每三日发行,发行量约三千	蔡钧徒	政治
人生	青岛路7号	每三日发行,发行量不定	周斯文	政治
人声	四马路529号	每三日发行,发行量约三千	胡列三	政治
上海漫报	大通路经远里	每三日发行,发行量约三千	朱飞愤	学界
鹦鹉	长滨路同和里28号	每三日发行,发行量不定	周神龙	社会
法谍周报	望平街停益里	每三日发行,发行量不定	徐砥平	社会
新小报	北浙江路延吉里308号	每三日发行,发行量约三千	于仁成	政治

(续表)

名　称	所在地	发行部数	主笔名	系统或评论之对应
惊心	二马路民丰东里	每三日发行,发行量不定	陈绮罗	政治
红福报	四马路 249 号	每三日发行,发行量约三千	许意华	政治
指南针	望平街 549 号	每三日发行,发行量不定	毛云翘	女界
照妖镜	北山西路德安里	每三日发行,发行量三千	金汉心	社会
荒唐世界	新闻路酱园弄 241 号	每三日发行,发行量约三千	郑逸梅	女界
小游戏	西藏路	每三日发行,发行量不定	唐锺君	社会
金龙	南京路 375 半号	每周发行,发行量不定	俞克光	吸烟界
毛毛雨	虬江路虬江里 30 号	每三日发行,发行量约三千	杜心鹃	社会
批评	青岛路 7 号	每三日发行,发行量不定	陈梦蝶	社会
精明报	南京路 83 号	每三日发行,发行量约三千	张肇基	共产党系
礼拜三	山东路 A1 号	每周三发行,发行量约一千五百	王桂友	社会讽刺
寿而康	周家嘴路 3848 号	每三日发行,发行量不定	孙培玉	医学界
三日常识	青岛路 7 号	每三日发行,发行量约三千	张起白	论青年
情	福建路其字 30 号	每三日发行,发行量约三千	张怜影	爱情
上海滩	南京路大庆里 111 号	每三日发行,发行量不定	张国梅	政治
真报	西藏路福源里 338 号	每三日发行,发行量约三千	王昌起	政治
红罗宾汉	爱而考克路 63 号	每三日发行,发行量约三千	郑汉光	政治
镜报	三马路焕英里 13 号	每三日发行,发行量不定	赵保仁	社会
海报	北京路鸿兴里	每三日发行,发行量约三千	于静仁	烟花巷
雷霆	南京路 111 号	每三日发行,发行量不定	钱大春	社会
疯人	汉口路 299 号	每三日发行,发行量约三千	吴昌喜	共产党系
幸福报	北京路洪德里	每三日发行,发行量约三千	朱锡山	政治

备考:以上各小报尺寸为新闻纸三三版整张大小,两页乃至四页,每份定价几乎一律是二分。

三、有关七七事变后上海发行的左倾报纸等的调查(1937 年 8 月)

机密第 1696 号

1937 年 8 月 30 日上海总领事冈本季正呈报外务大臣广田弘毅阁下：

有关上海开战后发行的左倾报纸等

本月 13 日因中国方面暴戾的炮击，致使日、中两国军队交火。自此，中国方面一流的大报一致虚报自己国家的胜利，加以宣传，激起民众的抗日情绪。另一方面，众多小型抗日杂志被卷入战祸而完全消失，几乎看不到其发行。只有左倾人民战线派全国各界救国会的首脑分子及左翼文人们迅速创办了下列机关报和杂志，开始猛烈宣传，强调长期抗战，最后的胜利属于他们。此资料是我总领事馆谍报员拼死活动才弄到手的，未能每期都获得，加上本馆现在正忙于警备、救护等，完全没有时间将其翻译出来。现在暂且先报告如下，以供了解发行系统等作参考。

附记：

名 称	种 类	首发年月日	发行地	发行人	编者或执笔者
救亡日报	日刊 小型新闻	1938 年① 8 月 24 日	上海南京路大陆商场 631 号	上海市文化界救亡协会主办　周寒梅	巴金、王芸生、王任叔、阿英、汪馥泉、邵宗汉、金仲华、茅盾、长江②、柯灵、胡仲持、胡愈之、陈子展、郭沫若、夏丏尊、夏衍、章乃器、张天翼、邹韬奋、傅在华、曾虚白、叶灵凤、鲁少飞、樊仲云、郑伯奇、郑振铎、钱亦石、谢六逸、萨空了、顾执中
抗战	三日刊 类似报纸的刊物，6—8 页 （秘密出版）	1938 年 8 月 17 日③	抗战三日刊社	邹韬奋	邹韬奋、金萃、郭沫若、张志让、曹聚仁、章乃器、无患、李公朴
呐喊	不定期刊 （秘密出版）	同上 8 月 22 日④	上海，其他不明	文学社、中流社、文季社、译文社	郭源新、巴金、萧乾、王统照、靳以、黎烈文、黄源、胡风、茅盾
汗血 （战时特刊）	三日刊	同上 8 月 23 日	上海白克路 228 弄 37 号汗血书店	刘达行	刘达行、白川、卜少夫、高明、潘仰葊、徐心芹

（注：《汗血》第二号载有朝鲜民族革命党的反日本帝国主义宣传文章，另行报告）

---

① 原文为"民国 27 年"，即 1938 年。应为 1937 年，"民国 27 年"显然是笔误。下同。
② 原文如此，疑为"范长江"。
③ 应为 8 月 19 日创刊。
④ 应为 8 月 25 日创刊。

四、有关上海发行的中国报纸、杂志、画报等调查表(1937年9月)

机密第 1940 号
1937 年 10 月 1 日上海总领事冈本季正呈报外务大臣广田弘毅阁下：

有关上海抗战开始后出版的中国报纸、杂志、画报等调查表

日、中两国军队在上海开战后，上海出版的中国报纸、杂志、画报等，仅仅根据本总领事馆调查所得，如另附调查表所示，就达到了很大数量。这些出版物都强调对日抗战，推动着民族意识的高涨。

另外，从收集到的各种出版物中择其代表者，另行寄上，仅供参考。

报告完毕。

附录：

上海开战后出版的中国报纸、杂志、画报等调查表(1937 年 9 月 23 日调查)

小报之部

名　称	形　态	发行所、发行人、主持人	主要投稿者	备　考
我们的学校特刊	美浓倍版①	上海麦特赫司脱路荣阳里 20 号 朱婴	华丁夷、陈云涛	9 月 1 日发行创刊号
战时妇女	美浓版②	上海吕址路 90 号 战时妇女社 陈艾蕴	编辑委员：胡兰畦、蒋逸宵、梁光、王汝琪、歌三、郁风	9 月 5 日发行第一号
八一三	美浓版	上海极司非而路 37 弄 20 号 八一三社 谢澄平	左舜生	9 月 1 日发行第一号
救亡	美浓版	上海卡德路 153 弄 4 号 千秋出版社	—	9 月 1 日发行第一号
救亡日报	美浓倍版	上海南京路大陆商场 631 号 上海文化界救亡协会	—	8 月 24 日发行第一号（人民战线派）
抗战报	同上	上海市教育界战时服务团	—	8 月 21 日发行第一号
战火	同上	上海市■业青年战地服务团 褚一峰	—	8 月 28 日发行第一号
救国青年	同上	上海八仙桥 中国青年会 311 号	—	9 月 18 日发行第一号（非合法）
战时儿童	同上	上海福州路 384 号 战时儿童社 白桃	—	9 月 18 日第一期（人民战线派）

杂志之部

名　称	形　态	发行所、发行人、主持人	主要投稿者	备　考
战时联合旬刊 （世界智识、妇女生活、中华公论、国民日刊）	美浓版	上海霞飞路 444 号 生活书店	金仲华、沈兹九、王志华、杜佑周、张仲实、郑振铎、钱亦石、王纪元	9 月 1 日发行第一期（人民战线派？）
文化战线	同上	上海拉都路敦和里源源里 17 号 上海编辑人协会	编辑委员：施复亮、艾思奇、宋易、金则人、周不■、姜君辰、陶元德	9 月 1 日发行第一号（人民战线派）

---

① 日语表示纸张尺寸的专用名词，约 395×546 毫米。下同。
② 日语表示纸张尺寸的专用名词，约 273×394 毫米。下同。

(续表)

名　称	形　态	发行所、发行人、主持人	主要投稿者	备　考
寒友　非常特刊	五六版①	雪社	—	9月6日发行第一期
汗血战时特刊	美浓版	上海白克路228弄37号 汗血书店 刘达行	—	9月6日第五期 （蓝衣社派）
前进	美浓版	上海宁波路595号 前进社 张审之、胡桂庚	—	9月5日第一号
远东杂志　战时周报	美浓版	远东杂志社 吴报锦	—	9月1日第一期
抗战 抵抗 （第七期起改名）	同上	上海霞飞路44号 生活书店	张仲实、金仲华、郭沫若、章乃器、柳湜、沈兹九、杜重远	8月19日第一期（人民战线派）
国闻周报　战时特报	同上	上海爱多亚路181号 国闻周报社	—	8月21日第一期
七月	同上	上海肇周路八咏坊4号 七月社 编辑　胡风	胡愈之	9月11日第一期
光明	四六版②	上海环龙路106弄6号北雁出版社 洪深、沈起予	—	9月1日第一期
国讯	美浓版	国讯社 张雪澄、温荣禄	—	9月11日第一百七十二期
呐喊 烽火 （9月5日改名）	四六版	文学社、中流社、文季社、译文社合编 文化生活社	—	8月22日第一号③ 8月29日第二号 9月5日烽火第一号
战线	美浓版	上海静安寺路斜桥弄71号 战线社	编辑委员：章乃器、艾思奇、章汉夫、夏征农、王达夫、刘惠之、吴敏、陈楚云	9月13日第一号 （人民战线派）
逸经、宇宙风、西风 非常时期联合旬报	同上	上海愚园路愚谷邮20号	—	8月30日第一号
钱业月报　战时特报	同上	上海宁波路276号 钱业月报社 上海市钱业同业公会发行	—	9月10日第一号
火线 （社会日报战时特报）	四六版	上海爱多亚路160号 社会日报社 曹聚仁、陈灵犀	—	9月22日第一期
战旗	美浓版	战旗社	—	9月22日第一期 （据说属托洛茨基派）
大路	美浓版	大路社	金治仁、李平、朱震	9月4日第二期 （据说属托洛茨基派）

---

① 日语表示纸张尺寸的专用名词，具体数值不明。
② 日语表示纸张尺寸的专用名词，约127×188毫米。下同。
③ 一说8月24日发行第一号。

(续表)

名　称	形　态	发行所、发行人、主持人	主要投稿者	备　考
战声	四六版	上海南京路 战声社	—	不详
战争图画	美浓版	上海卡德路153弄 千秋出版社	—	9月4日第一期
抗敌	同上	上海汉口路710号 抗敌周刊社	—	9月23日第三期
非常情报	美浓倍版	上海南京路大陆商场510号 万有出版社 包允文	杜重远、张仲实、邹韬奋、胡愈之	9月24日第一期
中国儿童	美浓版	中国儿童救亡协会	—	9月25日第一期
高射炮	美浓版	霞飞路青年中学 留日同学救亡会	—	9月23日第一期
战时教育	同上	生活教育社 戴邦	杨东蓴、张宗麟、张劲夫	9月25日第一期

画报之部

名　称	形　态	发行所、发行人、主持人	主要投稿者	备　考
救国画报	美浓版	上海福州路310号 救国画报社	—	—
抗日画报	同上	上海环龙路212号 新生出版社	—	9月6日发行第一号
良友　战事画报	同上	上海江西路264号 良友图画杂志社 佘汉生	—	9月6日发行第四期
抗战画报	美浓版	抗战三日刊社	—	8月29日发行第一号
时时画报 （中华图画杂志号外）	同上	上海白尔部路大和里3号 新生书局	—	9月18日发行第一号
抗战画报	同上	上海霞飞路240号 上海漫画社	—	—
抗战情报	美浓倍版	上海南京路大陆商场510号 万有出版社	—	9月18日第一号发行所
救亡漫画	同上	上海霞飞路240号 上海漫画界救亡协会 鲁少飞	—	9月20日创刊号 （人民战线派）

五、有关天津中文小报的近况(1937年10月)

机密第 1261 号

1937 年 10 月 18 日天津总领事堀内干城呈报外务大臣广田弘毅阁下：

有关中文小报的近况

从事变前开始,中国的报纸就登载抗日报道乃至评论,本总领事馆屡屡提请中国当局注意。卢沟桥事变一爆发,这种报纸为了煽动、蛊惑民众,大肆进行反宣传,登载假新闻,令人不快。但天津事件后,存在于中国街区的这类排日报纸无法发行,尤其是治安维持会成立(8 月 1 日)后,严加监管,使其绝迹。当地的两大中文报纸《大公报》(南京系统,在法租界)、《益世报》(天主教系统,在意大利租界)依然登载此类报道。对此,军方及本馆警察在治安维持会的协助下,采取镇压手段,禁止两报运入我租界和中国街区销售。两报逐渐发行不下去,结果《大公报》在 8 月 4 日、《益世报》在 9 月 2 日停刊关闭。另一方面,天津治安维持会提出逐渐减少中文报纸的方针,重新允许附表第一号所示的各报发行,其他报纸一律不允许,正在实行严厉的管理监视。

但是,事变爆发以来,各处发行的所谓恶质小报依然没有绝迹。如附表第二号所示,有很多仍在散发。这些小报载满虚构的报道,有铅印的也有油印的,使用任意所取的报名、虚假的发行地(对大多数使用中国街区名称者进行了调查,确认下来多数是编造的),好像主要在法、英租界内。这些小报的发行,是依靠受到镇压的新闻记者、报社职员等失业者进行的,但不难怀疑,其背后存在着由南京秘密派来的宣传员乃至共产党分子等其他不良分子。各相关机关正极力调查真相,又不断通过治安维持会提请外国租界当局注意。民众对于这些"造谣"小报也渐渐失去信任,尤其是随着最近中国北方战况的进展,保定、沧州陷落的"庆祝会"等召开后,人心愈发趋于安定。因此可以认为这种"造谣"小报的效果正在消失。但是鉴于存在着无智而易盲动的中国民众,同时鉴于外国租界内的对日气氛等,依然需要严加关注。尤其是从报道内容看,可以推察到共产党分子的潜入,感到需要就此方面的对策进一步加以调研。附上此种小报实物(仅呈大臣),以供参考。

附表第一号

天津治安维持会允许发行的各报纸、杂志社调查表

社　名	发行所	发行人
天津大路周报社	河北大经路 19 号	王笑尘
中南报社	南市大舞台东	张幼丹
午报社	南市广兴大街	刘轶凡
快报社	特别一区■子河路汝南路 4 号	赵仲轩
亢报社	南市广兴大街 26 号	金必亢
新天津社	意大利租界大马路 11 号	刘髯公
新天津晚报社	—	—
天声报社	南市平安大街	吴醒吾
晨报社	南市应兴大街	刘无我
大北报社	南市建物街	侯逸民
广播日报社	河北第二公园内	袁无为
三津报社	南马路崔家大桥	黄　涛
大陆通讯社	侯家后老君堂胡同	张穆尧
国强报社	南市平安大街	杨少林
平报社	意大利租界大马路	亹　山
民强报社	南市平安大街 129 号	张俊杰

(续表)

社　名	发行所	发行人
兴报社	东马路 77 号	张岱宗
中华新闻通讯社	东马路积庆里 87 号	华连瀛
华报社	南市(大舞台)东	张隐公
新天津画报社	意大利租界大马路 11 号	刘髯公
博闻通讯社	河北黄纬路马公祠西	张芳齐

备考：本馆允许发行的中文报纸，在本表记载中省略。

附表第二号

"造谣"小报表

报　名	发行所(杜撰)	报　名	发行所(杜撰)
译　讯	—	爱国报	—
电　报	意大利租界二马路 7	牺牲报	—
京　报	—	华文大光报	—
得胜快电	—	新生报	—
德胜电报	意大利租界大马路	生活报	天津河北宇纬路
小义世报	意大利租界大马路	小公报	河北大马路
大　报	—	华英航空号外	河北三马路
汉英时事日报	—	小电报	意大利租界
华洋新闻	—	牺　生	意大利租界
救国报	意大利租界	世界快电	河北三马路
英汉泰晤士	—	天津正报	—
汉文泰晤时报	—	三津报	天津南马路
公正报	—	太晤士报	—
航空无线电报	河北三马路	天津大路周报	河北大经路南首路西 19 号
中央实报	意大利租界三马路	益世报	非原益世报
醒民报	意大利租界三马路	小益世报	—
外国电讯	—	中央快电	—
大中国报	—		

六、中国华南等地区抗日报纸、杂志现状（1938年9月）

机密第 3632 号
1938 年 11 月 14 日　上海总领事日高信六郎呈报外务大臣有田八郎阁下：

寄呈华中派遣军报道部编写的"中国华南等地区抗日报纸、杂志现状"

现获得华中派遣军报道部编写的"中国华南等地区抗日报纸、杂志现状"，附上两份寄上供参考。

共产党状况(14)
1938 年 9 月华中派遣军报道部

中国华南等地区抗日报纸、杂志现状

汉口失陷后，政治形势越来越错综复杂，共产党在所谓抗战第三期政治活动的舞台上，向何处发展，对共产党而言应该说是悬而未决的重要问题。综合最近获得的诸多谍报资料来判断，共产党加强了在上海的宣传组织的活动，同时企图将对国民党及对外政治活动的中心转移至广东乃至香港。可以看到在此等城市，共产党的活动将会更加活跃。在分析研究这种情况下华南等地舆论界的现状之前，先将其出版物分为报纸、杂志加以考察。

广东的刊物

一、报纸①

名称	性质	社长、主编	副刊	特色	读者	销路	发行量（份）	期号	备考
中山日报	省党部、省政府机关报	李伯鸣、陈淦	《副刊》	省党、政、军及各县的报道	党、军、政、学	广州及各县	8 000	4 892	晚刊 4 000 份
广州日报	市党部、市政府机关报	黄文山、祝百英	《抗战》	省党、政、军及本市的报道	党、军、政、学	广州	4 000	2 922	缩少后废止副刊
民族日报	四路军机关报	—	《民族阵线》	军事电讯快捷	军、政、学	广州	6 000	539	—
星粤日报	胡文虎经营	—	—	—	—	—	—	—	未出版
国华报	商业报纸	刘劫余、周畸	《新野》	电讯颇迅速	党、政、军、商	广州及四乡	最多 25 000 现 22 000	4 960	发行午、晚报 15 000 份
越华报	商业报纸	陈式锐、陈述公	《快活林》	本市新闻	商民住户	广州及四乡	20 000	3 778	附出晚报 12 000 份
环球报	商业报纸	—	《大地》	社会趣味	工商	广州及四乡	10 000	1 276	—
现象报	商业报纸	陈锐公、伍进时	《新琼林》	社会趣味	工商	广州	4 000	5 287	
公平报	商业报纸	—	—	社会趣味	工商	广州及四乡	多时 30 000 少时 600	—	停刊
共和报	商业报纸	—	《小天地》	社会趣味	工商	广州	最多 10 000 最低 1 000	7 430	停刊
商报	商业报纸	—	—	经济新闻	商界	广州	—	—	原名《七十二行商报》，已停刊

---
① 原文没有使用表格，因为各报的报告格式完全一样，现以表格示之。

(续表)

名称	性质	社长、主编	副刊	特色	读者	销路	发行量（份）	期号	备考
诚报	商业报纸	—	—	连续漫画	工商	广州	—	—	停刊
国民报	商业报纸	—	—	—	工商	广州	最多10 000 最低500	—	原名《国民新闻》，已停刊
新国华	商业报纸	—	—	—	工商	广州	最多12 000 现500	—	—
司法日刊	法院机关报	—	—	法规、案件	司法界				
大华晚报	商业报纸	—	—	—	商界	广州	最多10 000 现7 000		《国华报》发行
救亡日报	文化界救亡团体机关报	编委会	《文化岗位》	抗日言论	青年学生	广州及四乡	最多10 000 现3 000	285	—
广州英文日报	官商	—	粤省政治消息及新闻	—	政界、学生、沙面外侨	广州	最多3 000 现2 000	3835	
广东英文新报	官商	—	粤省政治消息及新闻	—	政界、学生、海外华侨	广州及海外	最多3 500 现1 000	第22卷49	

广州在舆论界的地位在中国南方可推首位。此地报纸缺陷甚多，即电讯少，新闻以本市的为主，版面少（最多的12版），发行量少，印刷文字不鲜明，纸质差。对读者而言，即使有现代化的报纸也接受不了。最近各报竞相谋求改善，但无法达到面目一新的地步。仅仅就印刷机而言，全广州二十种日刊报纸，准备发行而最终未发行的《星粤日报》备有一小时印刷四万份的轮转机，《国华报》有一小时印刷两万份的，《越华报》有一小时能印刷一万五千份的，《环球报》也有（获准购置的）。除此以外似乎都是平版印刷机。

但是，不可否认，各报都在努力改善。例如《中山日报》在各县设通讯员，《广州日报》以崭新的手法而引人注目，《民族小报》①正模仿《南京朝报》的小型编辑方法，以节省时间为其优点。《国华报》在创办初、中期远不及老报《新国华》，但经过第五次改组，刘荫荪开始经营后，发行量激增，达到两万五千份，成为广州最大的报纸。《越华报》次之，发行量很大，在广州市邻近地区压倒《国华报》，占据首位，但其内容、材料不及《中山日报》《国华报》进步。其后创办的《救亡日报》历史最短，版面最小，除了电讯以外没有值得看的报道，登载的大多是"救亡言论""救亡画刊"等通俗作品，很受一般青年学生欢迎。据原主编汪馥泉说，广州的读者不太多，紧邻地区的青年读者比较多，又据黄颖燊②说武汉也有部分读者。迎合社会方面兴趣的报纸，富有刺激性的《商工新闻》受到欢迎，一度兴旺，但随着民族抗战热的高涨，这类报纸被一扫而光。而《公评》发行量一度达三万份，创下广州报业的最高纪录，最终锐减至三四百份而停刊了之。

《共和报》发行量最多，达到过一万份，但与《公评》命运相同而停刊。现在《环球报》维持着一万份的发行量，其中的三四千份是销往地方上的。

《现象报》发行量有四千份，但恐怕再发展无望。《新国华报》是广州的老报，曾有过辉煌之时，但现在发行量落到了三五百份，处于靠部分客户的广告勉强维持现状的状态。广州的《英文日报》由宋子文出资创办，在政、学界及沙面外国人中有读者。广东《英文新报》得到省政府支持，除了广东省的政、学界外，在各地华侨中也有读者，一度超过广州《英文日报》，但最近华侨读者锐减。不过，中国南部有两份由中国人经营的英文报纸，是值得关注的。

接着简单考察一下广州报纸的"副刊"（所谓副刊，即附录，指文艺栏、儿童栏等）。

副刊对报纸自身而言，具有重要地位，可谓第二生命。这里的副刊原本出类拔萃的成熟作品就少，仅仅《中山日报》《民族日报》及《广州日报》原先就有的副刊，以及《救亡日报》的《文化岗位》值得阅读，其他报纸的副刊都转载自别的刊物（改写、摘要等司空见惯），不值一看。

---

① 原文如此，根据本报告"广东刊物"表格判断，应为《民族日报》。

② 原文模糊，疑似"燊"。

广州的报社只是数量多,作为报纸本身非常落后,没有发展。现在发行量四万份的报纸一份都没有,并且读者仅限于广东省,未能获得广大读者。这是副刊不发达的最大原因。

二、杂志①

名 称	出版者	主管或编者	特色	读 者	销 路	出版时间	发行量(份)	期 号	备考
现在中国	现在中国出版社	朱伯康、缪培基、关白恕	政治、经济、文化	党、政、军、教育、学术	粤、港、湘、汉、川	月刊	3 000	1卷5期	—
新生路	新生路月刊社	庐继成、劳世光、江冷	政治、经济、文化	党、政、军及华侨	粤、港、南洋	月刊	3 500	3卷5期	—
汗血	汗血社	刘百川、莫子材	政治、经济、文化	党、政、军	各省	周刊	—	10卷2期	
新粤	新粤刊社	向理润、梁朝威、罗镇欧	政治、经济	党、政、军、学	粤	半月刊	5 000	2卷7期	
新政	新政周刊社	—	政治	党、政、军	粤	周刊		1卷29期	
黄花岗	黄花岗旬刊社	吴康、吴宗慈、黄昌谷	民族精神	党、政、军、教育	粤	旬刊	2 000	1卷10期	
国防线	国防线半月刊社	郑铎宣	政治	党、政、教育	粤、港、湘、汉、川	半月刊	2 000	第5期	
新战线	新战线周刊社	钟天心、姜君宸	政治、经济	军、政、教育	粤、鄂	周刊	3 000	26期	
统一战线	统一战线社	余俊贤、陈宗周	抗战政治理论	党、政、军	粤	旬刊	4 000	1卷14期	
统一评论	—	—	抗战言论	—	粤	—	—	—	
更生评论	更生评论社	黄文山	民族文化	党、政、学	粤	月刊	—	3卷10期	
贯彻评论	贯彻评论	—	抗战评论	党、政	粤	半月刊		1卷6期	
华侨战士	华侨战士社	余俊贤、张公悌、陈翔凤	抗战言论及侨情	党、政、华侨	粤、港、海外	半月刊	3 000	2卷3期	
华侨战线	华侨抗敌动员总会	华侨抗敌动员总会	抗战言论及侨情	党、政、华侨	粤、港、海外	半月刊	4 000	1卷10期	
时代动向	时代动向社	方少云、陈庆平	政治、经济	党、政、教	粤	半月刊	2 000	3卷12期	
救亡呼声	救亡呼声社	谌小岑	工、商、学	—	粤	半月刊		3卷3期	
轴心	轴心旬刊社	高信	政治、经济	党、政	粤	旬刊	3 000	第13期	
苦斗	苦斗社	殷作桢	抗战理论	党、军、工、学	粤	旬刊	4 000	2卷6期	
民众动员	民众动员社	—	动员理论	民众	粤	—	2 000	2卷5期	
民众生路	—	姜梅亨、祝秀侠	抗战文化	民众	粤	—	—	—	已停
大众生路	—	萧准英	抗战文化	民众	粤	—	—	3卷4期	
青年动力	青年动力社	谢天培	青年问题	青年学生	粤	半月刊	2 000	2卷6期	
妇女智识	—	郭顺清	妇女问题	妇女、学生	粤		2 000	第3期	

---

① 原文没有使用表格,因为各杂志的报告格式完全一样,现以表格示之。

(续表)

名称	出版者	主管或编者	特色	读者	销路	出版时间	发行量（份）	期号	备考
劳动周报	劳动周报社	苏浴尘	劳动问题	劳动会	粤	周刊	—	—	—
文艺阵地	—	茅盾	文艺	青年学生	粤、港、湘、鄂、川	月刊	—	第5期	—
烽火	文化生活社	巴金	文艺	青年学生	粤、港、湘、鄂、川	周刊	—	第16期	—
中国诗坛	中国诗坛社	蒲风	诗歌	青年学生	粤、港	月刊	—	—	—
文摘	文摘社	孙寒冰	中外文选	党、政、学	粤、湘、鄂、川	旬刊	—	25期	—
宇宙风	宇宙风社	陶亢德	幽默小品	民众	粤、湘、鄂、川	半月刊	—	71期	—
英文现在中国周刊	—	—	英文著作译文	青年学生	粤、港、南洋	周刊	—	1卷10期	—
新运会刊	广东新运促进会	—	提倡新生活	赠阅	粤省市县	月刊	—	第5期	—

这次事变爆发后，国内学者、作家来广州避难，各书局也在广州开设办事处，因而，刊物如雨后春笋般出现，更有甚者，编辑部在汉口，印刷在广州，因为广州纸张和印刷费低廉。共产党机关报《新华日报》在广东、香港能看到，是因为用航空邮寄纸型印刷出来的。

在此列举的三十种杂志，有一个共同的编辑方针，即都以他们所说的"争取最后的胜利"为前提。

一般而言，《文艺阵地》《烽火》《中国歌坛》等为纯文学刊物，其他是综合性杂志。

在这些刊物中，《现代中国》①也是综合杂志，比较偏重于政治、经济、国际、外交。如果论纸幅大小，《现代中国》《新生活》最为大型，前者的读者遍布国内各省，后者经济上已经独立，读者与《华侨战士》《华侨战线》一样，海外华侨居多。《新粤》是在广东省影响力极大的杂志。《新战线》在广东、武汉畅销，《汗血》是搬迁到此地后发行的，散布于各省的读者不少。《妇女智识》受到了女性欢迎，但只发行了三期，第四期以后不知何故未发行。

香港的刊物

一、报纸②

名称	背景	督印主编	副刊	特色	读者	销路	发行量（份）	期号	备考
工商日报	何东	胡之武	《市声》	电报迅速、新闻详细	党、政、军、学	香港、广州、潮汕、琼崖	10 000	4 305	晚报10 000份
大光报	基督教	王绍江、陈慧生、曾俊明	《火流》	—	教徒	香港及粤省	1 000	1 083	副刊《先报》
华字日报	商	劳纬孟、梁玉章、潘统言	《精华录》	—	商人及华侨	香港、粤四乡及南洋	2 000	23 377	晚报7 000份
华侨日报	商	岑维休、胡震民	《侨乐村》	版面最多十六版	商人	香港	6 000	4 160	副刊《南中》2 000份，《南强》3 000份

---

① 上列表格中只有《现在中国》，疑其中一个名称有误。
② 原文没有使用表格，因为各报的报告格式完全一样，现以表格示之。

调查杂录　六、中国华南等地区抗日报纸、杂志现状(1938年9月)

(续表)

名　称	背　景	督印主编	副　刊	特　色	读　者	销　路	发行量(份)	期号	备　考
循环日报	企业家	温荔坡、温星拱	《循环世界》	—	商人	南洋及港粤	5 000	19 225	—
星岛日报	胡文虎	—	—	—	—	—	—	—	8月1日发行
大众日报	陈铭枢、蒋光鼐、蔡廷锴	郑有余	《大众呼声》《大众园地》	言论	党、政、青年、学生及华侨	海外及粤港	最多6 000现3 000	1 643	—
珠江日报	白崇禧、李宗仁	林蔼民	《光明》	国际电报、漫画	党、政、军及学生	桂、粤、港	4 000	678	—
申报	商	聂光埔	—	编辑优秀	党、学生	粤、港、桂	10 000	142	—
南华日报	汪精卫	邝修湛	—	体育	商人、运动会	港、粤	1 500	2 072	—
东方日报	中央	—	—	—	—	港、粤	—	—	停刊
天演日报	华侨	李仲猷	《前进》	侨讯	侨商	南洋、汕、港	1 000	531	—
超然报	—	—	—	—	工商	—	—	—	—
中国晚报	—	—	—	—	工商	—	—	—	—
星报	孔祥熙	姚苏凤	—	小品	政、学	港、粤	1 000	129	—
立报	—	成舍我、萨空了	《言林》《花果山》《小茶馆》	小型	政、学	港、粤	1 000	68	—
天文台	—	陈孝威、林道盦	—	杂著	政、军、工商	港、粤、桂、南洋	—	173	—
探海灯	国家主义	陆兴、吴耀宇	《霓虹》	讽刺	政、军、工商	港、粤、桂、南洋	最多30 000现20 000	418	—
春秋	—	卫春秋	—	杂文	政、军、工商	港、粤、桂、南洋	—	221	副刊《泰山特刊》
自然	—	姚湘勤	—	—	—	港、粤、桂、南洋	—	266	—
石山	—	郑君毅	—	—	—	港、粤、桂、南洋	—	185	—
人生	—	杜仲	—	—	—	港、粤、桂、南洋	—	148	—
晶报	—	黄花节	—	—	—	港、粤、桂、南洋	—	138	—
大公报	—	张季鸾	—	评论编排	知识阶级	粤、港、桂、沪	—	—	—

对中国人而言,香港原来是文化"荒岛",香港的报纸是极其商业化之流的存在,但这里的报纸也有其特别之处。

第一,因地处与国际关系密切之地,各报的电讯普遍迅速而量多,其中有些被广州的报纸转载。南洋的中国报纸,有的与香港的报纸特约转电。其新闻总是被南京、上海、天津、广州、海外的中国报纸等转载。

第二,《申报》《星岛日报》《工商日报》《华字日报》《华侨日报》《珠江日报》《循环日报》等报均拥有轮转机。

第三,此地纸张、油墨等材料廉价,具备现代报纸所需的基本条件。

因为具备以上优点,报纸数量大体上多于广州。销路除了香港、广东、广西以外,在海外,尤其是南洋华侨中有不少读者。

此地报纸的副刊大致转载自南京、上海、北平、天津、汉口、厦门等地的刊物。全岛二十种大型报纸中,没有一份报纸登载各地作家的直接投稿。此为商业化浓厚的必然反映。

各报纸中,《工商日报》得到中国南方人的欢迎,有很多读者,其电讯也迅速而详细。《华字日报》《申报》与新加坡的《叻报》在中国是最早发行的三大报纸。各地报纸交换是通例,但《申报》不交换,唯《华字日报》《叻报》相应交换。《申报》最兴旺时发行量达二十万份,抗战开始后迁至汉口,发行量大减。《华字日报》已经停止进步。《大众日报》虽有"敢言"之处,但多少有偏颇之处,过去很畅销,但现在在广东不太有市场。《珠江日报》历史很短,头版登载国际新闻,半页登载画报为其特色。《华侨日报》广告多,页数也多,在广州销售胜过《申报》《工商日报》《大众日报》《珠江日报》,在香港位居第一。《大光报》广告多,与教会有关系的读者居多。《天演日报》重视华侨消息,读者多为南洋华侨。《循环日报》在香港、广东读者不多,但在海外压倒《华字日报》《华侨日报》《天演日报》。《东方日报》依靠中央的资金,理应有长足发展的可能,但主编连续出现疏忽与错误,最终停刊了之。《南华日报》在曾仲鸣任主笔时很畅销,但现在读者甚少,唯体育新闻有特色,报童叫卖时不叫"《南华》要吗",而是叫"《体育报》要吗"。《超然报》在关楚朴任主编时,发行量达三万份以上,位居香港首位,但风光不再,经过停刊、改组后,现在成了不太惹人注目的小报。上海来的《申报》编辑者新闻常识与经验丰富,不像其他报纸有误排或错句,不愧为出版界的典范,加上又有《申报》这块招牌,发行量超过一万份。不过,这与在上海的二十万份相比,实在寒碜。《星报》是由前上海《民国日报》的一伙人经营,不重视新闻,而登载小品文等。《立报》发行量曾经达十万份,不接受广告而努力经营,在上海发行量为三万份,迁至香港后,仅仅登载各种消息中的好消息,广告极少,这似乎不符合南方人士的口味。

在香港久已存在的小报《探海灯》,被禁止进入广东的那段时间,发行量达三万份,但禁令解除后反而锐减至一万份。该报另外发行的日报发行量不过三千份。此外,比较好的小报还有《天文台》《春秋》《浩然》等,其他均不值一提。

8月16日,《大公报》转移到香港,开始发行,编辑、印刷等完全超过其他报,博得好评,但发行量不详。

二、杂志①

名　称	出版者	主持人或编者	特　色	读　者	贩　路	出版期	发行量(份)	期　数	备　考
东方杂志	商务印书馆	王云五、李圣五	学术论文	党、政、军、学、商	全国及海外	半月刊	25 000、3 300	35卷10号	—
国际周报	国际书店	樊仲云	国际政治	党、学	粤、港、汉、川	周刊	10 000	—	—
大风	大风社	林语堂、简又文	散文、小品	政、学	粤、港、汉、川	旬刊	20 000	第14期	《宇宙风》《逸经》合刊
见闻	—	—	—	政、学	粤、港、汉、川	—	20 000	创刊	—
生活	青年生活社	基奠、陈竹泉	综合	机关团体	港、澳、粤、南洋	月刊	4 000	2卷8期	—
东方画刊	商务印书馆	史谷光	图书	党、政	湘、鄂、川	月刊	20 000	第4期	—
良友	良友公司	马国亮	图书	党、政、军、学、商	全国及海外	月刊	最多1 000②、现在5 000	7月号	—

香港原先没有杂志之类的刊物,即使有也半途夭折了,这是无法赢得香港以外读者的原因。以上列举的杂志中,除了《生活》,其他都是上海沦陷后迁移至香港来的。《东方杂志》正在香港发行,但名义上则是在长沙发行,发行量与过去相比减少至七分之一。

《东方画刊》评价比较好。《大风》已经出了十期,《见闻》的创刊号正在印刷。这两种杂志都是林语堂主宰的,作者大多是中国名人,每月发行两万份。《良友》是历史最悠久的画报,读者遍及全国以及五大洲华侨。战争爆发后获得了不计其数的珍贵战争照片,但反而未能在预定的时间发行,尤其是定价为"港币四角",遭到恶评。港币四角等于广东币一弗,中国人评价说:"价格这么贵的话,不可能普及。但是如果《良友》画报停刊的话,则是文化界的损失。"

---

① 原文没有使用表格,因为各杂志的报告格式完全一样,现以表格示之。
② 原文如此,疑有误,应该是"10 000"。

七、上海新闻界现状
（1938年10月）

上秘第 621 号
1938 年 10 月 27 日在上海内务书记官坂信弥上呈警保局长本间精阁下：

有关上海新闻界现况①

一、多种多样的报纸

上海不是行政上的单一城市，这里曾经被称为大上海，除了曾有完全由中国国民政府统治的地区外，还有公共租界及法租界，更有上述两租界的越界路地带，各自在行政上具有高度的独立性。在此三种行政区域内，事变前约有三百七八十万人生活着，事变后的现在，已经达到五百万。这五百万人大部分当然是中国人，外国人加上无国籍者不出十万人。这不满十万人的少数外国人由三十余国国民和各种人种构成，由此产生了国际都市上海这一名称。

报纸是依存于读者需求的，因而，上海报纸多种多样是理所当然的。就是说，有日文报纸、英文报纸、法文报纸、俄文报纸，总共有十多种外文报纸，还有英国籍、美国籍、日本籍、中国籍的中文报纸。这些报纸以纸张大小来分类的话，又分大型报纸和小报，特别是小报，是一种特异的存在。

二、中文报纸的重要性

上海大部分人口是中国人，因此中文报纸具有压倒性优势。而对我们日本人而言，报纸对于中国民众的影响是当前要直面的问题。以下记载的内容自然集中于中文报纸方面。

中文报纸四个字说起来容易，但绝不简单。从国籍看，有日本籍、英国籍，更有中国籍报纸，并且这些外国国籍的报纸都反映着各自国家的国策。另外，除了日本籍报纸外，它们都直接或间接从国民政府获得补助，成为国民政府的重要宣传机关。

在上海，早在 1892 年美国人福开森就创办了《新闻报》，此为外国籍中文报纸之嚆矢②。后来，新闻报社成为股份有限公司，加入中国籍，福开森仅为《新闻报》一股东。除了《新闻报》外，外国籍的中文报纸还有过我国人发行的《亚洲日报》《江南晚报》《江南正报》等，但对于中国民众的影响都不如现在所见的外籍报纸。中国的报纸原先都是晨刊，没有晚刊。"满洲事变"③以后，有关晚刊的必要性被充分强调，1933 年首先由美国人斯塔发行《大美晚报》④，1936 年同为美国人的米尔斯创办《华美晚报》⑤，尽管版面极其贫乏，但取得了相当好的经营业绩。

看一下去年 10 月调查的中文报纸发行量，这方面的情况就可一目了然，从中可以认识到中文报纸数量上影响的重要性。

国　籍	晨　刊		晚　刊		小　报		合　计
中国籍	10 种	470 000	6 种	50 000	30 种	170 000	690 000
美国籍	2 种	60 000	2 种	50 000	—	—	110 000

还有，当时中国籍主要报纸的发行量如下所示：

---

① 本报告原文未使用表格，对于部分内容译者酌情以表格形式示之。另外，表格中有关统计数字，原文没有单位，应该是"份"。
② 《新闻报》创刊于 1893 年 2 月 17 日，创办者也不是福开森。上海最早创刊的中文报纸是 1861 年字林洋行办的《上海新报》。
③ 即九一八事变。
④ 1933 年 1 月 16 日发行中文版，英文版是 1929 年 4 月出版的。
⑤ 1936 年 8 月 18 日创刊。

报纸名称	晨 刊	晚 刊
申 报	120 000	10 000
新闻报	150 000	8 000
大公报	60 000	15 000
时 报	50 000	3 000
中华日报	40 000	—
时事新报	20 000	—
大晚报	—	10 000

三、报纸管理上的顽症

外籍报纸获得了相当好的经营业绩,这一事实的背后是,其经营业绩与妨碍、扰乱中国的新闻统制有关,这是不争的事实。日本人自不待言,英美人在中国也享有治外法权,其国民经营的报纸完全不受中国法律的制裁,加上这些外籍报纸都在租界内,受租界官方的保护,中国官方连指头都不能碰一根。外籍报纸以此为后盾肆意妄为,屡屡为反政府派收买,中国政府当局对此能做的是,等该报运出租界后加以扣押,或者对中国广告主施加压力,从登载广告方面加以威胁,只能采取极为消极的报复手段。然而,从上海的租界容纳了大量人口这一事实来看,这种报复手段成效甚低。因此,外籍报纸的存在成为报纸管理上的顽症。而外籍报纸的种类在增加,发行量在扩大。鉴于此种状况,我方现在必须考虑切开此顽症。

四、新闻检查的实态

国民政府在公共租界内设立上海新闻检查处对中国籍的报纸、通讯进行严格检查,强硬地加以统制。就是说凡是有关中国籍的报纸,都接受上海新闻检查处的检查。而报纸在租界内发行自不待言,即使在租界外发行而在租界内销售投递时,也必须接受租界工部局的检查。不过,据说公共租界工部局从来未对中国报纸实施过事前检查。当然,工部局出于治安上的需要进行事后检查,对于反英反工部局以外的内容非常宽容,凡是中国籍报纸,都完全听任新闻检查处的检查。有关将新闻检查处设于租界内一事,工部局也是能够拒绝的,但没有拒绝,而且听任其检查。如此态度令人感兴趣。

如果工部局没有检查权则无问题,有检查权,但在本次事变爆发后,却使中国籍报纸每天登载猛烈的反日报道,据此事实可以认为工部局是间接与日本敌对。

去年10月我军占领上海,上海租界成为所谓孤岛。工部局自发地或者在我方要求下试着对中国籍报纸加以管理,结果一向具有浓厚抗日色彩的报纸立刻停刊或逃到香港、汉口等安全地区去了。这可以视为工部局首次对中国籍报纸加以管理。

对于外籍报纸,这种报纸如果是以中国民众为对象使用中文登载,就属于针对中国的宣传机关,上海新闻检查处没有实施检查的权力,只能请求此类外籍报纸加以协助。不过,外籍报纸拒绝这种请求时,新闻检查处就通过本国的外交机构对该国领事馆提出请求或抗议,如果这样仍不能取得所期待的效果时,则让当地官方采取报复手段,除此之外毫无他法。不过,国民政府近年来似乎极力避免与外籍报纸对抗,实行收买政策,以求其协助。

我官方于去年11月29日接管上海新闻检查处,同年12月15日起对报纸事先进行检查。当时敌方首都南京还未沦陷,战线离上海还不远,因而采取删除处理的报道很多,以致出现了这种奸计,上交检查的报纸删掉了禁止登载的报道,销售的报纸全部未删除。在此情况下,对三种报纸进行了处罚,禁止其发行。

外籍报纸当然拒绝我方的检查,一起登载猛烈的排日报道,我新闻检查处没有制止的方法,任其嚣张。另一方面,也在采取若干办法,但均缺乏力量,没有取得任何效果。

五、中国报纸的衰落和外籍报纸的发展

作为国民政府,为了尽可能隐瞒败绩而维系国民的信任,进而使国民坚信最后的胜利,绝对需要从各个角

度不断宣传,而中国民众亦希望看到中国胜利的报道,即使不是真的也好。这样,报纸经营者必然想更多地采用国民政府的宣传报道,而且如此还能争取国民政府的补助。因此,营利性报纸都轨道归一,向同一方向发展。国民政府的宣传内容都与我新闻检查处规定的禁止登载事项相抵触,受我方强制检查的中国籍报纸,删掉了读者最切望阅读的内容,说得极端些,完全失去了报纸的形态,使得读者逐渐离去。就是说,去年10月约拥有七十万份发行量的中国籍报纸,仅仅在一年后的今天,总数已不到六万份,显示出衰落的惨状。

与此相反,拒绝我检查的外籍报纸获得国民党莫大补助后,更为大肆报道对中国有利的消息,并且由此赢得读者欢心,销售量愈发增多。因反日报纸关停而失业的无业报人,自然看到了这一点。这一大群无业报人把从街角捡到的外国无业游民作为看板,创办所谓外籍报纸。也就是说,《文汇报》《译报》《国际夜报》《导报》《通报》这五报都是作为英国籍发行的,并且这些外籍报纸都获得了相当好的经营业绩。今年4月调查的下列发行量便是佐证。

报 纸	发行量	报 纸	发行量
华美晚报	15 000	导 报	17 000
同上晨报	16 000	大美报	36 000
大美晚报	26 000	文汇报	45 000
译 报	6 000	通 报	5 000
国际夜报	8 000	合 计	174 000

与以上十七万四千份的外籍报纸相比较,中国报纸仅仅不到六万,这一事实要求对于外籍报纸重新进行评价,并且制订相应对策。

六、中国报纸国籍的更改

以上说明了失业记者创办外籍中文报纸的情况,这些报纸都是新创刊的,以下记载的改变国籍,则与自己创办的不同。

《新闻报》曾以上海第一大报自居,发行量一度达十五万份,但据今年4月的调查,发行量锐减至两万六千份,经营之困难是可以想象的。今年9月1日该报表面上完成了盘给美国籍大公司太平洋出版公司的手续,拒绝我方检查。但是,此后仔细观察其态度,与其他一些所谓外籍报纸风格大为不同,具备称为稳健的一种品格。不过,这种态度与其说是基于新闻道德,不如说是对我方的礼让乃至妥协,这样说才至为妥当。

接着是今年10月10日《申报》的复刊。它也是以美国籍哥伦比亚出版公司的名义发行的,拒绝我方检查。还有传闻说《大晚报》也转入英国籍 China Press 的中文版。另外,据说CC团正计划发行美国籍报纸《中美日报》。

作为上海报界最近的倾向,外籍中文报纸的发展成为其特征之一,但报纸的发行量与人口相关,因此,并不认为今后也有外籍报纸陆续创刊,或者中国籍报纸继续改变国籍,大概《中美日报》的创刊将使外籍报社的产生告一段落。

七、小报的没落

在上海这种世界首屈一指的近代大城市存在着小报,是一大奇观。大致可以说明的是,这种小报的存在是与国民经济发展的程度相适应的,但中国国民对国际关系乃至政治、经济不太关心,换句话说,文化水平低也是小报存在的原因之一。即对小报的读者而言,新闻是第二位的,相当于大报副刊的这一部分,是读者最需求的,为了看其副刊而花钱买整份大报是浪费,这就是小报读者的心理。不过,从小报《立报》能卖八万份这一事实看,必须承认小报读者的文化水平有很大的提高。

但是,现在的小报经营者似乎看不到此事实,一味将小报还原为以往的副刊的理念,针对时事问题的检查十分严格也是原因之一。现在的小报反正是过于热衷于猥谈和清谈,而对时代漠不关心。从一方面看,处于此乱世的普通民众的思想显然变得虚无,欢迎猥谈清谈,小报因此加以迎合。然而,各小报的发行量大致在一千份左右,还有进一步减少的趋势。此事实反证了这种想法的谬误。显然,如果不研究出相关解决方法,小报就会逐渐没落下去。

小报停刊多,与小报创刊多一样,还有其他原因。创刊多是因为某方面提供补助,停刊多是因为思想的贫乏,尤其是对日中提携缺乏坚定的信念。《国民日报》《中国日报》《新青年日报》等的没落就是最好的实际例子。

今年9月调查的小报种类及其发行量如另表所示,与今年4月相比,减少了五千份。这一事实尤其值得关注。

小报的发行量

报　纸	发行量(份)	报　纸	发行量(份)
社会日报	1 500	生　报	500
宁波公报	1 000	民声日报	800
力　报	2 000	新青年日报	500
上海报	500	讯　报	500
锡　报	700	晶　报	2 000
上海日报	500	生活日报	1 000
东方日报	900	合　计	13 000
新　报	600		

(本表采用了三个月调查的最低数量)

八、反日论调的露骨化

以我军占领上海周边为转机,反日论调浓厚的中文报纸先后停刊,或逃往他地,所有报纸的反日论调显著缓和。我新闻检查处对于当时存在的《华美晚报》《大美晚报》两份美国籍报纸,必须放弃检查。这样客观上就诱发了外籍报纸的大量出现。工部局则无权干涉这些外籍报纸,袖手旁观。外籍报纸的反日论调逐渐恢复,而中国籍报纸又巧妙地骗过检查员,与外籍报纸共存,进而诱发各中国报纸相互竞争,抗日论调在我军占领前终于更加露骨。这一情况因中国籍报纸的衰落而表现得更加显著。当然,其报道表现手法是,"据中国方面公报说""据日军说""据中国军队说",用词都很中立性,但其根底流淌的反日论调是掩盖不住的。看到这些的中国读者会更加认定,正因为是外国籍,所以才正确,从而不折不扣地相信这些反日报道。这便是实际状况。

由于中国籍报纸日益衰落,外籍报纸飞跃发展,此时无论怎么严厉取缔管理中国籍报纸,对于防止对民众的影响这一目的来说,完全是杯水车薪。这样,取缔外籍报纸成为更为重要的问题。遗憾的是,对此还未找到合适与有效的方法,外籍报纸的反日论调会更露骨。

八、关于北京的报纸
(1939 年 8 月)

(中国视察报告第六号)
1939年8月20日

关于北京的报纸

外务省文化事业部

本稿为外务省在华特别研究员、贵族院议员、子爵水野胜邦的实地调查报告。报告对于现在在北京发行或者能订阅的报纸进行了概述,以资参考。若能得到各位一读,则不胜荣幸。

外务省文化事业部
1939年8月20日

目 录

一、序言
二、概要
三、有关考察
四、北京报纸的特殊性
五、结论

一、序言

处于新中国建设途中的舆论机关,稍稍采取变通性方法发展是迫不得已的,但作为国民外交的报纸,其存在是极其重要的,因为报纸的内容如何会产生巨大影响。中国人自不待言,使在华我国人对时局产生错误认识,错失应该走的道路,如果发生这种事情,可以认为报纸须负重大责任。以下围绕现在北京发行的各报,就这一与大众关系最深而又普遍存在之物,谈谈个人的看法。

二、概要

报纸数量相当多,1938年3月北京报纸同业协会的会员数为35家。其中包括北京支社和通讯社,也含特殊报纸,还有狭义上的报纸。因此,如果将大众看得到的报纸选出来的话,有十二三种,将其分类的话,有:

1. 中文报纸——普及版、小报、书画版、特殊机关版
2. 日文报纸
3. 外文报纸

但是,从内容来看,都遵从国策,在政府监督下健康发展,无论是言论还是主旨,都不存在今天讨论的内容。不过,各报纸都以各自特色吸引着读者。这在政治报道中看不到,而是表现在家庭、游艺画刊等上。其中,中文报纸显示的主旨则是致力于新中国建设,正确宣传日本,日文报纸身为事变后我国人进入中国北方的指南,则具有重大责任,而外文报纸在立足于第三国舆论界等方面具有深刻意义。

这些报纸是由读者订阅后投递的。此外,还有在街路口的准固定销售法、与我国号外类似的叫卖、竖起阅报栏让人站着看等。报社在马路边竖立阅报栏给公众看,这种方法效果很好。特别是北京的《新民报》、天津的《庸报》,设置的数量不少。也有设立简易阅报处的,供免费阅报。还有,有的报社感到送报的靠不住,利用市内邮局投递。至于晚报,由于时间上不确定,有些是与早报一起投递的。日本人对此评价不佳。

以下就北京最常见的十一种报纸,列举其版面与内容加以介绍。

(一)北京新闻(日文)
社址:东城官帽胡同17号,西城有支局
发行人:风间章。朝、晚刊各五钱,一个月一圆三十钱
晨刊六页、晚刊四页、普通型,一段十五字,九十三行十四段
    第一面 整面广告
    第二面 报道八段,以外国通讯为主,广告六段

第三面　报道九段,经济报道
第四面　整面广告,主要为游艺娱乐
第五面　报道十段余
第六面　整面广告,三十七则,其中饮食店二十七则,饮食品六则,其他四则
（晚刊从略）

（二）新支那日日新闻　日文普通型
社址:东华门外南道15号
发行人:黑根祥作。晨刊六钱,晚刊三钱,一个月一圆三十钱
晨刊六页,晚刊四页,九磅,十四段
　　第一面　整面广告
　　第二面　报道十段,内外重要报道
　　第三面　报道十段
　　第四面　小说二段,广告十二段
　　第五面　报道七段,经济报道及读物
　　第六面　小说三段,读物,广告
（晚刊从略）

（三）新民报　中文普通型
社址:西长安街。晨刊四钱,晚刊二钱,一个月一圆
发行人:武田南阳。十三段
晨刊八页,晚刊四页
　　第一面　十段,主要报道
　　第二面　经济报道,下半页为广告,主要为本报特报
　　第三面　政治报道,社论,教育界报道
　　第四面　整面广告
　　第五面　读物
　　第六面　地方通信,游艺广告
　　第七面　北京市内版
　　第八面　京剧读物,文学（以上为晨刊）

　　第一面　重要报道,读物
　　第二面　北京市内版
　　第三面　读物
　　第四面　小说,读物

（四）实报　中文小报
社址:宣武门大街56号。一日六面,一个月三十钱
发行人:胡通海。1928年创立
　　第一面　小实报,读物,戏剧消息
　　第二面　小实报,读物,戏剧消息
　　第三面　小说（北京明星）、经文学
　　第四面　小雅,读物,小说（武侠小说连载）,小广告
　　第五面　读物、社会小说（六窨中花）、小广告
　　第六面　社会报道,小广告

(五)实事白话游艺报(原名实事白话报)
社址:宣武门外魏染胡同43号
发行人:戴兰生。1918年创刊
每份六面,一份一钱五厘,一个月四十钱,中文小报
　　第一面　政治报道,小广告,游艺
　　第二面　家庭版
　　第三面　艺文,游艺广告
　　第四面　戏剧版
　　第五面　文艺版
　　第六面　小说版

(六)时言报　中文小报
社址:宣武门外铁老鹳庙6号
1919年创刊,每份四面,一份铜元六枚,一个月四十钱
　　第一面　政治报道
　　第二面及第三面　文艺小说
　　　　一、武侠小说(琥珀月光杯)
　　　　二、于公案(评书讲演)
　　　　三、评书小说(明英烈)
　　　　四、评书小说(于公案)
　　　　五、言情小说(情海微波)
　　　　六、评书小说(水庆升平)
　　　　七、评书小说(安良传)
　　　　八、评书小说(百鸟朝凤)
　　第四面　社会报道,游艺广告

(七)北京益世报　中文小报
社址:南新华街
发行人:张翰如。1916年创刊
每份十二面,一份铜元十二枚,一个月六十钱
　　第一面　广告
　　第二面　政治报道
　　第三面　政治报道,游艺广告
　　第四面　广告,小说(摩登女郎)
　　第五面　文艺
　　第六面　小说(残莲),广告
　　第七面　小说(珠还),广告
　　第八页　游艺报道
　　第九面　整面广告(主要为游艺)
　　第十面　市内报,无线电广播节目
　　第十一面　评书小说(明清奇侠传),游艺广告
　　第十二面　京剧广告

(八)新北京　中文小报
社址:宣武门外大街214号
发行人:谢子夷,1931年10月创刊

一份铜元六枚,每份六面,一个月四十钱
  第一面 政治报道,小广告
  第二面 文艺版,武侠小说(青城十九侠),社会小说(庸人多福),小广告
  第三面 周刊版,新文艺及小广告
  第四面 戏剧版,小广告,小说(黑客传)
  第五面 家庭版,言情小说(风求凰)
  第六面 社会版,小广告

(九)晨报 中文普通型
社址:宣武门外大街181号
发行人:宋介,1930年创刊,一份四钱,一个月一元
  第一面 广告
  第二面 社论,政治报道
  第三面 内外重要报道
  第四面 整面广告
  第五面 教育,体育,半面为广告
  第六面 社会报道,小广告
  第七面 地方通讯,经济报道
  第八面 戏剧
  第九面 副刊读物
  第十面 游艺,社会小说(陌头柳色)

(十)武德报 小报型旬刊
北京临时政府治安部刊,一份二钱,一年五十钱
社址:王府井大街
  第一面 政治报道,社论
  第二面 国际动态
  第三面 国际动态,社会小说(金枝玉叶)
  第四面 读物,日语讲座
  第五面 时事画刊,读物,军事日志
     武侠小说(雍凉异人传)
  第六面 军事读物,警世小说(军阀镜)
  第七面 读物,社会小说(菩萨蛮)

(十一)时事日报 英文普通型
Peking Chronicle
社址:东城煤渣胡同2号
发行人:王退之

三、有关考察

  总社位于北京的重要报纸,其内容如上一节所述,通而观之,毫无疑问均以自身的特色吸引读者。其中作为政府机关报而被视为影响最大的是《新民报》。该报围绕世界形势、日中之间问题等重要时局,自行发布通讯,引导舆论界,其存在具有重要意义。不过,作为中文报纸,不得不说现在该报日本色彩看上去过浓,报道欠柔性。中国人不会仅仅满足于由日本人发布的通讯,然而,例如该报第一面的报道,十四则报道中"同盟通信"的为11则,《新民报》的3则。再看第三面,有报道19则,其中"同盟通讯"为15则(12月20日晨刊),就是说,看上去似乎是主要让中国人看"同盟通讯"。虽然有种种内在原因,但报道劈头盖脸就写着"同盟",中国读者会如何反应,

这一点是需要多加考虑的。至少在表面上覆以中国色彩才会获得更好的效果。

另外,读物、报道之类,是全文刊登纪念演讲的现场记录、会议的祝词等,此为缺乏柔性的原因。还有,介绍日本的读物等对他们来说,读起来就像是教科书一样,令人兴趣大减,就是说缺乏吸引读者的力量,没有充分发挥舆论的使命,进而言之,削弱了对这些知识落后者的宣传力量。例如,第五面小插图写着"天地明朗",整版都是读物(12月20日晨刊),其标题是:

由国际动向论天地明朗

忏龛笔记

戏剧改进论

东山草堂随笔

造像(随笔)

萨满与神(随笔)

宋代词客简志(文艺研究)

诗

回头是峰(小说)

丙午东游日记

麦与士兵

古典零屑

如此等等。再看第八面,插图中写有"明珠",载有京剧报道与通讯,文学方面则有散文、创作、通讯、笑话、小说(凤大人家)、诗、锦绣前程、无线电广播节目。第八面显示出来《新民报》的巨大魅力吗?所有内容都没有深意。还有晚刊,是以三篇小说(《儒佚俦》《大千留线》《曲线人生》)呈给读者的。作为其他特色是随时占半页的图表,不过,对于擅长宣传的中国而言,还是相形见绌,期待着这种图表的进一步发展。至于"报道写真"则毫无价值,而报纸的"新闻写真"不仅是《新民报》,也是北京各报共同的缺点。以重要报道为例,编排转载"同盟"报道时,只是将事件归事件,临时政府的行政归行政,仅此而已。在目前日中关系如此复杂之时,报纸至少要指导国民其应该前进的道路,必须研究如何向中国民众说明、传递国民政府、对日本有关工作、战争方面的问题,并且登载出来。诸如此类看上去是平凡的问题,但需要潜心去做。有关这一点,可以说日文报纸也同样如此。作为日文报纸,有《新支那日日新闻》《北京新闻》两报,在登载报道方面,与《新民报》一样,说仅仅是转载罗列同盟通信社的通讯也不夸张。例如,1月19日的《北京新闻》第五面的"重要报道"有15则,其中"同盟"的9则,北京报道4则,地方报道1则,购物1则。1月19日的《新支那日日新闻》,第三面的19则报道中,18则是"同盟"通讯报道。第三面10则报道中,有5则是转载自"同盟"通讯报道。从这些报纸中,无法看到事变后我国人进入北京的重大意义与这一重要舆论机关应尽的义务,作为国际性报纸,作为日本目前所面临的最重要的大陆问题的当地报纸,其用心极为有限。北京的日文报纸,过去受到国民政府打压,在抗日排日时代,以仅仅不过一千人的日侨为目标而苦心担当其任,对此值得同情,也值得感谢。但在形势急转的今日如此是不可原谅的。广告主受到报社种种不合理对待,这不仅仅是报社令人可悲的问题,如果不能遵循大陆国策,国家方面必须考虑这些问题,这就必须另行考虑进入全新舆论界的道路。

有关华北讨伐状况的报道,登载在《北京新闻》第二面的外国报道中。一看就令人感到是用来填补该面空白的。即使不能大量报道讨伐的状况,好好处理此报道的方法还是不胜枚举的。在外国报道中不显眼地登载出来,这种方针令人费解。在此状况下,我国人提出种种批评,报方当然应该负责。当地我侨民甚至说,北京的日文报纸就是"无线电广播新闻"的转载,但是,因为是日本人出于义务才购买的。其原因何在,不能简单下结论,但可以认为是编辑力量不足,记者脑筋动得不够。从日本国内的报纸很少能看到北京的报道,便是明证。

下面再看小报,即小型大众报纸。其数量可观,在大众中拥有稳定的读者,在中国作为特殊的存在不可轻视。显然,因为定价便宜——每份四个铜板乃至六个铜板,一个月三十钱乃至六十钱——才抓住了读者。其政治报道简明扼要,为娱乐、社会报道、小说增色不少。每份六面的《实报》连载有小说3种,《时言报》有8种,《新北京》有4种,但是,小说的内容基本上都很低级。除了小说以外,小文艺内容也相当多,远远比政治报道吸引读者,其中还掺入了种种政治问题,加入了社会评价,受到读者欢迎。可以认为其对民众思想的影响非常大。与看政治报道相比,他们更乐于看这类文艺作品。还有,社会报道为了适合他们阅读,尽量登载低级趣味的内容,这就是小报的受欢迎之处,小报所具有的存在意义。不过,现在的报道内容正得到一些提高,在向严格意义上的报纸发展,但仅以此去吸引大众,其力量看上去在弱化,感到娱乐杂志似乎会变成官报。小报的特色还有小广告。小广告是在限定的小纸面上登载的广告,广告费低廉,其利用显著,几乎一半都是此小广告。广告费四十八字一次三十钱左右(《实报》)。

中国人喜好游艺超乎寻常。几乎北京人都对京剧有绝大兴趣。各报都重视京剧报道,广告也做得非常多。北京《益世报》《新北京》《实事白话游艺报》便是其代表。

《武德报》是唯一隶属于临时政府的报纸(旬报),令人注目的内容是《武德报》特辑报道,没有一则使用通讯社名称,是十三段的小报。印刷而成的《时事画刊》也很美观,缺点是照相版过小,报道值得看的内容也不少,但稍显平凡,使人感到对大众的宣传力量很弱。另外,还发行有名为《武德报戏剧部》的小报,以大众为目标,四个版面,其中两面为京剧剧单,免费散发。

四、北京报纸的特殊性

一般认为,在北京发行的报纸至少有两大使命,即在日中时局转变方面对中国人的思想加以指导的使命,在国策上指导日本及日本人,发挥其精神的使命。前者有以正论指导大众的《新民报》,有为大众亲近的小报。不过,有关政治报道,"同盟"通讯过于显眼,读者对"同盟"通讯并不感兴趣,希望至少中国的情况是由中国人亲手来进行报道的。中国人不会因为是政府机关报而购阅,而是对编辑的人品性格感兴趣才购阅其报纸的。编辑是日本人,通讯报道明确写着"同盟"通信,这样的报纸不会成为能被中国人接受的重要存在物,无论其报道如何正确、公平,写上"同盟"就会减弱力量,这实在令人遗憾。希望早日使用中国通讯社的名称,发挥其效果。至于文艺,小说是不可轻视的,而游艺方面,京剧应该利用来对思想加以指导。有关"报道写真",国民政府曾经将其有效地利用到了抗日、排日的思想宣传上,今后需要进一步努力研究,这是能使读者知晓时局的有效方法。诸如此类,现在的情况是让人感到似乎有些盲从日本,在追求正确引导思想的效果方面还不充分。

再说我国人方面报纸的现状,这也让人感到势单力薄。必须对华北混乱的思想进行正确、明确的指导,同时增强日本国策的效果。报纸是如何给社会造成恶劣影响的,又能如何正确引导思想,有关这方面的力量已毋庸赘言。值得担忧的是,现在当地我国人对于报纸并不满意。其结果是其他地方的报纸显著地进入了北京,这一点需加以关注。现在在北京轻易就能看到的报纸有:(1)《蒙疆新闻》、(2)《京津日日新闻》、(3)《天津日报》、(4)《满洲日日新闻》、(5)《大阪朝日新闻》、(6)《东京朝日新闻》、(7)《大阪每日新闻》、(8)《东京日日新闻》、(9)《读卖新闻》等。天津的报纸位于日本租界,具有商业都市的背景,有内容,其活力自然表现在报纸上,整体上好于北京。东京的报纸其内容在北京显示出很大的影响,但因运输原因,需要时间(约五日),作为报纸本来的使命,有些打折。与此相比,大阪的报纸在时间上晚两天。在报道上,北京的特报等非常吸引人,临时政府的问题、要人的行动,不少是通过日本国内的报纸获知的。就最近的例子看,例如有关吴佩孚的和平救国运动,北京的报纸登载了"同盟"通讯就满足了,而国内的报纸则登载了各种相关报道,对吴将军进行介绍。由此可以看出国内驻北京特派员的能力。从"满洲"来的《满洲日日新闻》,其报道之优秀也令人目瞪口呆。并且在北京比发行时间晚一天就能看到,估计北京的读者非常多。现在,该报甚至被称为北京人看的报纸。再说在张家口发行的《蒙疆新闻》,其历史极短,属于"满洲国"系统的报纸,并且是顺应新形势的要求而创办的,因此非常完备,令人感到此报是不是要称霸华北。该报第一面登载社论(北京的日文报纸没有社论),报道世界动向和时局;第二面比较杂;第三面是经济报道,包括中国北方和朝鲜的;第四面为文艺栏,登载了特别与中国相关的内容;第五面为晋绥版,以读物形式登载了地方报道;第七面是以华北特别是北京为主的报道。其特色是所有通讯都是"蒙通",以及努力把握以北京为中心的华北时局的报道方式。此外,还发行有中文《蒙疆新报》,正在进入北京,在街头已经能看到。

有关外文报纸,天津外国租界发行的报纸在舆论界被统一管制的华北公开销售,由此可以知晓一般看到的消息,令人感到不可思议。日文、中文报纸还未登载的消息作为外国电讯发布出来,即使是来自外国电讯,但从中国人的角度看,也是不会看漏的。

五、结论

总之,现在北京的报纸都是变则性存在着,中文报纸重要的政治报道都是日本色彩,减少了中国人的兴趣,降低了作为针对中国人的舆论机关的存在价值,必须创办中国人自己的能够对时局进行正确指导的中国报纸。而日文报纸,北京的报纸应该最终作为华北的报纸,与临时政府的发展共同进步,但是,其内容也好,编辑也好,均缺乏才识,过分依赖"同盟"通讯,还登载一些似乎会造成我国人内讧的报道,以及一些看似宣传我国人缺点的报道,这些都可以说是极为错误的。日本国内的报纸过去是荼毒社会的报纸,如果将此作为自豪套用至大陆而提倡的话,则令人不胜遗憾。另一方面,还需要考虑到,北京的报纸是处于战时体制之下的舆论机关,受到各方面严格监督。虽然无法得知其实际情况,但希望进一步建立密切关系。首先是采用在华经验丰富者。尽管讨厌,但作为日本臣民,这种人的本分还是没有问题的。希望与当局好好联系,建立起正确的舆论机关。某报纸上有这样的报道:"对两人坐洋车、穿'褔袍'①外出等的取缔管理变得严格了。"从日本人所处的国际关系上看,不能说是好的指示,希望不是从取缔管理变得严格这个角度报道,而是从日本的国策角度,指出日本人的行动道路。换句话说,必须懂得在日本内地与在国际都市的报道精神是不同的。

　　这最终归于报社的能力与记者的素养问题。世界政策处于发展之中,应该跳出原地看得更远。如果想到已是事变爆发第二年,就不得不有为时已晚之感。在此,需要这样的报纸来纠正弊端,基于乐观而坚定的国家观念,为了整个华北,为了建设新秩序而奋斗于第一线的报纸,希望能够实现。

(1939年2月11日)

---

① 日本式广袖棉衣。

九、有关太原市报纸、支局、通讯所等的报告（1939 年 8 月）

机密第 169 号

1939 年 9 月 15 日太原领事白井康致外务大臣阿部信行阁下：

有关太原市报纸、支局、通讯所等的报告

根据本馆警察署 8 月 20 日调查，太原市的报社、报社支局、通讯所、售报处等的概况调查，如附件所示。谨此报告。

附件（调查时点为 1939 年 8 月 20 日）

报社、分社、通信所、售报处状况调查表

报　名	语　种	发行或代理销售份数	区别与记者数	所在地
太原新闻	日文报纸	3 000 份	总社、记者 2	桥头街 75 号
同盟通信社	同上	—	支局、记者 4	同上
东亚新报	同上	300 份	支局、记者 1	同上
山西新民报	中文报纸	10 000 份	总社、记者 2	同上
大阪每日新闻	日文报纸	820 份	通讯所（记者、通讯员各 1）、售报处	精营东二道街 40 号（电 345）、桥头街 18 号（电 350）
大阪朝日新闻	同上	700 份	通讯所（记者、通讯员各 2）、售报处	新民东街 14 号（电 464）、红市街 71 号（电 413）
福冈日日新闻	同上	300 份	售报处	西肖墙 20 号
东亚日报	朝鲜文报纸	50 份	同上	豆芽巷 5 号
满鲜日报	同上	50 份	同上	东羊市
满洲日日新闻	日文报纸	500 份	同上	正太街 19 号
北京新民报	中文报纸	1 000 份	支局、记者 1	前所街 54 号
庸报	中文报纸	800 份	支局、记者 2	晋生路 7 号

十、汪伪政权统治地区、上海租界、香港报纸调查一览表
（1941年3月）

调查杂录　　十、汪伪政权统治地区、上海租界、香港报纸调查一览表(1941年3月)

秘 1941年3月25日

中国的报纸调查一览表

兴亚院政务部

　　本表根据兴亚院各联络部于1940年12月末调查所得编制,调查对象为"国民政府"①统治下的地区,以及上海、香港发行的报纸。

　　另外,本表编制得匆忙,遗漏、不妥之处很多,待逐渐补充,以期他日完成。

兴亚院政务部
1941年3月25日

蒙疆及华北之部

名　称	所在地、国籍	语言	持有人、负责人的简历、系统	沿革及组织	报纸尺寸、形式、发行量、发行次数	读者地区分布、读者层	在中国、外国人中的信誉、影响	论调（主义、系统）	备　考
蒙疆新闻	张家口 蒙疆	日文	株式会社蒙疆新闻社 理事长 细野繁胜 中央大学毕业,原奉天日日新闻社社长。1939年2月由满洲日日新闻社经理就任蒙疆新闻社理事长	1938年5月根据蒙疆联合委员会第十号令制定"株式会社蒙疆新闻社法",据此创办。有限股份（蒙疆联合委员会拥有全部股份）组织,资本金四十万圆	大型②,八页,14 000,日刊	察南政厅下属铁道沿线日人为主		纯日本系统	蒙疆新闻社的总社位于张家口,在大同、厚和设支社,在包头、东京、新京、大连、大阪设支局,在北京设总局。报纸在总社和大同、厚和支社发行。此外,发行蒙新晋北版作为《蒙疆晋北报》的副刊。发行蒙新厚包版作为《蒙古民声报》的副刊
蒙新晋北版	大同 蒙疆	日文			小型③,二页,日刊	晋北地区		纯日本系统	
蒙新厚包版	厚和 蒙疆	日文			小型,二页,日刊	察哈尔盟地区			
蒙疆新报	张家口 蒙疆	中文			大型,四页,50 000,日刊	察南政厅下属铁道沿线商人、官公吏为主	没有外国人(第三国人)购阅	强调蒙疆地域的高度自治与日本的关联性	
蒙疆晋北报	大同 蒙疆	中文	同上	同上	小型,四页,25 000,日刊	晋北地区商人、官公吏			
蒙古民声报	厚和 蒙疆	中文			小型,四页,27 000,日刊	察哈尔盟地区铁道沿线商人、官公吏为主			
蒙古新闻	张家口 蒙疆	蒙文	同上	同上	小型,四页,2 000,周刊	张家口、察哈尔盟、包头、锡盟、铭盟、乌盟、伊盟等	—	纯日本系统	—

---

① 本调查表中的"国民政府"指汪伪政权,特此说明,不再另行加注。
② 日语表示纸张尺寸的专用名词,约285×400毫米。
③ 日语表示纸张尺寸的专用名词,约235×315毫米。

(续表)

名　称	所在地、国籍	语言	持有人、负责人的简历、系统	沿革及组织	报纸尺寸、形式、发行量、发行次数	读者地区分布、读者层	在中国、外国人中的信誉、影响	论调（主义、系统）	备　考
东亚新报	北京 日本	日文	株式会社东亚新报社 社长 德光伊助 前京都日日新闻社主持人兼编辑局长	1939年华北方面军报道部及兴亚院各出资十五万圆，《新支那日日新闻》出资收购费五万圆，合计三十五万圆组建株式会社组织，同年7月1日创刊	大型，十二页，40 000，晨、晚刊	网罗整个华北各地各阶层	作为反映日本方面的对华政策、当地主张的半官方报纸，有很多中国读者	作为半官半民的机关报，主要为在当地彻底普及完成圣战的思想	1939年12月1日起徐州支社发行《陇海东亚新报》，1940年4月起石门支社发行《石门东亚新报》（日刊）
天津日报	天津 日本	日文	社长 真藤弃生 创立以来任报社代表，1929年任社长	1910年当时的总领事小幡酉吉参与创办。1929年真藤弃生、金田一良三出资归两人所有。出资额十五万圆	大型，八页，5 000，朝、晚刊	以天津、北京为中心的华北各地	华北最老的报纸，在中国人和第三国人中有相当信誉	标榜皇室中心，国家主义	—
京津日日新闻	天津 日本	日文	社长 永濑三吾 1932年任主持人，1937年就任社长	1918年10月创立，1919年归森川照太个人经营，森川死后归现社长经营。资本金二十万圆	大型，八页，4 500，朝、晚刊	天津，在北京也有少数读者	英、美等有时作为情报加以翻译	无特别的主义、系统	—
山东每日新闻	青岛 日本	日文	社长 长谷川清 创立至今一直任社长	1932年与《山东新报》分开的晚刊《山东新报》，1933年3月独立为《山东每日新闻》。个人经营	大型，八页，9 000，朝、晚刊	青岛市内及济南，至济南沿线，亦送至美国	在中国、外国人中有莫大的信誉。作为青岛的舆论指导机关受到重视	社旨为以当地为中心致力于日华亲善、日侨发展，为新东亚建设作贡献	—
青岛新报	青岛 日本	日文	株式会社青岛新报社 社长 小谷节夫 东亚同文书院毕业，1922年任社长，1927年当选众议院议员至今	1915年创刊，1922年成立株式会社。资本金三十五万圆	大型，八页，6 000，朝、晚刊	在山东省一带知识阶层中有读者	其信誉和影响无法确认	以国家主义为基调	1940年购进新铅字，使得读者大增，但因用纸不足，现在受到相当大的限制

调查杂录　　十、汪伪政权统治地区、上海租界、香港报纸调查一览表(1941年3月)

(续表)

名　称	所在地、国籍	语言	持有人、负责人的简历、系统	沿革及组织	报纸尺寸、形式、发行量、发行次数	读者地区分布、读者层	在中国、外国人中的信誉、影响	论调（主义、系统）	备　考
山东新报	济南 日本	日文	社长　小川清矣 东大德法科毕业	1916年创刊的《山东新闻》的后身，1926年称《山东新报》，个人经营，资本金五万圆	大型，八页，6 000，朝、晚刊	以济南为中心，胶济、津浦沿线	在中国知识阶层多少有信誉	皇室中心主义	—
太原新闻	太原 日本	日文	山西陆军特务机关 社长　菊池幸作 明治大学法科毕业，原"满洲国"通信社员，现兼任同盟通信太原支局长	1938年5月三名同盟社人员受命于山西特务机关长创刊至今。委托经营。	大型，四页，4 500，日刊	山西全省，前线将兵、当地日侨	—	纯日本系	—
河南新报	新乡 日本	日文	社长　富田广吉 做过中文教师，兼《新声报》社长	1939年6月根据井关兵团幕僚的要求创刊，资本金五千圆	小型，3 800，日刊	河南省的日侨	—	根据当地兵团的指示决定论旨	—
新民报	北京 中国	中文	社长　武田南阳 原《满洲日报》记者，1938年任《新民报》社长。华北政务委员会机关报	1924年创刊的《世界日报》的后身，事变后武田负责经营，资本金三十二万圆，个人经营	大型，十二页，80 000，朝、晚刊	全华北官公吏、新民会员等	作为北京的一流报纸而闻名，在报道上对其他中国人经营的报纸起指导作用	极力对中国人宣传日中亲善、放弃抗日、反共思想	有高速度轮转机二台。与天津《庸报》同称为华北两大报纸
实报	北京 中国	中文	社长　管翼贤 法政大学毕业，兼中华通讯社总务	1928年10月由现社长创刊，个人经营	小型，六页，45 000，日刊	北京市内及华北都市	受到一般读者欢迎，有相当信誉	亲日，稳健。小报，但报道精彩	—
新北京报	北京 中国	中文	社长　凌抚元 北京大学毕业，曾任北大教授，1938年9月任社长	1931年林贤生创刊①，1938年转归现社长，个人经营	小型，六页，22 000，日刊	以北京中流及下层阶级为目标	读者多，社会报道受欢迎	亲日，论调坚实	—
时言报	北京 中国	中文	社长　常振春 商业专科学校毕业	1930年12月创刊，个人经营	小型，四页，17 800，日刊	以北京中流及下层阶级为目标	—	亲日	—
晨报	北京 中国	中文	社长　宗威之 中国大学毕业，任《益世报》记者后，1940年任现社长	原为汤化龙创刊的《晨钟报》，1940年秋归现社长经营	大型，六页，7 000，日刊	北京知识阶层为主	无特别反响	亲日。无一定主义、系统	—

① 一说1930年10月创刊。

(续表)

名 称	所在地、国籍	语言	持有人、负责人的简历、系统	沿革及组织	报纸尺寸、形式、发行量、发行次数	读者地区分布、读者层	在中国、外国人中的信誉、影响	论调（主义、系统）	备 考
庸报	天津中国	中文	社长 大矢信彦 东亚同文书院毕业，曾任满洲弘报协会常务理事，1937年9月任现社长	1926年创刊①，1933年归日本方面所有。事变以来急速发展。个人经营，资本金五十万圆	大型，十二页，80 000，朝、晚刊	以天津为主，在整个华北各阶级中有读者	中国中流及知识阶层读者居多。外国人也视其为日本人领导的报纸而关注	军方指导的报纸。与北京《新民报》论调相同	—
东亚晨报	天津中国	中文	社长 郑知侬 京师大学堂毕业，前众议院议员	1936年创刊《东亚晚报》，1937年9月发行晨报，资本金六万五千圆	大型，八页，15 000，朝、晚刊	天津及津浦沿线都市的中产阶级	—	亲日	—
新天津报	天津中国	中文	社长 刘学儒 日本新闻学院、明大新闻研究所毕业	1924年创立	小型，八页，15 000，朝、晚刊	以天津为主，京山线沿线中产阶级	—	亲日	—
天声报	天津中国	中文	社长 吴宁靖 原天津警察局侦察队长，现省参事	《大生报》的后身，1936年因主张反共反蒋停刊，翌年即1937年改组更名复刊	小型，四页，8 000，日刊	天津	—	亲日	—
青岛新民报	青岛日本	中文	株式会社青岛新民报社 社长 姚作宾 青岛特别市公署社会局长 专务董事 尾池义雄 国语传习所（国学院前身）毕业，原《新爱知新闻》主笔	1938年1月在海军管理下以《大亚细亚报》为名创刊，同月20日改称《青岛新民报》，1940年6月改组为日中合办的股份有限公司，资本金五十万圆	大型，八页，32 000，日刊	青岛、济南、海州、胶济与津浦沿线平民阶级	—	以新民主义为中心。亲日	—
大青岛报	青岛日本	中文	株式会社青岛新报社 社长 小谷节夫（参照《青岛新报》栏）	参照《青岛新报》栏	大型，八页，11 000，日刊	青岛及附近、济南，一般阶层	作为历史悠久的报纸，在各界深有信誉	亲日	青岛新报社经营的中文报纸
冀东日报	冀东中国	中文	社长 张文熙 上海风文学院②毕业，曾任冀东政府宣传主任，现社长	1939年停刊后复刊	小型，四页，9 000，日刊	以唐山为中心的京山沿线	—	亲日	—
河北日报	保定中国	中文	社长 宋心澄、顾问 栗原清	1939年创刊。资本金四万二千圆	大型，六页，5 000，日刊	京汉沿线，一般阶级	—	亲日	河北省公署每月补助5 000圆

① 1926年8月4日创刊。

② 此处名称疑有误。

十、汪伪政权统治地区、上海租界、香港报纸调查一览表(1941年3月)

(续表)

名　称	所在地、国籍	语言	持有人、负责人的简历、系统	沿革及组织	报纸尺寸、形式、发行量、发行次数	读者地区分布、读者层	在中国、外国人中的信誉、影响	论调(主义、系统)	备　考
山东新民报	济南 中国	中文	社长　浦上叔雄 中学毕业后任陆军特务机关职员,后任社长	1917年作为《济南日报》创刊,因事变一时停刊,1938年复刊称《山东新民报》,资本金八万圆	大型,六页,25 000,日刊	济南、津浦沿线各阶层	—	亲日	—
苏北新民报	徐州 中国	中文	社长　黑川重行 金泽商校毕业,历任冀东日报社长,现社长	1938年8月创刊,名《陇海新民报》,后改为现名。资本金六万圆	大型,四页,5 000,日刊	以徐州为中心,津浦、陇海沿线	—	亲日	—
鲁东日报	烟台 中国	中文	社长　斋藤荣 甲府商校毕业,由《山梨民报》董事转任现社长	1938年由旧《复兴日报》改为现名	大型,四页,5 000,日刊	以烟台为中心。各阶层	—	亲日	—
石门新报	石门 中国	中文	社长　松清溪 平民大学毕业,同盟通信社中文编辑主任,现社长	1938年11月创刊,名《正报》,1939年11月改为现名	大型,四页,5 000,日刊	以石门为中心的京汉沿线	—	亲日	—
新河南日报	开封 中国	中文	社长　邢幼杰 河南大学毕业	1929年创刊的河南小报的后身,1938年6月合并《新河南报》改称《新河南日报》	大型,四页,1 500,日刊	以开封为中心的京汉、陇海沿线	—	亲日	—
山西新民报	太原 中国	中文	社长　菊池幸作 (参照《太原新报》①栏)	1937年以同盟通信社太原支局为中心创刊	大型,四页,10 000,日刊	以太原为中心,全山西	—	受同盟通信指导的国策报纸	—
晋南晨报	临汾 中国	中文	社长　林■晖 中学毕业后入报界	1939年5月1日创刊,资本金五千圆	小型,四页,3 000,日刊	临汾地区	—	—	山西临汾方面作战宣抚用报纸
新声报	新乡 中国	中文	社长　富田广吉 (参照《河南新报》栏)	1939年创刊,一度委托北京《新民报》经营,1940年6月独立	小型,四页,3 900,日刊	以新乡为中心,京汉、陇海沿线	—	亲日	—
Peking Chronicle(北京时事日报)	北京 日本	英文	监督　平野直彦 总编　A.B.韦德钦	1937年11月由国民党系排日英文报改称此名。在军报道部指挥下由外国人编辑而创刊	大型,十页,5 000,日刊	北京、天津及中国南方、世界各地	在当地外侨及中国人中相当有信誉	在军方指导下,努力使外国人理解日本的想法	—

① 同一报告中有《太原新闻》。

(续表)

名　称	所在地、国籍	语言	持有人、负责人的简历、系统	沿革及组织	报纸尺寸、形式、发行量、发行次数	读者地区分布、读者层	在中国、外国人中的信誉、影响	论调（主义、系统）	备　考
Journal de Pekin（北京报）	北京 法国	法文	主笔 A. Nachbour	1911年由比利时、法、俄人共同创刊经营，前欧洲大战中被法国人盘下（现经营者之父）。通讯以"哈瓦斯"为主	大型，四页，500—1 000，日刊	以华北、蒙疆地区的天主教传教士为主	—	—	法国公使馆提供补助
Peking and Tientsin Times（京津泰晤士报）	天津 英国	英文	持有人、常务理事 J. S. Jones，主笔 W. V. Peninell 犹太系	1894年创刊，股份有限公司，参与经营天津印字馆	大型，十四页，5 000，日刊	华北主要都市	—	有排日色彩，但最近其色彩转淡。英国工部局机关报	负责从天津发送路透社及 A. P. 的通讯
North China Star（华北明星报）	天津 美国	英文	持有人 社长 C. J. Fox 总编 A. B. Hayman	1918年在美国内华达州注册创刊，资本金5万弗。与 U. P. 关系深	大型，十二页，2 000，日刊	除了英、美人以外，中国读者也很多	—	稳健。英文报纸中出类拔萃者	—
German News（德国新闻）	天津 德国	英文	社长 A. F. Wetyel 主笔 A. Baner 德国宣传机关，个人经营	1939年6月创刊，Transocean 通讯系统	小型，四页，600，日刊	发行后大多用于赠阅	—	本次欧洲战争中德国方面的宣传报纸	—
Deutsche Zeitung in Nordching（德文日报）	天津 德国	德文	社长 A. F. Wetyel 纳粹党代表，纳粹的宣传机关	1930年创刊，Transocean 通讯系统	小型，八页，600，晚刊	—	—	以宣传纳粹为主义	—
Deutsch Chinesische Nachrichten	天津 德国	德文	持有人 A.G. Deutsche 总编 A. F. Wetyel 个人经营	1930年10月创刊	小型，十二页，700，日刊	—	—	—	—
German Chinesische Nachrichten（德华日报）	天津 德国	德文	Zeitungsgesellschaft（新闻协会）编辑干部 W. Krey	与德文日报社为姊妹关系	小型，八页，日刊	—	—	宣传德国色彩浓厚	—
Le Tientsinnois	天津 法国	法文	社长 A. Nachbour 北京 Journal de Pekin 的姊妹报	约有20年历史	—	—	—	—	—
Возрождение Азии（兴亚新报）	天津	俄文	社长 巴斯托宾·艾拉莫皮 原俄国哥萨克一等大尉，1931年以来负责经营本报，白俄防共委员会机关报	1921年作为 Голос Азии（《亚洲之声》）创刊，1932年改为现名	大型，六至八页，2 500，日刊	华北一带主要都市读者居多。"满洲"、上海亦有读者	在华北白俄中评价高	亲日。反共色彩极浓厚	社长巴斯托宾是亲日反共分子，现为华北白俄防共委员会委员长

名 称	所在地、国籍	语言	持有人、负责人的简历、系统	沿革及组织	报纸尺寸、形式、发行量、发行次数	读者地区分布、读者层	在中国、外国人中的信誉、影响	论调（主义、系统）	备 考
Нашазаря（俄文露①报）	天津	俄文	持有人 G. N. 希普科夫 圣彼得堡大学毕业，约1920年来天津，1930年任该社长。白俄系	1928年4月创刊，曾与哈尔滨、上海的 Zapil 同一经营，1938年独立	大型，六页，800，日刊	—	—	亲日。受白系俄国民族协会领导，标榜反共	受哈尔滨 Заря 社长考夫曼指挥，可以说实权为其掌握
Shangtung Daily News（山东日报）	青岛 日本	英文	株式会社山东日报社 社长 中村顺之助 东亚同文书院毕业，中村洋行主人。资本金四万元	英人经营的青岛 Times 的后身，1938年11月除了英、美之外，日、德也加入，成为日、英、德合资的股份制组织	大型，四页，（夏季）800，（其他）300，日刊	住在青岛的外国人	—	强调支持日、德轴心	股份制，投资额日本13 000元、德国13 000元、英国1万元、美国4 000元
Даль②（俄侨新报）	青岛	俄文	持有人（主持人）奥嘎内佐夫 原上海俄文报 ГолосРоссии 记者，1940年任现主持人。青岛纯白系俄人机关报	1940年6月创刊	小型，四页，300，日刊	住在青岛的白俄	—	反共	青岛白俄反共委员会提供补助
Циндаоский-бюллетень	青岛	俄文	持有人 艾格洛夫（社长）高加索人，作为正教徒僧侣来华北，六年前在青岛发行此报	1936年创刊	小型，四页，300，日刊	—	—	反共，但色彩不浓厚	—

华东、华中等地区

名 称	所在地、国籍	语言	持有人、负责人的简历、系统	沿革及组织	报纸尺寸、形式、发行量、发行次数	读者地区分布、读者层	在中国、外国人中的信誉、影响	论调（主义、系统）	备 考
大陆新报	上海 日本	日文	社长 福家俊一 主笔及编辑局长 社长兼任 副社长 尾坂兴市（内定）	1939年1月1日创刊。开始由陆军、海军、外务省援助，作为大陆国策报纸而创刊。兴亚院华中联络部设立后，由该联络部补助	大型，晨刊八页，晚刊四页，25 000，晨、晚刊	以上海为中心，发往南京、杭州、苏州、蚌埠。另送给前线部队约三千份	—	—	—

① 疑为"霞"之误。
② 原文为日文音译"デニ"，疑是 даль。

(续表)

名 称	所在地、国籍	语言	持有人、负责人的简历、系统	沿革及组织	报纸尺寸、形式、发行量、发行次数	读者地区分布、读者层	在中国、外国人中的信誉、影响	论调（主义、系统）	备 考
上海每日新闻	上海 日本	日文	社长 深町作次 主笔 园田日吉	1918年11月创刊，1924年11月由《上海经济日报》改名而来，1929年山田社长退出，原社长深町作次再次任社长	大型，晨刊八页，晚刊四页，15 000，晨、晚刊	与《大陆新报》相同	—	—	—
新申报	上海 日本	中文	社长 福家俊一 主笔兼总编 日高清磨瑳	1937年10月1日创刊。为对抗上海租界内的抗日中文报纸，由军方报道部创办，每月接受补助持续刊行。1939年4月与《大陆新报》合并，成为华文局	大型，八页，65 000，日刊	日本军占领区一带	中国民众反响大	日本方面的宣传机关	《中华日报》发行后发行量一度下降，迎合中国民众希望知晓日方意向的心理，最近发行量在增加。仅上海租界内就约销售1万份
申报	上海 美国	中文	董事长兼总经理 C. W. Addams 经理 马荫良 副经理 王尧钦 总主笔 N. F. Allman 律师，市参事会员 主笔 潘公弼 42岁，日本法政大学出身	1872年（同治十一年）创刊，中国历史最久的报纸，由英人F. Majer创刊，1914年已故史量才任总经理，在德国领事馆注册，1916年又在日本领事馆注册，后改在法国领事馆注册，因此次事变①，1937年12月15日以来停刊，翌年10月10日以美国籍复刊	大型，十二页，40 000，日刊	上海及上海周边。在各界有识阶级中读者居多	在读者中信誉高	不一定有煽动性，但追随重庆	经营者为已故史量才之子史咏赓。吴铁城提供补助，杜月笙、钱新之给予支援
新闻报（新闻夜报）	上海 美国	中文	社长 美国太平洋出版公司（代表者） J. C. Ferguson) 总经理 汪伯奇 副经理 汪仲韦 总主笔 李伯虞 主笔 严独鹤	1893年（光绪十九年）创刊，历史仅次于《申报》。起初于美国总领事馆注册，1929年取消，改在国民政府实业部注册，这次事变发生以来为经营方针苦恼，1938年9月1日作为美国籍复刊。晚刊有1932年4月创刊的《新闻夜报》	大型。晨刊十四至十八页，晚刊四至六页，晨刊50 000，晚刊10 000，晨、晚刊	上海及上海周边。经济界读者居多	—	稳健。经济新闻的色彩浓厚	《申报》经营者史咏赓是大股东，拥有全股120万元中的75万元。沙逊一派犹太财阀给予援助

---

① 似指1937年8月13日日军大举进攻上海。

调查杂录　　十、汪伪政权统治地区、上海租界、香港报纸调查一览表(1941年3月)

(续表)

名　称	所在地、国籍	语言	持有人、负责人的简历、系统	沿革及组织	报纸尺寸、形式、发行量、发行次数	读者地区分布、读者层	在中国、外国人中的信誉、影响	论调(主义、系统)	备　考
中美日报	上海 美国	中文	社长 吴任沧 总经理 骆美中 总编辑 查修 编辑主任 王锦铨 吴任沧任江苏农民银行总行副经理。领导阶层全为浙江省出身,处于宁波人同乡会保护下。骆美中为陈立夫心腹秘书	1938年11月1日创刊。本报是这次事变后于1938年3月奉CC团陈果夫之命筹划发行,最初取名《中法日报》,准备获得法国政府许可,因无法国身份的名义人,未获批准,接着想以《中英日报》之名取得英国籍,仍未果。经八个月准备终于与美商罗斯福出版公司合作成功,冠名为《中美日报》	大型,八页,20 000,日刊	上海及上海周边	—	重庆方面的重要舆论机关,抗日反汪色彩最浓厚。受到工部局数回停刊处分	有人认为总经理是骆美夬(骆美中之弟)。江苏农民银行提供10万元作为创刊准备金,其后每月提供2万元补助。从1939年10月增至3万元
神州日报	上海 美国	中文	总经理 蒋光堂 总编辑 盛世强 编辑有杨潮、戴湘云、吴清友等左翼文人	事变前为国民党机关报,事变后1938年4月以《导报》(英国籍)之名发行,1939年7月停刊,同年12月再以《神州日报》之名复刊	大型,四页,1 600,日刊	上海及上海周边	—	抗日反汪的煽动色彩浓厚	重庆每月提供4 000元补助
正言报	上海 美国	—	名义人 H.F.贝因 法律顾问 C.F.法兰克林 总编辑 崔伯鸣 编辑 吴绍树 C.F.法兰克林为律师,原工部局董事会议长。吴绍树为上海三民主义青年团代表	1940年9月20日创刊	大型,八页,15 000,日刊	知识阶层	—	抗日反汪	重庆每月补助六七千元,据说约定逐渐增加
大美晚报	上海 美国	中文	董事长 C. V. Starr 总经理 G. C. Bruce 总编辑 王启熙 前总经理张似旭于1940年7月被暗杀	1933年1月1日创刊①。作为 Shanghai Evening Post 中文版由总经理张似旭创办,是孔祥熙一派亲美者与美国人 Starr 一派合作之物,销量最多达6万份	大型,四页,12 000,晚刊	上海及上海周边	—	听从上海 Evening Post 指示。抗日	—

① 应为1933年1月16日,《大美晚报》中文版发行。

(续表)

名称	所在地、国籍	语言	持有人、负责人的简历、系统	沿革及组织	报纸尺寸、形式、发行量、发行次数	读者地区分布、读者层	在中国、外国人中的信誉、影响	论调（主义、系统）	备考
华美晚报	上海 美国	中文	社长 H. P. Mills 经理 朱作同 江苏省出身，是陈果夫同乡，与中央党部联络密切，掌握经营实权	1936年8月创刊。创立者朱作同曾为《大美晚报》编辑主任，才干被公认。因与同报总经理、已故张似旭意见对立，跟数名干部一起辞职，集资二万元独立。这次事变后随着中文报纸减少，销量一度达八千份，但此后陷入经营困难，纸面低调不振	大型，四页，10 000，晚刊	上海及上海周边	—	抗日	重庆中央党部宣传部每月补助4 000元，经营仍困难，据说要改行
大晚报	上海 英国	中文	名义人 B. H. Fleet 总经理 崔唯吾 副经理 王锦城 总主笔 汪倜然 Fleet 只是名义人，实权在王锦城、汪倜然、王一萍手中。崔唯吾，山东省出身，《时事新报》原总经理，战前任中央政治会议秘书处秘书兼财政部专门委员会委员	1933年2月1日创刊①。原为国民党上海市党部常务委员吴开先作为机关报创立，得到当时上海市长吴铁城援助，每月市政府补助二千元，江苏省政府补助一千元，市商会补助一千元，合计四千元。这次事变后抗日分子逃离，苦于缺少人手，加上是中国籍，发行困难，将总部迁至香港，改为英国籍，在英国大使馆许可下继续发刊	大型，四页，8 000，晚刊	上海及上海周边	—	有抗日反汪倾向，但不过激	汪精卫和平运动一出现，就试图转向汪派，蒋介石获知后，受到重庆严厉监视。据说重庆每月补助4 000元，与孔祥熙有关系
大英夜报	上海 英国	中文	名义人 Sander-Bates 总经理 褚郊东 总编辑 褚东生	1938年7月1日创刊②。原先作为上海市教育局长潘公展及上海市长俞鸿钧的秘密机关而创刊，现经营困难	大型，四页，1 000，晚刊	上海及上海周边	—	抗日反汪色彩浓厚	重庆每月补助3 000元，据说曾经是中国共产党机关报，亲苏的色彩浓厚。德、苏合作以来，其态度稍有变化

---

① 1932年2月1日创刊。
② 应为7月4日创刊。

调查杂录　　十、汪伪政权统治地区、上海租界、香港报纸调查一览表(1941年3月)

(续表)

名　称	所在地、国籍	语言	持有人、负责人的简历、系统	沿革及组织	报纸尺寸、形式、发行量、发行次数	读者地区分布、读者层	在中国、外国人中的信誉、影响	论调(主义、系统)	备　考
中华日报	上海中国	中文	社长　林柏生副经理　杨正之主笔　胡兰成总编辑　范谔	1932年4月21日创刊①。汪精卫任前政府行政院长时作为自己的宣传机关创立,林柏生、杨正之等负责经营。因事变停刊约二十一个月后,1939年7月10日在展开和平运动的同时,作为其宣传机关报复刊	大型,八页,70 000,日刊	以上海、南京为中心,华东一带	—	"国民政府"系统。以林柏生为中心的"国民政府"宣传部机关报	广告等与《大陆新报》合作
平报	上海中国	中文	社长　罗君强总经理兼总编辑　金雄白罗君强任"政府边疆委员会"委员长	1940年9月1日创刊	大型,四页,10 000,日刊	上海及周边	—	"国民政府"系统。以周佛海为中心	社长罗君强兼任南京《中报》社长,与该报关系密切,应该都称为周佛海系统
新中国报	上海中国	中文	社长　陈孚木副社长兼总经理　严军光陈与严曾指导兴亚建国运动	1940年11月7日创刊。陈孚木、严军光等领导的兴亚建国运动,为动员民众而发行的宣传物	大型,四页,小型,四页,15 000,日刊	以上海为中心,占领地区一带	—	"国民政府"系统	兴亚建国运动原受总领事馆领导,1940年9月转入兴亚院华中联络部指导之下
国民新闻	上海中国	中文	社长　伍麟趾	1940年3月15日创刊,《中华日报》的子报,杨正之创办	小型,10 000,日刊	上海及上海周边	—	"国民政府"系统	1941年1月1日改组,推举李士群任社长,胡兰成任副社长。正筹办为大型报纸
中国商报	上海中国	中文	总经理　方青箱总编辑　严柏良	1939年11月1日创刊②,苏浙皖总税局长邵式军出资创立	大型,四页,小型,二页,1 000,日刊	上海及上海周边	—	中立报纸	不攻击日本与汪派,表面上亦装作与重庆无关系,报面无特色
宁波公报	上海中国	中文	代表　袁履登	1938年5月创刊③,宁波人同乡会创办	小型,四页,19 000,日刊	上海及宁波	—	宁波同乡会机关报	以浙江财阀为背景,在上海小报中最有实力与信誉
上海日报	上海中国	中文	代表兼主笔　王雪尘	1938年5月创刊④,各银号捐款创立	小型,5 000,日刊	上海及上海周边	—	钱庄、银号业者的机关报	经营稳定。各钱庄、银号及赛狗场、球会等捐款

① 一说4月11日创刊,一说4月17日创刊。
② 一说1939年4月创刊。
③ 一说4月27日创刊。
④ 1938年2月5日创刊。

(续表)

名称	所在地、国籍	语言	持有人、负责人的简历、系统	沿革及组织	报纸尺寸、形式、发行量、发行次数	读者地区分布、读者层	在中国、外国人中的信誉、影响	论调（主义、系统）	备考
东方日报	上海 中国	中文	代表 邓荫先	1932年10月创刊①	小型，四页，6 000，日刊	上海及上海周边	—	上海律师公会机关报	抗日言论的温床
社会日报	上海 中国	中文	代表 胡熊飞 表面上是胡，实权为《申报》周瘦鹃掌握	1930年12月创刊	小型，四页，5 000，日刊	上海一带	—	申报系统色彩浓	—
力报	上海 中国	中文	代表 曹志功 青帮头目，张锦湖之弟子	1937年10月创刊②	小型，四页，4 500，日刊	上海一带	—	与重庆有秘密联络	—
奋报	上海 中国	中文	代表 韩玉峰	1939年4月创刊	小型，2 500，日刊	上海一带	—	与抗日青年有联系	与《大英晚报》有联络，每月获500元，从重庆获200元补助
上海新报	上海 中国	中文	社长 钱人杰	1939年11月创刊	小型，周刊	上海一带	—	"国民政府"系统	—
浦东新报	上海 中国	中文	社长 孙鲁胆	1940年1月创刊	小型，日刊	浦东一带	—	"国民政府"系统	—
North China Daily News and Herald（字林西报）	上海 英国	英文	社长 H. E. Morris 经理 R. W. Davis 总编 E. Howard Morris兄弟拥有大量资本。Morris是英国犹太人。霍华德曾任印度Times通讯员，发挥过才能	1854年创刊③。本报为远东最老的报纸，登载英国领事馆及在华英国高等法院的布告，是英国当局在上海的机关报，同时也代表公共租界工部局的见解	大型，十页乃至十六页，8 000，日刊	广为外国、中国知识分子阅读	信誉在中国的外国报纸中居首	上海英当局及公共租界工部局的机关报。论调比较稳健，明确反映英国政策	最近迅速发行欧洲战况号外，致力于宣传工作
China Press（大陆报）	上海 美国	英文	社长 董显光 总编 J. B. 鲍威尔 名义人 孔祥熙 社长董显光为重庆政府宣传部副部长	1910年创刊④。本报最初属于法国保护民犹太人Sopher兄弟所有，1930年转让给中国出版公司（主要由顾维钧夫人出资），后来编入张竹平报业托拉斯，1935年离开张，现由孔祥熙系财阀经营，重庆方面最富战斗性的机关报	大型，十四页，7 000，日刊	中国学生中读者多	—	为重庆政权辩护，反日	作为周日附录，有照相版、漫画版及宣传画版

---

① 一说1932年5月27日创刊，一说1933年5月27日创刊。
② 1937年12月10日创刊。
③ 1864年6月1日创刊。
④ 1911年8月20日创刊。

调查杂录　十、汪伪政权统治地区、上海租界、香港报纸调查一览表(1941年3月)

(续表)

名　称	所在地、国籍	语言	持有人、负责人的简历、系统	沿革及组织	报纸尺寸、形式、发行量、发行次数	读者地区分布、读者层	在中国、外国人中的信誉、影响	论调(主义、系统)	备　考
Shanghai Times（泰晤士报）	上海 英国	英文	社长 E. A. Nottingham 副主笔 R. T. Hope 总编 P. 巴拉蒙廷 Nottingham 与 Hope 是犹太系英国人，巴拉蒙廷是澳洲人	1923年创刊①	大型，3 000，日刊	—	—	论调稳健。对日本有好感	据外务省情报部编纂的《"满洲国"及中国的报纸》（1937年版），为1889年创刊
Shanghai Evening Post & Mercury（大美晚报）	上海 美国	英文	总代表 C. V. Starr 经理 G. C Bruce 总编 R. Gould Gould 在华二十年，曾任 U.P 北京特派员，与我国人有接触。据说最近与重庆有来往以后，有亲蒋的倾向	1922年创立②。本报由 China Press 的晚刊 Evening Star 与 Shanghai Gazette 两晚刊合并改名而成。原为国民党的机关报，陈友仁负责，其后因经营困难，1924年转入奉天派手中，接着由 Y. D. Shen 接手，1928年归现持有人经营。1930年8月盘下 Shanghai Mercury，改为现名	大型，十六页，7 000，晚刊	—	—	论调极反日，亦有亲苏倾向	重庆每月提供大量补助。中文《大美晚报》的母报，另外还同样经营周刊（英文）Sunday Mercury（《大美周报》）
Evening Echo（大英晚报）	上海 英国	英文	发行人兼主笔 C.L.F. Fearan	1938年创刊。由于上海的英文晚报为 Evening Post 独占，Fearan 想另出晚报卖给中国以及日本读者，拿出私囊创刊	大型，2 000，晚刊	—	影响微弱	亲日，但论调平凡	—
Journal de Shanghai（法文上海日报）	上海 法国	法文	经理兼主笔 G.S. Moresthe	1927年创刊。因痛惜过去三十年一直发行的 Le Echo de China 停刊，Havas 通讯员等创办了此报。法国领事馆方面提供后援，经营上有一定保证	大型，六页，2 000，日刊	法国侨民将其视为在中国唯一的本国报纸而订阅	—	论调比较稳健，对日本中立。法国侨民的机关报	重点在欧洲问题。以哈瓦斯电讯为主编辑

---

① 1901年3月创刊。
② 1929年4月创刊。

(续表)

名称	所在地、国籍	语言	持有人、负责人的简历、系统	沿革及组织	报纸尺寸、形式、发行量、发行次数	读者地区分布、读者层	在中国、外国人中的信誉、影响	论调（主义、系统）	备考
Ostasiatisher Lloyd（德文远东新闻报）	上海 德国	德文	社长 H. L. Ley	纳粹上海支部继承1932年创刊的 Deutsche Shanghai Zeitung 改为现名创办	大型,1 000,日刊	—	—	纳粹机关报。报道比较公正,但难说特别亲日	以 Transocean 电讯为中心编辑。纳粹党支部补助三千元,德国情报官补助三千元作为号外费
Shanghai Jewish Chronicle	上海	德文	代表 莱温 奥地利犹太人	1939年创刊	小型,六页,1 500	上海的犹太人	—	—	因大量犹太人难民进入上海,以其为对象发行,接受难民协会补助
Gelbe Post	上海	德文	代表 阿道尔夫·瑟夫·施托菲 德国犹太人	1939年创刊,现在与 8 uhr Abendblatt 合并	1 000	上海的犹太人及德国人	—	抗日、援蒋的倾向浓厚	
8 uhr Abendblatt	上海	德文	代表 Wolfgang Fischer 奥地利犹太人	创刊信息不明	小型,四页,400,晚刊	上海的犹太人	—	—	
Шанайская Заря（上海柴拉早报）	上海	俄文	代表 O. V. Lembich 夫人 创刊者 Lembich 的遗孀,但实权在哈尔滨 Заря 社长考夫曼手中	1930年创刊。本报由哈尔滨 Заря 社经营,创刊以来在远东白系俄文报纸中最有影响	大型,八页,1 000,晨、晚刊	在上海白系俄人	中立。商业报纸的色彩浓		似乎英大使馆及法公董局各补助3 000元。另发行四页晚刊 Заря
Слово（斯罗沃）	上海	俄文	代表 Altadukaff 生于高加索,十数年前来上海,创办本报	1929年创刊,支持上海俄罗斯民族委员会	大型,四页,日刊	—	—	反苏亲日	—
Время Востока（远东泰晤士）	上海	俄文	总军上海机关领导该报	周刊俄文报 Русь① 的后身,获得满铁等补助后改为日刊	4 000,日刊	发行的大半数量寄送"满洲"	—	—	—
Новости Аня（俄文日报）	上海	俄文	社长 Y. A. Chilikin 犹太白俄人	1923年创刊。本报当初称 Копейка,因财政困难,1934年12月停刊,同时改为现名,在苏联援助下续刊	1 200,日刊	—	—	苏联的宣传报纸	苏联机关每月补助6 000元

① 原文为日文音译"ルウシ",根据发音,疑是 Русь。

调查杂录　　十、汪伪政权统治地区、上海租界、香港报纸调查一览表(1941年3月)

(续表)

名　称	所在地、国籍	语言	持有人、负责人的简历、系统	沿革及组织	报纸尺寸、形式、发行量、发行次数	读者地区分布、读者层	在中国、外国人中的信誉、影响	论调(主义、系统)	备　考
南京大陆新报	南京日本	日文	支社长　铃木善一 总编　平野直美	1939年7月26日创刊	大型，四页，8 000，日刊	以南京为中心，向前线散发	—	—	总社在上海
南京新报	南京中国	中文	社长　秦墨哂 总编　金震生	1938年8月创刊①，原为维新政府机关报	大型，六页，10 000，日刊	—	—	"国民政府"系统	—
南京晚报	南京中国	中文	社长　秦墨哂 总编　曹见微	1939年1月创刊②	小型，四页，晚刊	—	—	"国民政府"系统	《南京新报》的晚刊
中报	南京中国	中文	社长　罗君强 总编　关启于	1940年3月30日创刊。在汪精卫改组"国民政府"还都南京的同时，作为党的机关报而创设	大型，六页，20 000，日刊	以南京、上海为中心有读者	—	国民党机关报	与《中华日报》比较，版面差，属于地方性报纸
新松江报	松江中国	中文	代表　县教育科长	1938年7月创刊	小型，四页，隔日刊	松江一带	—	"国民政府"系统	—
嘉定新报	嘉定中国	中文	社长　冯诚求 总编　吴雁秋	1938年7月创刊	小型，四页，日刊	嘉定一带	—	"国民政府"系统	—
新崇明报	崇明中国	中文	社长　崔建平 总编　罗剑崖	1938年5月创刊	小型，四页，隔日刊	崇明一带	—	"国民政府"系统	—
江北新报	南通中国	中文	社长　张孝卿 总编　丁于一	1938年3月创刊	大型，四页，日刊	南通一带	—	"国民政府"系统	—
海门新报	海门中国	中文	社长　张直 邵骥时	1939年6月创刊	小型，四页，隔日刊	海门一带	—	"国民政府"系统	—
靖江新报	靖江中国	中文	社长　熊仰西 总编　谈木公	1939年6月创刊	小型，四页，日刊	靖江一带	—	"国民政府"系统	—
新青浦	青浦中国	中文	社长　姚明仁 总编　朱士元	1939年7月创刊	小型，四页，周刊	青浦一带	—	"国民政府"系统	—
新皋报	如皋中国	中文	社长兼总编　管家杜	1938年3月创刊	大型，四页，日刊	如皋一带	—	"国民政府"系统	—
太仓新报	太仓中国	中文	社长兼总编　顾息兮	1938年3月创刊	小型，四页，日刊	太仓一带	—	"国民政府"系统	—
新金山报	金山中国	中文	社长兼总编　刘森	1939年11月创刊	小型，四页，周刊	金山一带	—	"国民政府"系统	—
新镇报	镇江中国	中文	社长　郁理 总编　施又依	1938年3月创刊	大型，四页，日刊	镇江一带	—	"国民政府"系统	—
句容苏报	句容中国	中文	社长　杨玉波 总编　张之林	1938年8月创刊	小型，四页，每三日刊	句容一带	—	"国民政府"系统	—

---

① 8月1日创刊。
② 1月4日创刊。

(续表)

名　称	所在地、国籍	语言	持有人、负责人的简历、系统	沿革及组织	报纸尺寸、形式、发行量、发行次数	读者地区分布、读者层	在中国、外国人中的信誉、影响	论调（主义、系统）	备　考
新丹阳报	丹阳中国	中文	社长　孙狗青 总编　胡志明	1938年9月创刊	小型，四页，日刊	丹阳一带	—	"国民政府"系统	—
新金坛日报	金坛中国	中文	社长　冯鸣至 总编　贺志喜	1938年7月创刊	小型，四页，晨刊	金坛一带	—	"国民政府"系统	—
扬州新报	扬州中国	中文	社长　朱康 总编　陆希圃	1938年3月创刊	大型，四页，日刊	扬州一带	—	"国民政府"系统	—
江浦新报	江浦新报	中文	社长　王振声 总编　张■方	1939年9月创刊	小型，四页，每三日刊	江浦	—	"国民政府"系统	—
蚌埠新报	蚌埠中国	中文	社长兼总编　张益龄	1938年5月创刊	大型，四页，日刊	蚌埠一带	—	"国民政府"系统	—
芜湖新报	芜湖中国	中文	社长　余■坪 总编　张练生	1938年7月创刊	大型，四页，日刊	芜湖一带	—	"国民政府"系统	—
当涂新报	太平中国	中文	社长　张星俦 总编　张寄萍	1939年6月创刊	小型，四页，日刊	太平一带	—	"国民政府"系统	—
安庆新报	安庆中国	中文	社长兼总编　江质清	1938年8月创刊	小型，四页，日刊	安庆一带	—	"国民政府"系统	—
新皖日报	庐州中国	中文	社长　方尚明 总编　王复生	1939年8月创刊	小型，四页，日刊	庐州一带	—	"国民政府"系统	—
淮南报	巢县中国	中文	社长　王立民	1940年1月创刊	小型，四页，日刊	巢县一带	—	"国民政府"系统	—
苏州新报	苏州中国	中文	社长　顾天锡 总编　闵绥之	1937年12月创刊①	大型，六页，日刊	苏州一带	—	"国民政府"系统	—
江南日报	苏州中国	中文	社长　黄春成 总编　王钝根	1938年10月创刊②	大型，四页，日刊	苏州一带	—	"国民政府"系统	—
虞报	常熟中国	中文	社长　王采南 总编　张守一	1938年1月创刊	大型，四页，日刊	常熟一带	—	"国民政府"系统	—
新锡日报	无锡中国	中文	社长　张瑞初 总编　宋叔勤	1938年1月创刊	大型，四页，日刊	无锡一带	—	"国民政府"系统	—
新昆山日报	昆山中国	中文	社长兼总编　杜谦吉	1938年7月创刊	大型，二页，日刊	昆山一带	—	"国民政府"系统	—
武进日报	常州中国	中文	社长兼总编　郭文轨	1938年1月创刊③	大型，四页，日刊	常州一带	—	"国民政府"系统	—
新江阴报	江阴中国	中文	社长兼总编　缪桂山	1938年6月创刊	大型，四页，日刊	江阴一带	—	"国民政府"系统	—
新吴江	吴江中国	中文	社长　朱元直 总编　詹若耶	1939年5月创刊	大型，二页，日刊	吴江一带	—	"国民政府"系统	—

① 1938年8月，由伪《苏报》改组而成。
② 1939年5月出版。
③ 1938年7月23日创刊。

(续表)

名称	所在地、国籍	语言	持有人、负责人的简历、系统	沿革及组织	报纸尺寸、形式、发行量、发行次数	读者地区分布、读者层	在中国、外国人中的信誉、影响	论调（主义、系统）	备考
杭州新报	杭州 中国	中文	社长 程季英 总编 何治平	1937年12月创刊①	大型，六页，日刊	杭州一带	—	"国民政府"系统	—
海宁新报	硖石 中国	中文	社长 蔡竞雄 总编 沈洪熙	1938年9月创刊	小型，四页，日刊	硖石一带	—	"国民政府"系统	—
湖州新报	湖州 中国	中文	代表 吴兴宣传委员会 总编 潘■英	1938年1月创刊②	大型，四页，日刊	湖州一带	—	"国民政府"系统	—
嘉兴新报③	嘉兴 中国	中文	总编 张寿鹏	1938年4月创刊④	小型，四页，日刊	嘉兴一带	—	"国民政府"系统	—
平湖日报	平湖 中国	中文	社长 王蓝生 总编 谢树生	1938年6月创刊	小型，四页，日刊	平湖一带	—	"国民政府"系统	—
崇德新报	崇德 中国	中文	社长 不详	1940年3月创刊	小型，日刊	崇德一带	—	"国民政府"系统	—
武汉报	汉口 日本	中文	社长 大串国夫 总编 庄泗川 台湾出身	1938年11月9日创刊⑤。占领武汉后，以民众宣抚与对敌宣传为目的，军报道部创办	大型，六页，15 000，日刊	以武汉地区为中心，散发于岳州、信阳一带	发挥了巨大宣传力	陆军报道部机关报	—
武汉大陆新报	汉口 日本	日文	支社长兼总编 藏土延次	1939年5月27日创刊⑥	大型，四页，10 000，日刊	以汉口为中心，在前线散发	—	—	总社在上海

华南等地区

名称	所在地、国籍	语言	持有人、负责人的简历、系统	沿革及组织	报纸尺寸、形式、发行量、发行次数	读者地区分布、读者层	在中国、外国人中的信誉、影响	论调（主义、系统）	备考
全闽新日报	厦门 日本	中文	财团法人台湾善邻协会 社长 泽重信 日高第二实业毕业，原就职于台湾总督府，1935年就任社长	1907年林景仁创刊，1919年善邻协会盘下。因事变一度停刊，1938年6月复刊⑦	大型，六页，30 000，日刊	厦、鼓两地，附近岛屿及南洋各地日本人、中国人、外国人中有识之士	在中国人中相当有信誉	目的在于日中亲善、共存共荣。兴亚院厦门联络部机关报	作为附录发行两页日文版。曾为南洋华侨发行《民声报》《华侨新报》，因纸张不足目前停刊。发行《经济周刊》（每回1 600份）寄发华侨

---

① 原为《新浙江日报》(1938年1月创刊)，8月1日改为本名。
② 一说1939年创刊。
③ 一说为《嘉兴日报》。
④ 一说1938年9月创刊。
⑤ 一说11月10日创刊。
⑥ 一说1942年4月创刊。
⑦ 此处称"事变"，指1937年七七事变。8月28日停刊，10月日军侵占金门，12月1日发行复活第1号，1938年6月正式复刊。

(续表)

名　称	所在地、国籍	语言	持有人、负责人的简历、系统	沿革及组织	报纸尺寸、形式、发行量、发行次数	读者地区分布、读者层	在中国、外国人中的信誉、影响	论调（主义、系统）	备　考
华南新日报	厦门中国	中文	"厦门特别市政府"社长　林谷福建华侨公学毕业，1940年就任现社长	在海军特务部支持下，1938年9月以《复兴日报》为名创刊，1939年市政府成立时改为现名	大型，六页，3 900，日刊	厦、鼓两地及金门岛、南洋等中国人各阶层	中国支持者很多	由中国人的立场强调东亚新秩序建设之理念。市政府机关报	—
英国公报	厦门英国	英文	英国总领事馆	1939年9月第二次欧洲大战发生的同时发刊	小型，四页，周刊	住在鼓浪屿的中国知识分子中有很多读者	—	目的在于从有利于英国的角度宣传国际形势。总领事馆机关报	—
汕头日报	汕头日本	日文	财团法人台湾善邻协会	1939年6月在"南支军"报道部指导下创刊，1940年1月移交善邻协会，由该会经营	大型，二页，3 000，日刊	汕头、潮州地方	反响小	纯日本的	—
粤东报	汕头日本	中文	社长　杉本荣一原《报知新闻》社会部次长，1939年9月就任社长		大型，四页，6 000，隔日刊	汕头、潮州及南洋华侨	华侨，特别是泰国华侨有相当反响	强调"新中国"建设	预定近日发行日刊。另外发行旬刊《华侨旬报》，寄送南洋、泰国华侨
南支日报	广东日本	日文	财团法人台湾善邻协会	1938年11月在"南支军"报道部指导下发刊，《南支日报》于1939年2月发行	大型，四页，6 000，日刊	"南支军"占领地域及香港、澳门	—	纯日本系	预定最近发行晚报
广东讯报	广东日本	中文	社长　唐泽信夫早大毕业，原《朝日新闻》记者、台湾新高新报社长		大型，四页，12 000，日刊	同上及南洋方面华侨	表达日本的想法，反响很大	从日、华中间观察的论调	预定近日扩大至八页，还有每五日发行一回特别号，寄送南洋华侨，用作宣传
中山日报	广东中国	中文	汪系（"广东省政府"系统）社长　陈璧君"广东省"民政厅长副社长　王英需	在汪派支持下，1939年11月创刊	大型，四页，13 000，日刊	华南的新政权势力范围内	在和平工作上有相当大的反响	"国民政府"系统，省政府机关报	预定近日扩大至八页
民声日报	广东中国	中文	"广东特别市政府"系统总经理　华锦燊原在厦门及香港从事报业	在"广东治安维持会"后援下，1939年1月创刊	大型，四页，10 000，日刊	同上	在中国人中有很强的舆论指导力	"国民政府"系统，市政府机关报	同上。另外，七日发行一回特别号，用作宣传，寄送南洋方面的华侨

调查杂录 十、汪伪政权统治地区、上海租界、香港报纸调查一览表(1941年3月)

(续表)

名　称	所在地、国籍	语言	持有人、负责人的简历、系统	沿革及组织	报纸尺寸、形式、发行量、发行次数	读者地区分布、读者层	在中国、外国人中的信誉、影响	论调(主义、系统)	备　考
珠江	广东 中国	中文	社长 梁展帆 现保安司令部秘书,无系统	1939年10月创刊	Tabloid型①,四页,6 000,三日发行一回	同上	经济方面在下层阶级有信誉	"国民政府"系统	—
Canton Daily Sun	广东 英国	英文	社长 白戴雅(居于香港) 主笔 立噶亚(实际负责) 虽然属英国系统,但接受日本指导	1931年3月创刊,现在由军方报道部操纵	大型,四页,4 000,日刊	广东、香港、澳门的外国侨民	信誉、反响均薄弱	亲日	与扩大强化本报相比,更希望在香港出现有影响的日系报纸
南粤日报	佛山 中国	中文	社长 李侠夫 原中学校长 南海县机关报	1939年创刊	大型,四页,6 000,日刊	以南海县为中心,广州市、三水一带	无大反响	"国民政府"系统	如果日本方面不提供大量补助,经营会很困难
新民日报	江门 中国	中文	本岛人 简宽宏督印 新会县机关报	1940年3月创刊	大型,四页,3 000,日刊	新会县及中山县	同上	同上	—
海南新闻	海口 日本	日文	海南岛派遣部队经营,森田侯男负责编辑及发行	1940年3月10日由军方创办,直接经营	Tabloid型,四页,3 000,隔日刊	海南岛全岛的军队及侨民	—	纯日本系	预定近日发行日刊
海南讯报	海口 中国	中文	由海南岛派遣部队援助,赵心发行,个人经营	1939年2月创刊,军方直接经营后,移交管理	大型,四页,5 000,隔日刊	海南岛	—	"国民政府"系统	—
香港日报	香港 日本	日、中文	财团法人台湾善邻协会 社长 卫藤俊彦 原台湾《日日新报》政治部长	日文报于1909创刊,中文报于1937年创刊,1938年移交善邻协会管理	大型,日文四页、中文六页,日文3 000、中文8 000	香港、澳门及南洋华侨	反响不大	纯日本系	需要发行有影响的英文版
南华日报	香港 中国	中文	汪精卫派机关报	1930年创刊	大型,八页,8 000,日刊	—	—	亲日	—
大公报	香港 中国	中文	蒋政权系统	1936年在上海创刊,因事变转移至香港,1938年8月1日发刊②	大型,八页,50 000,日刊	—	—	抗日	背景为吴鼎昌
大公晚报	香港 中国	中文	同	同上	大型,20 000,晚刊	—	—	抗日	—
立报	香港 中国	中文	国民党左派系统 吴伯安	1934年9月在上海创刊③,事变后迁至香港	小型,六页,15 000,日刊	—	—	抗日	—

---

① 报纸版式之一,尺寸约为216×279毫米。下同。
② 应为8月13日创刊。
③ 1938年4月1日创刊。

(续表)

名称	所在地、国籍	语言	持有人、负责人的简历、系统	沿革及组织	报纸尺寸、形式、发行量、发行次数	读者地区分布、读者层	在中国、外国人中的信誉、影响	论调（主义、系统）	备考
工商日报	香港中国	中文	蒋政权拥护派系统 胡之武	1925年创刊，资本金十五万弗	大型，十六页，5 000，晨刊	—	—	抗日	背景为何东
工商晚报	同上	中文	同上	《工商日报》的晚刊，1930年创刊	大型，四页，15 000，晚刊	—	—	抗日	—
天光报	同上	中文	同上	将《工商日报》的晨刊冠名为"天光"，于1932年创刊	大型，八页，8 000，晨刊	—	—	抗日	—
循环日报	香港中国	中文	维护蒋政权 过文照	1873年创刊①，资本金二十万弗的有限股份公司	大型，十六页，6 000，晨刊	—	—	抗日	香港商会为背景
循环晚报	同上	中文	同上	1932年起发行	大型，四页，10 000，晚刊	—	—	抗日	—
华字日报	香港中国	中文	维护蒋政权 劳纬孟	1874年创刊②，资本金十五万弗	大型，十六页，5 000，晨刊	—	—	抗日	—
华字晚报	同上	中文	同上	1936年起发行	大型，四页，8 000，晚刊	—	—	同上	—
国民日报	香港中国	中文	蒋政权（中央宣传部）机关报 吴铁城	1937年6月创刊③	大型，四页，8 000，日刊	—	—	抗日	—
星岛日报	香港中国	中文	南洋华侨机关报	—	大型，四页，5 000，晨、日、晚刊	—	—	抗日	晨刊称《星岛晨报》，晚刊称《星岛晚报》，各约发行5 000份
香港朝报	香港中国	中文	—	循环日报社经营	大型，十六页，5 000，晨刊	—	—	抗日	—
华侨日报	香港中国	中文	崔维休	1924年创刊④，资本金十万弗的有限股份公司	大型，二十页，4 000，晨刊	—	—	抗日	第五路军所办
南强日报	同上	中文	—	1927年创刊，华侨日报社经营	大型，八页，2 000，日刊	—	—	抗日	—

---

① 1874年创刊。
② 1872年创刊。
③ 1939年6月6日创刊。
④ 1925年6月5日创刊。

调查杂录　十、汪伪政权统治地区、上海租界、香港报纸调查一览表(1941年3月)

(续表)

名　称	所在地、国籍	语言	持有人、负责人的简历、系统	沿革及组织	报纸尺寸、形式、发行量、发行次数	读者地区分布、读者层	在中国、外国人中的信誉、影响	论调（主义、系统）	备　考
南中报	同上	中文	—	1926年创刊，华侨日报社经营	大型，八页，5 000，晚刊	—	—	抗日	—
东方日报	香港中国	中文	蒋介石派机关报	1931年创刊	大型，八页，3 000，日刊	—	—	抗日	—
珠江日报	香港中国	中文	广西（李、白）派机关报 林心符	1936年创刊	大型，八页，3 000，日刊	—	—	抗日	—
大众日报	香港中国	中文	福建（陈济棠）派机关报 郑有余	1934年创刊	大型，八页，3 000，日刊	—	—	抗日	重庆政府提供补助
星报	香港中国	中文	姚苏凤	—	大型，10 000，晚刊	—	—	抗日	晚报。孔祥熙为背景
中国晚报	香港中国	中文	国家社会党机关报 李主仁	1938年5月创刊	大型，6 000，晚刊	—	—	抗日	同上。重庆政府提供补助
时事晚报	香港中国	中文	蒋派（广东军）机关报	—	大型，3 000，晚刊	—	—	抗日	同上
自由日报	香港中国	中文	"国民政府"（汪精卫）系统	—	大型，3 000，日刊	—	—	亲日	—
华星日报	香港中国	中文	—	—	大型，3 000，日刊	—	—	抗日	—
大光报	香港中国	中文	香港基督教会机关报	1911年创刊	大型，十六页，2 000，日刊	—	—	抗日	—
先①报	香港中国	中文	同上	1936年创刊	小型，四页，2 000，日刊	—	—	抗日	—
国家社会报	香港中国	中文	国家社会党系	—	—	—	—	抗日	—
国华报	香港中国	中文	—	—	—	—	—	抗日	有晨刊、日刊二种
越华报	香港中国	中文	—	—	—	—	—	抗日	除此之外还有《探海灯》《先声》《人生》《果然》《天演》《天文台》《先导》《石山》《自然》等小报
成报	香港中国	中文	—	—	—	—	—	抗日	

---

① 原文模糊，疑似"先"。

(续表)

名 称	所在地、国籍	语言	持有人、负责人的简历、系统	沿革及组织	报纸尺寸、形式、发行量、发行次数	读者地区分布、读者层	在中国、外国人中的信誉、影响	论调（主义、系统）	备 考
South China Morning Post	香港 英国	英文	—	1906年创刊①	大型，十八页，7 500，日刊	—	—	稳健	—
Hongkong Telegraph	同上	同	—	1891年创刊②	大型，十二页，4 000，晚刊	—	—	同上	—
Hongkong Daily Press	同上	同	—	1857年创刊③	大型，十六页，3 000，日刊	—	—	反日	—
China Mail	同上	同	—	1904年创刊④	大型，十二页，3 000，晚刊	—	—	反日	—
China Times	香港 中国	英文	中国（第三党）系	—	—	—	—	抗日	—

---

① 1903年11月7日创刊。
② 1881年6月15日创刊。
③ 1857年10月1日创刊。
④ 1845年2月20日创刊。

附 录

一、校勘参考书目

史和等编:《中国近代报刊名录》,福建人民出版社1991年版。

戈公振:《中国报学史》,中国新闻出版社1985年版。

方汉奇主编:《中国新闻事业通史》(三卷本),中国人民大学出版社1992年、1996年、1999年版。

方汉奇主编:《中国新闻事业编年史》(三卷本),福建人民出版社2000年版。

方汉奇主编:《民国时期新闻史料汇编》(全十六册),国家图书馆出版社2011年版。

方汉奇、王润泽、郭传芹主编:《民国时期新闻史料续编》(全三十二册),国家图书馆出版社2017年版。

刘望龄:《黑血·金鼓——辛亥前后湖北报刊史事长编(1866—1911)》,湖北教育出版社1991年版。

王绿萍编著:《四川报刊五十年集成(1897—1949)》,四川大学出版社2011年版。

梁群球主编:《广州报业(1827—1990)》,中山大学出版社1992年版。

《安徽省志·新闻志》编委会办公室编:《安徽新闻百年大事(1898—1998)》,黄山书社1999年版。

邵梦龙主编:《绍兴新闻事业九十年》,海天出版社1994年版。

《胡道静文集·上海历史研究》,上海人民出版社2011年版。

马光仁主编:《上海新闻史(一八五〇——一九四九)》,复旦大学出版社1996年版。

唐惠虎、朱英主编:《武汉近代新闻史》,武汉出版社2012年版。

王绿萍:《四川近代新闻史》,四川大学出版社2007年版。

马艺等:《天津新闻史》,天津人民出版社2015年版。

徐运嘉、杨萍萍编著:《杭州报刊史概述》,浙江大学出版社1989年版。

李谷城:《香港中文报业发展史》,上海古籍出版社2005年版。

陈昌凤:《香港报业纵横》,法律出版社1997年版。

钟紫主编:《香港报业春秋》,广东人民出版社1991年版。

周中仁主编:《当代广西新闻事业》,广西教育出版社1989年版。

程沄主编:《江西苏区新闻史》,江西人民出版社1994年版。

王文科、张扣林主编:《浙江新闻史》,浙江大学出版社2010年版。

黑龙江省地方志编纂委员会:《黑龙江省志》第五十卷《报业志》,黑龙江人民出版社1993年版。

吉林省地方志编纂委员会:《吉林省志》卷四十二《新闻事业志·报纸》,吉林人民出版社2006年版。

辽宁省地方志编纂委员会办公室主编:《辽宁省志·报业志》,辽宁人民出版社2005年版。

北京市地方志编纂委员会:《北京志·新闻出版广播电视卷·报业、通讯社志》,北京出版社2006年版。

河北省地方志编纂委员会:《河北省志·新闻志》,中华书局1995年版。

山西省史志研究院编:《山西通志》第四十三卷《新闻出版志·报业篇》,中华书局1999年版。

河南省地方史志编纂委员会编纂:《河南省志》第五十四卷《新闻报刊志、广播电视志》,河南人民出版社1994年版。

山东省地方史志编纂委员会编:《山东省志·报业志》,山东人民出版社1993年版。

青海省地方志编纂委员会:《青海省志·报业志》,青海民族出版社1999年版。

甘肃省地方史志编纂委员会编纂:《甘肃省志》第六十三卷《新闻出版志》,甘肃人民出版社1994年版。

陕西省地方志编纂委员会:《陕西省志》第七十卷《报刊志》,陕西人民出版社2000年版。

《上海新闻志》编纂委员会:《上海新闻志》,上海社会科学院出版社2000年版。

上海通志编纂委员会编:《上海通志》第9册第41卷《报业、通讯、出版、广播、电视》,上海人民出版社、上海社会科学院出版社2005年版。

《上海新闻志(1993—2002)》编纂委员会编:《上海新闻志(1993—2002)》,上海人民出版社2018年版。

江苏省地方志编纂委员会:《江苏省志·报业志》,江苏古籍出版社1999年版。

浙江省新闻志编纂委员会编:《浙江省新闻志》,浙江人民出版社2007年版。

安徽省地方志编纂委员会:《安徽省志·新闻志》,方志出版社1999年版。

江西省地方志编纂委员会:《江西省志·江西省新闻志》,南昌怡江文化传媒有限公司2011年版。

广州市地方志编纂委员会:《广州市志》卷十六《报业志、广播电视志》,广州出版社1999年版。

广西壮族自治区地方志编纂委员会编:《广西通志·报业志》,广西人民出版社2007年版。

四川省地方志编纂委员会编纂:《四川省志·报业志》,四川人民出版社1996年版。

重庆报业志编委会编:《重庆市志·报业志》,重庆出版社2000年版。

贵州省地方志编纂委员会编:《贵州省志·报纸志》,贵州人民出版社2003年版。

云南省地方志编纂委员会编:《云南省志》卷七十七《报业志》,云南人民出版社1997年版。

武汉地方志编委会主编:《武汉市志·新闻志》,武汉大学出版社1991年版。

项士元:《浙江新闻史》,杭州之江日报社1930年版。

上海日报公会编:《上海之报界》,中华书局1929年版。

蔡寄鸥:《武汉新闻史》,中日文化协会武汉分会1943年版。

河南省新闻史志编辑室:《河南省志·新闻篇(1898—1985)》(试写稿),1987年。

杨源恺等编:《山东报业史志资料汇编》,1990年。

吴工圣编著:《浙江新闻简志》,杭州大学打印稿,1991年。

黑龙江日报社新闻志编辑室编:《黑龙江省志·报业志(征求意见稿)》,黑龙江日报社编印,1992年。

黄河编著:《北京报刊史话》,文化艺术出版社1992年版。

王绿萍、程祺编著:《四川报刊集览(1897—1930)》,成都科技大学出版社1993年版。

四川省报业志编辑部编:《四川报业大事记(一八九七——一九九五)》,四川人民出版社1996年版。

胡立新、杨恩溥编:《厦门报业》,鹭江出版社1998年版。

《桂系报业史》,广西新闻史志编辑室(内部发行),1997年。

二、翻译资料来源——日本外务省外交史料馆及其案卷号

外交史料馆的"分類番号"	案卷名（ファイル件名）
1.3.1.17　第1、2、4、5卷	政務局編纂外国新聞調査書配布一件
1.3.2.46-1-4　第1～5卷	新聞雑誌ニ関スル調査雑件　新聞及通信ニ関スル定期調査　支那ノ部
1.3.2.46-1	新聞雑誌ニ関スル調査雑件　新聞及通信ニ関スル定期調査
A.3.5.0.3-1　第1卷	外国新聞、雑誌ニ関スル調査雑件　新聞調査報告（定期調査関係）
A.3.5.0.3-1　第14卷	外国新聞、雑誌ニ関スル調査雑件　新聞調査報告（定期調査関係）
A.3.5.0.3　第1卷	外国新聞、雑誌ニ関スル調査雑件
A.3.5.0.3　第3卷	外国新聞、雑誌ニ関スル調査雑件
A.3.5.0.3-1　第11卷	外国新聞、雑誌ニ関スル調査雑件　新聞調査報告（定期調査関係）
調書　政一2	清国ニ於ケル新聞紙ニ関スル調査
調書　政—3	清国ニ於ケル新聞紙ニ関スル調査
調書　政3　1	清国ニ於ケル新聞紙ニ関スル調査
調書　政7　9	清国ニ於ケル新聞紙ニ関スル調査
調書　情23	支那（附極東西比利亜）ニ於ケル新聞及通信ニ関スル調査
調書　情24	支那（附香港西比利）ニ於ケル新聞及通信ニ関スル調査
調書　情27	支那（附香港）ニ於ケル新聞及通信ニ関スル調査
調書　情30	外国に於ける新聞　昭和3年版（上卷）
調書　情232	外国に於ける新聞　昭和4年版（上卷）
調書　情233	外国に於ける新聞　昭和5年版（上卷）
調書　情234	外国に於ける新聞　昭和8年版（上卷）
調書　情40	満州国及支那に於ける新聞　昭和11年版
調書　情42	満州国及支那に於ける新聞　昭和12年版
調書　情83	支那に於ける内外通信社の組織及活動
調書　文化56	北京ノ新聞ニ就テ（支那視察報告第六号）

三、俄文报刊译名一览表

期　刊　名	译　　名	记载年份	出版地
Азия	亚洲	1932 年	天　津
Ангазта①	英亚通讯	1936 年	哈尔滨
Аргус	百眼巨人	1936 年	上　海
Вера и жизнь	信仰与生活	1936 年	哈尔滨
Вестник востока	东方通信	1909 年	哈尔滨
Вестник железнодорожников	铁路工人报	1918 年	哈尔滨
Вестник Маньчжурии	满洲通讯	1919 年	哈尔滨
Вестник Русского Национального Общества	俄罗斯民族协会通讯	1931 年	天　津
Вечернее время	晚间	1932 年	上　海
Вечерняя газета	晚报		
Вечерняя заря	晚霞	1931 年	上　海
Восток	东方报	1915 年	哈尔滨
Восточная Азия	东亚报	1920 年	满洲里
Время	时代	1931 年	上　海
Гадегел	哈德格烈	1936 年	哈尔滨
Газета для всех	公报	1929 年	哈尔滨
Герольд Харбина	哈尔滨信使	1931 年	哈尔滨
Голос	声音	1931 年	上　海
Голос России	俄罗斯之声	1936 年	上　海
Грядущая Россия	未来的俄罗斯	1936 年	哈尔滨
Гун-Бао	公报	1926 年	哈尔滨
Далекая окраина	遥远的边疆	1937 年	天　津
Дальневосточное время	远东时代报	1922 年	哈尔滨
Еврейская Жизнь	犹太生活	1931 年	哈尔滨
Железнодородник	铁路工人报		
Железнодорожная жизнь	铁道生活	1910 年	哈尔滨
Живое слово	鲜活的言论	1924 年	满洲里
Зарубежная мысль	外国思想报	1922 年	满洲里
Заря	霞光报②	1922 年	哈尔滨
Зигзаги	霹雳之光	1936 年	哈尔滨
Иллюстрированные новости	新闻画报	1936 年	哈尔滨
Католический вестник	天主教通讯	1936 年	哈尔滨

---

① Ангазта 为 Англо-азиатское телеграфномноеагентство 的缩写。
② 亦称《柴拉报》。

(续表)

期刊名	译名	记载年份	出版地
Коммерческая почта	商业邮报	1929年	哈尔滨
Коммерческий	商业	1924年	上海
Коммерческий телеграф	商业电报	1922年	哈尔滨
Копейка	戈比报	1924年	哈尔滨
Ласточка	燕子	1933年	哈尔滨
Луч Азии	亚细亚之光	1936年	哈尔滨
Маньчжурия	满洲	1919年	哈尔滨
Маньчжурская газета	满洲报	1912年	哈尔滨
Маньчжурский вестник	满洲时报	1936年	哈尔滨
Мир	世界报	1922年	哈尔滨
Молва	传闻	1926年	哈尔滨
На границе	国境	1936年	绥芬河
На чужбине	在他乡	1922年	上海
Нация	民族	1936年	哈尔滨
Наш путь	吾人之道	1922年	满洲里
Наша газета	我们的报纸	1934年	哈尔滨
Наша заря	我们的霞光	1931年	天津
Новая жизнь	新生活报	1911年	哈尔滨
Новая шанхайская жизнь	新上海俄文生活日报	1925年	上海
Новое время	新时代	1929年	上海
Новости Востока	东方新闻	1933年	哈尔滨
Новости дня	每日新闻	1937年	上海
Новости жизни	生活新闻	1918年	哈尔滨
Новый край	新边疆报	1911年	哈尔滨
Новый мир	新世界	1937年	天津
Новый путь	新道路	1936年	上海
Парус	帆	1934年	上海
Пекин-Тяньцзиньский Курьер	京津信使	1937年	天津
Пронекция	探照灯	1936年	上海
Прохар	?	1928年	上海
Речь	言语报	1924年	哈尔滨
Россия	俄罗斯报	1922年	哈尔滨
Рубеж	分界线(周刊)	1930年	哈尔滨
Рупор	喉舌报①	1922年	哈尔滨
Русский голос	俄罗斯之声	1922年	哈尔滨

---

① 亦称《传声筒》。

(续表)

期刊名	译名	记载年份	出版地
Русское слово	俄国言论	1926 年	哈尔滨
Русское эхо	俄罗斯回声报	1922 年	上海
Свет	黎明报①	1920 年	哈尔滨
Сибирь-Палестина②	西伯利亚-巴勒斯坦	1925 年	上海
Слово	言论	1920 年	上海
Смех. Давайте посмеемся	滑稽:让我们一起笑	?	?
Театр и искусство	戏剧与艺术	1930 年	哈尔滨
Тигодник Польский	波兰天主教星期日报	1936 年	哈尔滨
Торговый Харбин	哈尔滨商报	1933 年	哈尔滨
Трибуна	论坛报	1924 年	哈尔滨
Утро	晨报	1928 年	上海
Финансы, торговля и промышленность	金融、商业和工业报	1934 年	哈尔滨
Харбин	哈尔滨	1909 年	哈尔滨
Харбинская коммерческая почта	哈尔滨商业邮报		
Харбинский вестник	哈尔滨公报	1909 年	哈尔滨
Харбинское время	哈尔滨时报	1931 年	哈尔滨
Харбинское время вечером	哈尔滨时报晚刊	1936 年	哈尔滨
Хлеб небесный	精神食粮	1936 年	哈尔滨
Шанхайская жизнь	上海俄文生活日报	1920 年	上海
Шанхайская заря	上海霞光报③	1928 年	上海
Шанхайское новое время	上海新时报	1922 年	上海
Экономический вестник	经济通讯	1930 年	哈尔滨
Эхо	回声报	1922 年	哈尔滨

① 亦称《光明报》。
② Сибирь-Палестина 于 1920 年创刊,全名为 Сибирь-Палестина: Известия Палестинского информационного бюро для Сибири и Дальнего Востока(《西伯利亚-巴勒斯坦:巴勒斯坦情报局对西伯利亚及远东公报》),于 1925 年更名为 Еврейская жизнь (《犹太生活》),为文学类周报,主要记载远东地区犹太人的生活。
③ 亦称《上海柴拉早报》。

四、日本在华调查的中国城市(地方)

说明:
(1) 以下28个地名,按今日中国省区市界排列。日本人调查时的称谓,如今已不用,则地名后括注今地。有些小市镇今天已不是行政中心,则注明今地归属。
(2) 情报中个别地方将省会城市与省名混淆,如将"广州"称作"广东",将"昆明"称作"云南",将"贵阳"称作"贵州"。
(3) 单列统计点的城市(地方)共有124个,另有6个城市关注到,但未单列,纳入附近城市统计。

1. 北京
2. 上海
3. 天津
4. 哈尔滨、齐齐哈尔、黑河、牡丹江、佳木斯、帽儿山(今属尚志)、北安镇、绥芬河
5. 满洲里、赤峰、包头镇、归化城(呼和浩特)、通辽、绥远、海拉尔(今属呼伦贝尔)、王爷庙(乌兰浩特)
6. 长春/新京(长春)、吉林、龙井(今属延边)、局子街(今属延吉)、四平街(四平市)、郑家屯(今属双辽)、珲春、农安、间岛(今属延边)、公主岭、百草沟(今属延边)、头道沟(今属延边)、洮南(今属白城)、通化、图们、延吉
7. 奉天(沈阳)、安东(丹东)、辽阳、铁岭、牛庄(今属海城)、大连、抚顺、本溪湖(本溪)、开原、掏鹿(西丰县)、新民、营口、鞍山、锦州
8. 保定、热河(承德)、张家口、山海关
9. 济南、芝罘(烟台)、青岛、龙口、博山(今属淄博)、威海卫、淄川(今属淄博)
10. 太原
11. 开封、郑州、洛阳
12. 芜湖、安庆、蚌埠、巢县、宣城、合肥、当涂、屯溪(镇)、大通、无为、含山、六安、阜阳、灵璧、歙县
13. 南京、苏州、镇江、无锡、常州
14. 杭州、绍兴、诸暨、平湖、海宁、宁波、温州、嘉兴、衢县
15. 南昌、赣州、九江、漳州、石码(今属漳州)
16. 福州、厦门
17. 汉口、武昌、沙市、宜昌
18. 长沙、衡阳、辰州(今属怀化)
19. 重庆
20. 成都
21. 广东(广州)、汕头、潮州、琼州(海南)
22. 南宁、桂林、梧州
23. 贵阳
24. 云南(昆明)
25. 西安
26. 香港
27. 澳门
28. 兰州

五、日本外务省1909—1937年调查中国报纸、通讯社涉及的地方一览表

地方	1909	1910	1911	1912	1913	1914	1915	1916	1917	1918	1919	1920	1921	1922	1923	1924	1925	1926	1927	1928	1929	1930	1931	1932	1933	1934	1935	1936	1937
北京	●	●	●	●	●	●	●	●	●	●	●	●		●	●	●	●	●	●	●	●	●	●	●	●	●		●	●
上海	●	●	●	●	●	●	●	●	●	●	●	●		●	●	●	●	●	●	●	●	●	●	●	●	●		●	●
天津	●	●	●	●	●	●	●	●	●	●	●	●		●	●	●	●	●	●	●	●	●	●	●	●	●		●	●
哈尔滨	●				●	●	●	●	●	●	●	●		●	●	●	●	●	●	●	●	●	●	●	●	●		●	●
齐齐哈尔						●	●	●	●	●	●	●		●	●	●	●	●		●	●	●		●	●	●		●	●
黑河												●																	●
牡丹江																													●
佳木斯																													●
帽儿山																							●						
北安镇																					●	●	●	●	●	●		●	●
绥芬河																												●	
满洲里												●		●		●	●	●	●	●	●	●	●	●	●	●		●	●
赤峰																		●											
包头镇																		●											
归化城																		●											
通辽																				●	●	●	●	●	●	●		●	●
绥远																				●	●	●	●			●		●	●
海拉尔																													●
王爷庙																													●
长春	●	●	●	●	●	●	●	●	●	●	●	●		●	●	●	●	●											
新京																								●	●	●		●	●
吉林	●	●	●	●	●	●	●	●	●	●	●	●		●	●	●	●	●											●
龙井村(街)									●	●	●	●		●		●		●											●

（续表）

	1909	1910	1911	1912	1913	1914	1915	1916	1917	1918	1919	1920	1921	1922	1923	1924	1925	1926	1927	1928	1929	1930	1931	1932	1933	1934	1935	1936	1937
局子街								●	●	●	●			●	●	●	●	●	●	●	●	●	●	●	●	●		●	
四平街														●				●	●	●	●	●	●	●	●	●		●	
郑家屯											●	●		●	●		●	●	●	●	●	●	●	●	●	●		●	
珲春														●		●		●	●	●	●	●	●	●	●	●		●	●
农安															●					●	●	●	●	●	●	●		●	
间岛																			●		●	●	●	●	●	●		●	●
海龙																	●	●			●	●	●	●	●	●		●	
公主岭																●			●	●	●	●	●	●	●	●		●	●
百草沟																	●	●			●	●	●	●	●	●		●	
洮南																		●	●	●	●	●	●	●	●	●		●	●
通化																					●	●	●	●	●	●		●	●
图们																									●	●		●	●
延吉																										●		●	●
白城子																												●	●
奉天	●	●	●	●	●	●	●	●	●	●	●	●		●	●	●	●	●	●	●	●	●	●	●	●	●		●	
安东	●	●	●	●	●	●	●	●	●	●	●	●		●	●	●	●	●	●	●	●	●	●	●	●	●		●	●
辽阳	●	●	●	●	●	●	●	●	●	●	●	●		●	●	●	●	●	●	●	●	●	●	●	●	●		●	
铁岭	●	●	●	●	●	●	●	●	●	●	●	●		●	●	●	●	●	●	●	●	●	●	●	●	●		●	
牛庄	●	●	●	●	●									●	●	●	●	●	●	●	●	●	●	●	●	●		●	
大连	●	●	●	●	●	●	●	●	●	●	●	●		●	●	●	●	●	●	●	●	●	●	●	●	●		●	
抚顺														●	●	●	●	●	●	●	●	●	●	●	●	●		●	
本溪湖														●	●	●	●	●	●	●	●	●	●	●	●	●		●	
开原														●	●	●	●	●	●	●	●	●	●	●	●	●		●	
掏鹿														●						●	●	●	●	●	●	●		●	
新民府															●		●	●	●		●	●	●	●	●	●		●	

（续表）

	1909	1910	1911	1912	1913	1914	1915	1916	1917	1918	1919	1920	1921	1922	1923	1924	1925	1926	1927	1928	1929	1930	1931	1932	1933	1934	1935	1936	1937
头道沟																		●	●	●	●	●	●			●		●	●
营口																		●	●	●	●	●	●	●	●	●		●	●
鞍山																									●	●		●	
锦州																									●	●		●	●
保定																													
热河																													
张家口														●	●			●								●		●	
山海关															●														
济南	●	●	●	●	●		●	●	●	●	●	●				●	●	●	●	●	●	●	●	●	●	●		●	●
芝罘	●	●	●	●	●		●	●	●	●	●	●		●	●	●	●	●	●	●	●	●	●	●	●	●		●	●
青岛	●	●	●	●	●		●	●	●	●	●	●				●	●	●	●	●	●	●	●	●	●	●		●	●
龙口												●																●	
博山																								●	●			●	
威海卫																							●	●		●		●	
淄川																								●				●	
太原	●				●		●	●	●	●				●		●	●			●	●		●		●	●		●	●
开封								●	●											●	●			●				●	●
郑州									●																	●		●	●
洛阳																									●	●		●	●
芜湖	●	●	●	●	●		●	●	●	●	●	●		●	●	●	●	●	●	●	●	●	●	●	●	●		●	●
安庆			●		●		●	●	●	●	●	●		●				●	●	●	●	●	●	●	●	●		●	●
蚌埠																									●	●		●	
巢县																										●		●	
宣城																										●		●	
合肥																										●		●	

1702

（续表）

	1909	1910	1911	1912	1913	1914	1915	1916	1917	1918	1919	1920	1921	1922	1923	1924	1925	1926	1927	1928	1929	1930	1931	1932	1933	1934	1935	1936	1937
当涂																										●		●	
屯溪(镇)																										●		●	
大通																												●	
无为																												●	
含山																												●	
六安																												●	
阜阳																												●	
灵璧																												●	
歙县																												●	
南京	●	●	●	●	●		●	●	●	●	●	●		●		●	●	●	●	●	●	●	●	●	●	●		●	●
苏州	●	●	●	●	●		●	●	●	●	●	●		●		●	●	●	●		●	●	●	●	●	●		●	●
镇江			●	●			●	●	●	●	●	●				●	●	●	●									●	●
无锡																				●								●	
杭州	●	●	●	●	●		●	●	●	●	●	●		●	●	●	●	●	●	●	●	●	●	●	●	●		●	●
绍兴														●			●	●											
嘉兴																		●											
衢县														●							●								
南昌							●					●		●	●			●	●	●	●	●	●	●	●	●		●	●
赣州														●							●							●	
九江							●																					●	
漳州																												●	
石码																												●	
福州	●	●	●	●	●		●	●	●	●	●	●		●	●	●	●	●	●	●	●	●	●	●	●	●		●	●
厦门	●	●	●	●	●		●	●	●	●	●	●		●	●	●	●	●	●	●	●	●	●	●	●	●		●	●
汉口	●	●	●	●	●		●	●	●	●	●	●		●	●	●	●	●	●	●	●	●	●	●	●	●		●	●

(续表)

	1909	1910	1911	1912	1913	1914	1915	1916	1917	1918	1919	1920	1921	1922	1923	1924	1925	1926	1927	1928	1929	1930	1931	1932	1933	1934	1935	1936	1937
武昌				●	●									●	●	●	●	●		●	●	●	●	●	●	●		●	●
沙市				●										●	●	●	●	●		●	●	●	●	●	●	●		●	●
宜昌							●	●							●	●	●	●		●	●	●	●	●	●	●		●	●
长沙	●	●	●	●	●				●	●	●	●						●											
衡阳		●																●											
辰州																		●											
湘潭																		●											
常德																		●											
广东	●	●	●	●	●		●	●	●	●	●	●		●			●	●		●	●	●	●	●	●	●		●	●
汕头	●	●	●	●	●		●	●	●	●	●	●		●			●	●		●	●	●	●	●	●	●		●	●
潮州																		●	●										
佛山																●													
北海																													
琼州					●		●		●	●	●	●																	
南宁					●		●		●	●	●	●		●			●	●		●	●	●	●	●	●	●		●	●
桂林			●	●	●		●		●	●	●	●		●			●	●		●	●	●	●	●	●	●		●	●
梧州			●	●	●		●		●	●	●																		
重庆	●	●	●	●	●		●		●	●	●	●		●			●	●		●	●	●	●	●	●	●		●	●
成都	●	●	●	●	●		●		●	●	●	●		●			●	●		●	●	●	●	●	●	●		●	●
贵阳					●				●	●	●							●		●	●	●	●	●	●	●		●	●
云南					●				●	●	●	●						●		●	●	●	●	●	●	●		●	●
西安									●											●	●	●	●	●	●	●		●	●
香港		●	●	●	●		●		●	●	●	●		●			●	●		●	●	●	●	●	●	●		●	●
澳门							●		●																				
兰州								●	●																				

参阅文献

日本外务省对中国近现代报刊的调查资料

周振鹤

新闻史既是一种专门史,它也和历史学的其他分支一样,必须以丰富可靠的史料作为研究的基础。而对于历史研究而言,必须要具备目录学的基本知识,才不至于事倍而功半。

所以我们应该有意识地建立中国新闻史目录学,应该编出尽量完善的中国近现代报刊总目录来,这不但是中国新闻史研究的基础工程,即对于研究中国文化史来说也是一项极有意义的事。而在这一工作中我们首先应该充分发掘和利用前人所编的一切报刊目录或调查资料,也就是说,我们应该首先建立"目录的目录",把前人所做过的所有报刊目录都加以搜集整理、修订结集,不能停留于零敲碎打的发现。发掘的范围应包括国内外各种正式、非正式出版的书刊资料,以至于从未出版的档案或各类公私记录。

基于这样的想法,今年初我在日本作学术访问时,就到日本外务省所属外交史料馆进行探访,企望发现有关的史料。结果不出所望,在有关的档案中找到了大量中国近现代新闻史资料,这些资料主要是清末与民国时期,日本驻中国使馆及领事馆给外务省写的关于中国各地报刊出版发行情况的逐年报告。这些报告有情况的分析,有当年的报刊目录,有报刊的变动记录,更令人吃惊的是还附有一些今天极为难得的报刊样本。这些材料在当时是通过情报刺探活动获得的,其目的是为了了解中国官方与民间的对日态度,以便通过对某些报刊采取或支持或收买或排挤打击的手段,来维护日本的在华利益。这种行为自然是彰明昭著的文化侵略,但在今天这些档案却又成了研究中国新闻史的极为有用的,而且是数量最大与最集中的资料。

明治四十一年(光绪三十四年,1908),日本外务省开始训令驻华使领馆调查中国各地的报纸出版情形,训令略云:请将贵地发行的重要报纸(中文和西文均要)及其主义、所有人、主笔、系统(即谁之机关报)及势力等进行紧急调查,作成报告,并将报纸中可作参考的与帝国有关的记事与论说摘录附上(参看图版)。于是从这一年开始,日本驻华使领馆便不间断地向外务省送去有关报告,外务省的政务局(后来是情报部)根据这些报告,从明治四十二年起每年印出一册《中国报纸调查》①分送有关部门。每份《调查》实际上就是一份年度的报纸目录,这是我们目前所能看到的最早的分年度的中国报纸目录。过去介绍过的报刊目录多是曾经出版过的报刊的总目,不论存佚均予登录,如美国人范约翰的目录②、清议报的存佚表、大公报的调查表都属此类;俄国人波列伏依的《中文报刊目录》③虽然只载辛亥革命前后的报刊,但时间断限亦不严格。只有这项调查是按年月断限,存者登,佚者弃,至何年何月实存报纸多少(调查报告的最后还附有统计表,分别地区与语种统计当年报纸发行种数),一目了然,数十年累积下来,就使人清楚地看出中国报纸的发展脉络历历可睹。

---

① 《调查》的正式名称因中国政局变迁,日本侵华与外务省的编纂意图变化而有过几次改变:清国ニ於ケル新闻纸ニ关ケル调查,支那ニ於スル新闻纸ニ关ケル调查,外国に於ける新闻(中华民国各地并大连及香港之部),满洲国及支那に於ける新闻等。
② 刊于《复旦学报》1992年第1期。
③ 刊于《出版史料》1993年第2期。

《调查》的内容分五项,一是报纸名称,二是主义(即宗旨),三是所有人,四是主笔,五是备考。备考栏说明报纸是什么机构发行,背景如何,发行份数及读者范围等内容。从明治四十五年(即大正元年,1912)起对北京、上海两地另加专门文字介绍。大正三年(1914)开始又增加了对中国报纸情况的总概说,大正六年起,更增加了各地概说。调查的对象从大正八年起由报纸扩大到通讯社,从昭和十一年(1936)起又扩大到杂志。此外,这一目录有些年度还分秘密版与极秘版两种,后者比前者更加需要保密的内容是哪些报纸拿了日本政府的津贴,以及津贴的详细数额。

是项调查内容很过细,又逐年都有,长达三十年未曾中断,所以是一批很有价值的新闻史资料。对于这些调查目录与档案内容予以全面的介绍,不是短短一篇文章所能做到的,但对《调查》的重要参考价值却可作如下举例式的说明:

首先,是大大补充了在中国出版的外文报刊的种类与基础情况。国内新闻史著作中对于近代中文报刊目录的编制虽说还不完备,但已可称大备,《中国近代报刊名录》(以下简称《名录》)一书就是代表。可是外文报刊却还差得远,至今尚无比较完善目录,大体上还不脱戈公振《中国报学史》的窠臼。例如德文报纸戈著只有三种,曾虚白《中国新闻史》添了二三十年代创刊的三种,但均未举出青岛的德文报。曾虽然估计到青岛会有德文报,但遗憾"尚无资料可供参考"。而《调查》正载:自1903年起,德国人便在青岛办有Tsingtauer Neueste Nachrichten(青岛新闻),所有人是Fink,主笔是von Kroppt,发行二千份以上,是青岛最有势力的报纸,于日本人的动向特别注意,事无巨细均予刊载。青岛而外,1908年时天津也另有一份德文报为人们所不知。当然,对于清末的西方报刊全目,美国哈佛大学已出版有专著①,但民国以后的外文报刊全目至今仍付之阙如。因此日本外务省的《调查》目录对于补充中国境内出版的外文报刊史料是很起作用的。特别是对于在华的日文报刊的沿革,这份《调查》更是权威的资料,可以之为据写出专门著作来。与此同时对于梳理中外文报纸的混淆,《调查》的记载也可以有所帮助。譬如《东边时报》历来被认为是日文报纸,但在《调查》中却载明它是中文报纸,主笔是萧镇。过去致误的原因恐怕是因该报附属于日文《安东时报》的缘故。附带说说,该报何时所创至今尚不明白,1909年以后即已消失。

其次,对于中文报刊目录,《调查》也可以起到重要的补充、订正与佐证的作用。例如清末北京的《两日画报》《益林画报》与天津的《益知开心报》,苏州的《江苏旬报》,芜湖的《芜湖日报》和福州的《福建新闻》都不见于任何著录,而《调查》却载有这些报纸的详情;同时我们也从不知道安东(今辽宁丹东)在清末曾有中文报纸出现,但《调查》中安东不但曾有过上述的《东边时报》,还创办过《安东商报》;清王朝濒于覆灭之际,拼命推行所谓"新政"以图苟延残喘,于是在宣统二三年间,各地出现了许多短命的新报纸,这些报纸今日已湮没无闻,但在《调查》(尤其在档案)中却历历可数(参见附录)。这些资料显然增加了我们已知的近代报刊的种类。上列的《两日画报》的实物我在日本的东洋文库也亲眼见到,说明日本使馆的调查还是可信的。由于日本人的调查主要是侧重于政治方面,以便调查制定日本对华政策与对付在华其他外国势力,达到维护日本在华利益的目的,因此对于各报的背景、政治态度、老板主笔和对社会的影响这几项内容特别关心,故《调查》目录最特别的是有"主义"(政治态度)一栏,并在"备考"栏中还尽可能地揭示给予补助的后台和补助的

---

① 《晚清西文报纸导要》(*A Research Guide to China Coast Newspapers, 1822-1911*, by Frank H. H. King and Prescott Clarke)。

金额(背景),发行份数与阅读圈(影响)等内容。这其中有关补助的信息是尤其有用而且难得的材料,对于分析各报的消长与表现颇具参考意义。发行份数是反映报纸影响的一项重要指标,但过去有关的资料极少,而在《调查》目录中却几乎每报都有发行份数的记载,虽然不排除其中含有估计的成分,但显然这是一项重要的补充资料。主笔的资料也是值得重视的,如在已知的新闻史料中均未有关于《吉林日报》主笔的记载,但在《调查》中却载明 1908 年时其主笔是顾植,并注明该人是日本法政大学的毕业生,这样的材料自然是很有用的,而历年的《调查》中类似的有用材料还不少见。

佐证的例子则可举天津的《时闻报》与芝罘的《山东日报》。历来引述此二报,除了说明仅见于戈著外,不能有任何证据与进一步的介绍。而《调查》则载明:《时闻报》乃李大义所有,日刊,1908 年发行,三百份;《山东日报》亦同年创刊,主张回收山东利权,所有人与主笔皆有名有姓,不过报运不佳。另外,据《名录》载,芝罘的《渤海日报》创于 1908 年,而有人却以为是创刊于 1903 年,《名录》的编者对此无法反驳,只能说"待考"。但《调查》却明确记载该报创于 1908 年 7 月,可给《名录》帮忙。

订正的例子更随手可拈:据《名录》载,北京的《京都实报》是 1909 年间出版,广州的《时敏新报》是 1909 年初创刊,但这两种报纸在日本驻北京公使馆和驻广州领事馆 1908 年的调查报告中,都已列名,看来两报至迟在 1908 年已经存在,1909 年才创刊的旧说并不可靠。调查报告在追寻发行多年的报纸的创刊日期时,不一定都正确,但在列举当年存在的报刊时却一般无误,因为这些报告是实录。另外,《名录》中还载有清末北京市井画报的一种:《京师新铭画报》,但在《调查》中,载此画报名却无"京师"二字,该画报的实物今天在日本尚存,的确仅作《新铭画报》。当然这个例子无关宏旨,但可反衬该《调查》的可信度。此外有些资料还可引起我们的进一步探索,如清末的法政学报我们已知的只有在东京出版的一种,但《调查》目录 1909 与 1910 连续两个年度均载天津有法政学报,所有人与主笔都是中国人,但工厂却由日本负责,奇怪得很。到底是天津的法政学报为我们所不知,还是东京的法政学报其实在天津出版?

第三,这批《调查》资料提供了中国报纸三十年间的动态变化情况。旧中国向来不重视基本的统计工作,大者如人口统计都感资料欠缺,小者如报刊统计就更无人关心了,不多的一些报刊目录大都是外人所作,而且是零星点滴的,只能反映静态的、片断的形象,我们甚至无法知道旧中国每年究竟出版发行过多少种报刊,遑论此报刊的详情了。像日本外务省这样系统的调查过去从未发现过。诸如报纸种类的增减,报名的沿革,主编的更替,就不是个别年份的调查能弄清楚的。有了逐年不间断的记录,就能细究变化的过程,这是最为难得的,因此这批调查资料值得充分重视。曾虚白《中国新闻史》提到:"据日人的统计,民国元年(1912)底,北京有报纸 41 种(实为 42 种,日人自己数错),天津 35 种,上海 29 种,广东 17 种,全国共约 270 多种。"这个所谓"日人的统计"即来自大正二年(即民国二年)的《调查》目录。但曾氏看来并未亲自看到这一目录,因为详细查阅该目录便知,以上统计数字其实并非严格截止于民国元年底,也搀有民国二年上半年新创刊的报纸(北京就有三种创刊于该年四五月间)。直到民国五年才有比较严格的年底概念。曾书又云:"据民国五年底的调查,全国报纸多达 289 种。"这个所谓"调查"也还是来自日本外务省大正六年的《调查》目录(但不知曾自何得来),由此即可见这批《调查》的重要。依曾虚白的口气,似乎民国元年底的 270 多种与民国五年的 289 种就是当时全国报纸的总数了,其实不然,这只是日本人调查的总数而已,真正的总数还在这以上,因为还有部分报纸在日方看来无关紧要,并未登录。

当然,这些《调查》材料也并非全是信史,在利用时须加上自己的判断。由于调查者的粗心或不负责任,也会有错误产生。还需要着重指出的是日本外交部门是按照日本的利益来分析看待问题的,所以调查材料中的"主义"部分和对报纸其他政治性的评价都不要当成是客观的记载,要加上自己的分析和其他材料的旁证,才能明辨是非。另外,由于日本外务省最注意的是中国的政治外交动向,其次是社会状况,而于学术文化则非其关心之重点,故《调查》的对象最主要的是日报,其次是其他各类报纸,至于综合性与专门性的杂志则未列其中。如旧中国最有名的综合性杂志之一《东方杂志》1904年即已创刊,但在明治时期的《调查》目录中仅只44年一见,其他年度均不载。因此不能把每年度的《调查》目录当成是该年发行报刊的全目,而只能看成是近似的全目。全目还得靠我们自己来编。

除了日本外务省外,日本的兴亚院与南满铁道株式会社也曾对我国的报刊作过调查,也很可参考,只是后者的调查只在于个别年份,远不及日本外务省的详细与系统。由此想起,既然日本外交机关对中国的报刊调查如此"热心",其他国家是否也可能如此,或许它们的外交档案中也有中国新闻史的资料正等待我们去发掘呢。

(原载《复旦学报(社会科学版)》1994年第6期)

宣传战的前奏:近代日本在华报刊定期调查活动探析

许金生

近代日本出于对华开展宣传战的目的,很早就对在中国发行的报刊等进行调查,调查主体包括外务省、军方、民间团体以及个人等,从该项工作的性质和实力来说,外务省是调查的主要力量。外务省方面的调查可以分为三大类:驻华外交机构自发进行的零星调查,外务省针对中国某地或全境组织的短期专题调查,外务省针对中国全境组织的日常定期普查。

作为实施大规模全面宣传战的先期准备工作,以上三种调查中日常定期普查尤其重要。对于日本外务省的这种调查,国内外学界除一些研究偶有提及外①,未见专门论述。本文拟利用日方保留下来的原始档案资料,对外务省决定在中国进行长期报刊调查的背景加以探究,弄清调查的规模、内容、范围、持续的时间,同时对外务省对调查结果的编辑整理和报知状况加以考察,由此对近代以来日本外务省组织的对华报刊定期调查活动做一个全盘梳理解读,并就这种调查的特点加以探析。

实施全面调查的背景

日本明治政府对于舆论工具这一特殊的武器,很早就加以重视和利用。据研究早在1874年日本侵略台湾前后,寺岛和井上两任外务大臣就开始有意识地展开对外宣传,在甲午战争中,日本政府更是对欧美积极地展开宣传,争取国际舆论的支持。"日本在战争媒体的思考上积极主动,让全世界看到日本是为了解放处于水深火热中的朝鲜人民获得了很大成功",努力向欧美灌输日本发起的是"文明"对"野蛮"的战争。"日本的舆论战达到了预期目的,国际社会认同了明治军队的文明和维新政府的言论。"②

初次品尝到舆论操纵甜头的日本政府,在义和团运动和日俄战争期间,进一步发挥舆论的作用,"对欧美展开了规模远远大于甲午战争的有组织的战时宣传活动"③。在中国,日俄战争期间,日本驻北京、上海、天津等地的公使或领事也通过拉拢当地的一些外文报社经营者和主笔以及向一些报纸提供津贴等,使其登载对日本有利的新闻,争取中国民众对其战争的支持,由此取得了一定的效果。

日俄战争后,日本进一步推行大陆政策。其赤裸裸的侵华活动业已引起中国民众的反感,尤其是1908年初二辰丸案发生后,中国首次掀起的大规模抵制日货运动,迫使日本政府在制定对华政策时不得不考虑到中国民众不断增长的"反日"情绪。1908年9月日本政府内阁会议通过的"对外政策方针"认为,对于中国,日本必须在任何场合具有绝对优势,而现在的任务就是确保在"满洲"的地位,但"清国对日本怀有的反感发展到现在这种程度,不仅不能达到上述目的,还有为他国间入日中之间进行离间中伤之虞。因而,帝国今后采取努力融合与清国的感情、尽量使其对我信赖的方针"④。

---

① 例如[日]大谷正:《中国および朝鮮における日本外務省の「新聞操縦」(1)1894年~1913年》,《専修法学論集》専修大学法学会1992年第55、56号。
② 宗泽亚著:《清日战争》,世界图书出版公司2012年版,第224页。
③ [日]大谷正:《中国および朝鮮における日本外務省の「新聞操縦」(1)1894年~1913年》,《専修法学論集》専修大学法学会1992年第55、56号,第350、351页。
④ [日]外务省编:《日本外交年表並主要文書》(上卷),原书房1978年版,第306页。

如何消除中国民众的反感,"融合感情增加信赖"？如何防止他国的离间中伤？一直惯于操纵舆论的外务省自然不会忽略报刊这一利器。

此时的中国,正是新闻事业突飞猛进之时。1901年开始清政府实行了一些"新政",有限度地开放"报禁""言禁"就是新政之一。由于允许国人自由办报,新办报刊不断增加,"中国民族新闻事业进入了一个蓬勃发展时期。"1906年清廷宣布预备立宪后,"近代报刊的发展步子进一步加快,形成了中国新闻史上的第二次国人办报高潮"①。对于民智渐开的国人来说,报刊所发挥的舆论宣传作用正在日益彰显。列强们无不看重舆论这一无形的武器,想方设法利用其掌控的舆论工具,混淆是非,造谣惑众,挑拨离间,为自身的利益代言,为本国的侵略政策辩护。日本外务省对此也十分重视,在日俄战火初弥的1905年8月就下令所有在华外交机构调查当地报纸的舆论动向,尤其是对日本的评论加以报告,以便及时了解中国的舆情②。与此同时,为了消除中国民众上涨的"反日"情绪,为日本的政策和立场辩护,北京、上海、天津等地的公使或领事在外务省的支持下,开始进一步研究、实施对当地英文、华文报刊的操纵。在选择操纵对象前,领事等都会先向外务省提交相关报纸各方面的背景,如报主与主笔的身份和政见、报纸的政治色彩等。当然这些调查都是随机应急性的。如身处中国新闻业中心的上海领事,1908年3月向外务省要求增加下一年度的报刊操纵费,却没有说明具体的操纵对象,外务省随即要求调查对哪些报纸用何种方法操纵等③。当然,面对逐渐常态化的对华宣传战,靠这种应急性的调查只能稍解燃眉之急,并非长久之计。

要进行常态化的全面宣传战,首先要对相关报纸等摸底调查,哪些报纸影响范围广,哪些属于"亲日"的可以顺势利用,哪些属于"反日"的需要争取,各报的经营和财政状况是否健全而有机可乘,报纸的经营者和主笔的背景和政见如何,是否有利用或争取的可能,只有事先充分摸清诸如此类的情况,才能选定操纵对象,有针对性地研究对策。

其实,日本外交机构在20世纪前后就开始了对中国报业状况的调查,但这些调查都是各领事馆的零散行动,更没有统一的调查项目。因此,外务省靠这种调查获得的信息都是零散或过时的,难以全盘掌握中国各地的报刊发行状况,制定相关对策。

正是在以上背景下,外务大臣林董于1908年5月1日给驻华公使和各地领事馆发出如下训令："需了解贵地发行的重要报纸(包括中文及英文)的主义、报主、资本、受社会欢迎程度、主笔的派系(属于何机关)及势力等,请至急调查并且详细报告。另外,从以上报刊迄今为止的报道评论中,下裁与帝国有利害关系或有其他参考作用的内容,上呈本省。"④

外务省规定的以上调查对象和项目,显然都是用来选定相关报纸加以操纵的核心信息,"主义"、"主笔的派系"、有关日本的评论等代表报纸的政治倾向,是判断是否需要或能否利用的根本条件,"报主"的经历则可提供接近的线索,"资本"等状况则能反映报刊的经营情况,由此能寻得可乘之机,"受欢迎程度"则是判

---

① 方汉奇主编:《中国新闻传播史》,中国人民大学出版社2002年版,第135页。
② [日]"外字新聞論調報告並二外国新聞操縱一件/清韓国之部",1905年。外务省外交史料馆、外务省记录、5门军事、2类战争、15项各国态度及交战国国情。亚洲历史资料中心档案:B07091173800。
③ [日]"上海",1908年。外务省外交史料馆、外务省记录、1门政治、3类宣传、2项诸外国、日露戦役後二於ケル外字新聞論調並操縱一件。亚洲历史资料中心档案:B03040813400。
④ [日]"新聞紙ニ関スル報告及切抜送附方訓令ノ件",1908年。外务省外交史料馆、外务省记录、1门政治、3类宣传、2项诸外国、新聞紙ノ主義持主、主筆系統勢力等調查方在外大公使及領事ヘ訓令一件。亚洲历史资料中心档案:B03040830600。

断是否有利用价值的根据。这样,由外务省统一领导的对华报刊全面调查由此揭开序幕。

定期调查制度的形成与调查内容的变化

1908年5月外务省下达指令后,各领事馆立刻加以执行,当时在中国的日本公使馆、领事馆或分馆共28个,虽然外务省没有规定上呈报告的时间,当年年底各地领事均提交了报告。外务省收到报告后,经过精心整理编辑,以《有关清国的报纸调查》为题刊印成汇编集,于1909年2月寄发给在华公使、领事和相关部门,同时电令各地领事等以此为参照,核对所辖区域内的报纸有无遗漏或错误,及时订正,如果有报纸相关事项发生变化或出现新办的,也需要按照此汇编集的各项目,及时补充上报①。

在初步了解中国报业总体状况后,外务省在1909年4月通电驻华公使和领事,决定统一对华全面展开宣传战,具体举措是由外务省向御用机构"日本电报通信社"秘密提供经费,由该通信社出面,在各地领事配合下向中国报纸免费提供对日本有利的电讯稿②。在当时的中国,真正能够向报社提供电讯稿的通信社十分稀少,并且收费不菲,"日本电报通信社"的免费提供无疑能够诱使一些中国报社采用其电讯稿。这样,对中国报刊的定时普查显得更为重要起来。

1909年10月外务大臣小村再次给在华公使、领事发出报刊调查的训令。训令的内容与前一年基本相同,但"重要报纸"前的"重要"已经删除,说明调查的范围已经不设限制,扩大到了所有报纸。训令还规定"每年12月末提交调查报告"③。对于调查的结果,外务省仍汇编成集印发,并且同样要求公使和领事们订正后重新上报。调查项目、报告提交时间、调查反馈形式的确定,标志着外务省对华报刊定期调查制度的建立。报刊调查从此成为日本在华外交机构的日常工作之一。

调查制度确立后,报告的提交时间后来推迟到次年年初,调查项目在原来的基础上也有所增加。

一是增加了通信社、通信员。1909年起外务省根据各地调查报告编印的汇编集名为《清国报纸调查》,但1919年起改为《有关中国的报纸及通信调查》,这应该是外务省从1918年起正式增加了通信社等调查项目,否则不会在次年特地改换汇编集名称。现存最早的相关训令是1920年1月内田外务大臣发给各领事的电文。该电文在要求准时上呈定期报告的同时,还下令详细调查和报告当地的通信社、中外通信员④。具体调查内容为通信社主办人及其简历和政治背景,通信社的政治色彩、人员构成等,通信员则以欧美人为主要对象,调查其简历、政见等。

通讯社作为新式传播手段在20世纪初叶才被介绍到中国,因其特殊作用日益彰显,北京、上海等地领事很早就在报告中提到了当地中外通信社状况,如前所述,外务省在1909年也开始加以利用,而日本在京

---

① [日]"清国ニ於ケル新聞紙調査ニ関スル件"1909年。外务省外交史料馆、外务省记录、1门政治、3类宣传、1项帝国、政务局编纂外国新闻调查书配布一件。亚洲历史资料中心档案:B03040673900。
② [日]"清国新聞通信概目",1909年。外务省外交史料馆、外务省记录、1门政治、3类宣传、1项帝国、清国ニ於ケル新聞操縦ノ為メ内外新聞社電報通信配布雑件。亚洲历史资料中心档案:B03040681900。
③ [日]"新聞紙ニ関スル報告方訓令ノ件",1909年。外务省外交史料馆、外务省记录、1门政治、3类宣传、2项诸外国、新聞紙ノ主義持主、主筆系統勢力等調査方在外大公使及領事へ訓令一件。亚洲历史资料中心档案:B03040830600。
④ [日]"訓令",1920年。外务省外交史料馆、外务省记录、1门政治、3类宣传、2项诸外国、新聞雑誌ニ関スル調査雑件。亚洲历史资料中心档案:B03040879800。

津地区的驻军,即华北驻屯军在当时亦有同样活动①。因此,外务省增加这一调查项目显然是将通信社、通信员纳入重点操纵的视野,以顺应媒体发展的潮流。

二是增加了杂志等。虽然没有明文要求调查当地的杂志和政府公报发行状况,进入20年代后,各地领事报告,尤其是京津沪三地的报告中,有关杂志和政府公报的调查越来越多。从1923年起,在杂志和政府公报比较集中的京津沪及汉口、济南等地,当地领事则将杂志单独列项报告,并且一直延续下来。这说明,外务省开始关注日益发展的杂志业。

三是增加了记者。1923年3月12日,外务大臣内田康哉向各地领事致电下令:"迅速调查和报告阁下管辖区内发行的报纸记者,尤其是有力记者的姓名、履历、人品人格或其他可作参考的事项。"②自此,对于记者,尤其是各报重要记者的调查也成为定期调查的固定项目。

四是增加了"编辑、干部"。从实际报告看,1929年起"编辑、干部"一律取代"主笔、重要记者"出现在调查栏目中,并且一直沿用。"干部"当然包括主笔和主要记者,"编辑"则是新增的。这一变动理应是来自外务省的统一指示,应该与20年代后编辑在报社中的作用越来越重要有关。

这样,报纸、杂志、政府公报、通讯社、通信员、报主、主笔、记者等被作为常规调查项目固定下来。因为调查项目较多,为了避免遗漏,1923年前后,外务省每年例行下达调查指令或催促提交定期报告的指令时,往往会附上调查表样本,进一步明确调查要点和撰写报告的统一标准。表1为1924年的样本,不难看出,有关操纵所必须了解的基础要素全部罗列在其中。在外务省的统一领导下,这种调查一直持续到1940年前后。③

表1 外务省在华报刊与通信社调查样表(1924年)④

有关报纸及通信等的调查					
一、概况(记述报界现状概况及与报业相关的各种团体)					
二、报纸、通信、杂志					
名　称	主　义	报主或社长	主笔及重要记者	备　考	
1.报纸名称。2.汉语报纸,但有英文名称,或英语报纸,但有汉语名称,均在此栏记述。3.使用文字的国别。4.报纸通信及杂志之别。	1.主义主张。2.与政党的关系。3.除政党政治派别外,还有哪些关系,在哪方面具有势力。4.对日本的态度。5.所属国籍。	1.报主或社长姓名、简历大要。2.重要出资人,股份公司的话,股东名。	主笔及重要记者的简历大要。	1.创刊年月。2.日刊、周刊、晨刊、晚刊之别。每份平均页数。3.印发分数。4.发行所地址。5.创刊至今的简史。6.报道特色。7.其他	
三、通信员					
姓　名	所属通信社	备　考			
		1.简历大要。2.特色、与各方面的关系、势力所在。其他			

---

① 有关华北驻屯军的操纵活动,参见拙稿《天津编译社与近代日本在华舆论操纵活动》,《江海学刊》2013年第5期。
② [日]"新聞記者経歴等調査方ノ件",1923年。外务省外交史料馆、外务省记录、1门政治、3类宣传、2项诸外国、新闻雑誌ニ関スル調査雑件。亚洲历史资料中心档案:B03040890500。
③ [日]"支那ニ於ケル新聞紙一覧表",1941年。外务省外交史料馆、外务省记录、A门政治外交、3类宣传、5项新闻杂志书籍其他、新闻调查报告。亚洲历史资料中心档案:B02031073100。
④ [日]"訓令",1924年。外务省外交史料馆、外务省记录、1门政治、3类宣传、2项诸外国、新闻雑誌ニ関スル調査雑件。亚洲历史资料中心档案:B03040879800。

定期调查的实施状况

据外务省编印的汇编集所载,1908年至1911年,受到调查的城市有27个,分别为哈尔滨、长春、吉林、铁岭、奉天、安东、辽阳、牛庄、天津、北京、芝罘、青岛、济南、汉口、长沙、重庆、成都、南京、芜湖、苏州、杭州、上海、福州、厦门、汕头、广州、香港。1910年调查地增加了衡州、南昌,为29个。1914年猛增到40个,除了增加了很多东北的中小城市外,还出现了太原、安庆、九江、南昌、武昌、贵阳、云南(仅昆明)、梧州、桂林、南宁等。1921年又增加到49个,1925年调查涉及的城市数量达到顶峰,达77个,新增宜昌、常德、湘潭、开封、嘉兴、绍兴、诸暨、温州、衡阳、琼州、无锡、宁波等。进入30年代后,受调查地有所减少,1930年为58个,但1933年又达到74个,其中"满洲"36个,华北10个,华东和华中22个,华南6个。纵观以上状况,可以说,除了西藏、新疆、甘肃、宁夏等西北省市外,中国大陆的其他省市基本上都被纳入调查范围。

调查地域的扩大跟中国报业在辛亥革命后迅速发展到中小城市密切有关,同时也是日本在中国领事馆及其分馆增加的结果。外务省的调查令一直是对所有在华外交机构下达的,因此,在华公使和领事都参与了调查。1908年中国的日本公使馆、领事馆或分馆约28个,1919年约增至42个,1923年约48个。各地领事等不仅对领馆、分馆所在地进行调查,也将触角伸及所"管辖"的周边城市。嘉兴、绍兴、诸暨、温州的报告出自杭州领事就是例子。这说明各地领事在报刊调查方面已经深入到一些中等城市。

各地领事调查的报刊等总数量,随着中国新闻业的急速发展和领事调查项目的扩大,也呈直线上升趋势。表2是1908年至1927年之间一些年份的中外文报纸和通信社的调查统计,据此可知,1908年受到调查的中外文报纸共122种,1919年达387种,1925年更达到495种,受调查的通信社,也从1919年的20家激增至1925年的227家。进入30年代后,随着中国报业的发展,调查规模进一步扩大,据1937年刊印的调查报告,在不包括伪满洲国的情况下,受调查的报刊就有550种左右。外务省组织的对华调查活动范围之广,规模之大可见一斑。

表2 领事调查的中外文报纸、通信社数量统计①

	1908	1911	1914	1917	1919	1921	1924	1925	1927
中文报数	95	125	150	194	280	311	336	405	307
外文报数	14	32	35	32	38	51	41	50	50
日文报数	13	14	27	35	42	27	42	46	42
报纸总数	122	171	212	261	360	389	419	499	399
通信社数					20	73	123	227	149

调查规模的变化,在近代中国报业中心城市上海表现得最为突出。从外务省的汇编集看,上海领事1909年所调查者仅24种(中文报8种,外文报16种),而1920年增加到35种(中文报13种,外文报纸杂志18种,日文报4种),1930年则为64种(中文报11种,杂志21种,外文报纸杂志25种,日文报纸杂志7种),1937年更有113种(中文大报20种、小报19种、杂志36种、外文报11种、杂志19种、日文报3种、杂志

---

① 根据以下资料统计:[日]外務省政務局:《清国ニ於ケル新聞紙ニ関スル調查》,1909年版;《支那ニ於ケル新聞紙ニ関スル調查》,1911、1915、1918年版。外務省情報局:《支那ニ於ケル新聞及通信ニ関スル調查》,1920、1922、1925、1926、1928年版。

5种)。调查数量的不断增加说明调查者的工作十分到位,及时向外务省提供了全面准确的信息。

对于外务省下令调查的项目,各地领事调查的细致程度,与其调查经验、重视程度等有关,但有关北京、上海、天津等主要城市的报告都十分详实。以天津为例,五四运动前天津地位特殊,报业发达,集中了很多影响力广的报刊,是中国北方的新闻中心①。而天津领事早在日俄战争前后就在操纵舆论方面进行过活动,故而深知利用报刊的重要。因此,十分重视这一调查,1908年的报告长达34页。报告首先是清政府宪政编查馆制定的新闻条例译文,然后对《北洋官报》《大公报》等重要报纸的发刊时间、报社地址、经营者、发刊的缘由、现状、每日发行数、资本金、报价、政治色彩等做了细致介绍,每种报纸的介绍篇幅都有三四页②。

再如北京,作为首都地位特殊,其报刊的动向自然备受关注,北京使馆在调查方面也投入了大量精力。以1920年为例,报告长达共14页,由六个部分构成。先是"汉字报纸概况",对该年度北京报刊的政治动向,尤其是对日本的态度做了分析,同时介绍了该年新发行的报纸概况及其政治色彩。然后是北京的报纸现状调查表、通信社、日本通信员、外文报纸现状、外国通信员。这些部分均按照外务省的要求详细做了汇报③。

此后随着报业的发达,北京使馆报告的篇幅也迅速增加,如1928年的报告长达105页。因为篇幅非常长,为了便于查阅,报告特地增加了"目次"。报告正文则分四部分。一是"汉字报纸、通信社及杂志",又分"总说""甲、报纸""乙、通信社""丙、公报与杂志"。二是"日文报纸、通信社及杂志,附日本通信员"。三是"外文报纸、通信社及杂志",亦分"总说""甲、报纸""乙、通信社与杂志"。四是"外国通信员"④。根据此报告,北京地区报刊业状况一目了然。

正因为调查的城市和报刊数量等不断扩大,各地的领事报告的篇幅一直在增加,仅从外务省根据各地报告编印的汇编集看,在纸张大小和字号等不变的情况下,汇编集由1908年的56页,增加到1918年的68页,1928年剧增至131页,时至1936年更增加到厚厚的178页。

以上这种调查,七七事变后仍在进行。虽然日本已经占领了很多地方,调查的背景发生了变化,但作为宣传战必备的基础工作,调查仍然受到重视,继续发挥着重要作用。

调查结果的编辑整理与报知

外务省组织调查的目的在于完全掌握中国各地报纸、杂志、通信社、通信员的"底细",以便必要时对合适的报刊等采取针对性措施加以操控,为我所用。因此,将这种定期报告整理起来备案,并且及时向相关部门通报,同时不断对旧的信息加以更新十分重要。如前所述,日本驻华领事馆很多,并且还有不少分馆,外务省每年收到的定期报告数量巨大,不可能原封不动直接传递给相关机构,这就更需要及时编辑整理。

对此,外务省早有安排,从1909年开始就将各地报告编辑整理成集,冠以《清国报纸调查》或《有关中国

---

① 马艺主编:《天津新闻传播史纲要》,新华出版社2005年版,第80页。
② [日]"在天津总领事馆",1908年。外务省外交史料馆、外务省记录、1门政治、3类宣传、2项诸外国、新闻纸ノ主义持主、主笔系统势力等调查方在外大公使及领事ヘ训令一件。亚洲历史资料中心档案:B03040832800。
③ [日]"在支公使馆",1920年。外务省外交史料馆、外务省记录、1门政治、3类宣传、2项诸外国、新闻杂志ニ关スル调查杂件。亚洲历史资料中心档案:B03040879900。
④ [日]"新闻及通信ニ关スル调查报告书ニ关スル件",1927年。外务省外交史料馆、外务省记录、A门政治外交、3类宣传、5项新闻杂志书籍其の他。亚洲历史资料中心档案:B02031060900。

的报纸及通信调查》等名印刷成册,发放给政府相关部门和在华各外交机构,并且数十年来连年不断。与此同时,外务省下令各地领事馆等收到汇编集后,对自己辖区的情况加以确认,并且继续调查,根据最新情况对原有信息加以修订增改,为下一年度重新提交报告做好准备。因为每年都是根据最新报告整理编辑,外务省的汇编集日趋丰富、准确、全面。

为了确保每年刊印的汇编集所载的是最新信息,外务省十分严格地实施了定期报告制度,对于未能如期提交报告的领事,外务省会及时发电催促。在外务省的档案里,留存着很多这样的电文,如1917年3月外务大臣本野向云南堀领事发电:"根据规定,有关贵馆管辖区域内发行报纸的调查报告需每年12月底提交,但去年末的报告至今仍未寄达,给编纂带来困难,令火速报告。"1920年1月外务大臣内田也给驻华公使等发过同样电文①。

当然,对于各地领事的报告,外务省在整理编辑时会提炼精简。上海、北京等新闻事业发达城市的领事报告往往十分详细,限于登载的篇幅,更会加以概括。例如,1908年天津领事的报告长达34页,但1909年汇编成集,天津仅为两页,《北洋官报》是当时天津主要报纸之一,原报告用了一千字左右介绍,汇编集缩减为50字左右②。

再如北京公使1927年度的报告,如前所述长达105页,对于北京报纸、杂志、通信社等的介绍十分详细。不过,从1928年的汇编集来看,有关北京的信息仅25页,内容被重组为"中文报纸、通信社及杂志""日文报纸、通信社及杂志""外文报纸、通信社及杂志"三部分③,原有内容被精简压缩。

为了使汇编集简明扼要,便于迅速查阅,除了对登载的内容加以斟酌外,对于汇编集的编排格式,外务省也会根据情况的变化而更改。

第一本汇编集是1909年2月印发的,由目录、正文、附表组成。目录以从北至南的城市名称为主线排列了27个省市。正文为表格形式,表的横列为省市别名称,纵列的项目分别为名称、主义、报主、主笔、备考。备考的内容为扼要说明该报的简史、稿件来源、读者层、发行量等。最后的附表则是对各地报刊数量的统计。

1914年后,汇编集正文的最前面增加了"概说",在扼要回顾中国中外文报业发展历史后,以历年报纸等的具体数据变化为依据,对中国报业,尤其是该年度发展状况进行概括总结,然后分别对北京、广州、上海三地的报业发展状况作扼要介绍,其中北京是重点,还专门列出了"在北京欧美通信员""在北京日本通信员"名单,显示了对中国政治中心的格外重视。这一格式一直延续,1919年后对北京的介绍更增加为"汉字报纸概观、通信社、外文报纸现状、外国通信员"四个部分,以反映北京新闻业的迅速发展。

1920年汇编集正文的构成发生了变化,前面的"概说"仍旧保留,但取消了对北京、广州、上海三地报业发展状况的专门介绍,改为对中国报刊业等发展状况的简介,同时,在各大城市和部分中等城市前面增加了"概说",使以"概说"加以说明的城市大为增加。

因为作为影响力仅次于报纸的杂志,也逐渐出现在一些大城市领事的报告中,京津沪及汉口、济南等大

---

① [日]"雲南",1917年;"訓令",1920年。外務省外交史料館、外務省記録、1門政治、3類宣伝、2項諸外国。亚洲历史资料中心档案:B03040835900、B03040879800。
② [日]外務省政務局:《清国ニ於ケル新聞紙ニ関スル調査》,1909年版,第17页。
③ [日]外務省情報局:《支那ニ於ケル新聞及通信ニ関スル調査》,1927年版,第1—25页。

城市的报告中还将杂志单独列出报告。因此,从1923年起外务省在汇编集的一些城市中增加了"杂志"一栏。

1923年起各报记者,尤其是重要记者的情况成为定期调查项目后,1924年开始的汇编集的"主笔"一栏加入"重要记者",对记者的简历等加以介绍。1930年起,"主笔、重要记者"栏目改为"编辑、干部",扩大了对报社重要人物的介绍。

通过以上变化,约自1923年前后,外务省每年编撰汇编集的格式基本固定下来,与表(1)的格式和项目的编排基本上相同。

对于编印出的汇编集,外务省从1909年起就将其分发给外务省各部门、驻华各外交机构,此外,还分送政府各部、陆军省、海军省、参谋本部、海军军令部、关东军司令部、华北驻屯军司令部、宪兵司令部等军政机关。因为当时在中国进行报刊等调查和操纵活动的,不仅有外务省,军方各机构也十分积极。汇编集的分发有助于互通信息,更好地协调好在中国的相关活动。

汇编集虽然是大量印刷发放,但在1909年第一次汇编时就将其保密程度定为"秘"级,1918年前后甚至升为"极秘"级。外务省在给各地领事馆等寄送汇编集时,除了在封面上印上密级外,还会附言要求做好保密工作。外务省这样做,是因为与日本有各种关系的报纸,汇编集的"备注"都有注明,这一秘密一旦泄露出去,则不利于今后的操纵工作。

外务省通过年年印发汇编集,使本省相关机构能够及时、准确、全面掌握中国各地报纸、杂志、通信社、通信员的现状和动态,为选定操纵对象、研究操纵对策奠定了基础,也为军方等其他部门进行相关活动提供了可靠信息。

结语——调查的特点

综上所述,可以将近代日本外务省在华组织的报刊定期调查活动的特点概括如下:

一是建立有严格的报告制度和反馈制度。外务省通过规定调查项目、报告时间等为在华领事等建立了报告制度,同时也建立了将报告汇编成集印发给报告者的反馈制度。这两种制度的有效存在,保证了调查任务的长期贯彻执行,也保证了调查者及时更新业已掌握的旧信息,提供最新信息。

二是调查全面深入。从调查对象看,报纸、杂志、公报、通信社、通信员、记者等都被纳入调查范围,从调查项目看,涉及受调查对象的政治色彩、各种关系、简历、实力、影响力等,可谓面面俱到,凡是能用来判断是否有操纵价值及其可能性的要素均在调查范围。

三是调查持续时间长。日本外务省精心组织的这一调查,连续进行了30余年,并且各地领事等每年都根据最新信息报告一次。对一个国家的新闻业进行如此长期全面的调查,如此频繁地将报告编印成集,近代以来大概除了日本没有国家能与其"媲美"。

四是调查地域覆盖面广。调查从开始阶段就纵横中国东西南北,凡是日本设有领事馆的城市及相关地域都被纳入调查范围,随着日本在华领事馆的增设,调查地域也不断扩大,除了西藏和西北省市外,中国大陆的其他大中城市都出现在调查报告之中。

五是十分注重调查的时效。近代以来,尤其是20世纪的前二十年因各种原因,中国各地新闻业变化非常快,及时增改调查项目、更新信息极其重要。外务省在原有调查资料的基础上,反复跟踪调查对象,每年组织一次调查确认,适时增改调查项目,不断更新信息,充分保证了所获信息的时效性。

如前所述,日本外务省组织长期调查的目的在于获得操纵中国报刊等的基础资料,以便在中国展开宣传战。外务省数十年来是如何利用调查资料进行此类活动的,仍有待于今后深入系统研究。

另外,日本外务省根据各地领事"普查"的结果,连续数十年编印的汇编集,无意中也为中国近代新闻史的研究留下了极其翔实宝贵的历史资料,那数十册厚厚的汇编集,可以称为近代中国新闻资料集成。

(原载《江海学刊》2015年第3期)

图书在版编目(CIP)数据

日本情报中的近代中国报刊史料汇编：全四册/秦绍德主编.
—上海：复旦大学出版社，2022.10
ISBN 978-7-309-16073-4

Ⅰ.①日⋯ Ⅱ.①秦⋯ Ⅲ.①报刊-史料-汇编-中国-近代 Ⅳ.①G219.295.2

中国版本图书馆 CIP 数据核字（2021）第 278880 号

日本情报中的近代中国报刊史料汇编（全四册）
秦绍德　主编
许金生　副主编
责任编辑/史立丽

复旦大学出版社有限公司出版发行
上海市国权路 579 号　邮编：200433
网址：fupnet@ fudanpress.com　http：//www.fudanpress.com
门市零售：86-21-65102580　　团体订购：86-21-65104505
出版部电话：86-21-65642845
上海盛通时代印刷有限公司

开本 889×1194　1/16　印张 108.5　字数 4166 千
2022 年 10 月第 1 版
2022 年 10 月第 1 版第 1 次印刷

ISBN 978-7-309-16073-4/G・2335
定价：880.00 元

如有印装质量问题，请向复旦大学出版社有限公司出版部调换。
版权所有　　侵权必究